数学花园探秘（原“迎春杯”）全国组委会官方指定教参
中国数学资优教育协作体教练员等级认证指定用书

刘嘉 付谦◎主编

小学数学资优教育年鉴 MO2023

长江出版传媒
湖北科学技术出版社

中国数学资优教育协作体

中国数学资优教育协作体。

裘宗沪
28/12/2007

祝中国数学资优教育
继往开来，再展辉煌

赠刘嘉老弟
越干越好

裘宗沪
二〇一六.十月廿八日

中国数学资优教育协作体顾问

裘宗沪 中国科学院数学与系统科学研究院研究员，前中国数学奥林匹克委员会常务副主席、中国数学会普及工作委员会主任。

余其煌 中国科学院数学与系统科学研究院研究员，原全国“华罗庚金杯”少年数学邀请赛主试委员会副主任。

陶晓永 北京教育学院副教授

序 言 一

·1. 数学资优教育·

700 多年前，英国思想家罗吉尔·培根提出："数学是科学的大门和钥匙。"发展到今天，数学越来越呈现出其重要的基础地位，就科学角度而言，已几乎表现为自然科学、社会科学、数学三足鼎立的独立的科学体系。

数学竞赛是普及数学知识、推广数学文化、选拔数学人才、提高数学水平的一种形式。虽然参加竞赛的只是少数学生，但是通过竞赛传播了科学的数学思维方式，对人类文明的发展以及个人的人生发展起到了至关重要的作用。

在数学竞赛中没有失败者，参加数学竞赛取得成绩固然可喜，体验成功也会带给我们自信；但遭遇挫折、积累感受更是人生的宝贵财富。人生就是一道数学题，解题会遇到困难，人生会遇到挫折。遇到困难并不可怕，可怕的是你没有面对困难的勇气和解决困难的信心。做什么事都会遇到挫折和失败的挑战，只有勇敢地去迎接挑战并战胜它才能获得成功，才能为自己短暂的人生增添夺目的光彩！

学习数学、参加竞赛并不是将来一定要去当数学家，但是通过学习不仅可以拓展我们的思维，还可以让我们在学习中感受到数学的精神和文化。这样学习数学就不仅仅是掌握一门工具，而是把数学作为素质教育的载体，用数学的思想、数学的哲理与数学的精神来丰富人的智慧，为人生发展奠定坚实的基础，这远比在一次竞赛中获奖更为宝贵。

数学竞赛是数学资优教育的有机组成部分，资优教育可以从两个方面来理解：

一方面，资优教育就是针对资质优秀的孩子进行因材施教，使之潜能得到最大限度的开发，从而成为出类拔萃的人才。

另一方面，大部分孩子的天资是没有多大差异的，但是后天的教育可以使他们的人生出现差异。资优教育，就是月科学的方法，将普及与提高相结合，帮助每一个孩子增长智慧、追求卓越、成就人生。

·2. 一套书，两代人的数学资优教育情怀·

2007 年 10 月，我与天津华英学校的李忠校长自驾游川藏线，过康定后，我俩一边驾车穿行于连绵起伏的群山之中，一边畅聊数学教育，有感于当时小学数学资优教育领域缺乏一本能够帮助教师、学生及家长及时了解小学数学竞赛命题风格、命题方向及竞赛标准的资料。我们商议旅程结束后，聚集一批国内从事小学数学资优教育的专家同仁们，汇编一册能够反映当年国内外重要的小学数学竞赛试题，为数学爱好者拓展思维、形成特长、培养竞赛技能提供一份即时、实用、系统、权威的资料，以帮助他们全面掌握竞赛知识并了解数学资优教育。

旅程结束后，我们把这个设想与为中国数学竞赛事业的发展做出巨大贡献的裘宗沪教授进行了沟通，得到他悉心的指导并欣然题词“中国数学资优教育协作体”。同时，也得到了中国奥数教育权威专家余其煌教授、陶晓永副教授及“华杯赛”组委会副主任兼办公室主任唐保玲女士的关心与支持，国内这方面的青年专家与同仁也积极地响应！由此，第一本《小学数学竞赛年鉴：MO2007》诞生了！

弹指一挥间，《小学数学竞赛年鉴》今年已经出版到第 16 个年头了。这么多年，一路走来，一路感慨，一路感悟：

数学的美观，让这份事业愉悦；

数学的美好，让这份事业灿烂；

数学的美妙，让这份事业璀璨；

数学的完美，让这份事业辉煌！

感受数学中美的旋律，感动数学教育中一路同行的你和他！其中留下的每一份试题、每一个命题构思都是中国数学资优教育工作者们纯真与执着的数学教育情怀的写照，正是这种纯真与执着融入了我们的事业，奏响了我们事业征程的号角，把事业走向永恒。

今年，《小学数学资优教育年鉴：MO2023》分 3 个版块展现给读者。

第一版块：览胜探幽·2023 年真题在线

这一部分汇集了 2023 年国内外重要的小学数学竞赛试题。其中大部分试题是由一群活跃在中国“奥数江湖”的高智商精英们在数学思想与方法、数学游戏方面的精妙数学思考与创造。“奇思妙想、微言大义、意蕴隽永”的命题风格让学生能够从解题经历中探究和感悟到数学中精微、本质的数学思想。

第二版块：历事炼心·2023 年模拟题精选

我们特邀：

张宇平（北京）；

谢堉绚（福州）；

向璘丰（武汉）；

李冰莹（广州）；

李　巍（广州）；

李亦捷（北京）；

张　金（武汉）；

黄锦熙（广州）；

王天喜（广州）；

张　旭（沈阳）。

这十位年轻有为、风华正茂的“80 后”“90 后”（学生时代的竞赛党！）且有着丰富的奥数学习与教育经历的奥数教练为读者提供了 10 套高质量的模拟题。这些不落俗套的试题，可以很好地考查学生原生态思维。

第三版块：钩沉索隐·热门专题名师讲堂

2020 年 9 月上旬，疫情管制解除后，云南昆明乐之培优校长刘祖相盛情邀请我和全国“数学花园探秘”（原“迎春杯”）科普活动秘书长严红权赴昆明小憩。在昆明期间，严红权秘书长同时组织北京、广州与武汉等地区的资深奥数教练在昆明乐之培优对云南地区部分青年奥数教练进行了为期一周的师训。师训活动的主要目的是从下面几个方面为青年教师打开数学教育的视角、提升青年教师的专业能力与职业素质：

一是梳理小学奥数的知识结构；

二是介绍奥数中的经典思维方法与技巧；

三是了解奥数知识点的来龙去脉与前世今生。

这部分授课内容就构成了本书的第三个版块——钩沉索隐·热门专题名师讲堂。2020 年新增的这个版块一经出版，深受广大奥数教练的青睐。所以，我们决定在以后出版的年鉴中把这个版块固定下来。

今年，我们呈现给广大读者的专题是：

1. 从整除中寻找方法，在余数中发现规律——探究小学常见数论问题之一
…………………………………………………………………… 广州·黄达鹏

2. 以退为进　以守为攻——寻找对自己最有利的出发点 ……………… 北京·班　昌

3. 浅谈博弈游戏中的数学 …………………………………………… 武汉·龙　腾

4. 从“小明的衣橱”说起——浅谈基础计数问题题目设计 …………… 北京·史子贤

5. 从命题角度探索正八边形 ………………………………………… 北京·李兆伟

6. 构造之美——神奇的进位制 ……………………………………… 广州·黄锦熙

7. 关于计数问题之思考与漫谈 ……………………………………… 北京·饶海波

8. 数列计算中的十个有趣方法 ……………………………………… 北京·周炬坤

9. 透过现象看本质——最值问题中的权重分析 ……………………… 北京·孙佳俊

10. 有道无术术尚可求，有术无道止于术——浅谈经典奥数公式背后的数理逻辑
…………………………………………………………………… 沈阳·张　旭

11. 组合中的“抽杀问题” …………………………………………… 武汉·喻　星

本书是全国各地从事数学资优教育的专家同行们倾力合作的结晶，他们为本书的构建付出了心力，给予了建设性的帮助与支持：

陈　平（“数学花园探秘”科普活动全国组委会主试委员会）

严红权（北京资优教育科技中心）

须佶成（北京高思教育集团）

管　强（希望杯全国组委会）

邹　瑾（北京高思教育集团）

卢振虎（北京顺天府学教育中心）

赵晓峰（北京桦树湾培训学校）

李　忠（天津华英学校）

李　明（天津华英学校）

崔恒兵（南京书人教育集团）

刘育涛（郑州平行线教育）

张宇鹏（北京学而思培优）

吴　旭（北京新东方教育集团）

徐占国（北京新东方教育集团）

朱　凯（武汉新东方培训学校）

成建斌（太原晨晨教育）

满　涛（南京开明数学工作室）

田　峰(合肥方田教育)

饶海波(北京优才教育)

王志波(百度作业帮)

余逸舟(杭州算学宫)

陈毅敏(湖北省孝感市实验小学)

龙　腾(武汉)

湖北明心书院的付谦、胡志峰、刘亚乔、卢韵秋、王鑫、刘昆等奥数教练承担了成书过程中大量的演算、编辑与校对工作。

·3.中国数学资优教育协作体征题启示·

为推动"在普及基础上提高"的奥数教育原则的普及,助力奥数在中、小学阶段健康、有序地发展,在裘宗沪教授的倡导下,中国数学资优教育协作体现面向全国广大数学工作者、数学爱好者征集2023—2024年度3～9年级的中国数学资优教育协作体核心竞赛"数学花园探秘"及国内其他竞赛备选题。

一、命题要求

1.试题需构思新颖、杜绝陈题,以现行教材知识点为纲,注重考查学生原生态思维;

2.备选题只征集个题,注明具体适用年级(3～9年级)、命题意图,并提供参考答案;

3.命题需注明原创或改编,改编题须附上原题并注明出处。

二、投稿方式及注意事项

1.请于2024年10月31日前以电子邮件形式发送至邮箱:zyo2017@126.com;

2.命题人需自觉遵守命题保密原则,提供的备选题在2023—2024年赛季结束前不得泄露或变相泄露;

3.对于正式采用为比赛试题的备选题,将在下一年度的《小学数学资优教育年鉴·MO2024》中注明署名权,同时对供题者颁发证书并参选年度最佳命题人。

"奇文共欣赏,疑义相与析",我们欢迎全国关注数学资优教育的各界人士提出积极的建议,也希望国内更多从事数学资优教育的学校与教师加入这个队伍,请将您宝贵的信息发至电子邮箱:zyo2017@126.com。

通信地址:武汉市江岸区中山大道1071号麟趾路三阳金城C1栋湖北明心书院(邮编:430014)

刘　嘉

2024年1月1日于武汉

序言二·一灯能破千年暗，一智能灭万年愚

“一无所知的人什么都不爱，一无所能的人什么都不懂。什么都不懂的人是毫无价值的。但是懂得很多的人，却能爱，有见识，有眼光……对一件事了解得越深，爱的程度也越深。”

一流的教育让孩子用热爱的情感去学习，二流的教育让孩子用竞争的态度去学习，末流的教育让孩子用怨恨的心情去学习。

·1.什么是奥数？·

奥数是一种数学的学习眼光与思维能力。

对喜欢数学的人而言是奥妙的数学，它美观、美好、美妙、完美；对讨厌数学的人而言是懊恼的数学。

先看一个让人脑洞大开的奥数题：

家喻户晓的斐波那契数列是这样一个数列：

1,1,2,3,5,8,13,21,…

这个数列从第三项开始，每一项都等于前两项之和，$F_{n+2}=F_{n+1}+F_n$。

请证明：$F_1^2+F_2^2+\cdots+F_n^2=F_nF_{n+1}$，其中$F_1=1,F_2=1$。

乍一看，冰冷、枯燥的数学符号让人对数学望而却步。

犀利的数学眼光，能看出淤泥中种子的生命力，能透过浓雾看到光明的前方。如果你能抓住问题的实质，画一幅奇妙的图（下图）来揭示烦琐算式和枯燥数字中蕴藏的意义，你就会给出一个闪闪发光的证明！

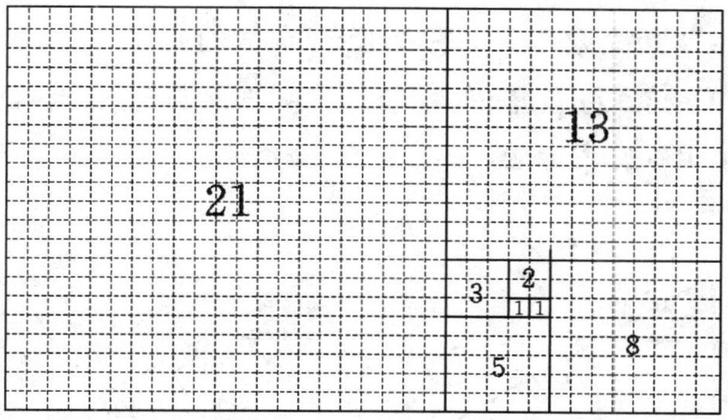

看了上面的证明，你会发觉数学简洁、有趣，甚至很“美”！

“一花一世界，一叶一菩提。”每一道数学题都是数学花园中的一朵小花，每一个数学公式都像一首小诗那样多情。在解题过程中去悟出花中的世界、叶中的菩提，才能感悟到数学之美、思维之妙。

·2."知识同步、能力超前、思维灵活"是奥数的学习目标·

奥数学习，不是"超前学习"，更不是"数学中的杂技"，而是与教学同步，通过提高与升华教材中的知识生长点，拓宽数学视野，开发思维潜能，提升思维品质。

数学的特点在于初级知识包含于高级知识之中，知识点是以螺旋式上升的方式呈现出知识的梯度、广度、深度。所以，有意义、有价值的奥数学习一定要遵循数学的这个发展规律。

我们来看初中数学中无理数计算基本公式"$\sqrt{x}\cdot\sqrt{y}=\sqrt{xy}$"，课本对它的诠释是经验性的，但如果我们能够灵活地运用小学奥数中"用面积比计算面积"的数学技巧，就可以完美诠释这个公式：

如图所示，设正方形 S_1 的面积为 x，正方形 S_2 的面积为 y，长方形的面积为 S。

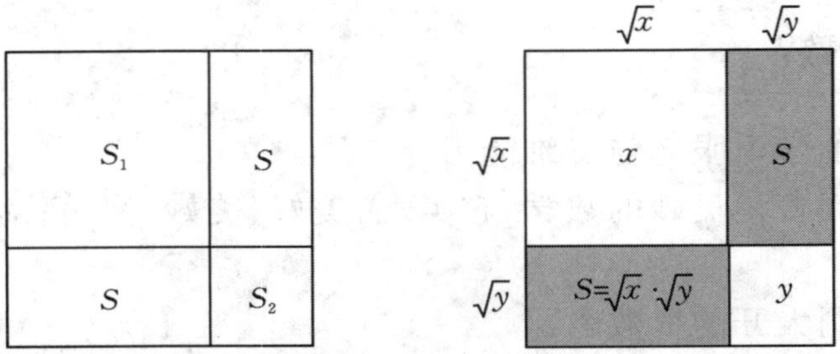

根据"长方形的宽一定，面积与长成正比"可得：

(i)看上左图：$\frac{S_1}{S}=\frac{S}{S_2}\Rightarrow S^2=S_1\cdot S_2$；

(ii)看上右图：一方面有 $S^2=xy\Rightarrow S=\sqrt{xy}$，另一方面有 $S=\sqrt{x}\cdot\sqrt{y}$。

所以 $\sqrt{x}\cdot\sqrt{y}=\sqrt{xy}$。

古人云："善学者穷于一物，不善学者穷于物物。"读书、做题，眼界一定要开阔，要见大场面，大观则大见，小观则小见。学习要学出灵气来，不要学出腐气，死读书的人是在读死书，读死书的人读书死。

我们再来看一道"华罗庚金杯"少年数学邀请赛的试题：

用一张斜边长为 29 的红色直角三角形纸片，一张斜边长为 49 的蓝色直角三角形纸片，一张白色的正方形纸片，如图拼成一个直角三角形。问：红、蓝两张三角形纸片面积之和是多少？

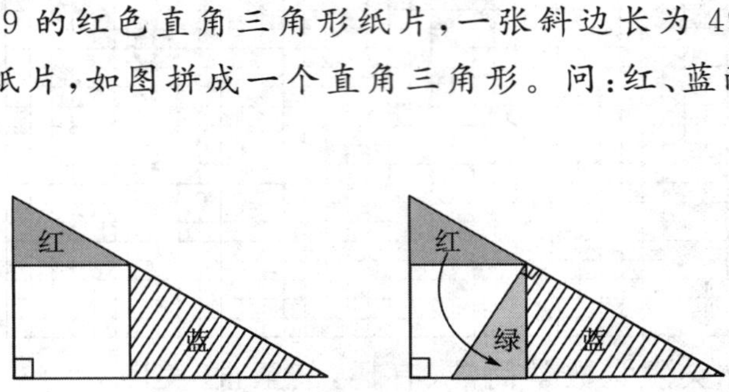

如图所示，运用几何中旋转的技巧，把求"蓝色△+红色△"的面积问题化归成求"蓝色△+绿色△"的面积问题，而"蓝色△+绿色△"构成了一个直角三角形！

其面积为：29×49÷2=710.5。

沿着这个题接下来思考：

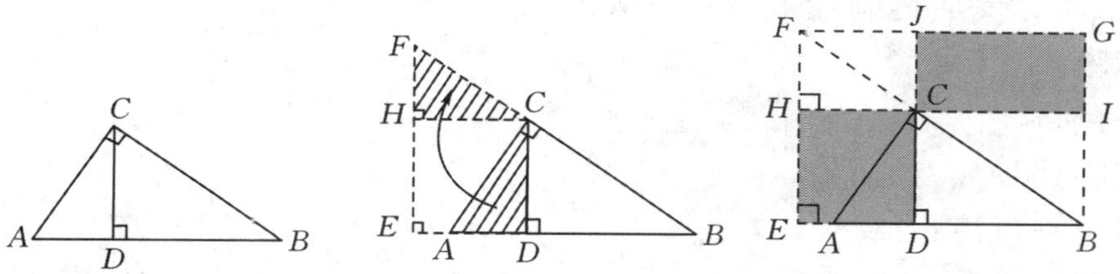

如上图所示，把左图中 $\triangle ACD$ 旋转至中图的 $\triangle FCH$，形成直角 $\triangle BEF$。然后再把直角 $\triangle BEF$ 补成右图中的长方形 $BEFG$。

如上右图所示，$S_{正方形DEHC} = S_{长方形CIGJ}$ 。这说明：$CD^2 = HF \times DB = AD \times DB$ 。

进一步，还可借助小学生喜欢的几何切拼技巧画出著名的外弦图（下左图）与内弦图（下右图）：

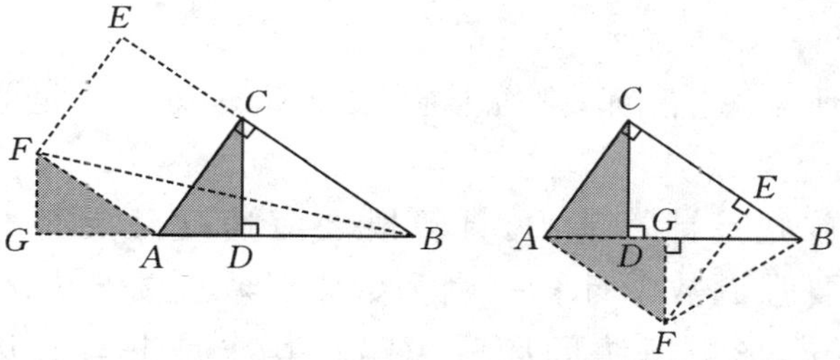

如图，把直角 $\triangle ACD$ 拼补至图中直角 $\triangle FAG$ 处，那么：

$$AC^2 = S_{正方形ACEF} = 2S_{\triangle ABF} = 2 \times \frac{1}{2}AB \times FG = AB \times AD。$$

你看，我们在不超前学习中学知识的情况下就可以得出中学“平面几何”中著名的“射影定理”！

古人云：“善学者小得，善事者大得，善悟者了不得。”在平时的奥数学习中善于“玩味”“感悟”问题，寻觅知识之间的联系，往往就会发现数学中曲径通幽的思维奇观，体验到思维的愉悦，同时能有效提高思维品质、数学素养和解决问题的能力。

· 3. 学习奥数“肇于行，行者无疆；臻于智，智者无涯” ·

“学”字的金文是一个象形字“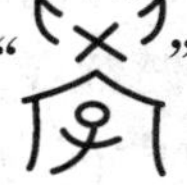”，符号“”表示孩子独居屋中，符号“”表示双手摆弄、练习算筹。所以“学”的本义是：孩子必须通过反复模仿和操作以获取技能与知识。

20 世纪，数学家哈尔莫斯说过“问题构成数学的心脏”，美国出版的“新数学丛书”序言中对学数学有一句中肯的建议：“学数学最好的方法是做数学。”

学习奥数提倡“通过解题学数学”，把学习数学分解成提出问题、分析问题、解决问题的过程，通过学习者本身的解题实践去形成数学思维能力。

解题俗称“刷题”，是学数学必不可少的经历，但“过犹不及，知止不败”，刷题必须有个度。在刷题过程中，求效不求量，不要把重量当力量，把肥大当强大。

刷题，一刷思路、二刷速度、三刷格式。

刷题，不仅要用力地吃苦，更要用心地吃苦。

所谓用心，就是要通过刷题来培养良好的数学习惯：

1.审题清晰；

2.书写规范；

3.计算细心、耐心、专心；

4.善于复习与反思；

5.学会自我纠错；

6.形成自学能力（在没有外界帮助的情况下自我学习的能力）；

7.培养治学能力（能够从大量的碎片信息中选择有意义、有价值的信息构建有逻辑关系的知识链）。

数学能力的形成也要经历一个循序渐进、厚积薄发、归纳与感悟的过程。

正如王国维在《人间词话》中说人生奋斗必然要经过三种境界一样，数学学习也要经历三层境界。

第一层境界：“死去活来”地苦练，熟练掌握数学基本功。这是学数学的硬功夫，一个从薄到厚的积累过程。

数学基本功的核心首先是计算能力，计算既要有速度又要有准确度，这种能力是经年累月练出来的。为什么要强调数学计算？因为数学计算是数学思维的出发点，在算的过程中才会迸发出思维的灵光，形成解决问题的策略！其次是书写表达能力，华罗庚教授要求学生在数学表达上要做到“想得清楚、说得明白、写得干净”，书写的规范性体现在层次分明、条理清楚、干净整洁。

正如庄子言：“且夫水之积也不厚，则负大舟也无力……风之积也不厚，则其负大翼也无力。”没有扎实的数学基本功是学不好数学的。

学习没有厚积的过程，临“死”抱佛脚地去上“点睛”班、“冲刺”班，“点睛”只怕是越点眼睛越瞎，“冲刺”只怕是从河里冲到沟里去了，“墙高基下，虽得必失”！

第二层境界：“高屋建瓴”地归纳，达到数学方法的融会贯通。这是学数学的巧功夫，一个从厚到薄的提炼过程。

没有上千小时的飞行经历成不了优秀的飞行员，不在数学题海里遨游一番培养不了数学的思维，体会不到数学的精彩。但跳进“题海”里的人必须跳得进去游得回来！什么样的人游得回来？在做题过程中会反思、纠错、归纳、总结的人。

数学的精髓不是做题的数量而是从做题中去掌握数学的思想，不同类型的数学题体现出不同的数学方法与思想，通过相互对比、借鉴，看出数学问题的“同中之异，异中之同”，归纳总结出其中隐藏的数学思想与方法，把琐碎零散的知识通过数学思想与方法串成一条链，形成系统有序的知识结构，以达到“博见为馈贫之粮，贯一为拯乱之药”（刘勰《文心雕龙·神思》）的学习效果。

第三层境界：“得意忘形”地感悟，在数学思想层次得到新的认识，形成自己的数学思维品质。这是学数学的妙功夫，一个从有形到无形的升华过程。

“学贵心悟，守旧无功。”疲劳驾驶不休息终究要出车祸，疯狂刷题不感悟最终会厌学。

细心理解数学概念；
耐心训练数学技巧；
精心归纳数学方法；
用心感悟数学思想。

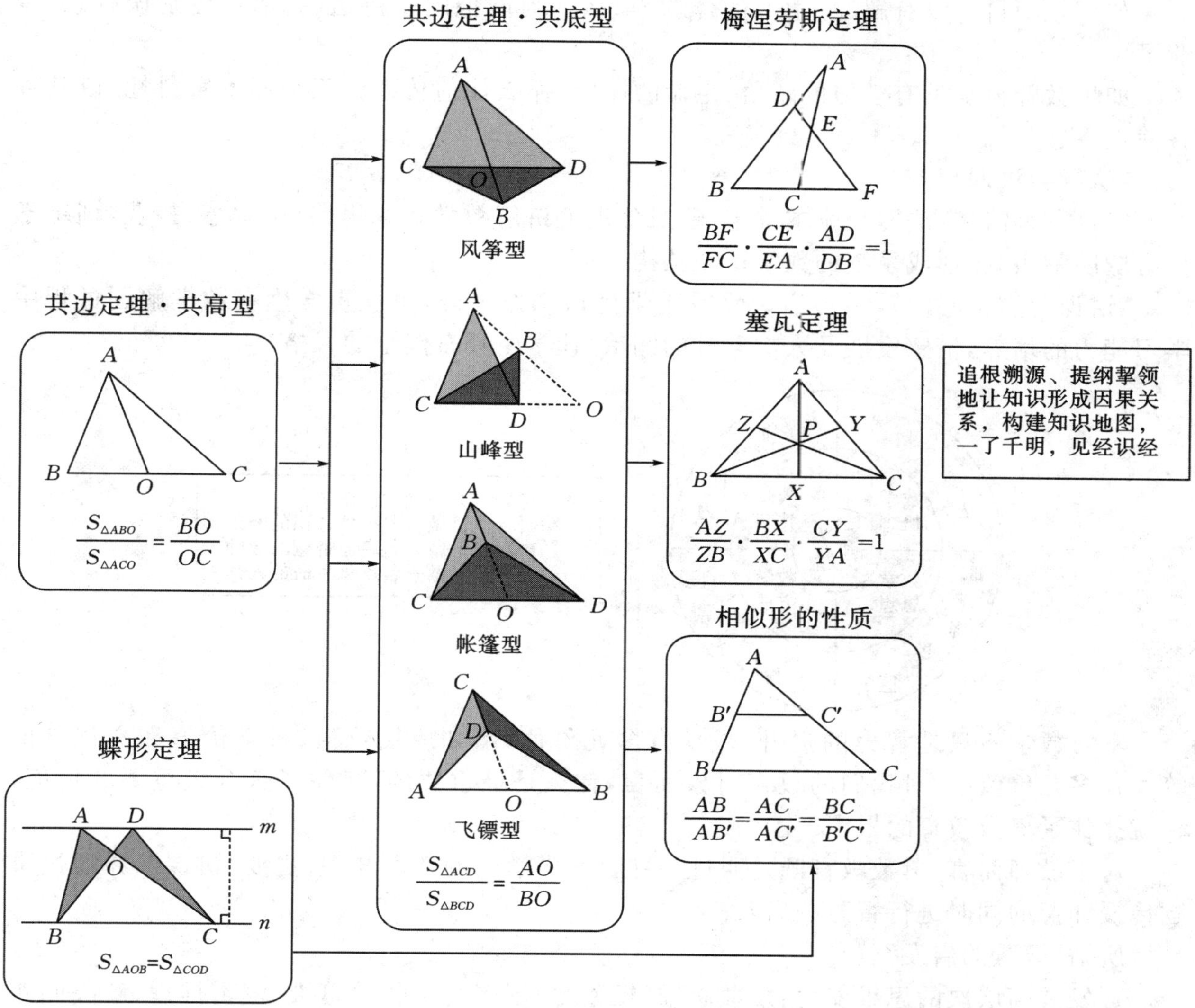

由薄到厚是量的积累，由厚到薄是质的提炼，从无序到有序是规律的体现，从有形到无形是思想的升华。

外修于行，内化于心，只有经历了这样一个学古师贤、穷物究理的学习过程，守得住基础，破得了成规，离得开教条，才能格物致知，求真致远，明心见性，产生数学的智慧。

·4. 奥数教学要“一语天然万古新，豪华落尽见真淳”·

“教”字的甲骨文是一个象形字“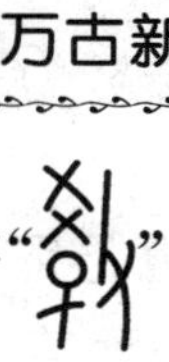”，符号“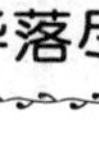”表示算筹象征着“变化”，引申为知识与学问，符号“”表示学生，符号“”表示老师手持的教鞭。所以“教”字的本义是：孩子在老师的监督与指导下学习知识。

学生通过解题来学习数学，教师则通过讲题启发学生去思考，引导学生去学习从而形成思维能力。

作为一名奥数教师，数学的专业眼界决定了学生眼中的数学世界。

如果教师自身没有解题、学习的体验，那么如何能把问题讲透、讲活？更别谈解惑、授业了。

如果教师自身没有学习的感悟、生命的体验，那么如何传道？只会照本宣科地“以其昏昏使人昏昏”了。

“讲题≠讲课！”

“讲题”是“讲拳法”，是张本继末、擘肌分理地讲解数学解题思路，是解惑、授业，训练学生有聪明的头脑，形成系统的数学认知结构。

“讲课”是“讲心法”，是传道。除看重学生认知发展外，更注重学生在数学解题过程中学习能力的培养，情感发展及人文素养的陶冶，让学生具有健全的人格。

从“讲题”升华到“讲课”：
精研专业，做一名传授知识的经师；
勤耕职业，做一名启迪智慧的导师；
敬畏事业，做一名点化生命的人师

学习数学不只是智力的提升，数学有多元价值，诸如应用价值、科学价值和文化价值等。在多元价值中，对我们的教育对象而言，什么是最重要的，抓住了这个最重要的价值，也就抓住了奥数教育的根本。

对于教师而言，奥数教育既是通过“讲题”增进学生的数学知识，更要“讲课”，在通过讲题传授知识的同时进行智慧的启发。

所谓“智慧的启发”就是：

1.发展高层次的思维能力：发散思维（想象力、创造力），收敛思维（逻辑推理、解决问题的能力），批判思维（分析、综合与反思）。

2.学习能力的形成：学生通过教师的指导而掌握科学的学习方法，也就是通常所说的“会学”，学生只有懂得“会学”，才能实现“学会”。培养学生由“迷时师渡法华转”的被动学习到“悟时自渡转华法”的自主学习能力形成。

古人说：“积学以储宝，酌理以富才。”能力比名次重要，经历会让你人生分数更高！名次是一时的快感，能力与经历是人一生的财富。要努力去做有一流能力的学生，不要刻意去追求做第一名的学生。

3.培养情感与意志：学习需要意志力，而学习也是锻炼意志力的方式之一。

对学生而言，奥数考试难、奥数学习苦；对教师而言，学生在解题过程中产生的困境与逆境，既是培养学生逆境智能与意志品格的最佳机会，也是帮助学生树立正确的情感、态度与价值观的最佳素材。

有意义、有价值的奥数教育应让学生在经历解题这个学习活动的过程中，提升智力的同时去历练他的情感与意志。教师不仅帮助学生构建知识（认知）系统，更培养学生情（情感）与意（意志）的心理品格。

忽略了情感与意志品格培养的解题活动是枯木朽枝！

欲路上事，毋乐其便而姑为染指，一染指便深入万仞；理路上事，毋惮其难而稍为退步，一退步便远隔千山。

功夫自难处做去，如逆风鼓棹，才是一段真精神；学问自苦中得来，似披沙获金，才是一个真消息。

不畏难、不畏苦的意志品格才是助学生登上人生高原、攀上人生高峰的登山鞋与防寒服。

正如斯宾诺莎所言："意志与智慧两者是一个相同的东西。"知识虽然重要，但智慧才是人的灵魂！

·5."黄金无足色，白璧有微瑕"——理性看待奥数教育·

奥数工具化让奥数"为学日益"，强化了奥数的选拔功能，弱化了其本身培养学生兴趣、拓展孩子思维的教育功能，违背了奥数本来的教育价值。

奥数商业化让奥数"为道日损"，用狭隘的应试教育手段来训练学生，过分注重应试技巧培养，一味追求"模式化"解题技巧固化学生思维，学生的应试模仿能力增强了，自主学习能力、独立探究能力丧失了。

当奥数异化为"选拔工具"，沦落为"商业资本"的金融手段时，留给我们的只有残酷的应试与市侩的俗气。

奥数教育不只对应试负责，还要对人的发展负责，是以数学为平台，以数学知识为起点，通过教育提升知识到智慧层面的启发。

奥数教育不应该是简单的知识扩充，也不是盲目的题型训练，而是致力于透视数学的本质，追寻数学的来龙去脉，让学生在掌握数学之真的同时也感受到数学之善和数学之美。

奥数更多应该承载的是教育功能……

"心静者胜出，心定者致远"，作为一名身处奥数教育风口浪尖的体制外教师，更应勿忘"至纯至善，至简至真"的教育初心，风雨兼程，如履薄冰地砥砺前行，真做教育，做真教育。努力做一个净心、静心、尽心和意诚、意执——"三心二意"的明心见性的明师，而不是沽名钓誉的名师。

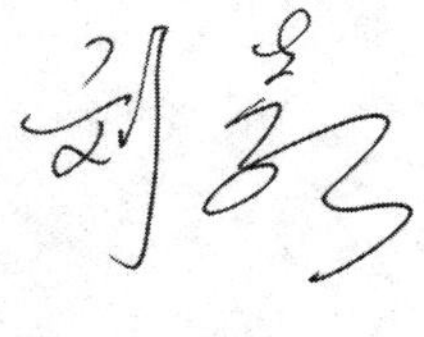

目 录

试题　参考答案

一、览胜探幽·2023年真题在线

2023年全国"数学花园探秘"(原"迎春杯")数学竞赛

决赛 …… (3) (315)
- 低年级组 …… (3) (315)
- 中年级组A卷 …… (7) (316)
- 中年级组E卷 …… (9) (318)
- 高年级组A卷 …… (11) (319)
- 高年级组C卷 …… (13) (321)
- 高年级组E卷 …… (15) (321)

大师赛 …… (17) (322)
- 3年级 …… (17) (322)
- 4年级 …… (20) (323)
- 5年级 …… (22) (325)

2023年"希望杯"全国数学邀请赛

春季赛 …… (24) (327)
- 1年级 …… (24) (327)
- 2年级 …… (29) (328)
- 3年级 …… (34) (329)
- 4年级 …… (38) (330)
- 5年级 …… (42) (331)
- 6年级 …… (46) (332)

希望联盟邀请赛 …… (50) (334)
- 1年级 …… (50) (334)
- 2年级 …… (53) (334)
- 3年级 …… (56) (335)
- 4年级 …… (59) (336)
- 5年级 …… (62) (337)
- 6年级 …… (65) (338)

2023年"优才杯"暑秋数学学情诊断

1 年级 …… (68) (339)
2 年级 …… (70) (339)
3 年级 …… (72) (340)
4 年级 …… (74) (341)
5 年级 …… (77) (343)
6 年级 …… (79) (344)

2023年南京市第十七届"时代杯"数学文化节活动

初赛 …… (81) (345)
3 年级 …… (81) (345)
4 年级 …… (84) (346)
5 年级 …… (86) (346)
6 年级 …… (88) (347)
决赛 A …… (90) (348)
3 年级 …… (90) (348)
4 年级 …… (93) (348)
5 年级 …… (96) (349)
6 年级 …… (99) (350)
决赛 B …… (102) (351)
3 年级 …… (102) (351)
4 年级 …… (105) (351)
5 年级 …… (108) (352)
6 年级 …… (111) (353)
总决赛 …… (114) (353)
3 年级 …… (114) (353)
4 年级 …… (117) (354)
5 年级 …… (119) (354)
6 年级 …… (121) (355)

2023年春·广州悦教育高端班选拔考试

1 年级 …… (123) (356)
2 年级 …… (125) (357)
3 年级 …… (127) (359)
4 年级 …… (129) (360)
5 年级 …… (131) (361)
6 年级 …… (133) (362)

2023 年秋 · 广州悦教育高端班选拔考试

1 年级 …… (135) (363)
2 年级 …… (137) (364)
3 年级 …… (139) (364)
4 年级 …… (141) (365)
5 年级 …… (143) (366)
6 年级 …… (145) (367)

2023 年郑州平行线百子菁英计划数学选拔赛

3 年级 …… (147) (369)
4 年级 …… (150) (370)
5 年级 …… (153) (371)
6 年级 …… (155) (372)

2023 年方田教育升班定级考试

五一 …… (157) (374)
3 年级 …… (157) (374)
4 年级 …… (159) (375)
5 年级 …… (161) (376)
6 年级 …… (163) (377)
端午 …… (167) (378)
3 年级 …… (167) (378)
4 年级 …… (170) (379)
5 年级 …… (172) (380)
国庆 …… (174) (381)
3 年级 …… (174) (381)
4 年级 …… (176) (382)
5 年级 …… (178) (383)
6 年级 …… (180) (384)

2023 年春 · 武汉明心资优生水平测试

4 年级 …… (183) (386)
5 年级 …… (185) (387)
6 年级 …… (187) (388)

2023 年秋 · 武汉明心资优生水平测试

4 年级 …… (189) (389)
5 年级 …… (191) (390)
6 年级 …… (193) (391)

二、历事炼心·2023年模拟题精选

模拟试卷一(中年级组)★★★ …… (197) (393)
模拟试卷二(中年级组)★★★ …… (200) (394)
模拟试卷三(中年级组)★★★ …… (203) (395)
模拟试卷四(高年级组)★★★ …… (206) (396)
模拟试卷五(高年级组)★★★ …… (209) (398)
模拟试卷六(高年级组)★★★ …… (212) (401)
模拟试卷七(高年级组)★★★ …… (214) (403)
模拟试卷八(高年级组)★★★ …… (217) (405)
模拟试卷九(高年级组)★★★ …… (220) (407)
模拟试卷十(高年级组)★★★ …… (223) (409)

三、钩沉索隐·热门专题名师讲堂

从整除中寻找方法,在余数中发现规律——探究小学常见数论问题之一——广州·黄达鹏 …… (229)
以退为进　以守为攻——寻找对自己最有利的出发点——北京·班昌 …… (243)
浅谈博弈游戏中的数学——武汉·龙腾 …… (246)
从“小明的衣橱”说起——浅谈基础计数问题题目设计——北京·史子贤 …… (257)
从命题角度探索正八边形——北京·李兆伟 …… (263)
构造之美——神奇的进位制——广州·黄锦熙 …… (270)
关于计数问题之思考与漫谈——北京·饶海波 …… (275)
数列计算中的十个有趣方法——北京·周炬坤 …… (279)
透过现象看本质——最值问题中的权重分析——北京·孙佳俊 …… (297)
有道无术术尚可求,有术无道止于术——浅谈经典奥数公式背后的数理逻辑——沈阳·张旭 …… (302)
组合中的“抽杀问题”——武汉·喻星 …… (307)

一、览胜探幽·2023 年真题在线

2023 年全国“数学花园探秘”（原“迎春杯”）数学竞赛

2023 年“希望杯”全国数学邀请赛

2023 年“优才杯”暑秋数学学情诊断

2023 年南京市第十七届“时代杯”数学文化节活动

2023 年春 · 广州悦教育高端班选拔考试

2023 年秋 · 广州悦教育高端班选拔考试

2023 年郑州平行线百子菁英计划数学选拔赛

2023 年方田教育升班定级考试

2023 年春 · 武汉明心资优生水平测试

2023 年秋 · 武汉明心资优生水平测试

2023年 全国“数学花园探秘”（原“迎春杯”）数学竞赛

决赛

低年级组

思考笔记

1. 如题图所示，数、学、花、园这 4 个汉字分别代表 0、1、2、3 这 4 个数字中的一个。请你认真观察下面的拼图算式，写着“数”的拼图表示的数字是________。

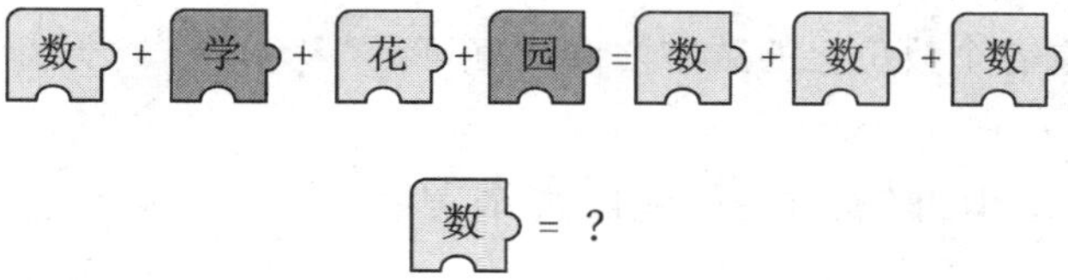

第 1 题图

2. 小宁来体验卡丁车，卡丁车的跑道如图所示，小宁需要从左边起点开到右边终点。如果每条跑道都不能重复走，那么小宁最多可以得到________枚金币。（十字路口 A 和 B 可以重复经过）

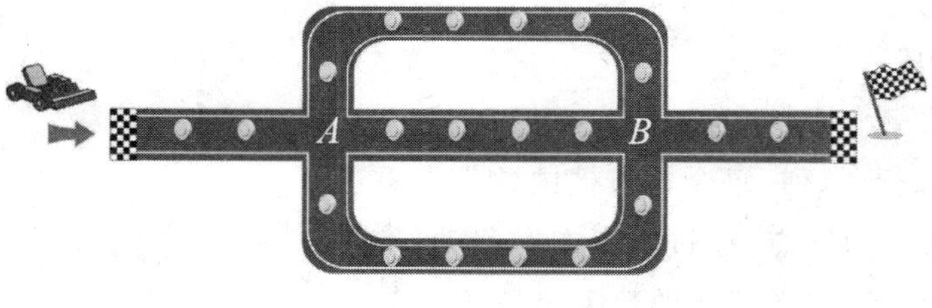

第 2 题图

3. 如果在如图算式的○中填入 3 个“＋”和 3 个“－”，那么所得到的结果最大是________。

2○0○2○1○2○1○2

第 3 题图

4. 如图(1)是一个五行六列的停车场模型，图图想在里面放上自己的小汽车。如果每个小汽车都要占 2 个相邻的格子（不能斜着放），同时有路障的格子不能放小汽车，如图(2)所示，那么这个停车场里最多能放

________辆小汽车。

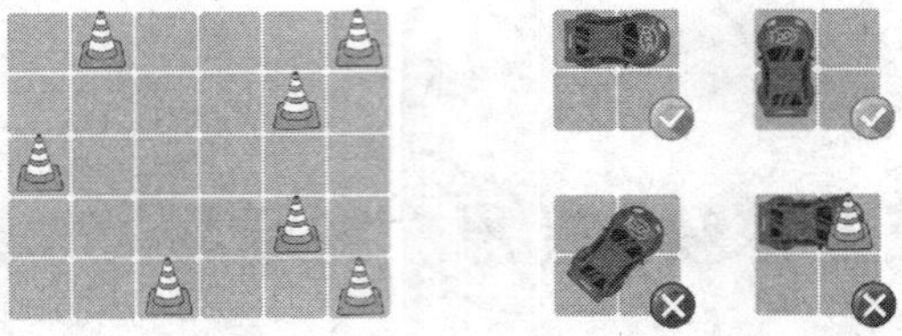

（1）　　　　　　（2）

第 4 题图

5. 七个葫芦娃参加了运动会的跑步比赛，比赛结束后他们看到了自己的排名：

(1)五娃是第二名，并且排在三娃后面。

(2)四娃的排名在大娃的后面。

(3)四娃的排名在六娃的前面。

(4)四娃的排名在二娃和七娃的中间。

请问四娃排在第________名。

6. 我们把一个年份所表示的数加上它所有数位上的数字，可以得到一个和。例如，这一年是 2021 年，2021＋2＋0＋2＋1＝2026，我们就可以得到 2026。而有的年份所表示的数加上它各个数位上的数字之和刚好可以得到 2021。

请你想一想，符合这个要求的年份中，距离 2021 年最近的是________年。

7. 有 5 个积木，其中有 2 个是 10 克，有 2 个是 20 克，还有 1 个是 30 克。

第 7 题图

请你根据题图分析：30 克积木上的字母是________。

8. 在空格内填入数字 1～6，使得每行、每列、每个粗线框内数字不重复。如果题目左上角○为起点，右下角○为终点，通过上下左右移动（不能斜向，每次只移动一格），可以找到一条路线，路线上的数字全是 2、4、6。那么第三行从左到右的六个数字依次组成的六位数是________。

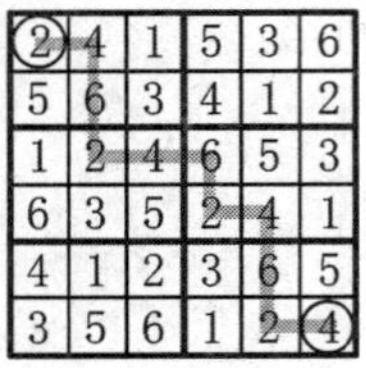

示例

○	3		4		1
5					4
3					5
2		3		1	○

题目

第 8 题图

9. 如图(1)所示，一个正方体中，如果两个相邻的●中间有一条棱，则称这两个●是一组“相邻●”。那么如果将图(2)的展开图折成正方体，一共会产生________组“相邻●”。

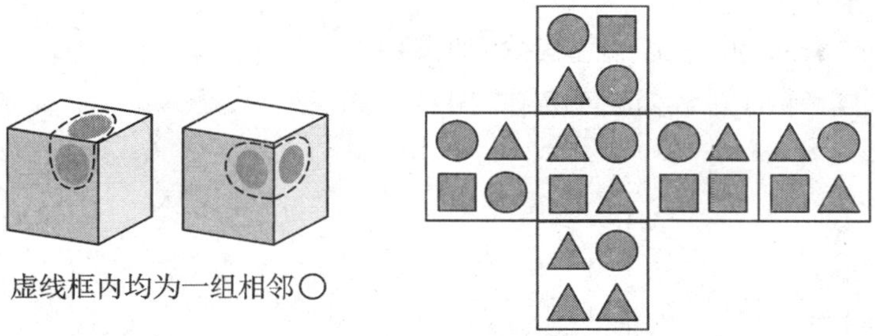

(1)　　　　(2)

第 9 题图

10. 如图(1)所示，娜娜用火柴棒摆出的数是“16”，而鹏鹏在对面看到的也恰好是一个两位数，但这个两位数会变成“91”。如果娜娜在桌面上又摆出了一个三位数，鹏鹏在对面看到的也恰好是一个三位数，并且与娜娜原来摆的三位数之和为 810，那么娜娜可能摆出的数中最小的是________。[图(2)是用火柴棒摆放数字 0～9 的方法]

(1)　　　　(2)

第 10 题图

11. 如图所示，小玉从学校回家的这段路被 4 个红绿灯分成了 5 段同等长度的路，每段路都需要走 2 分钟。已知每个红绿灯都是红灯停绿灯行，并且红灯亮 1 分钟，绿灯亮 1 分钟交替进行。

有一天小玉放学后从学校往家走时，4 个红绿灯都刚刚变为红灯，而且刚刚走到第二个红绿灯时，小玉发现忘了带作业，于是立即返回学校取，取到后再立即沿路回家。

如果忽略取作业的时间，那么小玉从放学到回家总共用了________分钟。

第 11 题图

12. 乐乐想要创造一个滑梯王国，于是他把王国的设计图画了下来，并制订了一些规则，如图(1)～(3)所示：

(1)图中每一个小方格代表一个房间。

(2)在每个房间内画一条斜线，代表这个房间的滑梯，每个房间恰好有一条滑梯。

(3)圆圈内的数字表示这个交点处共有多少条滑梯。

(4)所有的滑梯不能形成正方形或者长方形。

现在乐乐已经设计好了滑梯王国的房间，并标上了一些数，如图(4)所示。请你帮乐乐设计一下每个房间滑梯的摆放，请问所有房间中有______个画有╲的格子。

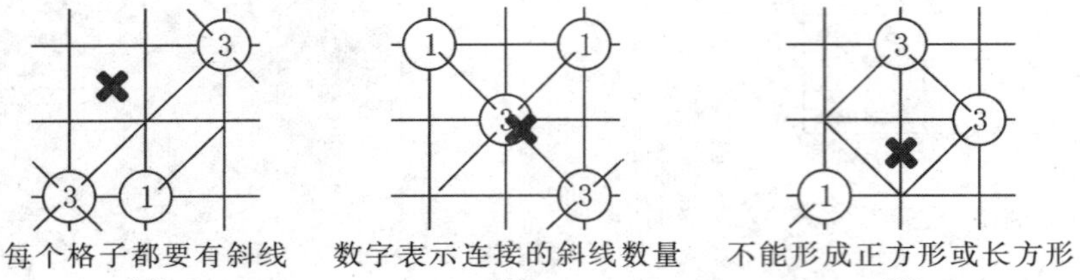

(1)　(2)　(3)

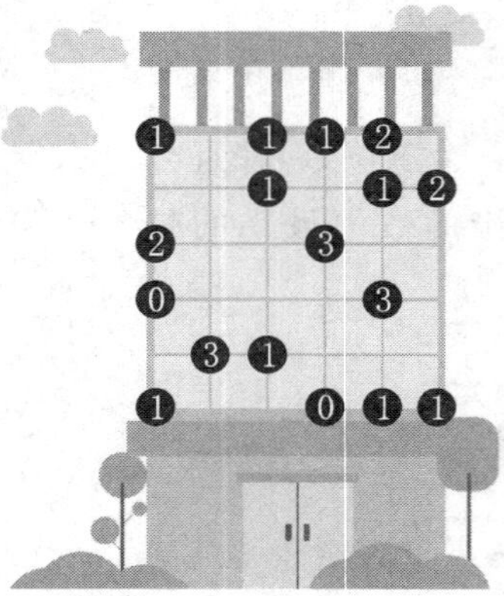

(4)

第 12 题图

中年级组A卷

思考笔记

一、填空题Ⅰ(每小题 8 分,共 32 分)

1. 算式 (123+4)×(5+7)÷6×8−9 的计算结果是________。

2. 老师拿来一些苹果,分给同学们;如果每人分 3 个苹果,最后还剩下 4 个;如果再拿来 5 个苹果,正好可以给每位同学再分 1 个。那么,开始老师拿来的苹果有________个。

3. 图(1)、图(2)都是由正方形和等边三角形拼成。如果图(2)的周长是图(1)的 5 倍,那么图(2)的面积是图(1)的________倍。

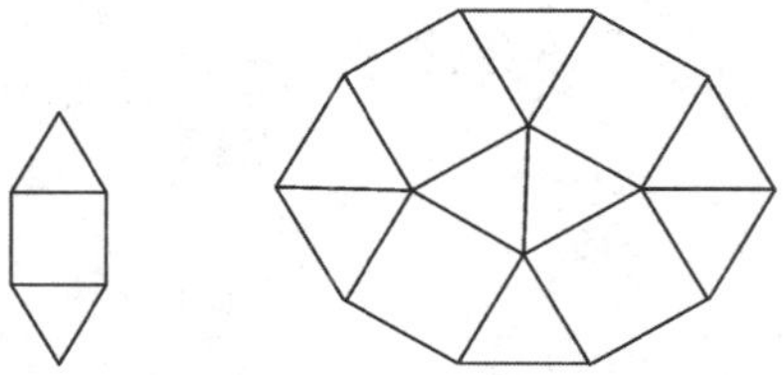

图(1)　　图(2)

第 3 题图

4. 下面一列数字,从第三个数字开始,每个都等于它前面两个数字乘积的个位数字。

1,2,2,4,8,2,6,2,2,4,…

那么,这列数中前 2023 个数字的总和是________。

二、填空题Ⅱ(每小题 10 分,共 40 分)

5. 在题图的方框中填入互不相同的数字,使得等式成立;现在“2”“3”已被填入,那么算式中的被除数是________。

[2][ ][ ]÷[ ][ ]=[ ][ ]−[ ][ ]=[3]

第 5 题图

6. 如图,F 是长方形 $ABCD$ 的边 CD 的中点。如果△ABE 与△DEF 的面积分别是 20、23,那么△BEG 的面积是________。

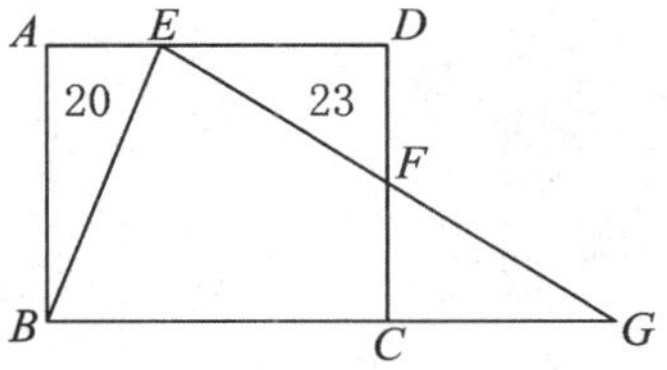

第 6 题图

7. 3 年前,甲、乙、丙三人的年龄和是甲的 2 倍;今年,甲、乙的年龄和是丙的 2 倍;明年,甲的年龄是乙的 2 倍。那么,今年甲________岁。

8. 老虎、狐狸、狼、狈共 100 只排成一圈,结果每只动物都说:“有狐狸与我相邻。”老虎都说真话,狐狸都说假话;狼与老虎相邻时说真话,其余情况狼都说假话;狈与狼或狐狸相邻时说假话,其余情况狈都说真话。

如果狈恰有 24 只,那么老虎最多有________只。

三、填空题Ⅲ(每小题 16 分,共 48 分)

9. 将 0～9 分别填入题图的 10 个圆圈中,使得各条直线上圆圈中所填数的和都等于大圆上圆圈中所填数的和。现已将 1 填入且 $A\neq 0$,那么四位数$\overline{ABCD}$是________。

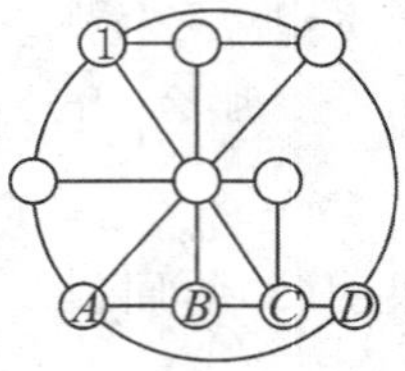

第 9 题图

10. 题图 4×3 表格已固定,将每个小方格染成红、黄、蓝三种颜色之一,使得:

对于每个红色小方格,都有黄色和蓝色小方格和它相邻;

对于每个黄色小方格,都有红色和蓝色小方格和它相邻;

对于每个蓝色小方格,都有黄色和红色小方格和它相邻。

那么,满足条件的不同染色方法共有________种。

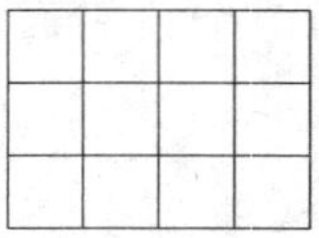

第 10 题图

11. 题图的迷宫中,从入口进入,最后从出口走出,只能从和为奇数的两个数字间通过,经过后获得的积分是这两个数字的和,每条道路至多经过一次。如图(1),可得积分:

(1+12)+(15+6)+(6+7)+(10+11)+(11+2)+(5+16)。

将 1～16 这 16 个自然数填入图(2)的小正方形中,每个数用一次。按照上述迷宫规则,获得的积分最多是________。

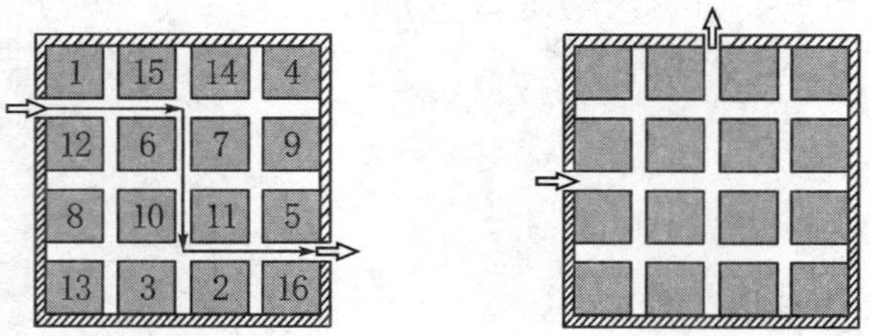

(1)　　　　(2)

第 11 题图

中年级组E卷

思考笔记

一、填空题Ⅰ（每小题 8 分，共 32 分）

1. 算式 $12\div3+45\times6-78$ 的计算结果是________。

2. 题图中，三角形共有________个。

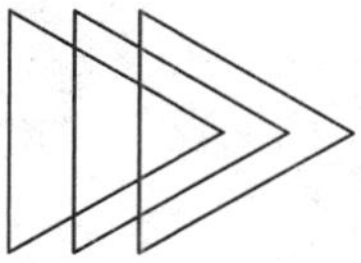

第 2 题图

3. 2022 年卡塔尔世界杯是国际足联第 22 次举办的世界杯足球比赛；已知足球世界杯每 4 年举行一次，因战争原因有两次该举办的年份没有举行，那么第一届世界杯在乌拉圭举行的时间是公元________年。

4. 如图，一个大正方形被分割成了周长依次为 70、80、90、100 的四个小长方形。那么，其中最小的小长方形的面积是________。

第 4 题图

二、填空题Ⅱ（每小题 10 分，共 40 分）

5. 工人运瓷器 1000 件，规定完整运到目的地一件给运费 5 元，损坏一件倒赔 120 元。运完这批瓷器后，工人共得 4500 元，那么损坏了________件。

6. 将 1～9 分别填入到如图的方框中，每个数字用一次，使得竖式成立。现在数字 6、7、8 已经被填入，那么竖式的和是________。

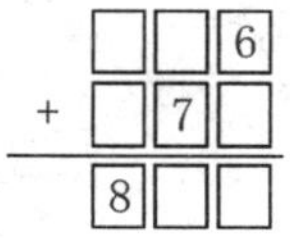

第 6 题图

1	2	3
4	5	6
7	8	9

第 7 题图

7. 老虎、狐狸、猴子各 3 只分别入住如图的 9 个房间中，每个房间一只，结果每只动物都说："有老虎与我相邻。"（有公共边的两个房间相邻）如果老虎都说真话，狐狸都说假话，猴子说的话不知真假，那么说真话的猴子所在房间编号的和是________。

8. 如图，9 个小三角形拼成了一个大三角形，10 个小圆圈中分别填有 1～10。每次操作，指当一个小三角形 3 个顶点上的数都是正整数时，可对这 3 个数同时加 1 或同时减 1。当大三角形边上 9 个小圆圈中的数都变成 0 时，中心小圆圈中的数变成________。

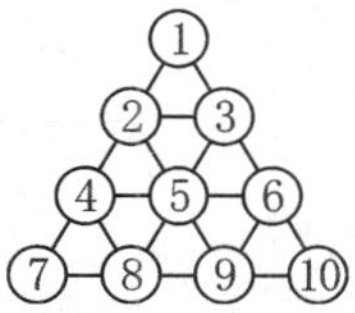

第 8 题图

三、填空题Ⅲ(每小题 16 分,共 48 分)

9. 题图已固定,请将 1、2、3、4 各 2 个分别填入 8 个圆圈中,使得阴影圆圈中的数比它两边相邻的白色圆圈中的数都大。那么,不同的填法共有________种。

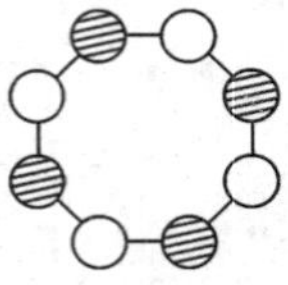

第 9 题图

10. 箱子里有一些红球和一些白球,如果每次同时拿 1 个红球和 1 个白球,当红球拿完时白球还余 30 个;如果每次同时拿 1 个红球和 3 个白球,当白球余 2 个不够拿一次时红球还余 30 个。箱子里的白球有________个。

11. 题图的迷宫中,从入口进入,最后从出口走出,只能从和为奇数的两个数字间通过,经过后获得的积分是这两个数字的和,每条道路至多经过一次。如图(1),可得积分:

(1+12)+(15+6)+(6+7)+(10+11)+(11+2)+(5+16)。

将 1~16 这 16 个自然数填入图(2)的小正方形中,每个数用一次。按照上述迷宫规则,获得的积分最多是________。

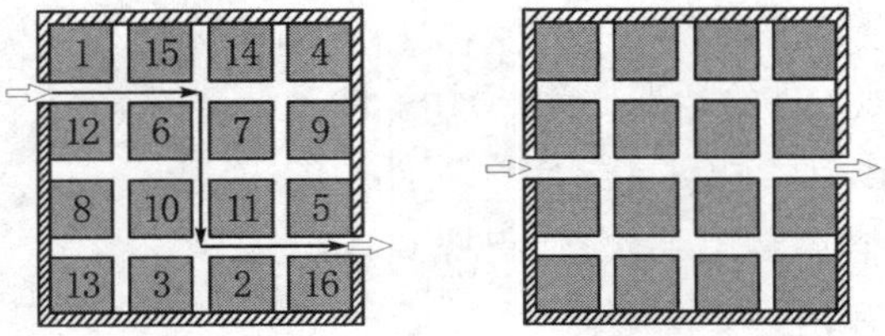

(1)　　　　(2)

第 11 题图

高年级组A卷

思考笔记

一、填空题Ⅰ（每小题 8 分，共 32 分）

1. 算式 $2023\div(2.4^2-1)$的计算结果是________。

2. 如图，在大圆内有一个最大的正方形，在正方形内有一个最大的圆。如果正方形的边长为 10，那么图中阴影部分面积和是________。

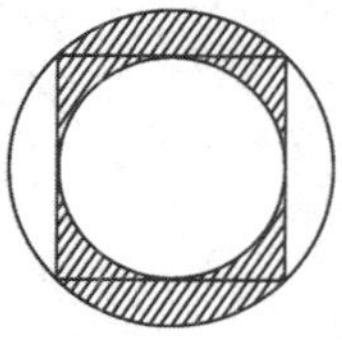

第 2 题图

3. 在 2022 年北京冬奥会的奖牌榜上，挪威、德国分别列第一、第二，中国以 9 块金牌列奖牌榜第三。中国与德国相比，金牌是德国的 75%，银牌、铜牌都是德国的 40%，奖牌总数是德国的 $\frac{5}{9}$；那么，中国共获奖牌________块。

4. 如果发射一枚导弹命中目标的概率是 70%，那么发射两枚导弹，其中至少有一枚命中目标的概率是________%。

二、填空题Ⅱ（每小题 10 分，共 40 分）

5. 将 1～9 分别填入如图的方框中，每个数字用一次，使得等式成立。那么算式中两个被减数的和是________。

（□□－□□）×（□□－□）×□□＝2023

第 5 题图

6. 猫和老鼠天生就是死对头。现在有 3 只猫和 5 只老鼠被分别放入如图所示的 8 个圆圈内。如果某只动物发现，与自己相邻的圆圈中死对头的数量多于同类的数量，那么它就会发出抗议。如果只有 1、2、3 号圆圈中的动物发出抗议，那么放有老鼠的圆圈编号从小到大依次组成的五位数是________。

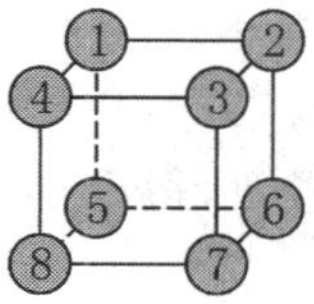

第 6 题图

7. 某段期间，某种商品成本上涨了 30%，售价上涨 20%，导致利润率下降了 10 个百分点。那么现在的利润率是________%。

8. 题图 4×3 表格的每个格子中都已填好一个数。每次操作，指当 2×2 正方形中的 4 个数都是正整数时，可对这 4 个数同时加 1 或同时减 1。经过若干次操作后，表格中 12 个数的总和的最小值是________。

5	4	3	12
6	1	2	11
7	8	9	10

第 8 题图

三、填空题Ⅲ(每小题 16 分,共 48 分)

9. 一个各位数字互不相同的四位数,能被自身任两位数字的和整除,还能被自身任两位数字的差整除;那么这个四位数的最大值是________。

10. 题图已固定,将每个圆圈染成红、黄、蓝三种颜色之一,使得:

对于每个红色圆圈,都有黄色和蓝色圆圈和它相邻;

对于每个黄色圆圈,都有红色和蓝色圆圈和它相邻;

对于每个蓝色圆圈,都有黄色和红色圆圈和它相邻。

那么,满足条件的不同染色方法共有________种。

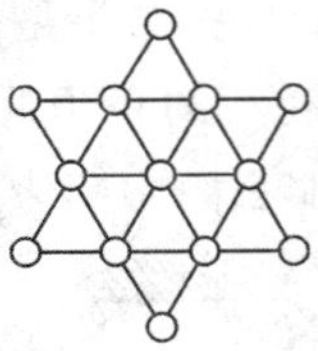

第 10 题图

11. 在荒漠生存活动中遇到麻烦的阿明向基地匀速赶来,一支救援队以每分钟 100 米的速度从基地出发迎向阿明。救援队先后放出两只信鸽,信鸽径直飞向阿明,与阿明相遇后立即飞回救援队。两只信鸽放出时间相隔 30 分钟,返回时间相隔 24 分钟;如果信鸽的速度始终是每分钟 1400 米,那么阿明的速度是每分钟________米。

四、填空题Ⅳ(每小题 15 分,共 30 分)

12. 如图,等边$\triangle DEF$的顶点D、F分别在大等边$\triangle ABC$的边AB、AC上,等边$\triangle DEF$的中心O恰是BC的中点。

已知:$\triangle BOD$与$\triangle COF$的面积分别为 1、2。

(1)大等边$\triangle ABC$的面积是________。

(2)等边$\triangle DEF$的面积是________。

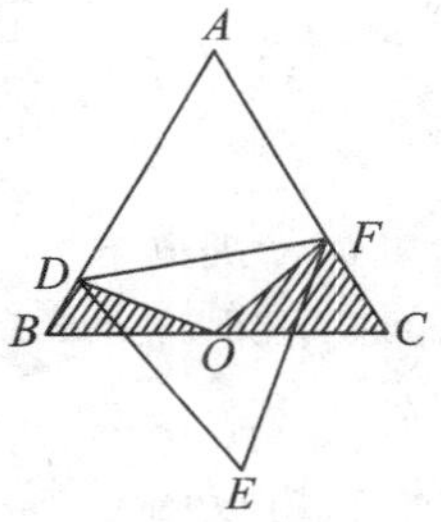

第 12 题图

13. 10 名同学围成一圈,每人想一个正整数,并将这个数告诉相邻的两人和老师。老师告诉大家,每人想的数互不相同且总和恰为 2023,然后要求每人用相邻两人所想数的差(大减小)再加上自己的所想数,得到的和称为自己的“幸运数”。那么,

(1)10 个“幸运数”总和的最大值是________。

(2)10 个“幸运数”总和的最小值是________。

(3)当聪聪所想的数是 24 且 10 个“幸运数”总和最小时,其余 9 位同学所想的数共有________种不同的情况。

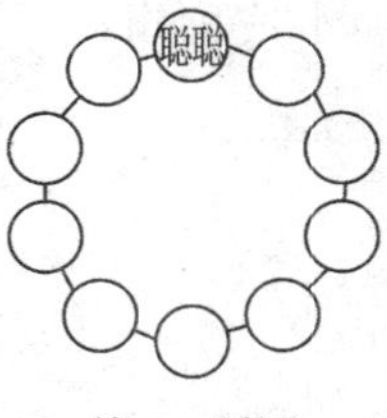

第 13 题图

高年级组C卷

思考笔记

一、填空题Ⅰ（每小题 8 分，共 32 分）

1. 算式(12.3－0.4)×(8＋9)＋56.7 的计算结果是________。

2. 如图，在大圆内有一个最大的正方形，在正方形内有一个以边长为直径的半圆。如果正方形的边长为 10，那么图中阴影部分面积和是________。

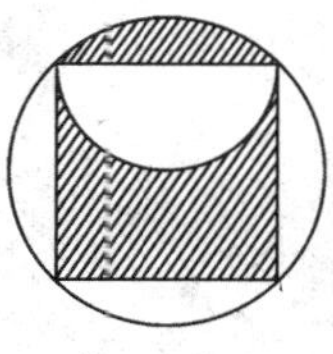

第 2 题图

3. 张老师带着一些钱去买签字笔，到商店后发现这种笔降价了 12%，结果他带的钱恰好可以比原来多买 3 支。那么降价前这些钱可以买签字笔________支。

4. 在如图的每个方框中填入适当的数字，使得乘法竖式成立。那么，竖式的乘积是________。

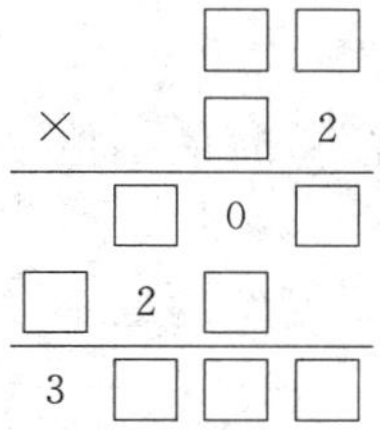

第 4 题图

二、填空题Ⅱ（每小题 10 分，共 40 分）

5. 在 2022 年北京冬奥会的奖牌榜上，挪威、德国分列第一、第二，中国以 9 块金牌列奖牌榜第三。中国与德国相比，金牌是德国的 75%，银牌、铜牌都是德国的 40%，奖牌总数是德国的 $\frac{5}{9}$；那么，中国共获奖牌________块。

6. 如图，正六边形被分割成了 8 个完全一样的直角梯形。如果 AB 长 1 厘米，那么 CD 长________厘米。

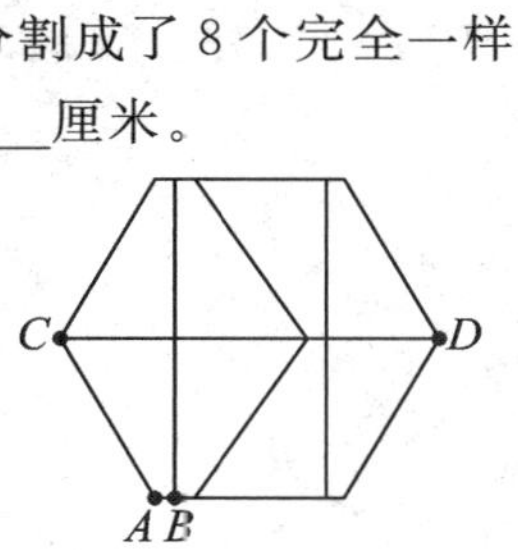

第 6 题图

7. 将 3 个球随机放入 5 个盒子中，没有任意 2 个球在同一个盒子中的概率是________%。

8. 甲、乙两人分别从 A、B 两地同时出发，匀速相向而行，当甲走过 AB 中点 120 米时与乙相遇。两人相遇后，甲将速度提高到原来的 2 倍，到 B 地后立即调头。当甲又走过 AB 中点再行 900 米时，保持原来速度的乙恰好到 A 地。那么，A、B 两地间的路程是________米。

三、填空题Ⅲ(每小题 16 分,共 48 分)

9. 将 1、2、3、4、5、6 排成一列,使得从第 3 个数开始,每个数都与它前面(不必相邻)某个数相差 2。那么,满足条件的排法一共有________种。

10. 老虎、狐狸、狼、狈各 4 只分别入住如图的 16 个房间中,每个房间一只,结果每只动物都说:"有狐狸与我相邻。"(有公共边的两个房间相邻)老虎都说真话,狐狸都说假话;狼、狈相邻时都说假话,狈与狐狸相邻时也说假话,其余情况狼、狈都说真话。如果入住 3、6、9 号房间的都是狈,那么 4 只狼所在房间编号的乘积是________。

1	2	3	4
5	6	7	8
9	10	11	12
13	14	15	16

第 10 题图

11. 有 99 个自然数的和为 2023^{2023}。对这 99 个自然数进行如下变换:找出一个最小数加上 1,找出一个最大数减去 1,然后再从小到大排列。连续进行这种变换,直至 99 个数不发生变化为止,最后的 99 个数中有________个偶数。

四、填空题Ⅳ(每小题 15 分,共 30 分)

12. 如图的字母分别表示 1~9 中互不相同的数字。

(1)$\overline{ABC}$、$\overline{DEF}$、$\overline{GHI}$、$\overline{ADG}$、$\overline{BEH}$、$\overline{CFI}$这 6 个三位数总和的最小值是________。

(2)$A\times B\times C+D\times E\times F+G\times H\times I+A\times E\times I+C\times E\times G$ 的最小值是________。

A	B	C
D	E	F
G	H	I

第 12 题图

13. 大正方形 $ABCD$ 中如图放置了两个小正方形 $OEFG$ 和 $OPQN$。M、N 是正方形 $ABCD$ 相应边上的中点,且$\triangle AEF$ 和$\triangle CQN$ 的面积分别为 70、120。

(1)小正方形 $OEFG$ 的面积是________。

(2)$\triangle OPG$ 的面积是________。

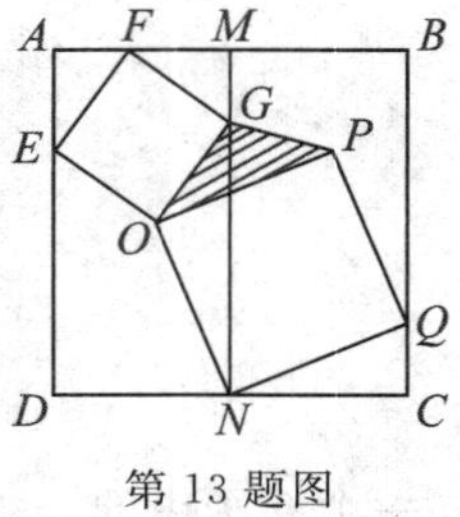

第 13 题图

高年级组E卷

思考笔记

一、填空题Ⅰ(每小题 8 分,共 32 分)

1. 算式(2.4+0.1)×(2.4−0.1)÷0.25 的计算结果是________。

2. 题图中的扇形的圆心角都是 90°,如果大扇形的半径是 10,那么图中阴影部分的面积和是________。(π 取 3.14)

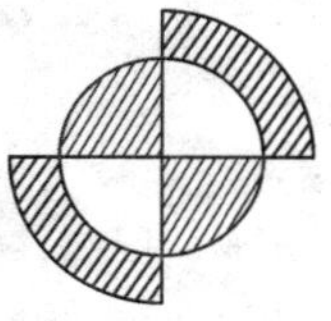

第 2 题图

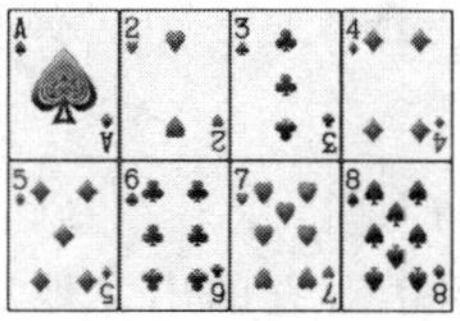

第 4 题图

3. 某商品八折出售,还能获得 40%利润。那么,该商品原来的利润率是________%。

4. 在平面内,把一个图形绕着某个点旋转 180°,如果旋转后的图形能与原来的图形重合,那么这个图形叫作中心对称图形,这个点叫作它的对称中心。题图扑克牌的点数依次为 1~8,那么这些扑克牌图案中是中心对称图形的扑克牌的点数总和是________。

二、填空题Ⅱ(每小题 10 分,共 40 分)

5. 在题图的每个方框中填入一个数字,使得竖式成立。那么,竖式的乘积是________。

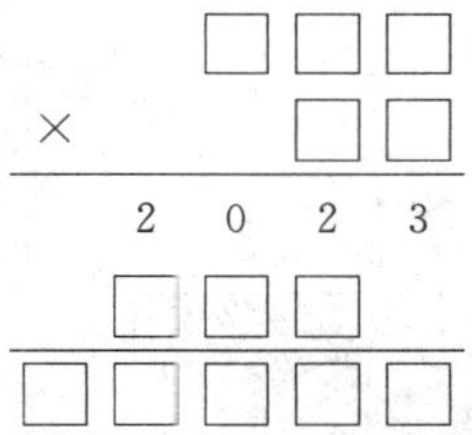

第 5 题图

6. 卡塔尔世界杯的裁判分为主裁判、助理裁判、视频助理裁判。其中视频助理裁判比主裁判少$\frac{1}{3}$,助理裁判比主裁判多 33 人,但比视频助理裁判的 3 倍少 3 人。那么,卡塔尔世界杯的裁判共有________人。

7. 一个各位数字互不相同的五位数,能被自身任两位数字的差整除。那么这个五位数的最小值是________。

8. 陈老师告诉甲、乙各两个数后,三人依次有如下对话。

陈老师说:“这 4 个数是 1~7 中互不相同的自然数,且你俩各自两数的和不相等,你们现在都只知道自己的数,你们能判断出谁的和大吗?”

甲说:“我判断不出。”

乙说:“听了甲的话,我还是判断不出。”

甲说:“现在我还是判断不出。”

乙说:“现在我能判断出我的和比甲的大,但不能确定甲的两个数分别是多少。”

甲说:“现在我能确定乙的两个数分别是多少了,他有一个数字与我的一个数字差 1。”

他们都足够聪明且诚实,如果甲的数是 A、B,乙的数是 C、D 且 $A<B$、$C<D$,那么四位数$\overline{ABCD}$是________。

三、填空题Ⅲ(每小题 16 分,共 48 分)

9. 将最小的 6 个质数分别填入如图的 6 个圆圈中,每个质数恰用一次,使得每条直线上所填数的和都相等。那么,$A\times B\times C$ 的值是________。

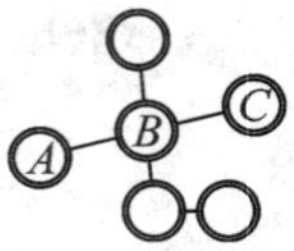

第 9 题图

10. 甲从 A 地出发去 B 地,与此同时乙从 B 地出发去 A 地,在距离 A 地 100 米的 C 地两人第一次迎面相遇;两人到达对方的出发地后都立即调头,并将速度提高到各自原来速度的 2 倍;两人都调头行了一段时间第二次迎面相遇后,甲再行 48 米才第二次到 C 地。那么,A、B 两地间的路程是________米。

11. 如图,将每个圆圈染成红、黄、蓝三种颜色之一,使得:

对于每个红色圆圈,都有黄色和蓝色圆圈和它相邻;

对于每个黄色圆圈,都有红色和蓝色圆圈和它相邻;

对于每个蓝色圆圈,都有黄色和红色圆圈和它相邻。

那么,满足条件的不同染色方法共有________种。

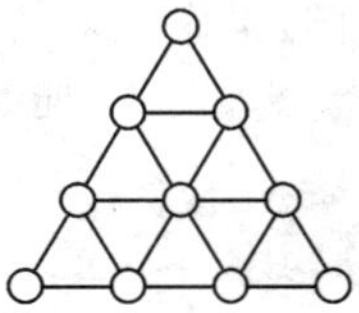

第 11 题图

四、解答题(每小题 15 分,共 30 分)

12. 如图,长方形 $ABCD$ 被 4 条线段分割成 6 个三角形和 1 个四边形。如果$\triangle AGH$、$\triangle CEH$、$\triangle ABE$ 的面积分别是 33、44、55。

(1)求长方形 $ABCD$ 的面积。

(2)求阴影四边形 $CFGH$ 的面积。

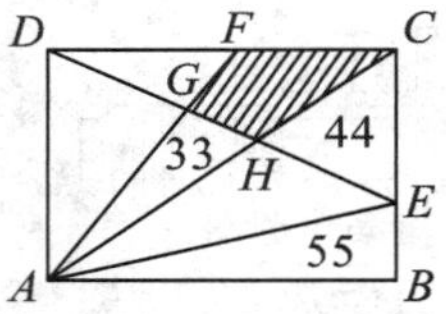

第 12 题图

13. 如图 50×50 的每个格子都填了一个自然数,这些自然数是按照一定规律排列的。

(1)求左数第 4 列 50 个数的总和。

(2)没在数表中出现的最小正整数是多少?

(3)有一个"十"字形框包含的 5 个自然数的总和是 2023 的倍数,那么该"十"字形框中最大的自然数是多少?

1	2	3	4	…	49	50
4	5	6	7	…	52	53
9	10	11	12	…	57	58
16	17	18	19	…	64	65
…	…	…	…	…	…	…
2500	2501	2502	2503	…	2548	2549

第 13 题图

大师赛

3年级

思考笔记

第一试

一、填空题(每小题 10 分,共 30 分)

1. 算式 2023÷(2+0+2+3)的计算结果是________。

2. 老师准备把一些苹果分给几名同学。如果每人分 6 个,还能剩下 7 个;如果每人分 8 个,最后会缺 9 个。那么,老师要分的苹果一共有________个。

3. 如图,编号为 1～5 的 5 种部件,每种部件都是由 4 个 1×1 的小正方形拼成。如果要选择其中一种部件 2 个,另两种部件各 1 个拼成一个 4×4 的正方形,题图就给出了一种选择的方案(部件可以旋转或翻转),并用这 4 个部件的编号由小到大组成的四位数来表示这种选择方案(如图的方案用 1244 表达)。

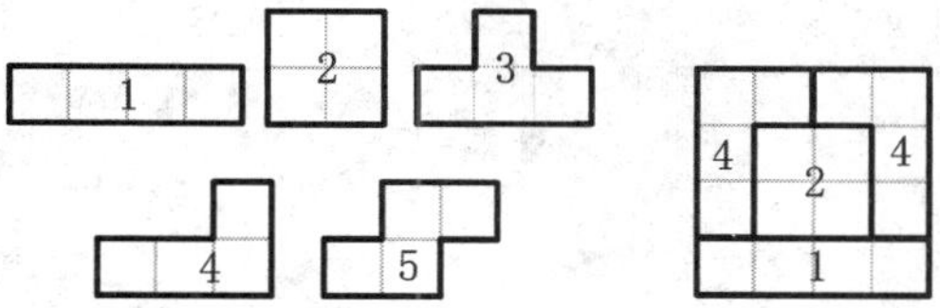

第 3 题图

那么除了这种选择方案,其他的选择方案还有:________________。(要求写出所有答案,没写全但无错误答案者酌情给分)

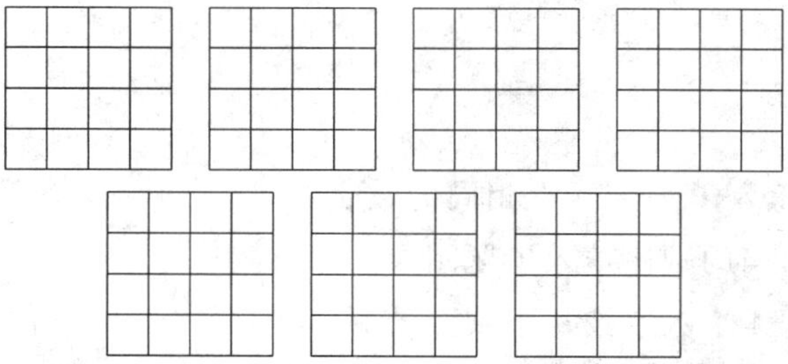

备用图

二、解答题(每题 15 分,共 30 分)

4. 7 个人围成一圈做游戏,从沫沫开始顺时针从 1 到 100 报数,要求报到 8 的倍数或者含数字 8 的数时,要拍一下手且只拍一下,那么沫沫一共拍了多少次手?

5. 如图,将 1～9 各一个填入下表中第二行,使得该行每个数字与上面的数字不同,并将这两数的差(大减小)写在第三行相应位置。

1	2	3	4	5	6	7	8	9

第 5 题图

(1)第三行所有数的总和最小是多少?请给出你的证明和构造。

(2)第三行所有数的总和最小时,有________种不同填法。(只需直接写出答案)

1	2	3	4	5	6	7	8	9

1	2	3	4	5	6	7	8	9

备用图

第二试

一、填空题(每小题 10 分,共 30 分)

1. 村村在题图加法算式的每个方框中填入了一个互不相同的数字,使得加法算式成立。小超将这 4 个数字按适当的顺序填入了题图乘法算式的方框中,使得乘法算式也成立。那么,这 4 个数字按从小到大的顺序组成的四位数是________。

$$\square+\square+\square=\square$$

$$\square\times\square=\square\square$$

第 1 题图

2. 有 6 个球,其中 1 个红球,2 个黄球,3 个蓝球。将这 6 个球平均分给了甲、乙、丙三人,每人都只知道自己的球的颜色,然后依次有如下的对话。

甲说:"虽然我还不能确定你们各自所拿球的颜色,但是我知道你们之中必有一人拿的两个球的颜色相同。"

乙说:"听了甲的话,我已经能确定你们各自所拿球的颜色了。"

如果他们都是聪明且诚实的孩子，那么丙所拿的两个球的颜色分别是________和________。

3. 形如 2023 这样，百位比千位小，十位与千位相等，个位比千位大的四位数，叫作“对号数”。那么，“对号数”一共有________个。

二、解答题（每题 15 分，共 30 分）

4. 如图，正方形 $DEFG$ 的顶点 F、G 在长方形 $ABCD$ 的边上。如果 $\triangle PDE$ 与 $\triangle PAF$ 的面积差是 60 平方厘米，且 $BF=2AF$，那么正方形 $DEFG$ 的面积是多少平方厘米？

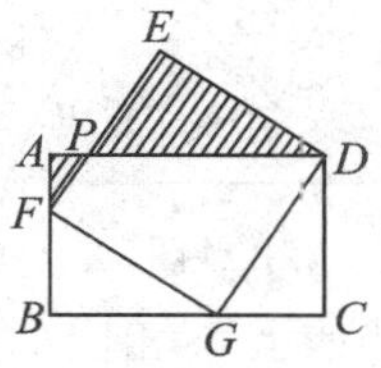

第 4 题图

5. 在如图 4×4 表格的每个格子中填入一个自然数（允许相同），使得图中 9 个 2×2 正方形中各自 4 个数的和互不相等。

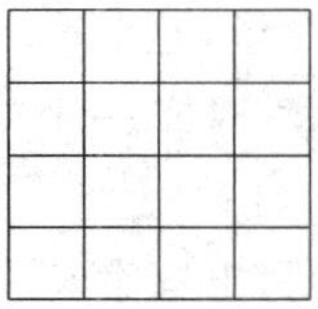

第 5 题图

(1)4×4 表格所填的 16 个数中，非零自然数最少有多少个？请给出你的证明和构造。

(2)4×4 表格所填的 16 个数中，最大的数最小是________，并在图中给出一种填法。（只需直接写出答案）

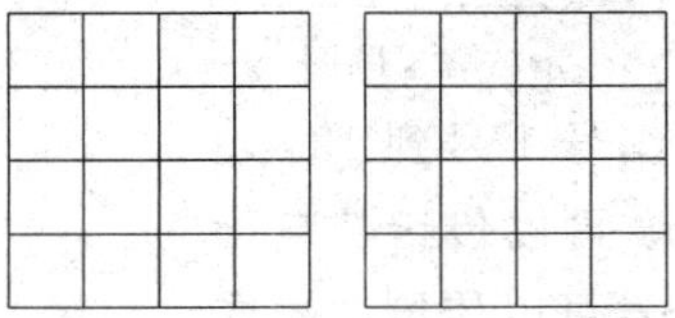

备用图

4 年级

思考笔记

第一试

一、填空题(每小题 10 分,共 30 分)

1. 算式$(202\times3-2\times23)\div20-23$的计算结果是________。

2. 如图,梯形 $ABCD$ 中,$BC=2AD$,若三角形 OBC 和三角形 OAD 的面积分别为 20 和 23,那么梯形 $ABCD$ 的面积是________。

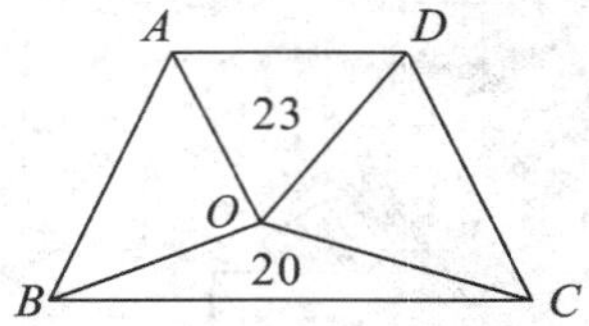

第 2 题图

3. 下面等式中,不同字母代表互不相同的非完全平方数数字,那么,$\overline{ABEF}$表示的四位数是________。

$$\overline{AB}-C\times D=E\div F$$

第 3 题图

二、解答题(每题 15 分,共 30 分)

4. 如图,将一个边长为 12 厘米的正方形分割成 9 个小长方形,这 9 个小长方形的长与宽都是整数厘米,且 9 个小长方形的周长恰好构成一个等差数列。

(1)这 9 个长方形的周长总和是________厘米。(只需直接写出答案)

(2)求这 9 个长方形中周长最小的长方形的周长。

第 4 题图

5. 12 个小朋友站成一圈玩传球游戏,顺时针依次编号 1 号到 12 号。一开始球在 1 号小朋友手里,传球的规则是每位小朋友可以传给从自己开始算起的顺时针的第 4 个或第 5 个小朋友,例如 12 号可以传给 3 号或 4 号。如果经过若干次传球后,球又传回了 1 号小朋友手里,且每位小朋友至多接到过 1 次传球。

(1)试给出一种构造,使得参与本次传球的小朋友恰好有 7 名。

(2)最多有多少名小朋友参与了本次传球?

(3)在传球人数达到最大值的条件下,有多少种不同的传球方式?

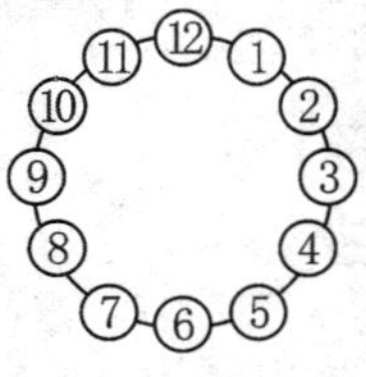

第 5 题图

第二试

一、填空题(每小题 10 分,共 30 分)

1. 已知三位数$\overline{ABC}$和$\overline{BCD}$分别能被 20 和 23 整除,那么,四位数$\overline{ABCD}$最大是________。

2. 如图,$\triangle ABC$ 中,F 是 AB 中点,EF 与 AP 交于点 D,且$\triangle PAB$、$\triangle PCD$、$\triangle PEF$ 的面积都是 120,那么$\triangle ABC$ 的面积是________。

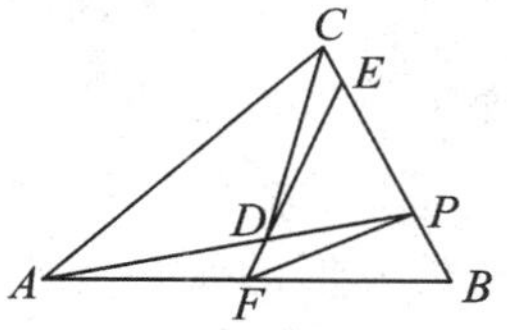

第 2 题图

3. 王老师用 6 个不同数字组成了 3 个两位数,并把这 3 个数分别告诉了达达、沫沫和平平三人,三人只知道自己的两位数,然后发生以下对话。

达达:"我手里是一个两位质数,但是组成它的两个数字都不是质数。"

沫沫:"我手里的也是两位质数,但是组成它的两个数字都是质数。"

平平:"我手里的两位数不是质数,但它的因数个数是质数。咱们三个数谁最大?"

达达:"别理我,我的数是最小的。"

沫沫:"可是我还是不知道谁的数最大。"

平平:"我知道了,我的数是最大的。"

那么,这 3 个两位数的和是________。

二、解答题(每题 15 分,共 30 分)

4. 沫沫和达达约好中午一起去饭店吃饭。原计划沫沫 10:20 从家步行出发,达达 10:40 从家步行出发,恰好同时到饭店,吃 2 小时后各自步行回家。结果沫沫起晚了,用 2 倍的速度跑着去,到了以后只吃了一个半小时,然后沫沫用同样的速度跑回家,达达步行回家,结果两人各自到家的时间恰好和沫沫原计划的到家时间相同。

(1)达达从家步行去饭店用多少分钟?

(2)达达在饭店等了沫沫多少分钟?

5. 将数字 0、1、2、3、4、5、6、7、8 分为三组,每组 3 个数字,各组内数字按任意顺序组合可组成若干个三位数。

(1)3 个组共可以组成多少个不同的三位数?

(2)是否存在一种分组方式使三组内组成的所有三位数均不为 8 的倍数?

(3)3 个组所组成的所有三位数中至多有多少个数为 8 的倍数?

5年级

思考笔记

第一试

一、填空题(每小题 10 分,共 30 分)

1. 算式$\left(1-\frac{1}{2}+\frac{1}{3}-\frac{1}{4}+\frac{1}{1\times 2}-\frac{1}{3\times 4}\right)\times 2023\div(2^2+0^2+2^2+3^2)^2$的计算结果是________。

2. 两个两位数 A 和 B,且 A、B、A^2 三个数构成等比数列。那么 A、B 之和为________。

3. 如图,直角扇形 OEF 在长方形 $ABCD$ 的内部,且与长方形的每条边各有一个公共点。如果 $DF=12$,$BE=4$,那么阴影部分的面积是________。(π 取 3.14)

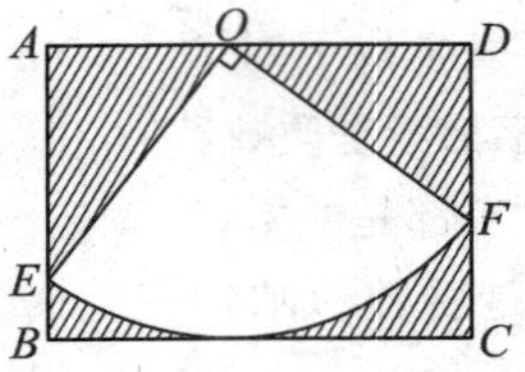

第 3 题图

二、解答题(每小题 15 分,共 30 分)

4. 真分数$\frac{a}{101}$化成循环小数之后,从小数点后十分位数字开始一直向右连续加到某一数位数字,和恰好等于 2023。

(1)请写出两个符合条件的分子 a。

(2)满足条件的整数 a 共有多少个?它们的和为多少?

5. 甲、乙、丙、丁四辆车分别在 8:00、9:00、10:00、11:00 从 A 地出发前往 B 地。某时刻乙车追上了甲车,甲车立即调头,此时丁车尚未出发;之后甲车与丙车相遇,此时乙车距离 B 地 40 千米,丁车距离 A 地 10 千米;甲、丙相遇后甲立即再次调头,最终与丁车同时到达 B 地。如果乙、丙、丁三车速度相同,求 A、B 两地距离。

第二试

一、填空题(每小题 10 分,共 30 分)

1. 下面等式中,不同字母代表不同数字,那么 $D\times E\times F\times G$ 的结果是________。

$$A\times(B+C)\times(D+E+F+G)=2023$$

2. 把 9 个不同正整数放入“3×3”的九宫格内,使得每行 3 个数是等差数列,每列 3 个数是等比数列。请问这 9 个数的和最小是________。

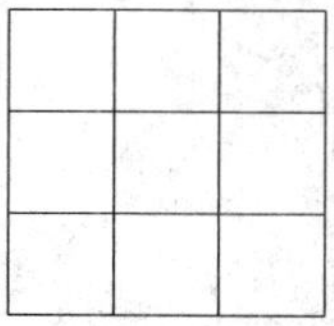

第 2 题图

3. 老师在黑板上写了一个四位数,让甲、乙、丙、丁四位粗心的同学抄在笔记本上。四人都抄错了某个数位的数字:甲把个位抄成了 2,乙把十位抄成了 3,丙把百位抄成了 5,丁把千位抄成了 7,老师正准备发火,突然发现甲、乙、丙、丁各自抄下来的四位数都能被 11 整除。那么老师在黑板上写的四位数是________。

二、解答题(每小题 15 分,共 30 分)

4. 如图,将边长为 12 厘米的正方形 $ABCD$ 分割成 9 个周长不等的小长方形,这 9 个小长方形的长与宽都是整数厘米,且周长刚好构成一个等差数列。

(1)请问这 9 个长方形中最大的长方形面积是多少?

(2)一共有多少种符合条件的分法?

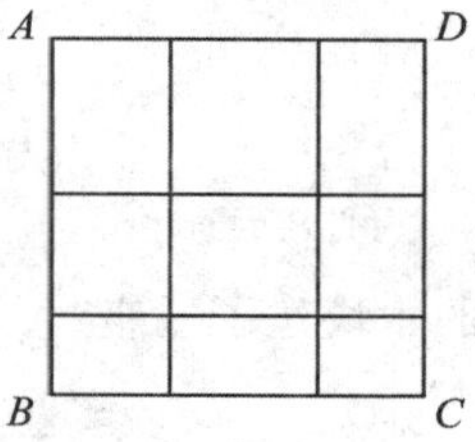

第 4 题图

5. 如图,在五边形 $ABCDE$ 中,$AB\parallel CD$,$AC\parallel DE$,$AB=2CD$,三角形 AEF 面积是 42,三角形 CFG 面积是 121。请问五边形 $ABCDE$ 面积是多少?

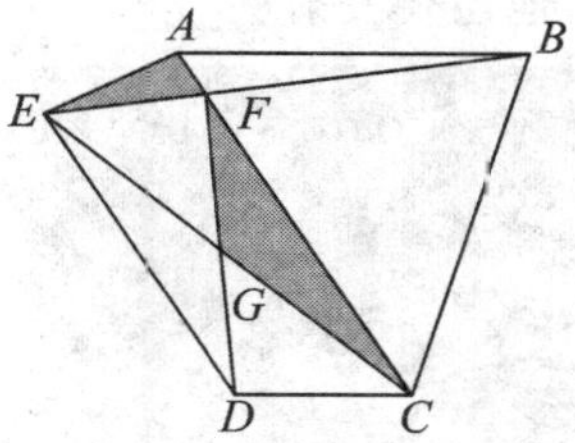

第 5 题图

2023年 “希望杯”全国数学邀请赛

春季赛

1年级

思考笔记

1. 聪明的小朋友，请你算一算，28－9－8－2－1＝________。

2. 2＋3＋4－5＋6＋7＋8－9＝________。

3. 如图，哪个数字出现的次数最多？（　　）

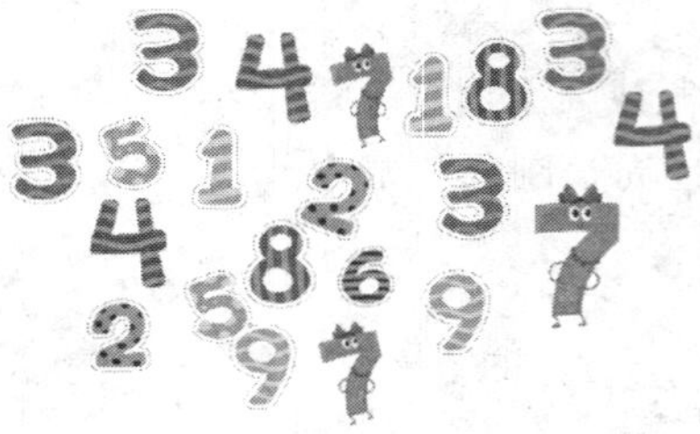

第 3 题图

A. 1　　B. 2　　C. 3　　D. 4　　E. 5

F. 6　　G. 7　　H. 8　　I. 9

4. 小羊们分别用大小相同的木块建了一座“大厦”，哪一座“大厦”用的小木块最多？（　　）

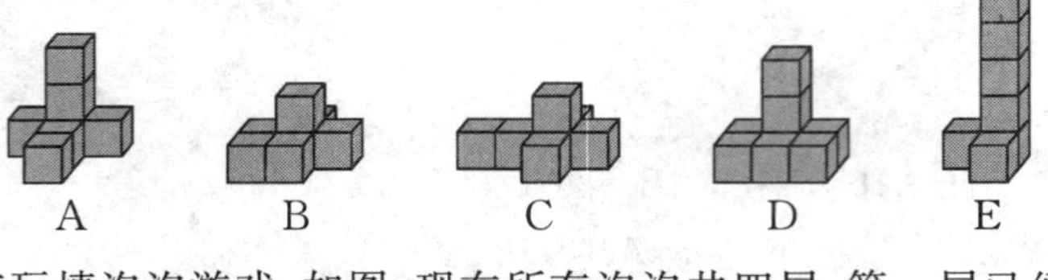

5. 小灰玩填泡泡游戏，如图，现在所有泡泡共四层，第一层已经填满。如果小灰想把这四层泡泡都填满，他还要发射________个泡泡。

第 5 题图

6. 如图，蜗牛从蘑菇 1 出发，沿路线爬到蘑菇 5，每段路线只能从数字小的蘑菇爬向数字大的蘑菇。这只蜗牛有________种不同的走法。

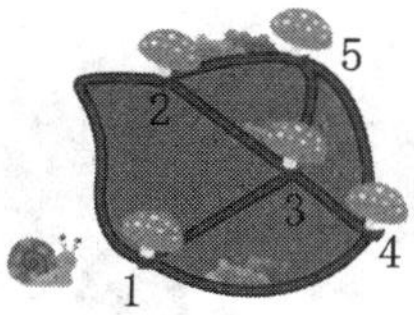

第 6 题图

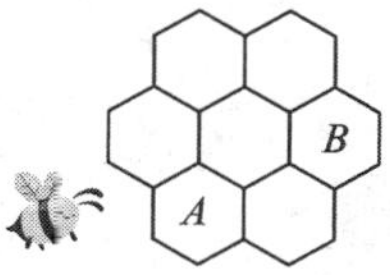

第 7 题图

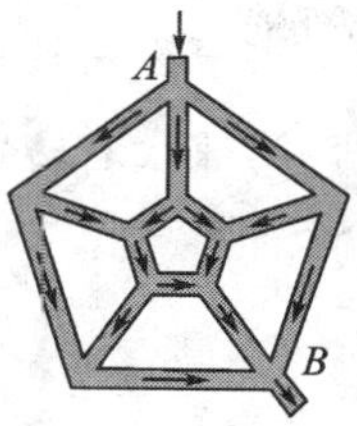

第 8 题图

7. 如图，小蜜蜂从 A 蜂巢出发，每次进入相邻的蜂巢，经过全部的蜂巢后到达 B 蜂巢，每个蜂巢只能经过一次。小蜜蜂有多少条不同的路线？（　　）

A. 0　　　B. 1　　　C. 2　　　D. 3　　　E. 4

8. 如图，游乐园的路线如图所示，每条路只能沿箭头方向走。从入口 A 进入游乐园，从出口 B 离开游乐园，有________条路线。

9. 如图，四只动物排成一行，如果只交换其中两只动物的位置，不可能出现哪个选项的排列？（　　）

第 9 题图

A. 

B. 

C. 

D. 

E. 

10. 桌子上放着 5 个洒水壶，哪一个壶能装的水最多？（　　）

A　B　C　D　E

11. 如图，三角形镜子上的碎片是哪一块？（　　）

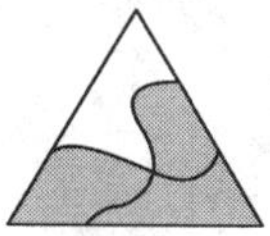
第 11 题图

A

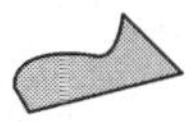
B

C

D

E

12. 用 3 根直木棒，不能折断，也不能弯曲，摆不出哪个图形？（　　）

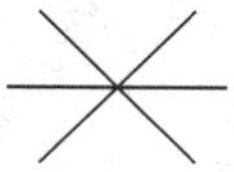
A

B

C

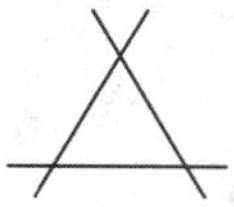
D

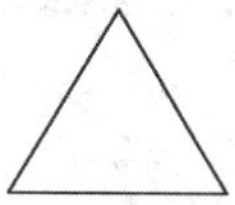
E

13. 如图，爸爸从公司开车回家的路上有三次转弯，这三次转弯是怎样的？（　　）

A. 第一次左转弯，第二次左转弯，第三次右转弯

B. 第一次左转弯，第二次右转弯，第三次左转弯

C. 第一次右转弯，第二次左转弯，第三次左转弯

D. 第一次右转弯，第二次右转弯，第三次左转弯

E. 第一次右转弯，第二次右转弯，第三次右转弯

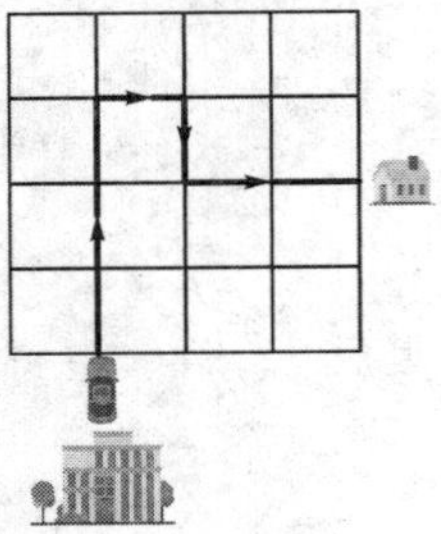

第 13 题图

第 14 题图

14. 如图，8 个小朋友手拉手围成一圈，有 4 人面向圈里，另外 4 人面向圈外。图中哪几个位置是一个小朋友的左手拉着另一个小朋友的右手？（　　）

A. ①②④　　B. ③⑥⑧　　C. ③⑤⑦　　D. ①④⑥　　E. ②⑧

15. 如图，乐乐画一朵蘑菇，不重复画同一条线，最少要画________笔。

第 15 题图

第 16 题图

16. 如图，渔夫收网后能捕到________条鱼。

17. 哪个选项中的等式可以在去掉一根火柴棒后成立？（　　）

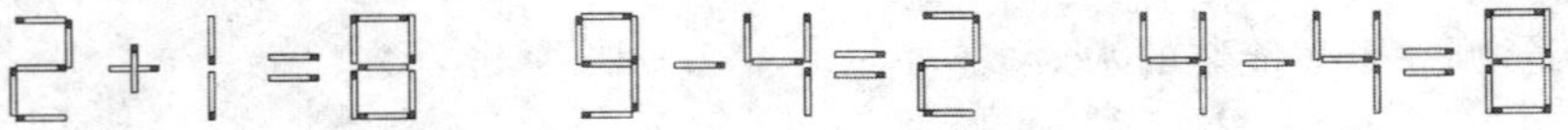

A　　B　　C

18. 如图，用火柴棒可以摆出数字 1～9：

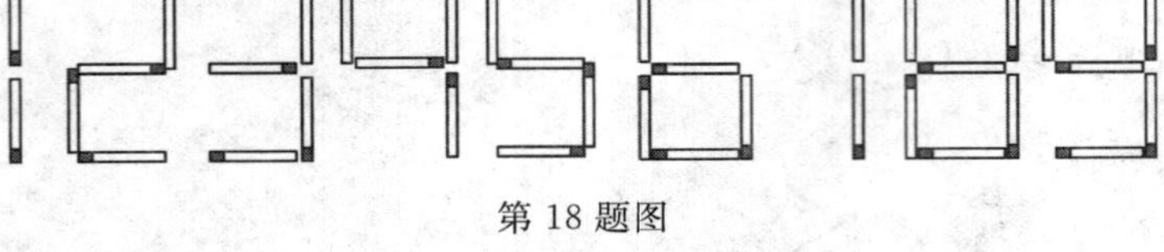

第 18 题图

按照上图的方法，用 8 根火柴棒摆出一个两位数，这个数最大是________。

19. 如图，在一张正方形纸片上写下四个字母 H，O，P，E，再把这张纸折叠两次，得到一个四层的小正方形。这时从最上层到最下层的字母排列顺序是怎样的？（　　）

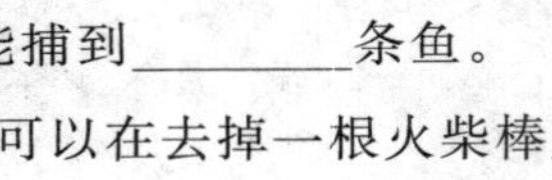

第 19 题图

A. HOPE　　B. HPEO　　C. HOEP　　D. HPOE　　E. HEPO

20. 如图，小熊有多少罐蜂蜜？（　　）

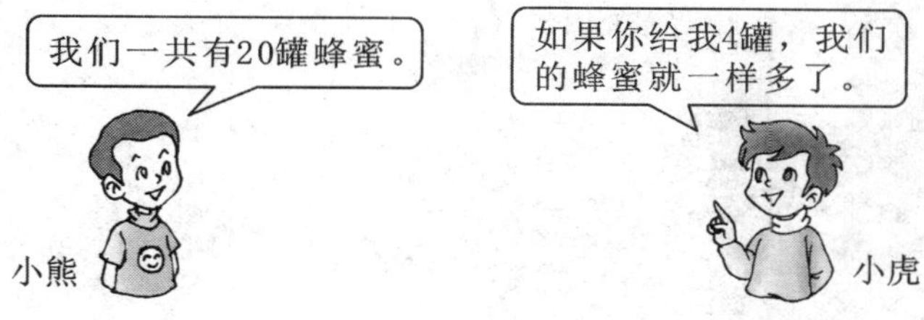

第 20 题图

A. 16　　B. 14　　C. 12　　D. 10　　E. 8

21. 如图，按照规律，"?"代表的数是几？（　　）

第 21 题图

A. 16　　B. 15　　C. 12　　D. 10　　E. 8

22. 一(1)班的 25 名同学排成一队登山。明明在队伍的正中央，亮亮和明明之间有 7 名同学，亮亮后面的第 7 个同学是强强，强强后面有________名同学。

23. 如图，密室大门上有一个奇怪的算式，只要正确输入"?"代表的数字，就能打开大门。若算式的运算法则是 $A@B=A+B-4$。那么，他输入哪个数字就可以打开大门？（　　）

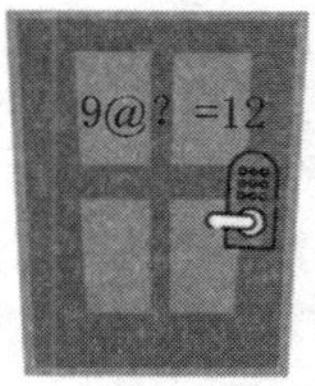

第 23 题图

A. 3　　B. 4　　C. 5　　D. 6　　E. 7

24. 某地村举行滑雪比赛。比赛进行一段时间后，小洋在小美前面 5 米，小喜在小洋前面 8 米，菲菲在小美前面 10 米。这时菲菲和小喜之间的距离是________米。

25. 如图，魔法屋里有一盏亮着的灯，9 个数字精灵依次穿过魔法屋。精灵"1"按 1 下灯的开关，精灵"2"按 2 下灯的开关……按这样的规律，直到精灵"9"按 9 下灯的开关。最后灯是灭着的还是亮着的？（　　）

第 25 题图

A. 亮着的　　B. 灭着的

26. 如图，3 片荷叶从左到右排列，开始时青蛙在最左边的荷叶上，它每跳 1 次都跳到相邻的荷叶上。小青蛙跳了 49 次后，落在哪张荷叶上？（　　）

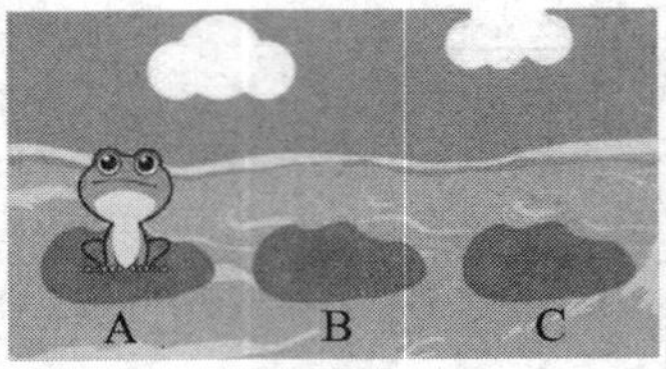

第 26 题图

27. 把数字 1～9 请回家。单数住在，双数住在，并且满足图中标注的大小关系。最下边一行的三个数字的和是________。

第 27 题图

28. 宠物医院的医生有 3 个工作时间段：早班、中班、晚班，每名医生最多有 2 个工作时间段。如果有 5 名医生上早班，有 4 名医生上中班，有 7 名医生上晚班，那么宠物医院最少有________名医生。

29. 原始人噜噜和他的 4 个朋友分别住在下面的 5 个洞穴中。呱呱和咔咔的洞穴前都有一棵树，呼呼和咯咯的洞穴上都有一个三角形标记。噜噜住在哪个洞穴？（　　）

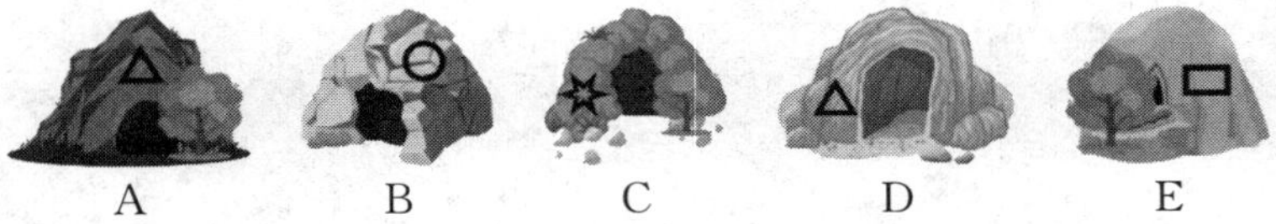

30. 三只小动物排成一队向前走，谁也不回头。下面是他们的对话：

小羊说："我能看见一顶红帽子和一顶黄帽子。"

小猴子说："我只能看见一顶黄帽子。"

小兔子说："我一顶帽子也看不到。"

排在正中间的小动物是哪一个？（　　）

A. 戴红帽子的小羊　　B. 戴黄帽子的小猴子

C. 戴红帽子的小兔子　　D. 戴红帽子的小猴子

E. 戴黄帽子的小羊

2年级

思考笔记

1. 161－(161－37)－(37－18)＝________。

2. 如图，侦探在地上发现了按照规律排列的一串数，但第一个数被脚印遮住了，这个数应该是________。

第 2 题图

第 3 题图

3. 如图，在一次探险中，聪明的朵朵观察出★的运算规律，计算 4★5＝________。

4. 如图，相同的图形代表相同的数字，不同的图形代表不同的数字。这个竖式的计算结果是________。

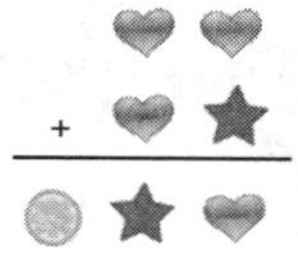

第 4 题图

第 5 题图

5. 如图，三个数字 2，0，3 排成三位数 203。请你再将数字 1，2 分别放入，可以放在任意的位置，使它们排成五位数。这个五位数最小是________。

6. 乐乐用 3 张数字卡片一共可以拼出 4 个不同的三位数，且拼出的这 4 个三位数相加的得数仍然是三位数。这三张数字卡片有________种可能情况。

7. 一张方桌，每边可以坐 2 人。用这样的 3 张方桌拼成一张长桌，一共可以坐________人。

8. 爸爸打算给孩子们做一个书架。他准备了一些 6 米长的木材，先把 2 根木材锯成 2 米长的小段，共用了 20 分钟。如果每锯断一次所用的时间相同，那么要把另外 8 根木材都锯成 3 米长的小段，还需要________分钟。

9. 魔法学院的学员们进行飞行训练，天空中和地面上都有一些学员。训练进行一会儿后教授调整学员，他对天空中的学员喊道："利利，你带领其他 6 人降落到地面上。"又对地面上的学员喊道："恩恩，你和另外两人起飞。"调整后，天空中的学员比地面上多 5 人。那么调整前，天空中的学员比地百上多________人。

10. 欢欢和乐乐帮妈妈做家务，欢欢每周得到 10 个小印章，乐乐每周得到 5 个小印章。30 个小印章可以换一个小礼物。当欢欢有 3 个小礼物和 10 个小印章时，乐乐有 1 个小礼物和________个小印章。

11. 奇奇和乔乔买雪糕。奇奇带的钱买 1 块雪糕还差 3 元，乔乔带的钱买 1 块雪糕还差 5 元，两人的钱合在一起买 1 块雪糕则剩余 4 元。一块雪糕________元。

12. 灰松鼠和红松鼠储存了相同数量的栗子过冬。灰松鼠每天吃了 4 个栗子，而贪吃的红松鼠第一天吃掉 12 个栗子，接下来的每天它只能吃 2 个栗子。结果它们正好同时吃完全部的栗子。它们一共储存了________个栗子。

13. 如图所示，每升油 9 元，乙需要付________元。

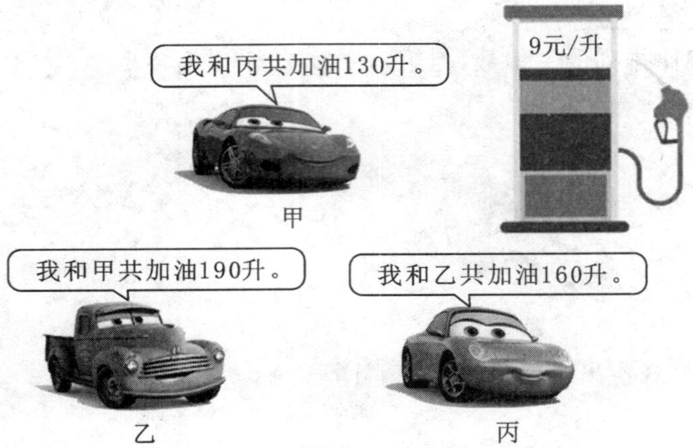

第 13 题图

14. 章鱼怪兽和螃蟹战士玩游戏。章鱼怪兽有 3 种招式，螃蟹战士有 2 种招式，如图所示。每次击中对手会得到相应的分数，被击中则会被扣掉相应的分数。开始时它们各有 100 分。游戏中章鱼怪兽用 3 次墨水攻击、4 次吸盘攻击和 2 次缠绕攻击击中螃蟹战士，但它也被螃蟹战士夹击 4 次和刺击 2 次。游戏结束中章鱼怪兽比螃蟹战士少________分。

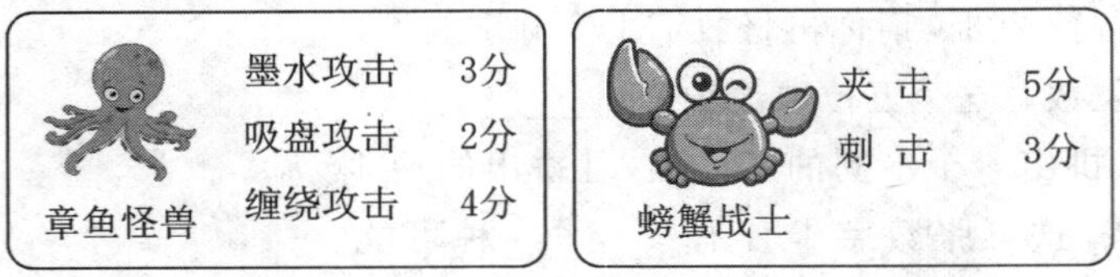

第 14 题图

15. 一个 24 小时制的数字时钟用 4 个数字表示时间，把这 4 个数字相加，所得的和叫作“时间数”，例如 22:28 的时间数是 2＋2＋2＋8＝14。这个时钟最大的时间数是________。

16. 爷爷买了 30 颗葡萄，他把葡萄装到盘子里，每个盘子里的葡萄数量各不相同。爷爷最多用了________个盘子。

17. 如图，冰墩墩画了一个滑雪的稻草人，图中共有________个三角形。

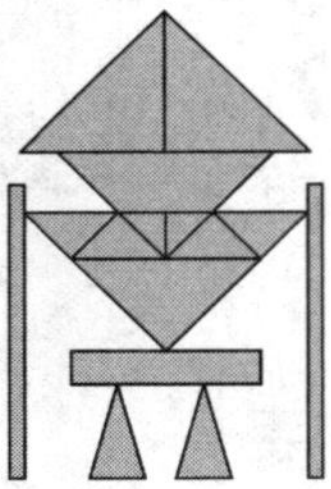

第 17 题图

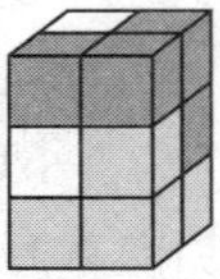

第 18 题图

18. 如图所示，三块大积木拼成一个长方体，每一块大积木都是由 4 个颜色相同、大小相同的小正方体组成的。白色大积木是选项中的哪一块？(　　)

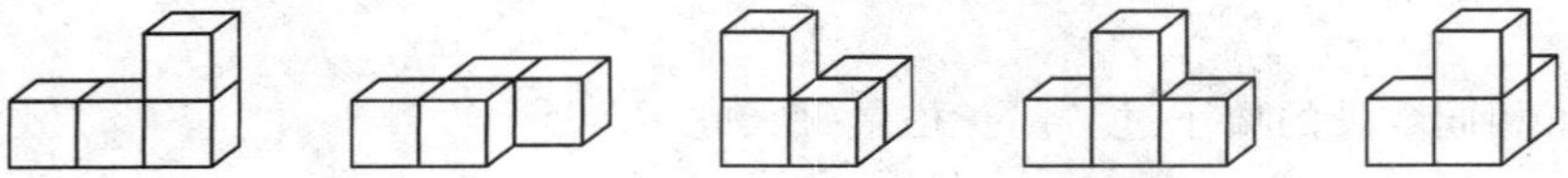

A　　B　　C　　D　　E

19. 如图所示，一条手链上有 6 颗可以自由活动的珠子。

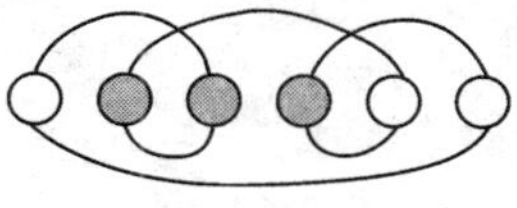

第 19 题图

这条手链和哪个选项中的手链是相同的？（　　）

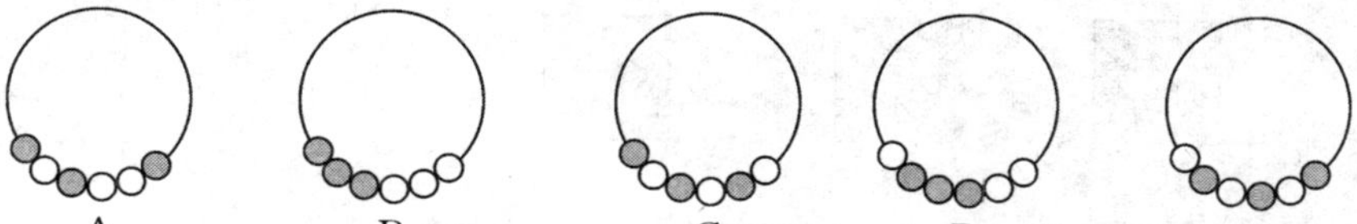

A　　B　　C　　D　　E

20. 中国历法每年都有一个生肖，对应 12 种动物。12 个生肖按下图的顺序循环出现。2023 年是兔年，1998 年是什么年？（　　）

第 20 题图

A. 虎　　B. 兔　　C. 牛　　D. 龙　　E. 鼠

21. 如图所示，5 个小朋友涂鸦，哪条线的总长度最长？（　　）

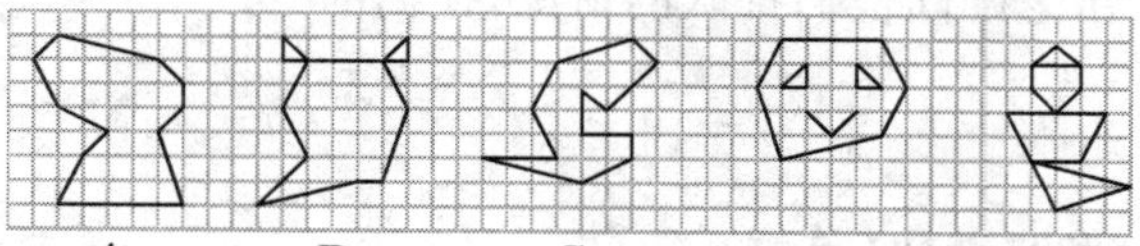

A　　B　　C　　D　　E

第 21 题图

22. 小奇把一大块巧克力分成很多相同的小块，刚好分完，没有剩余，如图所示。每一小块巧克力的形状可能是哪个图？（　　）

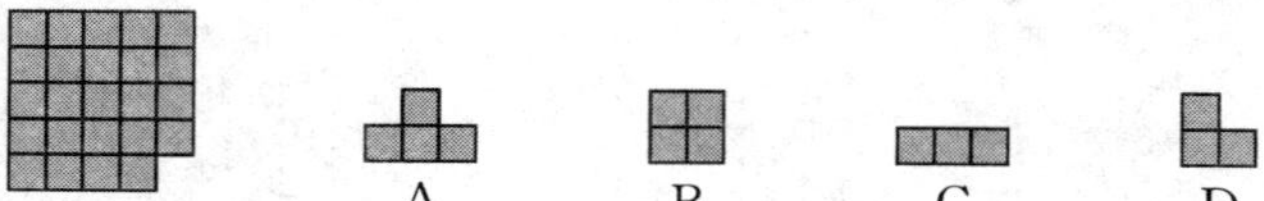

第 22 题图　　A　　B　　C　　D

23. 用题图中的 4 张卡片可以拼出很多图形。哪个选项中的图形不是用这四张卡片拼成的？（四张卡片都用到，并且不能重叠）（　　）

第 23 题图

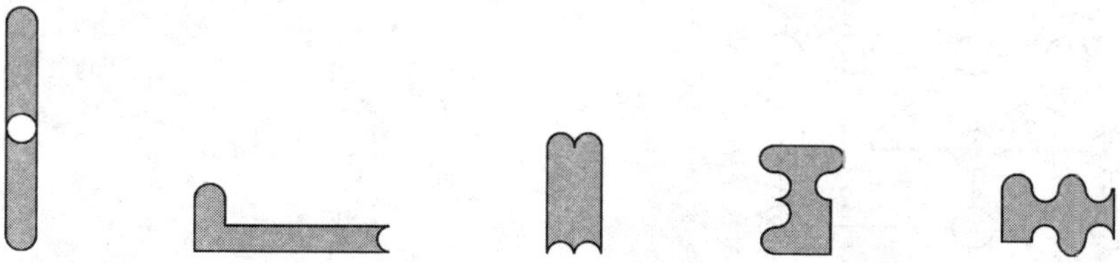

A　　B　　C　　D　　E

24. 如图所示，将一张正方形纸片先折叠 3 次，然后剪下一部分，再展开剩余部分，得到哪个图案？（　　）

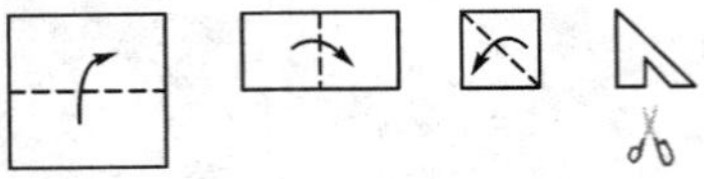

第 24 题图

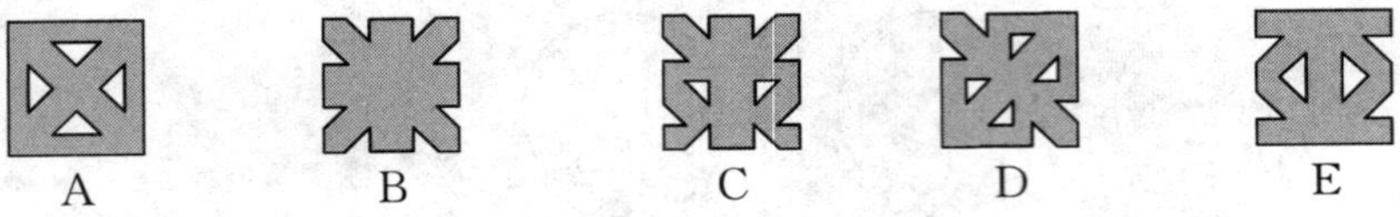

25. 如图所示，七张卡片从左到右排列成 1142032。每次交换两张卡片的位置，把它们重新排列成 2023114，最少要交换________次。

1142032
2023114

第 25 题图

26. 题图中 5 把锁都用汉字表示开锁密码，每个汉字代表一个数字，相同的汉字代表相同的数字。若这 5 把锁的开锁密码分别是 78,35,57,58,75，那么，“西南”表示的开锁密码是________。

第 26 题图

27. 5 个小朋友：小华、小泰、小恒、小衡、小嵩。有一天，他们按从矮到高的顺序站成一排，编号依次为 1,2,3,4,5。岳老师问他们排队的情况，他们的回答如下。

小华说：“我只和小恒挨着。”

小泰说：“我的编号和小恒的编号相加，和是奇数（单数）。”

小恒说：“我比小泰高。”

小衡说：“我的编号和小泰的编号相加，和是偶数（双数）。”

小嵩说：“我比小衡高。”

这 5 个小朋友从矮到高的顺序是（　　）。

A. 小衡、小嵩、小泰、小恒、小华

B. 小华、小恒、小泰、小衡、小嵩

C. 小泰、小衡、小嵩、小恒、小华

D. 小泰、小恒、小华、小衡、小嵩

E. 小衡、小泰、小嵩、小恒、小华

28. 乐乐玩跳棋，每跳一步可以沿路线跳到相邻的圆圈中，如图所示。他从 A 出发，最后到达 B。如果他跳的总步数是一个偶数（双数），那么他最少跳了________步。

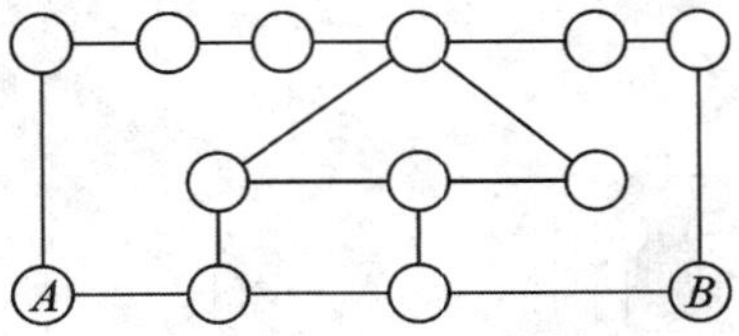

第 28 题图

29. 在沙拉自助餐厅，可以自由选择多种原料和一种沙拉酱制作成自己喜欢的沙拉，但是每种原料和沙拉酱都只能选一份，如图所示。小美制作的沙拉花了 25 元，她的沙拉有________种不同的搭配方式。

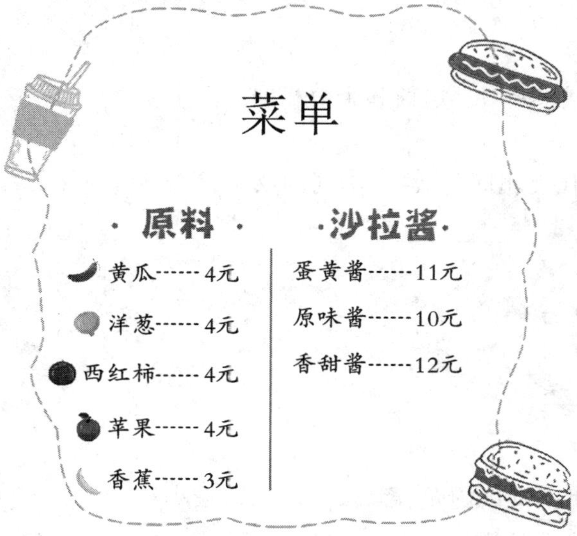

第 29 题图

30. 如图所示，把 2～10 这 9 个数分别填入 ◯ 中，要求横着排列的等式成立，竖着排列的大小关系也成立。那么 ● 中填入的数是________。

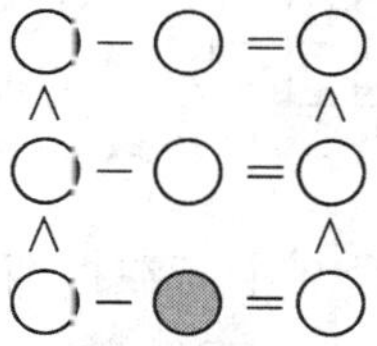

第 30 题图

3 年级

思考笔记

1. 如图所示，这个算式的得数是________。

2023÷9－1123÷9＝？

第 1 题图

2. 一个除法算式，被除数是两位数，除数是一位数，商和余数相同。这个算式的被除数最大是________。

3. 在题图所示的竖式中，相同的汉字代表相同的数字，不同的汉字代表不同的数字。那么，“我”＋“爱”＋“数”＋“学”＝________。

$$\begin{array}{r} \text{我爱数学} \\ \text{爱数学} \\ \text{数学} \\ +\quad \text{学} \\ \hline 3124 \end{array}$$

第 3 题图

4. 如图所示，把六块拼图拼在一起，拼图可以旋转、翻转。拼好后，最小的拼图刚好放在标有字母的位置上，这个字母是哪一个？________

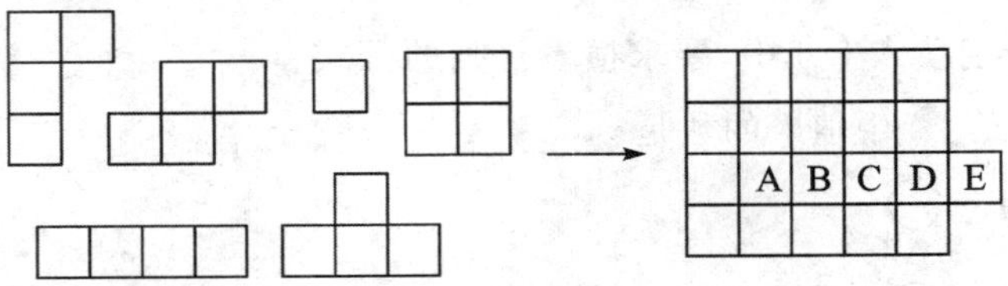

第 4 题图

5. 悟空和八戒外出找西瓜，悟空找到的西瓜比八戒多 10 个。在把西瓜背回的路上，悟空给了八戒一些西瓜。每次悟空都给八戒 2 个西瓜，然后八戒要吃掉 1 个。当八戒的西瓜比悟空多 2 个时，悟空已经给了八戒________个西瓜。

6. 花仙子养了一盆奇异花，它能同时开出 3 种颜色的花朵。一天，花仙子发现红花比白花的一半多 8 朵，黄花比白花的 2 倍少 8 朵，并且红花比黄花多，黄花比白花多，那么黄花有________朵。

7. 如图所示，一列火车有 53 节车厢，第 1 节车厢上的记号是 4，第 2 节车厢上的记号是 3。从第 3 节车厢开始，每一节车厢上的记号都是它前面两节车厢记号相乘的积的个位数字。这列火车上记号为 2 的车厢一共有________节。

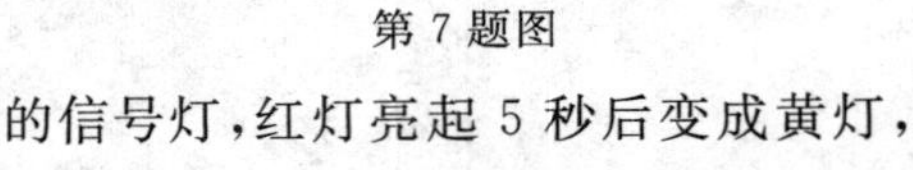

第 7 题图

8. 有一种奇怪的信号灯，红灯亮起 5 秒后变成黄灯，黄灯亮起 7 秒后变成蓝灯，蓝灯亮起 13 秒后变成红灯。如果这 3 盏灯同时亮起，从上到下的颜色顺序是红黄蓝，那么在亮起后的第 2023 秒 3 盏灯从上到下的颜色顺序是________。

A. 红黄蓝　　B. 红蓝黄　　C. 蓝黄红　　D. 黄蓝红　　E. 蓝红黄

9. 小息被困在迷宫中。如图所示，他收到路线图后，开始从 1 号站点沿箭头方向行进，每跳 1 次到达下一个站点，96 号站点就是出口。小息一共跳________次可以到达 96 号站点。

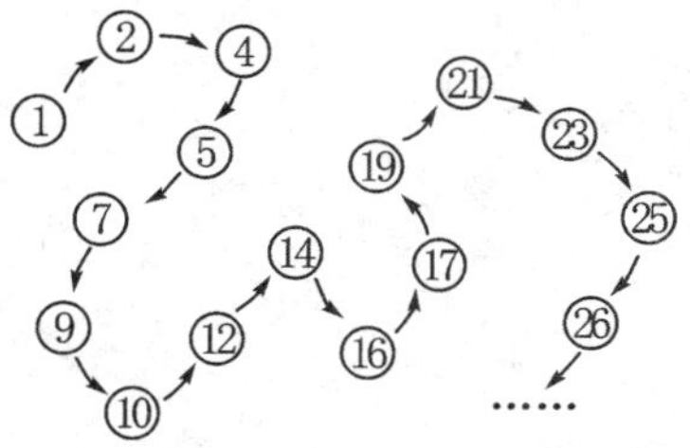

第 9 题图

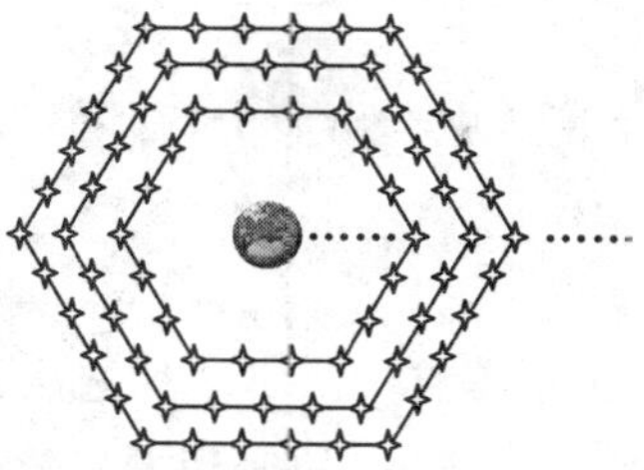

第 10 题图

10. 为了抵御敌人的侵袭，星舰群排列成六边形空心阵列，严严实实地保卫地球。

如图所示，在一次战斗中，星舰群排列的阵列从外向内共 6 层，其中最外面 2 层共 126 架星舰。参加这次战斗的星舰共有________架。

11. 老师和学生共 27 人参加秋游活动。班长小静和每位老师都单独拍了一张照片，然后每次和 2 位同学拍一张合影，拍过照的老师和同学不重复拍。最后小静恰好和所有人都拍过照，她一共拍了 16 张照片。参加秋游的学生有________人。

12. 数字大家庭的 9 个成员 1～9 要分成哼、哈两家，哼家的数字总和比哈家大 27，那么哈家的数字相乘，所得乘积最大是________。

13. 姐姐看曹雪芹所著的《红楼梦》。第一天看 5 回；从第二天起，她每天都先温习看过的每一回，再看新的 5 回。姐姐每看新的 1 回要 20 分钟，每温习看过的 1 回要 12 分钟。最后一天，姐姐恰好看完最后新的 5 回，这一天她看《红楼梦》用了 1000 分钟。这本书共有________回。

14. 老师有 13 张扑克牌：A，2，3，…，10，J，Q，K，依次对应 1～13。

小侠说："我喜欢其中的 7 张牌，它们的总和是 55。"

菲菲说："我也喜欢其中的 7 张牌，它们的总和是 46。"

老师说："哈哈，你们都喜欢的牌恰好只有一张，它对应的数是________。"

15. 如图所示，老鼠找奶酪，哪条路线最短？(　　)

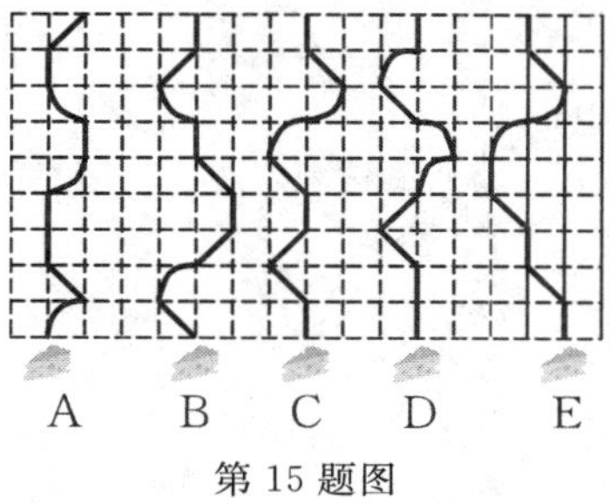

第 15 题图

第 16 题图

16. 如图所示，从 5×5 格点图中选出 4 个点连成正方形，可以连出________种大小不同的正方形。

17. 小猫和猫妈妈去钓鱼。猫妈妈钓到的鱼的数量是小猫的 3 倍。小猫钓到的鱼的数量比猫妈妈的 2 倍少 55 条。小猫和猫妈妈一共钓到________条鱼。

18. 4 个飞侠小迪、多多、小爱、小青一共运送 50 个包裹。4 个飞侠排成一列，小青后面的飞侠一共装了 32 个包裹，小爱后面的飞侠一共装了 9 个包裹，小迪后面的飞侠一共装了 40 个包裹。那么装包裹最多的飞侠装了________个包裹。

19. 小美要从编号 1～9 的 9 个盲盒中选出 2 个，有下列条件：

(1)两个盲盒的编号之和大于 12。

(2)两个盲盒的编号之差小于 3。

如果至少要满足一个条件，那么小美有________种选法。

20. 小乔制作了一个会说话的密码箱，它的密码是一个三位数(首位不为 0)。

小奇问："密码是 123 吗?"

密码箱回答："猜对了 1 个数字，且位置正确。"

小奇又问："密码是 108 吗?"

密码箱回答："猜对了 2 个数字，但位置都不正确。"

这个密码箱的密码是________。

21. 森林里的动物们每 4 年举办一次运动会，2023 年将举办第 3 届运动会，那么第 1 届运动会在________年举办。

22. 小戴家的庭院是边长为 8 米的正方形，他用 1 米宽的草地把庭院分割成 9 块菜地，每一块菜地都是边长为 2 米的正方形，如图所示。小戴打算在菜地和庭院周边建围栏，那么围栏一共长________米。

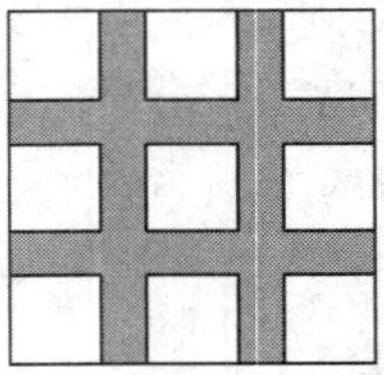

第 22 题图

23. 剪一剪，拼一拼。

如图所示，先将一张边长为 10 厘米的正方形纸剪成形状、大小完全相同的 4 块。再把它们拼成一个包含空心小正方形的大正方形。

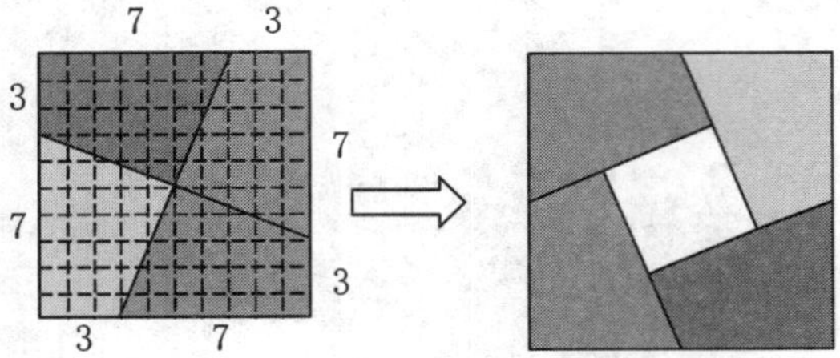

第 23 题图

空心小正方形的边长是________厘米。

24. 为了保护星球，博士要派出开心超人、甜心超人、粗心超人和小心超人中的两个超人去摧毁终极武器。

(1)如果派开心超人去，那么也要派甜心超人去。

(2)如果不派粗心超人去，那么也不能派甜心超人去。

(3)如果派粗心超人去，小心超人就不能去。

那么，应该派哪两个超人去呢？（　　）

A. 开心超人、甜心超人　　　B. 甜心超人、粗心超人

C. 开心超人、粗心超人　　　D. 甜心超人、小心超人

E. 粗心超人、小心超人

25. 国王给勇士们奖励宝石，他把装有宝石的宝箱排成一排，任意相邻的5个宝箱中的宝石总数量都不少于7颗，任意相邻的7个宝箱中的宝石总数量都少于10颗。这些宝箱最多有________个。

26. 童话故事中的招财猫有一个聚宝盆。每一次往聚宝盆中放入一些元宝，聚宝盆都会先吞掉10个元宝，再把剩下的元宝翻倍。招财猫现在有21个元宝。它用聚宝盆10次后，最多能有________个元宝。

27. 一个十位数6021861097，把它截成3段，变成3个数（每个数的首位数字都不能是0）。这3个数的和最小是________。

28. 把题图所示的卡片折一折，不可能得到哪个选项中的正方体？（　　）

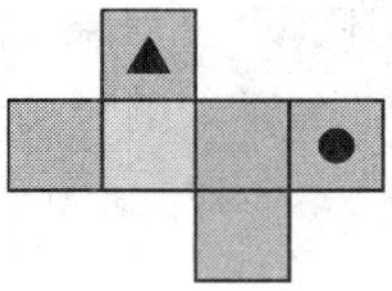

第28题图

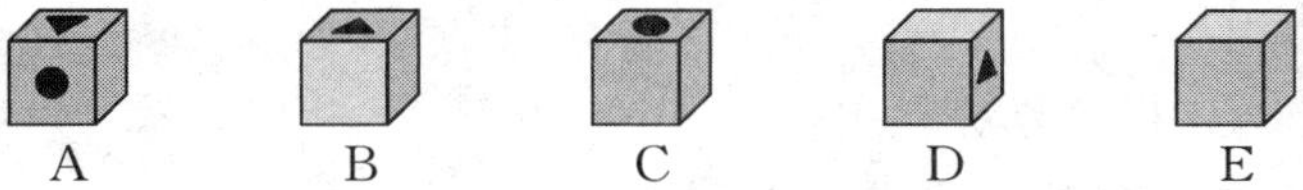

29. 有一个手机，每次充电5分钟，可以通话2小时或者播放视频1小时。在手机没电的情况下，先充电4分钟，然后打了20分钟的电话，那么接下来还可以播放视频________分钟。

30. 如图所示，有10张卡片，它们的正面是数字，反面是汉字。我们至少要翻开________张卡片才能验证右边的话是正确的。

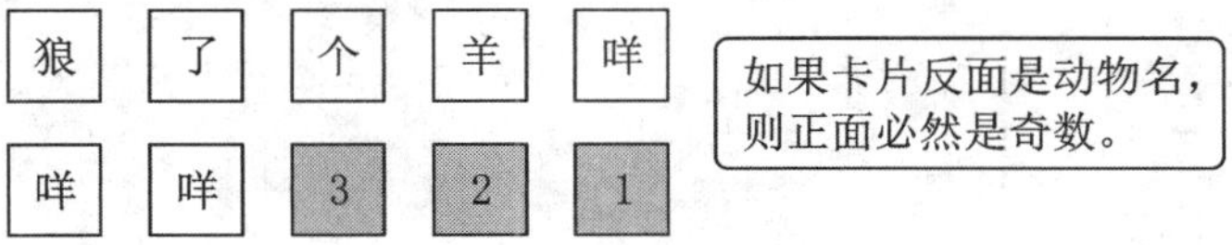

第30题图

4年级

思考笔记

1. 中央公园是一个面积为 180 平方米的正方形，如图所示。公园中有 4 个正方形水池，其余是草坪，整个图形上下对称，左右也对称。这 4 个水池的总面积为________平方米。

第 1 题图

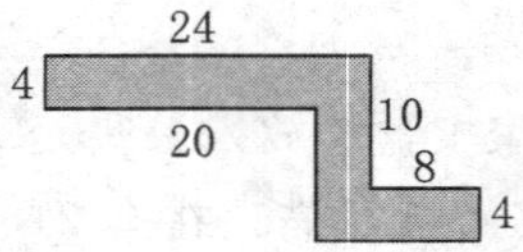

第 2 题图

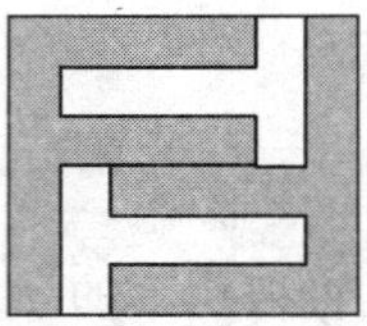
第 3 题图

2. 如图是国际机场的平面图，测量了其中一些边的长度(单位：千米)。国际机场的面积是________平方千米。

3. 乐乐做手工，他把一张长方形纸片分成 4 部分，分别是 4 个字母：2 个 F 和 2 个 T，4 个字母的每一横和每一竖的宽度都相同，如图所示。如果一个字母 F 的周长是 60 厘米，一个字母 T 的周长是 32 厘米，那么原来的长方形纸片的周长是________厘米。

4. 算一算，题图算式的得数是________。

$$2023\times20222021-2021\times20222023$$

第 4 题图

5. 被除数是 2023，且除数比余数大 2，这样的除法算式有________个。

6. 如图所示，把自然数 1～9 分别填入九宫格中，要求阴影方格中的 4 个数之和是 22，且连续自然数所在的方格相邻(有公共边)，即：1 与 2 所在方格相邻，2 与 3 所在方格相邻……那么正中间方格填入的数是________。

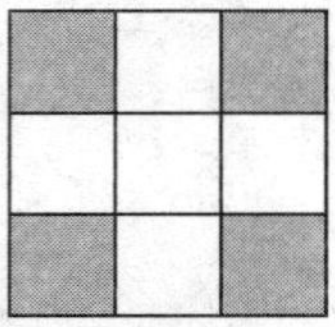
第 6 题图

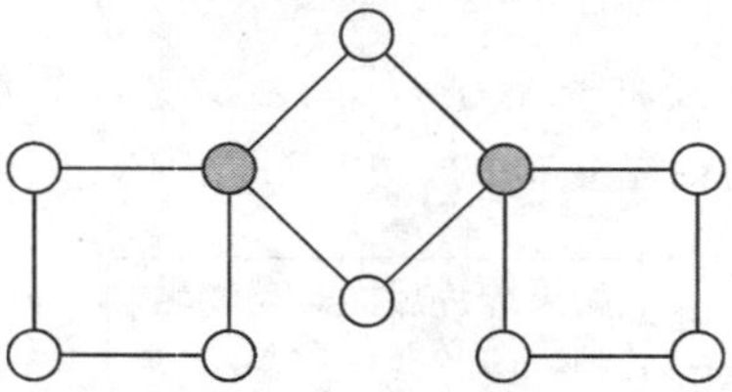
第 7 题图

7. 把 1～10 这 10 个数分别填入题图的圆圈中，使每个正方形顶点处的 4 个数之和都相等。当这个和最小时，两个●内数的和是________。

8. 喜爱数学的朵朵只用 1～6 的 6 个数字设计了一个数谜，如图所示，她用相同的汉字表示相同的数字，不同的汉字表示不同的数字。请同学们猜一猜，这个算式的得数是________。

$$\overline{玩数学}+\overline{学数玩}=\overline{真快乐}$$

第 8 题图

9. 猜灯谜：题图算式的得数是________。

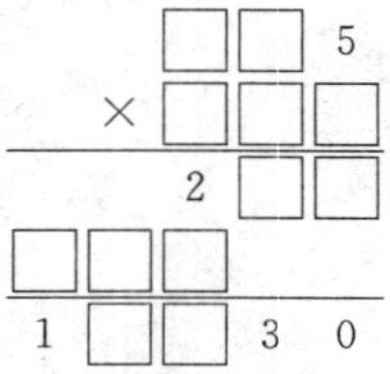

第 9 题图

10. 飞船的动力能源有大、小两种能量块。46 个大能量块和 38 个小能量块可以让飞船飞行 120 小时；43 个大能量块和 19 个小能量块可以让飞船飞行 100 小时。那么，一个大能量块可以让飞船飞行________小时。

11. 体育场的座位设计成环形，从里向外共 15 排。从第 2 排起，每一排的座位都比前一排多相同的数量。第 3 排有 800 个座位，第 8 至 12 排的座位总数比第 4 至 7 排的座位总数多 8300 个。体育场共有________个座位。

12. 王大爷养了一笼鸡和一笼兔，如果把一只兔从兔笼移到鸡笼中，两个笼中脚的数量相同；如果把两只鸡从鸡笼移到兔笼中，两个笼中头的数量相同。王大爷养了________只鸡。

13. 小熊有一堆苹果，它想把所有苹果平均分成 5 份。

第一次，它分到最后发现有 2 份都多出 1 个苹果，于是它把这 2 份苹果都吃掉了。

第二次，它把剩下的苹果重新分成 5 份，分到最后又发现其中有 3 份都多出 1 个苹果，于是它又把这 3 份苹果都吃掉了。

第三次，它又把剩下的苹果重新分成 5 份，分到最后发现其中有 1 份多出 1 个苹果。这次它吃不下很多苹果了，只把多出来的 1 个苹果吃掉了。

最初小熊至少有________个苹果。

14. 安安 1 岁时，她的妈妈 27 岁，妈妈的年龄是安安的 27 倍；

安安 2 岁时，她的妈妈 28 岁，妈妈的年龄是安安的 14 倍；

……

在满足妈妈的年龄是安安年龄的整数倍的条件下，两人的年龄和最大是________岁。

15. 在猫易岛上人们以物易物，1 颗珍珠、2 只羊、5 条鱼、20 颗神仙果可以等价交换。一天，渔夫有 5 颗珍珠和 30 条鱼，牧民有 10 只羊，果农有 200 颗神仙果。他们 3 人之间进行了 1 对 1 的等价交易，且每件货物都只交易一次，最后他们原有的货物都已出手。这时渔夫有________颗神仙果。

16. 有一个利用太阳能充电的机器人。在第一天（周一）上午 9 点，机器人醒来发现自己的电量为 0 个点，便开始充电。机器人只在周一至周五的 9:00 至 17:00 充电，每小时可充电 2 个点，其余时间都会耗电，每小时耗电 0.5 个点。机器人的电量将在第________天首次达到 2023 个点。

17. 龟兔举行轮滑比赛，兔子的速度是 3 米/秒，乌龟的速度是 2 米/秒，它们同时出发。兔子才滑了 600 米就躺下休息，耽误了 4 分钟。最后兔子和乌龟同时到达终点。比赛全程有________米。

18. 4 只森林猛兽：虎、狮、豹、熊，它们举行拳王争霸赛，两两之间各比一场且没有平局，共有 64 种可能的比赛结果。当 4 只猛兽的胜负形成一个闭环，如，虎胜狮，狮胜豹，豹胜熊，熊胜虎，就称为“势均力敌”。那么，在全部的 64 种可能的比赛结果中，共有________种比赛结果会出现 4 只猛兽“势均力敌”的情况。

19. 村长给小朋友设计了一个九宫格密室，如图所示，分为 5 个相同的游戏密室和 4 个相同的推理密室，从入口进入的第一个密室是游戏密室，只有相邻的推理密室和游戏密室之间有门，最终从出口离开密室。这个九宫格密室有________种设计方案。

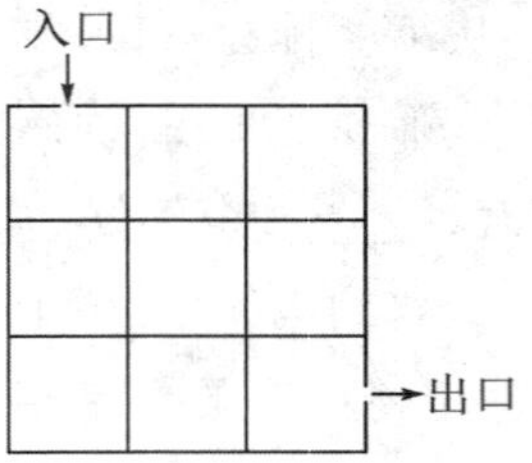

第 19 题图

20. 把某个数中的一个非 0 数字移动到这个数的最高位，这称为一次“登高”操作。

数字 1，2，3，4，5 可以组成 120 个无重复数字的五位数。对这些五位数中的某个数，当我们用最少的“登高”操作次数把它变成 12345 时，称之为最优“登高”操作。如，23145 经过 1 次最优“登高”操作就能变成 12345；54321 经过 4 次最优“登高”操作才能变成 12345（54321→45321→34521→23451→12345）。那么，在这 120 个五位数中，有________个数经过 3 次最优“登高”操作能变成 12345。

21. 如图所示，甲从 A 出发沿格线向上或向右走，乙从 B 出发沿格线向下或向左走，他们同时出发，速度相同，直到在途中某个格点相遇为止。他们的路线有________种可能情况。

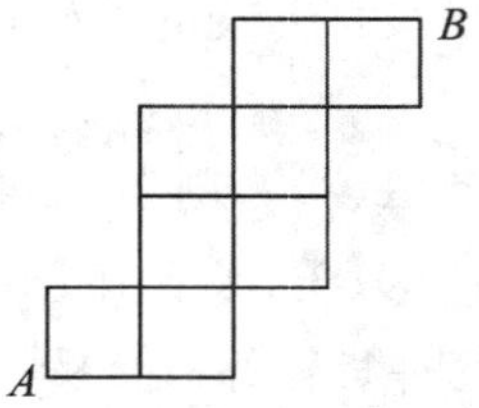

第 21 题图

22. 从 2，4，8，16，32，64，128，256 这 8 个数中任意取 5 个不同的数，其中必有 2 个数的积等于（　　）。

A. 32　　B. 64　　C. 128　　D. 256　　E. 512

23. 小智给他的 6 个朋友各戴上一顶帽子，他们都看不见自己的帽子，但是可以看到其他人的帽子。

小智问：“你们的帽子有红、黄、蓝三种颜色，每种颜色的帽子数量各不相同。现在你们知道自己帽子的颜色么?”

甲说：“我知道了，我的帽子是黄色的!”

乙说：“本来我不知道，但是听完甲的话我知道我的帽子是红色的。”

丙说：“本来我也不知道，但是听完乙的话我知道我的帽子是蓝色的。”

这 6 顶帽子中有________顶是蓝色的。

24. Q 博士有 6 个小球 A，B，C，D，E，X，其中 X 的重量未知，其余 5 个小球的重量分别为 1 克，2 克，3 克，4 克，5 克。Q 博士用天平对小球进行称量，如图所示。请你推断，小球 X 的重量是________克。

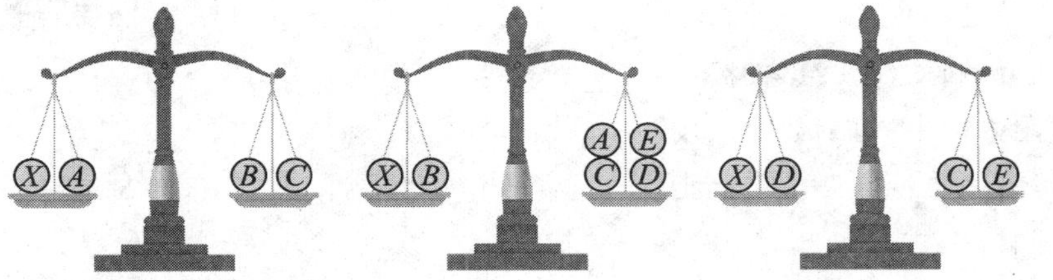

第 24 题图

25. 小息对小咔进行弹跳训练。如图所示，编号为 1～100 的 100 个弹跳板围成一圈，小咔从 1 号弹跳板出发，第 1 次跳到 3 号弹跳板，第 2 次跳到 6 号弹跳板，第 3 次跳到 10 号弹跳板，第 4 次跳到 15 号弹跳板……当小咔第二次跳到 10 号弹跳板时，他没到过的弹跳板有________个。

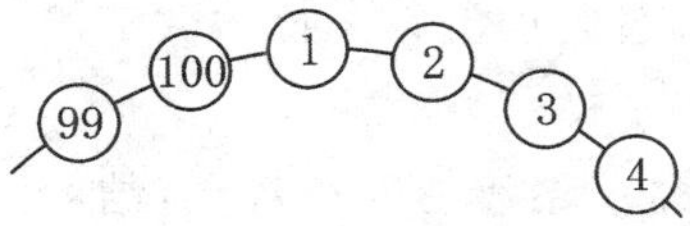

第 25 题图

26. 魔法学院的学员们进行考试，有飞行、魔咒、变形三个科目，每个科目的满分都是 100 分，且成绩都是整数。小利的目标是总分进入前十。最终考试结果是小利的每一个科目都进入前十了，但总分排名竟然是倒数第一！魔法学院的学员最多有________人。（单科排名和总排名都没有并列）

27. 用火柴棒可以摆出数字 0～9，如图所示。

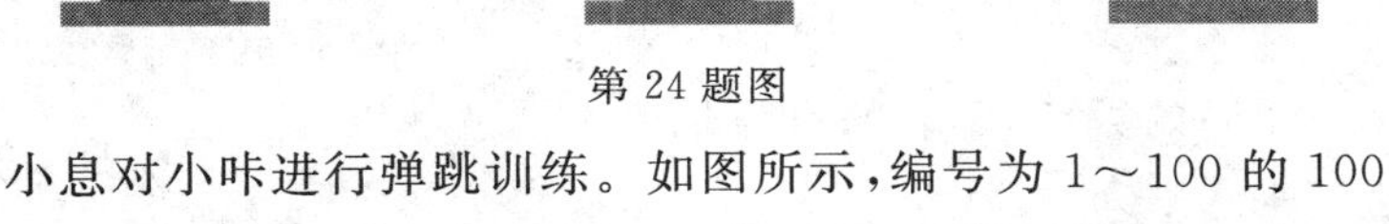

第 27 题图

如果用火柴棒摆出一个数，所用火柴棒的总根数与这个数的数字和相等，我们就称这个数为“希望数”。如，摆出 127 这个数，所用火柴棒的总根数为 $2+5+3=10$，它的数字和为 $1+2+7=10$，所以 127 是一个“希望数”。那么，最大的四位“希望数”是________。

28. 菲菲用和为 13 的 3 个数字组成了 6 个不同的三位数。小侠计算这 6 个数的和，不小心把其中一个数多加了一次，最后的得数是 3358。被重复加的数是________。

29. 甲把奶酪装在密码盒里，密码是 $\underbrace{111\cdots11}_{100\text{个}1}\times 2023$ 的积的数字和。乙很快就算出了密码，轻松地打开盒子吃到奶酪。那么这个密码是________。

30. 彩虹公主有红宝石 11 颗，黄宝石 22 颗，橙宝石 33 颗，绿宝石 44 颗，青宝石 55 颗，蓝宝石 66 颗，紫宝石 77 颗。她把这些宝石装到礼盒中，每个礼盒中至少有 5 种颜色不同的宝石。彩虹公主最多可以装好________个礼盒。

5年级

1. 计算：9.87÷65.4×321×0.654÷(0.321×98.7)=________。

2. 把数字 1～9 分别填入题图方框中，每个数字只用一次，使等式成立：

□+□=□-□=□×□=□□÷□

第 2 题图

这 4 个算式的得数都是________。

3. 在几何王国，用相同的符号代表相同的数字，不同的符号代表不同的数字。题图算式的得数是 2023，那么□+△+○=________。

$\overline{□△}\times\overline{□○}+\overline{△□}=2023$

第 3 题图

4. 给小数 2.023115 加上表示循环节的点，把它变成一个循环小数。把这个循环小数的小数点后的数字从左到右依次相加，直到加上第 n 位的数字后，得数第一次等于 2023。那么 n 最小是________。

5. 马小虎在计算 5.1 除以一个一位小数时，看漏了除数中的小数点，结果商减少了 2.7。经过老师提醒后他订正了错误，认真计算，得到正确的商。这个正确的商是________。

6. 一张长方形纸片，沿着平行于某条边的直线剪下一个尽量大的正方形。对剩余部分继续用同样的方法操作，直到剩余部分是正方形。如果最初的长方形纸片长为 2023，宽为 875，那么最后剩余的正方形边长为________。

7. 一条长长的怪虫分为头、身、尾三段，三段的长度都是整数米，且最长一段的长度是最短一段的 3 倍，头和身共长 56 米，身和尾共长 81 米。这条怪虫的总长是________米。

8. 小熊在森林里找到一些蜂蜜，高高兴兴地背回家。回家路上，小熊忍不住吃掉了全部蜂蜜的 $\frac{2}{5}$。刚回到家门口，小熊不小心摔了一跤，罐子里一半的蜂蜜洒了出来。这时候罐子中还剩有 12 千克蜂蜜，那么小熊最初找到的蜂蜜有________千克。

9. 森林里有一群梅花鹿和孔雀，它们共有 100 条腿。有一天，巫师施了魔法，把梅花鹿都变成了孔雀，把孔雀都变成了梅花鹿，这时梅花鹿和孔雀共有 110 条腿。森林里的梅花鹿和孔雀一共有________只。

10. 在多多岛上人们以物易物，2 袋粟、5 袋果、8 条鱼之间可以等价交易。一天，茜茜带着 66 袋粟，旺旺带着 120 袋果，贝贝带着 232 条鱼，三人之间先后进行了一对一交易。最终每人原有的物品都出手，且所有物品都只进行一次交易。那么，茜茜在与旺旺交易时用了________袋粟。

11. 小智对三只宠物甲、乙、丙进行训练。三只宠物在广场相距 2400 米的南北两端之间往返跑。开始时甲、乙在广场南端，丙在广场北端，它们同时出发，相向而行。当甲与丙第一次迎面相遇时，乙与丙恰好第二次迎面相遇。已知甲的速度是丙的 8 倍，那么三只宠物再一次同时到达同一地点时，它们距离广场南端________米。

12. 甲和乙两艘船逆流而上，甲在乙上游 30 千米处。突然甲上的救生圈脱落，顺水漂流，10 分钟后距离甲 3 千米。而甲在救生圈脱落后仍继续航行

10 千米才发现状况，然后立即调转航向追赶救生圈，追上救生圈时恰好遇到乙。如果两艘船在静水中的航速相同且不变，那么水流的速度为________千米/时。

13. 如图所示，大、中、小三种阴影正方形的边长比是 1 ∶ 4 ∶ 8，中间的大阴影正方形的面积为 32。连接 4 个小阴影正方形的一个顶点，得到一个倾斜的正方形，这个正方形的面积是________。

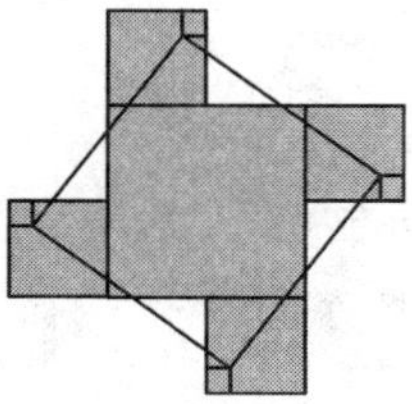

第 13 题图

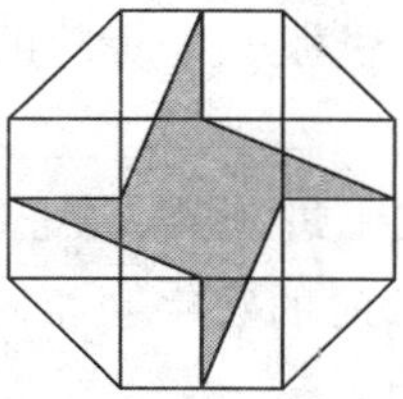

第 14 题图

14. 如图所示，正八边形中有一个阴影图形，这个阴影图形有 8 个顶点，其中 4 个顶点是正八边形的边的中点，另外 4 个顶点是正八边形顶点连线的中点。如果正八边形的面积为 576，则阴影图形的面积是________。

15. 如图所示，大三角形由 2022 个小三角形拼接而成，从上到下每个小三角形的面积分别为 1，2，3，4，…，2021，2022。已知 CD 长为 2，则 AB 长为________。

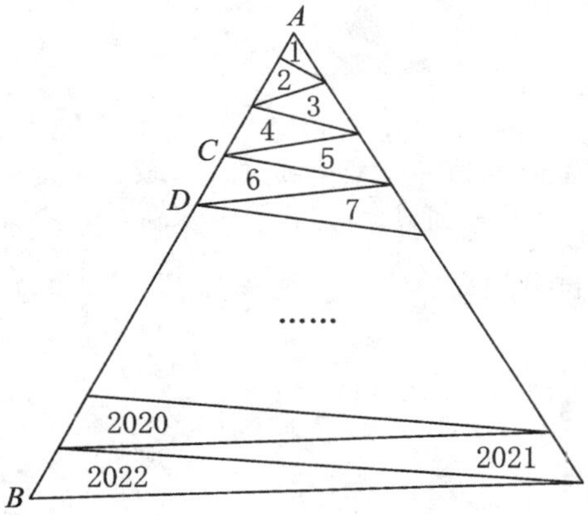

第 15 题图

16. 如图所示，有一个棱长为 20 厘米的正方体木块，在它前面、上面、右面这 3 个面的中心边长为 8 厘米的正方形区域内，分别沿垂直于该面的方向向里凿 8 厘米深。最终剩余部分的体积是________立方厘米。

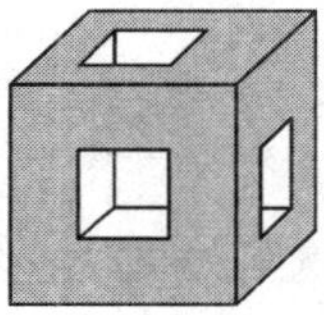

第 16 题图

17. 小奇摘了 300 个苹果，把它们平均分成若干堆(多于 1 堆)，每堆苹果的数量都是 3 的倍数。小奇共有________种分法。

18. 唐僧师徒玩计算游戏。悟空、八戒、沙僧各给唐僧一个质数，唐僧把这 3 个数与它们的乘积相加，得到的和是 999。那么这 3 个数的乘积是________。

19. 有一个"八仙数",它是由1~8组成的没有重复数字的八位数。从左往右看,这个数的第1位能被1整除,第1~2位组成的两位数能被2整除,第1~3位组成的三位数能被3整除……按此规律,直到第1~8位组成的八位数能被8整除。这个"八仙数"是________。

20. 将从10开始的连续自然数按顺序排列,直到2023,得到多位数1011121314…20222023,这个多位数除以9的余数是________。

21. 从甲1岁到6岁,乙每年的年龄都是甲那一年年龄的整数倍。今年甲11岁,乙的年龄在50岁到80岁之间。那么,乙今年________岁。

22. 有一类爱变身的自然数,它们变身成十进制数、九进制数、七进制数时都是两位数,且变身成九进制数和七进制数时的数字和相同。当这类数变身成十进制数时,最大的数是________。

23. Q博士有5个球,它们的重量分别是40克、50克、60克、70克、80克。Q博士用天平称量3次,得到它们的重量关系如图所示。球E重________克。

第23题图

24. 童话里有两个神奇的小岛,真理岛上的人说的每一句话都是真话,魔鬼岛上的人说的每一句话都是假话。有一天,有4个真理岛上的人和3个魔鬼岛上的人结伴乘船出游。船夫问:"你们谁来自真理岛?谁来自魔鬼岛?"

A说:"B、C、D都是魔鬼岛来的!"

B说:"我不是魔鬼岛来的!C是魔鬼岛的人!"

C说:"B和我都不是魔鬼岛的人。"

D说:"E和F都是真理岛上的人。"

E说:"我不是来自魔鬼岛的。"

F说:"G不是真理岛上的人。"

G说:"我来自真理岛。"

那么,谁来自魔鬼岛?________

A. A、C、F　　B. A、C、G　　C. B、C、G

D. B、D、G　　E. D、E、F

25. 工程师用2023个棱长为1的正方体积木拼成一个大长方体,这个大长方体所有棱长之和最小是________。

26. 有100盏声控灯通过感应声音来触发开关,由亮变灭或由灭变亮。一队人测试吼叫威力,先是毛毛大吼一声,有32盏灯感应到了声音;接着小砾大吼一声,有76盏灯感应到了声音;然后灰灰大吼一声,有81盏灯感应到了声音;最后阿奇大吼一声,有91盏灯感应到了声音。如果最初这100盏灯都是亮着的,那么现在依然亮着的灯最多有________盏。

27. 从足够多的长度为整数厘米的小木棍中选出 3 根，首尾相接，摆成最长边为 8 厘米的三角形。一共可以摆出________种形状不同的三角形。

（注：经过旋转、翻转后能重合的算作同一种三角形）

28. 桌子上有一块显示时和分的电子时钟（24 小时计时制）。如图所示，左边的人看到的是 02:01，右边的人看到的是 10:20，两边的人都能看到一个合理的时刻，但两人看到的时刻不同。在一天中，像这样的时刻共有________个。

第 28 题图

29. 有 8 个自然数聚会，它们互不相同且都不为 0，它们的平均数恰好是 8。过了一会儿，最大和最小的两个数走了，余下 6 个数的平均数恰好是 7。又过了一会儿，余下的数中的最大和最小的两个数也走了，余下 4 个数的平均数恰好是 6。

参加聚会的 8 个数有________种可能的情况。

（注：相同的 8 个数排列顺序不同算作同一种情况）

30. 如图所示，猴岛上有围成八边形的 A、B、C、D、E、F、G、H 八座山，猕猴、叶猴、金丝猴三种猴子栖息于此。每座山上只有一种猴子，且每座山都至少有一座相邻的山与其有同一种猴子。这 3 种猴子在八座山上的分布有________种情况。

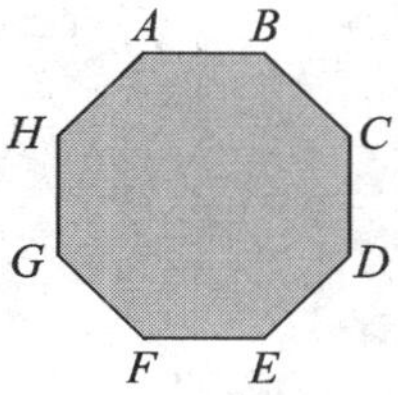

第 30 题图

6年级

思考笔记

1. 计算：(9990＋90×99)÷(9＋9÷99)×(9－9÷99)÷(9＋9＋9)＝________。

2. 算一算，题图中算式的得数是________。

$$\left(\frac{1}{9}-\frac{1}{26}\right)\times 17017\times\frac{18}{11}=?$$

第2题图

3. 计算：$8\frac{12}{13}\times\frac{2}{19}+19\frac{2}{13}\times13\frac{1}{19}+\frac{1}{19}=$________。

4. 解方程：$\dfrac{1}{1+\dfrac{1}{5+\dfrac{1}{1+\dfrac{1}{\dfrac{1}{x}}}}}=\dfrac{11}{13}$，$x=$________。

5. 在题图的方框中填入自然数，使等式成立。共有________种不同的填法。（注：填入的3个数若只有排列顺序不同，算作同一种填法）

$$\frac{1}{\square}+\frac{1}{\square}+\frac{1}{\square}=\frac{3}{4}$$

第5题图

6. 一个数字和是6的三位数，与另一个数字和是15的三位数相乘，得到的积是一个五位数$\overline{\square 7688}$。这两个三位数的和是________。

7. 快过年了，白兔和灰兔都储存了一些萝卜。灰兔先把自家萝卜的四分之一送给白兔。白兔收到萝卜后，觉得自己吃不完，又将自己现有萝卜的四分之一送给灰兔。这时两只兔子的萝卜一样多。原来灰兔的萝卜数量是白兔的(　　)。

A. $\frac{1}{3}$　　B. $\frac{4}{9}$　　C. $\frac{5}{9}$　　D. $\frac{2}{3}$　　E. $\frac{4}{5}$

8. 小狮子饮料店将蜜桃汁、乌龙茶、生打椰汁这3种原料按照2∶3∶7配制成当季饮品，这3种原料每500毫升的成本分别是18元、12元和24元，那么每500毫升新品饮料的成本是________元。

9. 一个神秘的森林里有4种怪兽：毛怪有1头2腿，飞怪有2头3腿，火怪有3头4腿，水怪有4头5腿。这4种怪兽一共有100头140腿，且水怪和毛怪的数量相同，那么毛怪和火怪一共有________只。

10. 小镇举办了一次赛车比赛，赛道是三个大小相同的圆，如图所示，分别是雪地赛道、草地赛道和沙地赛道，不同赛道的连接点为A，B，C。一辆车在雪地赛道跑一圈消耗30升油，在草地赛道跑一圈消耗42升油，在沙地赛道跑一圈消耗78升油。车从赛道某处出发，将所有赛道都至少走了一遍，结束时恰好消耗185升油，比赛过程中只能往前行驶并且不能掉头，那么他出发和结束的位置可能是(　　　　)。

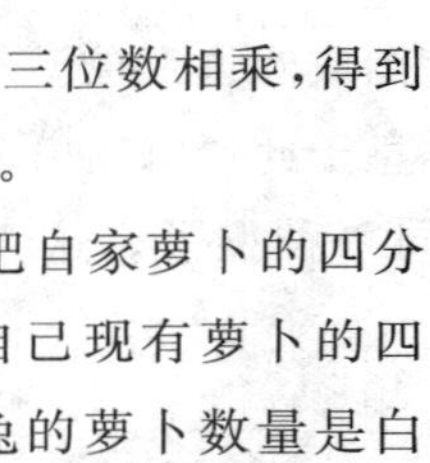

第10题图

A. A 处出发，A 处结束　　　　B. B 处出发，A 处结束

C. B 处出发，C 处结束　　　　D. C 处出发，B 处结束

E. B 处出发，B 处结束

11. 两只蜗牛阿杰和阿伦的家分别在一条直路的两端。有一天，它们同时从自己家出发去找对方玩，结果在距离两家中点 1 米的地方相遇。第二天，阿杰的速度提高$\frac{19}{81}$，阿伦的速度不变，它们还是同时出发，结果它们还是在距离中点 1 米的地方相遇。两只蜗牛的家相距________米。

12. 取经路上，唐僧被妖怪掳走，徒弟们身陷超重力场中。白龙马、沙僧、八戒在火丘岭，悟空在幽冰洞，他们要尽快会合救唐僧。沙僧和八戒的飞行速度只有 5 千米/时；白龙马可以搭载一人，骑行速度是 45 千米/时；悟空腾云驾雾，速度是 60 千米/时，但他只能一人飞行。他们同时出发，用最快的方法行动，最终恰好在与火丘岭相距 72 千米的地点会合。那么，火丘岭与幽冰洞相距________千米。

13. 海洋商店的蟹黄堡每个定价为 2400 贝元，发现很畅销，就加价 $n\%$ 出售，结果销量大跌。小海绵建议他再降价 $n\%$，这时每个蟹黄堡的价格为 2106 贝元，顾客又逐渐多了起来。那么，$n=$________。

14. 如图所示，一个等腰直角三角形中有大、小两个半圆，等腰直角三角形的斜边长为 40，则阴影部分的面积总和是________。（π 取 3.14）

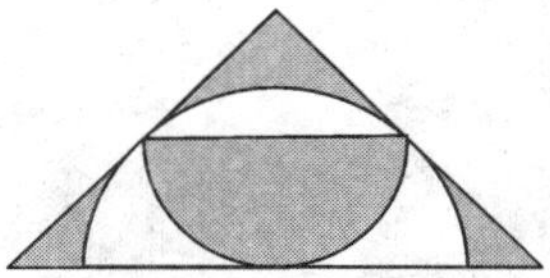

第 14 题图

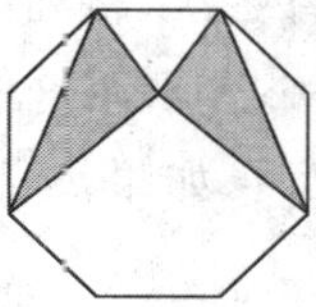

第 15 题图

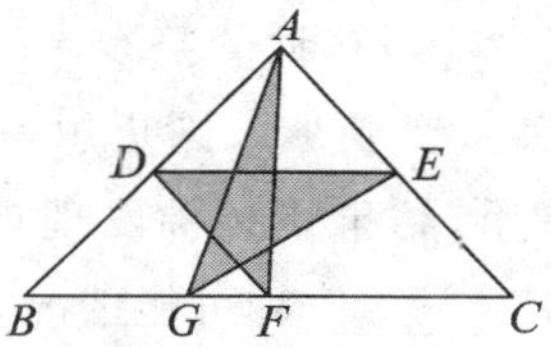

第 16 题图

15. 马戏表演的舞台是一个面积为 160 平方米的正八边形，灯光照射在舞台上的两个三角形区域内，如图所示。这两个三角形区域的总面积是________平方米。

16. 如图所示，三角形 ABC 中有一个阴影五角星，其中 D、E、F 分别为 AB、AC、BC 的中点，G 是 BC 的三等分点。如果阴影五角星的面积为 63，则三角形 ABC 的面积为________。

17. 茜茜有一个用不锈钢制成的立体七巧板（又称索玛立方体），由 7 个不同形状的小块组成，可以拼成一个棱长为 3 分米的立方体，如图所示。现有一个长 4 分米，宽 3 分米，高 5 分米的长方体水槽，容器中已有 1 分米高的水。茜茜依次放入这 7 个小块，每次放入之后，小块都不高出水面。那么茜茜最多可以放入________个小块。

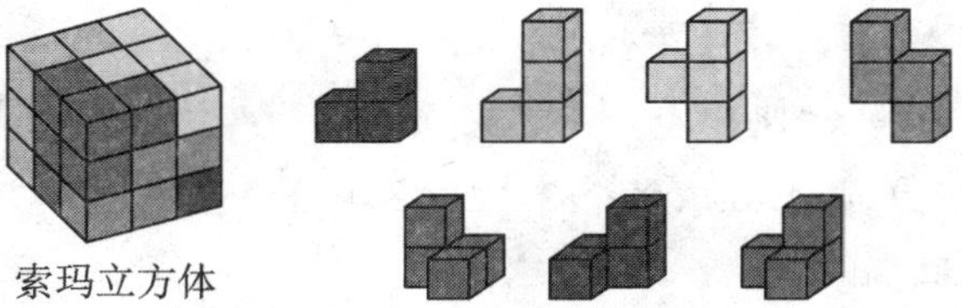

索玛立方体

第 17 题图

18. 一个自然数的 6 倍、7 倍、8 倍、9 倍、10 倍、11 倍的因数个数都相同，这个自然数最小是________。

19. 7 人举行圆桌会议，已知：

(1)每人至少发言 1 次。

(2)任意两人发言的次数都不同。

(3)任意相邻两人的发言次数不互质。

(4)七人发言次数的最大公因数为 1。

这 7 人发言的总次数至少为________次。

20. 出席自然数王国 2023 年新年舞会的自然数必须满足：

(1)成对地参加。

(2)每一对两个数的和为 2023。

(3)每一对两个数的最大公因数与最小公倍数的和也是 2023。

出席联欢会的数对中，两个数之差(大减小)最小是________。

21. 如果 $1\underbrace{22\cdots2}_{n个2}1$ 能被 999999999 整除，则 n 最小是________。

22. 从长分别为 1,2,3,4,5 的 5 根木棍中选出若干根，首尾相接，拼成三角形，可以拼出________种形状不同的三角形。(注：旋转、翻转后能重合的视为形状相同)

23. 大人国的 1.4 元钱能换小人国的 1 元钱。这两个国家都只用整数钱数结算，如果钱数不是整数，就会取最接近的整数来结算。有一次，格列佛在大人国用 N 元大人国货币一次兑换成小人国货币，再来到小人国用这些小人国货币一次兑换成大人国货币，结果格列佛发现自己赚了！如果 N 为不超过 2023 的自然数，那么 N 有________种可能情况。

24. 一个两位数，如果它的数字和能被它的数字差(大减小)整除，我们就称它为“和差倍数”。一共有________个“和差倍数”。

25. 如图所示，正二十面体有 20 面，每个面都是一个等边三角形。一个正二十面体正立放置，与顶部顶点相邻的 5 个顶点位于同一水平面内，与底部顶点相邻的 5 个顶点在另一个水平面内。一只蚂蚁从顶部顶点沿棱爬往底部顶点，它不能向高处爬，且不重复经过同一顶点。这只蚂蚁有________条不同的路线。

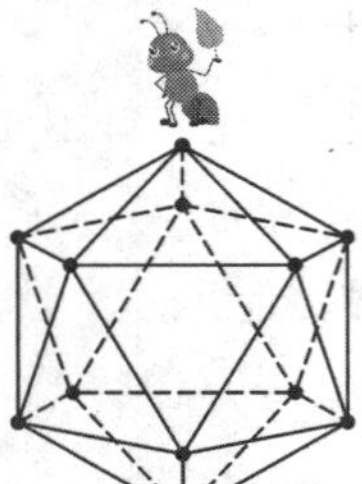

第 25 题图

第 26 题图

26. 如图所示，在每个小方格中分别填入 1 或 0，要求每个 2×2 方格中的 4 个数之和都是偶数，一共有________种不同的填法。

27. 如图所示，在九宫格的每个方格内各填入一个非零自然数，填入的 9 个数各不相同，且任意一行以及任意一列的 3 个数中，最大的数正好是其他两数的和的 2 倍。把填入的 9 个数中的最大数记为 A，则 A 最小是________。

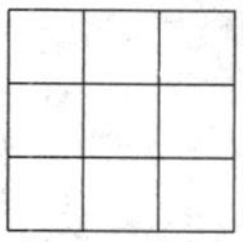

第 27 题图

28. 村长让小朋友们猜一个三位数，并提示，这个三位数是$\overline{\square 4}$的倍数。然而小满发音模糊。

小喜听到：“这个三位数是 4 的倍数。”

小美听到：“这个三位数是 14 的倍数。”

小洋听到：“这个三位数是 44 的倍数。”

此后小朋友们分别猜数，小喜各数位上的数字都没猜对，小美猜对了十位和个位上的数字，小洋猜对了百位上的数字。小满公布答案后，3 只小羊发现自己都有机会猜对。小洋猜的三位数为________。

29. 当前平板处于满电量 100 格，一家三口抢着用。爸爸看一场比赛，妈妈刷一次视频，儿子上一节网课，都分别用 30 分钟。

爸爸每看一场比赛会耗费电量 5 格，第一场比赛结束会增加“全家幸福指数”50 点，以后每场比赛结束“全家幸福指数”的增加量都比上一场多 1 点，即：第二场比赛结束会增加“全家幸福指数”51 点，第三场比赛结束会增加“全家幸福指数”52 点，以此类推。

妈妈每刷一次视频会耗费电量 4 格，第一次刷完视频会增加“全家幸福指数”40 点，以后每次刷完视频“全家幸福指数”的增加量都比上一次多 1 点。

儿子每上一节网课会耗费电量 7 格，第一节网课结束会增加“全家幸福指数”120 点，以后每节网课结束“全家幸福指数”的增加量都比上一次少 4 点。

那么，平板不再充电的情况下，最多能让“全家幸福指数”增加________点。

30. 魔法学院举行网球单打比赛，每轮比赛都是让所有未淘汰的选手两两比赛分出胜负，胜者进入下一轮，负者淘汰。报名的选手有 128 名，按照实力从强到弱分别编号为 1 至 128 号。如果 2 名选手的编号相差 1 或 2，这 2 名选手都有机会胜出；如果 2 名选手的编号相差多于 2，总会由编号较小的选手胜出。那么，冠军的编号最大是________号。

希望联盟邀请赛

1年级

思考笔记

1. 图中少了 1～14 的哪个数？________。

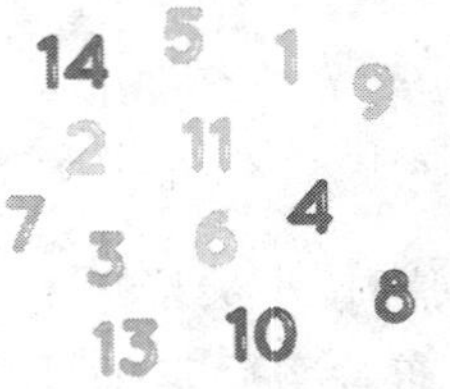

第 1 题图

2. 算一算：1＋1＋1＋1－1＋1－1＋1－1＋1－1＋1－1＝________。

3. 小蝴蝶左右翅膀上 3 个数的和相等才能飞行。在题图“?”处填入________，才能让这只蝴蝶飞起来。

第 3 题图

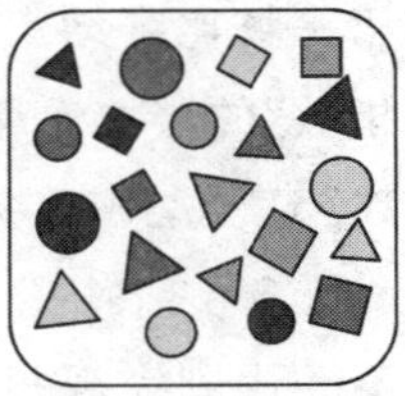

第 4 题图

4. 图中三角形比正方形多________个。

5. 小飞要在明天早上 5:20 起床去执行飞行任务，他要睡 9 小时，那么他应该几点开始睡觉？（　　）

A. 晚上 9:00　　B. 晚上 9:20　　C. 晚上 10:00

D. 晚上 8:20　　E. 晚上 8:40

6. 题图中“?”＝________。

○＋○＋○＝★

★－○＝6

★＝?

第 6 题图

7. 小朋友们玩捉迷藏，希希找，其他人藏。希希先在灌木丛后面找到 3 个小朋友，然后在大树后面找到 2 个小朋友，接着在大石头后面找到 3 个小朋友，这时还有 2 个小朋友没找到。一共有________个小朋友玩捉迷藏。

8. 题图为一个风车迷宫，每次只能浸入“右上方”或“右下方”的相邻格子中，但不能重复进入同一个格子，那么从 *A* 格出发，最终到达 *B* 格，所经过的格子中的数相加得数最大是________。

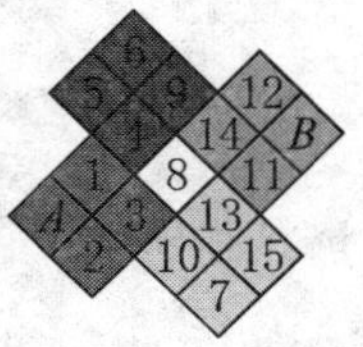

第 8 题图

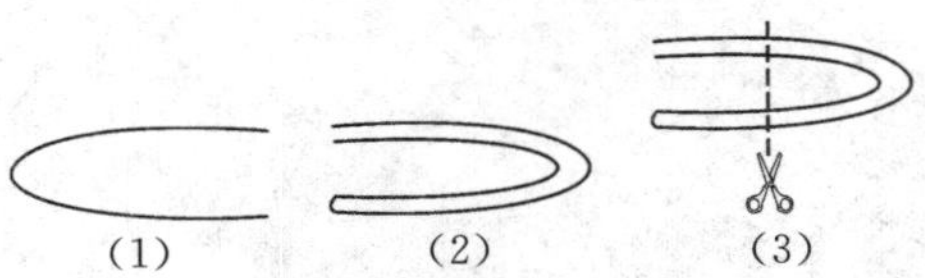

第 9 题图

9. 一根绳对折一次，如图(1)，再对折一次，如图(2)，最后拿剪刀从中间剪开，如图(3)，能分成________段。

10. 一盏灭着的灯，1 号同学按 1 下开关，2 号同学按 2 下开关，3 号同学按 3 下开关……每个同学按开关的次数和自己的编号相同。那么当 13 号同学按完，这盏灯是(　　)。

A. 亮着的　　　　B. 灭着的

11. 将题图补成一个无空隙的大正方形，至少还需要________个小正方形。

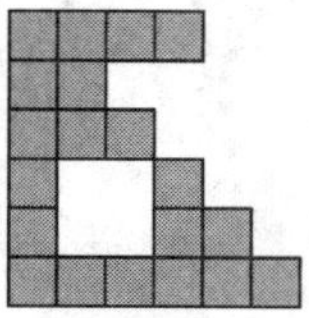

第 11 题图

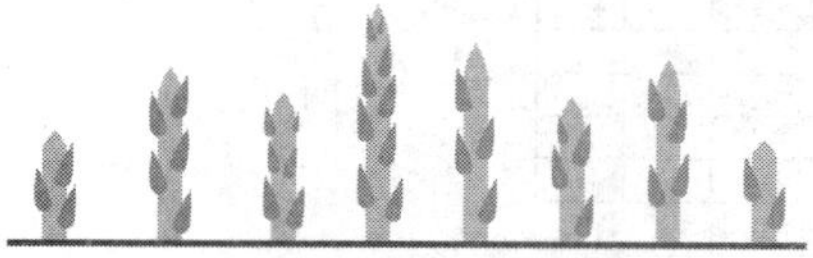

第 12 题图

12. 如图所示，熊猫萌萌在竹林里找到一些竹笋，其中长得比左右相邻的竹笋都要高的竹笋有________棵。

13. 如图所示，小兔子走迷宫，它从 O 点出发，不能到达哪个点？(　　)

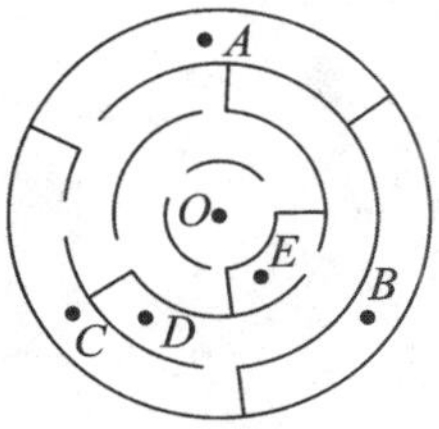

第 13 题图

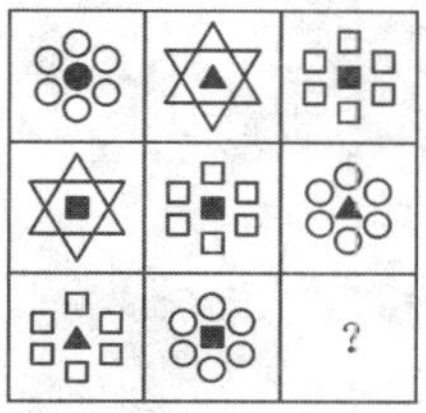

第 14 题图

14. 根据规律，题图“?”处的图案是哪一个？(　　)

A　　B　　C　　D　　E　　F

15. 如图所示，一串按规律串好的珠子，中间的一段放在盒子里看不见了。如果看不见的珠子中有 6 颗是黑色的，那么看不见的珠子中有________颗是白色。

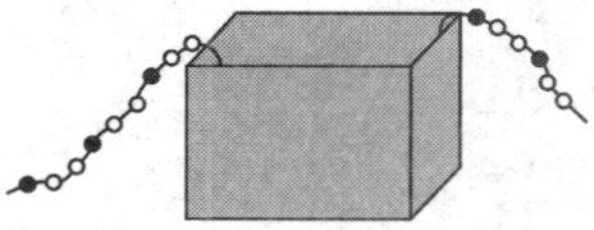

第 15 题图

16. 一群小鸭从前往后排成一队出门觅食，一只淘气的小鸭子从队尾插队到第 3 的位置。这样一来，除了这只小鸭子外，有 7 只小鸭的位置次序发生了变化。这队小鸭子一共有________只。

17. 小猴用 6 根香蕉和小熊的 2 个苹果交换，交换后小猴的香蕉和苹果数量相同。那么在交换前小猴子的香蕉比苹果多________个。

18. 数一数，题图共有________个小正方体。

第 18 题图

19. 下列哪个等式可以在去掉一根火柴棒后成立？（　　）

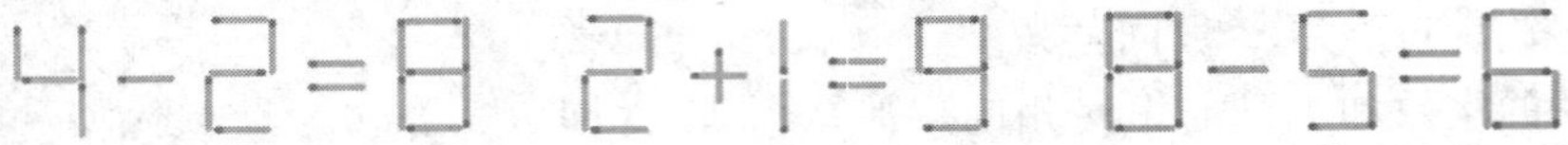

A　　　　B　　　　C

20. 如图，5 张圆形卡片摆放在桌子上，被压在最下面的卡片是________。

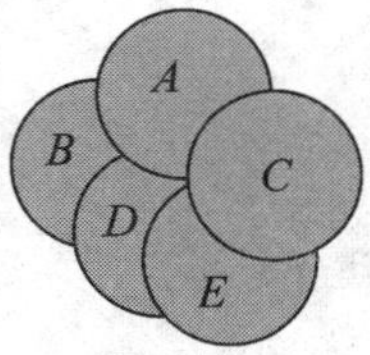

第 20 题图

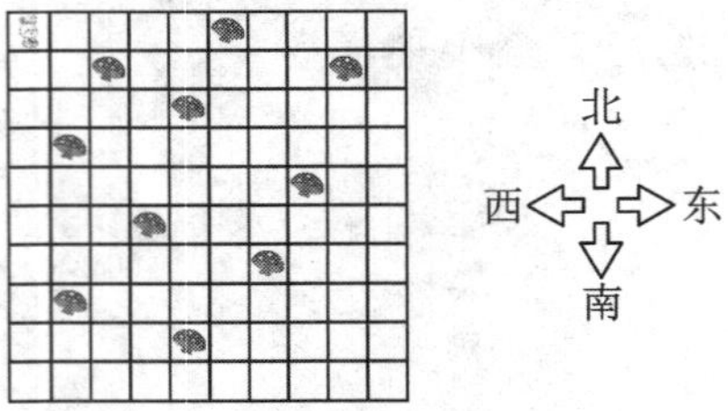

第 21 题图

21. 小兔子采蘑菇。它从题图西北角的格子出发，先向东走 6 格，再向南走 3 格，再向东走 1 格，再向南走 3 格，再向西走 6 格，再向北走 6 格。它一共采到________朵蘑菇。

22. 比一比，题图中最重的球是哪一个？（　　）

第 22 题图

23. 妈妈给三胞胎扎小辫，每个孩子能看到另外两个孩子头上的小辫，却看不到自己头上的小辫。

老大说："我看到了 7 根小辫。"

老二说："我看到了 5 根小辫。"

老三说："我看到了 4 根小辫。"

三胞胎一共扎了________根小辫。

24. 我们把相邻的 1 个黑格和 1 个白格称为 1 对"黑白格"。下图中一共可以数出________对不同的"黑白格"。

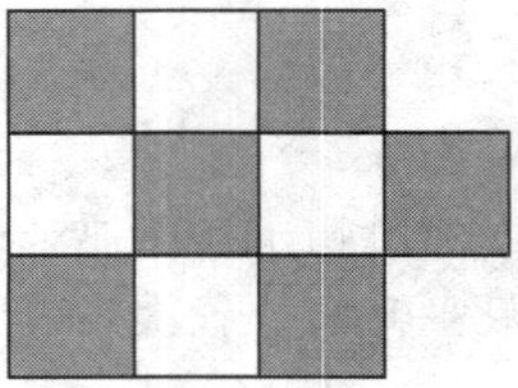

第 24 题图

25. 快递小哥开着车从仓库出发，在第一个站点他送出的包裹比收进的包裹少 10 件，在第二个站点他收进的包裹比送出的包裹多 2 件，这时他的车上有 42 件包裹。那么快递小哥出发时车上有________件包裹。

2年级

思考笔记

1. 将题图左边的________和右边的________互换，左右两组数的和就相等了。

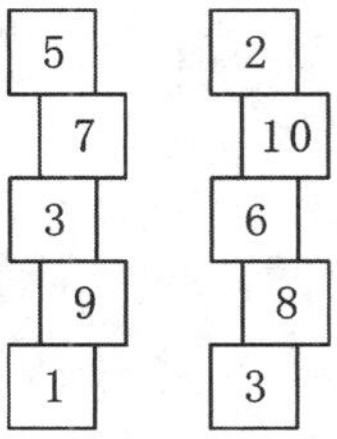

第 1 题图

2. 按照规律，题图“?”代表的数是________。

1，3，7，15，31，?，127，255

第 2 题图

3. 如图所示，迷宫里的 A、B、C、D、E 各有一块奶酪，小老鼠在标有☆的位置。小老鼠走迷宫，不能吃到哪一块奶酪？（　　）

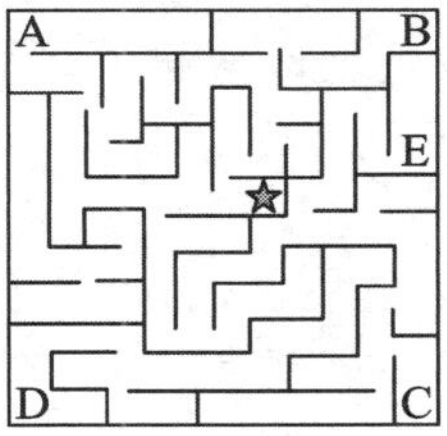

第 3 题图

4. 如图所示，河马、大象和黑熊比体重，黑熊的体重是________千克。

第 4 题图

5. 找规律填数，题图“?”处填________。

 273	 155	 822	 ?
273	155	822	?

第 5 题图

6. 如图所示，两张三角形纸片如图叠放，重叠部分是一个________。

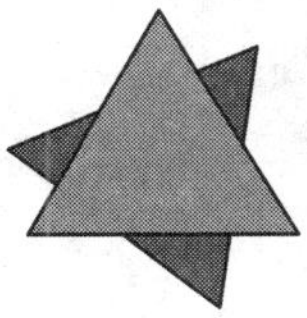

第 6 题图

A. 三角形　　B. 四边形　　C. 五边形　　D. 六边形　　E. 七边形

7. 比 20＋23 大，比 20×23 小的整数有________个。

8. 题图“?”＝________。

☆－□＝2

□＋△＝9

△－☆＝3

△＋☆＋□＝?

第 8 题图

9. 下图是两个六位数相减的竖式，每个方框代表一个数字。则全部方框中的 12 个数字相乘的积是________。

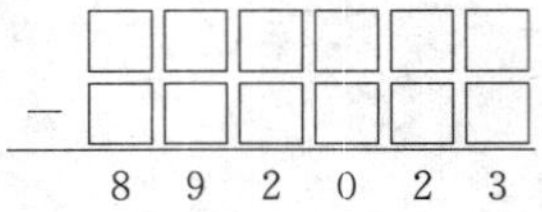

第 9 题图

10. 小白兔将地里的大白菜运回家，每车运 8 棵大白菜，运了 6 次，正好运了这批大白菜数量的一半。剩下的大白菜他打算每车运 12 棵，那么还要运________次就能把全部的大白菜运回家。

11. 学校新来了一位老师，同学们高兴极了，他们兴致勃勃地猜起了老师的年龄。

甲说：“老师 27 岁。”

乙说：“不对，是 31 岁。”

丙说：“老师一定是 36 岁。”

丁说：“不对，肯定是 39 岁。”

实际上老师的年龄和四个猜测相差 1 岁、3 岁、6 岁、9 岁。那么老师的年龄是________岁。

12. 把一个充了气的气球系在天平的托盘上，根据图中所示，草莓的重量是________克。

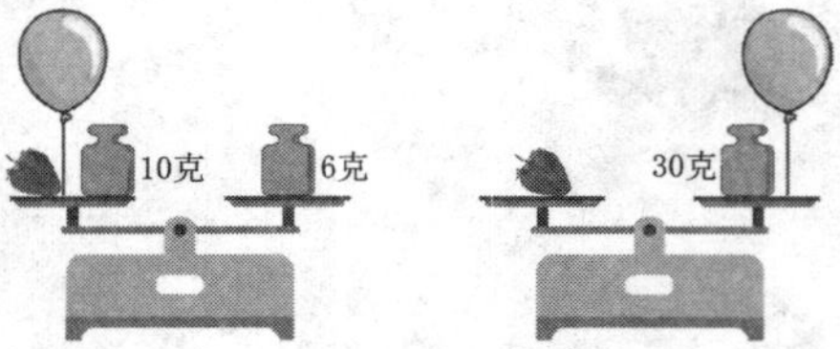

第 12 题图

13. 希希家的小狗喝水很有规律，上午 8:00 第 1 次喝水，然后每隔 15 分钟喝一次水，到中午 12:00 喝完水后变为每隔 10 分钟喝一次水。小狗第 20 次喝水的时间是________。

A. 12:30　　B. 12:40　　C. 12:50　　D. 1:00

14. 小迪为他的 6 件生肖公仔准备了新家，子鼠在丑牛和寅虎的中间，丑牛在卯兔的北侧，卯兔在辰龙西侧，巳蛇在辰龙的东侧，那么图中？处是（　　）的家。

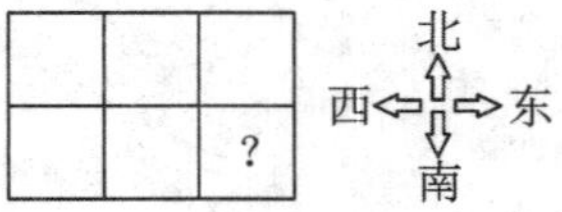

第 14 题图

A. 子鼠　　B. 丑牛　　C. 寅虎　　D. 卯兔　　E. 辰龙　　F. 巳蛇

15. 不重复画同一条线，画出图中的“小鱼”至少需要________笔。

第 15 题图

16. 欢欢有一些彩纸，这些彩纸中只有 2 张不是绿色的，只有 4 张不是粉色的，只有 4 张不是蓝色的。欢欢共有________张彩纸。

17. 黑板上有一列数：1，2，3，6，11，20，37。聪明的小喜发现，从第四个数开始，每个数都是它前面三个数的和。他按照同样的规律写出了题图的一列数，但他挡住了前三个数，那么这列数的第一个数是________。

□，□，□，7，12，23，42

第 17 题图

18. 搭建下图的“回”字形城墙需要________个小正方体积木。

第 18 题图

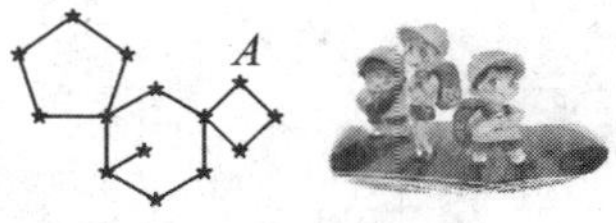

第 19 题图

19. 如图，标记五角星的地方是站点。考古队从站点 A 出发，沿路线行走，每个站点最多只能经过一次，那么考古队最多能经过________个站点（包括出发时的站点）。

20. 下图中包含✦的三角形有________个。

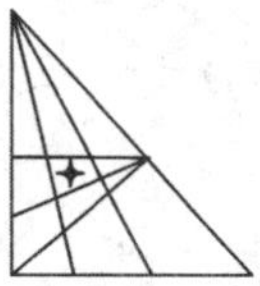
第 20 题图

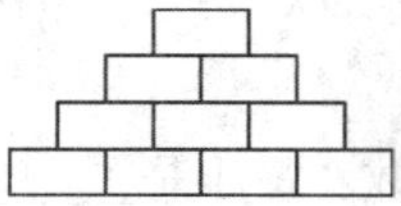
第 21 题图

21. 如图由 10 个长 2 厘米、宽 1 厘米的长方形拼成，去掉 2 个长方形后的新图形的周长最大是________厘米。

22. 从 1、2、3、4、5、6 中选出 4 个数填入题图的方框中，要求满足图中的大小关系，有________种不同的选法。

□>□>□>□

第 22 题图

23. 希希玩射击游戏，共射击 10 次，得了 61 分。他每次射击都得分，且全部得分只有 2 分、5 分和 9 分这三种。那么，希希有________次射击得 2 分。

24. 妈妈买了一些螃蟹，好奇的希希把螃蟹都检查了一遍，对妈妈说：“每只螃蟹都有 2 只钳子，8 只脚，一个都不缺。”如图所示，螃蟹煮熟后希希拿了 4 只脚去玩。妈妈看了看锅里的螃蟹，发现螃蟹脚的总数比钳子的 3 倍多 12 只。那么妈妈买了________只螃蟹。

第 24 题图

25. 张三、李四、王五、赵六在 2013 年的年龄和为 129 岁。当张三 9 岁时，赵六的年龄是李四的 5 倍，李四的年龄是王五的一半。当王五 40 岁时是________年。

3年级

思考笔记

1. 计算：18＋23＋47＋53＋82＝________。

2. 按照规律，题图“?”处是(　　)。

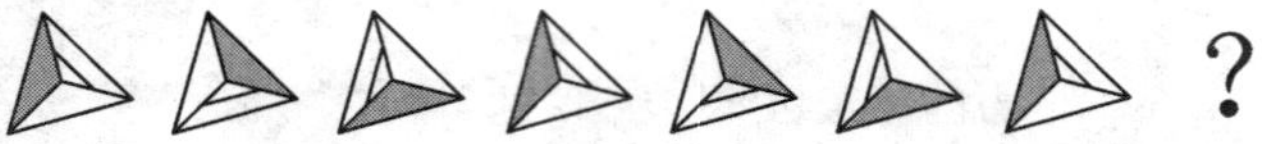

第 2 题图

3. 下面 4 个图形都是由相同的小长方形拼成的，其中有一个图形的周长与其他 3 个不同，这个图形是________。

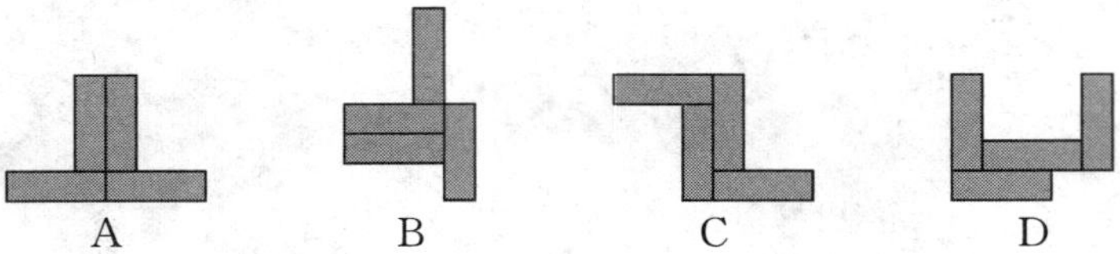

4. 小马虎计算两个数相乘的算式，把乘数 132 看成了 123，计算结果比正确结果小 99。那么这个算式的正确结果是________。

5. 有 7 个连续的自然数，后 3 个数的和比前 4 个数的和大 2，这 7 个自然数中最大的是________。

6. 3 只松鼠 5 天可采摘 20 斤松果，6 只松鼠 3 天要吃 6 斤松果，按照这个速度，7 只松鼠 11 天可以储存________斤松果。

7. 在除法算式△÷□＝3……2023 中，被除数△最小是________。

8. 下图中共有________个三角形。

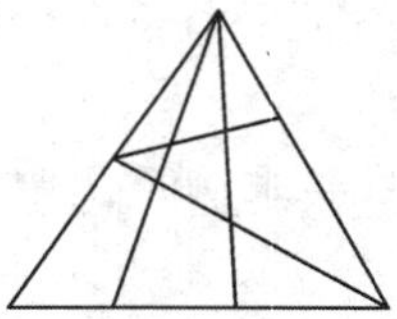

第 8 题图

9. 王经理把 18 千克黄豆和 12 千克黑豆混合成杂豆出售，每千克黄豆售价 17 元，每千克黑豆售价 12 元，那么每千克杂豆的售价是________。

10. 一个两位数的数字和是 10，如果交换它个位和十位上的数字，得到的新数比原数小 36，那么原来的两位数是________。

11. 题图竖式中不同的汉字代表不同的数字，那么星＋球×中＋心＝________。

```
   星 球 中 心
×          9
─────────────
   心 中 球 星
```

第 11 题图

第 12 题图

12. 图中的“椅子”由________个小正方体拼成。

13. 题图图案由边长相等的红、白两色正方形按一定规律拼成。依此规律，第 10 个图案中白色正方形有________个。

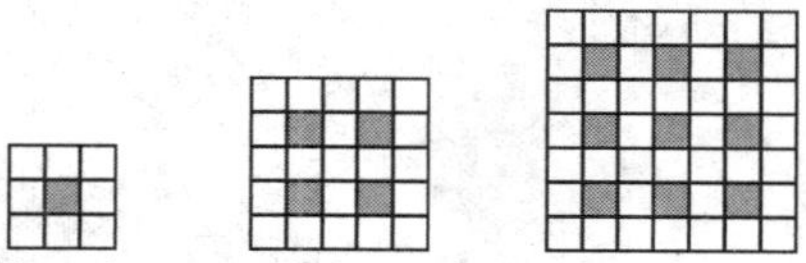

第 13 题图

14. 有 4 张数字卡片如图所示放置，第 1 次操作，交换右侧上下两张卡片；第 2 次操作，交换上方左右两张卡片。然后重复这两种操作，最终 4 张卡片位置与开始时相同，那么操作的总次数可能是________。

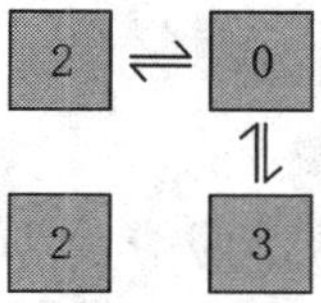

第 14 题图

A. 2021　　B. 2022　　C. 2023　　D. 2024　　E. 2025

15. 将 1，2，3，…，29，30 任意分成 10 组，每组 3 个数。每组数中，大小居中的那个数称为“居中数”，10 个“居中数”的和称为“居中和”。不同的分组方法中，“居中和”最大是________。

16. 下图的周长是________厘米。

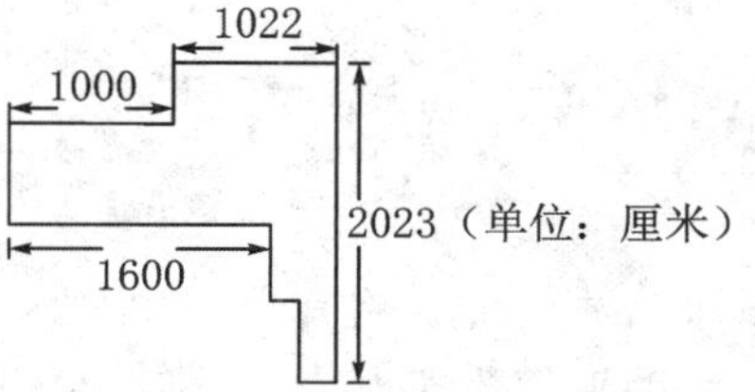

第 16 题图

17. 如图，停车场的车位分为三排，每行车位数相等，车位从 1 开始按照箭头方向进行编号，从图中可以看到一些未停放车辆的车位编号。那么，这个停车场的车位总数是________个。

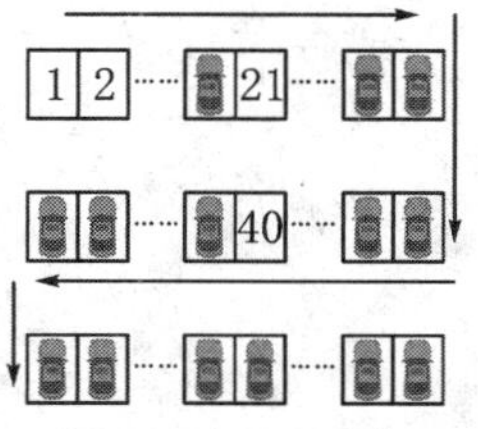

第 17 题图

18. 一只青蛙从 A 点出发，先向西跳 100 次，再向北跳 40 次，然后向东跳 60 次，最后向南跳 40 次，这时到达 B 点。A 与 B 相距 15 米，则青蛙一共跳了________米。

19. 井底有两只蜗牛阿杰和阿伦，它们一起开始往上爬，每个白天往上爬 10 米，每个夜里往下掉 4 米。从第 3 天起阿伦加快往上爬的速度，阿杰保持原来往上爬的速度，每个夜里它们仍是往下掉 4 米，结果第 6 个白天刚好结束时阿伦爬出井口，第 10 个白天刚好结束时阿杰爬出井口。那么，从第 3 天起每个白天阿伦比阿杰多爬________米。

20. 至少有一个数字是 3 或 4 的两位数有________个。

21. 学校数学期末考试后，同学们对话如下：

小喜："如果我得满分，小美也会得满分。"

小美："如果我得满分，菲菲也会得满分。"

菲菲："如果我得满分，小洋也会得满分。"

小洋："如果我得满分，小暖也会得满分。"

成绩出来后，发现大家说的都对。不过 5 位同学中只有 3 人得了满分，那么没得满分的是________。

A. 菲菲、小洋　　B. 小洋、小暖　　C. 小喜、小美

D. 小暖、小喜　　E. 小美、菲菲

22. 希希在学校表现很好，本学期获得了很多积分卡，共有 3 张 10 积分卡，8 张 5 积分卡和 18 张 1 积分卡。希希想用积分卡兑换一个 50 积分的文具，有________种支付方式。

23. 一群牛羊在山坡上吃草。牧童喊了一声："狼来了！"这时走了 16 头牛，山坡上羊的数量是牛的 2 倍；牧童又喊了一声："狼真的来了！"这时又走了 36 只羊，山坡上牛的数量是羊的 5 倍。那么，最初山坡上牛和羊一共有________只(头)。

24. 有 3 个电子记分牌，它们显示的数字形式如图：

第 24 题图

现在 3 个记分牌分别显示一个两位数，它们的平均数是 45。将其中一个记分牌倒立后可以得到另外一个两位数，此时 3 个数的平均数是 47。倒立后的记分牌上显示的数是________。

25. 哪吒奉命去花果山捉拿孙悟空，孙悟空为了迷惑哪吒，拔出汗毛，变出好多孙悟空和三头六臂的哪吒。旁边的小猴子数了数，变出的孙悟空和哪吒一共有 26 个，哪吒的手臂比孙悟空的手臂多 76 条，则变出的哪吒有________个。

4年级

思考笔记

1. 计算：697×34＋152×68＝________。

2. 将数字1～9分别填入下面的方格中，每个数字只填一次，使3个算式的得数相等。这个得数是________。

□□×□＝□□＝□□－□□

第2题图

3. 数字和为2023的最小自然数包含________个数位。

4. 用0、2、3这3个数字组成七位数，每个数字都要用上，且这个七位数是3的倍数。那么满足要求的最大七位数与最小七位数的差是________。

5. 数字0～9可以用火柴摆出，如图(1)。

在图(2)的算式中，移动1根火柴棒，使得乘积最大，这个最大的乘积是________。

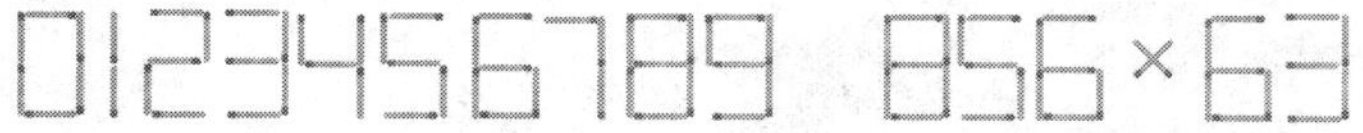

(1)　　　　　　　　(2)

第5题图

6. 有一列数，第一个数是8，第二个数是2，从第三个数开始的每个数都是前面所有数的平均数，则这列数前100个数的和等于________。

7. 绿化队的工人种一批树需要挖坑。如果工人每人挖10个坑则还差19个坑，每人挖15个坑则多出21个坑。种这批树共需要挖________个坑。

8. 汪叔叔卖的煎饼分为两种：鸡蛋煎饼(4元/个)和香肠煎饼(7元/个)。一天，汪叔叔的目标是卖出350个煎饼，到了中午汪叔叔还没完成目标但已经收入2023元。这时汪叔叔至少卖出了________个香肠煎饼。

9. 甲、乙参加1000米赛跑，当甲离终点360米时，乙离终点392米。照这样的速度，当甲到达终点时，乙离终点还有________米。

10. 跳绳比赛，欢欢、乐乐、阳阳共跳了333个。

欢欢说："如果我少跳3个，那么乐乐跳的个数是我的3倍多3个。"

乐乐说："如果我多跳3个，那么阳阳跳的个数是我的3倍少3个。"

阳阳跳了________个。

11. 二哥说："当小弟像我这么大时，大哥的年龄比小弟年龄的2倍小5岁。"那么，当大哥像二哥那么大时，小弟________岁。

12. 希希在作业纸上画了5条直线，这5条直线的交点个数不可能是________。

A. 1　　B. 4　　C. 5　　D. 10　　E. 11

13. 如图，用17个相同的小长方形拼成一个大长方形。已知图中阴影部分的总面积为75，则长方形 $ABCD$ 的面积为________。

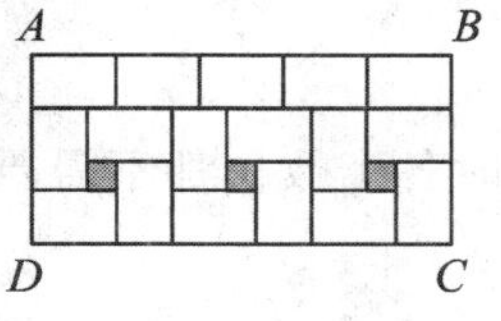

第13题图

14. 图中 3 个正方形的边长分别是 3、5、9，则红色阴影部分的面积是________。

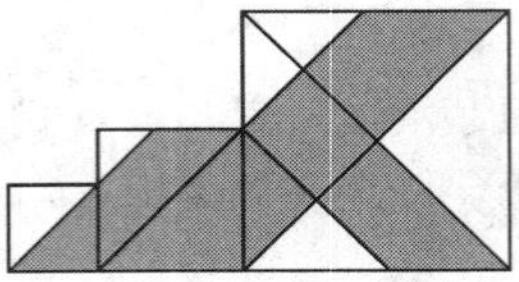

第 14 题图

15. 如图，正六边形 $ABCDEF$ 中，M、N 分别为 AF、BC 的中点，阴影部分的面积是 10，那么正六边形的面积是________。

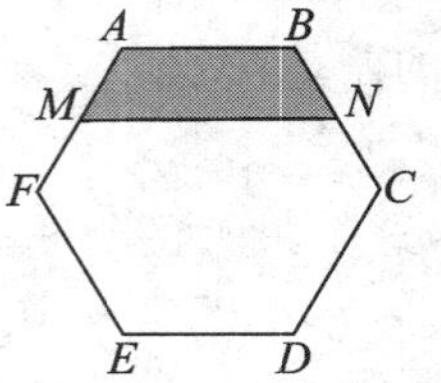

第 15 题图

16. 题图的积木块均由相同的小正方体组成，哪两个积木块可以拼成一个大正方体？（　　）

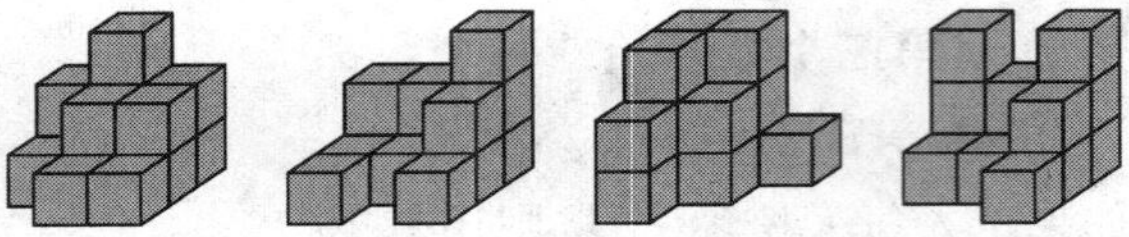

①　　②　　③　　④

第 16 题图

A. ①②　　B. ①③　　C. ②③　　D. ②③　　E. ②④　　F. ③④

17. 一次竞赛，参赛者的得分互不相同，且恰好一次递增 3 分，构成等差数列。工作人员统计了全部参赛者的得分总和是 2023 分，感觉有点少，检查后发现有一个参赛者的得分少加了 51 分。重新排列后发现全部参赛者的得分仍然互不相同且构成等差数列，那么少加分的参赛者修正后的得分是________分。

18. 有 7 个连续的两位自然数，组成它们的 14 个数字之和为 83，这 7 个自然数的和是________。

19. 题图竖式的被除数是________。

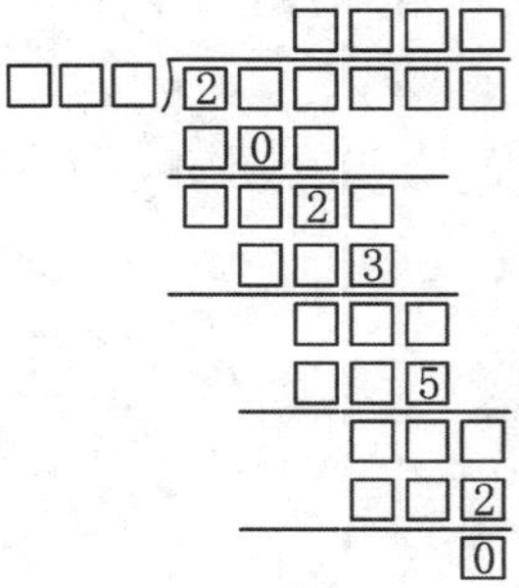

第 19 题图

20. 在 0～99999 中，有________个数与 13579 相加时各个数位都不需要进位。

21. 在图中的每个空格里填入一个非零自然数，除底部 5 个空格外，每个格子中的数都是它下方两个格子中的数相加的和。那么,"?"处的数有________种可能。

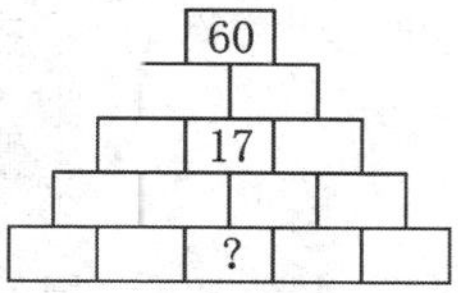

第 21 题图

22. 小蜘蛛的"冲锋"爬行很有趣,每次"冲锋"它将从一个结点沿蜘蛛丝疾行到相邻结点(多根蜘蛛丝的交点称为结点)。如图,一只小蜘蛛从网的中心 O 点出发,"冲锋"4 次后第一次回到 O 点,共有________条不同路线。

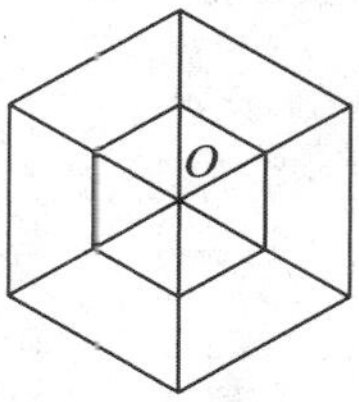

第 22 题图

23. 魔法师有 5 种药水,其中有且仅有一种有魔力,猫喝下后能长出翅膀,在用药 24 小时后立即见效。魔法师要保证在用药 24 小时后确定哪种有魔力,至少需要________只猫来做试验(一只猫可以同时喝下多种药水,且药水互不影响)。

24. Q 博士的计算器显示屏出了故障,把某个数字 X 显示为另一个数字 Y,其他数字的显示以及运算功能均正常,并且涉及数字 X 的计算也是按它的原数 X 进行的。有一次 Q 博士用这个计算器做一个加法,显示如下:

$$5654+2585=8017$$

根据这个显示可推知 $X+Y=$________。

25. 有 10 人测身高,得到 10 个整数厘米的数据,且这 10 个数互不相等。若其中任意 3 人的平均身高都不低于 160 厘米,也不高于 170 厘米,则其中最矮的人的身高不低于________厘米。

5年级

思考笔记

1. 计算：2022.1＋2023.3＋2021.6＋2025.3＋2021.9＋2023.8＝________。

2. 计算：2023×2022－2021×2020＝________。

3. 3个有限小数的整数部分分别是4、5和6，这3个有限小数相乘，积的整数部分有________种可能值。

4. 在横线上填一个自然数，使等式成立：

1＋0.2＋0.002＋0.00002＋0.0000002＋…＝2023÷________。

5. 下图每行右侧的数表示这一行4个字母所代表的数相加的和，那么A＋B＋C＋D＝________。

A	D	C	C	17
A	D	C	D	15
B	A	C	B	25
D	D	A	A	22

第5题图

6. 一个四位数，它与13的和是5的倍数，它与13的差是6的倍数。这个四位数最大是________。

7. 一个质数，将它的个位数字换成任意一个其他数字，这个质数都将变成合数，我们称这样的质数为“敏感质数”，例如97就是一个“敏感质数”。那么三位数中最小的“敏感质数”是________。

8. 一个数是6个2、5个3、4个5、1个7、1个13的连乘积，则这个数的两位因数中，最大的是________。

9. 3个数176、253、512分别除以自然数n，所得余数的和是23，则n最大是________。

10. 若某个月的第一天是星期六或星期日，则称这样的月份是“幸福月”。一年最多有________个“幸福月”。

11. 一个多位数，若将它最高位上的3移到最低位，得到的新数将是原数的一半，那么原数最小是________位数。

12. 如图，小青蛙从中心的荷叶出发，每次沿线跳到离自己最近的一张荷叶上。小青蛙跳了4次后停在最初出发的荷叶上，则小青蛙共有________种不同的跳法。

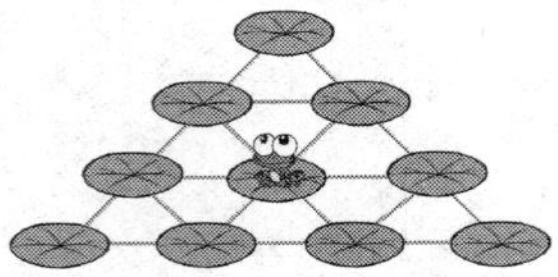

第12题图

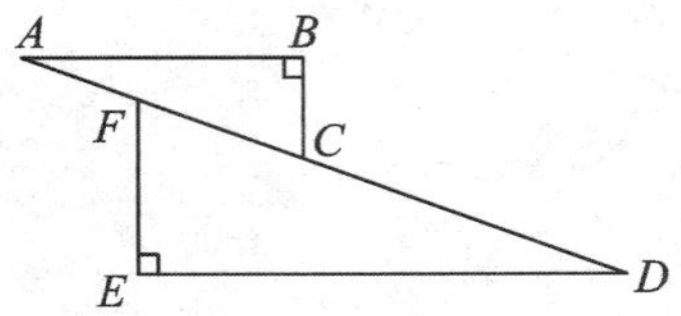

第13题图

13. 如图，两个直角三角形的斜边在同一条直线上，AB与DE平行，且$AB=BC+EF=4$。若三角形ABC的面积比三角形DEF小6，那么$ED=$________。

14. 如图,一个圆恰好夹在两个正六边形之间。若大正六边形的面积为12,则小正六边形的面积为________。

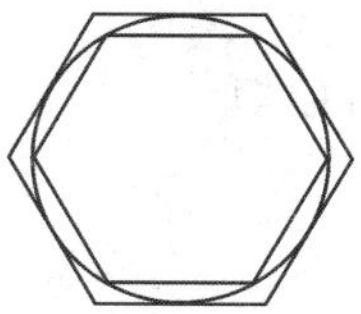

第 14 题图

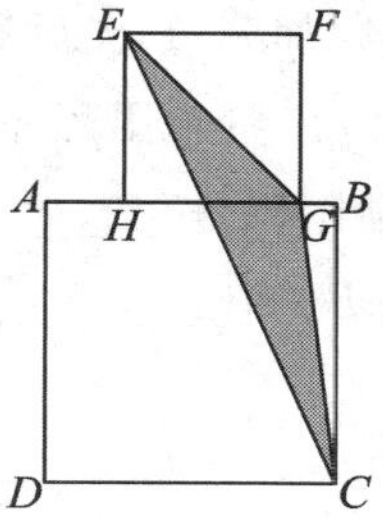

第 15 题图

15. 如图,正方形 $ABCD$ 和 $EFGH$ 的面积分别是 625 和 225,且三角形 CEG 的面积是 165,则 GB 的长为________。

16. 用 27 个小正方体拼成一个大正方体,如图(1),从大正方体的 6 个面中选 3 个面按图(2)的方式涂色,其余 3 个面按图(3)的方式涂色,则恰好有两个面被涂色的小正方体最多有________个。

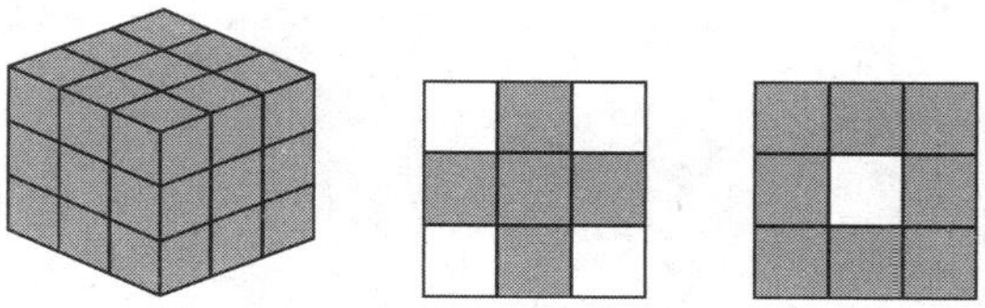

(1) (2) (3)

第 16 题图

17. 在算式$\overline{A0AB}-\overline{AC}=D\times\overline{CC}\times\overline{CB}\times A$ 中,相同的字母表示相同的数字,不同的字母表示不同的数字,那么四位数$\overline{ABCD}=$________。

18. 花园里有连翘花(每朵 4 个花瓣)、梨花(每朵 5 个花瓣)、桃花(每朵 5 个花瓣)、迎春花(每朵 6 个花瓣)。如果这 4 种花共有 30 朵,152 个花瓣,那么迎春花比连翘花多________朵。

19. 甲、乙两人分别从相距 32 千米的 A、B 两地同时出发同向而行,一段时间后甲在 C 地追上乙。如果甲每小时多走 1 千米,乙每小时少走 1 千米,则甲追上乙的时间少用 3 小时,且追上的地点与 C 相距 12 千米。如果甲、乙两人以原速分别从 A、B 两地同时出发相向而行,那么________小时后两人相遇。

20. 超市做促销:羽毛球每个 4 元,买 3 赠 2;乒乓球每个 3 元,买 2 赠 1。小王和小李带了同样多的钱(整数元)去购买,小王只买羽毛球,小李只买乒乓球,两人都是尽可能多地买,最终小王买回的球比小李少 3 个。他们每人最少带了________元。

21. 小聂和大柱两人比赛下象棋,约定每一局胜者积 5 分,负者积 0 分,平局两人各积 2 分。比赛结束后,两人的积分之和是 51 分,且小聂获胜比平局多 3 局。小聂和大柱两人一共下了________局象棋。

22. 五(1)班共 35 人,最近三次测验的成绩一次比一次好,第一次有$\frac{5}{7}$的同学达到 90 分以上,第二次有$\frac{4}{5}$的同学达到 90 分以上,第三次有$\frac{6}{7}$的同学达到 90 分以上。那么三次测验都达到 90 分以上的至少有________人。

23. 希希设计了一个电脑加密程序：每输入一个数字 x（明文），则输出 $7x+5$ 的个位数字作为密文。比如输入 2034，加密 1 次后得到的密文是 9563；输入 1523，加密 2 次后得到的密文是 9587。希希用程序对门锁密码进行 2023 次加密后得到的密文是 8293，那么门锁密码是________。

24. 校园的道路如图所示，希希从 A 走到 B，有________条不同的最短路线。

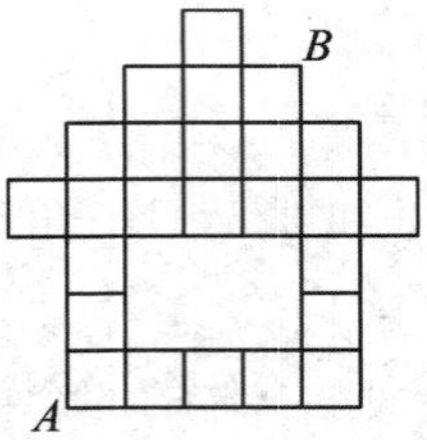

第 24 题图

25. 一种新运算"$*$"满足：$2*3=5$，$a*b=b*a$，$a*(b+c)=a*b+a*c$，那么 $8*9=$________。

6年级

思考笔记

1. 计算：$\left(12\div\frac{3}{4}+19\right)\times\frac{3}{5}=$________。

2. 若 $1-\cfrac{1}{2-\cfrac{2}{3-\cfrac{3}{x}}}=\frac{1010}{4043}$，则 $x=$________。

3. 运算"※"的得数是两数中较大的数，运算"∷"的得数是两数中较小的数，例如：3※2=3，3∷2=2。那么 $\left(\frac{2016}{2023}※\frac{2023}{2030}\right)\times\left(\frac{289}{4032}∷\frac{290}{4046}\right)\times14=$________。

4. 用 $[x]$ 表示 x 的整数部分，如：$[1.8]=1$，$[3]=3$。则

$$\left[\frac{1}{\frac{1}{963}+\frac{1}{964}+\frac{1}{965}+\frac{1}{966}+\cdots+\frac{1}{998}+\frac{1}{999}}\right]=\text{________}。$$

5. 下面是按规律排列的一列数，若其中任意两个分数的差都大于 $\frac{1}{2023}$，那么这一列数最多有________个。

$$\frac{1}{2},\frac{2}{3},\frac{3}{4},\frac{4}{5},\cdots$$

6. 一个不多于六位的整数，对调最高位与最低位上的数字后得到一个新数，新数比原数增加了 75%，则原数最大是________。

7. 在 1～1000 的 1000 个自然数中，有________个数与 1000 互质。

8. 把 $\frac{1}{7}$ 化成小数，然后从小数点后的第一位向后截取 100 位，得到一个 100 位的自然数，这个自然数除以 7 的余数是________。

9. 一个财迷想在赌场发财，他每次下赌注都要花 7 枚铜币，开奖结果可能是 2 枚、4 枚或 9 枚铜币。财迷下了若干次赌注后亏了 2023 枚铜币，那么他至少下了________次赌注。

10. 如图，小圆半径为 1，大圆半径为 4，两个阴影部分面积相等，则 $x=$________。

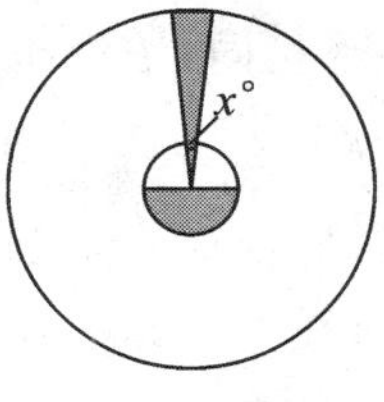

第 10 题图

11. 甲和乙两个圆柱体容器的底面积分别为 432 平方厘米和 576 平方厘米，甲容器中有一个正方体铁块，两容器中水面高度相差 3.5 厘米，如图(1)所示。若把铁块从甲容器移到乙容器中，两容器水面的高度仍然相差 3.5 厘米，如图(2)所示。正方体铁块的棱长是________厘米。

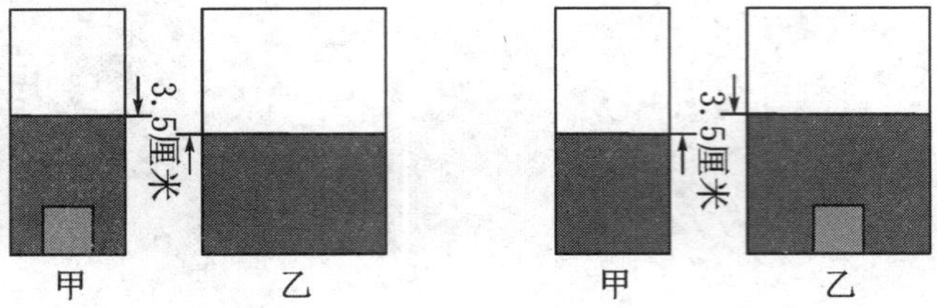

第 11 题图

12. 取正方形各边的中点，按如图方式连线。如果正方形的边长是 6，那么阴影部分的面积是________。

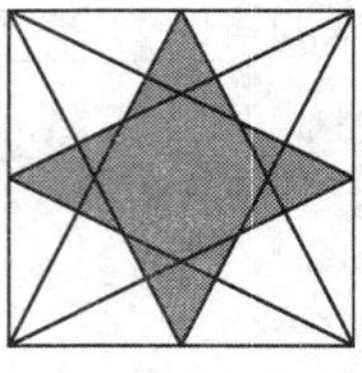

第 12 题图

13. 如图，在四边形 $ABCD$ 中，$AD\perp CD$，$AB\perp CB$，且 $AB+BC=10$，$AD-DC=2$，则四边形 $ABCD$ 的面积为________。

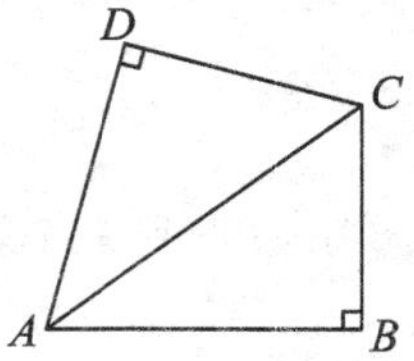

第 13 题图

14. 鸡兔同笼，鸡的数量占 45%。一天晚上，有 5 只兔子跑掉了，这时鸡的数量占 60%。那么笼中有________只鸡。

15. 小洋从冷饮工厂采购了一批冰棍到集市零售，按 80% 的利润率定价，每卖出 6 根，就奖励自己吃一根。小洋最后一次卖完 6 根后正好剩 2 根，就全吃了。小洋算了算发现实际利润率恰好是 50%，那么小洋采购了________根冰棍。

16. Q 博士有甲、乙、丙三瓶酒精溶液。甲瓶 200 克，酒精浓度 10%；乙瓶 300 克，浓度未知；丙瓶酒精浓度 40%。Q 博士将丙瓶中一部分酒精溶液倒入甲瓶，其余倒入乙瓶后，甲、乙两瓶中的酒精溶液不但重量相同，浓度也都是 32%。乙瓶原来的酒精浓度是________%。

17. 一座上行的自动扶梯，乙从顶部向下走到底部，甲从底部向上走到顶部，两人同时出发，相遇时甲走了 60 级，相遇点距离扶梯顶部 100 级。如果出发时甲的速度变为原来的 2 倍，那么相遇时甲走了 90 级，此时相遇点距离扶梯底部有________级。

18. 甲乘摩托车，乙骑自行车，两人同时从 A 地出发，往返于 A、B 两地间。甲第一次到达 B 地后返回，在离 B 地 9 千米处遇到乙，并比乙早 2 小时回到 A 地。甲回到 A 地后立即再前往 B 地，在 C 地处遇到正返回 A 地的乙。已知 B、C 两地间的路程是 A、C 两地的 3 倍，则乙的速度是________千米/时。

19. 九进制数$(20230004050607)_9$除以 5 的余数是________。

20. 有两行数按规律排列如下图，则第二行第 2023 个数除以 5 的余数是________。

第一行	1	2	5	13	34	89	……
第二行	1	3	8	21	55	144	……

第 20 题图

21. 从图中的 16 个方格中选择 5 个涂上相同的颜色，使涂色后的图形是轴对称图形，有________种涂色方案。

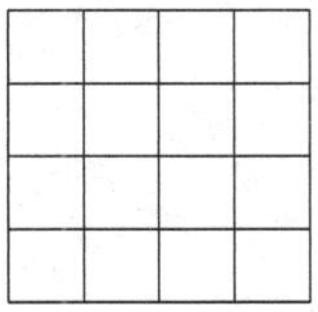

第 21 题图

22. 如图是用积木垒起来的金字塔，每块积木标记的数等于下一层中与它相邻的两块积木标记的数之和。"?"处填________。

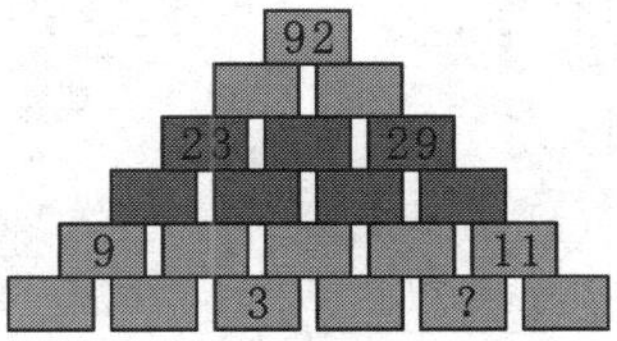

第 22 题图

23. 将正方形的每条边六等分，以这些等分点为顶点(不包括正方形的顶点)的三角形有________个。

24. 箱子里有编号 1～9 的 9 个球，甲、乙、丙三人依次从箱子中随机取出一个球(取出后不放回)，则取出的 3 个球的编号都不连续的概率是________。

A. $\frac{1}{4}$　　B. $\frac{1}{3}$　　C. $\frac{5}{12}$　　D. $\frac{1}{2}$　　E. $\frac{7}{12}$

25. 桌面上有 2023 枚硬币，全都正面朝下放置，现翻转硬币，第 1 次翻转 1 枚，第 2 次翻转 2 枚……第 n 次翻转 n 枚。要使所有的硬币全都正面朝上放置，n 最小是________。

2023年 “优才杯”暑秋数学学情诊断

1年级

思考笔记

一、填空题Ⅰ

1. 根据题图数的规律，“?”处填的是________。

第 1 题图

2. 题图中共有 25 个不同的英文字母，缺少的字母是________。

第 2 题图

第 3 题图

3. 军军家的闹钟响了，军军从对面墙上的镜子中看到桌子上闹钟显示的时间如题图所示，那么现在闹钟显示的时间是________点________分。

4. 小朱坐电梯回家，电梯到达 10 楼的时候突然坏了，于是小朱从 10 楼继续爬了 5 层才回到家，那么小朱家住在________楼。

5. 如题图所示，豆豆、庆庆、皮皮和康康坐在 1～4 号座位上，请根据下列条件判断，________坐 3 号座位。（填字母）

(1)豆豆和庆庆不在同一行，也不在同一列。

(2)皮皮坐在庆庆的右边，他们在同一行。

(3)皮皮坐在豆豆的前面。

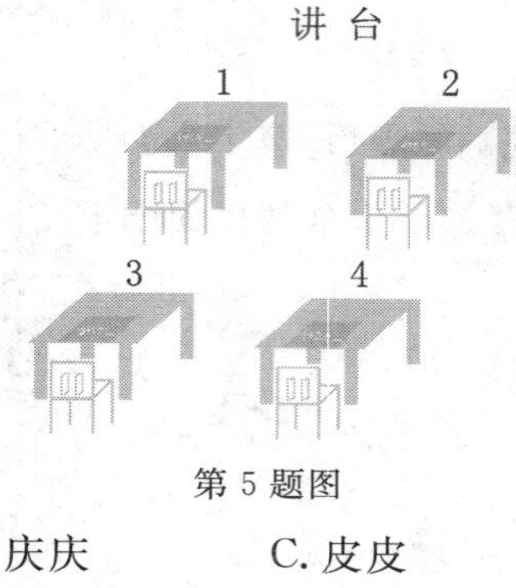

第 5 题图

A. 豆豆　　B. 庆庆　　C. 皮皮　　D. 康康

二、填空题Ⅱ

6. 有 3 个小朋友在一起比较年龄大小，芳芳比阳阳大 3 岁，燕燕比芳芳小 1 岁，那么燕燕比阳阳大________岁。

7. 有 12 名同学排成一队，美美的前面有 6 名同学，那么美美的后面有________名同学。

8. 如题图所示，豆豆国的钱币共有四种不同面额，分别为 1 豆币、2 豆币、5 豆币、9 豆币。黄豆豆手里恰好有这四种面额的钱币各 1 枚，那么在不允许找钱的情况下，下列物品中________是无法直接支付购买的。（填字母）

A. 价值 6 个豆币的徽章一枚

B. 价值 8 个豆币的薯片一袋

C. 价值 13 个豆币的奥特曼收藏卡一套

D. 价值 16 个豆币的数学书一本

第 8 题图

9. 题图(1)为一个玩具骰子的 6 个面，庆庆的玩具骰子有 3 个面因为磨损严重，缺少了一些点（如题图(2)），那么这 3 个面的点数之和最大是________。

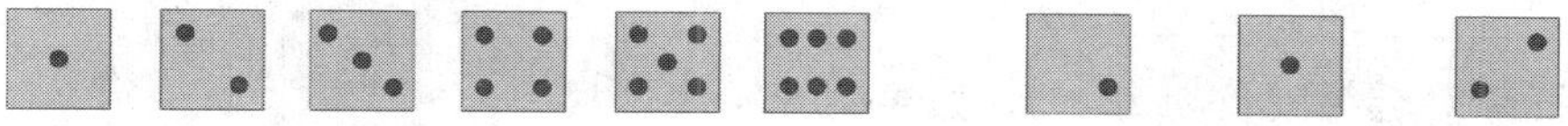
(1)　　(2)

第 9 题图

三、填空题Ⅲ

10. 题图是由许多个三角形重叠放置形成的图形，那么________（填字母）符合题图的外围大轮廓。

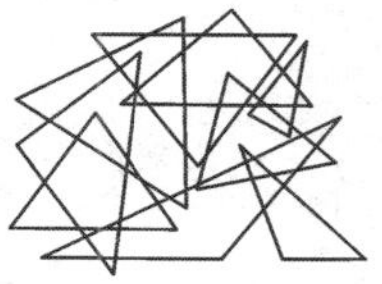
第 10 题图

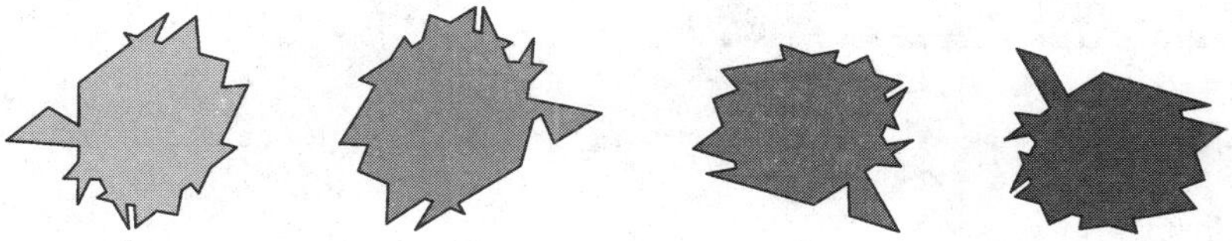
A　　B　　C　　D

11. 4 位同学甲、乙、丙、丁都拥有一架玩具飞船，每个人的飞船上都有一串编号。请观察每个飞船上的编号与 4 位同学名字的规律，丁的宇宙飞船上的编号为________。

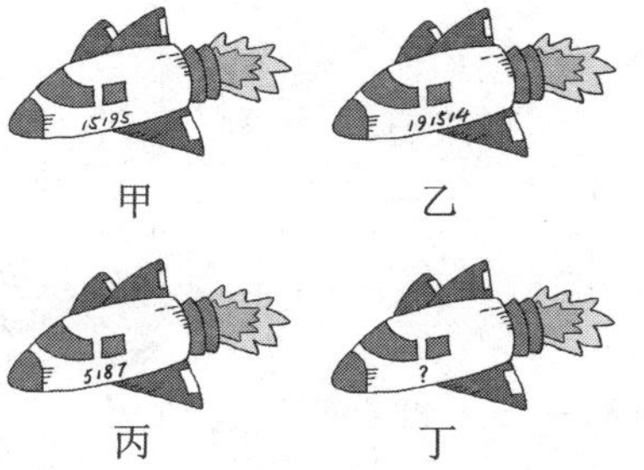

第 11 题图

12. 小星和小珂玩石头剪刀布的游戏，赢的人可以从输的人手中拿走一根棒棒糖。开始时两人手中都有 10 根棒棒糖，玩了 10 局，每局都分出了胜负，此时小星手中还有 6 根棒棒糖，那么小星一共赢了________局。

2年级

思考笔记

一、填空题Ⅰ

1.(1)老师给舞蹈队的8个小朋友测体重，她们的体重分别是26公斤、28公斤、31公斤、25公斤、29公斤、24公斤、22公斤和25公斤，那么这8个小朋友的体重之和是________公斤。

(2)小迪摆豆子，第一行摆1颗，第二行摆2颗，第三行摆4颗，第四行摆7颗，第五行摆11颗……按这种规律摆下去，第8行摆________颗。

2. 暑假乐乐参加游泳集训，每天早上8:30开始，下午4点结束，中午休息2小时，那么乐乐一天集训________小时________分钟。

3. 如题图，将一根绳子对折两次后每段长度为6米，如果刚开始将这根绳子折成3折，每段长度为________米。

第3题图

4. 观察题图，1个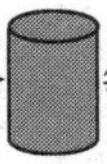等于________个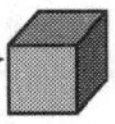。

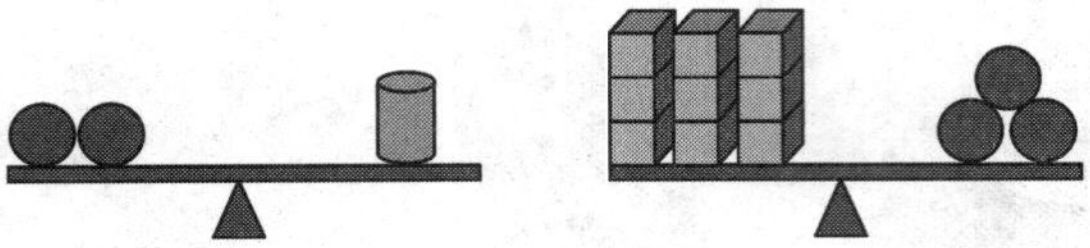

第4题图

5. 题图中共有________个三角形。

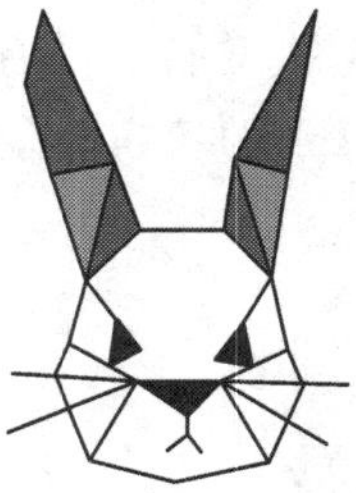

第5题图

二、填空题Ⅱ

6. 舒舒和贝贝同时各锯一根木头(长度和粗细都一样)，舒舒锯3次所用的时间和贝贝锯1次所用的时间相同，当舒舒把木头锯成了10段时，贝贝锯成了________段。

7. 5只小动物排成一排，小猴和小兔相邻，小兔和小狗相邻，小猴和小熊不相邻，小熊和小羊不相邻，那么一定和小羊相邻的是________。(填字母)

A. 只有小兔　　B. 只有小猴　　C. 只有小狗　　D. 小猴和小狗

8. 题图正方体的平面展开图对应选项 A、B、C、D 中的________。（填字母）

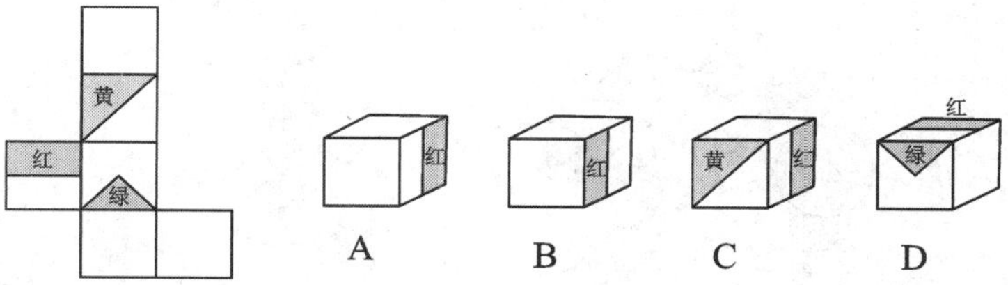

第 8 题图

9. 把 1、2、3、5、6、7、9 七个数字分别填入题图中"猎户座"七颗星星中，使得三条连线上的三个数字之和都是 12，这时"参宿一"与"参宿三"所填的数字和是________。

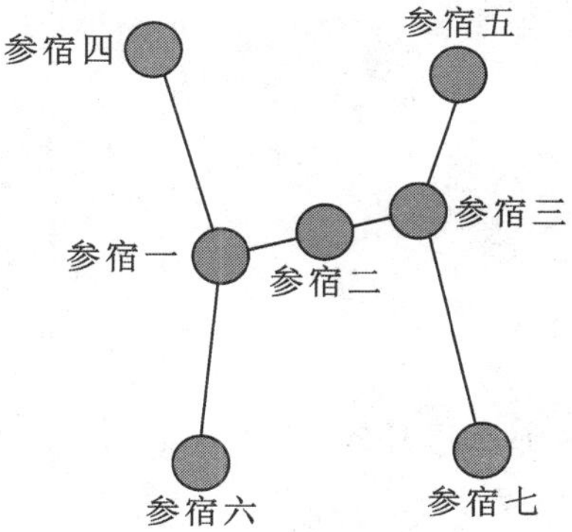

第 9 题图

三、填空题Ⅲ

10. 有 A、B、C、D、E 五位小朋友，按编号 1～5 的顺序排成一列，下面是他们根据编号给出的一些信息：

A："我左边的人数与右边的人数相等。"

B："我与 C 的编号之和是双数。"

C："我的号码不是最大的，也不是最小的。"

D："E 的编号没我大。"

那么，A 与 D 的编号之和是________。

11. 豆豆和康康都有一些糖，豆豆有奇数块，康康有偶数块，现在把豆豆的糖块数加 1 倍，这时两个人共有 22 块糖，那么最开始两个人的糖块数有________种可能。

12. 在一个小池塘里生活着大鱼、小鱼、虾米三种动物。

(1)如果小鱼的数量不超过大鱼，大鱼就会吃小鱼；

(2)如果虾米的数量不超过小鱼，小鱼就会吃虾米；

(3)如果大鱼、小鱼的数量之和不超过虾米，虾米就会大量繁殖，从而影响小池塘的生态平衡；

(4)一旦它们中的任何一种动物增加 1 只，都会打破这种平衡。

那么这个小池塘里共生活着________只动物。

3年级

思考笔记

一、填空题Ⅰ

1. 根据前几幅图的规律，题图(4)中“?”代表的数是________。

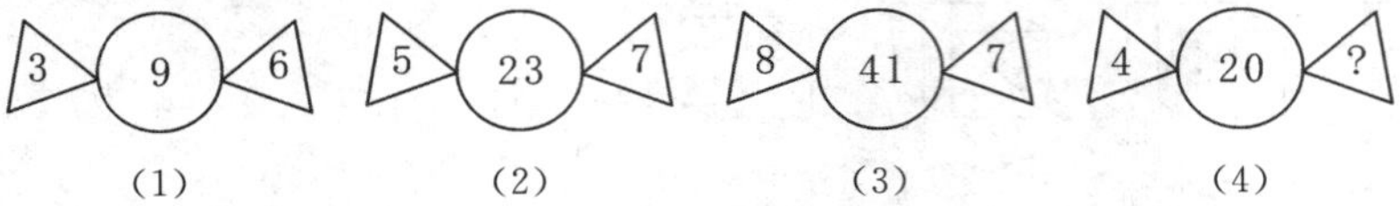

第 1 题图

2. 今年欢欢 8 岁，父亲 38 岁，那么________年后，父亲的年龄是欢欢年龄的 3 倍；________年前，父亲的年龄是欢欢年龄的 6 倍。

3. 4 辆大卡车运沙土，7 趟共运走沙土 96 吨。现有沙土 480 吨，增加了 3 辆相同的卡车，________趟可以运完。

4. 题图中一共能数出________个正方形。

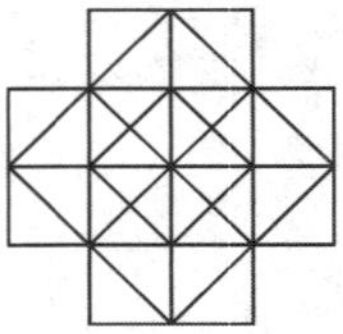

第 4 题图

5. 某年 5 月份恰有 5 个星期二和 5 个星期日，那么这月的 25 号是星期________。(填数字，星期一至星期日分别用数字 1～7 表示)

6. 从 1 至 8 中取出 3 个不同的数字使得 3 个数字的和等于 12，一共有________种取法。

二、填空题Ⅱ

7. 题图是由阴影色小正方形摆成的图案，按照此规律摆放下去，第 7 个图案需要________个阴影色的小正方形。

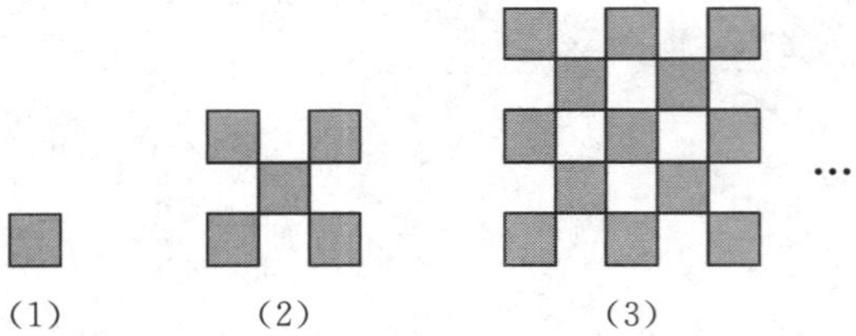

第 7 题图

8. 康康、和和、依依、豆豆准备通过一座小桥，他们过桥时间分别为 2 分钟、3 分钟、6 分钟、8 分钟，此桥每次最多只能让两个人同时通过，两人同行时按较慢者的时间为准，过桥的人必须要拿着手电筒且他们只有一个手电筒，那么四个人过桥最少需要________分钟。

9. 用两个边长为 2 厘米、两个边长为 3 厘米、一个边长为 4 厘米的正方形如题图对称摆放，那么摆放后的图形周长为________厘米。

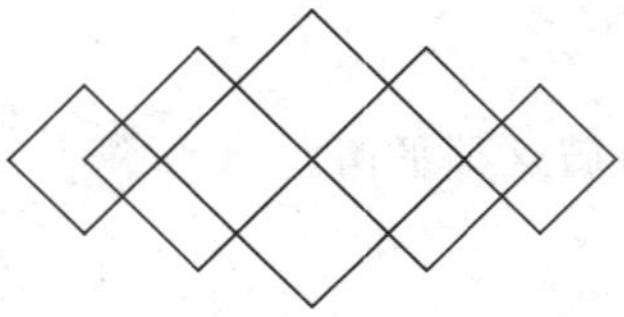

第 9 题图

10. 安安和康康各有一些巧克力，如果安安给康康 10 块巧克力，那么安安就比康康少 4 块；如果康康给安安 10 块巧克力，那么安安的巧克力数比康康的 3 倍多 4 块。安安原来有________块巧克力。

11. 兄弟三人的钱数各不相同。老大拿出一些钱给老二和老三，使老二和老三的钱数都比原来增加了 1 倍，接着老二拿出一些钱给老大和老三，使老大和老三的钱数各增加了 2 倍，最后老三又拿出一些钱给老大和老二，使他们的钱数各增加了 3 倍，结果三人的钱数一样多。如果他们三人共有 72 元，那么老大原来有________元。

三、填空题Ⅲ

12. 将 1～10 这 10 个自然数分别填入题图中的 10 个圆圈中，使得每个菱形的 4 个顶点上圆圈里的数字之和都相等，那么这个和的最小值和最大值相差________。

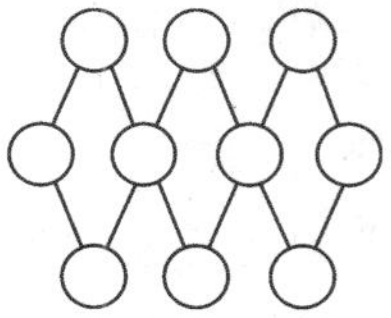

第 12 题图

13. 题图中的九个汉字分别代表数字 1～9，已知：学＋而＝14，而＋之＝16，乎÷亦＝乎－不＝说－时，习×不＝24，那么“时”代表的数字是________。

学	而	时
习	之	不
亦	说	乎

第 13 题图

14. 老师和康康、和和、依依三位小朋友玩猜纸牌游戏，这三个小朋友都很聪明而且从不说谎。老师告诉小朋友们：“我有 6 张纸牌，纸牌上的数字分别是 2、3、4、5、6、8。”然后给每位小朋友分了两张牌（每个小朋友只能看到自己的两张牌，看不到别人的牌）。

康康看了看自己手中的牌，说：“虽然我不知道你们各自的牌是多少，但我知道你们每个人两张牌的和一定是偶数。”

和和听到后，说：“我知道你们两个人两张牌的和相等。”

请问：和和手中两张牌的和是________。

15. 康康请爸爸妈妈看电影，到电影院后发现只剩下 8 张票，如题图所示。康康希望 3 张电影票连在一起（例如 1、2、6 这 3 张符合要求，但 1、2、7 就不符合要求）。那么，康康买到的 3 张电影票一共有________种不同的情况。

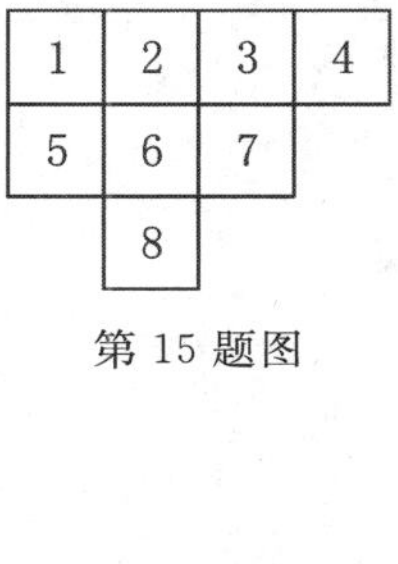

第 15 题图

4年级

思考笔记

一、填空题Ⅰ

1. 算式：2×0×2×3+20×23 的计算结果是________。

2. 于奶奶养了三只猫咪，分别是大咪、小咪和胖咪，3 只猫咪 2 天吃 5 条鱼，照这样的食量，那么于奶奶 6 月份买________条鱼才够猫咪吃。

3. 题图是一个图形沿虚线对折后完全重合的样子，其中每条小线段的长度均为 2 厘米，那么这个图形原来展开时的周长是________厘米。

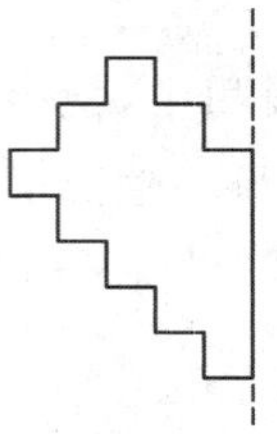

第 3 题图

4. 目前国内最快的地铁线路是北京地铁大兴机场线，它的运行速度为每小时 160 千米，已知从大兴机场站到草桥地铁站的路程为 40 千米，路过大兴新城站需停车 1 分钟，那小优从机场站上地铁到草桥站下地铁，一共需要________分钟。（上下车时间忽略不计）

5. 有一天小明和哥哥聊天的时候，聊到了他们的年龄。

小明说："当我到哥哥现在的年龄时，我俩的年龄和是 36 岁。"

哥哥说："当我是弟弟现在的年龄时，我的年龄是他的 3 倍。"

那么弟弟今年的年龄为________岁。

6. 小小在商场抽奖，抽奖箱里有很多同样大小的空白小立方块和写有 1～8 的八面骰子，同时抽出 3 个，如果抽出空白小立方块记为 0，抽出骰子则同时投掷所有骰子并计数，如果三个数之和恰好是 8 即为中奖，中奖的组合一共有________种。

二、填空题Ⅱ

7. 欢乐世界的熊熊谷有一条风光迤逦的森林小火车环道，这条环道上依次有 3 辆红色小火车，2 辆绿色小火车和 4 辆蓝色小火车，每辆小火车坐 2 个人，桦桦排队坐小火车的时候，电子牌提示他前面还有 115 人，此时排在第 1～4 名的游客即将坐上绿色小火车，那么在桦桦上车前还能看到________辆红色小火车。

8. 题图中 8 个正方形拼成一个大长方形，其中绿色正方形和蓝色正方形的周长之差为 20，那么这个大长形的面积是________。

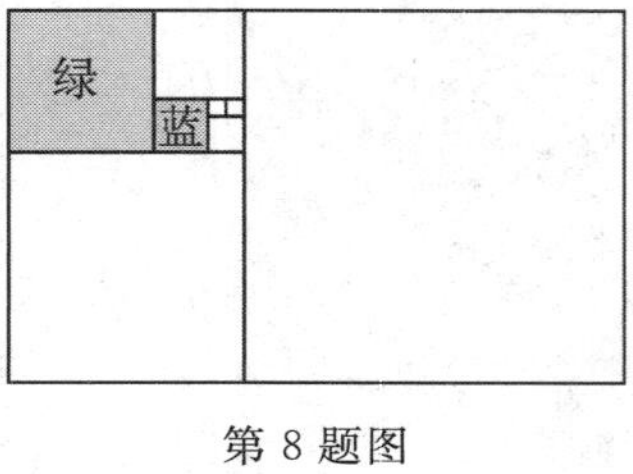

第 8 题图

9. 乐乐动物园的饲养员给大猩猩准备了一堆水果，有 20 根香蕉、13 个苹果、12 个梨和 8 个橘子，至少需要投喂________个水果，才能保证大猩猩至少吃到 3 种水果并且有一种水果至少吃了 10 个。

10. 如题图所示，其中一个正方形顶点正好在另一个正方形的中心点 O 上，已知$\angle 1=30°$，那么$\angle 2$ 等于________°。

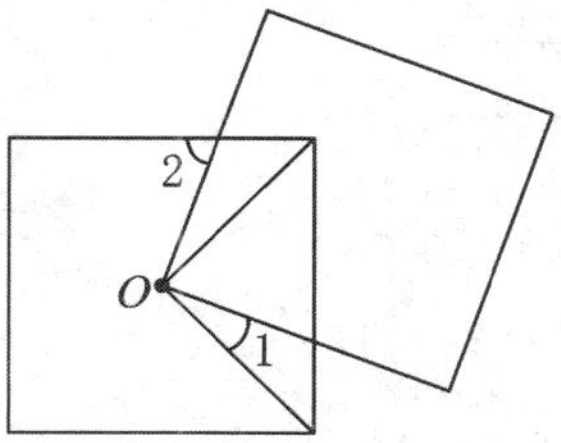

第 10 题图

11. 题图中，有 9 个村庄 $A_1, A_2, \cdots, A_9$ 分布在公路（粗线）两侧，通过一些小路与公路相连。已知公路上相邻两点距离均为 5 千米，要在公路（粗线）上设一个汽车站，使汽车站到各村庄的距离之和最小，车站应设在________点。（填字母）

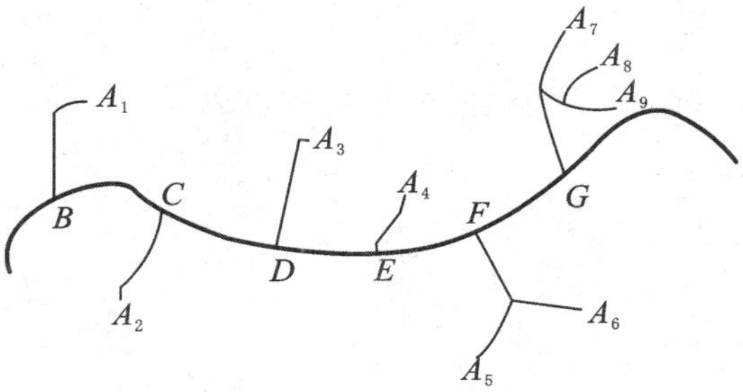

第 11 题图

三、填空题Ⅲ

12.《凤凰台上忆吹箫 · 寸寸微云》是清代词人贺双卿所创作的一首词，运用了大量叠词，其中有一句是“望望山山水水，人去去，隐隐迢迢”。桦桦将这句改写成了一个题图所示的乘法数字谜，相同的汉字表示相同的数字，不同的汉字表示不同的数字，且整个竖式都只出现了 0～6 这 7 种数字，那么这个竖式的乘积是________。

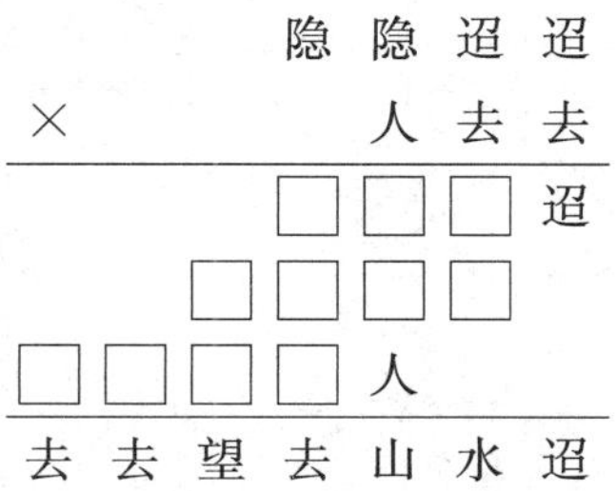

第 12 题图

13. 话剧院的座位排布如题图，一共三排座位，每排座位数相同。从面朝舞台的第一排自左向右从 1 开始按顺序编号，直到第一排最右侧；第二排接着自右向左继续编号，直到第二排最左侧；第三排接着自左向右继续编号，直至所有座位都有编号。其中图中阴影色 9 个座位（11、12、13 号身后是 A、B、

C，再身后是 D、E、F）为贵宾座位，9 个贵宾座位号码之和是 351，那么这个剧场一共有________个座位。

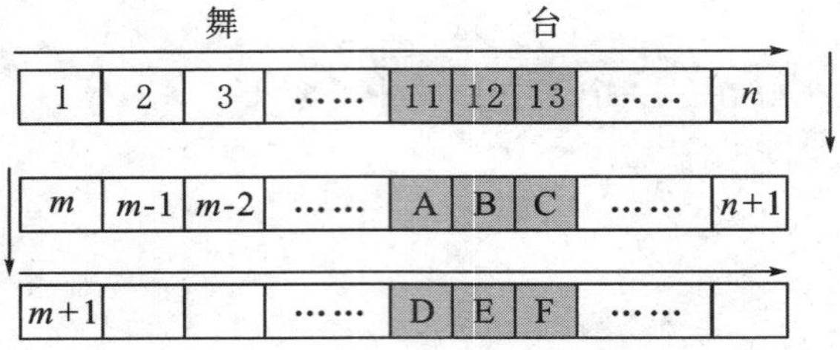

第 13 题图

14. 将自然数 1～40 依次写成一排：12345678910111213141516171819202122232425262728293031323334353637383940。

从中划去一些数字，最后只剩下 4 个数字，恰好依次组成四位数“2023”，那么一共有________种不同的划数方法。

15. 游戏规则：

(1)每个方格内需填入 1～9 中的一个数。

(2)方格外的数表示与其相邻行(右侧)或列(下侧)的一组连续方格中数的总和。

(3)每组连续方格中的数不得重复，同行(列)但不同组的方格中数可以重复，如题图(1)所示。

那么，题图(2)$\overline{ABCD}$所代表的四位数是________。

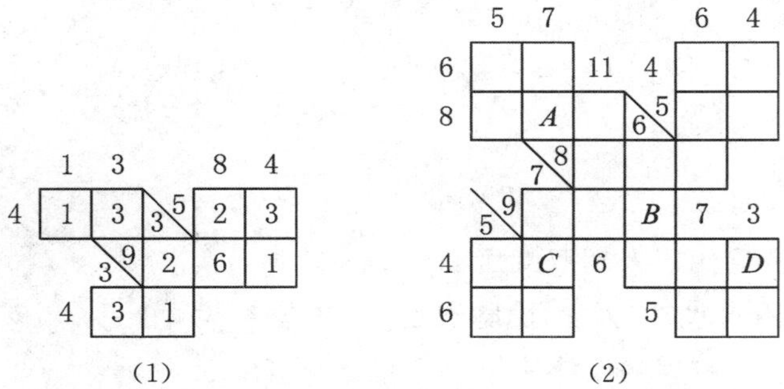

第 15 题图

5年级

思考笔记

一、填空题Ⅰ

1. 算式：$1^2+2^2+3^2+\cdots+10^2$ 的计算结果是________。

2. 今年小轩的年龄是哥哥的$\frac{2}{3}$，5 年后两人的年龄和为 40 岁，那么小轩今年________岁。

3. 如题图，已知 $AFCB$ 与 $AFDE$ 均为平行四边形，三角形 CDF 的面积为 11，B、F、E 三点共线，那么五边形 $ABCDE$ 的面积为________。

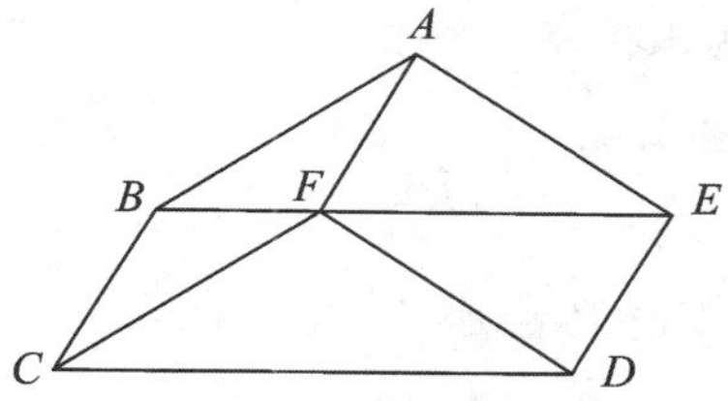

第 3 题图

4. 操场上，小张和小王在 400 米的环形跑道上同时同地出发，背向而行，80 秒后两人第一次相遇，相遇后小张的速度提高了一倍，又过了 50 秒两人第二次相遇，那么小王的速度为每秒________米。

5. 123456789 除以 99 的余数是________。

6. 一次练习共有 15 道题，已知小王做对 9 道题，小张做对 8 道题，小明做对 7 道题，小王和小张都做对的题目有 6 道，小王和小明都做对的题目有 5 道，小明和小张都做对的题目有 4 道，三人都做对的题目有 3 道，那么三人都没做对的题目有________道。

二、填空题Ⅱ

7. 算式：$\left(\frac{1}{1\times3}+\frac{1}{3\times5}+\frac{1}{5\times7}+\cdots+\frac{1}{2021\times2023}\right)\times2023$ 的计算结果是________。

8. 如题图，把从 1 开始的奇数按某种方式排列，那么第 11 行从左向右数第 11 个数是________。

1

3 5 7

9 11 13 15 17

19 21 23 25 27 29 31

33 … … … … … … … …

第 8 题图

9. 小明、小王、小张与其他 3 个同学（共 6 人）排成一行拍照，小明与小王相邻，小张与小王不相邻，那么共有________种不同的排队方法。

10. 如题图，已知 $AB=4$，$BD=3$，$\angle ABD=\angle ADC=90^{\circ}$，$AD=CD$，那么三角形 ABC 面积为________。

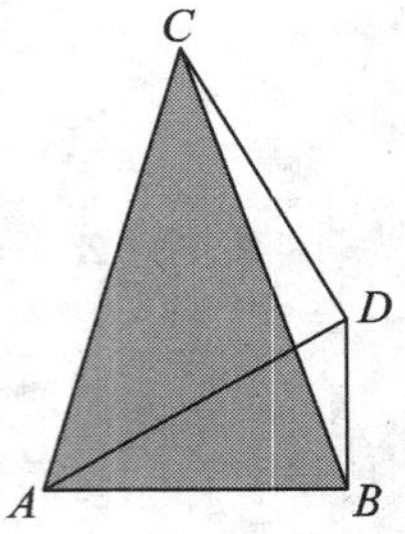

第 10 题图

11. 某数学兴趣小组有 6 个同学，每个人恰好跟其余 5 人中的 2 个人是好朋友，那么 6 个人之间的好朋友关系有________种情况。

三、填空题Ⅲ

12. 已知题图等式中 $A\sim I$ 分别代表 1～9 中的不同数字，那么 $(A+B)\times(C+D)\times(E+F)\times(G+H+I)$ 的结果为________。

$$\overline{AB}^{2}-\overline{CD}-\frac{E+F}{G\times H\times I}=2023$$

第 12 题图

13. 老师写了一个两位数让同学们猜，小张说："这个数是质数。"小王说："这个数的因数个数是质数。"小李说："这个数是完全平方数。"小赵说："这个数的所有因数之和是完全平方数。"老师说："你们中只有一位同学说错了。"那么老师写的两位数为________。

14. 小明想在黑板上一笔画出题图笑脸图案，那么他共有________种不同的画法。

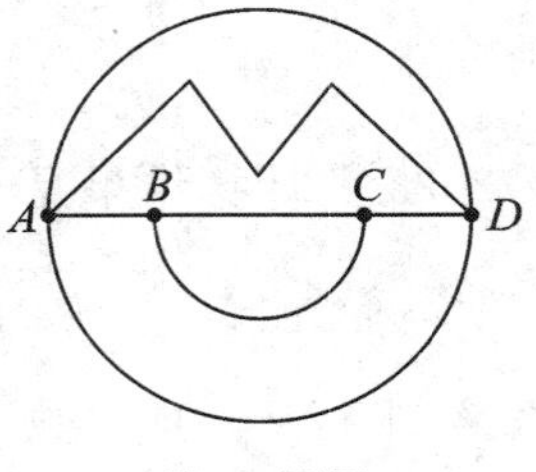

第 14 题图

15. 轩轩家有两块面积分别为 3 亩和 5 亩的草场，草场上的草均匀分布，且生长速度相同，在小草场放牧 15 头牛，8 天会把草场吃光。轩轩同时在大草场上放牧 10 头牛，8 天后还有很多草，于是他又牵来 n 头牛，吃了 5 天后再牵来 n 头牛又吃了 5 天，恰好把大草场上的草吃光。如果每头牛每天吃的草量为 1 份，两块草场每天新长出来的草量都为整数份，则 n 最少为________。

6年级

思考笔记

一、填空题Ⅰ

1. (1)算式 $20\times\frac{20}{23}+26\div1\frac{3}{20}$ 的计算结果是________。

(2)算式 $(3^2+4^2+5^2+6^2)\div\left(\frac{1}{2}-\frac{1}{7+8+9+10+11}\right)$ 的计算结果是________。

2. 一个两位数减去它的数字之和，结果为 72，那么这个两位数最大是________。

3. 某商店以 30 元每支购进某种钢笔，然后加价 20%出售，那么每支钢笔的售价为________元。

4. 在所有的三位数中，有________个三位数的各位数字的乘积恰有 3 个因数。

5. 从 1,2,3,4,5,6,7,8,9,10,11,12 这 12 个数中，任取 6 个数相加的和，能得到________个不同的和。

6. 六支球队 A、B、C、D、E、F 进行单循环比赛，每场胜者得 3 分，负者得 0 分，平局各得 1 分。比赛结束后共有 9 场平局，那么六支球队的得分总和为________分。

二、填空题Ⅱ

7. 将分数 $\frac{142857}{2^{25}\times5^{13}}$ 化成小数后，小数最后一位不是 0，那么小数点后有________位。

8. 在一次座谈会中共有 7 位著名的数学家出席，其中只有三位穿了西装，这 7 位数学家将沿着一个长桌子坐成一排，那么这三位穿西装的数学家恰有两位坐在一起的排法有________种。

9. 甲、乙两人星期天一起去超市买东西，两人身上所带的钱共计是 1010 元。甲买一双运动鞋花去了他所带钱的 $\frac{5}{9}$，乙买一件衬衫花去了他所带钱的 $\frac{2}{7}$，这样乙剩下的钱恰好是甲剩下的钱的两倍。那么乙比甲多带________元钱。

10. 如题图，大圆的直径 AB 长为 120 厘米，小圆的半径为 30 厘米，$\angle CAB=\angle ABD=45°$，$\angle C=\angle D=\angle E=90°$，$AC=BD=2CE$，那么阴影部分的面积为________平方厘米。（π 取 3.14）

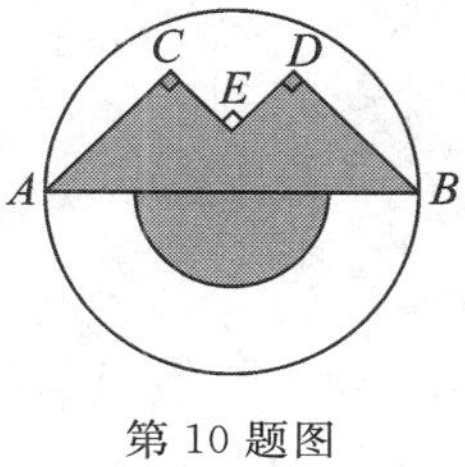

第 10 题图

11. 在题图所示的每个方框中填入一个数字，使得乘法竖式成立，那么乘积为________。

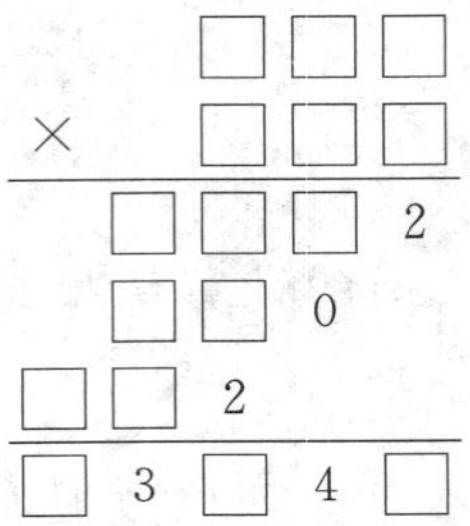

第 11 题图

三、填空题Ⅲ

12. 一个各位数字互不相同的多位数，任意连续三位组成的三位数都是 3 的倍数，任意连续四位组成的四位数都是 4 的倍数，那么这个数最大是________。

13. 甲含有 65％的酒精溶液 3 升，乙含有 30％的酒精溶液 18 升，现在我们以 0.5 升/分的速度向甲容器加浓度为 20％的酒精溶液，同时以 0.3 升/分的速度向乙加浓度为 60％的酒精溶液，那么________分钟后甲乙的浓度相同。

14. 如题图所示，三角形 BEF 是等腰直角三角形，$ABCD$ 是正方形，$AB=2BF$，EF 长 6 厘米，那么阴影四边形 $BHDG$ 的面积为________平方厘米。

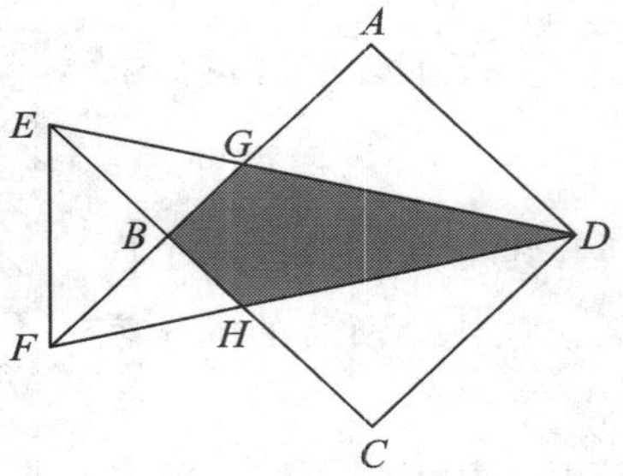

第 14 题图

15. 甲、乙两人分别从 A、B 两地同时出发相向而行，甲步行，乙骑车，相遇后乙把车给甲，自己步行到 A，甲骑车到 B，这样乙比甲早 11 分钟到达；如果乙途中车坏了，修理了 15 分钟，最后两人同时到达目的地。甲步行每分钟走 40 米，乙步行每分钟走 60 米，两人的骑车速度相同，那么 A、B 两地相距________米。

2023年 南京市第十七届“时代杯”数学文化节活动

初赛

3年级

思考笔记

1. 下面算式中，算式________的值最小。

A. 1×3+2×2+3×1　　　　B. 1×3+2×1+3×2

C. 1×2+2×1+3×3　　　　D. 1×1+2×2+3×3

2. 下面图形阴影部分能用$\frac{1}{3}$表示的是________。

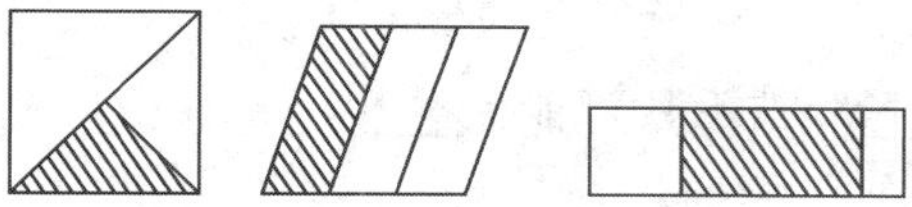

A　　　B　　　C

3. 草地上有灰、白两种颜色的兔子共 80 只，其中有 55 只小兔子，63 只灰兔，10 只大白兔。那么，小灰兔有________只。

4. 如图是某博物院的一件文物，呈树形，树枝的排列有一定的规律：一共有 3 层，每层的数量相同。除了中间的“树干”外，每个“树枝”上都有一个小盆。这件文物上一共有________个小盆。

第 4 题图

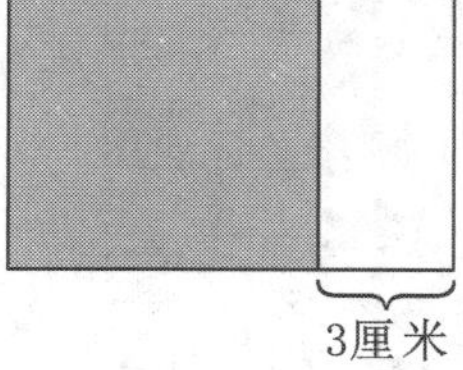

第 5 题图

5. 如图，一张长方形纸的周长是 46 厘米，从中剪去一个最大的正方形，剩下小长方形的宽是 3 厘米。原来长方形纸的长是________厘米。

6. 如图，一共有________个三角形。

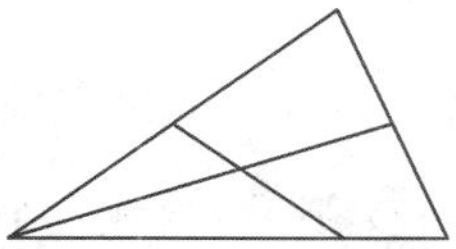

第 6 题图

7. 在数学计算中，我们可以发现一些有趣的规律。这些规律在实际运算中可以给我们带来帮助。请你观察下面的式子并填空。

15×15＝1×2×100＋25＝225

25×25＝2×3×100＋25＝625

那么，35×35＝________×________×100＋25＝________；75×75＝________×________×________＋________＝________。

8. 一个汽车站每 2 小时发出 15 辆长途客车。照这样计算，从上午 7 时到下午 5 时，一共要发出________辆长途客车。

9. 2022 年世界女排锦标赛在波兰和荷兰进行。如果一场比赛的比分是 3∶0 或 3∶1，则胜队得 3 分，负队得 0 分；如果比分是 3∶2，则胜队得 2 分，负队得 1 分。观察下面的小组赛成绩表，A 队的总得分是________分，B 队的总得分是________分。

球队	胜负场			比分详细结果					
	已赛	胜场	负场	3∶0	3∶1	3∶2	2∶3	1∶3	0∶3
A 队	5 场	4 场	1 场	2 场	0 场	2 场	0 场	0 场	1 场
B 队	5 场	3 场	2 场	2 场	1 场	0 场	2 场	0 场	0 场

10. 商店里有 3 克、5 克和 7 克的三种砝码，要一次正好称出 60 克的物品，至少需要________个砝码。

11. 在算式□÷5＝□……□中，商和余数相等，被除数可能是________。（写出所有可能）

12. 学校为即将到来的运动会购买物资，购买了足球、篮球、排球共 66 个，其中篮球的个数是排球的 2 倍，足球比排球多 6 个。购买足球________个。

13. 桌子上叠放了一些棋子。棋子有灰、白两种颜色。从上面、前面和左面三个方向观察这些棋子，看到的图形如图所示。根据这些信息，可以知道桌面上一共叠放了________个棋子。

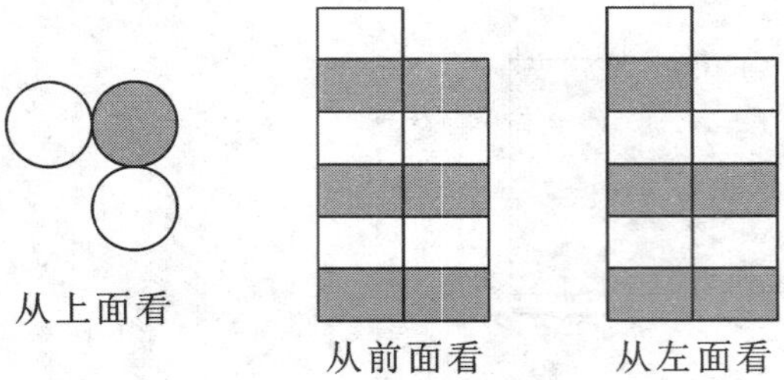

第 13 题图

14. 两只蜗牛由于耐不住阳光的照射，从井口逃向井底。它们白天往下爬，一只每天爬 4 米，另一只每天爬 3 米。它们夜里往下滑，每天夜里滑行距离相同。结果一只蜗牛恰好用了 5 天 4 夜到达井底，另一只蜗牛恰好用了 6 天 5 夜到达井底。井深________米。

15. 计算机在如今的生产、生活中发挥着重要的作用。在某一种计算机程序中，计算机对数据（或运算）的读法规则是：先读第一分支圆圈，再读与它相连的第二分支左边圆圈，最后读与它相连的第二分支右边圆圈，以此类推。

对于每一个分支中的数据(或运算),都是按“中→左→右”的顺序。如图(1)表示 4＋3,图(2)表示 2＋3×4－5,图(3)表示的式子的运算结果是________。

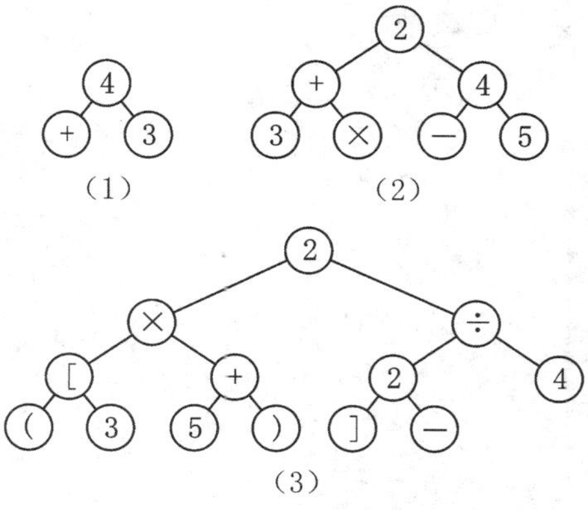

第 15 题图

4年级

思考笔记

1. 小虎在计算一道乘法算式时，把一个乘数个位上的 6 错看成 9，结果得到的积是 456，原来正确的积是 384，被错看的乘数应该是________。

2. 一把卷尺缠绕在一个圆柱体上，图中问号处标记的应该是________。

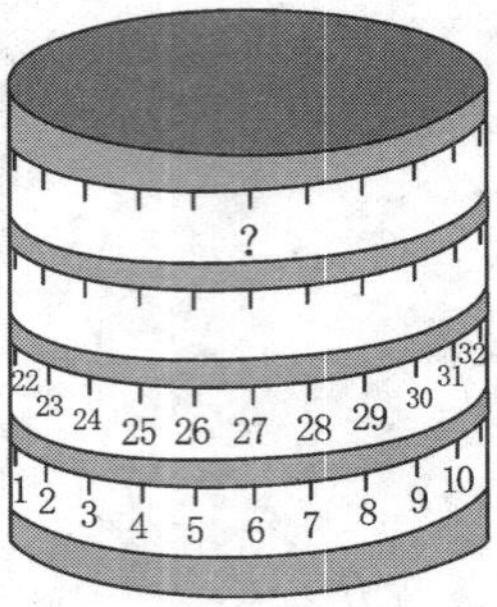

第 2 题图

3. 小林写了 5 个数，它们的平均数是 9，如果把其中一个数改为 2，那么这 5 个数的平均数是 8，这个改动的数原来是________。

4. 小敏用相同的小正方体拼搭成一个物体，从前面、右面和上面看到的图形都是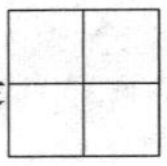。小敏最多用了________个小正方体，最少用了________个小正方体。

5. 如图是一个吊灯，它的灯罩外面是由一些黑色三角形组成的，顶部一圈有 6 个三角形，底部边沿是一个六边形。灯罩上共有________个黑色三角形。

第 5 题图

6. 一个自然数，将这个自然数分别与自己相加、相减、相乘、相除。然后将所得的和、差、积、商加起来，结果正好是 100。这个自然数________。

7. 据推算，每台空调调高 1℃，每年将减排二氧化碳 21 千克。如果 1 公顷落叶阔叶林每年可吸收二氧化碳 14 吨，某城市所有空调调高 1℃就相当于 21000 公顷落叶阔叶林全年吸收的二氧化碳。按照每个家庭 2 台空调推算，该城市大约有________万户家庭。

8. 蒋老师 11 月去健身房 5 次，这 5 天的日期数有 1 天是单数，其他 4 天都是双数。4 个双数和这个单数的关系分别是：单数减去 3，单数加上 41 之后再除以 3，单数加上 1 之后乘 3，单数减去 1 之后乘 5。蒋老师________日、________日、________日、________日、________日去的健身房。

9. 如图中的每个圆圈代表一个灯泡，每个灯泡都与其他一些灯泡连接起来。一开始，全部灯泡都是熄灭的。触动了一个灯泡后，这个灯泡以及和它的相邻的灯泡都会点亮。要把所有灯泡都点亮，最少需要触动________个灯泡。

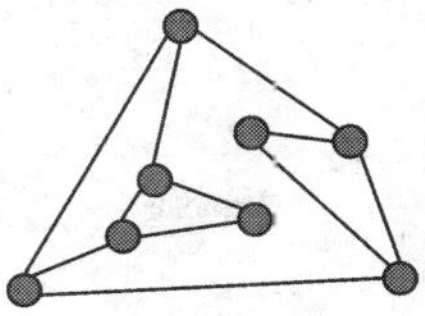

第 9 题图

10. 上海是繁华的国际大都市，有"东方不夜城"之称。有人用"月明上海"编了如图这样一道竖式谜题。有趣的是，这样的一个四位数乘 4 后，4 个数字的顺序正好完全颠倒过来，那么"月"代表________，"明"代表________，"上"代表________，"海"代表________。

```
  月 明 上 海
×          4
─────────────
  海 上 明 月
```

第 10 题图

11. 昊昊请 3 个表哥和 1 个表妹一起拍照。5 人站成一排，表妹站在最中间，共有________种不同的站法。

12. 4 个相同的正六边形拼起来（如图），每个正六边形的中心与相邻正六边形的一个顶点重合，它们的中心分别是 O_1，O_2，O_3，O_4。每个正六边形的面积都是 6 平方厘米，那么整个图形的面积是________平方厘米。

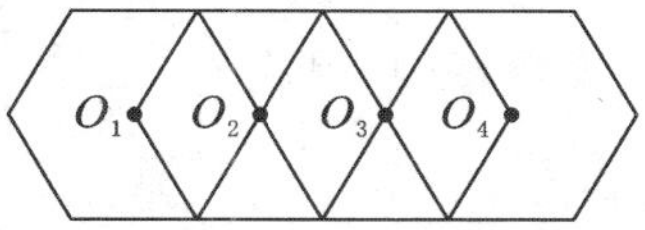

第 12 题图

13. 王老师在黑板上从 1 开始依次把自然数写成一串：12345678910111213…从左向右数，从第 12 个数字起将第 1 次出现 3 个连排的 1。那么从第________个数字起将首次出现 5 个连排的 1。

14. A，B，C 三只老虎爸爸和 3 只小老虎 a，b，c 要过河。A 和 a 是一家，B 和 b 是一家，C 和 c 是一家。只有一条船，船每次可以坐 2 只动物，只有 A，B，C 和 a 会划船。当小老虎的爸爸不在时，大老虎会吃别家的小老虎。要让 6 只老虎全部安全过河，至少要划________次。

15. 在一次任务中，侦察小分队被敌军拦住了。如图所示，敌军让他们按编号 1，2，3，…站成一圈，从 1 号开始依次"1，2"报数，报到"1"的人要被带走接受检查，剩下的人继续报数。最后剩下的一个人可以免检顺利通过。

（1）假如小分队有 4 个人，那么________号可以免检顺利通过。

（2）假如小分队有 8 个人，那么________号可以免检顺利通过。

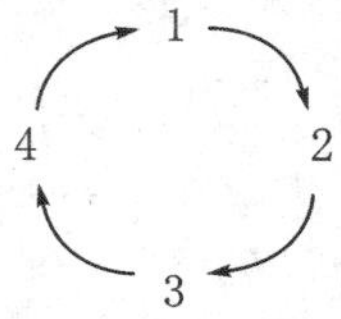

第 15 题图

（3）假如小分队有 10 个人，不是从 1 号开始报数，而是从中间某个人开始报数，最后剩下的是 2 号，那么第一个报数的人是________号。

5年级

思考笔记

1. 计算下面各题。

(1)1.5×2÷1.5×2=________。

(2)38.3×0.45+3.83×5.5=________。

(3)202.2－19.62÷0.25÷0.4=________。

(4)2+12+22+…+2002+2012+2022=________。

2. 氦是宇宙中已知熔点最低的元素，当温度低于－272.2℃时才会凝固，这个温度只比绝对零度高0.95℃。据此可知，绝对零度是________℃。

3. 据估算，全世界大约有80万万人，而全世界蚂蚁的总数竟多达2亿亿只。世界上蚂蚁的总数是人类总数的________万倍。（1万万是1万个万，1亿亿是1亿个亿）

4. 请在如图4×4的方格图中，每格填入▲■●★四种图形中的一种，使得每一行、每一列不出现重复的图形。

▲			■
	★		
●		▲	

第4题图

5. 把1,2,3,4,5,6,7,8,9填入题图等式左边的9个空格中，组成3个三位数，使每个三位数都是一个自然数的平方。

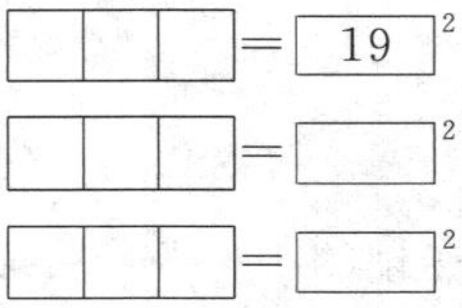

第5题图

6. 小猴和小兔去森林里采蘑菇。小猴对小兔说："你给我6个蘑菇，这样我俩采的蘑菇就一样多。"小兔对小猴说："你给我6个蘑菇，那么我采的蘑菇数量正好是你的2倍。"小猴采了________个蘑菇，小兔采了________个蘑菇。

7. 商店里一次购进很多毛绒玩具。一开始以100元一件的价格销售，几乎卖不出去。老板决定把价格降至80元一件，但销售仍然不容乐观。于是，他不得不再一次降价，降到64元一件。销售一部分后，他决定再一次降价，降到51.2元一件。假如老板总是按一定的规律降价，那么下一次降价后的价格是________元。

8. 小马虎写了如下一个不等式，但把其中四个循环小数的循环点给写丢了。请你帮他补上，使不等式成立。

0.2023＞0.2023＞0.2023＞0.2023＞0.2023

9.《算法统宗》是明代数学家程大位撰写的数学名著。书中有很多有趣的实际问题，下面就是其中的一题。赵嫂自称是一位善于纺织的能手，绩得一手好麻，织得一手好布。李家和张家都请她织布。李家给她 6 斤 12 两麻，张家给她 2 斤 4 两麻，两家的麻一共织出了 72 尺布。李家应分到________尺布，张家应分到________尺布。（古代 1 斤＝16 两，1 斤＝0.5 千克）

10. 有款小游戏，由 3 种不同的卡片各 3 张组成。将其叠成 3 列，每列 3 张。取走每列上面的卡片，才能去取下面的一张。取出的 3 张相同的卡片能消除掉。题图的两种情况，你分别至少要取几张卡片，才能产生第一次消除。将答案填在下面的括号里。

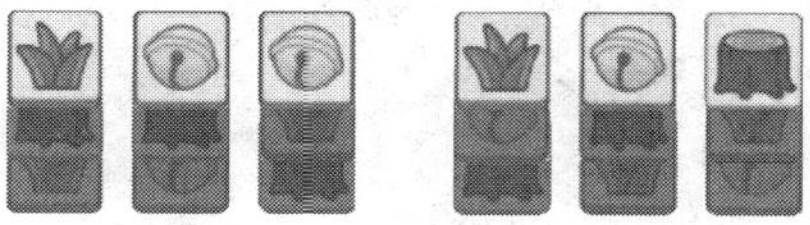

（　　）　　　　　（　　）

第 10 题图

11. 如图，一个等腰三角形中，两条与底边平行的线段将三角形的两条腰等分成三段，已知三角形的底为 8 厘米，高为 6 厘米，图中涂色部分的面积是________平方厘米。

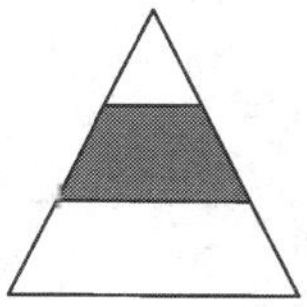

第 11 题图

12. 我们已经知道：2 个 8 相乘记作 8^2，3 个 8 相乘记作 8^3。按照这样的方法，8^{2022} 的结果的末尾数字是________。

13. 从 7 张数字卡片 0，1，2，3，4，5，6 中选 3 张组成三位奇数，有________种不同的可能。（6 可以倒过来变成 9）

14. 一款仿生机器狗的奔跑速度是每小时 9 千米，但每跑 4 分钟需要停下来休整 1 分钟。一条小狗在仿生机器狗出发 6 分钟后，从仿生机器狗的起点出发，沿着相同的路线以每小时 12 千米的速度去追赶仿生机器狗。小狗需要________分钟才能追上仿生机器狗。

15. 小明表演了一个扑克牌魔术。让观众背对着他按如下步骤操作。

第一步：分发左、中、右三堆牌，每堆牌不少于两张，且各堆牌的张数相同。

第二步：从左边一堆拿出两张，放入中间一堆。

第三步：从右边一堆拿出一张，放入中间一堆。

第四步：左边一堆有几张牌，就从中间一堆拿几张牌放入左边一堆。

这时，小明准确地说出了中间一堆牌现有的张数。

你认为中间一堆牌现有________张。

6年级

思考笔记

1. 计算下面各题。

(1)$\frac{1}{4}\times\frac{1}{6}+\frac{1}{3}\div4+\frac{1}{2}\times25\%=$________。

(2)$50\div1.5\times4\div\frac{2}{3}+1\frac{4}{15}=$________。

(3)$\frac{4}{7}\times3.5\div\left(\frac{3}{4}\div\frac{5}{16}\right)=$________。

(4)$\frac{1}{3}+\frac{1}{15}+\frac{1}{35}+\frac{1}{63}+\frac{1}{99}=$________。

2. 专家建议小学生每天的睡眠时间应达到 10 小时，初中生应达到 9 小时。根据要求，小学生的睡眠时间应占一天的________%，比初中生要求的睡眠时间多________%。（百分号前保留一位小数）

3. 将一张等边三角形纸片折叠（如图），所得图形的面积比原来减少$\frac{1}{3}$，图中阴影部分的面积是 18 平方厘米，那么原等边三角形的面积是________平方厘米。

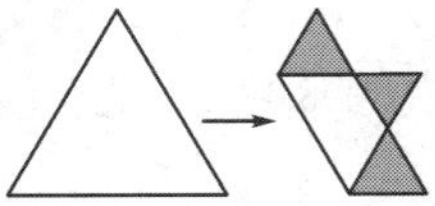

第 3 题图

A. 27　　　　B. 36　　　　C. 54

4. 有这样一组数，后一个数是前一个数各位上数字的平方和，按这样的规律组成一个圈。请将题图的圈填完整。

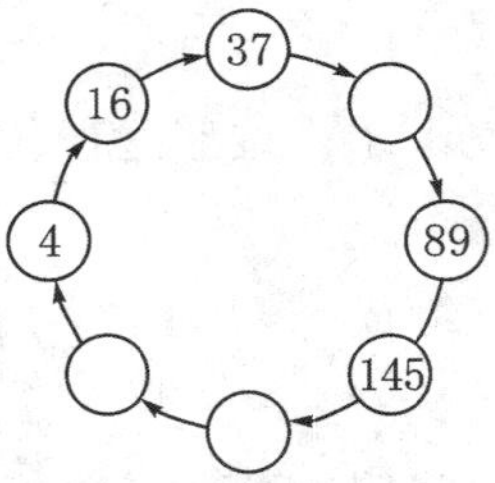

第 4 题图

5. 如图是由 3 个边长 1 厘米的等边三角形、2 个边长 2 厘米的等边三角形、1 个边长 3 厘米的等边三角形组成的图形。请将它分割成大小、形状完全相同的 4 块。

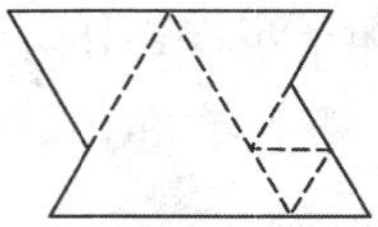
第 5 题图

6. 高铁票价的定价规则是：全程票价×实际乘车里程总里程。如图是一条高铁线路图，A 站与 G 站之间的总里程是 1500 千米，全程票价 600 元。图中是 A 站与沿途各车站之间的里程数（单位：千米）。刑警发现一名犯罪嫌疑人从 B 站乘坐该线路高铁时，买了一张 240 元的车票。由此推断该犯罪嫌疑人将在________站下车。

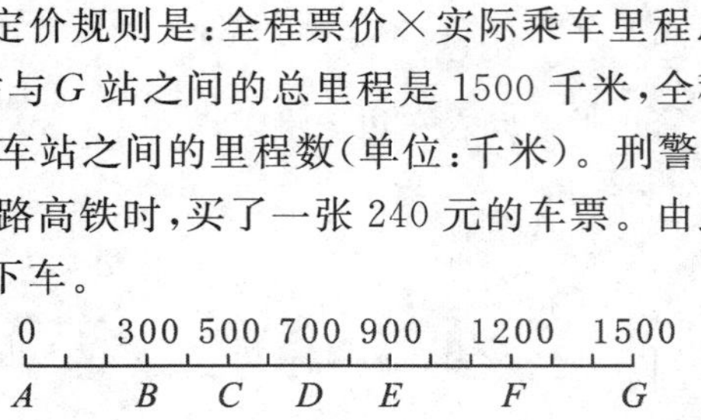

第 6 题图

7.《中小学生书包卫生要求》标准要求：书包自重 0.5～1 千克，学生背负的书包质量不超过学生体重的 10%。小明体重 45 千克，他的书包里最多能装________千克物品。

8. 小明从家出发去学校，途中有$\frac{1}{3}$是上坡路，40%是下坡路，其余都是平路。每天，小明上学和放学往返一次共走下坡路 330 米。小明家到学校的路程是________米。

9. 将一车绿橙分给甲、乙、丙、丁四家水果店，甲、乙两家分得的绿橙的比是 2∶3，丙、丁两家分得的绿橙的比是 4∶3；又知甲分得的绿橙相当于丙、丁两家所分得的绿橙总和的$\frac{2}{5}$，若乙分得的绿橙比丁分得的多 30 箱，那么，这车绿橙一共________箱。

10. $1\times2+2\times3=\frac{1\times(2\times3)}{3}+\frac{3\times(2\times3)}{3}=\frac{2\times3\times4)}{3}$，$1\times2+2\times3+3\times4=\frac{2\times(3\times4)}{3}+\frac{3\times(3\times4)}{3}=\frac{3\times4\times5}{3}$，…

按此规律：$(1\times2+2\times3+3\times4+\cdots+2022\times2023)\times\frac{1}{2023\times2024}=$

________。

11. 如图，一个直径为 2 厘米的小圆盘，沿着一个长为 4 厘米、宽为 3 厘米的长方形的外侧，从点 A 到点 B 按顺时针做无滑动的滚动。小圆盘在运动过程中扫过的面积是________平方厘米。

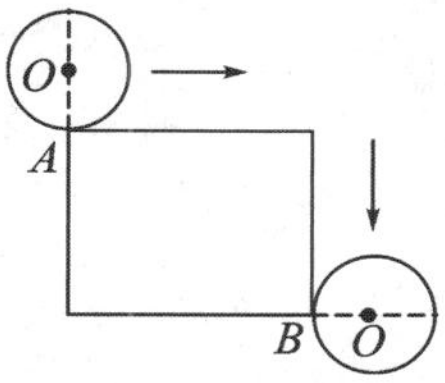

第 11 题图

12. 有款小游戏，由 3 种不同的卡片各 3 张组成。将其叠成 3 列，每列 3 张。取走每列上面的卡片，才能去取下面的一张。取出的 3 张相同的卡片能消除掉。如图，你至少要取 4 张卡片，才能使其中有 3 张相同的卡片。

第 12 题图

以上 9 张卡片可以任意排列，要保证每种情况取出的卡片中都有 3 张相同，至少要取出________张。

13. 某高速公路收费站有 4 个卡口。现有 3 辆轿车要通过卡口进入高速公路，有________种不同的情况。（轿车进入同一卡口的前后顺序不同，算不同的情况，通过不同卡口的先后顺序不考虑）

14. 有一个数，它的立方是个四位数，四次方是个六位数。巧的是，这个四位数和六位数将 0～9 这 10 个数全都用上了，不重不漏。这个“十全十美”的数是（   ）。

15. 一日，张飞挑着两筐小猪来到集市，刚放下担子，就有一个红脸大汉走过来说：“我要买你两筐小猪的一半零半只。”话音刚落，又过来一个黑脸大汉说：“如果他买了，我就买剩下的一半零半只。”没等张飞答话，又挤过来一个白面书生说：“如果他们两人都买了，我就买他俩剩下的一半零半只。”

张飞心想：小猪哪有买半只的，这不是存心欺侮我吗？可转念一想：是不是真可行？最终，张飞真把小猪卖给了他们，并且正好把小猪卖完。

请问，张飞共卖了________只小猪。

决赛A

3年级

思考笔记

1. 中国共产党第二十次全国代表大会于 2022 年 10 月 16 日在北京召开，10 月 22 日闭幕。这次会议一共召开了________天。

2. 下面图形中不是轴对称图形的是________。

A　　　　B　　　　C

3. 在下面的线段图中填上适当的数。

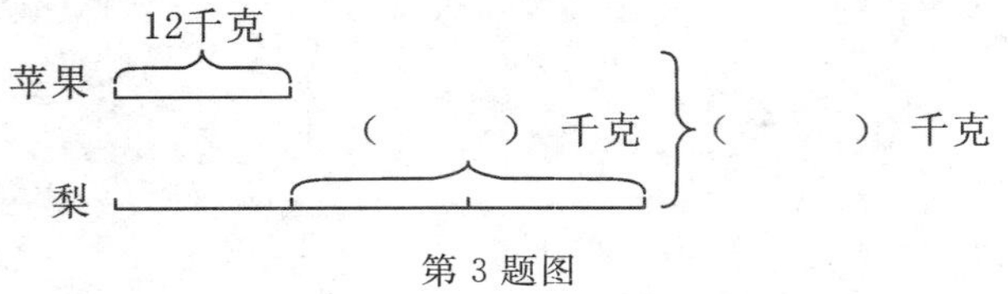

第 3 题图

4. 下面涂色部分不能用$\frac{1}{2}$表示的是________。

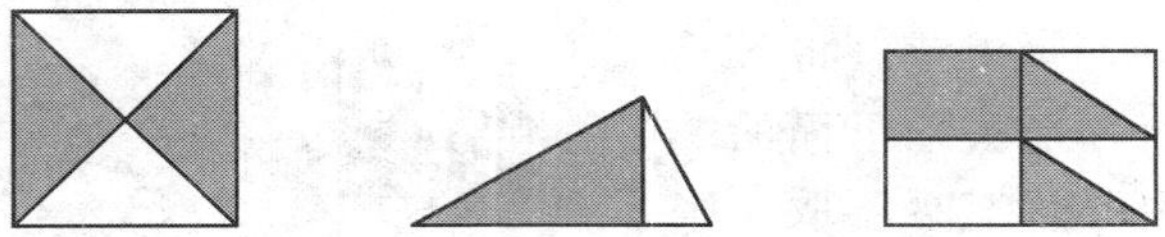

A　　　　B　　　　C

5. 王叔叔每天坚持晨跑 2 千米。下面是他某一周每天跑 2 千米所用的时间统计表。

星期	一	二	三	四	五	六	日
时间/分钟	13	12	9	10	13	8	12

(1)这一周中，星期________王叔叔跑得最快。

(2)这一周中，王叔叔平均每天晨跑要用________分钟。

6. 妈妈在理发店首次办理会员卡并充值 500 元，办卡的优惠如图所示。妈妈理发 8 次之后，她卡里还有余额________元。

办卡优惠
每次理发原价 48 元。
充值 500 元，每次理发 38 元。
充值 1000 元，每次理发 28 元。

第 6 题图

7. 在路灯两侧，有 4 根高度相同的杆子，它们的位置如下图。夜晚，在路灯灯光的照射下，杆子________的影子最长。

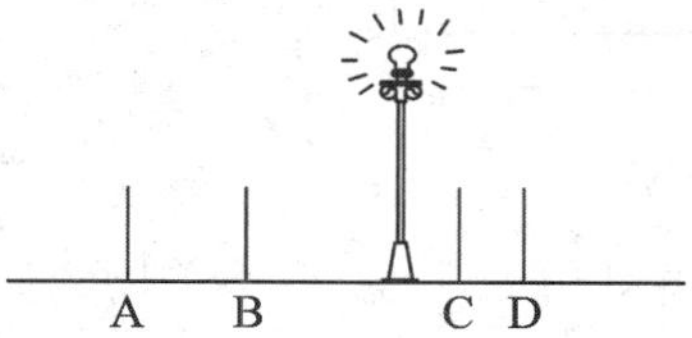

第 7 题图

8. 时钟每个整点敲这时的钟点数下（例如 3 时敲了 3 下），每半点敲一下。该时钟 0:01—11:59 一共敲________下。

9. 请你在空格内填入 1～7，使题图五角星内每个小四边形上数的和均为 23。（每个数只能用 1 次）

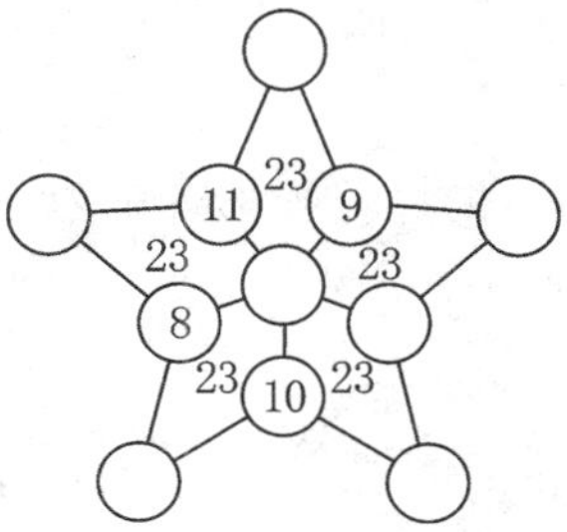

第 9 题图

10. 小爱把这六张贴纸（）粘在正方体的表面。如图显示了该正方体两个不同位置的情况。则老鼠贴纸对面是________贴纸。（填选项）

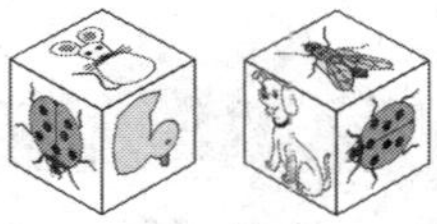

第 10 题图

A　B　C　D　E　F

11. 某款计算器上有一个按键 $\boxed{a^2}$。如果显示器显示 2，当你按下它，就会显示 4；当显示 3，按下它会显示 9；当显示 4，按下它会显示 16。如图，如果现在计算器上显示的数为 15，在计算器上按 1 次，就可以显示________。

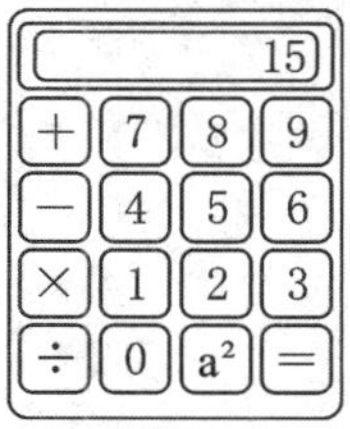

第 11 题图

12. 当当用一些长 2 厘米、宽 1 厘米的小长方形依次拼成题图，请你在表中填一填各图形的周长，你能发现这些图形的层数与周长的关系吗？

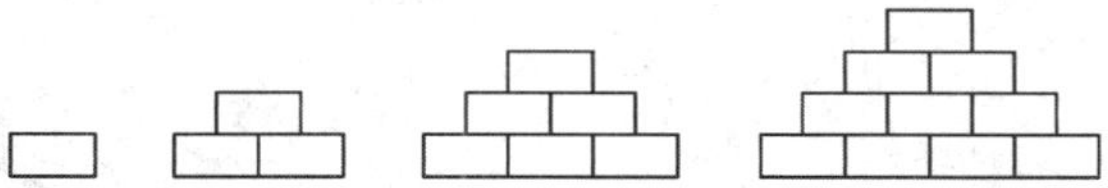

（1）　（2）　（3）　（4）

第 12 题图

图形	(1)	(2)	(3)	(4)
周长/厘米				

照这样拼下去，第 10 个图形的周长是(　　)厘米。

13. 公园门口的马路上顺次安装了 10 盏路灯。为了节约用电又不影响路面照明，路灯管理处计划关闭除首尾两盏灯外 8 盏灯中的 4 盏，但不关闭相邻的两盏。一共有________种不同的关灯方法。

14. 春游时，小红、小明和小华看到了同一种花。

小红：“它不是玫瑰，是蔷薇。”

小明：“它不是蔷薇，是玫瑰。”

小华：“它不是月季，也不是蔷薇。”

已知有一个人全对，一人说对了一半，还有一人全错。他们看到的是________花。

15. 我们今天使用的数字经历了漫长的发展。古时，世界各地的人们发明了不同的数的记号。

例如，古埃及人写的 8732 像图(1)这样。

第 15 题图(1)

那么，图(2)的数表示________。

第 15 题图(2)

而古罗马人写的 8732 像图(3)这样。

MMMMMMMMDCCXXXII

第 15 题图(3)

那么，图(4)的数表示________。

MDCCCCXII

第 15 题图(4)

4年级

思考笔记

1. 中国共产党第二十次全国代表大会的报告提到：居民人均可支配收入从一万六千五百元增加到三万五千一百元。城镇新增就业年均一千三百万人以上。基本养老保险覆盖十亿四千万人。画线部分的两个数可以写作＿＿＿＿＿＿，＿＿＿＿＿＿。

2. 写出题图所标出的角的度数。

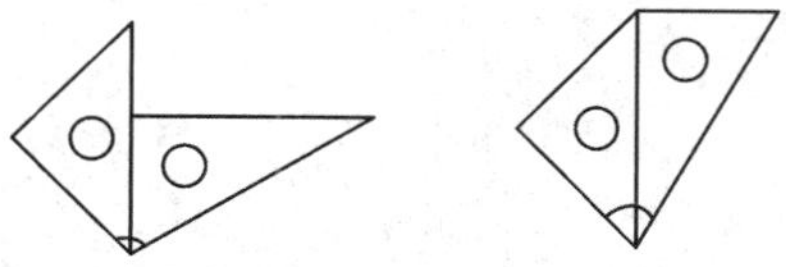

（　　）　　（　　）

第 2 题图

3. 琪琪折的纸飞机前 5 次飞行的距离如下表。

次数	第 1 次	第 2 次	第 3 次	第 4 次	第 5 次
飞行距离/米	17	13	20	18	16

(1)这架纸飞机前 4 次飞行的平均距离是＿＿＿＿米。

(2)如果再飞一次，并使平均飞行距离达到 18 米，第 6 次飞行的距离要达到＿＿＿＿米。

4. 题图中的物体是用一些同样大小的小正方体拼搭而成的。

第 4 题图

(1)从前面看到的图形形状是＿＿＿＿。

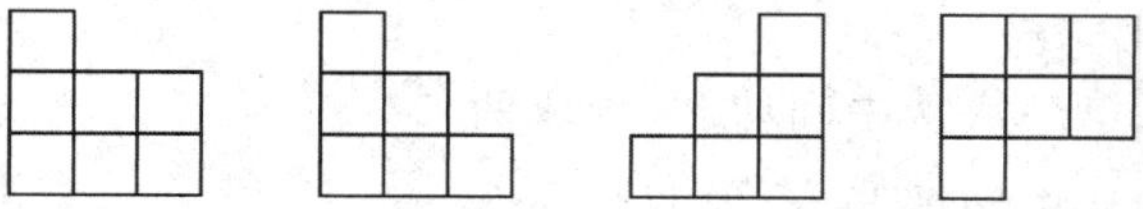

A　B　C　D

(2)这个物体至少由＿＿＿＿个小正方体拼成。

5. 一瓶儿童止咳糖浆的规格及用法如下图。两瓶这样的止咳糖浆够一位四年级的学生连续服用＿＿＿＿天。

【规格】每瓶 300 毫升
【用法用量】口服，每日 3 次
7 岁及以上儿童：每次 20 毫升
3～7 岁儿童：每次 10 毫升

第 5 题图

6. 如图所示，9 辆车来到一个十字路口，然后依照车上箭头所指的方向驶走。图＿＿＿＿显示离开十字路口后的 9 辆车的位置情况。

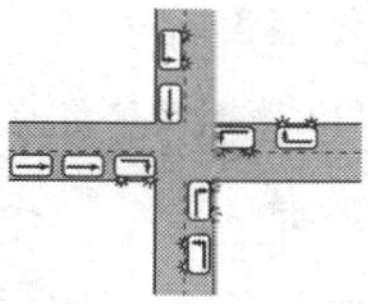

第 6 题图

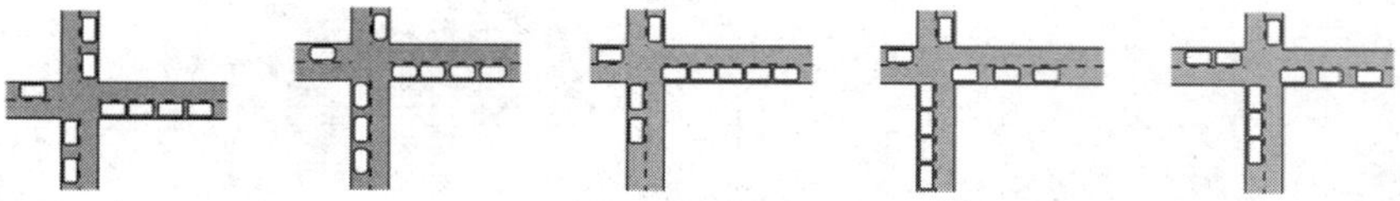

A　B　C　D　E

7. 春天到了，桃花山上的桃花开了，某校组织学生去桃花山赏花，去的时候的速度是每小时 30 千米，回来的时候的速度是每小时 20 千米，那么他们往返的平均速度是每小时________千米。

8. 题图网格中的 5 个图形只能按照黑色箭头所指方向进行移动，只能平移，不能旋转。________图形可以从 G 门离开。

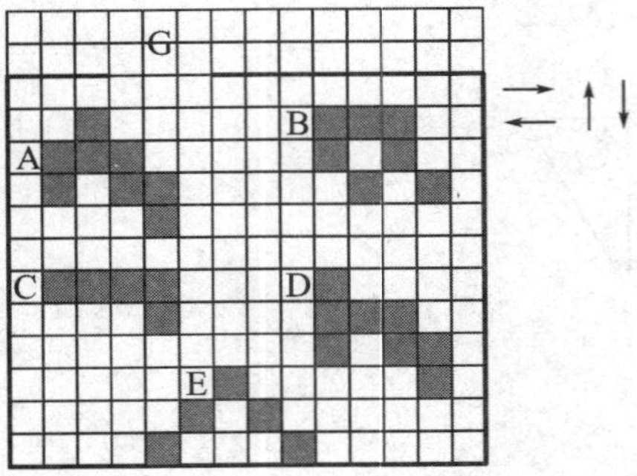

第 8 题图

9. 如图，除法竖式被遮掉了一些数字，请你把竖式补完整。

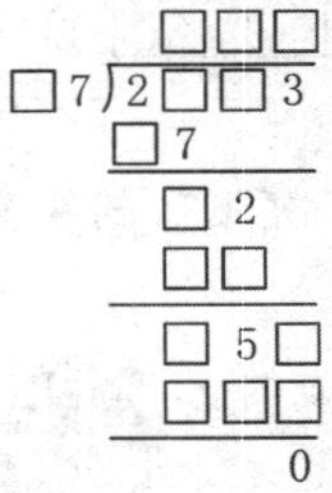

第 9 题图

10. 如图所示，乐乐玩剪纸，将一张正方形纸第一次从中间剪开，分成两个完全相同的长方形；第二次把其中一个长方形从中间剪开，分成两个完全相同的正方形；第三次把其中一个正方形从中间剪开，分成两个完全相同的长方形……如此剪了 2023 次后，得到________个长方形，________个正方形。

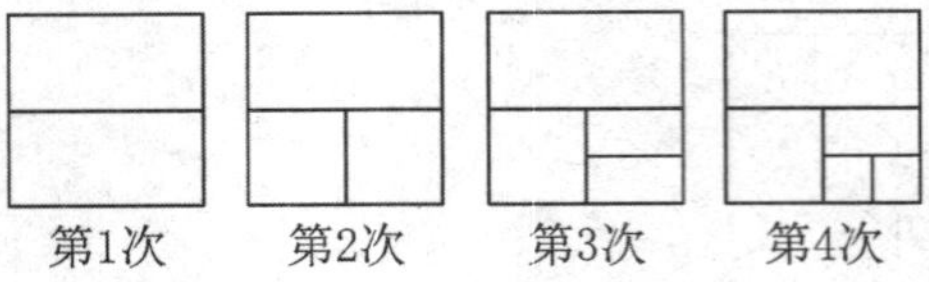

第 10 题图

11. 把一个三位数按照数字倒序写会得到一个新的数，我们把倒序得到的数大于它本身的数，称为“进化数”。如 123＜321，所以 123 就是一个“进化数”。那么，在 100～300 之间有________个“进化数”。

12. 有一份机密文件的密码是一个四位数。

甲说：“它是 2345。”

乙说：“它是 3045。”

丙说：“它是 1728。”

丁说：“它是 3543。”

经检验，每个人只猜对了不同位置的一个数字。则这份机密文件的密码是________。

13. 如图，A，B，C，D，E，F 这 6 个人坐在一张圆桌前，两两配对，同时与对方握手，握手的三组人不出现交叉的情况，一共有________种可能的握手组合。

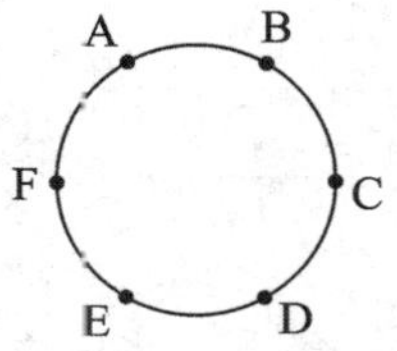

第 13 题图

14. 丁丁在河中逆流而上游泳，他在桥下遗失了一个水壶，被水冲走了。丁丁继续向前游了 20 分钟后发现水壶遗失，于是他立即返回，在距离桥 2000 米的地方追到了水壶。那么水流的速度是每分钟________米。

15. 相传古印度的宰相发明了国际象棋。国王十分高兴，问他要什么奖赏。

宰相对国王说："请在棋盘的第 1 小格放 1 粒麦子，第 2 小格放 2 粒麦子，第 3 小格放 4 粒麦子，以后每一小格都比前一小格增加一倍。放满棋盘上的 64 小格，这些麦子都给我就可以了。"

国王以为这个要求很容易，结果全世界的麦子也满足不了要求。

这是因为麦子数量的增加是按照指数级增长的：$1+2+4+8+\cdots-2^{63}=2^{64}-1=18446744073709551615$。

这个数实在太大了！

(1) 如果按照宰相的摆法，第________小格的麦子数第一次超过 10000 粒。

(2) 在数学中，$n!$ 是阶乘的意思，它表示 $1\times2\times3\times\cdots\times n$，当 $n!$ 大于 10000 时，n 至少是________。

5年级

1. 计算下面各题。(只需写出最终答案)

(1)7.54×32×0.25×1.25=________。

(2)2.63÷0.4+5.37×2.5=________。

(3)20.23+19.49-0.4+9.77-0.49-3.6=________。

(4)0.9÷(0.8÷0.7)÷(0.7÷0.6)÷…÷(0.2÷0.1)=________。

2. 选择正确的选项填在括号里。

(1)700多年前,我国数学家________在其著作《测圆海镜》中系统地应用和发展了"天元术"。

A. 刘徽　　B. 朱世杰　　C. 李冶

(2)我国古代数学著作《九章算术》中记载的计算三角形面积的方法是"半广以乘正从",这里的"广"指三角形的________。

A. 底　　B. 高　　C. 周长

(3)最早有意识地系统使用字母表示数的人是法国数学家________。

A. 笛卡儿　　B. 韦达　　C. 欧拉

3. 长征五号运载火箭被亲切地称为"胖五",起飞质量达870吨。它自身的结构质量约占起飞质量的$\frac{1}{10}$,是________吨。它总长约57米,假设每层楼高2.85米,那么,它相当于________层楼高。它也被称为"冰箭",因为它"肚子"里装了满满的深低温液氢液氧燃料。已知液氢温度达-253℃,液氧温度达-183℃,液氢与液氧的温度相比,________比较低。

4. 2012—2021年,人均公园绿地面积由11.8平方米提高到14.78平方米。按每年人均公园绿地面积增加量不变计算,到2030年,人均公园绿地面积将达到________平方米。

5. 张阿姨和李阿姨两人拿出同样多的钱合买了1箱橘子。张阿姨分了9千克,李阿姨只剩6千克,于是张阿姨付给李阿姨12.6元。这箱橘子平均每千克售价________元。

6. 小明所在的小区安装了分时电表。根据下面的图表,完成填空。

安装分时电表前后电价收费表

安装分时电表前	安装分时电表后
0.56元/千瓦时	峰时段(8:00—22:00) 0.6元/千瓦时 谷时段(22:00—次日8:00) 0.3元/千瓦时

小明家最近一星期用电情况统计图

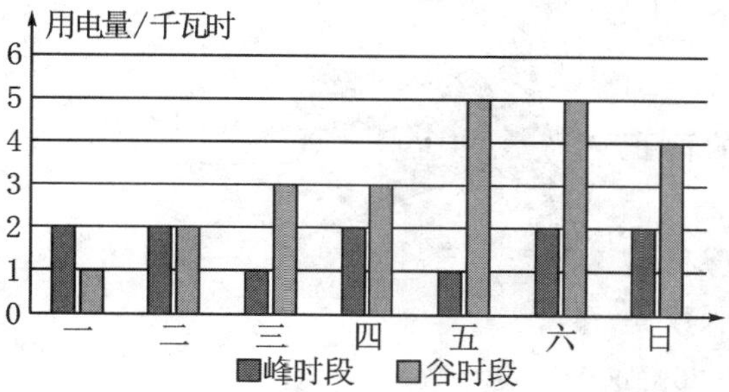

第 6 题图

(1)小明家在这个星期中，星期________用电最多，星期________用电最少。

(2)小明家这一星期平均每天用电________千瓦时。

(3)小明家这一星期的电费是______元，比不使用分时电表节省______元。

7. 如图为南京玄武湖公园某建筑上的一个装饰图案，它由上、下两个大的正六边形组合而成，内部被一些线段分成 36 个面积相等的小三角形。设每个小三角形的面积为 1，则面积为 4 的三角形有________个。

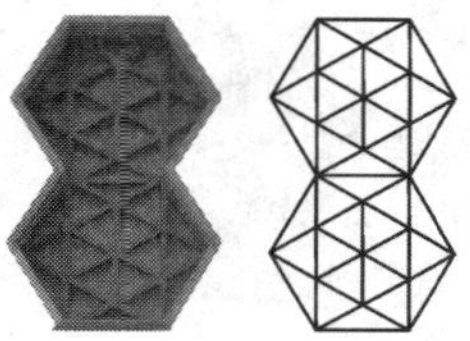

第 7 题图

8. 在数字 1，2，3，4，5，6，7，8，9 之间，画有 6 个小圆圈。请你把"＋""－""×"分别填在小圆圈里，使等式结果等于 2023。

(1○2○345)○6○7○8○9＝2023

9. 题图中有很多不同茶壶，有的是从正面看的，有的是从上面看的，你能将它们一一匹配起来吗？

第 9 题图

10. 题图(1)中每个格点小正方形的边长都是 1。如果用 a 表示多边形内部的格点数，b 表示多边形边线上的格点数，S 表示多边形的面积。请完成下表。

序号	a	b	S
①			
②			
③			

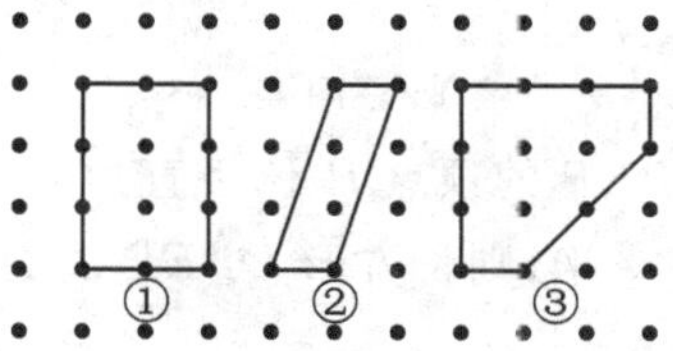

第 10 题图(1)

1899 年奥地利数学家乔治·亚历山大·皮克发现多边形的面积 S 可以用含有 a,b 的式子表示,称为皮克定理。

请你写出皮克定理:$S=$________。

根据皮克定理计算,图(2)阴影部分的面积是________。

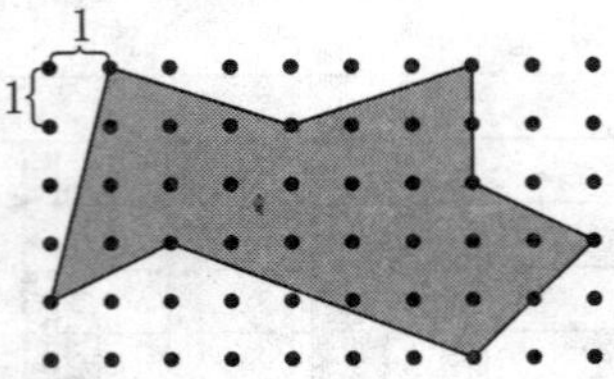

第 10 题图(2)

11. 有一个三位小数,用"四舍五入"法保留整数是 3,保留一位小数是 3.0,保留两位小数是 3.00,这个小数各个数位上的数字相加的和是 28。这个三位小数是________。

12. 2022 年 9 月 10 日教师节遇上中秋节,双节同庆,教师们齐聚一堂分享月饼。已知到场的 100 位教师一共分享了 100 个月饼,其中男教师 2 人吃 3 个月饼,女教师 3 人吃 2 个月饼。男教师有________人,女教师有________人。

13. 乐乐和豆豆去坐摩天轮,摩天轮有 30 个舱,24 分钟转一圈,入口在最底部。乐乐进了摩天轮舱 4 分钟后,豆豆也进了摩天轮舱,至少再经过________分钟,乐乐和豆豆在同一高度上。

14. 教师和小时、小代、小贝玩猜数的游戏。

教师:"我这有一个不含'0'的三位奇数,个位比十位大,十位比百位大,你们猜猜看这个三位数是多少?"

小时:"我猜是 123。"

教师:"很遗憾,一个数字也没猜中。"

小代:"那我猜 789。"

教师:"猜中了 1 个数字,但是它的数位不对。"

小贝:"嗯,是 567 吗?"

教师:"太可惜了,猜中了两个数字,一个数位对,一个数位不对。"

这个三位数是________。

15. 学数学不仅凭直观(用眼),还需要有根有据、讲道理(用脑)。比如,根据"平面上两点之间线段最短"这条基本公理,可以推出"任意三角形的两边之和大于第三边"。

(1)以下这题改编自古希腊数学家的经典著作《几何原本》。注意,可不能仅凭眼睛做出判断!如图(1),四个小长方形拼成一个大长方形,P 点在线段 AC 上,则长方形 $EPHD$ 的面积________长方形 $GBFP$ 的面积。

A. $=$　　B. $<$　　C. $>$　　D. 前三种情况都有可能

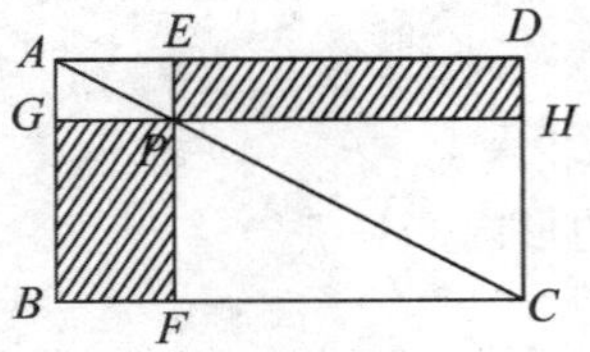

(1)

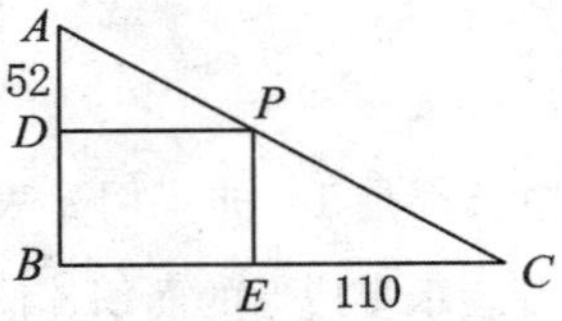

(2)

第 15 题图

(2)如图(2),长方形 $DBEP$ 的顶点 P 位于直角三角形 ABC 的斜边 AC 上,$AD=52$ 毫米,$EC=110$ 毫米,则长方形 $DBEP$ 的面积等于________平方毫米。

6年级

思考笔记

1. 计算下面各题。(只需写出最终答案)

(1)$\frac{3}{4}\times\frac{8}{9}+\frac{1}{6}\times2=$________。

(2)$\frac{1}{2}-\frac{1}{4}-\frac{1}{8}-\frac{1}{16}-\frac{1}{32}=$________。

(3)$2\times0.23+\frac{23}{20}+2.3\times0.3=$________。

(4)$2023\times\frac{1}{2+\frac{1}{1+2}}\times\frac{1}{2+\frac{3}{1+\frac{1}{3}}}=$________。

2. 2012—2021年,中国累计完成造林9.6亿亩。2021年,中国森林覆盖率达到24.02%,是全球森林资源增长最多和人工造林面积最大的国家。自2000年以来,中国始终是全球"增绿"的主力军,全球新增绿化面积中约$\frac{1}{4}$来自中国。

根据以上材料,回答问题。

(1)2012—2021年,中国平均每年造林________亿亩。

(2)2021年,中国森林面积约________万平方千米。(中国国土面积约960万平方千米)

(3)最近20年,全球新增绿化面积约550万平方千米,中国新增绿化面积约________万平方千米。

3. 选择正确的答案填在括号里。

(1)把黄金比应用于造型艺术,可以给人以美的感觉。黄金比的比值约等于________。

A. 0.414　　　B. 0.618　　　C. 3.14

(2)古希腊数学家________曾通过数学计算成功预测了日食时间,使战争双方停战。

A. 阿基米德　　　B. 亚里士多德　　　C. 泰勒斯

(3)华裔数学家________发表的《质数间的有界间隔》,证明了存在无穷多个差小于7000万的质数对。

A. 丘成桐　　　B. 张益唐　　　C. 陶哲轩

4. 民航规定:乘坐飞机普通舱旅客一人最多可免费携带20千克行李,超过部分每千克按机票原价的1.5%购买行李票。胡叔叔从A地飞往B地,带了35千克的行李。胡叔叔购买的飞机票是打八五折的,折后价是680元。胡叔叔购买机票连同行李费共需付________元。

5. 丰果乡响应党的号召,在乡示范果园种植了A,B,C,D四种不同品种的柑橘苗共300棵。几个品种的树苗种植和成活情况如图所示。其中C品种柑橘苗的成活率是 85%。

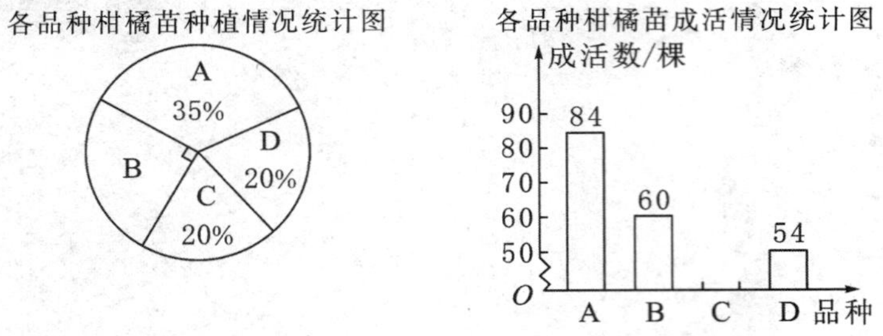

第 5 题图

(1)B 品种柑橘苗种植了________棵。

(2)C 品种柑橘苗成活了________棵。

(3)________品种的柑橘苗成活率最高。

6. 元宵佳节彩灯悬，彩灯齐明光灿灿。

三三数时整数尽，五五数时剩一盏。

七七数时恰恰巧，八八数时还缺三。

请你现在猜一猜，彩灯至少有几盏?

阅读上面的诗歌谜题，彩灯至少有________盏。

7. 乒乓球室内，白色乒乓球放在白色筐中，黄色乒乓球放在黄色筐中。一次整理时，王小虎误把 10 个黄色乒乓球放入了白色筐中，这时白色筐中的乒乓球比黄色筐中多$\frac{1}{3}$，实际上黄色乒乓球比白色乒乓球多 1 个。两种乒乓球一共有________个。

8. 如图，用一笔可以连出 4 条线段将 8 个点串联起来。请根据图下的条件，在另外两幅图上连一连。

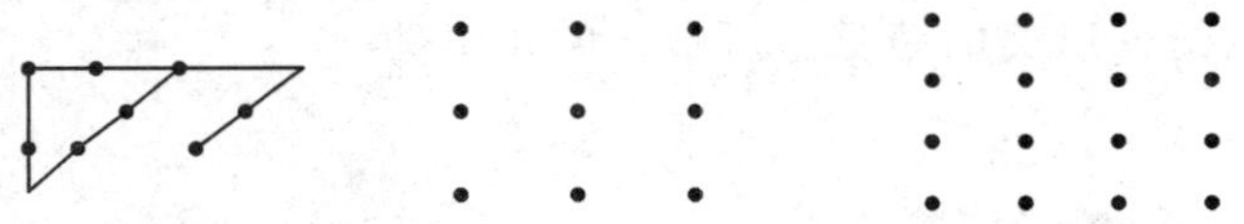

第 8 题图

9. 将 0～9 这 10 个连续整数分别填入下图的 10 个小三角形内，使图中各个大三角形内 4 个数之和彼此相等。

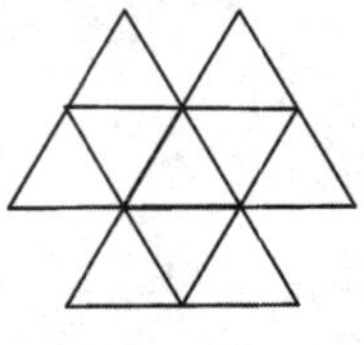

第 9 题图

10. 观察以下等式：

$5=1^2+2^2$； $13=2^2+3^2$； $29=2^2+5^2$； $37=1^2+6^2$； $41=4^2+5^2$；

$5=4\times1+1$　$13=4\times3+1$　$29=4\times7+1$　$37=4\times9+1$　$41=4\times10+1$

事实上，50 以内的所有质数中，只有 5,13,29,37,41 这几个质数能写成两个自然数的平方的和(简称“平方和”)，其他质数则不能。

(1)把质数53写成两个自然数的平方和：$53=(\quad)^2+(\quad)^2$；

(2)根据上述5个等式中蕴含的规律判断：2063，2069，2081，2083，2087，2089，2099这7个质数中，________可以写成两个自然数的平方的和。

11. 有A，B，C三种盐水，按A与B质量比为2∶1混合，得到浓度为10%的盐水。按A与B质量比为1∶2混合，得到浓度为14%的盐水。如果按A，B，C的质量比为1∶1∶2混合，得到浓度为16%的盐水。盐水C的浓度为________%。

12. 甲、乙两人同时分别从A，B两地出发相向而行，已知甲的速度为每分钟80米，乙的速度为每分钟60米，两人在C处相遇；若甲晚出发7分钟，二人在D处相遇。已知A，B两地的中点到C，D的距离相等，则A，B两地之间相距________米。

13. $2023=7\times17^2$，我们把能分解成$p\times q^2$(其中p，q为不同的质数)的自然数称为“明珠数”，则小于100的“明珠数”一共有________个。

14. 同一个公司的三位员工在一起谈论自己的工资收入，各自有以下这样的表述。

王远：“我每月挣6000元。我比陈志焕少2000元。但我比顾尔健多1000元。”

陈志焕：“在我们三个人当中，我每个月的工资不是最少的。我和顾尔健每月工资的差为3000元。顾尔健每月挣9000元。”

顾尔健：“我每月的工资比王远少。王远每月的工资为7000元。陈志焕每月比王远多挣3000元。”

已知每个人都说两句真话和一句假话，那么王远的月薪是________元，陈志焕的月薪是________元，顾尔健的月薪是________元。

15. 一条直线上的图形(如线段)，可以用长度来描述，直线被称为“一维空间”；一个平面上的图形(如长方形)，可以用长度、宽度来描述，平面被称为“二维空间”；而三维空间的图形(如长方体、正方体)，除了用长度、宽度以外，还需用第三个量——高度来描述。

科幻小说《三体》第三部，先进文明利用“二向箔”对太阳系实施“降维打击”，将它从三维降到二维，万物都变成了一幅幅画。这当然是一种想象。现有边长为1米的正方体，把它的维数从“三维”降到“准二维”，使它变成高度或厚度极小、比纸还薄的长方体，而体积保持不变。假设这个长方体的厚度只有0.000000001米，即1纳米，那么这个非常薄的长方体摊在平面上时所占的面积是________平方米，即________平方千米。

决赛B

3年级

思考笔记

1. 中国共产党第二十次全国代表大会于 2022 年 10 月 16 日在北京召开，10 月 22 日闭幕。这次会议一共召开了________天。

2. 小丁同学在图表中填数(如图)，使得每个数是下方两个数的积。灰格中应填写________。

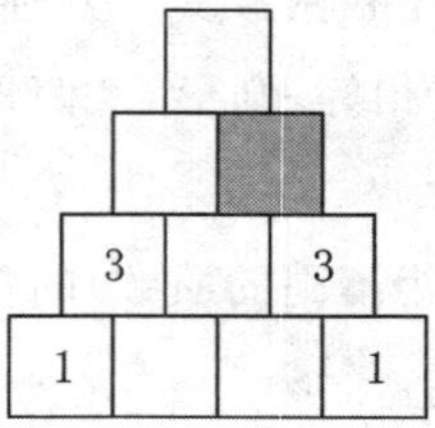

第 2 题图

3. 王叔叔每天坚持晨跑 2 千米。下面是他某一周每天跑 2 千米所用的时间统计表。

星期	一	二	三	四	五	六	日
时间/分钟	13	12	9	10	13	8	12

(1)这一周中，星期________王叔叔跑得最快。

(2)这一周中，王叔叔平均每天晨跑要用________分钟。

4. 如图，星星图由四个等边三角形和一个正方形组成。正方形的周长是 36 厘米。星星的周长是________厘米。

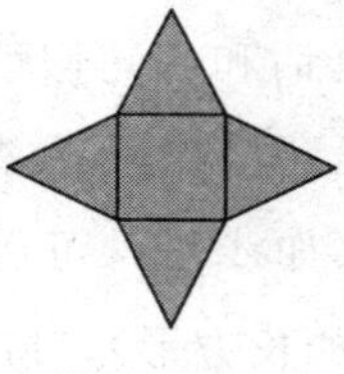

第 4 题图

5. 有一个数列：3，1，6，2，12，4，24，8。接下来的两个数的和是________。

6. 如图，冰冰和斌斌同时从一条直路的两端出发相向而行，他们相遇于 O 点。如果他们同时从两端出发，速度都变为原来的 2 倍。那么相遇点________(填“在 O 点左边”“在 O 点右边”或“不变”)。如果他们同时从两端出发，冰冰的速度变为原来的 3 倍，斌斌的速度变为原来的 2 倍，那么相遇点________(填“在 O 点左边”“在 O 点右边”或“不变”)。

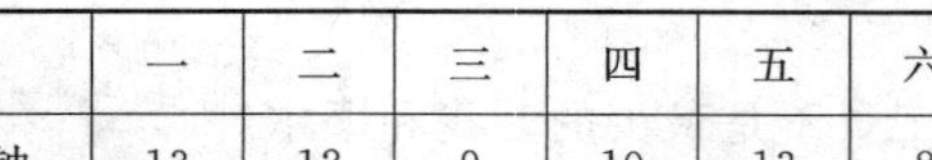

第 6 题图

7. 刘备、关羽、张飞“桃园三结义”，张飞准备了 32 斤牛肉。张飞食量最大，吃的比关羽和刘备加起来还多 4 斤。已知张飞吃的是刘备的 3 倍，那么关羽吃了________斤。

8. 设计师设计了 3 座纪念馆，纪念馆的平面图如下。甲、乙、丙三人以相同速度围绕不同纪念馆的四周走了一圈，谁用的时间最长？________（填“甲”“乙”“丙”或“一样长”）。

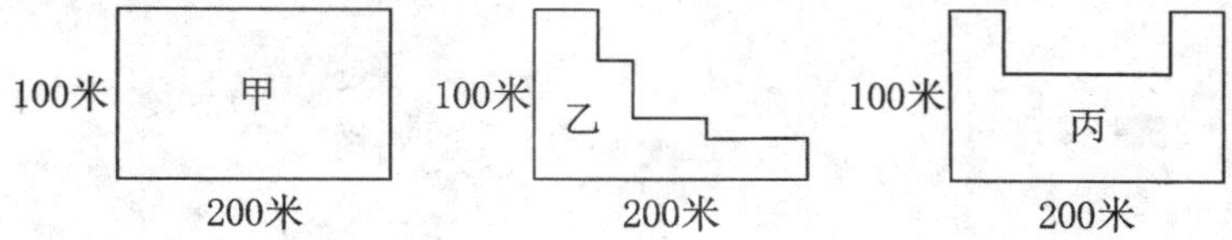

第 8 题图

9. 兔子小白非常喜欢吃蘑菇和萝卜。每天它只吃 9 根萝卜，或 2 朵蘑菇，或 1 朵蘑菇和 4 根萝卜。小白一个星期(7 天)吃了 30 根萝卜。这个星期里它共吃了________朵蘑菇。

10. 题图(1)中写有数字 1～9。从星号位置开始，沿着线依次写下经过的数字，从而构成一个新的数。比如，图(2)表示的数为 42685。

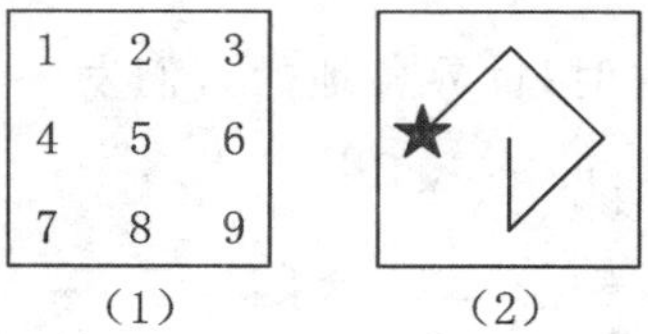

第 10 题图

那么，下面(　　)中表示的数最大。

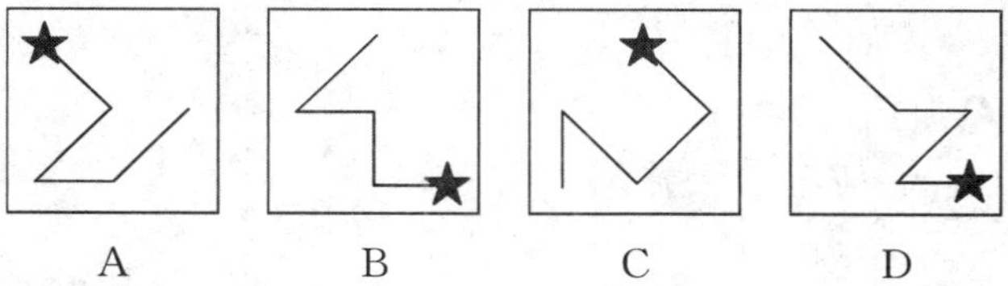

11. 如何把一个正方形分成形状、大小完全一样的 4 份？题图给出了两种方法。

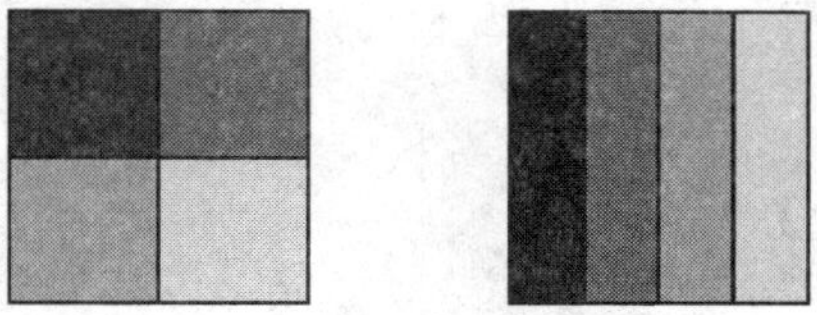

第 11 题图

请你再做出两种不一样的方法。

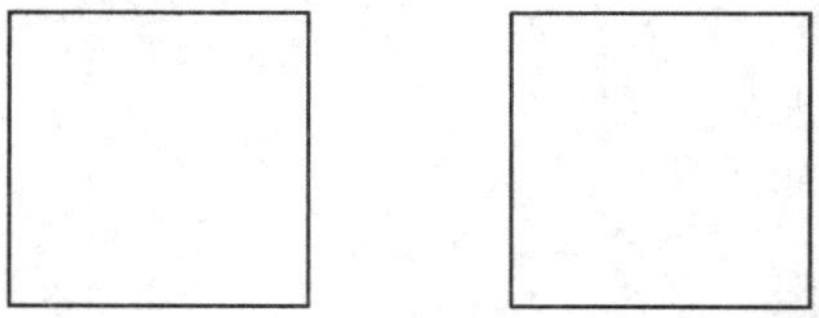

12. 一个由 5×5 个小方格组成的正方形，画一条直线穿过小方格会有如图所示的几种情况。

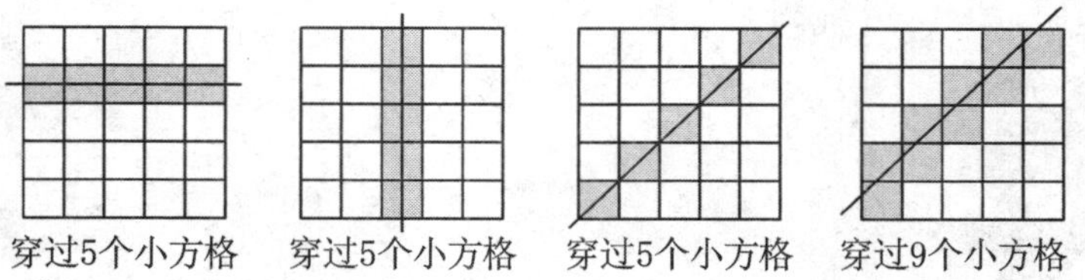

第 12 题图

根据上面的规律，请你猜一猜：在由 2023×2023 个小方格组成的正方形中画一条直线，最多能穿过________个小方格。

13. 如图，把两个两位数相减，然后把两个格子涂上颜色。两个上色的格子里的数字之和是________。

■3－2■＝25

第 13 题图

14. A、B、C、D、E 五颗球的质量分别为 30 克，50 克，50 克，50 克和 80 克。用天平称重了三次，如图，那么________号球的质量为 30 克。

第 14 题图

15. 我们今天使用的数字经历了漫长的发展。古时，世界各地的人们发明了不同的数的记号。

例如，古埃及人写的 8732 像图(1)这样。

第 15 题图(1)

那么，图(2)的数表示________。

第 15 题图(2)

而古罗马人写的 8732 像图(3)这样。

MMMMMMMMDCCXXXII

第 15 题图(3)

那么，图(4)的数表示________。

MDCCCCXII

第 15 题图(4)

4年级

思考笔记

1. 中国共产党第二十次全国代表大会的报告提到：居民人均可支配收入从一万六千五百元增加到三万五千一百元。城镇新增就业年均一千三百万人以上。基本养老保险覆盖十亿四千万人。画线部分的两个数可以写作__________，__________。

2. 同一平面内，两条直线的位置关系正确的是________。

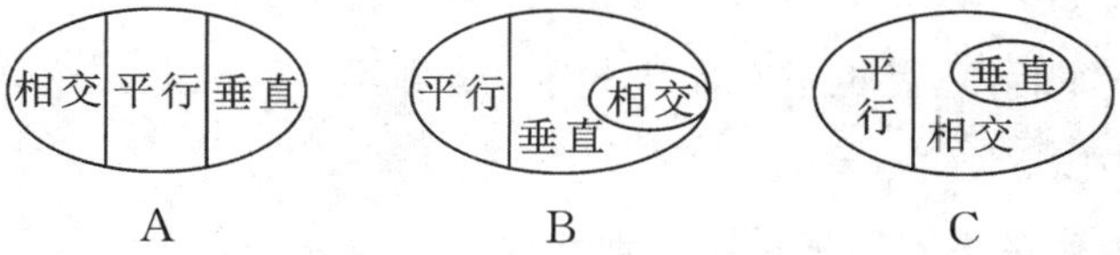

3. 琪琪折的纸飞机前 5 次飞行的距离如下表。

第 1 次	第 2 次	第 3 次	第 4 次	第 5 次
17 米	13 米	20 米	18 米	16 米

(1)这架纸飞机前 4 次飞行的平均距离是________米。

(2)如果再飞一次，并使平均飞行距离达到 18 米，第 6 次飞行的距离要达到________米。

4. 一本 798 页的书，静静每天看 42 页，多少天可以看完？列竖式计算如图，竖式中箭头所指的数表示________天看了________页书。

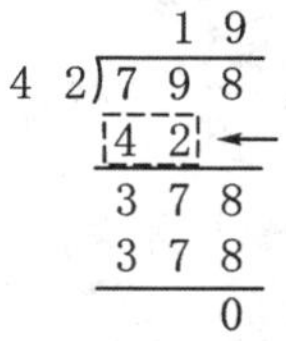

第 4 题图

5. 3 月的第四周，小蒋同学每天写一个数字在自己的本子上，周一到周六她写了 1～9 中 6 个不同的数字。星期天她写了一个和星期六相同的数字。如果 7 个数字的和是 24，那么她星期天写的数字最大是________。

6. 垓下之战时，原来刘邦的兵力是项羽的 6 倍。大将军韩信使用四面楚歌之计，使项羽的 4 万士兵逃亡，这时刘邦的兵力竟然是项羽的 10 倍，那么刘邦的兵力是________万。

7. 如图，在 X 站和 Y 站之间只有一条铁轨。

第 7 题图

铁路公司打算每天同一时间从 X 站发出一列慢车，从 Y 站发出一辆快车。两辆火车匀速行驶，已知慢车从 X 站到 Y 站需要 180 分钟，快车从 Y 站到 X 站需要 60 分钟。公司打算再修一条复线铁路•⬭•以避免撞车。复线铁路修完之后应该如图________。

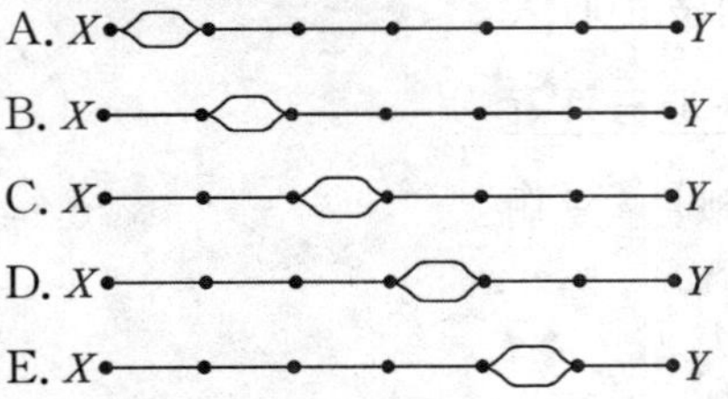

8. 乐乐和豆豆去坐摩天轮，摩天轮有 30 个舱，匀速旋转，24 分钟转一圈，入口在最底部。乐乐进了摩天轮舱 4 分钟后，豆豆也进了摩天轮舱，至少再经过________分钟，乐乐和豆豆在同一高度。

9. 在正方形中画线段，所有线段均为连接正方形顶点或其他线段的中点所得。我们将正方形的 $\frac{1}{8}$ 涂上了颜色，下图中，________是我们涂色的正方形。

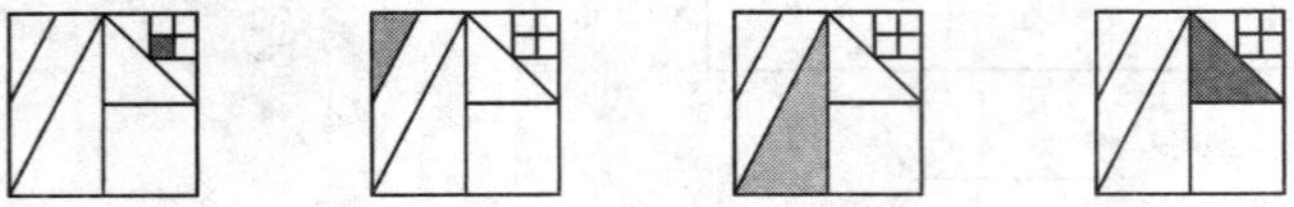

A　　　B　　　C　　　D

10. 如图，有三个齿轮，每个齿轮上有一个黑色的轮齿。

下图中，________符合齿轮 a 顺时针方向旋转一周后，所有黑色轮齿的位置正确。

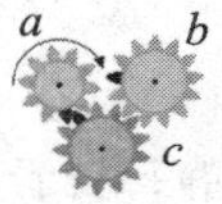

第 10 题图

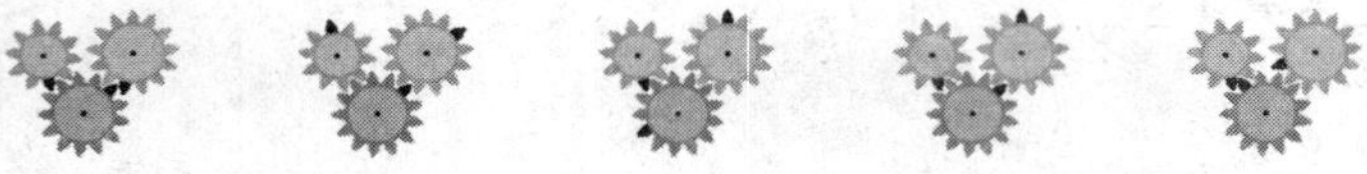

A　　　B　　　C　　　D　　　E

11. 认真阅读亮亮的日记，观察前四个回文算式，然后按规律把后三个回文算式写完整（每个□里只填一个数字）。

> 2023 年 2 月 5 日星期日晴
>
> 今天，我和爸爸聊到了回文数。我告诉爸爸，像 1056501 这样的数就是回文数。爸爸说："不止有回文数，还有回文算式呢！"他写出四个两位数和三位数相乘的回文算式让我观察。
>
> 13×341＝143×31　　34×473＝374×43
>
> 62×286＝682×26　　36×693＝396×63
>
> 爸爸还出了三道题，让我按照上面回文算式的规律填一填。
>
> (1)12×231＝□□□×□□
>
> (2)23×□□□＝253×□□
>
> (3)□□×275＝572×□□
>
> 我很快做出了第一题和第二题。做第三题时，我以为填任意一个两位数都可以，就随意写了一个，但后来算了一下发现不行，这是怎么回事呢？我要好好研究研究。

12. 如图，在一个三角形中添 1 条线，一共可以得到 3 个三角形；添 2 条线，一共可以得到 6 个三角形；添 3 条线，一共可以得到 10 个三角形……

按这样的方法，在一个三角形中添 4 条线，一共可以得到________个三角形；添 10 条线，一共可以得到________个三角形；添 2023 条线，一共可以得到________个三角形。

第 12 题图

13. 甲、乙、丙三个小朋友用汽枪对如图的靶子进行射击，每人 5 发子弹，中靶位置在图上用点表示。图上的数表示所在环的得分，已知三人最后得分正好相同，且只有一发子弹射中靶心（得 25 分）。

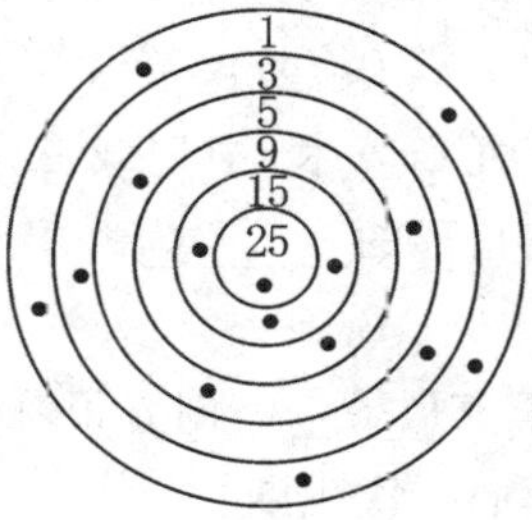

第 13 题图

甲说："我头两发子弹得了 18 分。"

乙说："我第一发子弹只得了 3 分。"

根据他们的对话，请你判断，是________射中了靶心。

14. 丁丁在河中逆流而上游泳，他在桥下遗失了一个水壶，被水冲走了。丁丁继续向前游了 20 分钟后发现水壶遗失，于是他立即返回，在距离桥 2000 米的地方追到了水壶。那么水流的速度是每分钟________米。

15. 相传古印度的宰相发明了国际象棋。国王十分高兴，问他要什么奖赏。

宰相对国王说："请在棋盘的第 1 小格放 1 粒麦子，第 2 小格放 2 粒麦子，第 3 小格放 4 粒麦子，以后每一小格都比前一小格加一倍。放满棋盘上的 64 小格，这些麦子都给我就可以了。"

国王以为这个要求很容易，结果全世界的麦子也满足不了要求。

这是因为麦子数量的增加是按照指数级增长的：$1+2+4+8+\cdots+2^{63}=2^{64}-1=18446744073709551615$。

这个数实在太大了！

(1)如果按照宰相的摆法，第________小格的麦子数第一次超过 1000000 粒。

(2)在数学中，$n!$ 是阶乘的意思，它表示 $1\times2\times3\times\cdots\times n$，当 $n!$ 大于 1000000 时，n 至少是________。

5年级

1. 计算下面各题。(只需写出最终答案)

(1)8.4÷2.8+8.4÷3.2=________。

(2)5.6×1.2×0.25×1.25=________。

(3)70×1.7×7+7×7×17+0.3×7×170=________。

(4)1.1×2.2+2.2×3.3+3.3×4.4+4.4×5.5=________。

2. 选择正确的选项填在括号里。

(1)________是我国北宋科学家沈括完成的科学巨著,该书涉及数学、化学、物理学、天文学等多个方面,被誉为“中国科学史上的里程碑”。

A.《齐民要术》　　B.《梦溪笔谈》　　C.《九章算术》

(2)我国古代数学著作《九章算术》中记载三角形面积计算方法是“半广以乘正从”,这里的“从”指三角形的________。

A. 底　　B. 高　　C. 周长

(3)14 世纪初,我国数学家________创立了“四元术”(“四元”相当于 4 个未知数),这是我国古代数学的一次飞跃。

A. 杨辉　　B. 李冶　　C. 朱世杰

3. 题图是同一种球反弹高度的三次实验的统计图。

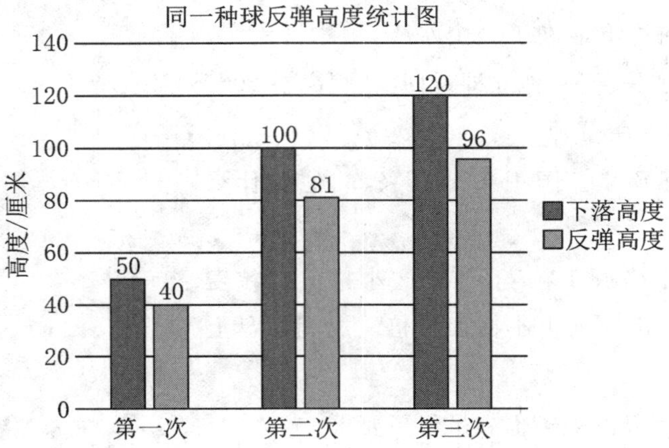

第 3 题图

(1)第________次反弹得最高,下落高度是反弹高度的________倍。

(2)在同一地点,同一种球从不同的高度下落,其反弹的高度是________的,但下落高度与反弹高度的倍数关系________,说明同一种球的弹性________。

A. 不同　　B. 大致相同　　C. 无法确定

(3)小军从距离地面 2.2 米高的二楼扔下这种球(自由下落),弹起的高度大约是________米。

A. 2.2　　B. 1.8　　C. 1.5

4.《中国共产主义青年团成立一百周年》纪念邮票,有两种不同的规格,邮票图案名称分别为“永远跟党走”“请党放心,强国有我”,面值分别为 80 分和 1.20 元。

小明珍藏了这两种邮票共 26 枚,合计 24 元。其中 80 分的邮票有________枚,1.20 元的邮票有________枚。

5. 2023 年，父母的年龄（整数）和是 78 岁，姐弟的年龄（整数）和是 17 岁。四年后，父亲的年龄是弟弟的年龄的 4 倍，母亲的年龄是姐姐的年龄的 3 倍。那么当父亲的年龄是姐姐的年龄的 3 倍时是________年。

6. 如图是一个用地砖铺成的正六角星图案（每条边长都相等），边长为 1.5 米，现在要用边长为 0.5 米的正三角形地砖铺满地面，需要________块地砖。

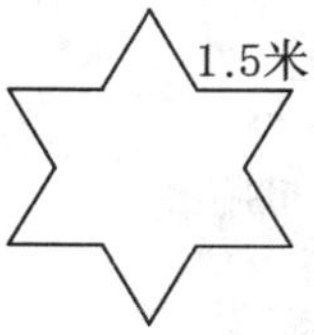

第 6 题图

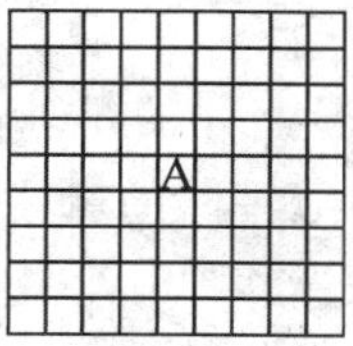

第 7 题图

7. 很多家庭都有扫地机器人。它非常有用，能为忙碌的我们分担家务负担。有一款每次只能前后左右移动一格的机器人，而且程序设定它不会重复清扫同一个地方。将这款机器人放在 A 格开始清扫，移动 4 次，清扫的路径有________种不同的可能情况。

8. 阿尔布雷特·丢勒在 1514 年创作的铜版画《忧郁》中有一个四阶幻方，除了满足幻方的基本性质（将 1～16 填入 4×4 的表格中，每行每列以及对角线上的和相等），还是一个“对称幻方”，即每个数与其中心对称数之和为 17。例如图中的 3 和 14，2 和 15。

你能将这个幻方填完整吗？

16	3	2	
5			
	15	14	

第 8 题图

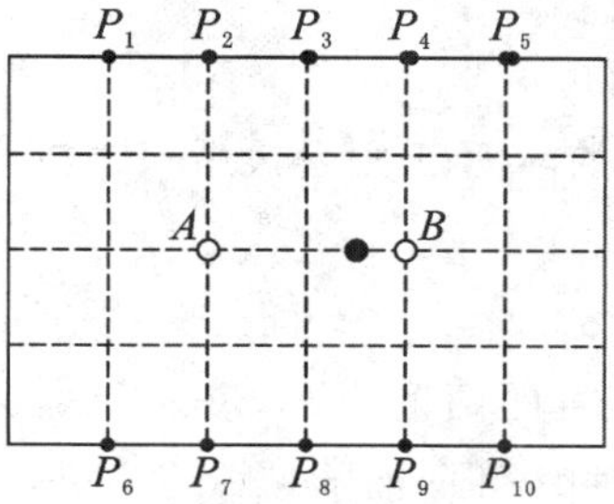

第 9 题图

9. 如图，桌上有 A，B 两球，中间有球阻隔。若要将 A 球射向桌面任意一边，使其反弹后击中 B 球，则图中桌边的 $P_1 \sim P_{10}$ 中，可以瞄准其中的________个点，画出一种可行的击球路线。（反弹可以一次反弹，也可以多次反弹）

10. 从边长为 a 的正方形中剪去一个边长为 b 的小正方形，然后将剩余部分剪拼成一个长方形（如图）。

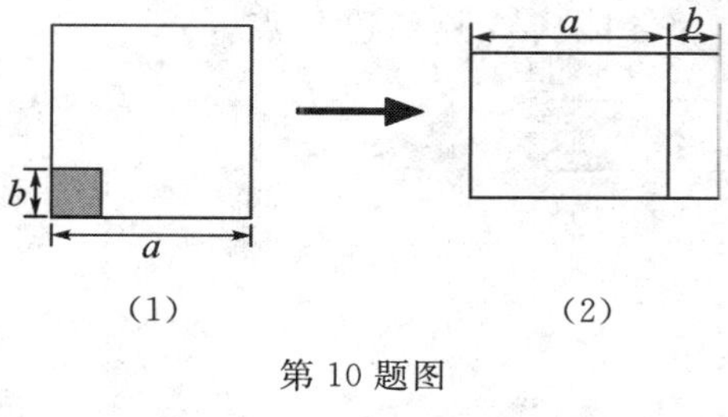

（1）　　　　（2）

第 10 题图

（1）图（1）剩余部分的面积是 a^2-b^2，图（2）拼成的长方形的面积是________。

通过上述操作可知，图(1)剩余部分的面积等于图(2)拼成的长方形的面积。于是我们能得到一个公式：______=______，这就是平方差公式。

(2)运用平方差公式，将下面的等式填完整。

$7^2-5^2=$______×______；13^2-______$^2=21\times$______

______$^2-$______$^2=23\times7$。

(3)利用平方差公式计算：

$100^2-99^2+98^2-97^2+\cdots+2^2-1^2=$______。

11. 卡塔尔世界杯为世界呈现了一场精彩盛大的足球盛宴。赛后，冠、亚、季军的球迷共 660 人聚在广场狂欢。其中冠军队的球迷人数比季军队的 4 倍少 12 人，亚军队的球迷又比冠军队的球迷少 36 人。狂欢的人群中有______人是冠军队球迷。

12. 一位农妇在河边洗碗，津吏(古代管理渡口、桥梁的官吏)问："你家里来了多少客人，要用这么多碗？"她答道"：客人每两位合用一只饭碗，每三位合用一只汤碗，每四位合用一只菜碗，共用 65 只碗。"

请你算一算，她家里有______位客人。

13. 数学家沙可夫斯基将从 1 开始的所有自然数，按以下顺序重新排列。

第 1 行：3，5，7，9，11，13，15，17，19，…

第 2 行：2×3，2×5，2×7，2×9，2×11，…

第 3 行：$2^2\times3$，$2^2\times5$，$2^2\times7$，$2^2\times9$，$2^2\times11$，…

第 4 行：$2^3\times3$，$2^3\times5$，$2^3\times7$，$2^3\times9$，$2^3\times11$，…

……

最后一行：…，2^7，2^6，2^5，2^4，2^3，2^2，2^1，1。

按此排列顺序，3 是第 1 个数，7 在 6 的前面，1 则是最后一个数。

(1)184 是第______行的第______个数；

(2)88 在 90 的______面，124 在 128 的______面。(填"前"或"后")

14. 两位汽车越野爱好者驾驶同种型号的两辆赛车，进入沙漠探险。每辆汽车最多能载 20 桶油(包括油箱内的油)，每桶油能使汽车前进 54 千米，每辆车可以向另外一辆汽车借油。现在两车同时从同一起点出发，他们商量怎样使其中一辆车行得尽量远，并且最后两辆车都要回到起点。其中一辆车最多能行到______千米远的地方。

15. 图灵机的基本原理是用机器来模拟人们用纸笔进行数学运算的过程。为了更容易理解图灵机的原理，我们把图灵机看作一只小虫，它在一张画有蓝白方格的纸带上爬行，小虫只能看到当前所在方格的颜色。现在给小虫的指令是看到蓝色方格前进一格，看到白色方格将其涂蓝并后退一格。那么如图的一条纸带片段，小虫共要爬行______格才能从 A 点到达 B 点。

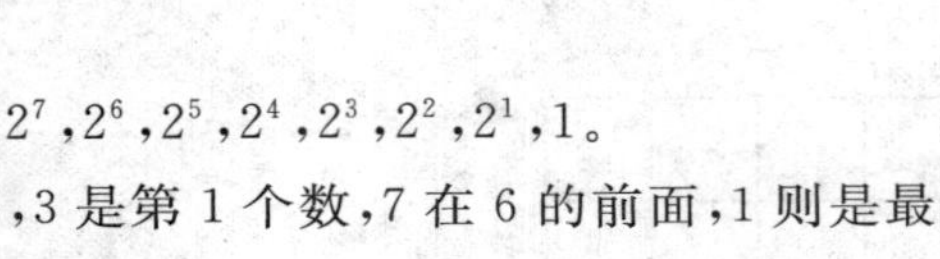

第 15 题图

6年级

思考笔记

1. 计算下面各题。

(1)$\frac{3}{8}\times15+9\div\frac{8}{3}=$________。

(2)$\frac{1}{2}+\frac{1}{6}+\frac{1}{12}+\frac{1}{20}=$________。

(3)$\frac{10^2+11^2+12^2+13^2+14^2}{365}=$________。

(4)$2023\times\left(\frac{1}{14}+\frac{1}{21}+\frac{1}{42}\right)\times\frac{1}{2+\frac{3}{1+\frac{1}{3}}}=$________。

2. 北斗三号全球组网卫星由三种轨道卫星组成，共30颗。根据三种轨道卫星名称英文缩写首字母的发音，人们亲切地称它们为“吉星”“爱星”“萌星”。其中“吉星”和“爱星”的颗数都是“萌星”的$\frac{1}{8}$，那么，“吉星”有________颗，“爱星”有________颗，“萌星”有________颗。

3. 选择正确的答案填在括号里。

(1)把黄金比应用于造型艺术，可以给人以最美的感觉。黄金比的比值约等于________。

A. 0.414　　B. 0.618　　C. 3.14

(2)提出“万物皆数”的古希腊数学家是________。

A. 阿基米德　　B. 毕达哥拉斯　　C. 泰勒斯

(3)华裔数学家________发表的《质数间的有界间隔》，证明了存在无穷多个差小于7000万的质数对。

A. 丘成桐　　B. 陶哲轩　　C. 张益唐

4. 丰果乡响应党的号召，在乡示范果园种植了A，B，C，D四种不同品种的苹果树共800棵。几个品种的苹果树种植和收成情况如下图所示。其中C品种苹果树的产量是B品种的$\frac{4}{5}$。

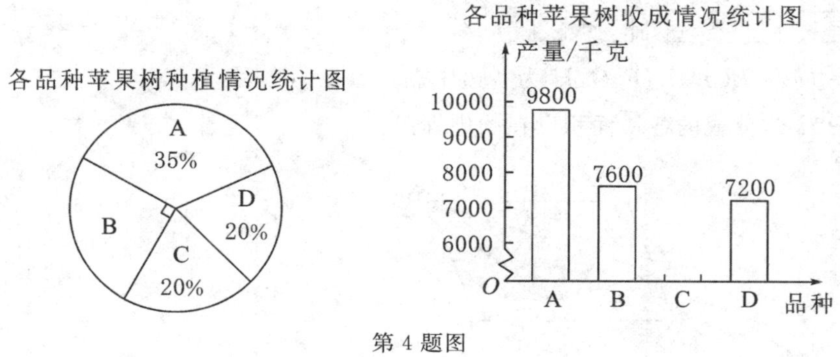

第4题图

(1)B品种苹果种植了________棵。

(2)C品种苹果树的产量是________千克。

(3)________品种的苹果树单棵平均产量最高，是每棵________千克。

5. 丽丽、丁丁、玲玲三位集邮爱好者聚在了一起。丽丽的弟弟也想加入他们的活动。丽丽说:“想加入可以,不过,你要先算算我们三人一共有多少枚邮票。”玲玲说:“我的邮票是我们三人邮票总数的$\frac{5}{24}$,如果丁丁送 6 枚邮票给我,那么我们三人的邮票枚数就一样多。”三人一共有________枚邮票。

6. 强哥的鱼档进了两种鲈鱼,甲级和乙级鲈鱼的价格比是 5∶3。过了一个月,甲级和乙级鲈鱼的价格每千克均上涨了 10 元,此时的价格比是 10∶7。现在甲级鲈鱼的价格是每千克________元,乙级鲈鱼的价格是每千克________元。

7. 某个有 100 万人关注的公众号炮制了一个“喝绿豆汤可治疗癌症”的谣言,100 万人中 40%的人会看到这条谣言,看到谣言的人中有 5%的人将信将疑地把它转发到朋友圈;转发谣言的人平均每人的朋友圈中有 100 位好友,这 100 人中又有 30%的人会看到这条谣言,其中 4%的人会进一步转发这条谣言……按此规律,每转发一轮,阅读人数占比减少 10%,转发人数占比减少 1%(因为朋友圈重合,有些人可能已经通过其他渠道看到了这条谣言)。最终会有________万人看到这条谣言。

8. 图中标号 1,3,5,7,9,11 的分别是六堆不同的积木块,从上面往下看,他们的样子是什么样的呢? 快从图中找一找吧。

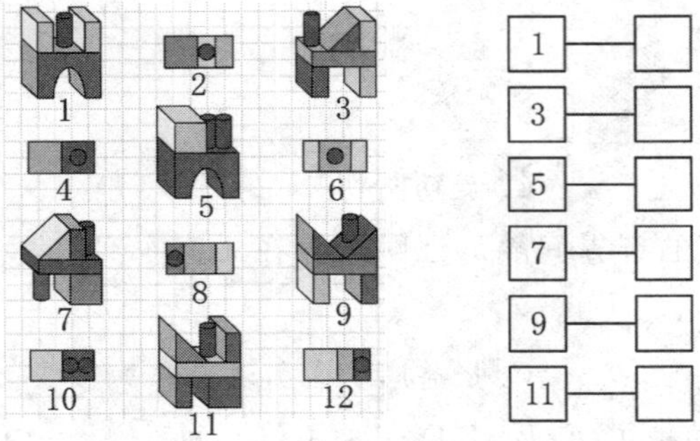

第 8 题图

9. 请在下面算式的空格内分别填入数字 1,2,3,4,5,6,7,8,使计算结果等于 2023。

$$(\square\times\square\times\square+\square-\square)\times\square\times\square+\square=2023$$

10. 观察图(1),任意一个四边形 $ABCD$,E,F,G,H 为各边中点。

(1)设四边形 $ABCD$ 的面积为 S,分成的各块面积已在图中标出。

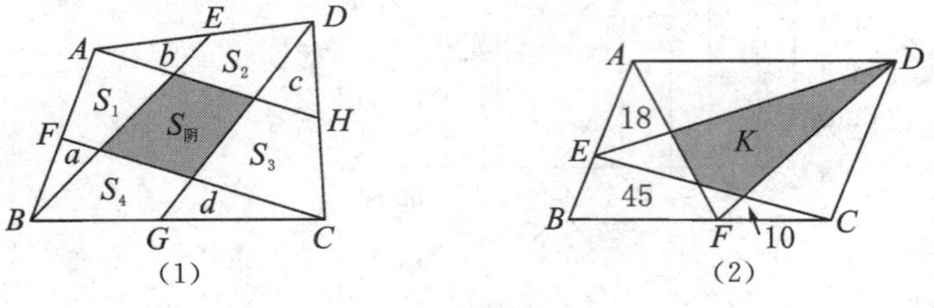

第 10 题图

$S_1+S_{阴}+S_3=\frac{(\quad)}{(\quad)}S$,

$S_2+S_{阴}+S_4=\frac{(\quad)}{(\quad)}S$，

____________________$=S$，

$S_1+S_2+S_3+S_4+S_{阴}+a+b+c+d=S$，

因此，$S_{阴}=$____________________。

(2)模仿上面的思路，计算下面的题目。

如图(2)，平行四边形 $ABCD$ 被切割成 8 块，其中三小块的面积分别为 18 平方厘米、45 平方厘米、10 平方厘米，那么，图中阴影部分 K 的面积是________平方厘米。

11. 一段圆柱形木料，如果截成两个小圆柱，它的表面积就增加 628 平方厘米；如果沿着直径劈成两个半圆柱，它的表面积就增加 240 平方厘米。这段圆柱形木料的表面积是________平方厘米。(π 取 3.14)

12. 游乐场有一辆小火车在 A，B 两地间的直线铁轨上往返运行。张华步行沿着铁轨边从 A 地出发到 B 地，此时小火车正好从 B 地出发，6 分钟后张华与小火车在途中第一次相遇。小火车到达 A 地后立即返回，又追上了张华，此时与第一次相遇相隔 4 分钟。小火车到达 B 地后未作停留再次返回，又与张华相遇。从小火车追上张华到下一次相遇，经过了________分钟。(小火车调头时间忽略不计)

13. 在神话故事中，孙悟空去太上老君那里偷仙丹，却被逮个正着。太上老君说："你偷的这五个葫芦，里面分别放着红、黄、蓝、绿、黑五种仙丹。给你五次机会猜葫芦中仙丹的颜色。"

第一次：第二个葫芦里的仙丹是蓝色，第三个葫芦里的仙丹是黑色。

第二次：第二个葫芦里的仙丹是绿色，第四个葫芦里的仙丹是红色。

第三次：第一个葫芦里的仙丹是红色，第五个葫芦里的仙丹是黄色。

第四次：第三个葫芦里的仙丹是绿色，第四个葫芦里的仙丹是黄色。

第五次：第二个葫芦里的仙丹是黑色，第五个葫芦里的仙丹是蓝色。

太上老君说："五次都只猜对了一瓶，并且每次猜对的颜色都不同。"

那么，第一个葫芦里的仙丹是________色，第二个葫芦里的仙丹是________色，第三个葫芦里的仙丹是________色，第四个葫芦里的仙丹是________色，第五个葫芦里的仙丹是________色。

14. 在 1，3，5，7，…，97，99 这 50 个奇数中，最多能取出________个数，使其中任何一个数都不是另一个数的倍数。

15. 我国著名数学家、中国科学院院士谷超豪教授，一生钟情于数学："人言数无味，我道味无穷。"他从小乐学善思，小学三年级时，就被除不尽的循环小数迷住了。

请你计算，一个最简真分数$\frac{M}{7}$，化成小数后，如果从小数点后第一位起连续若干位的数字之和等于 2023，M 的值是________。

总决赛

3 年级

思考笔记

1. 计算下面各题。

10－3.1＝　　　　45×28＝　　　　$\frac{3}{7}+\frac{2}{7}=$

23×99＋23＝　　　　2017＋2018＋2019＋2020＋2022＋2023＝

2. 一支铅笔 2 元，42 支铅笔多少元？题图的竖式中“8”表示________。

A. 4 支铅笔 8 元　　　　B. 4 支铅笔 80 元　　　　C. 40 支铅笔 80 元

$$\begin{array}{r} 4\ 2 \\ \times\quad 2 \\ \hline \boxed{8}\ 4 \end{array}$$

第 2 题图

3. 如图，根据下面两次称重，可以推算出 1 个梨重________克。

第 3 题图

4. 2023 年 11 月 23 日是星期四，如图，制作这个月的月历，并填空。

日	一	二	三	四	五	六

第 4 题图

(1)这个月里有________个星期四。

(2)这个月一共应到校上课________天。

5. 液晶数字在我们的身边常能见到，如红绿灯、电子手表等。如图，某一个液晶显示器上的数是“351”，已知这个显示器有一处坏了显示不出来，真实的数可能是________或________。（任意写出 2 种）

第 5 题图

6. 在古典诗歌中，有一种“环形诗”格外有趣。

月冷霜华，洁影芳花；

冷霜华洁，影芳花月。

霜华洁影，芳花月冷；

华洁影芳，花月冷霜。

在数学中也有类似的现象。请你根据前面算式中的规律，填写接下来的算式。

142857×1＋857142＝999999

142857×2＋714285＝999999

142857×3＋571428＝999999

142857×4＋________＝999999

142857×5＋________＝999999

________×________＋________＝________

7. 如图，长方形 $ABCD$ 的周长是 30 厘米。另有三个以点 A，B 和 D 为中心的长方形，这三个长方形的周长之和是 20 厘米。图中粗线的总长度是________厘米。

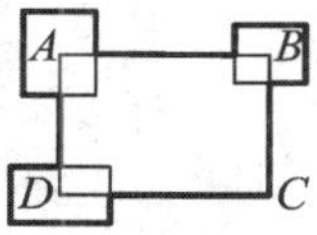

第 7 题图

8. 有四个数，其中每三个数的和分别是 45，46，49，52，那么这四个数中最小的一个数是________。

9. 如图，从 A 地到 B 地可以有两种走法。某人从 A 经 C 到 B，比从 A 直接到 B 要多用 3 分钟。如果从 A 出发，经 B，C 再回到 A，一共要用 53 分钟。已知这个人的步行速度是每分钟 60 米，那么从 A 经 C 到 B 的路程是________米。

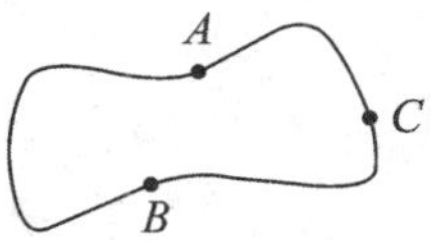

第 9 题图

10. 如图，在一个三角形中添一条线，可以得到 3 个三角形；添两条线，可以得到 6 个三角形；添三条线，可以得到 10 个三角形……

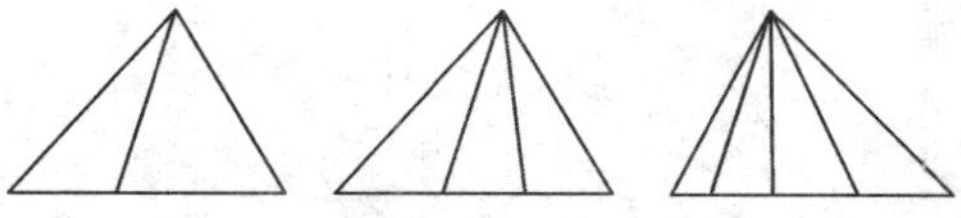
第 10 题图

(1)如果添 10 条线一共可以得到________个三角形。

(2)如果添 20 条线一共可以得到________个三角形。

11. 如图,一只仓鼠闯进了一个迷宫。这只仓鼠在可能的情况下总是直着向前走,每当它遇到阻挡时,它就会向右转然后继续走。这只仓鼠会从________处离开迷宫。

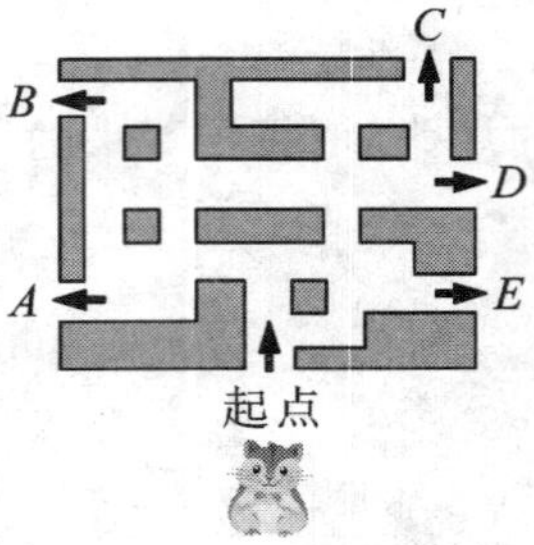

第 11 题图

12. 数学是美丽的、有趣的、令人兴奋的。英国著名哲学家罗素说:“数学,不但拥有真理,而且有至高的美。”

在建筑中,我们能感受到数学的对称之美;在幻方中,我们能感受到数学的构造之美;在数学定理中,我们能感受到数学的简洁之美;在数学解题中,我们能感受到数学的思维之美……

请以“数学之美”为题,写一篇不少于 150 字的小作文。

4年级

1. 计算下面各题。

65×408＝　　　　125×23×8＝　　　　25×4÷25×4＝

432÷[(71－59)×3]＝　　　　(9＋99＋999)×2023＝

2. 蒋老师买了一件连衣裙和一件上衣共用了 686 元，连衣裙比上衣贵 90 元。蒋老师买上衣用了多少钱？下面列式错误的是________。

A. (680－90)÷2　　B. (686＋90)÷2　　C. (689＋90)÷2－90

3. 客车和货车同时从两地相向而行，客车每小时行 80 千米，货车每小时行 100 千米，2 小时后，两车间距是 50 千米，两地相距________千米或________千米。

4. 如图，从上面观察左边的四个物体，看到的形状分别是右边的四个图形。请你把视图与相应的物体连一连。

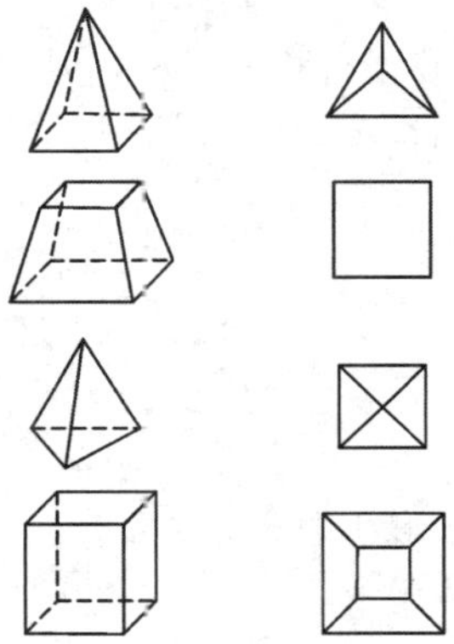

第 4 题图

5. 一家工厂的 27 位师傅一共带了 40 名徒弟，每位师傅可以带一名徒弟、两名徒弟或三名徒弟。如果带一名徒弟的师傅人数是其他师傅人数的 2 倍，那么带两名徒弟的师傅一共有________人。

6. 如图，一个圆被平均分成 6 份，同时我们可以得到 6 个等分点。把这 6 个等分点依次编号为 1,2,3,4,5,6。任意连接其中的两个点可以得到 1 条线段，一共可以连成________条线段。

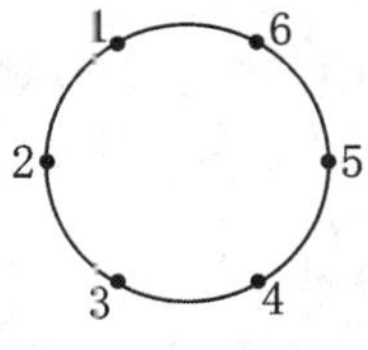

第 6 题图

7. 有 7 个相同的骰子，每个骰子相对面上的数分别是 1 和 6，2 和 5，3 和 4。把这些骰子全部抛出，结果朝上的面中，3 个是单数，4 个是双数，且 7 个数的和是 29。

(1)如果把 3 个单数骰子朝下的一面都翻上来，那么 7 个数的和就变成 20。这 3 个单数分别是________________。

(2)其余 4 个骰子上的双数有两种情况，是__________或__________。

8. 题图中一共有________个三角形。

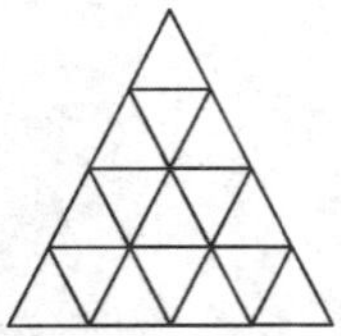

第 8 题图

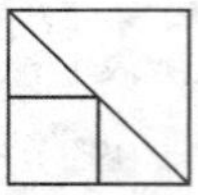

第 9 题图

9. 如图所示，一个正方形被分成了 4 个小块。下面哪个形状不能由 4 个小块拼出？

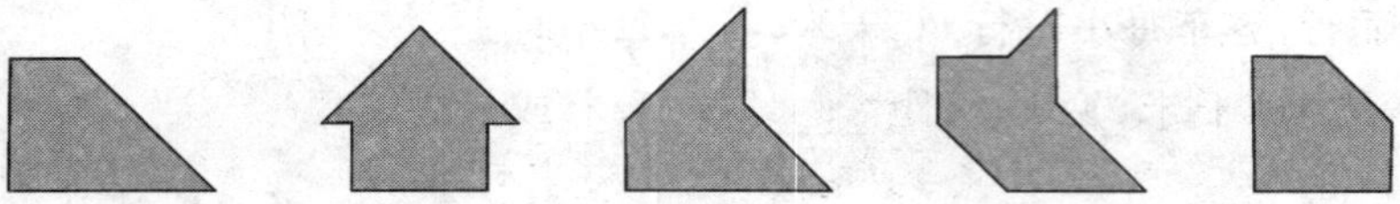

10. 一百个高矮互不相同的士兵排成如图所示的十行十列的方阵。现在从每行中都挑出一个最高的，再从各行最高者中挑出一个最矮的，把他称为“高中之矮”；然后从每列中挑出一个最矮的，再从各列最矮者中挑出一个最高的，把他称为“矮中之高”。“高中之矮”与“矮中之高”相比，________。

A.“高中之矮”比“矮中之高”高

B.“高中之矮”比“矮中之高”矮

C.“高中之矮”不会比“矮中之高”高

D.“高中之矮”不会比“矮中之高”矮

第 10 题图

11. 如图，正方形 $ABCD$ 的面积为 8 平方厘米，正方形 $DHFE$ 的面积为 3 平方厘米，阴影部分的面积是________平方厘米。

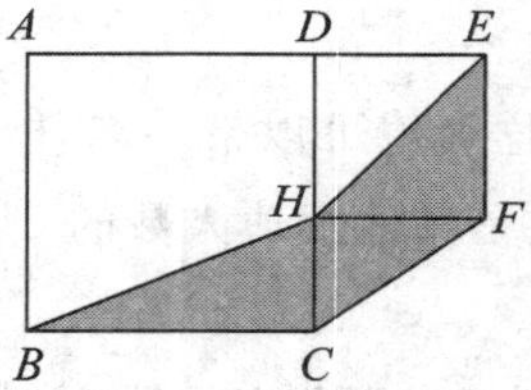

第 11 题图

12. 数学是美丽的、有趣的、令人兴奋的。英国著名哲学家罗素说：“数学，不但拥有真理，而且有至高的美。”

在建筑中，我们能感受到数学的对称之美；在幻方中，我们能感受到数学的构造之美；在数学定理中，我们能感受到数学的简洁之美；在数学解题中，我们能感受到数学的思维之美……

请以“数学之美”为题，写一篇不少于 150 字的小作文。(20 分)

5年级

思考笔记

1. 计算题。

$2023\div7\times7\div17\div17=$______。

$44.4\times22+44\times77.8=$______。

$0.\dot{1}+0.02+0.\dot{3}+0.04+0.\dot{5}+0.06+0.\dot{7}+0.08+0.\dot{9}=$______。

$\frac{1}{1\times3}+\frac{1}{3\times5}+\frac{1}{5\times7}+\cdots\cdots+\frac{1}{2021\times2023}=$______。

2. 有一种砖块，长、宽、高分别是 50 厘米、24 厘米、10 厘米。工人师傅砌一堵墙，不管是用砖的长摆，用砖的宽摆，还是用砖的高摆，都能正好从墙的一端摆到另一端，并且没有剩余。这土堵墙最短是______米。

3. 观察题表：

2	4	6	8		
		16	14	12	10
18	20	22	24		
		32	30	28	26
…	…	…	…		

(1)求 254 在第______行第______列。

(2)第 13 行第 3 列的数是______。

4. 某个月中，星期一的天数比星期二的天数多，星期六的天数比星期五的天数多，那么这个月的 5 号是星期______。

5. 如图，四边形 $ADFC$ 是梯形，$HC=1.5EH$，三角形 CEF 的面积是 20 平方厘米，四边形 $BGEH$ 的面积是 22 平方厘米。三角形 ADB 的面积是______平方厘米。

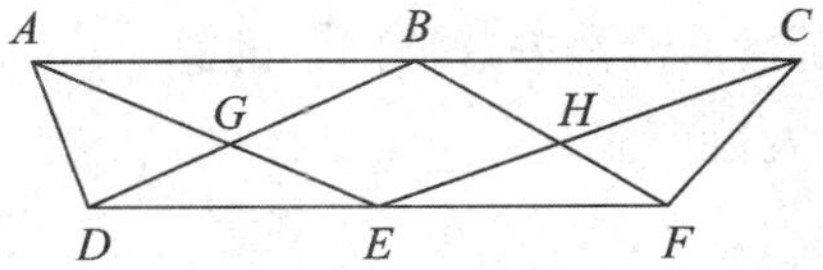

第 5 题图

6. 十位同学参加投篮比赛。老师将这十人的投中总个数分别减去第一人、第二人……第九人的投中个数，所得的差分别是 73，74，75，76，78，80，81，82，83。当老师将十人的投中总个数减去第十人的投中个数时，发现这个差与前面的某个差相同。这十人的投中总个数是______。

7. “云对雨，雪对风。花对鸟，鱼对虫。山清对水秀，柳绿对桃红。”这首大家耳熟能详的《对韵歌》是出生于如皋的文学家李渔所写。这种声韵协调，工整对仗的结构展现了特殊的对称之美。

在数学上，也有很多对称美的体现。如下面一些有趣的乘法算式，虽然乘法算式，虽然乘数各不相同，但等式中每个数字连同乘号都关于中间的等号对称分布。

两位数乘两位数：24×84＝48×42　　　12×63＝36×21

两位数乘三位数：12×231＝132×21　　23×352＝253×32

请你各写出一个类似的等式。

两位数乘两位数：________________________________；

两位数乘三位数：________________________________。

8. 甲、乙两车分别从东、西两城同时相对开出，乙车每小时行 40 千米，经过 3 小时两车共走了全程的一半。这时乙车停在货站装货，甲车继续行驶 320 千米，在货站与乙车相遇。乙车装货后用与原来相同的速度向东城开去，乙车从货站开到东城要用________小时。

9. 同学们知道，知道将一张纸片盖在另一张纸上，盖住部分的线条就不会露出来。观察题图，最少需要________张正方形纸合理摆放，可以组成图中的这些线条。(正方形的大小可以不同，也可以相同)

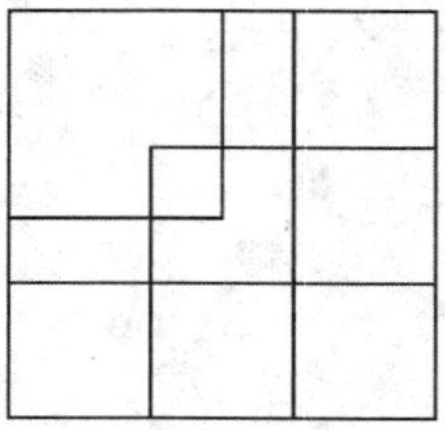

第 9 题图

10. 任一正整数可以写出写二进制，如 37，在二进制中可写成 100101，45 可写成 101101。

如果一个正整数的二进制表示中，没有两个 1 相邻，那么就称它为“分散数”。例如 37 是分散数，而 45 不是。

(1)小于 8 的分散数有________个，小于 16 的分散数有________个。

(2)小于 2^6 的分散数有________个。

11. 一款游戏每局需要三人参加。一群同学玩了这款游戏，结束后发现，任意三人最多一起玩过一次，任意两人恰好一起玩过两次。若这群同学的总人数不低于 4 人且不高于 8 人，则这群同学的总人数可能是________。(写出所有情况)

12. 数学是美丽的、有趣的、令人兴奋的。英国著名哲学家罗素说：“数学，不但拥有真理，而且有至高的美。”

在建筑中，我们能感受到数学的对称之美；在幻方中，我们能感受到数学的构造之美；在数学定理中，我们能感受到数学的简洁之美；在数学解题中，我们能感受到数学的思维之美……

请以“数学之美”为题，写一篇不少于 200 字的小作文。

6年级

思考笔记

1. 计算题。

$\left(11\times\frac{7}{90}+\frac{7}{9}\times6.9\right)\times12.5=$________。

$\frac{1}{1\times2}+\frac{1}{2\times3}+\frac{1}{3\times4}+\cdots+\frac{1}{2022\times2023}=$________。

$\dfrac{\dfrac{2+3+6}{\frac{1}{2}+\frac{1}{3}+\frac{1}{6}}-\dfrac{\frac{1}{2}+\frac{1}{3}+\frac{1}{6}}{2+3+6}}{2\times3\times6}=$________。

解方程：$3[3(3x-1)-1]=\frac{3}{2}$，则 $x=$________。

2. 用 64 个 1 立方厘米的小正文拼成一个大正方体。如果将大正方体 8 个顶点处的小正方体都去掉，此时的几何体的表面积是________平方厘米。

3. 有浓度为 2% 的盐水 500 克，为了制成浓度为 20% 的盐水，不改变盐水中盐的质量，需要蒸发掉________克水。

4. 如皋是著名的长寿之乡，被称为世界六大长寿乡之一。甲、乙、丙三位老人今年的年龄和是 282 岁。10 年前，乙、丙的年龄和正好比甲多 100 岁。当甲刚出生(0 岁)时，丙的年龄是乙的 2 倍。乙现在的年龄是________岁，丙现在的年龄是________岁。

5. 如图，平行四边形 $ABCD$ 中，$AB=AD=9$ 厘米，$\angle BAD=120°$，CQ 与 BD 相交于点 P，且 $PD=6$ 厘米。三角形 BPQ 的面积是________平方厘米。

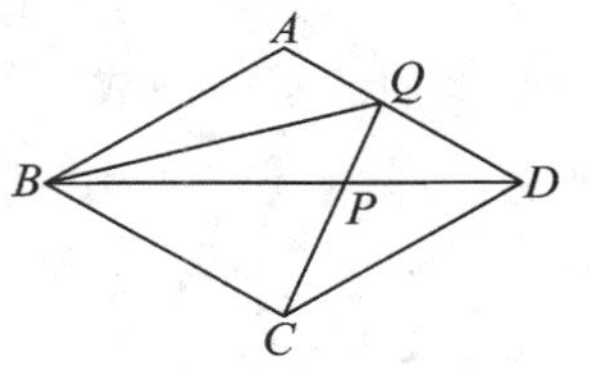

第 5 题图

6. 甲、乙、丙、丁四位同学练习传球，每人都可以把球传给另外三人中的一个。先由甲发球，经过 6 次传球后仍然回到甲的手中。整个传球过程共有________种不同的可能。

7. 一条河的水流程度是 1 千米/时。乐乐以固定的速度划一条小船。他逆流划了 3 小时，然后顺流划行返回原来的出发地点，用了 2 小时。乐乐的出发地点与他开始返回的地点之间的距离是________千米。

8. A，B 两台照片冲洗机每分钟都可以冲洗 10 张照片。A 机器每冲洗 100 张照片需要停机 4 分钟，B 机器每冲洗 150 张需要停机 5 分钟。利用这两台照片冲洗机冲洗 5000 张照片，至少需要________分钟。

9. 2023 年 3 月，一位加拿大数学家宣称，他与合作者找到了只用同一种平面图形铺成的非周期镶嵌图案[如图(1)],这种形状奇特的单一平面图形被称为“一块石头”[如图(2)]。每块“石头”都可以被分割成4个相同的五边形,请你在图(2)中用虚线画出分割线。

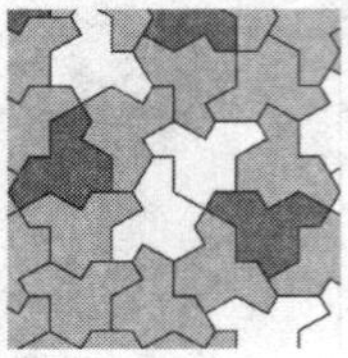

(1)

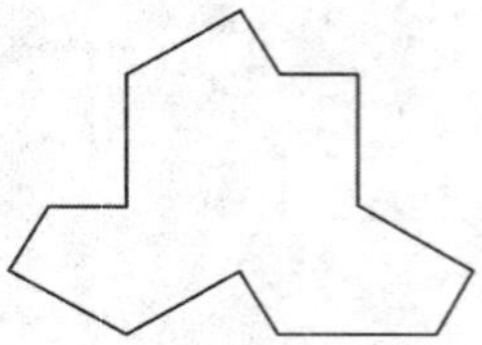

(2)

第9题图

10. A,B,C,D,E五位同学一起去旅行,巧合的是,他们戴了五种不同颜色的帽子。

戴白帽子的同学和A,E一起策划了这次旅行;

戴白帽子和黑帽子的两位同学都比D矮;

戴白帽子的同学和B是同桌;

戴黄帽子和红帽子的两位同学都比A矮;

只有戴白帽子、红帽子的两位同学还有E是同一所学校的学生;

戴蓝帽子和黄帽子的同学以及E都是女生。

A戴的是________色的帽子,B戴的是________色的帽子。

11. 143,378,490被★除得的余数分别为a,b,c,已知$a:b:c=1:2:6$,则★=________。

12. 数学是美丽的、有趣的、令人兴奋的。英国著名哲学家罗素说:“数学,不但拥有真理,而且有至高的美。”

在建筑中,我们能感受到数学的对称之美;在幻方中,我们能感受到数学的构造之美;在数学定理中,我们能感受到数学的简洁之美;在数学解题中,我们能感受到数学的思维之美……

请以“数学之美”为题,写一篇不少于200字的小作文。

2023年 春·广州悦教育高端班选拔考试

1 年级

思考笔记

一、填空题Ⅰ

1. 计算：53＋88＝________　　87－59＝________

2. 计算：465＋276＝________　　532－138＝________

3. 计算：24×3＝________　　23×58＝________

4. 计算：325＋399－199－137＋75－263＝________

二、填空题Ⅱ

5. 找规律填数：90，82，74，66，________，________。

6. 小朋友排队去春游，一共站了 24 人。悦悦排在从前往后数的第 13 个，木木排在从后往前数的第 16 个，那么从悦悦到木木一共有________人。

7. 飞飞有 50 元压岁钱，买了 2 个单价为 3 元 5 角的笔记本、3 支单价为 4 元的圆珠笔后，他还剩下________元。

8. 已知：△＝○＋○　　□＝♡＋♡＋♡　　○＋♡＝□＋□

那么：

△＝________个♡

9. 数一数，题图中共有________个三角形。

第 9 题图

三、填空题Ⅲ

10. 欢欢、乐乐和悦悦分别给图书馆捐了一些书。已知欢欢捐了 42 本，比乐乐少捐 8 本；悦悦捐的书正好是欢欢和乐乐两人捐书总数的一半多 2 本。这三个人一共给图书馆捐了________本书。

11. 陈老师将一些小球分给了悦悦、开开和心心，已知悦悦分到了 18 个。如果老师再分给心心 3 个小球，那么他的小球就会比悦悦多 2 个；如果开开将分到的小球给心心 4 个，那么他们两个人手中的小球就一样多。那么原来开开分到了________个小球。

12. 喜喜有 3 张 5 元的，5 张 2 元的和 8 张 1 元的人民币，需要向商店支付 15 元，如果不找钱，那么喜喜有________种不同的支付方式。

13. 乐乐一家五口打算开车出去踏青，家里只有一辆 5 个座位的车，前排 2 个座位，后排 3 个座位。家里只有爸爸和爷爷会开车，而且妈妈必须和乐乐坐在同一排，那么乐乐一家五口的座位分配情况共有________种。

14. 桌面上有 4 张卡片，上面分别写了数字 1、2、3、4，要把这 4 张卡片分给开开、心心、欢欢和乐乐。拿到卡片后，他们四个人都各说了一句话。

开开："我拿到的卡片上的数字不是最大的。"

心心："我拿到的卡片上的数字是 1。"

欢欢："我拿到的卡片上的数字是奇数。"

乐乐："我拿到的卡片上的数字是最小的。"

已知他们四个人中只有一个人说了假话，那么开开拿到的卡片上的数字是________。

四、解答题

15. 悦悦、木木和西西一共摘了 94 个苹果。木木摘了 2 天，每天摘 11 个。悦悦和西西摘的一样多，摘了 3 天。如果悦悦每天摘的苹果一样多，那么悦悦每天摘多少个苹果？

16. 把 14 颗糖果全部分给喜喜、悦悦和乐乐，每人至少分得 2 颗，且一定有人分到的糖果数量比喜喜分到的多。请问一共有多少种不同的分法？

2年级

思考笔记

一、填空题Ⅰ

1. 计算：43×5=________　　87÷3=________

2. 计算：432×12=________　　156÷13=________

3. 计算：125×4×46÷23×2023=________

4. 题图中乘法竖式谜的乘积是________。

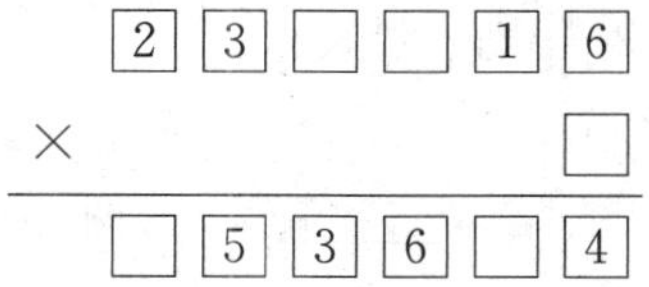

第 4 题图

二、填空题Ⅱ

5. 妈妈要求悦悦每周都写一些数学计算题，第一周写 200 道题，第二周写 189 道，第三周写 178 道，照这样的规律下去，第十周他要写________道题。

6. 小蜗牛从井底往井口爬，它每天会向上爬 3 米，晚上休息时会向下滑 1 米。终于在第 12 天时爬到了井口，并且这一天只向上爬了 2 米。那么井深________米。

7. 森林里来了一些三脚猫和四脚兽，数一数发现三脚猫和四脚兽共有 23 只，共有 77 条腿，那么这些三脚猫比四脚兽多________只。

8. 飞飞家有两个鱼缸，其中一个鱼缸里养了 3 条小红鱼和 2 条小黄鱼，每天总共要吃 14 克鱼食，另一个鱼缸里养了 2 条小红鱼和 3 条小黄鱼，每天总共要吃 16 克鱼食，如果每种颜色的小鱼每天吃的鱼食一样多，那么 1 条小红鱼一天要吃________克鱼食。

9. 老师让悦悦将"1、9、6、3、0、3、0、5"这 8 个数字按顺序重复地写在纸上。如果悦悦写到第 31 个 3 的时候就不写了，那么他一共写下了________个数字。

三、填空题Ⅲ

10. 二年级(1)班共有 32 人，他们每人都至少去过北京、上海、广州这三个城市中的一个。去过北京的有 13 人，去过上海的有 15 人，去过广州的有 19 人，三个地方都去过的有 3 人，那么只去过两个地方的有________人。

11. 陈老师给小朋友们发糖果，一开始她想给每人发 10 颗，那就会多出 53 颗；后来陈老师决定给每人再多发 2 颗，可是这时又来了 3 个小朋友，陈老师还需要再买 15 颗糖果才能刚好发完。那么原来有________个小朋友。

12. 题图所示的大长方形，是由三个相同的正方形和两个相同的长方形拼成的。已知小长方形的长是宽的 3 倍，大长方形周长为 162 厘米，那么一个正方形的周长为________厘米。

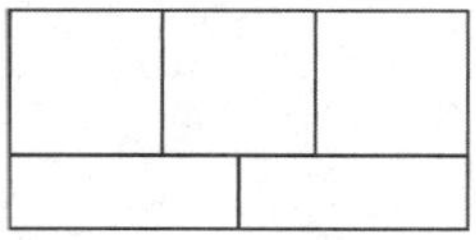

第 12 题图

13. 某年级参加兴趣小组的人总共有 283 人，如果参加绘画的 15 人改参加音乐，则参加绘画的人数刚好是参加音乐的 3 倍；如果参加篮球的 15 人改参加音乐，则参加篮球的比参加绘画的多 43 人。那么参加篮球的有________人。

14. 用数字 1～6 组成 3 个两位数，将这 3 个两位数分给甲、乙、丙各 1 个。

甲说：我的两位数可能是最大的但未必是最大的，但一定不是最小的。

乙说：我知道甲的数了，而且甲的数一定是最大的。

丙说：我知道你俩的数了，并且我的数没有数字 1。

若他们都是聪明且诚实的好孩子，那么甲的两位数是________；乙的两位数是________。

四、解答题

15. 三年前，张伯伯的年龄是悦悦年龄的 6 倍；三年后，张伯伯的年龄是悦悦年龄的 4 倍。那么多少年前张伯伯年龄是悦悦年龄的 10 倍？

16. 悦悦忘记了自己小柜子的密码，只记得该密码是由四个非零数码组成，且四个数码之和是 8，那么他至少要试多少次才能保证自己将密码打开？

3 年级

一、计算题

1. 计算：$2023\times67+2023-68\times1023=$________。

2. 规定 $a\#b=2a+b$，$a*b=ab$，那么 $20*(2\#3)=$________。

3. 解方程：$8(2x+3)=12(x+7)-8$，$x=$________。

4. 在题图的加法竖式中，不同的汉字分别代表 0～9 中不同的数字，相同的汉字代表相同的数字。那么$\overline{\text{元宵快乐}}$代表的四位数最大是________。

```
          元
       宵 宵
 +  元 宵 快
-------------
 狂 欢 欢 乐
```

第 4 题图

二、填空题Ⅰ

5. 商店里有三种口味的饮料，草莓味的一瓶 6 元，菠萝味的一瓶 3 元，苹果味的一瓶 1 元，悦悦把带来的 12 元全部用于买这三种饮料，共有________种不同的买法。

6. 观察数列：1，4，3，8，5，12，7，16，9，20，11，24，…，这个数列的前 40 个数的和是________。

7. 农场里养着鸡和兔共有 118 只，已知鸡的总腿数比兔的总腿数多 26 条，农场里有________只鸡，________只兔。

8. 悦悦把玩具放到盒子里，如果每个盒子放 6 个玩具，会剩下 4 个玩具；如果其中 2 个盒子各放 4 个玩具，其余每个盒子放 8 个玩具，正好会空出一个盒子。悦悦一共有________个盒子，________个玩具。

9. 黑板上写着 1，2，3，4，…，2023 各一个。小悦每次擦去两个奇偶性相同的数，再写上它们的平均数。最后当黑板上只剩下一个自然数时，这个数最大可能是________，最小可能是________。

三、填空题Ⅱ

10. 将一个数的各位数字倒序后所得的数称为原数的倒序数，例如 23 的倒序数是 32。已知一个二位数的倒序数仍然是二位数，且这个二位数和它的倒序数的和的各位数字都是奇数（如：23＋32＝55，55 的各位数字都是奇数），这样的二位数有________个。

11. 如题图所示，将等腰 Rt$\triangle ABC$ 分成两个等腰 Rt$\triangle$ 以及一个梯形，已知 $DE=15$，$\triangle BDF$ 的面积是 8，梯形 $DECF$ 的面积是________。

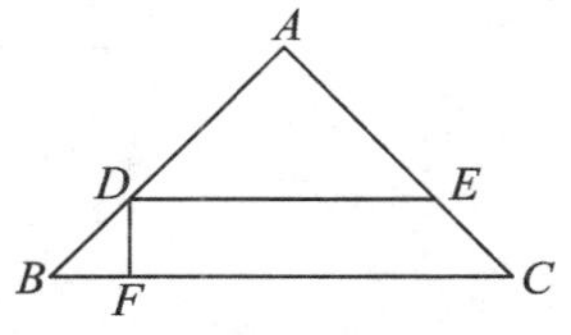

第 11 题图

12. 一个八位数□□2023□□分别是 7、9、11、25 的倍数，这个八位数最大是________。

13. 某班同学去春游，便利店里有 2 元和 3 元的饮品，已知每人至少买了一瓶，且每人购买饮品的总金额都不超过 10 元。悦悦老师思考一阵后说到：同学们中至少有 4 人购买的饮品数量完全相同。该班至少有________位同学。

14. 喜姐写了一个 500 至 550 之间的数。

甲说："它的个位为百位与十位数字之和，它是一个偶数。"

乙说："组成它的三个数字都是奇数，它是一个奇数。"

丙说："组成它的三个数字互不相同，组成它的每个数字都可以写成两个不同的非零自然数相加。"

喜姐检查后发现，每位同学恰好说对了一句也说错了一句，这个三位数是________。

四、解答题

15. 甲、乙、丙三人共有 2022 颗珠子，已知乙的珠子数量是甲和丙珠子数量之和的一半，如果甲给乙 3 颗珠子，甲乙的珠子数量就一样多了。请问三人分别有多少颗珠子？

16. 小于 5000 的数中，分别能被 5、9 整除，且至少有两个数位上的数字相同的数有多少个？（例如 2025）

4年级

思考笔记

一、计算题

1. 计算：4.04÷2＋2023－1.02＝________。

2. 计算：2.023×1100＋20.23×990－2023＝________。

3. 定义符号“＃”：$a＃b＝ab＋a－b$，已知：□＃(5＃4)＝45，请问□＝________。

4. 把题图算式补充完整，那么算式的结果是________。

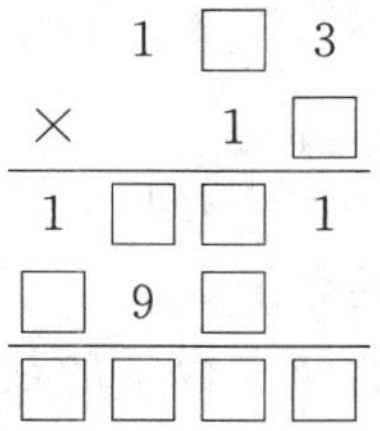

第 4 题图

二、填空题Ⅰ

5. 甲乙二人原有的钱数之比为 4∶3，后来甲丢了 70 元又捡回来了 10 元，乙捡了 60 元，这时甲、乙钱数之比为 2∶3，那么现在乙有________元。

6. 三个不同的质数平方之和是 558，这三个质数之和是________。

7. 如题图所示，取大正方形各边中点连接，最小三角形的面积为 5。那么大正方形的边长为________。

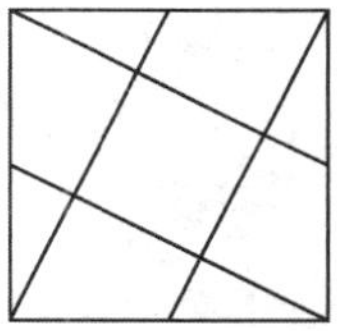

第 7 题图

8. 某工人加工一批机器零件，第一天完成任务的$\frac{1}{5}$，第二天完成了剩下部分的$\frac{1}{3}$，第二天比第一天多完成 60 个。那么这批零件共有________个。

9. 在一个等腰梯形中，已知上底＝14，下底＝26，腰＝10，这个梯形的面积是________。

三、填空题Ⅱ

10. 7 个互不相同的正整数和为 200，那么最小数的最小值与最大数的最小值的差为________。

11. 如题图所示，一个直角三角形的两条直角边分别为 16 厘米和 24 厘米，在这个三角形内画一个正方形，其中的一个顶点在直角三角形的斜边上。那么这个正方形的边长是________厘米。

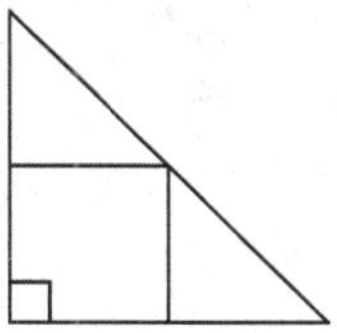

第 11 题图

12. 若一个由五个互不相同的数字组成的五位数能被 35 整除，那么这个数最小是________。

13. 甲乙二人在相距 120 米的道路上来回跑步，甲的速度是 6 米/秒，乙的速度是 5 米/秒。如果他们分别从道路两端同时出发，10 分钟内共迎面相遇________次。

14. 将 1～6 组成 3 个两位数(每个数字用一次，6 不能当 9 用)分别给甲乙丙各一个，他们只能看到自己手里的两位数，依次发生如下对话：

甲说：我手里两位数的数字和的平方可能是你们中某人的数。

乙说：我们三人的数的数字和从小到大可能为等差数列，但不能肯定一定是等差数列。

丙说：我手里的两位数可能是最大的，也有可能是最小的。并且如果我能知道我的数是最小或者最大的前提下，我就能知道他俩的数了。

喜姐检查后发现，丙的数是最大的，并且丙的两位数的两个数字的数字和与数字差(大减小)都是质数，那么甲、乙、丙的数依次为________，________，________。

四、解答题

15. 小悦、小喜、小乐三人走在学校到图书馆的道路上，小悦每分钟走 40 米，小喜每分钟走 45 米，小乐每分钟走 50 米，如果三人同时出发，小悦和小喜从学校出发去图书馆，小乐从图书馆回到学校，则小乐与小喜相遇后，又经过 6 分钟与小悦相遇。那么学校与图书馆之间的路程有多少米？

16. 辩论队共有 6 名男生和 4 名女生，现在要选 4 人参加比赛，其中有两名男生最多入选一人，还有两名女生至少入选一人，不能全是男生或者女生，共有多少种不同的选法？

5年级

一、计算题

1. 计算：$25\times\left(\frac{43}{100}+3.91\div23\right)=$________。

2. 计算：$2023+\frac{1}{51}+\frac{8}{3\times5}+\frac{16}{7\times9}+\cdots+\frac{96}{47\times49}-\frac{4}{1\times3}-\frac{12}{5\times7}-\cdots-\frac{100}{49\times51}=$________。

3. $5x-7=9\{x\}$，那么$[x]$的值是________。

4. 在下面的算式中，相同的汉字代表相同的数字，不同的汉字代表不同的数字，其中"一"为 2，$\overline{\text{一花一果}}$为 5 的倍数，且有 15 个因数，那么$\overline{\text{果花清香}}=$________。

$$\overline{\text{一一果}}\times\text{树}=\overline{\text{一花一果}}=\overline{\text{一果}}\times\overline{\text{清香}}$$

二、填空题Ⅰ

5. 乐乐家到图书馆共 7200 米，他早上 8:00 从家出发去图书馆，到达图书馆时，还没到 9:00，此时钟表的数字 8 正好在时针和分针的正中央，乐乐的速度是________米/分。

6. 袋子里有 9 个红球，3 个白球，每次只能摸 1 个，且摸出后不放回。飞飞从袋子里摸出 2 个球，2 个球同色的概率是________(最简分数)。

7. 司机 7:00 从学校出发，到李老师家接李老师，往返共 1 小时。第 2 天，李老师 7:00 从家里出发，在路上碰到司机，司机接到李老师后立刻前往学校，这时提早 10 分钟到；第 3 天，李老师 7:00 从家里出发，6 分钟后发现没拿课本，于是原路返回拿上课本再次出发，在路上碰到司机，司机接到李老师后立刻前往学校，这时提早________分钟到。

8. 将 10 个足球队分成 3 组，每组至少 2 个球队。每组内部进行单循环比赛，最多进行________场比赛。

9. 如题图所示，底面一样大的大圆柱与圆锥，底面半径都为 6 厘米。在大圆柱中挖去一个棱长为 4 厘米的正方体，并以正方体下底面中最大的圆为底面，向下挖去一个高为 6 厘米的圆柱。这个立体图形的表面积是________平方厘米。(π 取 3)

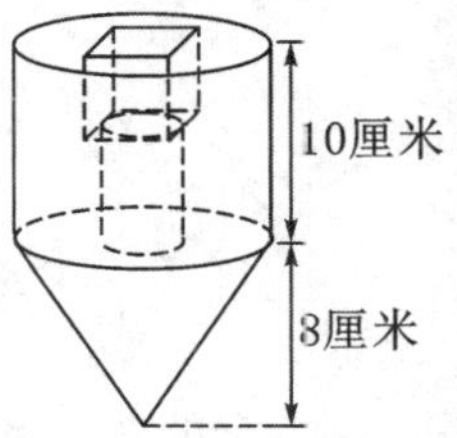

第 9 题图

三、填空题Ⅱ

10. 将 1 至 12 这 12 个数放入题图 4×3 的网格中，其中任意相邻的两个自然数所在的位置为一个 2×3 的长方形的对角上(比如 2 可以填在 A 或 B 位置)，其中 1、4、8 已经填出。那么 A,B,C 三个位置的数之和是________。

	A		8
		B	
1	4		C

第 10 题图

11. 若 $A=(2^1+3)\times(2^2+5)\times(2^3+7)\times(2^4+9)\times(2^5+3)\times(2^6+5)\times\cdots\cdots\times(2^{2023}+7)\times(2^{2024}+9)$，那么 A 的末三位是________。

12. 若最简分数 $\frac{3}{m}=\frac{1}{a}+\frac{1}{b}$（$a$，$b$ 为自然数且 $a<b$），有 3 种拆分方式，那么 m 的最小值为________。

13. 题图面积为 2024 的长方形 $ABCD$ 中，$AG : GH=BE : EC=DF : FC=1 : 2$，阴影三角形的面积是________。

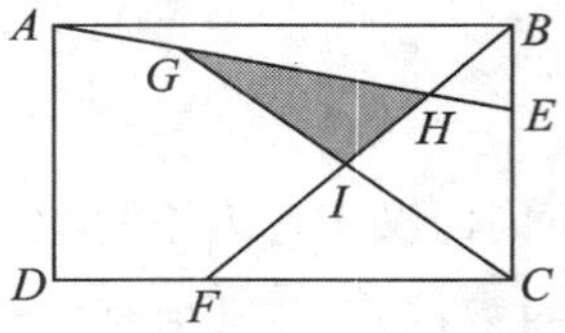

第 13 题图

14. 将 1 至 6 组成 3 个两位数（每个数字用一次，6 不能当 9 用）分别给甲乙丙各一个，他们只能看到自己手里的两位数，依次发生如下对话：

甲说：我的两个数字的因数个数之和恰为其中的一个数字。

乙说：我的两位数是最大的，并且它的两个数字之差（大减小）不是质数。

丙说：唉，我的数居然是最小的。

若他们都是聪明且诚实的好孩子，丙的数取得最大可能值时，乙的数是________，丙的数是________。

四、解答题

15. 欢欢和乐乐同时从 A 地出发去 C 地，当欢欢来到 AC 之间的 B 地时，立刻调头返回，与乐乐迎面相遇。之后，欢欢即刻调头去 C 地，当他到达 C 地时，乐乐刚好来到 B 地。欢欢从 C 地返回时，再次与前往 C 地的乐乐迎面相遇。已知欢欢、乐乐的速度之比为 5 : 3，欢欢在第二次相遇过程中走了 1000 米（从第 1 次相遇点→C 地→第 2 次相遇点），求 AC 全程是多少米？

16. 有一类数，它是 11 的倍数，它的各个数位数字和比 11 大但比 16 小，这样的数在小于 2222 的自然数中有多少个？

6年级

思考笔记

一、计算题

1. $\left(\frac{6}{13}\times\frac{2}{3}+\frac{5}{7}\div\frac{13}{6}-\frac{1}{13}\times\frac{6}{7}\right)\times 21=$________。

2. 若 a,b 均为偶数且 $a>b$，定义：

$a\otimes b=a(a+1)(a-2)(a+3)(a-4)\cdots(a+b-1)(a-b)$。若 $\frac{6\otimes 4}{x\otimes 2}=7$，那么 $x=$________。

3. 令 $S=\cfrac{1}{1-\frac{1}{2}+\frac{1}{3}-\frac{1}{4}+\cdots+\frac{1}{21}-\frac{1}{22}}$，那么 S 的整数部分是________。

4. 已知 $\overline{AAA}\times\overline{BBB}=\overline{AACCCA}$，那么 $A+B=$________。

二、填空题Ⅰ

5. 现在有三种合金A、B、C，合金A中铜、铁质量比为1∶2，合金B中铜、锌质量比为2∶3，合金C中锌、铁质量比为1∶1。现将三种合金熔炼在一起，新的合金中铜、铁、锌的质量比为1∶2∶3，那么三种合金的质量比为________。

6. 一项工程由甲、乙两队一起合作需要 $8\frac{1}{5}$ 天。现在按照甲工作一天，乙再工作一天，重复下去恰好整数天完成；若按照乙工作一天，甲再工作一天，如此重复下去，那么需要________天完成整个工程。

7. $10^{2024}\times 7^{2023}\div 5^{1012}$ 除以9的余数________。

8. 如题图所示，已知 $BC=5$，$AC=8$，$CE=2BC$，$ED=AC$，$ED\perp AD$，$EC\perp BC$，那么，四边形 $ABED$ 的面积为________。

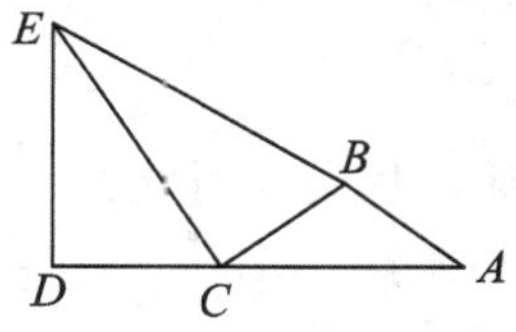

第8题图

9. 有一个数码时钟，以 $hh:mm:ss$ 显示时间（头二位数码 hh 显示"时"，中间二位数码 mm 显示"分"，末二位数码 ss 显示"秒"），它是以24小时方式计时。题图为该时钟显示的一个例子：

07:32:54

第9题图

在某些时刻，时钟会形成形如 $ab:ca:bc$（a、b、c 互不相同）的时刻，例如12∶31∶23；那么24小时内，有________个这样的时刻。

三、填空题Ⅱ

10. 1至23中至少取出________个数，才能使得取出的数中必有两数之和为立方数。

11. 若一个数的因数中，平方数有 a 个；这个数的6倍的所有的因数中，平方数的个数为 $a+6$ 个。这个数最小是________。

12. 题图中，$BF:FC=1:4$，$CD:DA=1:3$，$AG:GF=1:2$。$AE:EB=$________。

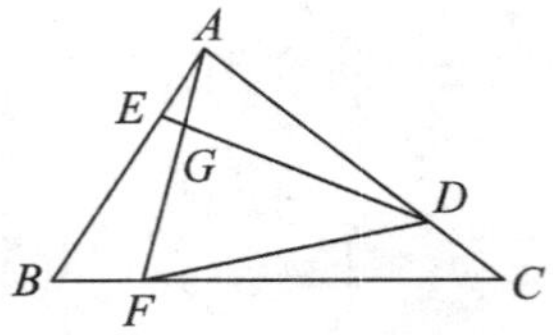

第 12 题图

13. 将 1～135 这 135 个数从左到右写在黑板上，并按照如下规律操作：将最前面 5 个数擦去，并在最后面写上这 5 个数的和；将最前面 4 个数擦去，并在最后面写上这 4 个数的和；将最前面 3 个数擦去，并在最后面写上这 3 个数的和；将最前面 2 个数擦去，并在最后面写上这 2 个数的和；将最前面 1 个数擦去，并在最后面写上这个数；将最前面 5 个数擦去，并在最后面写上这 5 个数的和；将最前面 4 个数擦去，并在最后面写上这 4 个数的和；……一直到不能操作为止。所有出现过的数的和是________。

14. 将 1～6 组成 3 个两位数（每个数字用一次，6 不能当 9 用）分别给甲、乙、丙各一个，他们只能看到自己手里的两位数，依次发生如下对话。

甲说："我手里的两位数可以拆分为两个平方数的和。"

乙说："我与甲的数之和可能是一个平方数，而且我的数可能不是最小的。"

丙说："我知道我们三人的数了，并且我们三人的数的数字和从小到大为等差数列。"

甲说："我还是不知道丙的数。"

乙说："你俩的数我都不知道。"

若他们都是聪明且诚实的好孩子，乙的数是________。

四、解答题

15. 有甲、乙、丙三辆小车，开始时，甲、乙从 A 地，丙从 B 地同时相向出发，乙与其他车辆相遇时，立即调转方向，并且速度变为原来的一半。当乙与丙第 2 次相遇时，甲刚好也与丙相遇。并且刚好位于前两次相遇点的正中间，此时甲离 B 地 20 千米，那么 A、B 两地相距多少千米？

16. 悦悦小学举办数学比赛，六年级一共有 20 个名额，要把这 20 个名额分配给一、二、三、四 4 个班级。每个班至少有 1 个名额，且有些班级只有 4 个名额。有多少种不同的额分配方法？

2023年 秋·广州悦教育高端班选拔考试

1年级

思考笔记

一、填空题Ⅰ

1. 计算。

(1)13＋16＝________　　　(2)24＋32＝________

2. 计算。

(1)17＋14＝________　　　(2)36＋47＝________

3. 在题图的方框内填上合适的数字，使竖式成立。

```
      2  □
 +    □  4
 ─────────
   □  2  1
```

第 3 题图

二、填空题Ⅱ

4. 找规律填数：1，3，4，7，11，18，________，________。

5. 小新在做一道加法算式时，将算式中一个加数的两个数字写反了，写成了 25，得到的结果是 32，那么正确的结果是________。

6. 如图所示，填一填。

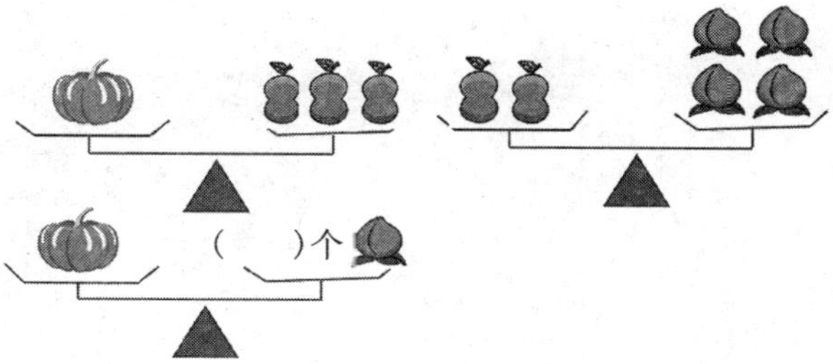

第 6 题图

7. 数一数题图中有________个三角形。

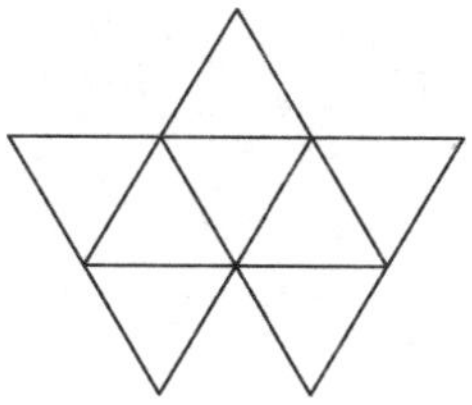

第 7 题图

第 8 题图

三、填空题Ⅲ

8. 文文从镜子里看到钟表的时间如题图所示，又过了 18 分钟，那么，现在的实际时间是________时________分。

9. 用尽 15 根火柴棒摆电子数字，能摆出的最大的四位数是________。

10. 动画片《猫和老鼠》里的小老鼠名叫杰瑞，小猫名叫汤姆，还有一只叫斯派克的小狗。已知 1 只斯派克的质量相当于 2 只汤姆 1 只杰瑞的质量之和，而 1 只汤姆的质量相当于 6 只杰瑞的质量。那么 1 只斯派克的质量相当于________只杰瑞的质量。

11. 悦悦和哥哥吃早餐时，发生了下面的对话。

悦悦："哥哥，我今年 6 岁了，能告诉我你今年多少岁吗？"

哥哥："可以，不过你要根据我的话猜一猜。当我像你这么大的时候你才 1 岁。"

请帮悦悦猜一猜，哥哥今年________岁。

四、解答题

12. 同学们献爱心，平平捐款 25 元，如果安安再捐 6 元就和平平捐得一样多，年年捐的比他们两人的总和还多 5 元。他们三人一共捐款多少元？

13. 桌上放了 4 张写有数字的卡片，如题图所示。悦悦想从中抽出 3 张卡片组成一个三位偶数，能组成多少个不同的三位偶数？（其中 9 不能变成 6）

0	5	8	9

第 13 题图

2年级

思考笔记

一、填空题Ⅰ

1. 计算:(1)8×3=________;　　(2)24×6=________。

2. 计算:(1)45÷5=________;　　(2)75÷3=________。

3. 计算:2023×25+2023×55+2023×20=________。

二、填空题Ⅱ

4. 开开每天都会上山摘一些果子,某个星期里,他前 3 天每天都摘 16 个果子,后 4 天一共摘了 99 个果子,那么,这个星期开开平均每天摘________个果子。

5. 欢欢某天拿着一些糖果去逛街,他遇到第一家糖果店的时候,吃了手里的糖果的一半又买了 12 个,他遇到第二家糖果店的时候,又吃了手中的糖果的一半又买了 6 个,这时欢欢还有 14 颗糖果,那么欢欢原来有________颗糖果。

6. 个位数字比十位数字大且小于 40 的两位数有________个。

7. 在一条笔直的马路的一侧每隔 7 米种 1 棵柳树,总共种了 91 棵,两端都种,那么这条马路长________米。

三、填空题Ⅲ

8. 农场里的 8 只鸡 1 小时能吃 2 斤(1 斤=0.5 千克)饲料,按照这样的进食速度,4 只鸡 5 小时能吃________斤饲料。

9. 心心和乐乐分别有一些钱,数了数两人一共有 120 元,心心花了 20 元,乐乐花了 10 元,这时心心剩余的钱是乐乐剩余的钱的 2 倍,那么原来心心有________元钱。

10. 国王有 100 个儿子,在国王临终之际,决定分给每一位儿子一些金瓜子,给第一个儿子 5 个金瓜子,给第二个儿子 8 个金瓜子,给第三个儿子 11 个金瓜子,给第四个儿子 14 个金瓜子……按照这样的规律分下去,国王第 100 个儿子能够分到________个金瓜子。

11. 将 1~6 这 6 个数字分给甲、乙、丙每人两个组成一个两位数,每个人只知道自己的数字,依次发生如下对话。

甲说:“我的数可能是最大的但未必是最大的,交换十位与个位得到的两位数可能是最小的但未必是最小的。”

乙说:“我知道我们三个的大小了,甲的数是最大的,丙的数最小。”

若他们都是聪明且诚实的好孩子,那么乙手里的两位数是________。

四、解答题

12. 甲、乙、丙三人玩魔方,1 个小时的时间里甲还原的魔方数量是乙的 2 倍,丙还原的魔方数量是甲的 3 倍多 1,三人一共还原了 64 个魔方,那么请问甲还原了多少个魔方?

13. 用题图的卡片（各一张）组数，可以不全用完，能组成多少个不大于1000的数？

0	3	4	6

第13题图

3年级

一、计算题

1. $7.76+4.8\div4\times0.2=$________。

2. 已知☆、△、□分别代表一个自然数，☆＋△＝42，☆＋□＝51，△＋□＝55，那么☆＝________。

3. 对于自然数 a、b，规定：$a*b=ab$，$a\#b=2a-3b$，那么 $20\#(2*3)=$________。

4. 在题图所示的加法竖式中，不同的文字代表 1 至 9 中 8 个不同数字，相同文字代表相同数字，那么“好＋心＋情＋乐＋开＋怀”的结果的最小值是________。

		好	乐
	笑	心	开
＋	笑	情	怀
哈	笑	哈	哈

第 4 题图

二、填空题Ⅰ

5. 一个等差数列的前 9 项和是 189，前 13 项和是 455，这个等差数列的公差是________。

6. 某校 625 名同学排成一个实心方阵，这个实心方阵最外层有________人。

7. 开心农场里鸡和兔共有 142 条腿，且鸡比兔多 8 只，那么鸡有________只。

8. 如题图所示，正方形 $ABCD$ 的边长为 10 厘米，正方形 $CEFG$ 的边长为 8 厘米，阴影四边形 $BCFD$ 的面积是________平方厘米。

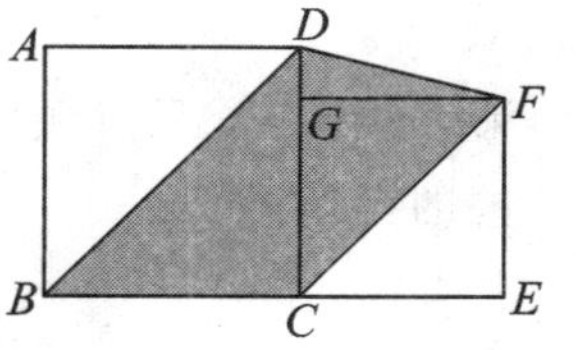

第 8 题图

9. 一个长方体切成两个一样的正方体后，表面积增加了 18 平方厘米，原来长方体的体积是________立方厘米。

三、填空题Ⅱ

10. 如题图所示，在一个长方形花园里，沿着两个边长为 4 米的正方形花坛修建一条宽 1 米的小路(阴影部分)，这条小路的周长是________米。

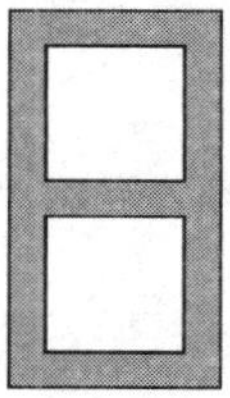

第 10 题图

11. 大悦和小悦各有一些糖果，大悦的糖果比小悦多，每次由糖多的人给糖少的人一些糖，使其糖数增加 1 倍，经过 2023 次操作后，大悦有 17 颗糖果，小悦有 4 颗糖果，最开始的时候大悦有________颗糖果。

12. 在某进制下有 $14\times3=44$，那么，该进制下的 201 表示的是十进制下的________。

13. 小龟和小兔分别从 A、B 两地同时出发，相向而行，已知 AB 两地相距 430 米，小龟每分钟爬 1 米，小兔每分钟走 20 米，且相遇前小兔在中途睡了 10 分钟，小龟爬________分钟时龟兔在途中相遇。

14. 将 1～6 组成 3 个两位数（每个数字用一次，6 不能当 9 用）分别给甲、乙、丙各一个，他们只能看到自己手里的两位数，依次发生如下对话。

甲说："我的数可能比你俩的和还大。"

乙说："虽然我的数没有甲的大，但是我的数的数字和不比甲的数字和小。"

丙说："我的两位数不是最小的。"

若他们都是聪明且诚实的好孩子，三人的数分别是________，________，________。

四、解答题

15. 妈妈拿来 29 袋糖果分给开开、心心、悦悦，每袋糖果都有 5 颗。其中开开比心心多 2 袋，悦悦吃掉 3 颗后，他的糖果数量就比开开的 3 倍多 2 颗。三人各有多少袋糖果？

16. 黄、绿、蓝、紫四种不同颜色的小球各有 2、2、3、3 颗，这些小球只有颜色不同，从中任意取出 3 颗小球排成一排，共有多少种不同的排列情况？

4年级

思考笔记

一、计算题

1. 计算：$0.9+1.3\times7=$________。

2. 计算：$\frac{21}{11}+\frac{9}{13}-\frac{1}{9}-\frac{10}{11}-\frac{8}{9}+\frac{4}{13}=$________。

3. 如题图所示数表，第17行第5列的数是________。

	1	2	3	4	5
6	7	8	9	10	
	11	12	13	14	15
16	17	18	19	20	
…	…	…	…	…	…

第3题图

4. 请把题图算式补充完整，那么算式的结果是________。

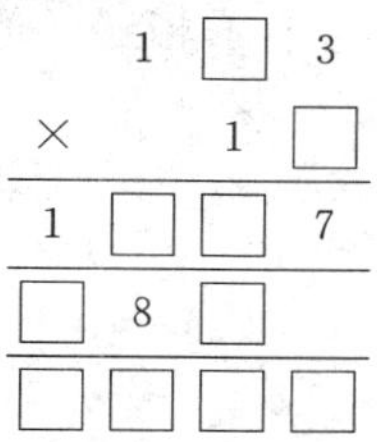

第4题图

二、填空题Ⅰ

5. 四年级(1)班男女生比例为3∶4，现从其他班调入22名男生，男女生比例变为5∶3，那么原来四年级(1)班共有________人。

6. 用1～7这7个数字组成若干个质数，每个数字都恰好用一次，这些质数的和最小是________。

7. 园中有鸡和兔若干只，共有腿144条，已知鸡的数量比兔的数量少3只，那么园中共有鸡和兔________只。

8. 有一些正整数的平均数为17，去掉41后的平均数是15。这些数原有________个。

9. 一个长方体的棱长的总和是96厘米，并且它的长是宽的2倍，高与宽相等，那么这个长方体的表面积是________平方厘米。

三、填空题Ⅱ

10. 在523后面写出三个数字，使所得的六位数能被7、8、9整除。那么这个六位数最大为________。

11. $188^{188}+18^{18}-8^{8}$ 的结果除以11的余数是________。

12. 有7个同学排成一排照相，其中喜喜和悦悦必须站在一起，而欢欢和乐乐闹矛盾了，不能相邻，那么一共有________种排队的方法。

13. 有2只黑色袜子、3只白色袜子、10只红色袜子、15只黄色袜子，混杂地放在一起，黑暗中想从这些袜子中取出颜色相同的两双袜子(两只袜子则为一双，不分左右)。至少要取________只才能保证达到要求。

14. 喜姐写了一个 600 至 650 之间由互不相同的三个非零数字组成的三位数,甲、乙、丙、丁分别作出如下猜测。

甲:“这个数加 1 后的三位数的三个数字从小到大为等差数列;这个数加 2 后的三位数的三个数字从小到大为等差数列。”

乙:“这个数加 3 后得到的三位数前两位顺次组成的两位数是偶数,这个数加 4 后得到的三位数后两位顺次组成的两位数为偶数。”

丙:“这个数加 5 后得到的三位数的三个数字从小到大为等差数列,这个数加上 6 组成的三位数是偶数。”

丁:“这个数加 7 后得到的三位数中有重复数字,这个数加 8 后得到的三位数的末两位数字相同。”

若每人恰好说对了一句也说错一句。那么,这个三位数是________。

四、解答题

15. 小喜的步行速度是 5 千米/时,小悦的步行速度是 6 千米/时,他们两人从甲地到乙地去。小乐骑自行车的速度是 10 千米/时,从乙地到甲地去。他们 3 人同时出发,在小悦与小乐相遇 30 分钟后,小喜又与小乐相遇。问:甲、乙两地的距离为多少千米?

16. 用 0、1、2、3、4 中的某两个数字各 3 次组成一个六位偶数,请问一共能组成多少个满足条件的六位偶数?

5年级

一、计算题

1. 计算$\frac{9}{17}\times1\frac{1}{16}+\frac{1}{2}-\frac{1}{16}=$________。

2. 计算$\frac{9}{1\times3}+\frac{9}{3\times5}+\frac{9}{5\times7}+\frac{9}{7\times9}=$________。

3. $A=\frac{2}{21}+\frac{2}{22}+\frac{2}{23}+\cdots\cdots+\frac{2}{39}+\frac{2}{40}$,那么$A$的整数部分是________。

4. 已知$\overline{AB}\times\overline{CB}=\overline{DDD}$,其中$A,B,C,D$互不相同,那么$A+B+C+D=$________。

二、填空题Ⅰ

5. 有一个两位数,它除以3余2,除以4余1,除以8余1,则这个数最大是________。

6. 已知有一杯浓度为30%的糖水溶液200克,悦悦觉得不够甜,他想喝浓度为50%的糖水,那么他需要再加入________克糖。

7. 如题图所示,以Rt△ABC的两条直角边向外作两个正方形,若$AC=5,BC=12$。那么△BEG的面积为________。

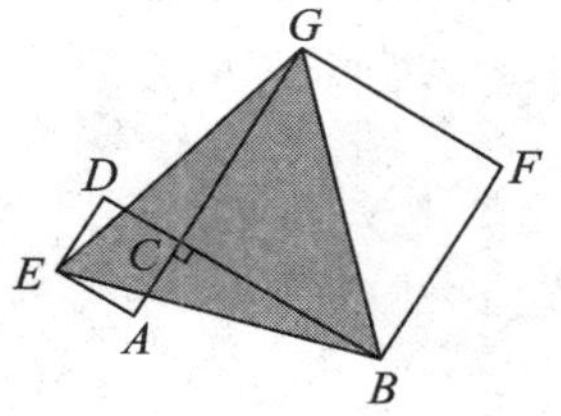

第7题图

8. 同时掷两个骰子(每个骰子六个面的点数为1至6),点数之和是质数的概率为________。

9. 已知现在时针和分针恰好关于钟面上的数字"11"对称,那么现在是3点________分。

三、填空题Ⅱ

10. $\overline{abcd}$由四个互不相同的非零数字组成,$\overline{ab}$是7的倍数,$\overline{bc}$是8的倍数,$\overline{cd}$是9的倍数。若$\overline{abcd}$恰是7、8、9中一个数的倍数,且最大的数字恰为其他三个数字之和。这个四位数是________。

11. 将和为2023的10个互不相同的非零自然数填入"2×5"的网格,使得每个"2×3"的网格中的六个数之和都相等,这个相等的和最大是________。

12. 仅用0、1、2三种数字(每种数字都要用)组成的平方数中,最小的是________。

13. 如题图所示,在面积为532的长方形$ABCD$中,E、F、G、H、J、K分

别是各边的三等分点，I 是 CD 的中点。那么，阴影部分的面积是________。

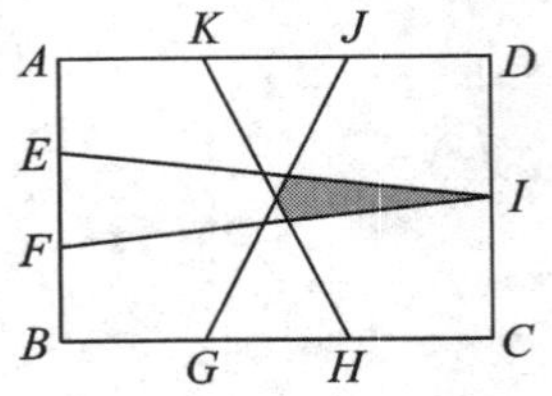

第 13 题图

14. 将 1～6 组成 3 个两位数(每个数字用一次，6 不能当 9 用)分别给甲、乙、丙各一个，他们只能看到自己手里的两位数，依次发生如下对话。

甲说："我的数的因数个数的平方可能是你俩其中一人的数。"

乙说："虽然我不知道甲的数是多少，但是我能知道甲的因数个数。"

丙说："我知道甲的数了，我的数是个质数。"

若他们都是聪明且诚实的好孩子，那么甲、丙的数分别是________、________。

四、解答题

15. 已知 A、B 两地相距 280 千米，悦悦和飞飞从 A、B 两地同时出发，相向而行。已知悦悦和飞飞的速度比是 4∶3。两人在 C 地相遇后，悦悦的速度提高 60%，飞飞的速度降低 20%。那么当悦悦到达 B 地的时候，飞飞距离 A 地还有多少千米？

16. 从 1～32 这 32 个数中，任意选出 3 个不同的数。要使这 3 个数的和为 6 的倍数，则一共有多少种不同的选法？

6年级

思考笔记

一、计算题

1. 计算：$6.25\times0.38+0.625\times8.3-2.1\times\frac{5}{8}=$________。

2. 计算：$1+(1+2)+(1+2+3)+\cdots+(1+2+3+\cdots+99)=$________。

3. 令 $N=50\times\left(\frac{1}{11^2}+\frac{1}{13^2}+\frac{1}{15^2}+\cdots+\frac{1}{23^2}\right)$，那么 N 的整数部分是________。

4. $\overline{abcd}+\overline{dcba}=16225$，不同的字母代表不同的数字，两位数$\overline{ab}$是 9 的倍数，两位数$\overline{cd}$是 7 的倍数，那么四位数$\overline{abcd}=$________。

二、填空题Ⅰ

5. 有一根超级长的蜡烛，第 1 天点燃它的$\frac{1}{3}$，第 2 天又燃烧了 10 厘米。燃烧的部分和余下部分的比恰好为 2∶3。那么原来的蜡烛总共有________厘米。

6. 小悦文具店进行暑假促销活动。购买一支笔按原价，购买两支笔按原价的 80%。晚上小悦统计时发现，总共售出 50 支笔，每支笔的售价相当于原价的 88%。那么，按原价出售了________支笔。

7. 如题图所示，在 Rt△ABC 中，$AB=4$ 厘米，$BC=3$ 厘米，分别以 A、B、C 为圆心，半径 1 厘米作 3 个圆，那么阴影部分的面积是________平方厘米。（圆周率 $\pi=3.14$）

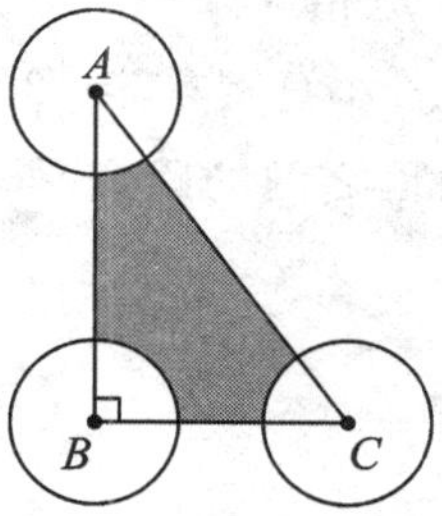

第 7 题图

8. 甲、乙、丙、丁、戊五人排成一队进行拍照，要求甲、乙两人相邻，甲、丙两人不相邻。那么一共有________种不同的排列方式。

9. 有两列同方向行驶的火车，快车每秒行 30 米，慢车每秒行 18 米。如果从两车头对齐开始算，则行 20 秒后快车超过慢车；如果从两车尾对齐开始算，则行 32 秒后快车超过慢车。如果两车相对行驶，两车从车头重叠起到车尾相离需要经过________秒。

三、填空题Ⅱ

10. 自然数 A、B 满足：$[A,B]=(A,B)\times(A-B)$，那么 $A+B$ 的最小值为________。

11. 仅由 1、2、3、4 四种数字（每个数字至少出现一次）组成的五位平方数，且这个五位数任意删去两个数字，余下的三个数字都（顺序不变）不会为等差数列，却存在一种删去方式使得余下的三个数字(顺序不变)为等比数列。这个五位数是________。

12. 如题图所示，在面积为 2025 的$\triangle ABC$中，D、E、F、G、H、I 分别是各边的三等分点，阴影部分的面积是________。

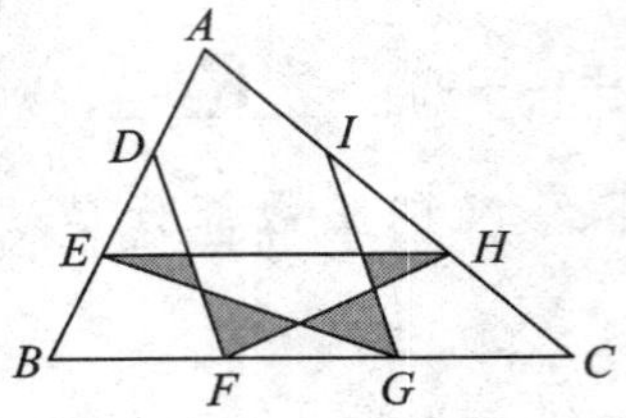

第 12 题图

13. 九宫格中填入 9 个和为 3202 且互不相同的非零自然数，若每个“2×2”的四个格子中的四个数之和都是 2023。那么中心格的数至少为________。

14. 喜姐将 1～6(各一个)组成三个两位数(6 不能当作 9 用)，并给甲乙丙每人一个，每人只能看到自己的数。若这三个数的因数个数从小到大为连续自然数。依次发生如下对话。

甲：“我不知道这三个数是多少。”

乙：“我也不知道这三个数是多少。”

丙：“我知道这三个数了，这三个数从小到大不为等差数列，且我的数既不是最大也不是最小的。”

若他们都是聪明且诚实的好孩子。那么，这三个数之和是________。

四、解答题

15. 小飞和小喜从 A、B 两地同时出发相向而行，在 C 地相遇。若小飞提前 10 分钟出发，小喜速度提高 20%，也会在 C 地相遇。若小喜提前走 1200 米，小飞速度提高 25%，也会在 C 地相遇。那么，B、C 两地之间的距离是多少米？

16. 至少含有两个连续 2 的六位数有多少个？

2023年 郑州平行线百子菁英计划数学选拔赛

3年级

思考笔记

一、填空题

1. 在一条路的一边从头到尾每隔 10 米装一盏路灯，已知一共装了 99 盏路灯，现在在相邻的两盏路灯之间的间隙放石子，第一个间隙放 3 个石子，第二个间隙放 4 个石子，第三个间隙放 5 个石子……问这条路上一共放了________个石子。

2. 8 个人 10 天修路 840 米，照这样算，20 人修 14700 米，要________天。

3. 有从左至右的五个袋子分别为 A、B、C、D、E。现在将 2 个相同的白球和 3 个相同的红球放入这 5 个袋子中，每个袋子只能放一个球，有________种不同的放法。

4. 小明拿了 3 个完全相同的骰子，每个骰子 6 个面上都写有数字 1～6，且对面 2 个数字之和都为 7。他把这 3 个骰子竖直对齐摆成一个三层骰子塔，这时，小红过来发现正对着他们的一面，3 个数字和为 24(小红并不知道骰子每个面数字的范围，且她十分确定自己看到的三个数字)。如果骰子塔的最上面数字是 3，请问没有露在表面的 5 个面数字和是________。

5. 在下列算式中，相同字母代表相同数字，不同字母代表不同数字，问：$\overline{ABCDEF}$是________。

$$\begin{array}{r} C\ B\ B\ A \\ +\quad D\ A\ B\ B \\ \hline E\ 5\ D\ F\ C \end{array}$$

6. 如题图，将长度为 7 的线段七等分，那么图中所有线段的长度的总和是________。

第 6 题图

7. 4 个小动物换座位。一开始，小鼠坐在第 1 号位子，小猴坐在第 2 号，小兔坐在第 3 号，小猫坐在第 4 号。之后它们不停地交换位子，第一次上下两排交换，第二次是在第一次交换后再左右两排交换，第三次对角线交换……这样一直换下去。问：第十次交换位子后，小兔坐在第________号位子上。(参看题图)

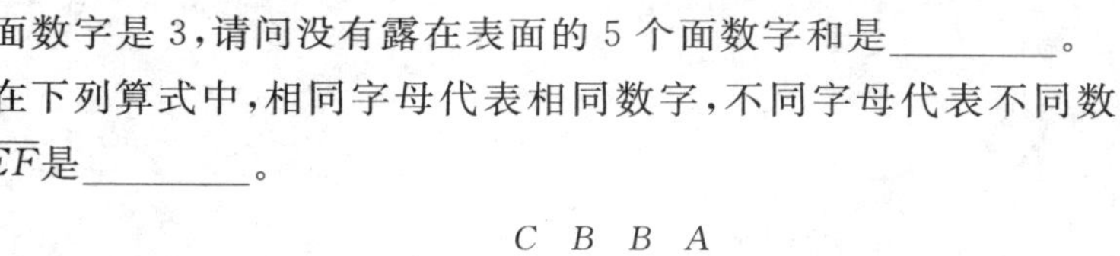

第 7 题图

8. 小明搭如题图所示的小正方体积木，观察发现：如果只搭一层，最多能看到 1 个小正方体；如果搭两层，最多能看到 7 个小正方体；如果搭三层，最多能看到 19 个小正方体。按照这样的规律，如果搭十层，最多能看到________个小正方体。

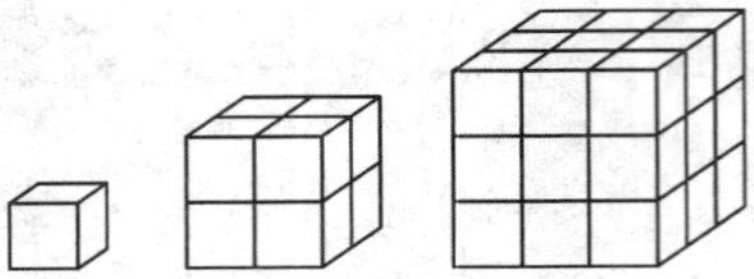

第 8 题图

9. 请你找一找，题图中仅包含两枚黑点的正方形有________个。

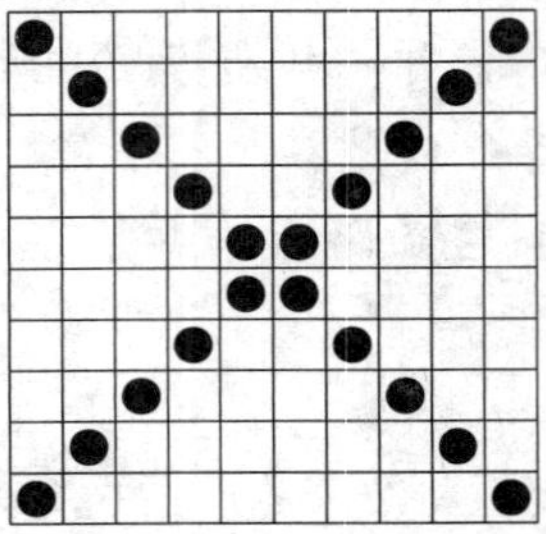

第 9 题图

10. 如题图，沿着“挑战智慧班”的顺序走（要求只能沿着水平或竖直方向走），一共有________种不同的走法。

挑
挑　战　挑
挑　战　智　战　挑
智　慧　智
班

第 10 题图

二、计算题

11. $100-99+98-97+96-95+94-93+93-92+91$。

12. $222\times17\div(51\times37)$。

13. $1\times15+2\times14+3\times13+4\times12+5\times11+6\times10$。

14. 200×199－199×198＋198×197－197×196＋196×195－195×194。

三、解答题

15. 一个等差数列，各项均为整数。已知这个等差数列前 99 项的和为偶数，前 201 项的和为奇数，则这个等差数列前 2021 项的和是奇数还是偶数？

16. 由数字 0，2，8（可重复使用）组成的非零自然数，如：22，8880，882200，按照从小到大排列，802 排在第几个？请你把不超过 802 的数都列出来。

17. A、B、C、D、E 5 个盒子中依次有 2029、2025、2028、2027、1 个小球，第一个同学找到放球最少的盒子，然后从其他盒子中各拿出 1 个小球放到这个盒子里，第二个同学找到放球最少的盒子，然后从其他盒子中各拿出 1 个小球放到这个盒子里……当第 1000 个同学放完后，5 个盒子中各有多少个小球？

4年级

一、填空题

1. 若干个连续自然数的乘积是 2730，问：这几个自然数是______________________。

2. 如题图，大正形格板是由 144 个 1 平方厘米的小正方形铺成，B、C 是两个格点。若请你在其它格点标出一点 A，使三角形 ABC 的面积恰等于 4 平方厘米，则这样的 A 点共有________个。

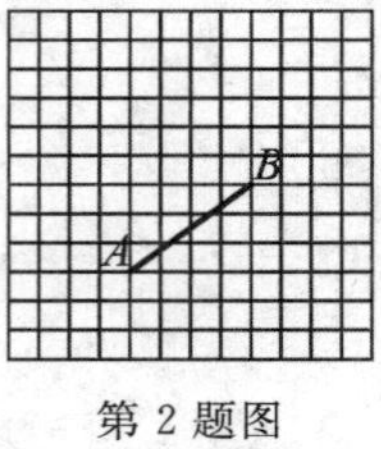

第 2 题图

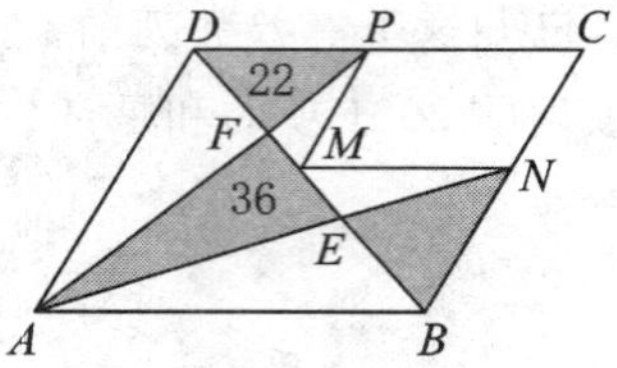

第 3 题图

3. 如题图，四边形 $ABCD$ 与四边形 $CNMP$ 都是平行四边形，已知 $S_{\triangle DFP}=22$，$S_{\triangle AEF}=36$，$S_{\triangle MEN}=4$，$\triangle AEB$ 的面积是________。

4. 一个长方形的长和宽都是整数。已知面积为 420 平方厘米，问：这个长方形周长的最小值是________。

5. 2023 年的某一天，老陈发现从今天起，连续四天的日期之和是一个奇数，问：这个奇数可能是________。（例：3 月 15 日至 3 月 18 日的日期之和为 66）

6. 解方程 $\overline{abcd}+\overline{abc}+\overline{ab}+a=2604$，$\overline{abcd}$是________。

7. 只使用数字 1，结合“加、减、乘、除、乘方”的运算可算出其他数，比如：$(1+1)^{11-1}=1024$（共计使用 5 个 1）。试用不超过 6 个 1 算出 37，请列式：______________________。

8. 有人设计了一个奇怪的钟表，长针每 45 分钟转一圈，长针每转 2 圈，短针走一格，一圈共有 8 格。0 点的时候，2 个指针同时指向正上方。请问在一天当中，长针和短针一共会重合________次。（一天只有一个 0 点）

9. 在下列算式中，相同字母代表相同数字，不同字母代表不同数字，问算式的计算结果是________。

$$\begin{array}{r} D\ C\ B\ A \\ +\ \ D\ D\ A\ B \\ \hline G\ F\ E\ D\ C \end{array}$$

10. 有八张卡片：[1]、[1]、[1]、[2]、[3]、[9]、[9]、[9]，从中任取 3 张可排列成三位数。若其中卡片[9]旋转后可看作[6]，则排成的偶数有________个。

二、计算题

11. $4.02\times16+3.3\times40.2+4.9\times20.2$。

12. $2023\times2022-2022\times2021+2021\times2020-2020\times2019+\cdots+3\times2-2\times1$。

13. $2.5(x+10)=3(x+3)+6$。

14. $\frac{x-4}{3}=\frac{x+3}{4}$。

三、解答题

15. 证明：任意一组勾股数中必有 3 的倍数。

16. 有一架两臂天平与 1，4，16，64，256，1024，4096 克的砝码各一个，秤重时砝码可以任放放在天平秤盘的两侧。现要称一个 3893 克的物品，当天平平衡时，请问与物品在同一秤盘上的砝码总重是多少克？

17. 在题图所示的数表中，1 所在的行称为第 0 行，上面的依次称为上 1 行、上 2 行……下面的行依次为下 1 行、下 2 行……同理 1 所在的列称为第 0 列，左边的依次为左 1 列、左 2 列……右边的列依次称为右 1 列、右 2 列……问：

(1)上 4 行、第 0 列的数是________。

(2)上 20 行、右 1 列的数是________。

(3)那么 2023 所在的行与列是多少？

			25	26			
		24	13	14	27		
	23	12	5	6	15	28	
22	11	4	1	2	7	16	29
	21	10	3	8	17	30	
		20	9	18	31		
			19	…			

第 17 题图

5年级

思考笔记

一、填空题

1. 600 的所有能被 3 整除的正因数之和为________。

2. 不定方程 $3x+5y=2023$ 有________组非负整数解。

3. 一个五位数，它的最高位能被 5 整除，前两位能被 6 整除，前三位能被 7 整除，前四位能被 8 整除，前五位能被 9 整除，这个五位数是________。

4. 在 2×2 的“田”字棋盘中。有一格内有一个电子蚂蚁，它每次可以从其中一格跑到其他任何一格，那么经过 4 次移动后，这个电子蚂蚁依然在一开始的格子中的概率是________。

5. 一个四位数是 18 的倍数，改变它的数字顺序得到新的四位数均是 18 的倍数，这样的四位数有________个。

6. 卫兵找到三个偷车轮的嫌疑人，杰克、克里斯、埃里克。三人争执不休，其中杰克说道：“偷车轮的是克里斯！”聪明的卫兵队长很快就找到了犯人。为了考验他的副官，队长没有指认窃贼，而是说：“奇怪，竟然只有窃贼没有撒谎。”那么是________偷走了车轮。

7. 只使用数字 1，结合“加、减、乘、除、乘方、阶乘”的运算可算出其他数，比如：$(1+1)^{11-1}=1024$（共计使用 5 个 1），$(1+1+1)!=6$（共计使用 3 个 1）。试用不超过 4 个 1 算出 120，请列式：________。

8. 将 30 个石子放入 A、B、C 三个盒子中，要求每个盒子内都要有石子且数量不同，有________种不同的分石子的方法。

9. 如题图，几何体由 14 个棱长为 1 厘米的小块堆放而成，这个几何体的表面积为________。

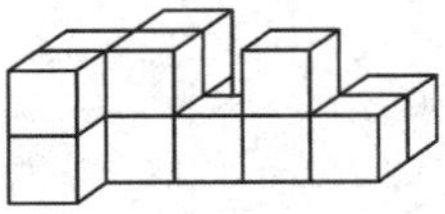

第 9 题图

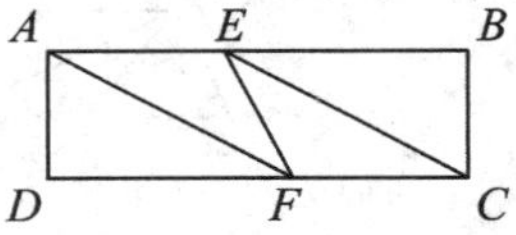

第 10 题图

10. 已知在题图矩形 $ABCD$ 中，$AB=12$，$AD=3$，E、F 分别是 AB 和 DC 上的点，则折线 $AFEC$ 长的最小值是________。

二、计算题

11. $8\frac{12}{13}\times\frac{2}{19}+\frac{7}{13}\times\frac{4}{19}+17\times\frac{10}{19}$。

12. $1\times2+2\times4+3\times8+\cdots+10\times1024$。

13. $\frac{2}{1\times2}+\frac{3}{1\times2+2\times3}+\frac{4}{1\times2+2\times3+3\times4}+\cdots+\frac{25}{1\times2+2\times3+\cdots+24\times25}$。

14. $1\frac{4}{17}\times\left(2\frac{2}{3}-\frac{3}{4}\right)-\frac{6\frac{6}{7}-3\frac{9}{13}}{3\frac{3}{7}-2\frac{2}{11}}\times\frac{13}{33}+\frac{17+\frac{11}{12}}{1-\frac{4}{21}}$。

三、解答题

15. 是否存在一个(1,3,5,7,9)的某种排列，使其恰好是一个完全平方数？若存在，请将这样的数列出；若不存在，请说明理由。

16. 如题图，在梯形 $ABCD$ 中，E 是下底 CD 的中点，$BE\perp CD$，$CD=16$，$AC^2=205$，$AE^2=61$，求梯形 $ABCD$ 的面积。

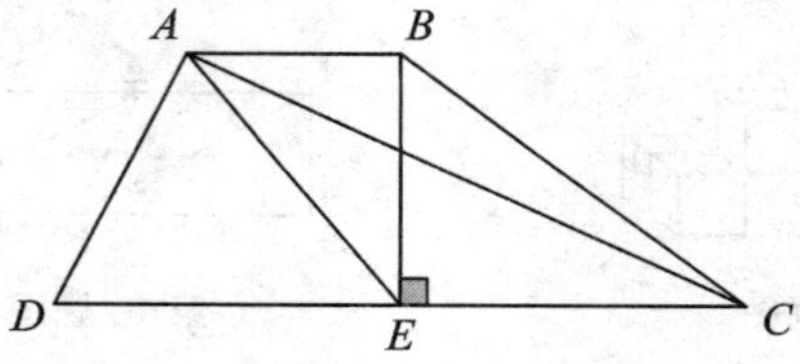

第 16 题图

17. 一个棱长为 30 厘米的正方体铁块，在 8 个角上各切下一个棱长为 10 厘米的小正方体，如题图所示，将其投入底面积为 2500 平方厘米，高为 50 厘米的圆柱形容器内。已知原来容器内水面高度为 17 厘米，那么，放入铁块后水面高度变为多少厘米？

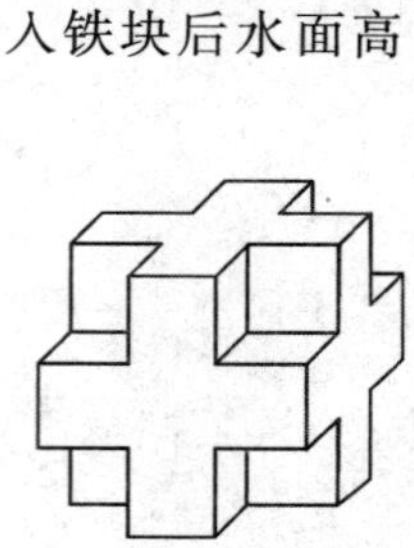
第 17 题图

6 年级

思考笔记

一、填空题

1. $\dfrac{2023+\frac{5}{3}\times\left[\left(-\frac{2}{3}\right)^2+\left(-\frac{1}{2}\right)^3\div(-0.625)\right]\div\left(-2\frac{4}{5}\right)}{(-1)^{2023}-\left(\frac{1}{2}-\frac{7}{6}\right)^4\times\left(1\frac{5}{8}-5\right)}=$________。

2. 已知 $x<0$，$xy>0$，$x<y$，求 $|x+y|-|y-x|=$________。

3. 已知 $a=\frac{17}{18}, b=\frac{1}{18}, c=\frac{1}{9}$，则 $a^3-ab^2+ac=$________。

4. 如题图，在△ABC 中，$6BD=3DE=2EC$，$CF:AF=1:2$。若△ADH 的面积比△HEF 的面积多 10，则△ABC 的面积是________。

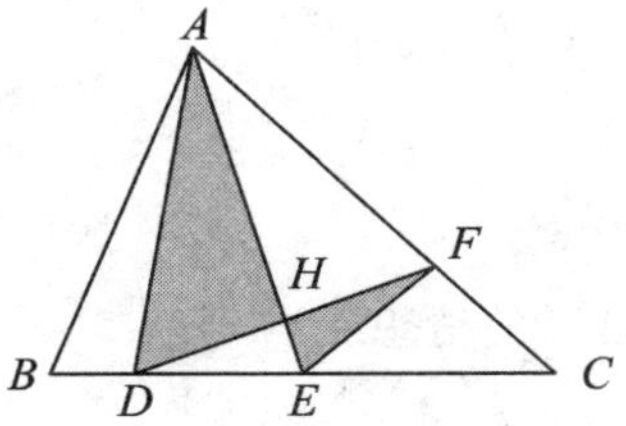

第 4 题图

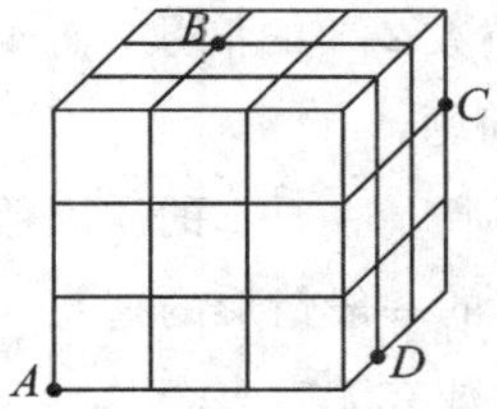

第 8 题图

5. 如果四个互不相同的正整数 m，n，p，q 满足 $(4-m)(4-n)(4-p)(4-q)=9$，则 $4m+3n+3p+q$ 的最大值为________。

6. 某班级有班费 m（m 为小于 250 的整数）元，拟为每位同学买一本相册。某批发兼零售文具店规定：购相册 40 本起可按批发价出售，少于 40 本则按零售价出售，批发价比零售价每本便宜 2 元，班长若为每位同学买一本，刚好用完 m 元；但若多买 12 本给任课老师，可按批发价结算，也恰好只要 m 元，那么该班有________名同学。

7. 设 a，b 是互质的正整数，满足 $a>b>0$ 且 $\dfrac{a^3-b^3}{(a-b)^3}=\dfrac{73}{3}$，则 $a-b=$________。

8. 如题图，在 3×3×3 的正方体的表面上有四只蚂蚁 A,B,C,D，均沿表面的网格线爬行。它们约定在立方体表面的某个格点（网格线交点）处汇合，则使四只蚂蚁爬行距离之和最短的汇合点共有个________。

二、解答题

9. 若 $|x+2|$ 与 $\left(y-\frac{1}{2}\right)^2$ 互为相反数，求 $\left[\left(-\frac{1}{2}x^2y^4\right)^3+\left(-\frac{1}{6}xy^2\right)^3\cdot 3xy^2\right]\div\left(\frac{1}{2}xy^2\right)^3$ 的值。

10. 如题图，在四边形 $ABCD$ 中，M 与 N 分别是 AD 与 BC 的中点，AC 与 BD 交于点 P，若 $2PA=3PC$，$PB=3PD$，四边形 $ABCD$ 的面积为 80，求四边形 $ABNM$ 的面积。

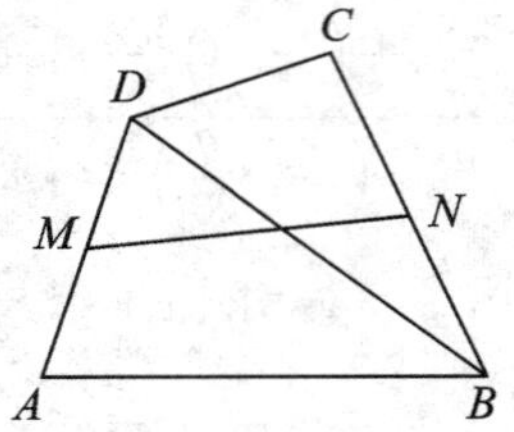

第 10 题图

11. 将不超过正整数 n 的所有正整数之积记为 $n!$，例如：$4!=1\times2\times3\times4=24$，显然 $4!$ 是所有不超过 4 的质数 2，3 的倍数，而 $4!+1=25=5^2$，它的所有质因数均大于 4。请你解答以下问题：

(1)请你计算 $6!$ 与 $6!+1$，并判断 $6!+1$ 的质因数是否均大于 6。

(2)根据以上结果你能给出怎样的一般情形的猜想？请你证明自己的猜想。

(3)根据你给出的猜想，证明：质数有无穷多个。

12. 如题图，在固定的“三角九宫格”中填入 1～9 这 9 个数字，使得 $\triangle A_1A_2A_3$，$\triangle B_1B_2B_3$，$\triangle C_1C_2C_3$ 均满足其内部所填 4 个数之和为奇数，则共有多少种填法？

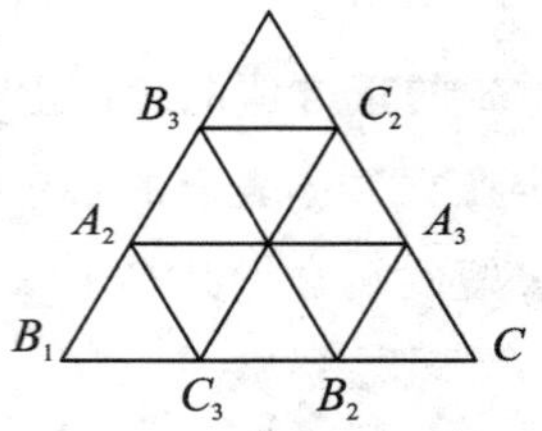

第 12 题图

2023年 方田教育升班定级考试

五一

3年级

思考笔记

1. 计算：2023＋2×23＝________。

2. 设某数为 x，那么该数的 5 倍表示为________。

3. 已知 37÷7 余 2，106÷7 余 1，则(37＋106)÷7 余________。

4. 如题图所示，直线 AB 上有一个点 O，从 O 点引出一条射线 OC，已知∠1 是∠2 的 3 倍，那么∠2 是________。

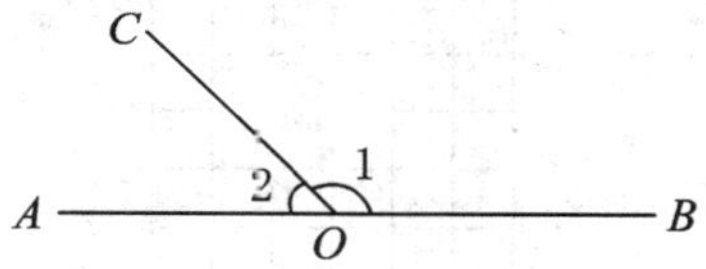

第 4 题图

5. 学生表演节目，排成一个 9 行 9 列的实心方阵，这个方阵最外圈有________个人。

6. 熊大上山摘果子，开始 3 个小时，每小时走 42 千米；之后 4 个小时，速度变慢，每小时走 21 千米，熊大全程的平均速度是________千米/时。

7. 一本杂志有 432 页，那么这本杂志一共用到________个数字 3。

8. 已知○和△分别代表一个数字，如果○△是两位数，△△△是三位数，且○×△×(○△＋1)＝△△△成立，那么○是________，△是________。

9. 计算题：

(1)132＋59＋68＋41。　　(2)37×56＋37×44。

10. 解方程：

(1)$2x+4=14$。　　(2)$7x-3=27-3x$。

11. 将“+”“−”“×”“÷”分别填入下面等式的○里，每个符号只填一次，使等式成立。

(10○5)○(4○15○3○)=45

第 11 题图

12. 在同一平面内的 21 条直线最多能确定多少个交点？

13. 数一数，题图中共有多少个三角形？

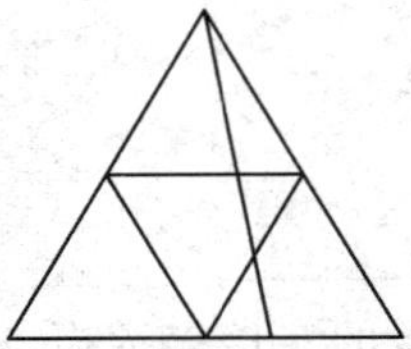

第 13 题图

14. 题图是一个地图，黑色的线代表路，交叉处为路口，那么大白步行由 A 到 B，共有多少条最短路线？

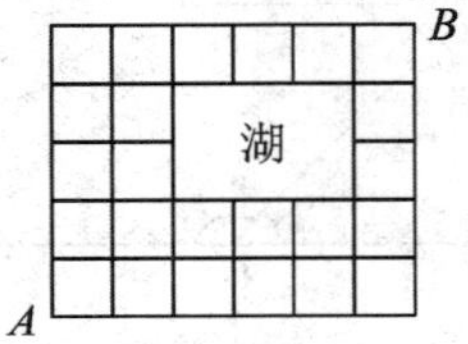

第 14 题图

15. 为了响应“传统文化进校园”的号召，学校计划将百家姓中的姓氏做成小印章发给同学。百家姓中的姓氏由“单姓”和“复姓”组成，单姓印章每个成本 2 元，复姓印章每个成本 3 元。已知在百家姓中，单姓比复姓的 7 倍多 24 个，一套完整的百家姓印章成本需 1068 元。那么，百家姓中共有姓氏多少个？(列方程解应用题)

16. 欢欢、乐乐、明明三个人在一起讨论年龄。

欢欢说：“我的年龄是乐乐的 3 倍多 9 岁。”

明明说：“两年前，我比乐乐大 5 岁。”

乐乐说：“再过 5 年，我们三人的年龄和是最大的两位数。”

请问：乐乐今年多少岁？

4年级

思考笔记

1. 计算：3.7＋2.2＝________。

2. 如题图，图中相邻两个格点的距离都为1，则下图的面积为________。

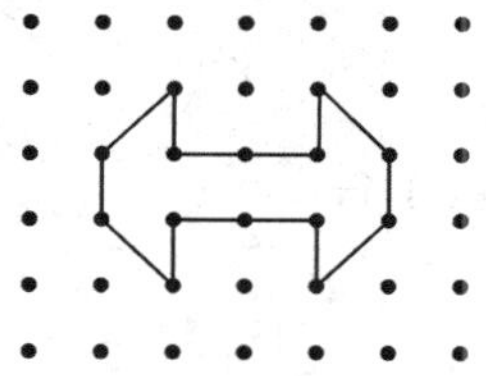

第2题图

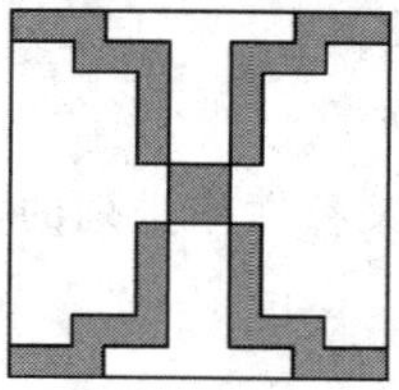

第6题图

3. 将12个一模一样的小球分成2堆(每堆最少有一个)，有________种不同的分法。

4. 已知 $c+\overline{bc}+\overline{abc}=155$，相同字母代表相同数字，不同字母代表不同数字，那么 a、b、c 之和是________。

5. 如果三个不同质数的和为26，则这三个质数的乘积最大是________。

6. 如题图，在一个边长为20米的正方形草坪上设置几条小路，小路的宽都是2米，中间还有一个边长为4米的正方形花坛，实际草地(空白区域)的面积为________平方米。

7. 根据下列条件判断旅游团去了 A、B、C、D、E 中的________。(地点不唯一，可填多个地点)

(1)如果去 A，就必须去 B。

(2)D、E 两地至少去一地。

(3)B、C 两地只能去一地。

(4)C、E 两地要去都去，要不去都不去。

(5)若去 D，则 A、E 两地必须去。

8. 对一个自然数作如下操作，如果是偶数则除以2；如果是奇数则加1，如此进行直到为1时操作停止，求经过9次操作变为1的数有________个。

9. 解方程：

(1) $3x=2x+1$。　　　(2) $15-3(6-2x)=21-(x+3)$。

10. 四个人排队买冰淇淋，这四个人买的样式各不相同，所需时间也都不一样，四人分别是2分钟、3分钟、4分钟、1分钟。现在只有一个店员做冰淇淋，问要使他们总的等候时间最短，这个最短时间是多少？

11. 五位数 $\overline{9ab26}$ 能被99整除，那么这个五位数是多少？

12. 现有 0、1、3、5、6、8、9 七个数字。

(1)可以组成多少个无重复数字的四位奇数？

(2)可以组成多少个无重复数字且不少于 5000 的四位偶数？

13. 如题图，从 1 开始的自然数是按照某种规律排列的，比如 3 在第 1 行第 3 列，那么：

(1)89 在第几行第几列？

(2)第 21 行右起第 1 个数是多少？

	1	2	3	4
7	6	5		
	8	9	10	11
14	13	12		
…	…	…	…	…

第 13 题图

14. 操场上有 100 个学生，每名学生手里都拿着标有数字"2""3""5"的三张卡片，从左往右依次报数，当学生报到的数是卡片上数字的倍数时，就要弃掉对应的卡片，则所有人报数结束后，手上剩余卡片的数字和大于 5 的有多少人？

15. 如题图，边长为 10 厘米的正方形 $ABCD$ 中，EY 与 FX 垂直，$GX=2$ 厘米，$YH=4$ 厘米，阴影四边形 $EGHF$ 的面积是多少？

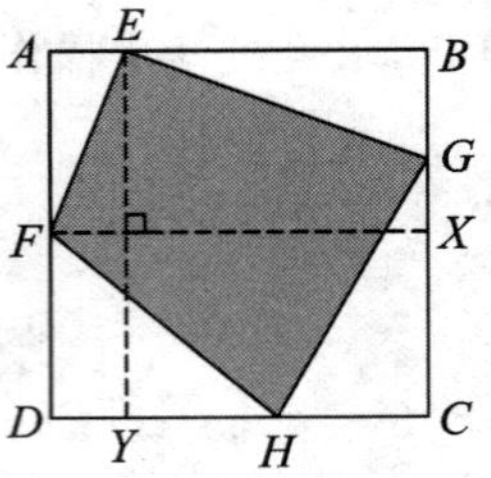

第 15 题图

16. 如题图，学校操场的 400 米跑道中套着 300 米小跑道，大跑道与小跑道有 200 米路程重合。甲以每秒 6 米的速度沿大跑道逆时针方向跑，乙以每秒 4 米的速度沿小跑道顺时针方向跑，两人同时从两跑道的交点 A 处出发，当他们第二次在跑道上相遇时，甲共跑了多少米？

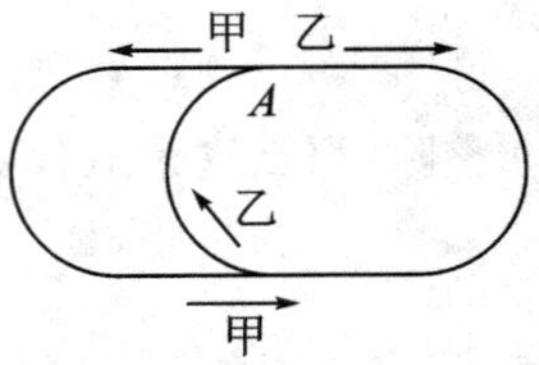

第 16 题图

5年级

思考笔记

1. 比较分数大小：$\frac{8}{25}$________$\frac{8}{21}$。（填“>”“<”或“=”）

2. 126 和 210 的最大公因数是________。

3. 题图是一个正方体的展开图，已知相对面的数字之和为 26，$A+B+C=$________。

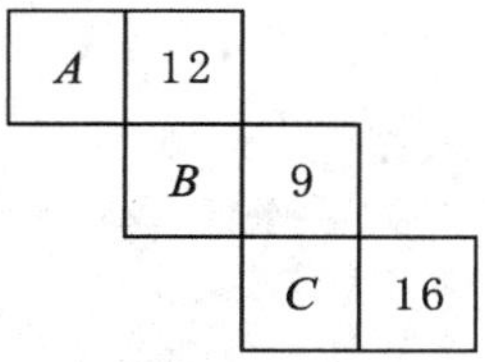

第 3 题图

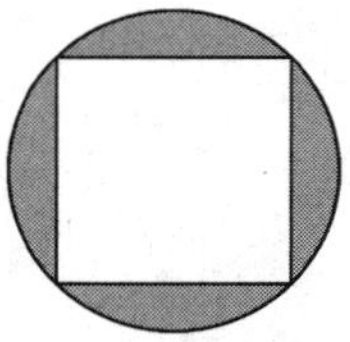

第 4 题图

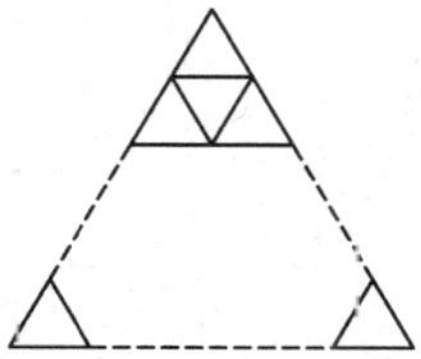

第 6 题图

4. 如题图，已知正方形面积为 28，阴影部分的面积是________。（π 取 3.14）

5. 已知甲、乙、丙三个数，甲∶(乙＋丙)＝4∶3，乙∶丙＝2∶3，其中甲、乙两个数的和为 52，则甲是________。

6. 用 3 根等长的火柴可以摆成一个等边三角形。如题图，用这样的等边三角形拼合成一个更大的等边三角形。如果这个大等边三角形的每边由 20 根火柴组成，那么一共要用________根火柴。

7. B 地在 A，C 两地之间，甲从 B 地到 A 地去送信，甲出发 10 分钟后，乙从 B 地出发到 C 地去送另一封信，乙出发后 10 分钟，丙发现甲、乙刚好把两封信拿颠倒了，于是他从 B 地出发骑车去追赶甲和乙，以便把信调过来。已知甲、乙的速度相等，丙的速度是甲、乙速度的 3 倍，丙从出发到把信调过来后返回 B 地至少要用________分钟。

8. 一个长方体容器，底面是一个边长为 60 厘米的正方形，容器里竖立着一个高 1 米、底面边长都是 15 厘米的长方体铁块，这时容器里的水深 0.5 米。现在把铁块轻轻地向上提起 24 厘米。那么露出水面的铁块上被水浸湿的部分长________厘米。

9. 解方程：

(1) $5x-3=3x+11$。　　(2) $8x-36=4(x-6)$。

10. 有男女同学 325 人，新学年男生增加 25 人，女生减少 $\frac{1}{20}$，总人数增加 16 人，那么现有男同学多少人？

11. 由 0、3、5、6、7、8 组成的无重复数字的五位数中，千位不是 3 的奇数有多少个？

12. 如题图是按一定规律排列的三角形数表，请问第 100 行左起第 6 个数是多少？

1

3　　5

7　　9　　11

13　　15　　17　　19

…　　…　　…　　…　　…

第 12 题图

13. 一池水，甲、乙两管同时开，5 小时灌满；乙、丙两管同时开，4 小时灌满。现在先开乙管 6 小时，还需甲、丙两管同时开 2 小时才能灌满。那么乙单独开几小时可以灌满？

14. 甲、乙两人同时从 A、B 两点出发，甲每分钟行 80 米，乙每分钟行 60 米，出发一段时间后，两人在距中点的 C 处相遇；如果甲出发后在途中某地停留了 7 分钟，两人将在距中点的 D 处相遇，且中点距 C、D 距离相等，问 A、B 两点相距多少米？

15. 设 A 共有 9 个不同的因数，B 共有 6 个不同的因数，C 共有 8 个不同的因数，A、B、C 中的任何两个数都不整除，则这三个数之积的最小值是多少？

16. 如题图，在梯形 $ABCD$ 中，AB 与 CD 平行，且 $CD=2AB$，点 E、F 分别是 AD 和 BC 的中点，已知阴影四边形 $EMFN$ 的面积是 54 平方厘米，则梯形 $ABCD$ 的面积是多少平方厘米？

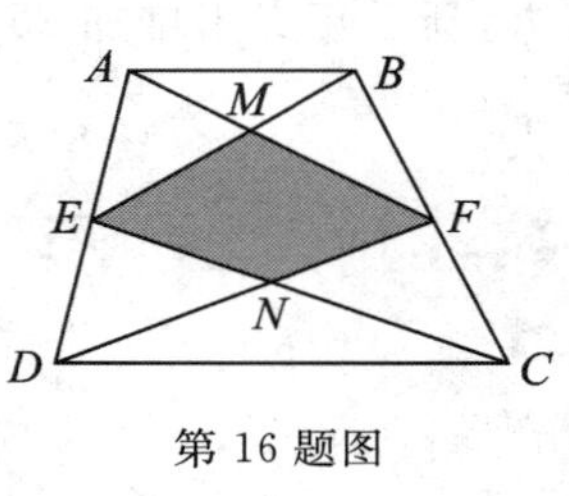

第 16 题图

6年级

思考笔记

1. 计算：$\frac{3}{4}-\frac{2}{5}+\frac{7}{12}+\frac{3}{10}-\frac{5}{8}=$________。

2. 一个圆柱的半径是3厘米，侧面积为75.36平方厘米，这个圆柱的体积是________立方厘米。（π取3.14）

3. 63、91.129除以一个整数所得的三个余数之和为25，这个整数是________。

4. 甲、乙、丙、丁四名同学对小铭的藏书数量作了一个估计。甲说："小铭有500本书。"乙说："小铭至少有1000本书。"丙说："小铭的书不到2000本。"丁说："小铭最少有1本书。"实际上四人的话中只有一句是对的，那么小铭一共有________本书。

5. 在钢琴、书法、编程、舞蹈、体育、武术、英语七个兴趣小组中，每个人最少参加一个，最多可以参加3个兴趣小组，为了保证不少于6人所参加的情况完全相同，则参加兴趣小组的学生至少有________人。

6. 水池中立着长短两根木桩，长木桩露出水面的部分比短木桩露出部分长$\frac{2}{5}$，当水面升高11厘米后，短木桩露出水面的部分比长木桩露出部分短$\frac{3}{5}$，如果水面再升高________厘米，短木桩露出水面的长度是长木桩露出水面长度的$\frac{1}{12}$。

7. 解方程：

(1)$\frac{x}{3}-1=\frac{8-x}{2}$。　　　　(2)$(4x-1):5=3:4$。

8. 在同一个笼子中有若干只鸡和兔，从笼子上面看有40个头，从笼子下面数有130只脚，那么这个笼子中装有鸡、兔各多少只？

9. 小龙要做计算练习题，第一天做了总量的一半，第二天老师又新出了4题，小龙又做了此时总量的一半，剩余没做的题数比刚开始的题目少7题。请问小龙一开始要做几道题？

10. 如题图所示，已知梯形 $DEFG$ 的面积为 30，且 $BE=2AE$，$FC=2BF$，$AD=CG=2$，$DG=5$，则△ABC 的面积是多少？

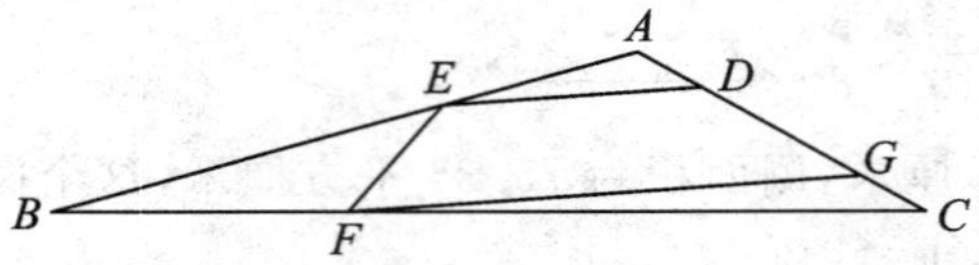

第 10 题图

11. A、B、C、D 依次分布在同一条公路上，甲、乙、丙三人分别从 A、B、C 同时出发，匀速向 D 行进。当甲在 C 地追上乙时，甲的速度减少 40%；当甲追上丙时，甲的速度再次减少 40%；甲追上丙后 9 分钟，乙也追上了丙，这时乙的速度减少 25%；乙追上丙后再行 50 米，三人同时到 D 地。已知乙出发时的速度是每分钟 60 米。

(1)甲出发时的速度是多少？

(2)A、D 间的距离是多少米？

12. 在圆这个图形中，有很多相关概念非常有趣，也具有一些特别的关系，接下来我们一起根据以下材料来了解一下这些相关的知识，利用材料完成下列各题。

【材料一】弧与弦

圆上任意两点间的部分叫做圆弧，简称弧。如图(1)以 A、B 为端点的弧，记作 $\overset{\frown}{AB}$，读作弧 AB。

连接圆上任意两点的线段叫做弦，以 A、B 为端点的弦，读作弦 AB。经过圆心的弦叫做直径。

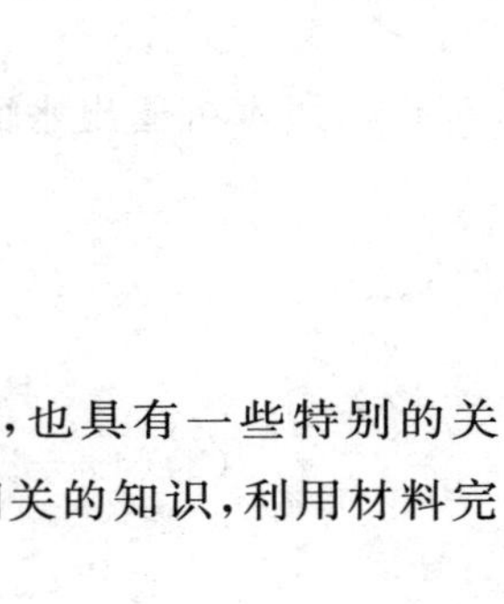

(1)

第 12 题图

【材料二】圆心角与圆周角

(1)顶点在圆心的角叫做圆心角,如图(2)中$\angle AOB$。

(2)顶点在圆上,并且两边都和圆相交的角叫做圆周角,如图(2)中$\angle ADC$。

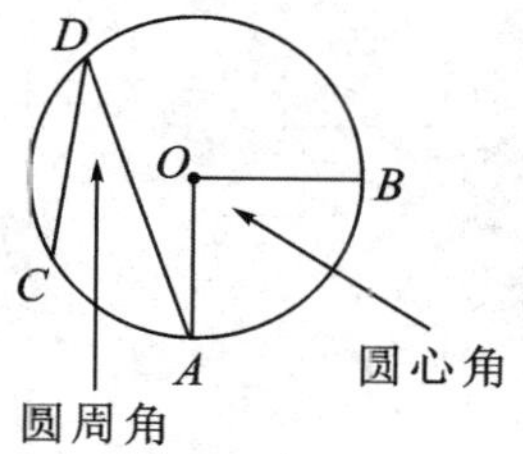

(2)

第 12 题图

【材料三】圆周角定理

在同一个圆中,同一条弧或相等的弧所对的圆周角相等,都等于这条弧所对的圆心角的一半。

如图(3),$\angle AOB$ 是圆心角,$\angle ACB$ 是圆周角,则$\angle AOB=2\angle ACB$。

推论 1:在同一个圆中,如果两个圆周角相等,那它们所对的弧一定相等。

如图(4),若$\angle ACB=\angle AED$,则$\overset{\frown}{AB}=\overset{\frown}{AD}$。

推论 2:半圆(或直径)所对的圆周角是直角,$90°$的圆周角所对的弦是直径。

如图(5),$\angle ACB=90°$。

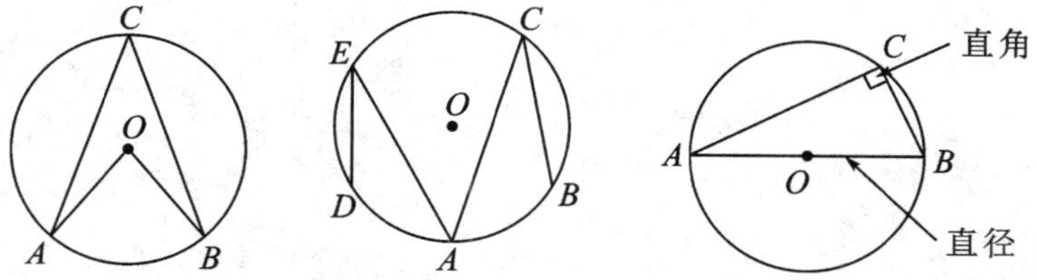

(3)　(4)　(5)

第 12 题图

(1)如图(6),在圆中$\angle BAC=60°$,那么$\angle BOC=$________。

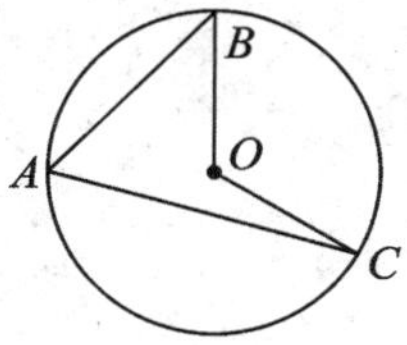

(6)

第 12 题图

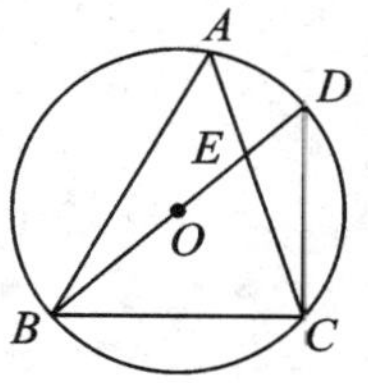

(7)

第 12 题图

(2)如图(7),$\angle BAC=50°$,$\angle ABC=60°$,BD 是圆的直径,BD 交 AC 于点 E,连接 DC,则$\angle ABD=$________。

(3)如图(8),在圆中,$\angle AOB=90^\circ$,点 P 是圆上一点,点 C 是 $\overset{\frown}{AB}$ 的中点,连接 AP,CP,则 $\angle APC$ 的度数为多少?

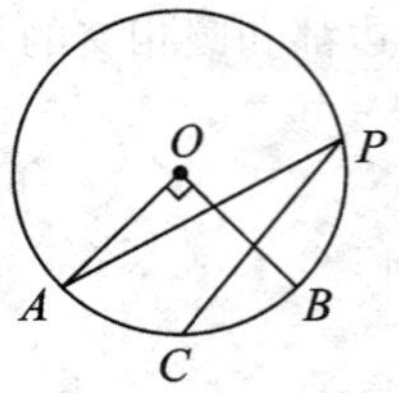

(8)

第 12 题图

(4)如图(9),$\triangle ACD$ 和 $\triangle ABE$ 都在同一个圆内,其中三角形的顶点都在圆上,则 $\angle ADC+\angle AEB+\angle BAC$ 是多少度?

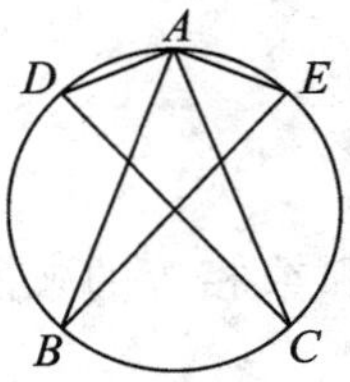

(9)

第 12 题图

端午

3年级

1. 432＋59＋68＝________。

2. 甲、乙、丙三人的身高分别是 123 厘米，135 厘米，138 厘米，三人的平均身高是________厘米。

3. 一本书有 40 页，如果要你来编页码，需要________个数字。

4. 每天用微信计步是不少市民的习惯，陈老师记录了这周每天的步数并制作成题图所示的折线统计图，则陈老师这一周每天步数的中位数为________。

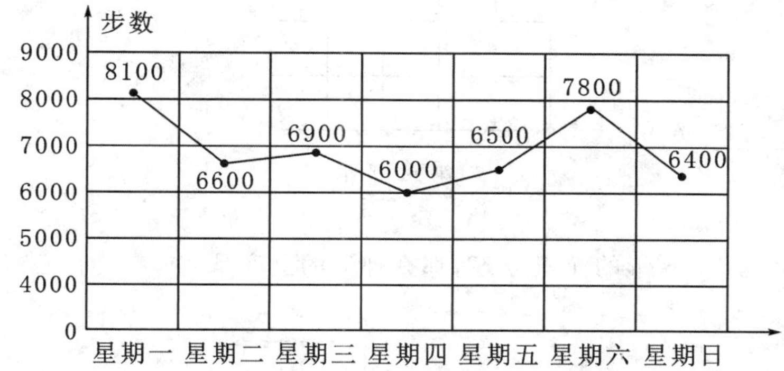

第 4 题图

5. 哥哥对弟弟说：当我的岁数是你现在的岁数时，你才 4 岁；当你的岁数是我现在的岁数时，我将 40 岁，那么弟弟现在________岁。

6. 题图中一共有________个三角形。

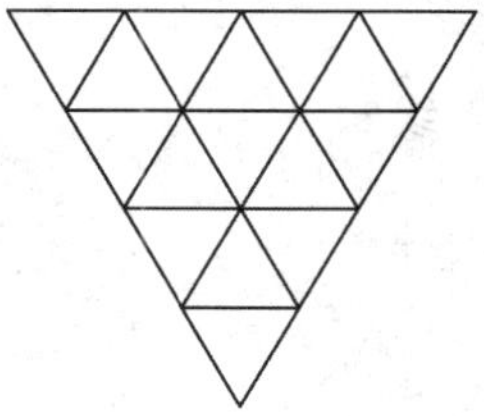

第 6 题图

7. 甲、乙、丙 3 人共有 144 张积分卡。从甲的积分卡中取出乙那么多给乙后，再从乙的积分卡中取出丙那么多给丙，最后从丙的积分卡中取出甲那么多给甲，这时甲、乙、丙 3 人积分卡数相同，则原来甲有________张积分卡。

8. 在一个由自然数组成的等差数列中，第 3 项、第 8 项、第 13 项三个数之和是 27，这串数列前 15 项之和为________。

9. 解方程：

(1) $14-2x=4$。　　　　(2) $27-2x=5x+6$。

思考笔记

10. (1)将“+”“−”“×”“÷”分别填入下面等式的圆圈里，每个符号只填一次，使等式成立。

$$(10\bigcirc 5)\bigcirc(4\bigcirc 15\bigcirc 3)=45$$

(2)求 $1+3+5+\cdots+31$。

11. 如题图，小胖从家出发去学校，若他先去餐厅吃饭，那么他从家出发，经过餐厅，到学校的最短路线有多少条？

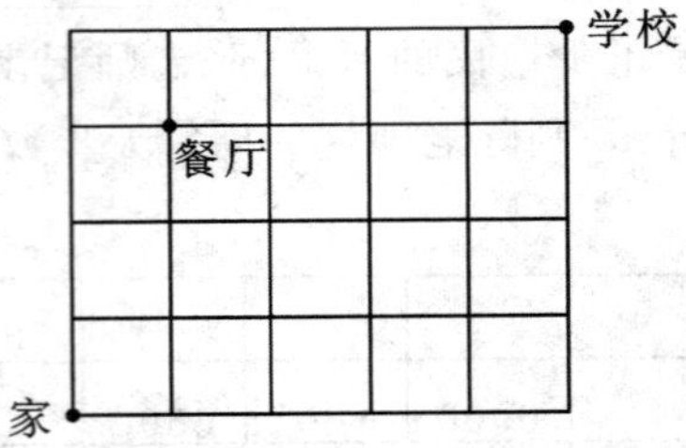

第 11 题图

12. 如题图，梯形的高为 8，下底为 12，梯形的面积是 72，那么梯形的上底是多少？

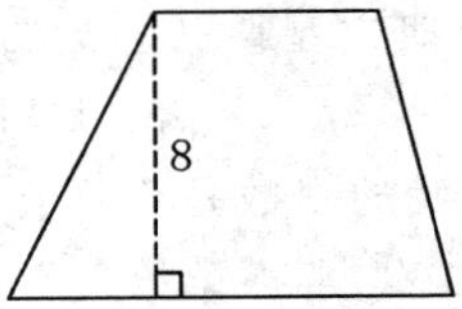

第 12 题图

13. 同一平面有 51 个点，问：最多可以确定多少条直线？

14. 列方程解应用题(算术法不得分)，在同一个笼子里，共有鸡、兔 74 只，兔的腿数比鸡的腿数多 56 条，问：鸡、兔各多少只？

15. 甲、乙两人相距 1510 米，同时出发相向而行，甲每分钟走 50 米，乙每分钟走 60 米，甲出发后不久因故原地休息了 5 分钟，然后继续向前行进。当甲和乙相遇时，乙共走了多少米？

16. 某天，小鱼、小牧、小哼 3 人分别进行了一场时空旅行，小哼进入的时空隧道时间流速与地球一致，小牧进入的时空隧道时间流速是地球 2 倍(即地球上每经过 1 年，小牧的时空隧道内经过了 2 年)，小鱼进入的时空隧道流速是地球的 3 倍，若干年后，3 人同时回到地球：

小鱼说："如果按照咱们各自所在的时空隧道时间计算，今年我们一共 105 岁啦。"

小牧说："小鱼，出发的时候我比你大 5 岁，但是如果按照咱们俩各自所在时空隧道时间计算，现在咱们俩一样大。"

小哼说："如果一开始大家都在我的时空隧道旅行，那么当小鱼像小牧出发时那样大的时候，小牧像我出发时那样大。"

那么按照地球时间流速，今年小鱼多少岁？

4年级

1. 算式 45＋32－5 的结果是________。

2. 有一个等腰三角形的顶角为 42°，则它其中一个底角是________。

3. 学校运动社团的每位同学至少会乒乓球和篮球中的一种球类运动，已知会打乒乓球的 20 人，会打篮球的有 35 人，其中两种球类运动都会的有 14 人，则这个运动社团一共有________人。

4. 水果店里有苹果、梨、草莓、西瓜和李子五种不同的水果，五年级一班有 23 位小朋友来买水果，每位小朋友都买了其中一种水果，至少有________位小朋友买的水果类型一定相同。

5. 已知乐＋$\overline{快乐}$＋$\overline{午快乐}$＋$\overline{端午快乐}$＝1910，相同汉字代表相同数字，不同汉字代表不同数字，那么端午快乐这个四位数是________。

6. 小张将 36 个苹果、48 个香蕉全都打包成礼物分给小朋友们，水果全都分完了，用这些水果最多可以分成________份同样的礼物。

7. 一位后勤人员买了 72 件价格一样的玩具，可是由于他吸烟不小心，火星落在账本上，把这笔账的总数烧去两个数字。账本是这样的：72 件玩具，共□679□元（□为被烧掉的数字），则一件玩具为________元。

8. 老师将 4 张纸条发给 4 位学生，每位学生只能看到自己手上的纸条，这四张纸条里有三张写着一个相同的两位数$\overline{AB}$，还有 1 张纸条什么都没写。4 位学生依次发言，并约定：拿到写有数的纸条的学生一定说真话，拿到空白纸条的学生可以说真话或假话，但是不能说自己不知道真假的话。

1 号："这个两位数减 4 后与 24 的最大公因数是 2。"

2 号："这个两位数加 4 后与 24 的最大公因数也是 2。"

3 号："这个两位数与 24 的最大公因数是 6。"

4 号："这个两位数的两个数字之和与 24 的最大公因数是 6。"

如果拿到空白纸条的人的编号是 C，那么$\overline{ABC}$代表的三位数是________。

9. 计算：

(1)小数计算：3.6×7＋3.6×3。　　　　(2)解方程：3(x＋4)＝42。

10. 一个圆形操场跑道的周长是 500 米，两个学生同时同地背向而行。小花每分钟走 66 米，小明每分钟走 59 米，两人经过几分钟才能相遇？

11. 商店里，有 3 种不同的饮料，8 种不同的糖果，5 种不同的玩具，小韩同学都想要买，如果各选一样，有多少种不同的选择？

12. 一个长方形，如果将原来长方形的长减少 5 厘米，则面积减少了 30 平方厘米；如果将宽增加 4 厘米，则面积增加了 60 平方厘米，原来这个长方形的面积是多少平方厘米？

13. 甲船从 A 港顺水而下至 600 千米的 B 港，用了 10 小时，已知水速为每小时 5 千米，接着甲船从 B 港逆流而行至 A 港，需用多少小时？

14. 一个等差数列，它的前 10 项的和是 40，前 20 项的和 100，则前 40 项的和是多少？

15. 一副纸牌有 52 张(不含大小王)，依惯例将 A，J，Q，K 依次视为 1 点，11 点，12 点，13 点，任意抽出若干张牌。

(1)如果抽出的牌中必定有 7 张牌的花色相同，那么至少要取多少张牌？

(2)如果抽出的牌中必定有 2 张牌的点数之和等于 15，那么至少要取多少张牌？

16. 分别用五种颜色中的某一种对题图中 A,B,C,D,E,F 六个区域染色，要求相邻的区域染不同的颜色，但不是每种颜色都必须要用。问：有多少种不同的染法？

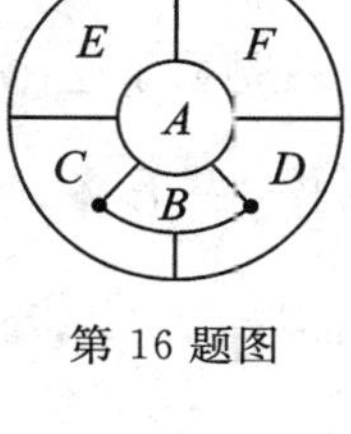

第 16 题图

5年级

思考笔记

1. $\frac{1}{3}+\frac{1}{6}+\frac{1}{12}+\frac{1}{24}=$________。

2. 106 除以一个小于 50 的两位数，余数是 11。这个两位数是________。

3. 如题图，阴影部分的面积是________（π 取 3.14）。

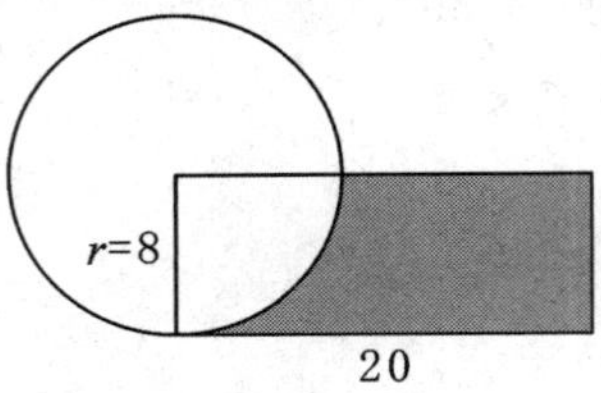

第 3 题图

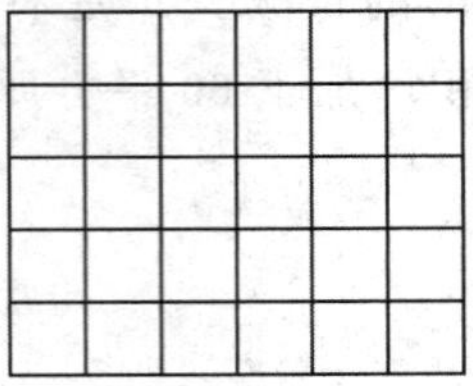

第 5 题图

4. 任意 255 个人中，一定至少有________个人的生肖是一样的。

5. 题图中 5×6 的网格中，有________个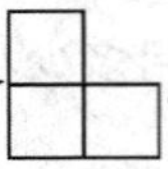。（可旋转可翻转）

6. 所有三位数中，与 546 相加至少产生一次进位的数有________个。

7. 在 1,9,8,9 后面写一串这样的数字：先计算原来这 4 个数的后两个数之和 8+9=17，取个位数字 7 写在 1,9,8,9 的后面成为 1,9,8,9,7；再计算这 5 个数的后两个之和 9+7=16；取个位数字 6 写在 1,9,8,9,7 的后面成为 1,9,8,9,7,6；再计算这 6 个数的后两个之和 7+6=13，取个位数字 3 写在 1,9,8,9,7,6 的后面成为 1,9,8,9,7,6,3。继续这样求和、填写，成为数串 1,9,8,9,7,6,3,…那么这个数串的前 422 个数字的和是________。

8. A、B 两地位于同一条河上，B 地在 A 地下游 100 千米处。甲船从 A 地、乙船从 B 地同时出发，相向而行，甲船到达 B 地、乙船到达 A 地后，都立即按原来路线返航。水速为 2 米/秒，且两船在静水中的速度相同。如果两船两次相遇的地点相距 20 千米，那么两船在静水中的速度是________米/秒。

9. 解方程：

(1) $5(x-2)=18-2x$。

(2) 自然数 x、y 满足：$12x+18y=132$，求 x、y 的值。

10. 一本故事书，甜甜第一周看了全书的 $\frac{3}{7}$，第二周看了全书的 $\frac{1}{5}$，还剩下 260 页没有看。这本故事书一共有多少页？

11. 三个数 77、107、152 除以某个大于 1 的整数得到的余数相同，那么这个整数可能是多少？

12. 甲、乙两人路程比是 9 ∶ 8，速度比是 6 ∶ 5，乙比甲多用了 12 分钟，则甲用了多长时间？

13. 一项工程，欢欢单独完成需要 12 天，现在欢欢和冬冬一起工作 9 天，然后让冬冬一个人接着干 5 天完成了这项工程，那么，冬冬单独完成这项工程需要多少天？

14. 学校与植物园相距 57 千米，甲班与乙班学生同时从学校出发，甲、乙两班步行的速度都是每小时 3 千米，学校有一辆大巴，它的速度是每小时 48 千米，这辆大巴恰好能坐一个班的学生。为了使两班学生在最短时间内到达植物园，大巴应在距离学校多少千米处返回接另一个班的学生？最少需要多长时间？

15. 如题图，在一个边长为 8 的大正方形中，放入一个边长为 2 的正方形，保持与原正方形的边平行，现在分别连接大正方形的一个顶点与小正方形的两个顶点，形成了图中的阴影图形，那么阴影部分的面积是多少？

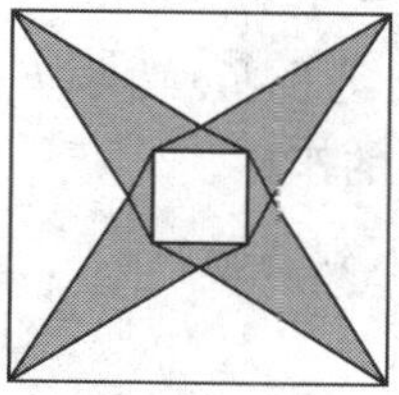

第 15 题图

16. 小强和小林共有邮票 400 多张，如果小强给小林一些邮票，小强的邮票就比小林的少 $\frac{6}{19}$；如果小林给小强同样多的邮票，则小林的邮票就比小强的少 $\frac{6}{17}$，那么，小强和小林原来有多少张邮票？

国庆

3年级

思考笔记

1. 找规律填空:2,4,8,16,________,64…

2. 周长为 20 厘米的正方形的面积是________平方厘米。

3. 用数字 8、1、5 可以组成________个不同的三位数。(数字不可以重复使用)

4. 龙龙 5 分钟能吃 30 个月饼,如果他每分钟吃的数量是一样的,那么他 3 分钟能吃________个月饼。

5. 龙龙爸爸的身高是 174 厘米,龙龙妈妈的身高是 167 厘米,龙龙的身高是 133 厘米,则三人的平均身高是________厘米。

6. 葡萄干的价格是每千克 38 元,话梅的价格是每千克 24 元,将 3 千克葡萄干和 4 千克话梅混在一起做成混合蜜饯,那么混合蜜饯的价格相当于每千克________元。

7. 如题图,三个正方形拼成了一个新图形,新图形的周长是________。

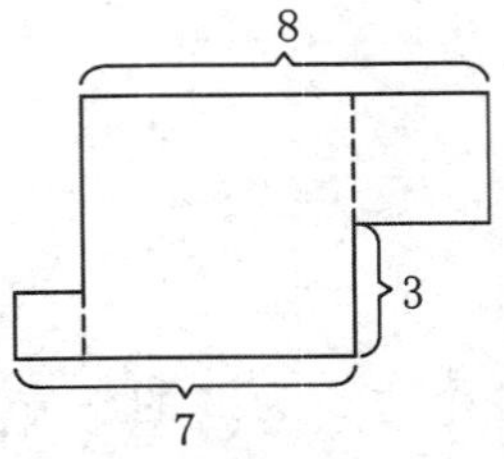

第 7 题图

8. 某条铁路线上,包括起点和终点在内原来有 A、B、C、D、E 共 5 个车站,现在新增了 F、G、H 这 3 个车站,铁路上两站之间往返的车票不一样,那么需要增加________种不同的车票。

9. 运用简便算法,计算下列各题。

(1)223－32－68＋77。 (2)19×18＋81×18。

10. 列竖式计算下列各题。

(1)56×4。 (2)234÷6。

11. 请你找出题图中图形的规律，按照这种规律，第 7 个图形中应该有多少个小正方形？

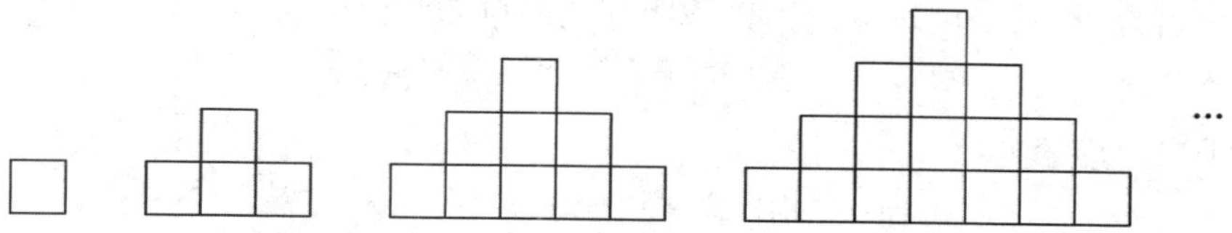

第 11 题图

12. 中秋节到了，妈妈准备了三件礼物（A、B、C），哥哥和弟弟一人选一种，请问一共有多少种不同的选法？

13. 如题图，在长为 30 厘米，宽为 23 厘米的长方形上剪去三个边长为 5 厘米的正方形，那么剩余图形的面积是多少？

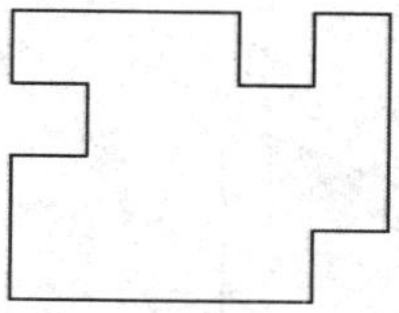

第 13 题图

14. 考完试之后老师们在一起批改试卷，如果 4 位老师 3 分钟能改 36 份试卷，且每位老师每分钟批改的试卷数量是一样的，那么如果 5 位老师一起批改 945 份试卷，需要多久才能改完？

15. 如题图，两个正方形拼成了一个长方形，原本一个正方形的周长是 18 厘米，那么长方形的周长是多少？

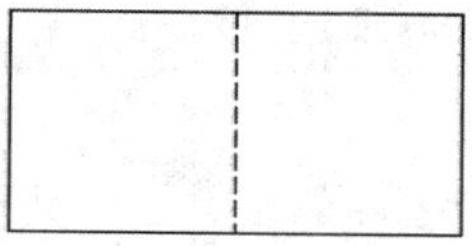

第 15 题图

16. 桂老师的班上原来学生的平均身高为 119 厘米，后来有一位身高 159 厘米的同学转进了桂老师的班，现在班上学生的平均身高为 121 厘米，那么现在桂老师的班有多少个同学？

4年级

思考笔记

1. 小明 3 次单元测试得分分别为：97 分、85 分、88 分，则小明这三次单元测试的平均分是________分。

2. 下列各组线段能组成一个三角形的是________。

A. 10 厘米，8 厘米，1 厘米　　B. 5 厘米，7 厘米，12 厘米

C. 8 厘米，12 厘米，2 厘米　　D. 15 厘米，6 厘米，10 厘米

3. 警察对甲、乙、丙三名嫌疑人进行审讯，甲说：“宝石不是我偷的。”乙说：“我看见甲偷走了宝石。”丙说：“反正不是我偷的。”破案后，发现只有一个人说了真话，并且只有一个人偷了宝石，那么偷走宝石的是________。

4. 童话中的小飞侠和怪兽同时从相距 100 千米的两地出发，向同一个方向前进，怪兽在前面跑，小飞侠在后面追，已知怪兽每分钟跑 50 千米，小飞侠每分钟跑 60 千米，则经过________分钟小飞侠能追上怪兽。

5. 如题图，正方形 $ABCD$ 和长方形 $CDEF$ 中，有一个三角形 BCE，若已知正方形的面积为 16 平方厘米，则阴影三角形的面积为________平方厘米。

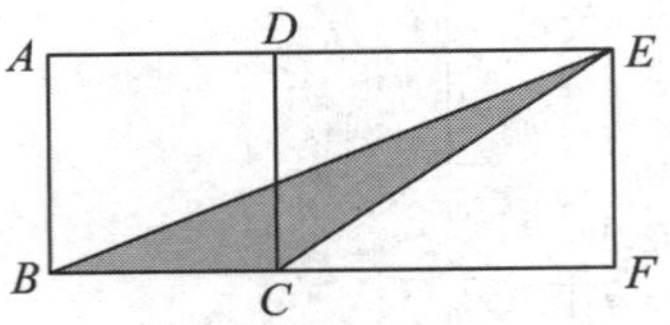

第 5 题图

国				3	祖
	1				
	3			6	2
6					5
我	4		5		爱
3			1		

第 7 题图

6. 用数字 1，2，3，4，5，6 可以组成________个大于 300 的三位数。

7. 在题图空格内填入 1～6 的数字，使每行、每列和每个标有粗线的区域内的六个数字不能重复，则四位数“$\overline{我爱祖国}$”＝________。

8. 光明中学邀请 50 位专家参加会议。会场里有 18 张相同的正方形桌子，每张每边能坐 1 人。经适当“拼桌”（将几张正方形桌子拼成一个长方形或大正方形）后，恰好让所有专家全部入座而且没有空位，那么最后会场里最少有________桌。（拼桌后的桌子只能算一桌）

9. 计算：

(1) 3＋5＋7＋9＋11＋13＋15＋17。　　(2) 1＋5＋9＋…＋77＋81。

10. 小豪和小智同时从两地相向而行，小豪每分钟行 40 米，小智每分钟走 60 米，35 分钟后两人相遇，两地的距离是多少米？

11. 规定△表示的运算如下，$a\triangle b=3\times a+4\times b$，计算：4△3；1△(2△3)。

12. 在题图所示的方格表中填入合适的数，使得每行、每列以及每条对角线上的三个数的和相等，那么标有"☆"的方格内应填入的数是多少？

☆	15	
13		
18		

第 12 题图

13. 星星中学篮球队 5 名队员在休息室交谈，他们的平均体重是 54 千克，当教练走进来后，发现教练的体重比所有人(六个人)的平均体重多了 10 千克，问教练的体重是多少千克？

14. 有 10 支球队进行足球比赛，每两队之间都要赛一场，规定胜一场得 3 分，平一场各得 1 分，负一场不得分。全部比赛结束后，发现有 15 场平局，且其中 9 支球队共得了 112 分，则第 10 支球队得了多少分？

15. 甲、乙、丙、丁四个人的职业分别是教师、医生、律师、警察。已知：①教师不知道甲的职业；②医生曾给乙治过病；③律师是丙的法律顾问(经常见面)；④丁不是律师；⑤乙和丙从未见过面。那么甲、乙、丙、丁的职业各是什么？

16. 甲、乙、丙三人同时从 A 地出发匀速向 B 地行走。甲到 B 地立即调头，与乙相遇在距离 B 地 20 米的地方；甲再行 21 米与丙相遇，而乙恰好到 B 地。若甲每分钟比丙多走 2 米，那么 A、B 两地的距离是多少米？

5年级

思考笔记

1. 比较大小：$\frac{1}{6}$________$\frac{1}{7}$。（填“>”“<”或“=”）

2. 若 $a:5=9:15$，则 $a=$________。

3. 如题图，长方形的面积为 216 平方厘米，圆形的面积为 192 平方厘米，阴影部分的面积为 120 平方厘米，则整个组合图形的面积是________平方厘米。

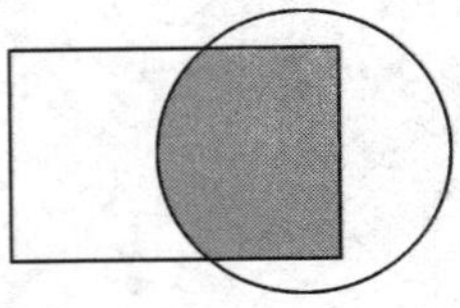

第 3 题图

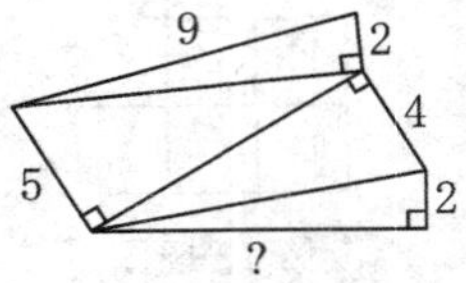

第 6 题图

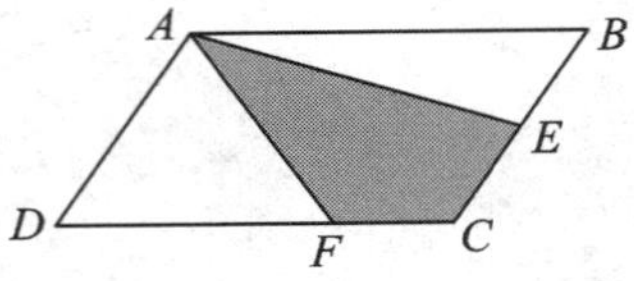

第 7 题图

4. 小章水果店原有 800 个橘子，上午卖掉了原有全部的$\frac{1}{10}$，下午卖掉了原有全部的$\frac{2}{5}$，晚上又卖掉了原有全部的$\frac{1}{4}$，最后还剩下________个橘子。

5. 小明老师有 15 张不同的积分卡，决定把其中的 13 张给欢欢，一共有________种不同的方法。

6. 题图由 4 个直角三角形组成，则问号处的边长为________。

7. 如题图所示，在平行四边形 $ABCD$ 中，点 E 是 BC 的中点，$DF=2FC$，若阴影部分的面积是 10，则平行四边形 $ABCD$ 的面积是________。

8. 有十个大于 0 的整数（可能有相同）具有以下性质：若每次删除一个数，将剩下的九个数相加，所得的总和可能为 82，83，84，85，87，89，90，91，92（要看删除哪一个数），第十个总和与上述的某一个和数相同。请问这十个整数的总和是________。

9. 计算：

(1)$\frac{5}{6}+\frac{1}{8}+\frac{7}{12}$。　　(2)$123\times\frac{100}{99}+\frac{8}{9}\times\frac{1}{63}-\frac{1}{99}\times123+\frac{62}{63}\times\frac{8}{9}$。

10. 解方程或方程组：

(1)$5x-20=2x+16$。　　(2)$\begin{cases}9x-8y=19,\\2x-y=5。\end{cases}$

11. 一根木材原来长 15 米，第一次锯了原来全部的$\frac{1}{5}$，第二次锯了剩下的$\frac{3}{4}$，此时这根木材还剩多少米？

12. 六名学生和一名老师排队拍照，老师不能站在两边，有几种排法？

13. 三个连续自然数的乘积是 4896，求这三个自然数。

14. 一根 180 厘米长的木棍，从左端开始每隔 2 厘米划一个刻度，每隔 3 厘米划一个刻度，每隔 5 厘米划一个刻度，如果按刻度把木棍截断，一共可以截成多少段小木棍？

15. 一片均匀生长的草地，如果有 15 头牛吃草，那么 8 天可以把草全部吃完；如果起初这 15 头牛在草地上吃了 2 天后，又来了 2 头牛，则总共 7 天就可以把草吃完。如果起初这 15 头牛吃了 2 天后，又来了 5 头牛，再过多少天可以把草吃完？

16. 如题图，在直角三角形 ABC 中，AB、BC 的长度分别是 15、20，四边形 $BDEF$ 是正方形。如果三角形 EMN 的高 EH 的长度是 2，那么，正方形 $BDEF$ 的面积是多少？

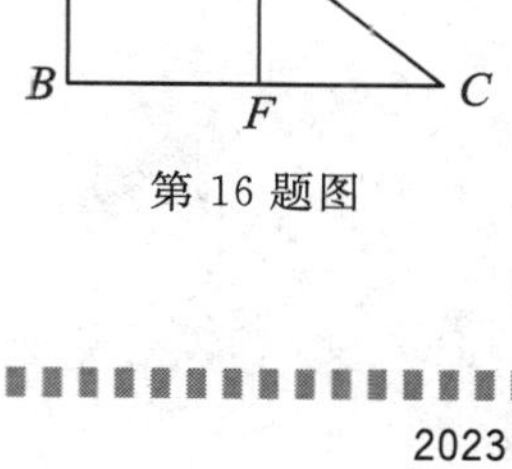

第 16 题图

6年级

1. 如题图，正六边形的内角和度数是________。

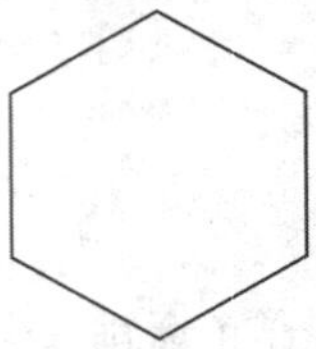

第 1 题图

2. 六位数 $\overline{23ab24}$ 既能被 9 整除又能被 11 整除，则 $\overline{ab}$ 这个两位数是________。

3. 观察算式：5＋8，9＋13，13＋18，17＋23，…

根据规律，第 100 个算式是________。

4. 一个圆柱形压路机滚筒，它的底面直径为 1 米，长 2 米，这个滚筒转 10 圈，一共压路________平方米。（π 取 3.14）

5. 一个数除以 5 余 3，除以 6 余 5，除以 7 余 3，满足条件的最小的三位数是________。

6. 如题图，A，B 是圆的直径的两端，甲在 A 点，乙在 B 点同时出发反向而行，两人在 C 点第一次相遇，在 D 点第二次相遇。已知 C 离 A 有 80 米，D 离 B 有 60 米，这个圆的周长是________米。

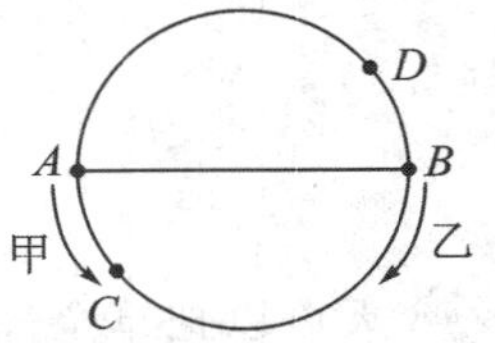

第 6 题图

7. 两只跳蚤分别从题图中的左上方和右下方的“2”同时出发，均依次经过“2020”四个数字，那么两跳蚤能相遇的跳法有________种。

2	0	2	0
0	2	0	2
2	0	2	0
0	2	0	2

第 7 题图

N		24
	12	
6		

第 8 题图

8. 如题图所示，在方格中放有正整数，并使得横向、纵向及对角线方向上的数的乘积相等。一些方格中已填有数字，那么，N 至多有________个不同的取值。

9. 计算：(1)2＋4＋6＋…＋46＋48。

(2)$10\times9\times8+7\times6\times5+6\times5\times4+3\times2\times1-9\times8\times7-8\times7\times6-5\times4\times3-4\times3\times2$。

10. 计算：

(1)$\frac{16}{3\times5}-\frac{24}{5\times7}+\frac{32}{7\times9}-\frac{40}{9\times11}+\frac{48}{11\times13}-\frac{56}{13\times15}-\frac{64}{15\times17}-\frac{72}{17\times19}$。

(2)$1^2+2^2+4^2+5^2+7^2+8^2+10^2+11^2+13^2+\cdots+26^2+28^2$。

11. $1\times2\times3\times4\times\cdots\times200$ 这 200 个连续自然数的乘积的末尾共有多少个连续的 0？

12. 一件秋装，第一天按 80%的利润定价，无人来买；第二天在第一天基础上打九折，还是无人买；第三天再降价 90 元，终于卖出。已知卖出的价格是进价的 1.44 倍，那么这件秋装的进价是多少元？

13. 甲、乙两人分别从 A、B 两地同时出发相向而行，到达对面后掉头返回，如此往返。已知甲是乙速度的$\frac{3}{5}$，两人第 100 次相遇的地点与第 163 次相遇的地点相距 600 米，则 A、B 两地相距多少米？

14. 北京中学生运动会男女运动员比例为 19∶13，组委会决定增加女子艺术体操项目，这样男女运动员比例变为 5∶4；后来又决定增加男子象棋项目，男女比例变为 35∶19，已知男子象棋项目运动员比女子艺术体操运动员多 170 人，则原来总运动员人数为多少？

15. 将一个棱长为整数厘米的长方体 6 个面都涂上红色，然后把它全部切成棱长为 1 厘米的小正方体。在这些小正方体中，恰有 1 个面涂红色的有 24 块，恰有 2 个面涂红色的有 28 块，原来长方体的表面积是多少？

16. 某车间有 30 名工人，计划要加工 A、B 两种零件。这些工人按技术水平分成甲、乙、丙三类人员，其中甲类人员 6 人，乙类有 16 人，丙类有 8 人。各类人员每人每天加工两种零件的个数如表所示。如果要求加工 A、B 两种零件各 3000 个，那么最少要用几天？

零件	甲	乙	丙
A	50 个	30 个	12 个
B	80 个	60 个	30 个

2023年 春·武汉明心资优生水平测试

4年级

思考笔记

一、计算题

1. $41-47+53-59-61+67-73+79=$________。

2. $7\times17\times17-27\times37=$________。

3. $[1111\div17+888\div17+(8+8+8)\div17]\div17=$________。

4. $1\times7+3\times7+5\times7+\cdots+33\times7=$________。

二、A 组填空题

5. 某校共有师生 2023 人,那么其中至少有________人同一天过生日。

6. 如图,某公园计划修整一片正方形广场,广场内最外圈是宽 3 米的草坪,已知草坪总面积为 300 平方米,那么广场的总面积(包括草坪)为________平方米。

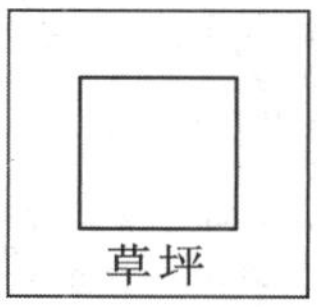

第 6 题图

7. 1～100 中,不是 2,3,5,7 中任一个数的倍数的数有________个。

8. 如图,用 7 个一样的小长方形拼成一个大长方形,已知大长方形的周长是 2023,则小长方形的宽(较短边长)为________。

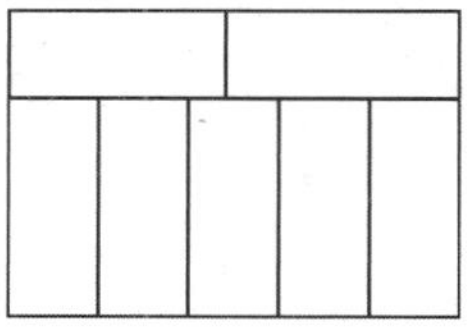

第 8 题图

9. 某小学 4 年级共有 4 个班。学校共评选 13 名三好学生,每班至少 1 名,至多 4 名,共有________种分配名额的方法。

10. 老师在黑板上写了 3 个数,让 3 名学生求平均数。结果 3 个人都先求了其中 2 个数的平均数,再求所得数与第 3 个数的平均数,结果答案互不相同。已知他们 3 个的答案分别是 59,69,76。那么黑板上的 3 个数的平均数是________。

11. 将 1,2,3,4,15,16 分别填到正方体的 6 个面上,将某个顶点所在的 3 个面上的数之积记作该顶点的值。正方体的 8 个顶点值之和最大是________。

12. 某游乐园在 8:00 开园之前就已经有游客在排队，已知每分钟来的游客数量都一样多。若开门时同时开启 5 个检票口，则 24 分钟后等候检票的队伍可消失；若开门时仅开启 4 个检票口，则需要 40 分钟才能使等候检票的队伍消失。结果开门时仅开启了 2 个检票口，8:20 时发现排队的人越来越多，园长临时决定增开检票口，以保证 8:40 时等候检票的队伍消失。那么，园长至少需要增开________个检票口。（假设每个人检票速度相同）

三、B 组填空题

13. 一副纸牌有 54 张（A，2，3，…，K 各 4 张及大、小王）。从中至少抽出________张才能保证其中一定存在 5 张的顺子（即有 5 张上的数是连续 5 个自然数，J，Q，K 分别代表 11，12，13）。

14. 如图，由 A 到 B 沿网格线的最短路线中，经过线段 CD，EF，GH，IJ 中至少一条的不同路线有________种。

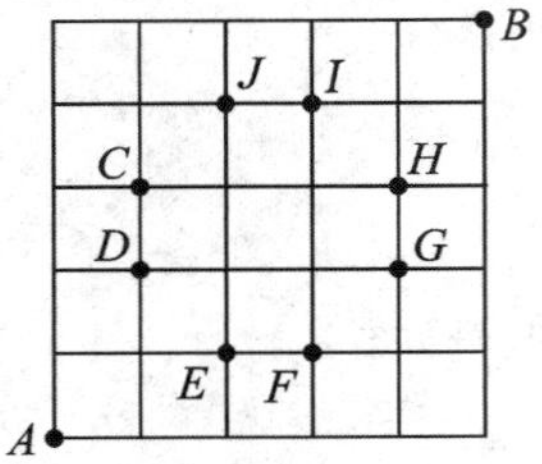

第 14 题图

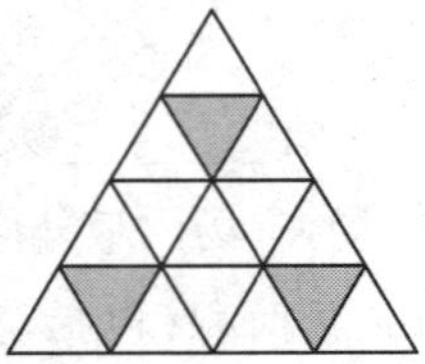

第 16 题图

15. 妈妈买回了 100 颗糖果，和小雪约定：每天至少吃 1 颗糖，但连续一周内每天吃的糖果数量不能相同。那么这些糖果最多够小雪吃________天。

16. 在题图中的三角形网格中，包含至少一个阴影三角形的平行四边形有________个。

四、解答题

17. 泰坦尼克号鸣着汽笛，以每小时 36 千米的速度面对冰山行驶，4 秒钟后听到回声。已知声音传播的速度为每秒 340 米。如果船没有办法减速，那么听到回声后多少秒将与冰山相撞？

18. 4 位侦探参加一场酒会，他们戴着不同的帽子，穿着不同的风衣外套。酒会结束，4 人拿取衣帽时发现，每人都拿错了帽子，也穿错了外套。那么，一共有多少种不同的拿错方式？

5年级

思考笔记

一、计算题

1. 17×69＋25×34＝________。

2. (72.3＋78.6＋74.8＋75.8＋76)÷5＝________。

3. 0.1×9＋0.2×8＋0.3×7＋…＋0.9×1＝________。

4. 已知[(□＋8)÷6－4]×2＝$0.\dot{6}$，则□＝________。

二、A 组填空题

5. 题图中，梯形 $ABCD$ 被分成了 8 个小三角形，其中 3 个小三角形面积已经给出，“?”所在的小三角形面积为________。

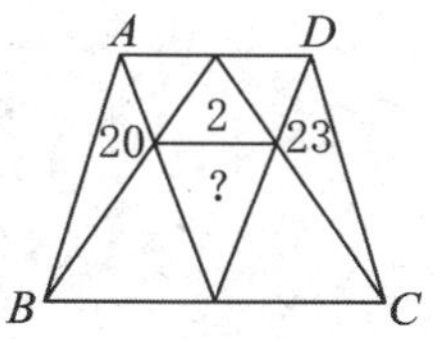

第 5 题图

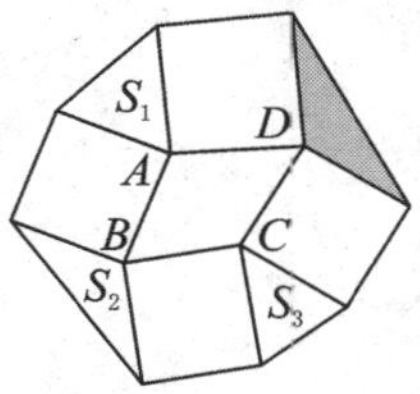

第 6 题图

6. 如图，已知四边形 $ABCD$，以四边为边分别向外作正方形。已知图中 $S_1=336$，$S_2=216$，$S_3=300$，则阴影部分面积为________。

7. 某班 A，B，C，D，E 五名同学分别报名参加运动会的 5 项项目：50 米跑，100 米跑，跳绳，跳远和保龄球，每人限报一项，每项限报一人。已知 D 报名跳绳，报名跳远的不是 A 就是 B，E 没有报保龄球。那么共有________种不同的报名方案。

8. 小刚在一个足够大的广场中心开始，选定一个方向，走 1 米，右转 90°，走 2 米，再右转 90°，走 3 米，再右转 90°……依次下去，当他第 41 次转向时，距离出发点________米。

9. 2023 个小朋友围成一圈，若相邻 2 个小朋友都是男生，则牵一条蓝线，若相邻 2 个小朋友都是女生，则牵一条红线，若相邻 2 个小朋友一男一女，则牵一条彩线。已知共用蓝线 600 条，彩线 700 条，那么共有女生________人。

10. 如图，直角梯形 $ABCD$ 中，上底 $AD=5$，下底 $BC=8$，直角腰 $AB=6$，$DE\perp AC$ 交 AC 于点 E，则三角形 CDE 的面积为________。

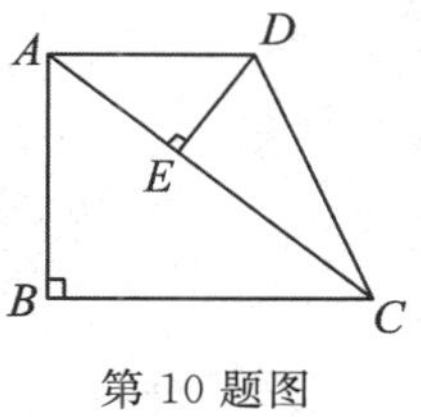

第 10 题图

11. 一个正方形纸片内散落着 2023 个红点，将正方形分成若干个四边形，要求：①每个四边形的顶点都是红点或者正方形的顶点；②每个四边形的内部和边上没有除顶点外的红点。那么共分成了________个四边形。

12. 一个由棱长为 1 的白色立方体拼成的大长方体，将长方体棱上的正方体全部染成灰色，结果有 4 个面上灰色立方体恰好和白色立方体一样多，还有 2 个面上的灰色小立方体比白色立方体多 4 个。那么，大长方体的体积是________。

三、B 组填空题

13. 老师有红、黄、蓝帽子各 10 顶。6 个小朋友站成一个圈，老师给每位小朋友发一顶帽子，结果每个小朋友发现，自己左右相邻的小朋友帽子颜色不相同。那么共有________种不同的分发情况。

14. 某班同学去种树，原计划每人种的数量相同，恰好完成任务。结果实际种完后发现，男生每人比计划数量多种 2 棵，女生每人比计划数量少种 3 棵，也恰好完成数量。如果男生种树总数是女生种树总数的 2 倍，那么原计划每人种________棵树。

15. 如图，三角形 ABC 的每个顶点都是 MN，PQ，ST 中 2 条线段的三等分点，$APXM$，$BNYS$，$CTZQ$ 都是平行四边形。已知三角形 ABC 面积为 1，那么三角形 XYZ 的面积为________。

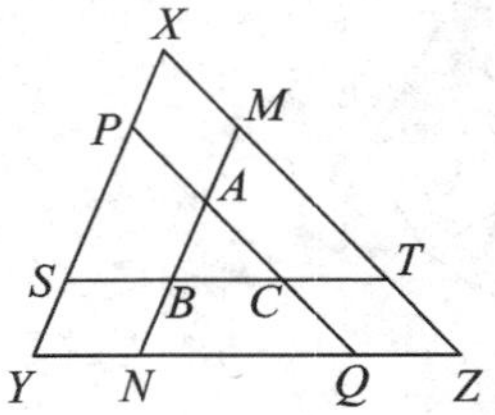

第 15 题图

16. 一个棱长为 20 的立方体，在 8 个角分别挖掉一个棱长为 1,2,3,4,5,6,7,8 的小正方体，剩下部分的表面积为________。

四、解答题

17. 用红、黄、蓝、绿四种颜色给立方体染色(可以不全用)，每个面染一种颜色，相邻的面不能染相同的颜色，共有多少种不同染法？(旋转后相同的算同一种染法)

18. 如图，E 是四边形 $ABCD$ 对角线 AC 上一点，已知 $\angle BEC=\angle BAD=90^\circ$，$CE=2BE$，$AB=2AD$，$AC=10$，求四边形 $ABCD$ 面积。

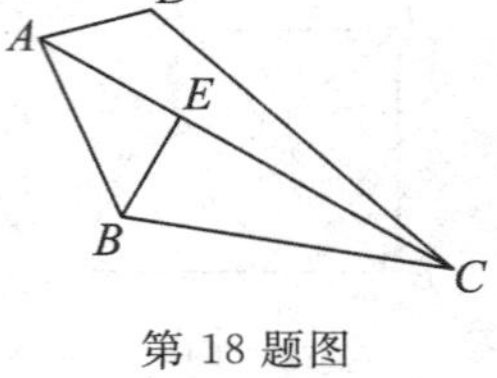

第 18 题图

6年级

思考笔记

一、计算题

1. $\left(\frac{1}{2}-\frac{1}{3}\right)\div 3+\left(\frac{1}{3}-\frac{1}{4}\right)\div 4+\frac{1}{12}\div 12=$________。

2. $\frac{1}{2+\frac{1}{3}}+\frac{1}{1+\frac{1}{1+\frac{1}{3}}}=$________。

3. $\left[\left(\frac{10}{3}+0.75\right)\times 1\frac{5}{7}-0.6\right]\div 3\frac{1}{5}=$________。

4. $\left(\frac{1}{1}+\frac{2}{1+3}+\frac{3}{1+3+5}+\cdots+\frac{10}{1+3+5+\cdots+19}\right)-\left(\frac{3}{2+4}+\frac{4}{2+4+6}+\frac{5}{2+4+6+8}+\cdots+\frac{11}{2+4+6+\cdots+20}\right)=$________。

二、A 组填空题

5. 两个分数，分子之比是 2∶3，分母之比是 3∶2，分数之和是 1，那么它们分子之和与分母之和的最简整数比是________。

6. 一个自然数，它的各位数字之和是 23，它的末两位数是 23，它本身还能被 23 整除，这个数最小是________。

7. 某摊位计算春节 7 天的营业额，发现前 3 天的营业额比后 4 天的营业额少$\frac{1}{7}$，前 4 天的营业额比后 3 天的营业额多$\frac{1}{7}$，而第 4 天的营业额比 7 天的平均营业额少 97 元，那么 7 天的总营业额是________。

8. 题图中的大三角形由面积顺次为 1，2，3，4，5，6 的 6 个小三角形拼成，A,B,C,D,E,F 是对应小三角形边的中点，四边形 $BCFE$ 的面积比 $ABED$ 的面积大________。

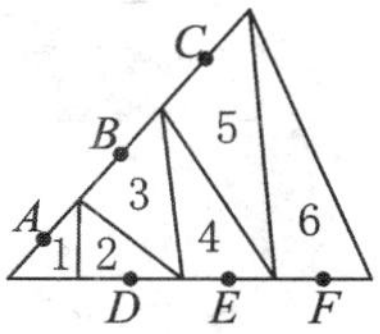

第 8 题图

9. 由不同数字按递减或递增顺序组成的三位数共有________个。

10. 某人在甲、乙两家商店各购买了 1 件商品。已知 2 件商品的定价相同，甲商店按 9 折出售，但要额外支付实际售价的 10%作为服务费；乙商店按 8 折出售，但要额外支付实际售价的 20%作为服务费。如果他一共花了 19500 元，那么这 2 件商品的总定价是________元。

11. 有甲、乙、丙 3 瓶酒精溶液，甲、乙混合后的浓度与丙相同，已知甲的浓度等于乙、丙浓度之和，乙溶液的质量等于甲、丙溶液的质量之差，丙溶液的溶质质量等于甲、乙溶液的溶质质量之和的一半。后检测发现甲溶液其实是浓度为 100%的纯酒精，那么乙溶液的浓度为________。

12. 如果一个四边形内角中恰有 2 个直角，那么称之为“好四边形”。从正十边形的顶点中选择 4 个构成四边形，其中“好四边形”有________个。

三、B 组填空题

13. 一个三位数，它既能表示成 3 个不含数字 3 的连续自然数之积，又能表示成 3 个不含数字 3 的连续三位数之和，它是________。

14. 如图，某人在地上画了一个正方形，又拿着一元硬币绕着正方形内、外各滚动了一圈，结果发现 2 次滚动过的面积中，较小面积是较大面积的 95%，已知一元硬币的直径是 25 毫米，那么正方形的周长是________米。(π 取 3.14)

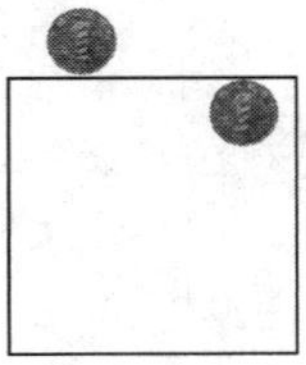

第 14 题图

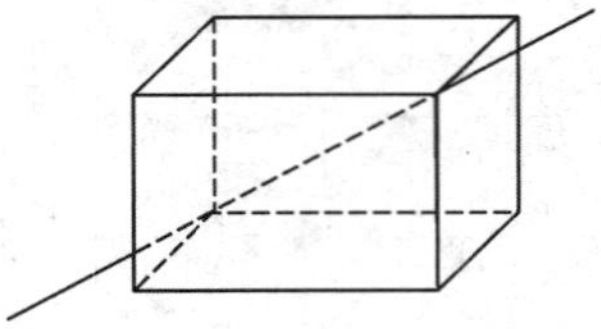

第 16 题图

15. 甲、乙两船的静水速度相同，每天同时从 A，B 两个港口出发，相向而行，在距离中点 3 千米的 C 处交错而过。3 月 1 日，两船更换了新的发动机，船的静水速度都提升为原来的 1.5 倍。如果水速始终不变，那么 3 月 1 日后两船交错处距离 C 点________千米。

16. 如图，一个长 12 厘米、宽 9 厘米、高 8 厘米的长方体，用一根铁丝沿体对角线穿透整个长方体，再将长方体切成棱长为 1 的小立方体，铁丝被切成了________段，其中最短的一段长为________。

四、解答题

17. 如图，已知 AB 是半径为 15 的圆形纸片上一段长为 9.42 的弧，甲选择任意方向将圆形纸片剪出不含圆心的带状 $ABCD$，其中 $BC\parallel AD$，乙选择与甲垂直的方向将另一个等大的圆形纸片剪出不含圆心的带状 $ABEF$，其中 $BE\perp BC$，那么两人剪出的带状面积之和是多少？(π 取 3.14)

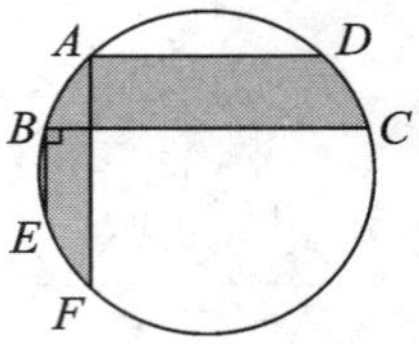

第 17 题图

18. 一个边长为 2 的正十二边形可由多个边长为 1 的正三角形和边长为 1 的正方形拼成。

(1)请问，由多少个正三角形和正方形拼成？

(2)题图的正十二边形方框已固定(不可翻转或旋转)，请问有多少种不同的拼法？

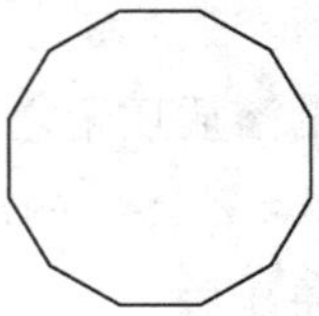

第 18 题图

2023年 秋·武汉明心资优生水平测试

4年级

思考笔记

一、计算题

1. 2023－826×2＝________。

2. 20×20－20×23＋23×23＝________。

3. 1－2＋3－4＋5－6＋7－8＋…＋99－100＋101＝________。

4. (1＋2＋3＋…＋55)÷(1＋2＋3＋…＋10)＋1＝________。

二、A 组填空题

5. 已知题图中的“2023”字样的总面积(阴影部分面积)为 50，那么“320”字样的总面积为________。

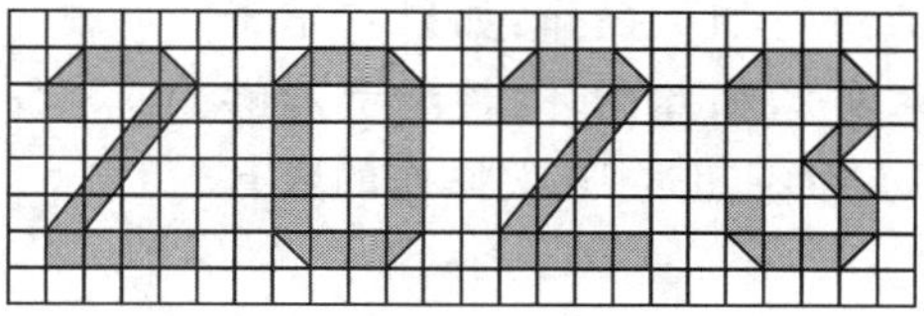

第 5 题图

6. 甲、乙、丙三人一起分 825 枚金币，已知甲分得的金币比乙的 2 倍少 1 枚，三人的金币总数比丙的 7 倍少 1 枚，那么乙分得的金币是丙的________倍。

7. 用 5 个边长为 3 的正方形、10 个边长为 2 的正方形、15 个边长为 1 的正方形拼成一个大长方形(也可以是正方形)，要求大长方形内没有空缺，各小正方形不能重叠，也不能有剩余，那么大长方形的周长最长是________。

8. 某数学小组共有 15 人，平均分为 3 个小组，在一次数学考试中发现，第一、二小组的平均成绩比第三小组的平均成绩多 15 分，第二、三小组的平均成绩比第一小组的平均成绩少 15 分，那么第一小组的平均成绩比第三小组的平均成绩多________分。

9. 某校 4 年级学生组成一个实心方阵进行演出，方阵最外一圈是男生，往内一圈是女生，再往内一圈是男生，然后又是女生……已知参加演出的男生比女生多 41 人，那么参加演出的女生共________人。

10. 一列火车通过长 3 千米的隧道需要 6 秒，通过长 6 千米的隧道需要 11 秒，那么通过 12 千米长的隧道需要________秒。

11. 有 44 个连续奇数，其中第 7 个奇数恰好等于第 1 个奇数和第 2 个奇数的乘积，那么这 44 个连续奇数的和是________。

12. 如图，在方格纸上画直线，可将方格纸分成大小不限的若干块区域，如果要将方格纸分成 2023 块区域，应至少画________条直线。

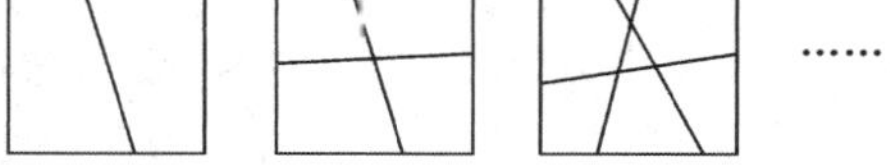

第 12 题图

三、B 组填空题

13. 爷爷对孙子说："当你爸到我这个年龄的时候，你的年龄恰好是我现在年龄的一半。"

孙子立刻说道："那我知道了，当您在我爸这个年龄的时候，我爸的年龄恰好是我现在年龄的 X 倍。"

爷爷立刻夸奖了孙子。那么 X 代表的数是________。

14. 题图是 4×4 的方格纸，其中每个小方格的面积是 1，小方格的顶点称为格点。小明在图中选取了 8 个格点，其中任意 3 个格点都不在一条直线上，他用线段将这 8 个格点顺次连接，使得到的多边形面积尽可能大；小新也在图中选取了 8 个格点，其中任意 3 个格点也不在一条直线上，他也用线段将这 8 个格点顺次连接，使得到的多边形面积尽可能小。那么他们 2 人得到的图形面积的乘积是________。

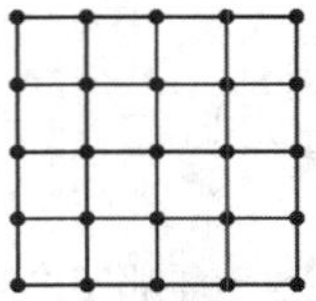

第 14 题图

15. 考拉兹猜想是指对于每一个非零自然数进行如下操作：如果它是奇数，则对它乘 3 再加 1；如果它是偶数，则对它除以 2，如此循环，最终都能够得到 1。那么，自然数中这样操作后第一次得到 1 时不超过 10 次操作的数有________个。

16. 小熊摸黑将红、黄、蓝、绿四种颜色的小球各 4 个放到对应颜色的箱子里，每个箱子里放 4 个球。第二天早上一看，发现每个箱子里与箱子同色的球数量各不相同，且没有一个箱子里的球是全部正确的，那么这种错误的放法有________种。

四、解答题

17. 一个公差为 3 的等差数列，首项是 826，末项是 2023，那么其中这个数列中奇数的总和与偶数的总和相比，哪个大？大多少？

18. 甲、乙两人分别从 A、B 两地同时出发，相向而行，在途中 C 处相遇。第二天 2 人同时从 A 地出发前往 B 地，甲到达 B 地后立刻返回，结果与乙仍在 C 处相遇。已知 AB 两地相距 3000 米，2 人速度从未改变，那么 C 距离 AB 中点处多远？

5年级

一、计算题

1. 987－654－3×21＝________。

2. 13.2×67.5÷9＋84＝________。

3. (2023÷17－17)÷17＝________。

4. 1.2＋2.4＋3.6＋4.8＋5.9＋6.7＋7.5＋8.3＋9.1＝________。

二、A 组填空题

5. 如图，用射线将大小为 180°的七等分，那么图中的锐角共有________个。

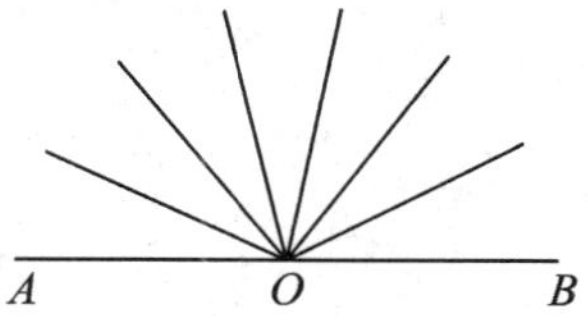

第 5 题图

6. 以 2023 开头，3202 结尾的自然数中，能被 2023 整除的最小自然数是________位数。

7. 有一个三位数，在它的正整数倍数中，含有数字 0 的最小倍数是 2023，这个三位数是________。

8. 题图的大正方形是由 7 个长方形拼成的。其中 5 个长方形的面积已给出，那么大正方形的面积是________。

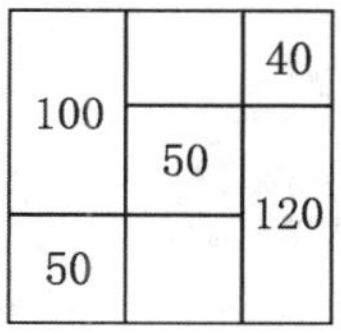

第 8 题图

9. 在无限长的纸带上按从小到大的顺序，从左往右依次写出所有数字和为 2023 的正整数，那么，从左往右的第 2023 个阿拉伯数字是________。

10. 有一类数，它的每个数字都是奇数，数字和也是奇数，每个约数都是奇数，约数和也是奇数，我们称这类数为“绝对奇数”。那么，所有“绝对奇数”的和是________。

11. 一个三位数，除以 1，2，3，4，5，6，7，8 的余数之和为 28，这个三位数是________。

12. 如图，$ABCD$ 和 $BFGH$ 都是长方形，$BC=2EF$，其中 3 个三角形的面积已给出，那么标“?”的三角形面积是________。

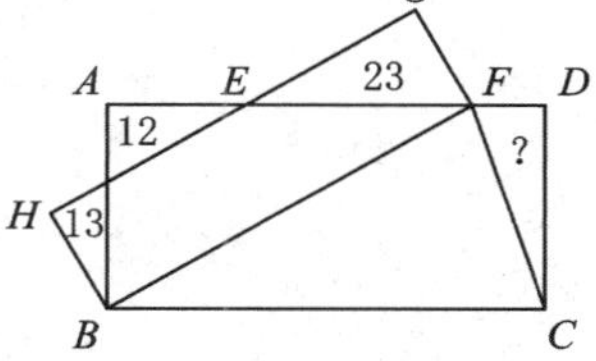

第 12 题图

三、B 组填空题

13. 有一类七位数，每个数都包含所有奇数数字且不包含任意偶数数字，它们还都是 99 的倍数，这样的七位数共有________个。

14. 一个数第二小的约数与第三大的约数的乘积是 363，这个数是________。

15. 在不超过 1000000 的完全平方数中，与 120 互质的有________个。

16. 如图，EF、GH 将长方形 $ABCD$ 分成了 4 个小长方形，M 是 AG 与 EF 的交点。如果三角形 AFG 和 CHM 的面积相差 48，那么矩形 $CGOF$ 的面积为________。

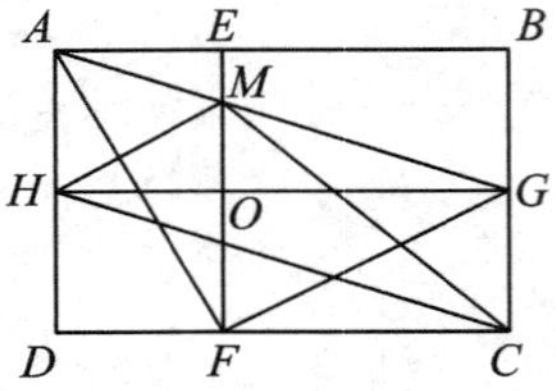

第 16 题图

四、解答题

17. 一个不含数字 0 的两位数，如果在它的 2 个数字之间插入一个数字，得到的三位数是原两位数的倍数，且不是 11 的倍数。那么称这个两位数为“扩倍数”。求所有“扩倍数”的和。

18. 如图，面积为 2023 的正六边形内有一个各边对应平行的小正六边形，图中空白部分的面积恰好是阴影部分面积的 16 倍，求小正六边形的面积。

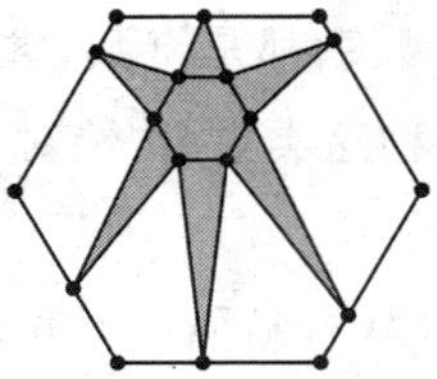
第 18 题图

6年级

思考笔记

一、计算题

1. $(7^2\times17\times27+7\times17\times27^2)\div2023=$________。

2. $\left(0.45+15\%+\frac{1}{3}+\frac{1}{15}\right)\div\left(\frac{2}{3}\times1.5-\frac{5}{6}\div1\frac{2}{3}\right)=$________。

3. $0.\dot{1}+0.\dot{2}3\dot{4}-(1-0.\dot{7}6\dot{5})+0.\dot{8}=$________。

4. $n!$ 表示 $1\times2\times\cdots\times n$，那么 $\dfrac{1}{\frac{1}{2!\times4}+\frac{1}{3!\times5}+\frac{1}{4!\times6}+\cdots+\frac{1}{8!\times10}+\frac{1}{10!}}=$

________。

二、A组填空题

5. 某个真分数，将它的分母加上1得到的数是将它的分子加上1所得到的数的一半，这个真分数是________。

6. 某次满分为100分的考试之后。

张同学对李同学说："你这次又是第一，分数居然比我高10%。"

李同学说："侥幸啦！这次我扣的分数比较少，也只有你的10%。"

那么李同学考了________分。

7. 斐波那契数列的前8项是1，1，2，3，5，8，13，21，请将分数$\frac{1}{2}$，$\frac{2}{3}$，$\frac{3}{5}$，$\frac{5}{8}$，$\frac{13}{8}$，$\frac{13}{21}$用">"连接起来________________。

8. 小牛练习投篮，投了若干球之后准备休息。教练告诉他："如果你再投10球且中8球，那么你的命中率是75%；但是如果你再专心投5球且都投中，那么你的命中率将提高到76%。"那么小牛此时一共投入了________个球。

9. 在题图的方格中填入适当的数字，使得等式成立。那么5个方格中共填有________个不同数字。

$$0.\dot{\square}\square\dot{\square}+0.\dot{\square}\dot{\square}=\frac{27}{407}$$

第9题图

10. 某校6年级有2个数学兴趣小组。如果从第一组转2名同学去第二组，那么第一组的人数比第二组少一半；如果从第二组转2名同学去第一组，那么第一组的同学比第二组多一半。那么参加数学兴趣小组的同学共有________人。

11. 分子与分母的和恰好是2023的最简真分数共有________个。

12. 海盗三兄弟分金币，老大分到的比老二分到的$\frac{1}{2}$多6枚，老二分到的比老三分到的$\frac{2}{3}$多4枚，老三分到的比老大分到的$\frac{3}{4}$多3枚，那么三兄弟一共分到了________枚金币。

三、B组填空题

13. 如图，将面积为2023的大正方形上下两条边4等分，左右两条边7等分，内部小正方形的边与大正方形的边对应平行。如果阴影部分的面积恰好占大正方形面积的一半，那么小正方形的面积为________。

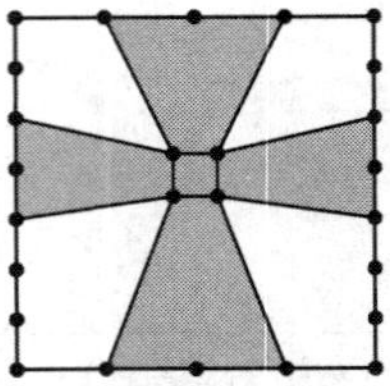

第13题图

14. 3个工程队合修一条公路，甲队比乙、丙两队修的公路总长的$\frac{1}{2}$多修13公里，乙队比甲、丙两队修的公路总长的$\frac{1}{3}$多修13公里，丙队比甲、乙两队修的公路总长的$\frac{1}{4}$多修13公里。那么3个工程队共修公路________公里。

15. 题图由16条线段组成，选择其中6条染成红色，使得图中的12个格点每个都是一条红色线段的端点，共有________种不同选法。

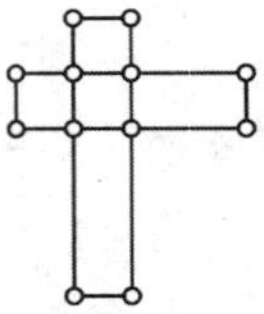

第15题图

16. 一个分母不超过100的真分数，化成小数时小数点后四位是2023，这个分数是________。

四、解答题

17. 一个两位数恰好是它的2023倍的因数个数，求这个两位数。

18. 如图，正方形下方的正八边形的中心到顶点的距离是10，求阴影部分面积。

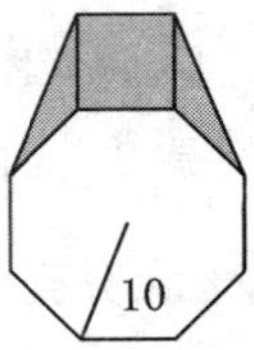

第18题图

二、历事炼心·2023年模拟题精选

模拟试卷一(中年级组)★★★ 命题人:张宇平·北京

模拟试卷二(中年级组)★★★ 命题人:谢堉绚·福州

模拟试卷三(中年级组)★★★ 命题人:向璘丰·武汉

模拟试卷四(高年级组)★★★ 命题人:李冰莹·广州

模拟试卷五(高年级组)★★★ 命题人:李巍·广州

模拟试卷六(高年级组)★★★ 命题人:李亦捷·北京

模拟试卷七(高年级组)★★★ 命题人:张金·武汉

模拟试卷八(高年级组)★★★ 命题人:黄锦熙·广州

模拟试卷九(高年级组)★★★ 命题人:王天喜·广州

模拟试卷十(高年级组)★★★ 命题人:张旭·沈阳

模拟试卷一（中年级组）★★★

思考笔记

一、A 组填空题

1. 已知 $A=99999\times12345$，那么 A 的数字和是________。

2. 朋友们准备一起凑钱买一个生日礼物送给小红，如果每人出 30 元，则会多出 100 元；如果每人出 20 元，则还差 50 元。这个生日礼物的价格是________元。

3. 30 岁的阿苗和 3 岁的女儿泡芙参加一场亲子活动，在活动中所有人的平均年龄是 22 岁。当阿苗母女离开后，剩下所有人的平均年龄是 23 岁，则参加这场亲子活动的总共有________人。

4. Δ 表示一种不同正整数之间的新运算，当 Δ 前面的数大于后面的数时，运算结果为两数之差的一半，当 Δ 前面的数小于后面的数时，运算结果为两数之和的一半，例如，$5\Delta3=(5-3)\div2=1$，$3\Delta5=(3+5)\div2=4$，已知某个数 x 满足 $(x\Delta10)\Delta8=5$，则 x 的所有可能值之和为________。

5. 4 个人的工作分别是教师、医生、警察和画家。已知：第 1 个人和教师是狮子座；第 2 个人和画家都是射手座；第 3 个人和警察不是同一个星座；第 4 个人不是狮子座。那么，按照教师、医生、警察和画家的排序，这 4 个人对应的顺序应是________。（填入一个四位数，如教师、医生、警察、画家分别是第 1、2、3、4 个人，则填入 1234）

6. 如图所示，图中共有________个三角形。

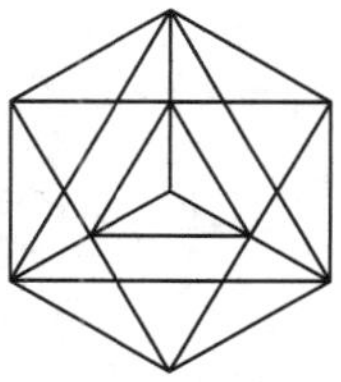

第 6 题图

7. 小白和小黑走同一条山路，同时从 A 镇出发前往 B 镇，途中先上山后下山。小白上山时每分钟行 40 米，下山时每分钟行 60 米，小黑上山时每分钟行 30 米，下山时每分钟行 80 米。已知两人同时抵达 B 镇，且他们步行的距离均为 3600 米，则两人出发________分钟后到达 B 镇。

8. 题图是一个上下对称且左右对称的图形，已知大正方形的面积为 360，那么图中 4 个阴影正方形的面积和为________。

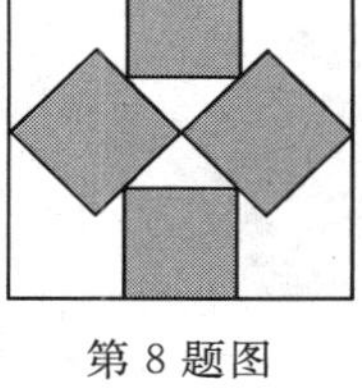

第 8 题图

二、B 组填空题

9. 一个等差数列，前 8 项的和是 81，前 20 项的和是 240，则前 4 项的和是________。

10. 小白建立了一个模型用来研究自己周末应该如何安排能够过得最好，这周末他有 10 小时的可支配时间，可以选择运动或者读书，每件事都安排整数小时。他每用 1 小时运动，会提升 10 点心情值，但会减少 6 点体力值；他每用 1 小时读书，会提升 2 点心情值，并提升 2 点体力值。小白初始的心情值是 70，体力值是 80，10 小时活动结束后，小白希望自己最终的心情值与体力值的乘积尽可能大。那么，这个最大的乘积是________。

11. 魔法城市里有许多神奇的魔法生物，鹰头马有 1 个头，4 条腿，1 对翅膀；双头龙有 2 个头，2 条腿，1 对翅膀；半人马有 1 个头，4 条腿，没有翅膀。已知半人马的数量比鹰头马与双头龙的数量之和的 2 倍还多 3 只，且这 3 种生物腿的总数比头的总数多 96，则双头龙最多有________只。

12. 一条笔直的大街两端住着甲、乙两户人家，甲、乙两人每天早上出门散步，于 8 点整在大街上相遇。新年第一天，甲比平时早 5 分钟出门，结果两人于 7:57 分相遇；那么新年第二天，乙比平时早 10 分钟出门，两人于 7 点________分相遇。

13. 星期名称有一、二、三、四、五、六、日共 7 种。如果一个人过生日那天和出生那天的星期名称相同，则称这个生日为“幸运生日”，例如，莉莉今年生日是星期三，她出生那天也是星期三，那么莉莉今年的生日就是她的一个“幸运生日”。一个人在第一次过“幸运生日”时的年龄称为他的“幸运数”(年龄等于当年年份减去出生年份，例如，莉莉出生在 2000 年，那么她 2023 年的年龄是 23 岁)，规定 0 不是幸运数。则所有可能的“幸运数”之和为________。

三、解答题

14. 将 1～100 按照题图的方式排成“V”字型数表。

(1)第一行最右侧的数是多少？

(2)1 所在的这一列最下方的数是多少？

(3)第一行数的和是多少？

10	5	2	1	4	9	16
	11	6	3	8	15	
		12	7	14		
			13			

第 14 题图

15. 如图，在正六边形 $ABCDEF$ 中，H 为 EF 上的点，G 为 DE 的中点，且三角形 AFH 的面积、四边形 $BGEH$ 的面积、四边形 $BCDG$ 的面积成等差数列。

(1)若正六边形的面积为 6，则四边形 $BCDG$ 的面积是多少？

(2)FH 为 HE 的几倍？

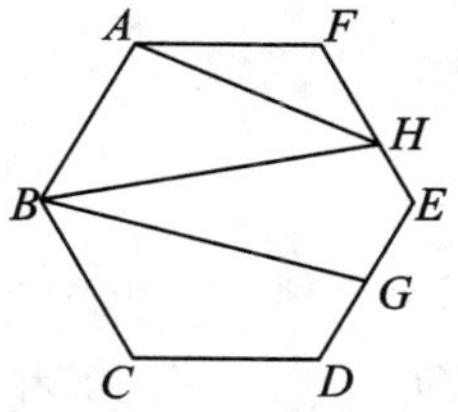

第 15 题图

（命题人：张宇平·北京）

模拟试卷二（中年级组）★★★

思考笔记

一、A 组填空题

1. 计算：$(12\div3\times4\times56\div7-8)\times9\div10=$________。

2. 算式：$\overline{AB}\times\overline{C0D}-\overline{EFG}\div9=2365$，其中相同字母代表相同汉字，不同字母代表不同汉字，已知 $\overline{AB}$，$\overline{C0D}$ 均为质数，且 $E=8$，则 $\overline{EFG}$ 的值是________。

3. 观察题图数表，请问：2023 排在这个数表第________行第________列。

3	13	18	48	53	103	…
8	23	43	58	98	…	
28	38	63	93	…		
33	68	88	…			
73	83	…				
78	…					
…						

第 3 题图

4. 悦悦带领其余的 5 位小朋友站成一排照相，悦悦作为队长只能站在最左或者最右，其中小欢和小喜是好朋友，必须要站一起，而乐乐不想站在飞飞旁边，则共有________种站队方法。

5. 园中原有一些母鸡和兔子，一段时间后母鸡们生了若干只小鸡，这时母鸡、小鸡和兔子共有 98 只，若平均每只母鸡生出 3 只小鸡，且兔子腿的总数是鸡腿总数的 3 倍少 8 条，则兔子比小鸡多________只。

6. 由于天气逐渐冷起来，牧场上的草不仅不长，反而以固定的速度在减少。如果某块草地上的草可供 25 头牛吃 4 天，或可供 16 头牛吃 6 天，现有一群牛吃了 3 天，其中有 2 头母牛再过 3 天便生出 8 头小牛，小牛隔天便能开始吃草，4 头小牛一天的吃草量相当于一头母牛的吃草量，一头母牛每天的吃草量和一头公牛相同，那么这片草地经过 10 天便被吃完，原有________头牛。

7. 有一个语音识别的加密小程序，你每说出一个数字 a（a 的范围为 0～9），它会在屏幕上显示 $7a+5$ 的个位数字。有一次喜喜先说了 4 个数字后，屏幕上显示的数字依次为 2，0，2，3，则喜喜说出的 4 个数字组成的四位数有________种可能。

8. 悦悦写了一个无重复数字的三位数，给出的范围是在 900 到 950 之间，且这 3 个数字可重新排列成一个等差数列，甲、乙、丙分别做出如下猜测：

甲说："它是 9 的倍数，且是个奇数。"

乙说："它加 1 是 4 的倍数，加 2 是 5 的倍数。"

丙说："它的百位是个位与十位的和，它的百位与个位能被十位整除。"

若他们 3 人每人恰好说对一句，也说错一句，那么这个三位数是________。

二、B 组填空题

9. 算式 28×35×40×□的乘积末尾有 4 个连续的 0，□是三位数，且为 9 倍数，则□最大＝________。

10. 如图，是由一个等腰梯形挖掉 3 个形状、大小都相同的三角形后剩余的部分，若同方向的线段均互相平行，且挖掉的三角形的面积为 1，则该图形的面积为________。

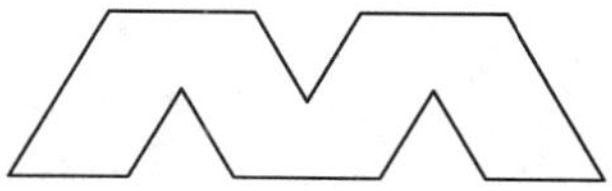

第 10 题图

11. 如图，正六边形 $ABCDEF$ 的边长都是 2 厘米，蚂蚁甲以 2 厘米/秒的速度从 A 点出发，然后沿路线 $A\to B\to O\to E\to H\to C\to O\to F\to A$ 不断爬行，在同一时刻，蚂蚁乙以 1 厘米/秒的速度从 B 点出发，然后沿着路线 $B\to C\to H\to E\to F\to A\to B$（正六边形最外圈的边长）不断爬行。经过 30 秒后，2 只蚂蚁想在某个点会面，则蚂蚁乙得把速度提到________才能快速遇见蚂蚁甲。此时 2 只蚂蚁在________点会面。

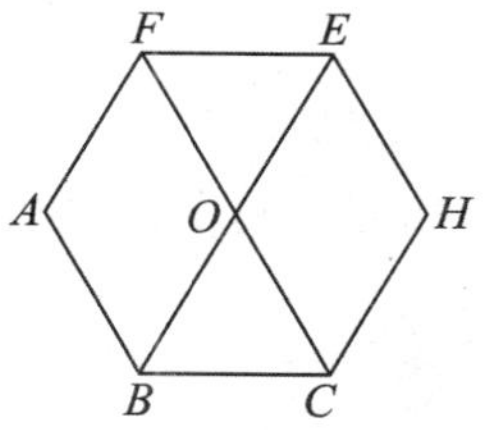

第 11 题图

12. 用 n 个菱形可以覆盖住整个正六边形，如果菱形不能完全重合，那么至少得拿________个菱形才能保证把正六边形全都覆盖住。（菱形的边长与正六边形相等）

13. 有 4 张卡片 2，0，2，3，可以组成________个数字和为质数的自然数。

三、解答题

14. 将一个 7×7 的棋盘（固定）沿着格线切割为有 4 种不同面积的共 17 个互不重叠的正方形（不留剩余），且其中最大的 2 种正方形不存在公共格线。有几种不同的切割方法？

15. 如图，一个会议室共有 40 个座位(中空)，某天开会时发现，每个座位的相邻(有公共边)座位上至少有一个座位上坐有一个人。那么，这天开会至少来了多少个人?

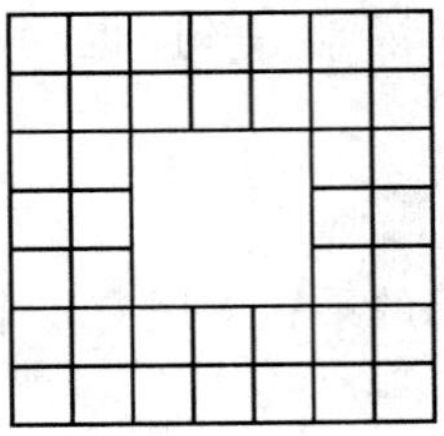

第 15 题图

(命题人：谢堉绚 · 福州)

模拟试卷三（中年级组）★★★

思考笔记

一、A 组填空题

1. 计算：$45\times45-44\times46+43\times47-42\times48+\cdots+3\times87-2\times88=$ ________。

2. 请在下面 7 个 8 之间适当的位置填上"＋""－""×""÷"和括号，使得其计算结果为 2024。

8　8　8　8　8　8　8＝2024

3. 定义符号"◇"表示另一种新运算，已知 2◇3＝8，3◇5＝17，2◇5＝19，2◇4＝13，则 5◇7＝________。

4. 题图中水平、竖直方向相邻 2 个格点的距离均为 1，则 3 个图形的总面积是________。

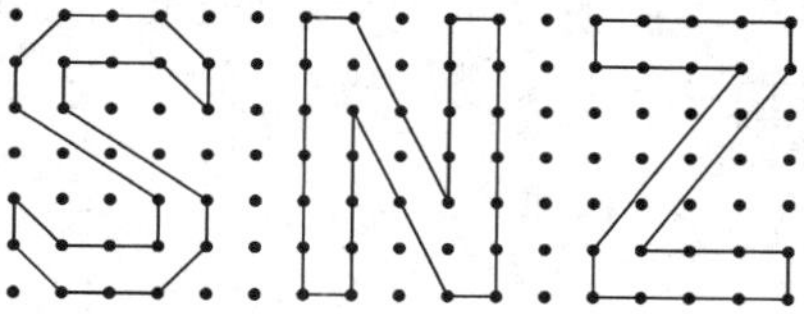

第 4 题图

5. 题图中$\triangle ABC$，$\triangle ADE$ 和$\triangle AFG$ 都是等边三角形，已知$\angle 1=42°$，$\angle 4=2\angle 3$，那么$\angle 2=$________°。

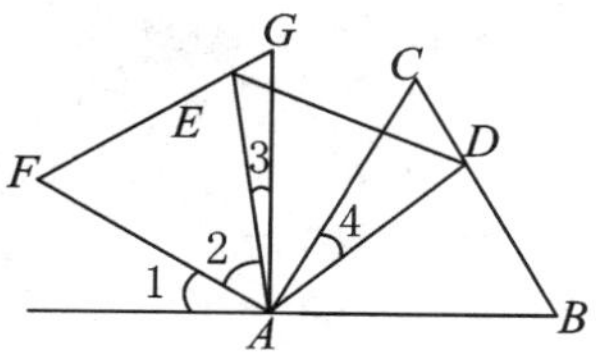

第 5 题图

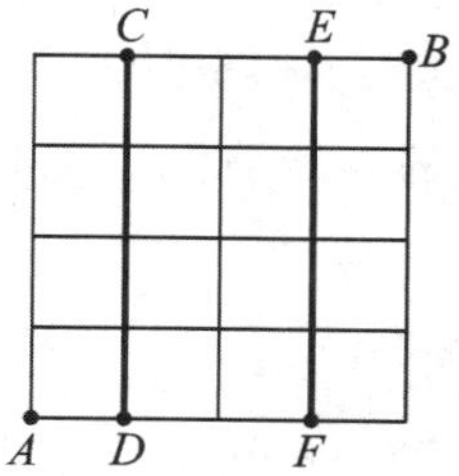

第 7 题图

6. 大象给班上同学们奖励积分卡，如果每人发 5 张，还剩下 30 张积分卡。大象给每人发了 7 张积分卡，发现刚好发完，但是有 4 位同学都发现大象发错了，自己实际只拿到了 4 张积分卡，而其他同学都没出错。那么大象实际准备了________张积分卡。

7. 题图是一个街道的路线图，大树家在 A 点，金金家在 B 点，所有线段都表示街道，但是 EF 和 CD 两条路线是单行道，只能从 C 走到 D，从 E 走到 F，那么大树开车去张金家有________种最短路线可以选择。

8. 根据数列的规律填空：14，15，16，20，22，24，32，________，1110。

二、B 组填空题

9. 2024 年的 1 月 1 日是星期一，我们把 1 月 1 日是星期一这样的年份称为“一心一意年”，那么下一个“一心一意年”是________年。

10. 小粽子、小锤子和小兔子三个宝宝参观了大象伯伯家的农场，农场里养着有一些鸡和羊。

小粽子：“大象伯伯家的农场里有动物 40 只，腿一共 90 条。”

小锤子：“大象伯伯家的农场里有动物 36 只，腿一共 80 条。”

小兔子：“大象伯伯家的农场里有动物 38 只，腿一共 90 条。”

如果每人都只说对了一半，那么大象伯伯家的农场里有________只鸡，________只羊。

11. 将五位数$\overline{ABCDE}$从万位开始的每相邻两位的数字之差按顺序组合成一个四位数，若这个四位数恰好是 2024，我们就称这个五位数$\overline{ABCDE}$为“少年数”，那么一共有________个“少年数”。

12. 一个梯形，如果高增加 10，面积就增加 80；如果上底增加 4，那么它就变成了平行四边形，并且面积增加了 12。这个梯形的上底是________，面积是________。

13. 题图数字谜中，相同的汉字代表相同的数字，不同的汉字代表不同的数字。已知日＝6，日＋月＝明，那么五位数$\overline{\text{日月中国强}}$是________。

$$\begin{array}{cccccc} & \text{月} & \text{是} & \text{故} & \text{乡} & \text{明} \\ \times & & & & & \text{日} \\ \hline & \text{国} & \text{是} & \text{中} & \text{国} & \text{强} \end{array}$$

第 13 题图

三、解答题

14. 弟弟对哥哥说：“当我像你这么大时，你都已经 52 岁了！”

哥哥对弟弟说：“你记错了，我现在的年龄被你记大了 9 岁，实际上我像你这么大时，你才 1 岁！”

那么哥哥今年多少岁？

15.“黄金梅丽号”和“桑尼号”两艘船在静水中的速度都是 50 千米/时，两艘船分别从 A、B 两个港口同时出发，相向而行。

(1)若水速是 4 千米/时，从出发到相遇，“黄金梅丽号”比“桑尼号”多行驶 72 千米，那么 A，B 两港口之间的距离是多少千米？

(2)若水速增加 4 千米/时，则相遇点距离原来的相遇点 20 千米，那么 A，B 两港口之间的距离是多少千米？

（命题人：向璘丰 · 武汉）

模拟试卷四（高年级组）★★★

思考笔记

一、A 组填空题

1. 算式$\left(\frac{1}{2}+\frac{2}{3}+\frac{3}{4}+\cdots+\frac{2023}{2024}\right)^2+\left(\frac{1}{2}+\frac{2}{3}+\frac{3}{4}+\cdots+\frac{2023}{2024}\right)\times\frac{1}{2}-\left(1+\frac{1}{2}+\frac{2}{3}+\cdots+\frac{2023}{2024}\right)\times\left(\frac{2}{3}+\frac{3}{4}+\cdots+\frac{2023}{2024}\right)$的计算结果是________。

2. 题图是由一些完全相同的正方体搭成的几何体的三视图，那么搭成这个几何体所用的正方体的个数是________。

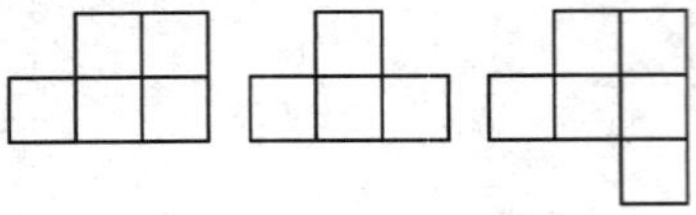

主视图　左视图　仰视图

第 2 题图

3. 某农场里养有一群鸡和兔子，鸡腿的数量比兔子的数量多 26，鸡的数量比兔子腿的数量少 29。那么农场里有________只兔子。

4. 某些四位数仅含有数字 0 或 2 或 4，且一定含有两个连续的数字“24”，例如：2024、2424。那么满足条件四位数共有________个。

5. 光明小学五、六年级共有 200 人，其中男女生人数之比是 16 : 9，五年级女生人数是男生人数的$\frac{1}{2}$，六年级女生人数是男生人数的 60%，那么六年级男生比五年级女生多________人。

6. 如题图所示，在每个方格中填入 1～5 中的一个数字，使得每行、每列的五个数字各不相同，并且每个圆圈中的数都恰等于与它相邻的四个数字的乘积。已知方格中已填出数字“3”，那么圆圈 A 的值是________。

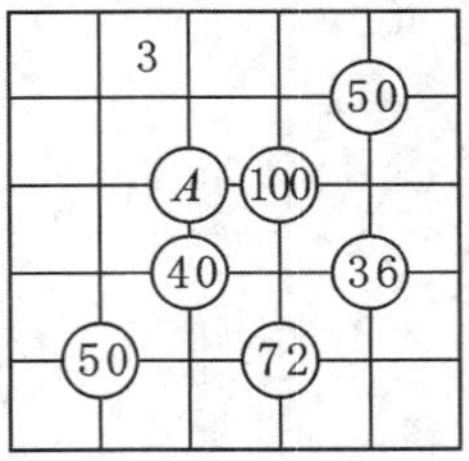

第 6 题图

7. 在下列数表中，数字以一定规律排列，且从左至右和从上到下都是无限的。那么 2024 在数表中一共出现了________次。

1	1	1	1	1	…
1	2	3	4	5	…
1	3	5	7	9	…
1	4	7	10	13	…
1	5	9	13	17	…
…	…	…	…	…	…

8. 一个自然数的 6 倍、7 倍、8 倍、9 倍、10 倍、11 倍的因数个数都相同，这个自然数最小是________。

二、B 组填空题

9. 已知$[x]$表示不超过 x 的最大整数，算式 $A=\frac{1}{2024^0}+\frac{1}{2024^1}+\frac{2}{2024^2}+\frac{3}{2024^3}+\frac{5}{2024^4}+\frac{8}{2024^5}+\frac{13}{2024^6}+\frac{21}{2024^7}+\cdots$，那么$[2023A]$的取值是________。

10. 已知七位数$\overline{2A0B2C4}$是 1848 的倍数，那么三位数$\overline{ABC}$是________。

11. 甲、乙两车同时匀速从 A 地出发，往返于 A、B 两地间。甲第一次到达 B 地后返回，在距离 B 地 45 千米处遇到乙，并比乙早 2 小时回到 A 地；甲回到 A 地后立即再前往 B 地，在 C 地处遇到正返回 A 地的乙。已知 BC 两地间的路程是 AC 的 3 倍，则乙的速度是________千米/时。

12. 如题图所示，7 个圆两两紧挨在一起，已知大圆半径为 24，那么图中空白部分的面积是________。（π 取 3）

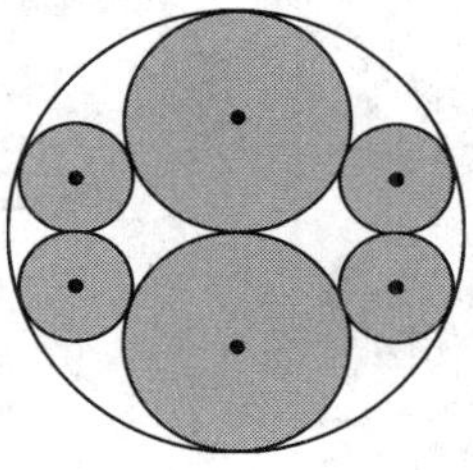

第 12 题图

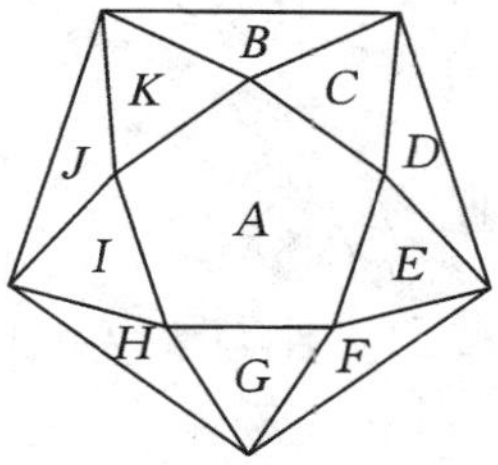

第 13 题图

13. 一个图形被划分为 $A\sim K$ 这 11 个区域，分别是 5 个正三角形、5 个等腰三角形和中间的五边形。若用三种颜色给这个图形染色，要求相邻的区域不同色（相邻指有公共边），三种颜色都用到，则一共有________种染色方法。

三、解答题

14. 如题图所示，正六边形 $ABCDEF$ 内有一点 O，由 O 向各边作垂线，垂足分别为 G,H,I,J,K,L。已知五边形 $GAFEJ$ 的面积是 60，五边形 $GBCDJ$ 的面积是 66，五边形 $KFABH$ 的面积是 72，那么五边形 $ALICB$ 的面积为多少？

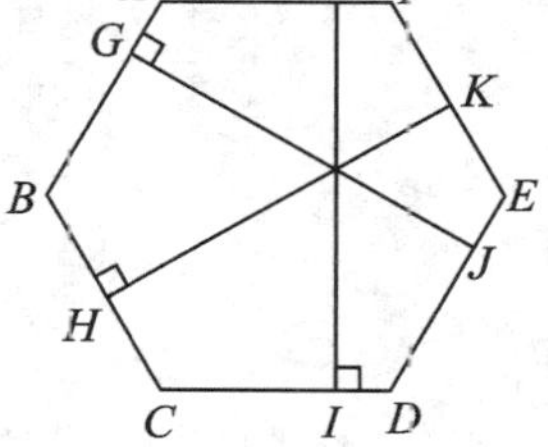

第 14 题图

15. 如题图所示，一个大正方形被分割成 2024×2024 个边长都为 1 的方格，从大正方形左下角 A 点出发，前往右上角 B 点，每次跳跃的距离为 5，并且每次跳跃的落点都是格点。那么至少要跳多少次才能到达 B 点？

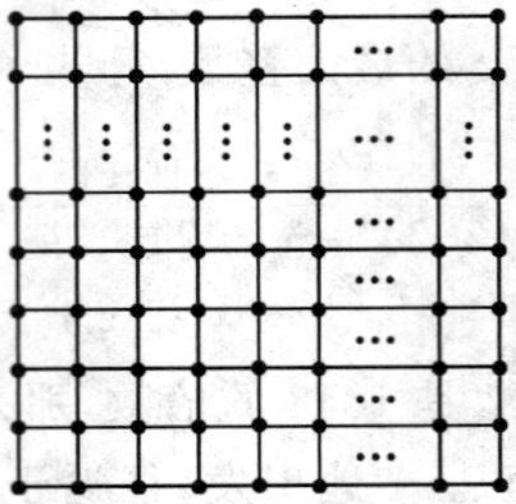

第 15 题图

（命题人：李冰莹 · 广州）

模拟试卷五（高年级组）★★★

思考笔记

一、A 组填空题

1. 算式 $\left(\frac{4^2-2^2}{2^2-1}+1\right)\times\left(\frac{8^2-6^2}{6^2-1}+1\right)\times\left(\frac{12^2-10^2}{10^2-1}+1\right)\times\cdots\times\left(\frac{2024^2-2022^2}{2022^2-1}+1\right)$ 的计算结果是________。

2. 芒果糖每盒 11 块，榴莲糖每盒 13 块。某老师计划把这两种糖分发给同学们作为结课礼物，每种糖每人一块，由于又来了一位同学，榴莲糖就要增加一盒，两种糖分发的盒数就一样多，现在又来了一位同学，芒果糖也要增加一盒。那么最后共有________位同学。

3. 有若干枚棋子，将它们放入如题图所示的 15 个小方格中，已知每个小方格至少放 1 枚棋子，但无论怎么放，总有 3 个小方格中的棋子数相同，那么最多有________枚棋子。

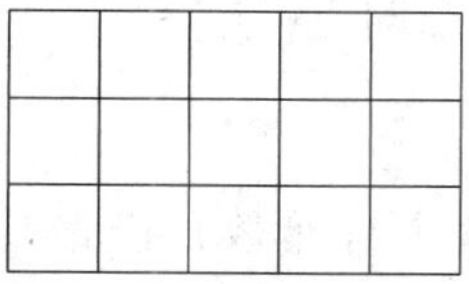

第 3 题图

4. 一辆电动汽车充满电后，从甲地开到乙地，再按原路返回甲地。如果全程不开空调，那么跑完全程时还剩下 24% 的电量；如果去程开空调，返程不开，那么该车正好在电量用完时回到甲地；如果全程开空调，那么从乙地返回甲地时，在距离甲地 168 千米处电量耗尽。那么甲、乙两地相距________千米。

5. 在 69～96 之间的某个自然数，用四进制表示时它的数字和为 5；用五进制表示时它的数字和为 7；用六进制表示时它的数字和为 8。这个数用十进制表示是________。

6. 将 1、2、3、4、5 排成一排，要求：第一个数不是 1，前两个数的和不是 3，前 3 个数的和不是 6，前 4 个数和不是 10。那么有________种不同排法。

7. 如题图所示，Rt△ABC 中，$\angle CAB=30°$，$AB=24$，D、E 分别为 AB、AC 的中点。将△ABC 绕点 B 逆时针旋转 120°，得到△$A'BC'$。那么旋转过程中，线段 DE 扫过的面积是________。（π 取 3.14）

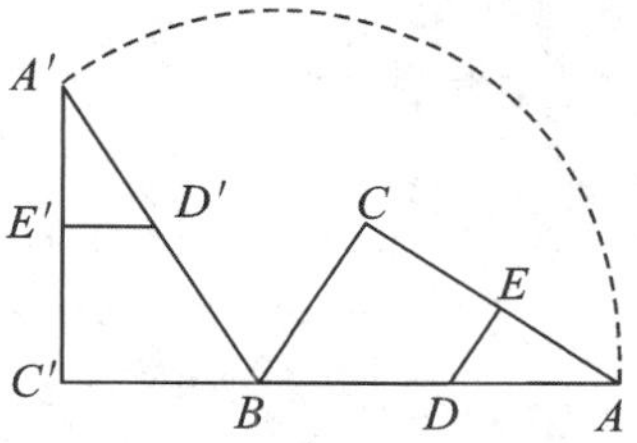

第 7 题图

8. 用八块棱长为 1 厘米的小正方块堆成一立体，其俯视图如题图所示，那么共有________种不同的堆法(经旋转能重合的算一种堆法)。

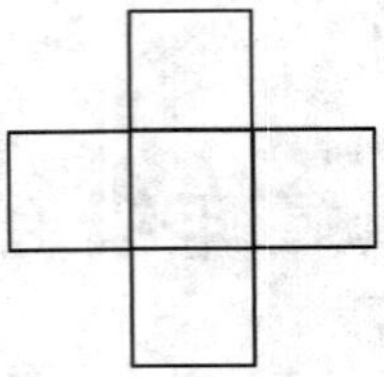

第 8 题图

二、B 组填空题

9. 如图，点 O 是面积为 468 的正六边形 $ABCDEF$ 的中心。已知 OG 垂直 AF 于点 G，H 为 OG 的中点，那么 $\triangle BHC$ 与 $\triangle EHF$ 面积的差是________。

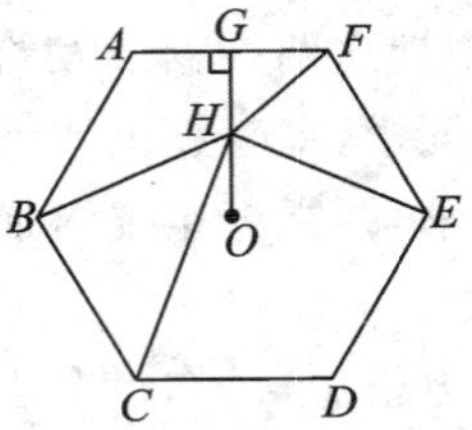

第 9 题图

10. 如果$[x]$表示不超过 x 的最大整数，那么$\left[\frac{23}{24}\right]+\left[\frac{23^2}{24}\right]+\left[\frac{23^3}{24}\right]+\cdots\left[\frac{23^{2024}}{24}\right]$的计算结果除以 24 的余数为________。

11. 如果一个自然数的 2024 倍恰有 2024 个因数，这个自然数自己最少有________个因数。

12. 某购书中心对顾客实行一项优惠措施：每次买书 300 元至 799。99 元者优惠 10%，每次买书 800 元以上者(包括 800 元)优惠 15%。某顾客到书店买了三次书，如果第一次与第二次合并在一起买，比分开买便宜 48 元，如果三次合并一起买比三次分开买便宜 98 元。已知第一次书价比第三次书价的一半还少 60 元，那么这位顾客第二次买了________元的书。

13. 已知 $3^{5k+x}+3^{5k+z}$ 能被 11 整除，其中 x、y、z 表示不超过 10 的正整数，k 是任意正整数。那么满足条件的数组(x,y,z)共有________组。

三、解答题

14. 如题图所示，在面积为 2024 的梯形 $ABCD$ 中，$AD:BC=1:2$，$\triangle ABE$ 和$\triangle CDE$ 均为等腰直角三角形，则$\triangle ADE$ 的面积为多少？

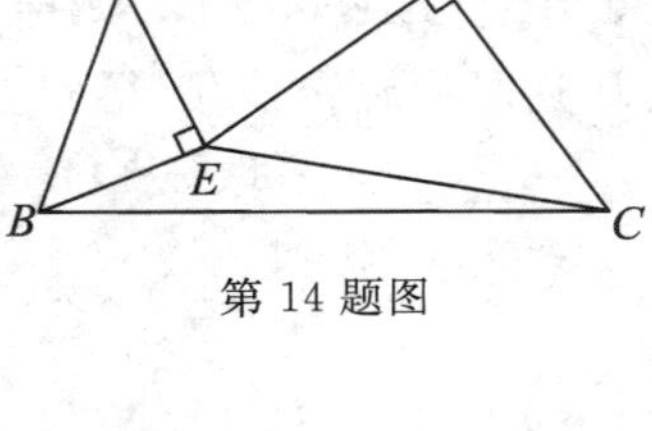

第 14 题图

15. 如题图所示，某周长为 21 米的环湖跑道上均匀分布着 21 盏灯。为了节约资源，考虑关掉其中 7 盏，要求关闭的任意两盏之间的弧长不能是 7 米和 3 米。那么共有多少种不同的关闭方案？

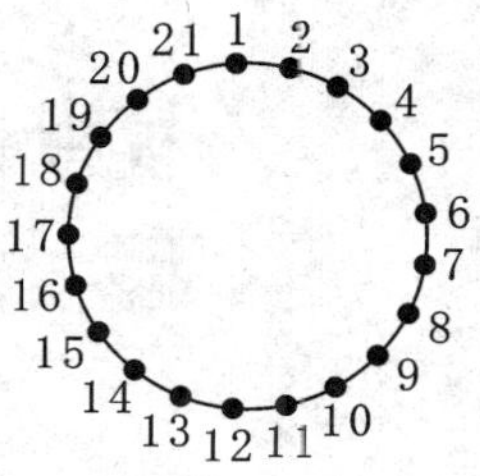

第 15 题图

（命题人：李巍 · 广州）

模拟试卷六（高年级组）★★★

思考笔记

一、A 组填空题

1. 计算 $2023\times\left(\frac{2}{1\times4}+\frac{2}{4\times7}+\cdots+\frac{2}{31\times34}\right)$________。

2. 小明家原有橘子的个数是梨的$\frac{2}{5}$。一家人每天会吃掉 7 个梨和 3 个橘子，这样下去，吃完所有橘子后，还会剩下 4 个梨。那么，小明家原有________个梨。

3. 一个三位数$\overline{ABC}$(数字可以重复)，满足 $A,B,C,\overline{AB},\overline{BC},\overline{ABC}$都是质数，则$\overline{ABC}$是多少？

4. 一项工程，若甲工程队干 2 天休息 1 天，14 天可以完工；乙工程队干 3 天休息 1 天，15 天可以完工；丙工程队一直不休息，也要 15 天才能完工。现让甲、乙、丙三队合作，且干 1 天休 1 天，需要________天完工。

5. 李老师钱包里有一些 20 元和 50 元的纸币，20 元的张数是 50 元的 3 倍。李老师用一些钞票购买了价值 220 元的文具且没有找零，此时余下 20 元纸币的张数变成了 50 元的 4 倍。则李老师钱包里现在有________元钱。

6. 小明参加一场数学竞赛，初始分数为 100 分，答对一题加 6 分，答错一题扣 20 分。如果小明在过程中不曾连续答对 3 道题，但最终的得分不低于 70 分，则小明最多作答了________道题。

7. 两个非零自然数的和与积都是 2023 的倍数，这两个数的乘积最小是________。

8. 算式 $a\times b\times b\times c\div(p+r)\times q+y+z-x=2023$ 中，不同字母代表 1～9 中不同数字，且字母表中相邻的字母代表的数字也相邻，则算式 $b\times q+y=$________。

二、B 组填空题

9. 一场考试有语文、数学、英语三门，20 名学生参加这场考试，每名学生在三门考试中的得分都互不相同。如果将每名学生自己的三科分数由高到低排序，则有 11 人的语文分数比数学高，14 人的数学成绩比英语高，12 人的英语成绩比语文高，且有 6 名学生三科的排序顺序互不相同。那么，英语分数最高的学生有________人。

10. 用 1、2、3、4、5、6 各一次组成一个六位数，且每个数字的右侧不能出现自身的因数，共有________种不同的方法。

11. 如题图所示，直角梯形 $ABCD$ 中，E 为 AD 上一点，以 AE 为直径的半圆与 CD、BC 边均恰有一个交点 F 与 G。若 $DF=15$，$DE=5$，则梯形$ABCD$ 的面积是________。

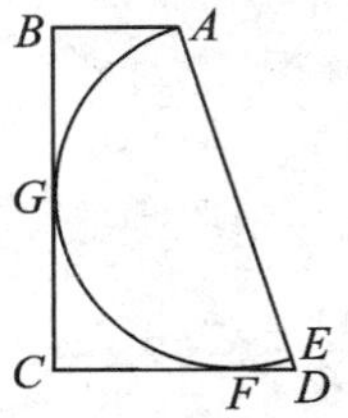

第 11 题图

12. 李老师用 1～6 各一次组成了 3 个两位数，分别交给了甲、乙、丙三人，然后发生了如下对话：

甲："我手里的数不是质数，但一定和你们都互质。"

乙："我手里的数也不是质数，但丙手里的数也一定不是质数。"

丙："我手里的数比你们加起来都大。"

那么，这 3 个两位数之和是________。

13. 能被自身数字和整除的数称为"和谐数"，2022、2023、2024、2025 这四个连续自然数都是"和谐数"。如果有四个连续的三位数也都是"和谐数"，则其中最小的数是________。

三、解答题

14. 如题图所示，长方形 $ABCD$ 中，M、N 为 EF 上的三等分点.已知 $\triangle CFN$ 和 $\triangle BEM$ 的面积分别为 3 和 6，那么，长方形的面积是多少？

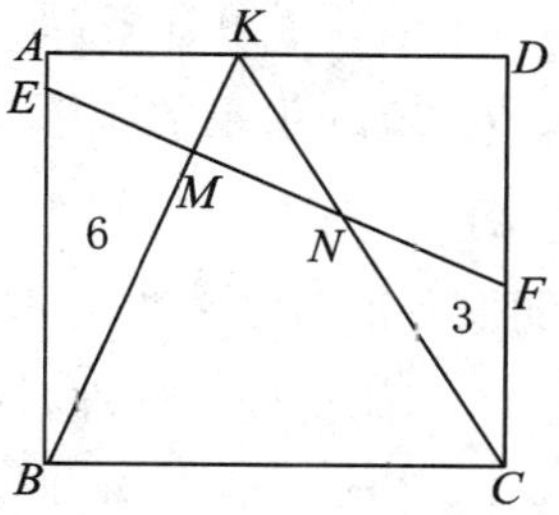

第 14 题图

15. 黑板上写着自然数 1 和另一个大于 1 且小于 2023 的自然数 N。甲乙两人轮流在上面写一个新的自然数，甲先乙后，每次写下的数都要比黑板上所有数都大，但不能超过黑板上最大的两个数的和。谁先在黑板上写下 2023，谁就获胜。如果甲乙两人都足够聪明，那么，所有能让甲最终获胜的不同自然数 N 之和是多少？

（命题人：李亦捷 · 北京）

模拟试卷七（高年级组）★★★

思考笔记

一、A 组填空题

1. 计算：$1\frac{1}{2023}\div1\frac{5}{17}\times1\frac{27}{92}+2023=$________。

2. “位置值”是目前考试中衡量学生综合排名情况的重要指标，其计算方法为：不超过该分值的人数在总考试人数的百分占比（通常用百分数表示）。例如，某次考试有 100 人参加，小金考了第 8 名，那么他的位置值为 93%。若某次数学活动，六年级有 640 人参加，小星的位置值为 98.75%，那么这次数学活动中，小星排第________名。

3. A、B、C、D、E 五位小朋友各准备了一份礼物进行交换，交换规则是：每位小朋友得到一份礼物，每个人不能得到自己准备的礼物。交换后发现 A 拿到了 C 准备的礼物，B 没有拿到 A 准备的礼物，那么这次交换礼物的结果可能出现________种不同的情况。

4. 一年一度的创新思维比拼中，主持人拿出一个神奇的红匣子。老师们关于红匣子中是否有大奖做出猜测。有 70%的女老师认为红匣子中有大奖，但是很多男老师却不以为然，有$\frac{3}{5}$的男老师认为其中没有大奖。主持人统计发现，有 56%的老师认为红匣子中有大奖，并且认为有大奖的男老师比认为没大奖的女老师多 18 人。那么一共有________位老师。

5. 若 2023 乘一个三位数 N，结果是一个完全平方数，那么所有满足条件的 N 的总和为________。

6. 如图有 3 个正六边形，A、B、C、D 均为中间六边形边上的中点，若中间浅色阴影部分的面积是 24，那么左右的深色阴影部分面积总和为________。

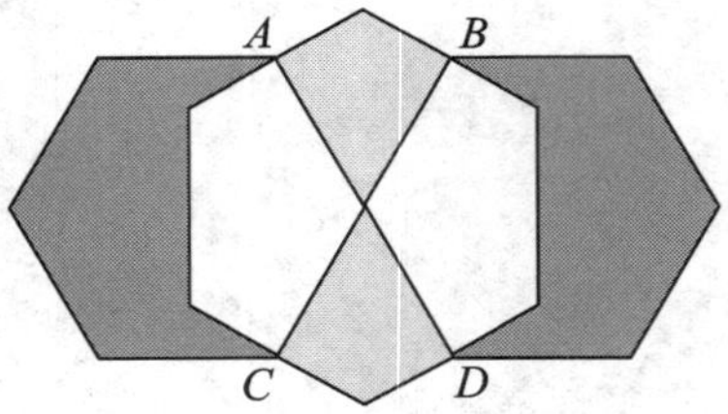

第 6 题图

7. 一次舞会有 20 人参加，任何两个人之间要么互相是好朋友，要么互相是仇人，要么之间互相不认识。每个人都会与自己的好朋友握手一次，不会与仇人或不认识的人握手。并且每个人的任意两个好朋友之间互为仇人，其两个仇人之间互为好朋友。那么该舞会最多会握手________次。

8. 在下列乘法横式中，相同汉字代表相同数字，不同汉字代表不同数字，那么五位数$\overline{少年当立志}$是________。

$$\overline{少年强}\times\overline{则国强}=\overline{少年当立志}$$

第 8 题图

二、B 组填空题

9. 若 $S=\frac{12}{1\times2}+\frac{13}{2\times3}+\frac{14}{3\times4}+\cdots+\frac{20}{9\times10}$，那么 S 的整数部分是________。

10. 一个多位数，组成数字互不相同，并且它的组成数字以及任意相邻两位数字组成的两位数都只含一种质因数(例如 5、27、49)，那么我们将它称为“烦琐数”。那么最大的“烦琐数”是________。

11. 如图，在正方形 $ABCD$ 外有一点 P，三角形 ABP 为直角三角形，$\angle APB=90^\circ$，若 $BP=6$，三角形 ADP 的面积为 50，那么正方形 $ABCD$ 的面积为________。

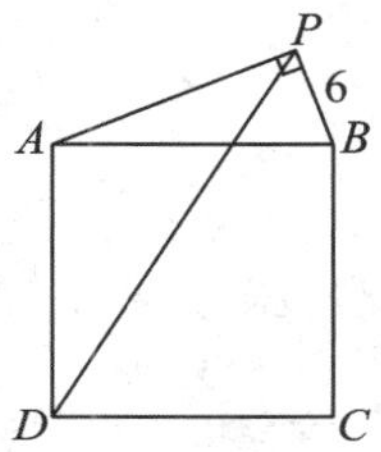

第 11 题图

12. 用数字 0～9 组成一个四位数，需满足以下要求：①数字可以重复使用；②相邻数位的数字不能相同；③组成的四位数能被 4 整除。例如，1216、4568 均满足，但是 1008、1230 均不满足。那么满足以上要求的四位数有________个。

13. 一个小于 2023 的整数 N 有 12 个因数，它的最小的 4 个因数的和是 15，那么满足题意的整数 N 有________个。

三、解答题

14. 一条直路上有 A、B、C、D 四个村庄，C、D 两村在 A、B 两村之间，小谢和小齐同时驾车从 A 村出发，与此同时小金也从 B 村出发，相向而行。一段时间后，小齐和小金在 C 村相遇；又过了一段时间，小谢也和小金相遇，此时小齐刚好到达 B 村，并立即掉头返回。当小齐和小谢相遇时，小金刚好到达 A 村，并立即掉头，速度提高 20%，不久后与小齐第二次在 D 村相遇，若 C、D 两地的距离为 6.8 千米，那 A、B 两村之间相距多少千米？

15. 有 1,2,3,…,n 共 n 个数，且 $n\leqslant100$，将这 n 个数分成若干组，每个数只能出现一次，每组至少 3 个数。

(1)若 $n=30$，要求每一组中某两个数之和等于其余所有数之和，请问是否能按要求完成分组？如果能，请问至少分几组，并给出分组方式；如果不能，请说明理由。若 $n=20$ 呢？

(2)若 $n=30$，要求每一组中任意两个不同的数的和都不是完全平方数，请问至少分几组，并给出分组方式。

（命题人：张金·武汉）

模拟试卷八（高年级组）★★★

思考笔记

一、A 组填空题

1. 满足$\left\{\frac{4x+17}{6}\right\}=\frac{49-80x}{30}$的 x 的值之和是________。

2. 学习小组共有 12 个人，每个人恰与其他 8 个人认识，其他 3 个人不认识，任何 3 人中都有 2 人互相认识。那么两两都认识的三人组有________组。

3. 式中的字母为 0 至 9，不重复使用，满足$\frac{\overline{ABCD}}{EFGHI}=\frac{D}{I}$，$I-D=E+K$，已知 $D=5$、$I=9$，不同的字母代表不同数字，那么$\overline{ABCD}$的值是________。

4. 已知正十边形面积是 1200，那么题图阴影部分的面积是________。

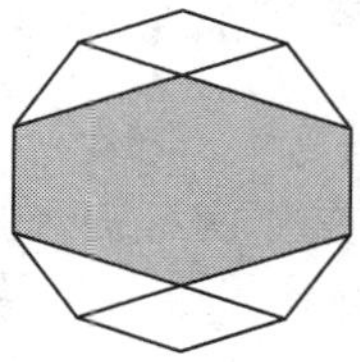

第 4 题图

5. 在 2023 前面或后面接着写上若干个数(可前后都写)，使其形成一个多位数，且这个多位数是 1，2，3，…，12 的倍数，那么这个多位数至少是________。

6. 李老师拿来了印有 1、2、3、4、5、6 这 6 个数字的卡片(6 不能当 9 用)，分别给了甲、乙、丙 3 位同学每人 2 张，依次发生如下对话：

甲："我手中的数可以组成一个完全平方数。"

乙："我不知道甲的数字，且我的两个数不能组成完全平方数。"

丙："我知道甲的两个数字了。"

乙："我也知道甲的数字了，并且甲的数字给我一个，组成的三位数可能是质数。"

若他们都是聪明且诚实的好孩子，那么丙手中两个数的乘积是________。

7. 如图所示，长方形 $ABCD$ 中，点 F 在 BE 上，$BF=2EF$，三角形 DEF 的面积为 3，三角形 ABF 的面积为 5，那么三角形 BCF 的面积为________。

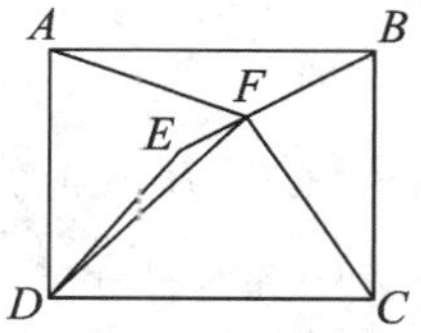

第 7 题图

8. 小飞、小喜和小悦相约一起跑步，小飞和小喜从 A 地出发，小悦从 B 地出发，相向而行。由于起床晚了，当小悦出发时，小飞和小喜已经出发了半小时。已知小飞的速度为 60 米/分，小喜的速度是 90 米/分，小悦的速度是 100 米/分。一段时间后，小喜刚好处于小飞和小悦中间的三等分点处，又过了 18 分钟，小喜又处于小飞和小悦中间的三等分点处。那么 A、B 两地相距________米。

二、B 组填空题

9. 在题图 2×3 棋盘中，每个方格内填入一个自然数(可相同)，使得有公共边的相邻两格满足左格整除右格、上格整除下格。其中右下角是 45，那么共有________种不同的填法(棋盘不可转)。

		45

第 9 题图

10. 若 n 为质数，m 和 2023 互质，$m+1$ 与 2023 也互质。且在 nm 至 $n(m+1)$ 中存在 3 个数之积为 $2023n$ 的倍数，那么 $m+n$ 的最小值是________。

11. 如图(1)，两个底面重合的正四棱锥，取 8 条棱的中点作两截面，得到图(2)十面体，若有三面分别染红、黄、蓝三色，旋转意义下有________种不同的染法。

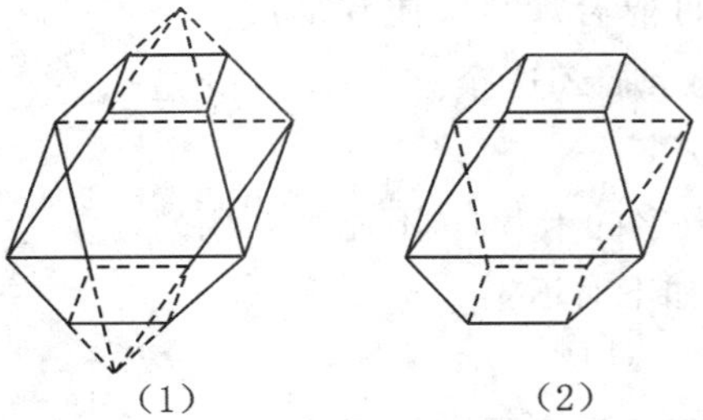

第 11 题图

12. 编号为 $1,2,3,\cdots,144\times256^{100}$ 的 144×256^{100} 个盒子顺时针排成一圈，首先先将 1 号盒子打开，接着若前一次打开的盒子编号为 p 号，那么再将沿编号顺时针方向的第 p 个盒子打开。如果一直操作下去，最多有________个盒子被打开。

13. 一个十位数的每个数字均是 1 或 2 或 3，任取其中相邻两位可以得到 9 个不同的两位数，这样的十位数共有________个。

三、解答题

14. 如图，正六边形 $ABCDEF$ 面积为 1，H、M、N 分别为 CD、BF 和 AE 的中点，延长 BA、EF 交于点 P，延长 HM 和 HN 分别交 AP 和 PF 于点 Q 和 R、交 AF 于点 X 和 Y，那么：

(1)四边形 $MKNH$ 的面积是多少？

(2)五边形 $PQXYR$ 的面积为多少？

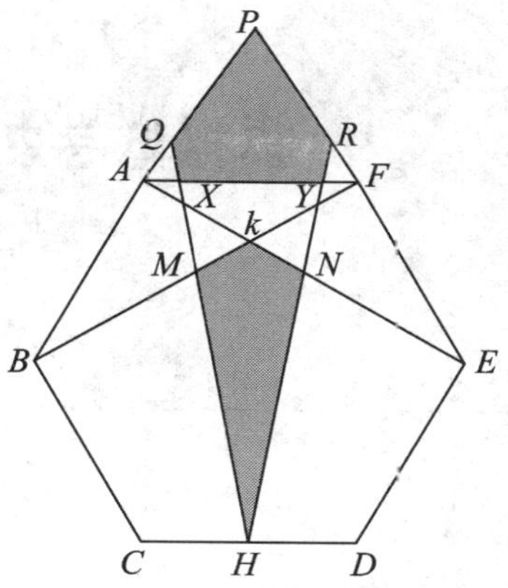

第 14 题图

15. 4 个互不相同且小于 30 的正整数和记为 S，若选其中两个不同的数求和，且这个和能整除 S 的选法有 n 种，那么当 n 取最大值时，求这 4 个数所有可能的情况。

（命题人：黄锦熙 · 广州）

模拟试卷九（高年级组）★★★

思考笔记

一、A组填空题

1. 计算：$\frac{1\times4+3}{1\times2\times3^{2}}+\frac{2\times5+3}{2\times3\times3^{3}}+\frac{3\times6+3}{3\times4\times3^{4}}+\cdots+\frac{2023\times2026+3}{2023\times2024\times3^{2024}}+\frac{1013}{2024\times3^{2024}}=$________。

2. 从 m 到 $2m$ 的连续自然数中（m 为非零自然数），存在 m 个连续自然数数之和为 $23m$ 的倍数。若 m 不超过 2023，满足要求的 m 有________种不同的取值。

3. 完成一项工程，甲需要 20 天完成，乙需要 24 天完成。甲按照每做 a 天休息 3 天（a 为整数）的形式来做；乙按照做 1 天，休息 1 天，做 2 天，休息 2 天，……，做 n 天，休息 n 天的形式来做。两人同时开工合作完成这项工程，甲乙完成的工作量之比为 7 ∶ 5。那么，甲乙合作完成这项工程用了________天。

4. 题图竖式中，不同汉字表示不同的数字，相同汉字表示相同的数字，且“仁”“智”“信”三个汉字表示的数字从小到大为等差数列。那么，$\overline{\text{信义无双}}$表示的四位数是________。

	仁	者	见	仁
+	智	者	见	智
	信	义	无	双

第 4 题图

5. $\overline{abcde}$是由 5 个互不相同的非零数字组成的五位数，其中$\overline{abc}$，$\overline{bcd}$，$\overline{cde}$依次是 7，8，9 的倍数，$\overline{abcd}$，$\overline{bcde}$依次是 8，9 的倍数，$\overline{abcde}$恰好是 7，8，9 中一个数的倍数。这个五位数是________。

6. 如题图所示，在△ABC 中，取 AB 上的三等分点 D，E，取 BC 上的三等分点 F，G，取 AC 上的五等分点 H，I，J，K，若四边形 $DEMK$ 与四边形 $GHIN$ 的面积之和比阴影四边形面积多 2024，那么△ABC 的面积为________。

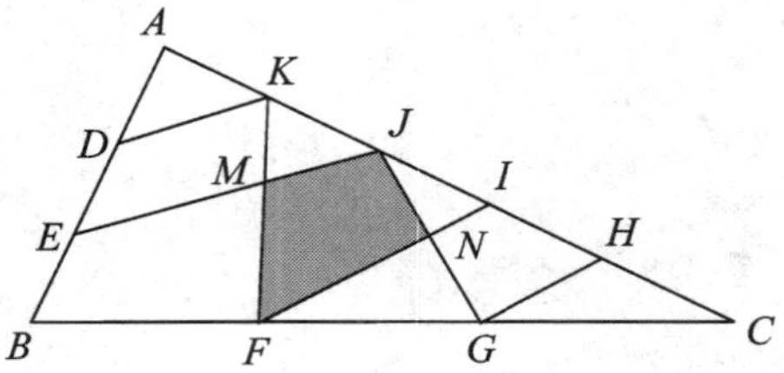

第 6 题图

7. 由四个连续自然数组成的四位数为 A，A^2 的前四位为 2024，那么 A^2 的末三位是________。

8. A，B，C 三瓶溶液的浓度分别是 $a\%$，24%，$b\%$，已知 a，b 均为整数且三个浓度从小到大为等差数列。将 A，B 混合的浓度会比 A 的浓度多 2%，将 B，C 混合的浓度会比 C 少 6%，三瓶溶液的质量从小到大为等比数列。那么，B，C 混合的浓度是________。

二、B 组填空题

9. 从 1 至 24 中至少取出________个自然数，才能保证必有两个数相乘为平方数，另外两个数相乘为立方数。

10. 用 1 至 9 中不含 5 的 8 个数字组成如下横式：$\overline{AB}\times\overline{CD}+\overline{EF}+\overline{GH}=2024$。若 $\overline{AB}$，$\overline{CD}$ 中恰好有一个平方数一个质数，$\overline{EF}$，$\overline{GH}$ 中恰好也有一个平方数一个质数。那么，这四个两位数之和是________。

11. 将 1，2，3，4，5，6 组成 3 个两位数(每个数字用一次，6 不能当 9 用)分别给甲、乙、丙各一个，他们只能看到自己手里的两位数，依次发生如下对话。

甲说："我手里的两位数与交换十位个位得到的两位数，一个是质数，一个是合数。"

乙说："我知道甲的数由哪两个数字组成了，但是甲的数可能比我的大，也可能比我的小。"

丙说："我手里的两位数可能比甲乙的都大。"

甲、乙同时对丙说："你的数确实是最大的。"

若他们都是聪明且诚实的好孩子，那么乙、丙两人手里的数之和是________。

12. $20A$ 的因数中的平方数比 A 的因数中的平方数的个数多 23 个，A 至少有________个因数。

13. 甲、乙两人分别从 A、B 两地同时出发，相向而行。当甲、乙在 C 地第一次相遇时，丙从 B 地出发前往 A 地；当甲、丙第一次在 D 地相遇时，乙恰好到达 A 地并立即掉头返回 B 地；当丙到达 A 地并立即返回走到 D 地的时候，乙恰好返回到 C 地，若此时甲距离 B 地还有 2023 米。那么，A、B 两地相距________米。

三、解答题

14. 在一个 4×4 的棋盘中填入 16 个互不相同的非零自然数，使得每个 3×3 的九宫格中的 9 个数之和均为 224。那么，这 16 个数之和最小时，第二、三列 8 个数之和最大为多少？

15. 将 1～9 分别填入 3×3 的表格中，再将相邻格子(有公共边)中的两个数求和可以得到 12 个和。这 12 个和中质数最多时，有多少种不同的放法？(旋转相同算同一种放法)

(命题人：王天喜·广州)

模拟试卷十（高年级组）★★★

思考笔记

一、A 组填空题

1. 计算

$$\cfrac{\cfrac{\cfrac{\cfrac{\cfrac{\frac{1}{2}}{\frac{1}{3}+\frac{1}{3}}}{\frac{1}{4}+\frac{1}{4}+\frac{1}{4}}}{\frac{1}{5}+\frac{1}{5}+\frac{1}{5}+\frac{1}{5}}}{\ddots \quad \vdots \quad \ddots}}{\frac{1}{2024}+\cdots+\frac{1}{2024}}+\cfrac{1}{\cfrac{\vdots \quad \ddots}{\cfrac{1}{\cfrac{1}{\cfrac{1}{\cfrac{1}{1+\frac{1}{2}}+\frac{1}{3}}+\frac{1}{4}}+\frac{1}{5}}+\frac{1}{6}}}+\frac{1}{2024}=$$

________。

2. 现有 2024 个杯子，杯口朝上。操作时，第 1 次翻动 1 个杯子，第 2 次翻 2 个杯子，……，第 n 次翻 n 个杯子。那么想要 2024 个杯子杯口朝下，n 的最小值是________。

3. 一个棱长为 10 的立方体，在各个面的正中间挖去一个棱长为 n（n 为自然数）的立方体，去掉残渣和废料，剩余一个最大的立体模型，则表面积的最大值为________，最小值为________。

4. 如题图，三角形 ABC 中共可以数出________个不同的三角形。

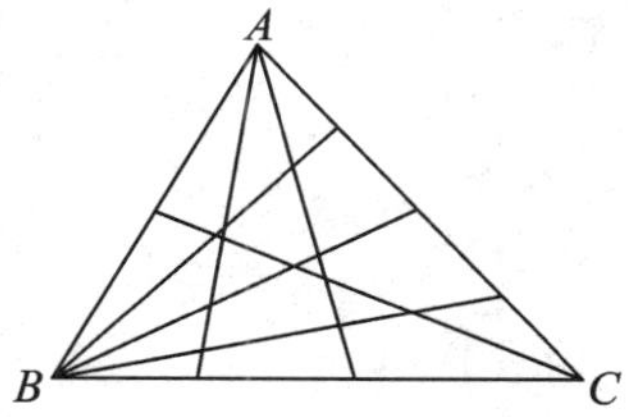

第 4 题图

5. 实验室里存放着 20% 的盐水溶液 200 克和一定量的 52% 的盐水溶液。把两种溶液分别分成 3 份，混合成了 A 克浓度为 30% 的溶液，B 克浓度为 40% 的溶液和 C 克浓度为 50% 的溶液，再把三种溶液全部混合得到了 44% 的溶液。那么 C 比 A 多________克。

二、B 组填空题

6. 一个长方体（或立方体）的长宽高分别是自然数 a, b, c，把它的表面染成红色，然后切成 abc 个 $1\times1\times1$ 的小立方体。

(1) 其中无色立方体的个数为 6 个，那么 abc 的乘积为________。

(2)其中一个面染色的立方体个数为 6 个,那么 abc 的乘积为________。

7.《放假了》歌词中写道:“我想去长沙、武汉、重庆、北京玩几天”,这显然不符合最短距离的情况,而是受到日程的安排、特惠机票等因素的影响。那么我们在北京、西安、郑州、上海、合肥、重庆、成都、武汉、长沙九个城市中选择了一些特惠航线,并用线连接了起来(如题图所示),如果从北京出发,只通过特惠航线游览九个城市的顺序有________种。

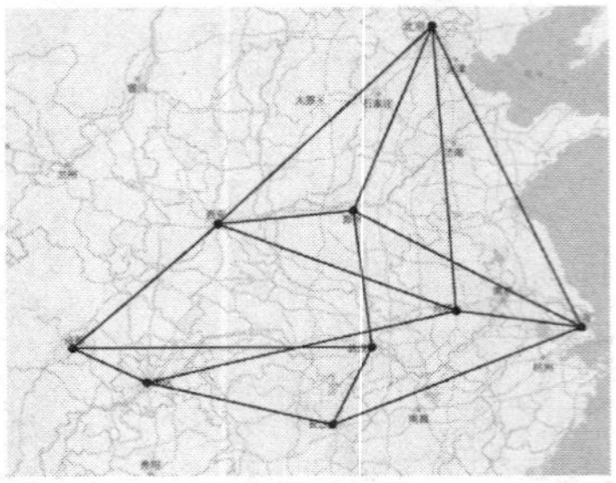

第 7 题图

8. A,B,C 是三个平方数,其中 A 的因数个数为 B,B 的因数个数为 C,C 的因数个数为 D,求 A 的最小值是________。

9. 某部队后勤仅有一名工作人员,想运送一些汽油到 600 千米远的前线去,且能安全返回。已知一辆汽车满载时可以携带 12 桶汽油(包括油箱中的汽油),每桶汽油可以让汽车行驶 100 千米,现在一共有 48 桶汽油,合理地安排策略,允许把一部分汽油在途中储存起来,那么最多可以送到前线________桶汽油。

10. 如题图所示,直角梯形 $ABCD$,$AB=24$ 厘米,$BC=30$ 厘米,$AD=12$ 厘米。以 DC 为轴,将梯形旋转一周,那么旋转体的体积是________立方厘米。($\pi=3$)

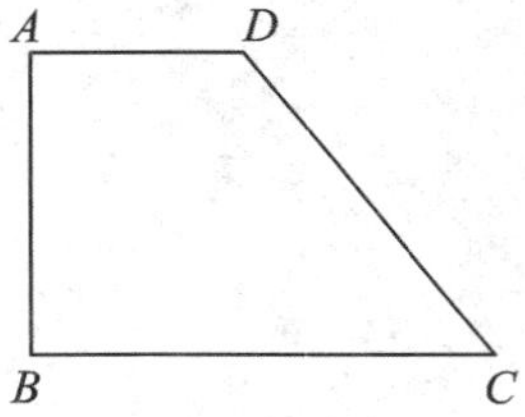

第 10 题图

11. 用火柴棍摆成数字 0~9 的方式如图所示:

第 11 题图

现在用火柴棍组成一个五位平方数,且数字组成的图形为中心对称图形,则称该数字为“益学数”(例如),那么这样的首尾不同的五位“益学数”是________。

12. 张老师从一副纸牌中拿出红桃 2 至红桃 10，共 9 张牌（卡牌不能翻转）。把他们平均分给甲、乙、丙三名同学做游戏，甲、乙、丙按先后轮流出一张牌，已经出过牌的因数无法出牌，例如甲出了 8，乙和丙则不能出 2、4，不能出牌则跳过回合，剩余最少的小朋友为第一名（可并列第一），剩余最多的人为第三名。分完牌后发生如下对话。

甲："无论怎么出牌我都是第一，但是为了淘汰更多的牌，我只有先出最大的一张。"

乙："合理安排顺序，我可以并列第一，所以我只能先打出最小的一张牌。"

丙："一手烂牌，只能打出最大一张。"

那么丙能打出的牌是红桃________。

13. 图书馆门口聚集了 8 个人，其中 3 个人想分别还一本《益学宝典》，另外 3 个人想分别还一本《MO2024》的同时借一本《益学宝典》，最后两个人想分别借一本《MO2024》，但是图书馆这两种书一本也没有，那么他们 8 个人有________种合理的排序方法。（都能达到目标且无需等待）

三、解答题

14. 如题图所示，三角形 ABC 是一个以 A 为直角顶点的直角三角形，其中 AB 长 16 米，AC 长 12 米。甲从 A 点出发以 2 米/秒的速度不停地在 A、B 之间往返，乙从 C 点出发以 0.9 米/秒的速度不停地在 A、C 之间往返。在某些时刻，甲到达 D 点，乙到达 E 点，四边形 $DECB$ 恰好成为一个梯形。在完整的 2 分钟内，共出现多少次形成了梯形的形状，梯形 $DECB$ 面积的最小值是多少？

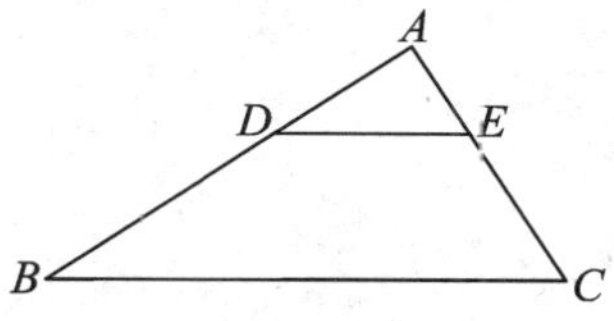

第 14 题图

15. 如题图，是一个长方体，长 $CF=390$，宽 $FE=130$，$EH=120$。其中 J 和 K 分别是 BI 和 HI 上的点，$BJ:JI=1:3$，$HK:KI=2:3$，AK 与 JH 相交于 O 点，把长方形分成 $390\times130\times120$ 个 $1\times1\times1$ 的正方体，那么 CO，OE，CE 一共穿过了多少个 $1\times1\times1$ 的立方体格点？

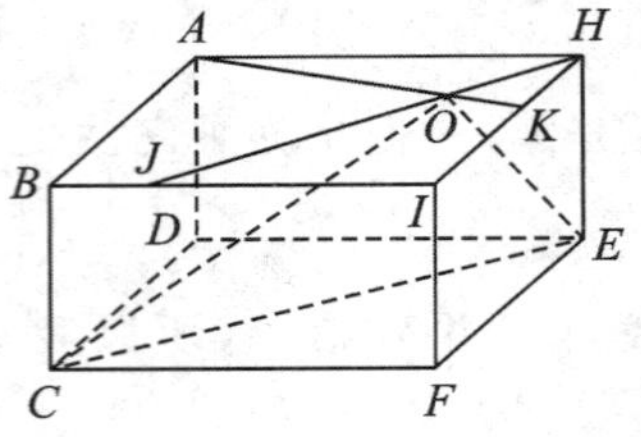

第 15 题图

（命题人：张旭 · 沈阳）

三、钩沉索隐·热门专题名师讲堂

从整除中寻找方法，在余数中发现规律——探究小学常见数论问题之一

——广州 · 黄达鹏

以退为进　以守为攻——寻找对自己最有利的出发点——北京 · 班昌

浅谈博弈游戏中的数学——武汉 · 龙腾

从“小明的衣橱”说起——浅谈基础计数问题题目设计——北京 · 史子贤

从命题角度探索正八边形——北京 · 李兆伟

构造之美——神奇的进位制——广州 · 黄锦熙

关于计数问题之思考与漫谈——北京 · 饶海波

数列计算中的十个有趣方法——北京 · 周炬坤

透过现象看本质——最值问题中的权重分析——北京 · 孙佳俊

有道无术术尚可求，有术无道止于术——浅谈经典奥数公式背后的数理逻辑

——沈阳 · 张旭

组合中的“抽杀问题”——武汉 · 喻星

从整除中寻找方法，在余数中发现规律
——探究小学常见数论问题之一　——广州·黄达鹏

【作者简介：黄达鹏，广州沃伦培优联合创始人；杯赛资深命题专员，迎春杯命题副组长；希望杯、华杯赛、迎春杯全国金牌教练。】

思考笔记

数论(Number Theory)，是纯粹数学的分支之一，主要研究整数的性质。按研究方法来看，数论大致可分为初等数论和高等数论。初等数论使用初等方法，是基于整数环的整除性质，主要包括整除理论、同余理论、连分数理论。高等数论则使用更高级的数学研究工具，如代数数论、解析数论、计算数论等。

本文旨在梳理小学阶段常见的整除与余数问题，为后续数论学习打下良好基础。

一、两个基本工具

(一)位值原理

1. 位值原理的定义

同一个数字，由于它在所写的数里的位置不同，所表示的数值也不同。也就是说，每一个数字除了有自身的一个值外，还有一个"位置值"。例如"2"，写在个位上，就表示 2 个"一"，写在百位上，就表示 2 个"百"，这种数字和数位结合起来表示数的原则，称为写数的位值原理。

2. 位值原理表达形式

以六位数为例：$\overline{abcdef}=a\times100000+b\times10000+c\times1000+d\times100+e\times10+f$；

以"2345"为例：$2345=2\times1000+3\times100+4\times10+5\times1=2\times1000+345=23\times100+45=\cdots$；

类型一　完全拆分

例 1　已知$\overline{abcd}+\overline{abc}+\overline{ab}+a=2024$，那么$\overline{abcd}$是多少？

【分析】根据位值原理表达出关于 a、b、c、d 的不定方程，再结合 a、b、c、d 的取值范围确定相应的取值。

【解答】由已知：$1111a+111b+11c+d=2024$，

所以 $a=1$，则 $111b+11c+d=2024-1111=913$，

推知 $b=8$，则 $11c+d=913-888=25$，

进而推知 $c=2$，$s=3$，所以$\overline{abcd}=1823$。

【总结】本题也可以转化为数字谜解决。

类型二　整体拆分

例 2　设六位数$\overline{abcdef}$满足$\overline{fabcde}=f\times\overline{abcdef}$，请写出这样的六位数。

【分析】因为 a、b、c、d、e 连在一起且顺序不变，可考虑把$\overline{abcde}$整体设为一个未知数 x。

【解答】令$\overline{accde}=x$，则$\overline{fabcde}=f\times10^5+x$，$\overline{abcdef}=10x+f$，

所以 $f\times10^5+x=f\times(10x+f)$，可得 $x=f(10^5-f)\div(10f-1)$，

此时可将 $f=1,2,3,4,5,6,7,8,9$ 逐一代入进行检验，

当 $f=1$ 时，$x=111111$，当 $f=4$ 时，$x=102564$，

所以六位数有 111111 和 102564。

类型三　巧妙转化为数字谜

例 3　一个多位数的末五位恰为 55555，且是 2023 的倍数，那么这个多位数最小是多少？

【分析】由于该多位数最少有多少位无法确定，2023 的整除特征也未知，直接列方程较复杂，考虑转化为数字谜问题进行解决。

【解答】从个位开始逆推得到：73285×2023＝148255555。

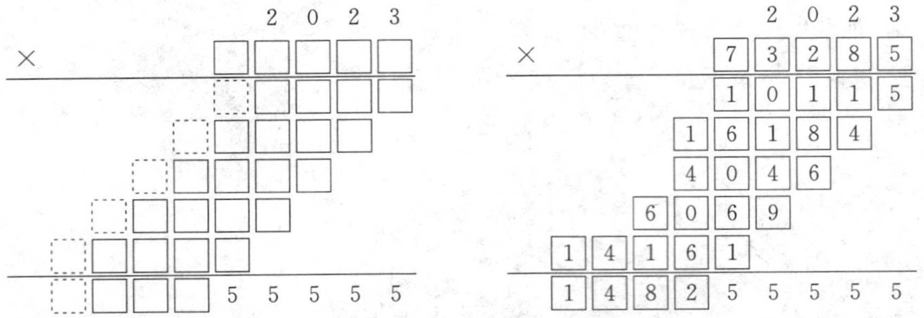

【总结】位值原理对于具体整数的研究和理解十分重要，需要较好掌握。相应的解题技巧或策略：

(1) n 位数用 n 个字母表达，利用十进制的展开形式，列等式解答，如果明确相应数位数字的大小关系，可先对字母进行大小排序；

(2)多个字母连在一起且顺序不变，考虑整体设为未知数 x，注意字母或未知数范围限制；

(3)遇到较复杂的方程，考虑位值原理和竖式数字谜两个方向。

(二)分解质因数

1. 质因数与分解质因数

不妨先明确下列定义：①质因数，如果一个质数是某个数的因数，那么就说这个质数是这个数的质因数；②互质数，公因数只有 1 的两个自然数，叫作互质数；③分解质因数，把一个合数用质因数相乘的形式表示出来，叫作分解质因数。例如，$2023=7\times17^2$，其中 7、17 是 2023 的质因数。

分解质因数时常使用：短除法。

例如
$$\begin{array}{r|l}2&12\\\hline 2&6\\\hline &3\end{array}$$
（└是短除法的符号），则 12＝2×2×3。

2. 唯一分解定理(算术基本定理)

任何一个大于 1 的自然数 n 都可以写成质数的连乘积，即：$n=p_1^{a_1}\times p_2^{a_2}\times p_3^{a_3}\times\cdots\times p_k^{a_k}$ 其中为质数，$a_1<a_2<\cdots<a_k$ 为自然数，且这种表示是唯一的。例如，$2024=2\times2\times2\times11\times23=2^3\times11\times23$，2、11、23 都是 2024 的质因数，其中后一个式子是分解质因数的标准式。在求一个数因数的个数和因数的和的时候常

常用到这个标准式。

【评注】算术基本定理是初等数论中一条非常基本和重要的定理，它把对自然数的研究转化为对其最基本的元素——素数的研究。小学阶段仅需要了解质因数分解的形式是唯一的，且需写成幂的形式。

类型一　分解质因数

例 4　已知 n 个自然数之积是 2024，这 n 个自然数之和也是 2024，那么 n 的值最大是多少？

【分析】为了构造和与积都等于 2024 的一组自然数，首先把 2024 分解成若干个整数之积，然后把和不足的地方用 1 补足；2024 拆分成大于 1 的整数越多，它们的和就越小，需要添加的 1 也就越多。

【解答】由已知：$2024=2^3\times11\times23$，

由积定差小和小的结论得，$2+2+2+11+23=40$，

还需要补 $2024-40=1984$(个)1，

所以共有 $1984+5=1989$(个)。自然数 n 的值最大为 1989。

类型二　乘法分配律逆运用

例 5　三个质数的乘积恰好等于它们和的 11 倍，求这三个质数。

【分析】注意到自然数 11 是质数，三个质数的乘积分解质因数必有 11。

【解答】设这三个质数分别是 a、b、c，满足 $abc=11(a+b+c)$，

则可知 a、b、c 中必有一个为 11，不妨记为 a，

那么 $bc=11+b+c$，整理得 $(b-1)(c-1)=12$，

又 $12=1\times12=2\times6=3\times4$，

对应的 $b=2$、$c=13$ 或 $b=3$、$c=7$ 或 $b=4$、$c=5$(舍去)，

所以这三个质数可能是 2，11，13 或 3，7，11。

【总结】(1)分解质因数往往是解数论题目的突破口，能帮助分析数字的特征。

(2)小学数论常用的分解因式(注意区别与联系，建议阅读完本文再推导理解)：

xy 系数为 1 转化(注意正负号)	xy 系数为 1 的等式(注意正负号)
$xy+ax+by=(x+b)(y+a)-ab$	$xy+ax+by=A\Leftrightarrow(x+b)(y+a)=A+ab$
$xy-ax-by=(x-b)(y-a)-ab$	$xy-ax-by=A\Leftrightarrow(x-b)(y-a)=A+ab$
$xy+ax-by=(x-b)(y+a)+ab$	$xy+ax-by=A\Leftrightarrow(b-x)(y+a)=ab-A$
$xy-ax+by=(x+b)(y-a)+ab$	$xy-ax+by=A\Leftrightarrow(x+b)(y-a)=A-ab$

xy 系数为 A 的等式(注意正负号)
$Axy+ax+by=B\Leftrightarrow(Ax+b)(Ay+a)=AB+ab$
$Axy-ax-by=B\Leftrightarrow(Ax-b)(Ay-a)=AB-ab$
$Axy+ax-by=B\Leftrightarrow(b-Ax)(a+Ay)=ab-AB$
$Axy-ax+by=B\Leftrightarrow(b+Ax)(a-Ay)=ab-AB$

二、除不尽和除得尽

(一)余数问题

1. 带余除法

一般地，如果 a 是整数，b 是整数($b\neq0$)，若有 $a\div b=q\cdots\cdots r$，即 $a=b\times q+r$，$0\leqslant r<b$；

当 $r=0$ 时：称 a 可以被 b 整除，q 称为 a 除以 b 的商或完全商。

当 $r\neq0$ 时：称 a 不可以被 b 整除，q 称为 a 除以 b 的商或不完全商。

【评注】当 $r=0$ 或 $r\neq0$，转化为 $a-r=b\times q$ 时，可以把余数问题转化为整除问题。

2. 同余定理

若两个整数 a、b 被非零自然数 m 除有相同的余数，那么称 a、b 对于模 m 同余，用式子表示为：$a\equiv b(\mathrm{mod}m)$，左边的式子叫作同余式。同余式读作：a 同余于 b，模 m。

例如：$23\div5=4\cdots\cdots3$，$38\div5=7\cdots\cdots3$，这两个带余除法算式中，除数都是5，余数都是3，也就是23和38分别被5除，余数是相同的，则称23和38被5除同余，记作：$23\equiv38(\mathrm{mod}\ 5)$。这里仅表示同余符号“≡”前后两个数被同一个数除所得的余数相同，但并不一定是相应的余数。

3. 同余性质

传递性：若 $a\equiv b(\mathrm{mod}\ m)$，$b\equiv c(\mathrm{mod}\ m)$，则 $a\equiv c(\mathrm{mod}\ m)$。

同余与等式转化：若 $a\equiv b(\mathrm{mod}\ m)$，则 $a-b=mk$ 或 $a=b+mk$($a>b$，k 为自然数)。

加法定理：a 与 b 的和除以 c 的余数，等于 a、b 分别除以 c 的余数之和；当余数的和比除数大时，所求的余数等于余数之和再除以 c 的余数。

例如：由 $23\equiv3(\mathrm{mod}\ 5)$，$38\equiv3(\mathrm{mod}\ 5)$，则 $23+38\equiv3+3\equiv1(\mathrm{mod}\ 5)$，

因为 $23=4\times5+3$，$38=7\times5=3$，

所以 $23+38=(7\times5+3)+(4\times5+3)=5\times(7+4)+(3+3)$，

所以 $23+38\equiv3+3\equiv1(\mathrm{mod}\ 5)$。

减法定理：a 与 b 的差除以 c 的余数，等于 a、b 分别除以 c 的余数之差；当余数的差不够减时，补上除数再减。

例如：由 $23\equiv3(\mathrm{mod}\ 5)$，$38\times3(\mathrm{mod}\ 5)$，则 $23-38\equiv3-3\equiv0(\mathrm{mod}\ 5)$，

因为 $23=4\times5+3$，$38=7\times5+3$，

所以 $23-38=(4\times5+3)-(7\times5+3)=5\times(4-7)+(3-3)$，

所以 $23-38\equiv3-3\equiv0(\mathrm{mod}\ 5)$。

乘法定理：a 与 b 的乘积除以 c 的余数，等于 a、b 分别除以 c 的余数的积；当余数的和比除数大时，所求的余数等于余数之积再除以 c 的余数。

例如：由 $23\equiv3(\mathrm{mod}\ 5)$，$38\equiv3(\mathrm{mod}\ 5)$，则 $23\times38\equiv3\times3\equiv4(\mathrm{mod}\ 5)$，

因为 $23=4\times5+3$，$38=7\times5+3$，

所以 $23+38=(4\times5+3)\times(7\times5+3)$

$=4\times5\times7\times5+3\times4\times5+3\times7\times5+3\times3$，

所以 $23\times38\equiv3\times3\equiv4 \pmod 5$。

【评注】(1)乘方：如果 a 与 b 除以 m 的余数相同，那么 a^n 与 b^n 除以 m 的余数也相同。

(2)加法定理、减法定理、乘法定理，合称“三大余数定理”。

4. 同余方程和同余方程组

相传汉高祖刘邦问大将军韩信统御兵士多少，韩信答说，每 3 人一列余 1 人、5 人一列余 2 人、7 人一列余 4 人、13 人一列余 6 人……刘邦茫然而不知其数。

此类问题可称为“物不知其数”类型，又被称为“韩信点兵”，也称“中国剩余定理”。

中国数学名著《孙子算经》里，有这样的问题：“今有物，不知其数，三三数之，剩二，五五数之，剩三，七七数之，剩二，问物几何？”答曰：“二十三。”

【分析】设 x 为所求数，由“三三数之，剩二”得，$x\equiv2 \pmod 3$，这是同余方程，

可进一步设 $x=3k+2$（k 为自然数）。

设 x 为所求数，则$\begin{cases}x\equiv2 \pmod 3,\\x\equiv3 \pmod 5,\\x\equiv2 \pmod 7,\end{cases}$这是同余方程。

同余方程可用“中国剩余定理”，但笔者认为小学阶段大部分情况可考虑“逐级满足”。

若考虑“逐级满足”：

满足 $x\equiv2 \pmod 3$，则 x 从小到大依次是：2、5、8、11、…，从小到大能满足 $x\equiv3 \pmod 5$ 的 x 最小值是 8；

又因为$[3,5]=15$，那么 x 从小到大依次是 8、23、41、56、…，从小到大能满足 $x\equiv2 \pmod 7$ 的 x 最小值是 23；

所以 x 的最小值是 23。

若考虑“中国剩余定理”：

首先构造一个数，使得这个数除以 3 余 1，且还是 5 和 7 的公倍数；

由 $5\times7=35$，即 5 和 7 的最小公倍数出发，先看 35 除以 3 余 2，不符合要求，那么继续看 5 和 7 的“下一个”倍数 $35\times2=70$ 是否除以 3 余 2，发现 70 符合要求，又因为 $x\equiv2 \pmod 3$，所以用余数 2 乘 70，即 2×70。

再构造一个除以 5 余 1，同时又是 3 和 7 的公倍数，发现 21 符合要求，又因为 $x\equiv3 \pmod 3$，所以用余数 3 乘 21，即 3×21。

最后构造一个除以 7 余 1，同时又是 3 和 5 的公倍数，发现 15 符合要求，又因为 $x\equiv2 \pmod 7$，所以用余数 2 乘 15，即 2×15。

又因为 3、5、7 的最小公倍数$[3,5,7]=105$，

那么满足条件的所有 x 均可表达为：

$2\times70+3\times21+2\times15+105k=233\pm105k$（$k$ 为自然数）。

满足上述关系的数有无穷多，根据实际情况对数的范围加以限制，那么按要

求求出相应的数即可，例如：加上限制条件“满足上面条件最小的自然数”，则 $233-105\times2=23$；加上限制条件“满足上面条件最小的三位自然数”，则 $233-105\times1=128$。

【评注】(1)中国剩余定理在近代抽象代数学中拥有非常重要的地位。

(2)中国剩余定理、费马小定理、欧拉定理和威尔逊定理，合称“初等数论四大定理”。

类型一　带余除法

例 6　已知 2024 被一些自然数去除，所得的余数都是 22，那么这样的自然数共有多少个？

【分析】自然数是 $2024-22=2002$ 的因数，同时还要满足大于 22 这个条件。这样题目就转化为 2002 有多少个大于 22 的因数。

【解答】因为 $2024-22=2022$，$2022=2\times7\times11\times13$，共有 $(1+1)^4=16$(个)因数，

其中 1，2，7，11，13，14，22 不超过 22 的因数，

所以符合题目条件的自然数共有 9 个。

类型二　同余性质

例 7　有一个整数，用它去除 1897，1987，2024 所得到的 3 个余数之和是 50，那么这个整数是多少？

【分析】除数相同时，可以考虑余数加、减、乘定理。

【解答】$(1897+1987+2024)-50=5858$，$50\div3=16\cdots\cdots2$，

除数应当是 5858 的因数，且大于 17 小于 1897，

因为 $5858=2\times29\times101$，所以除数可能是 29、58、101、202，

$2024\div58=34\cdots\cdots52$，$52>50$，

$1897\div101=18\cdots\cdots79$，$79>50$，

$1897\div202=9\cdots\cdots79$，$79>50$，

所以除数不是 58、101、202，

$1897\div29=65\cdots\cdots12$，$1987\div29=68\cdots\cdots15$，$2024\div29=69\cdots\cdots23$，

$12+15+23=50$，

所以除数是 29。

例 8　试求不大于 2024，且使 3^n+7^n+4 能被 11 整除的所有自然数 n 的和。

【分析】n 的值不确定，考虑到余数周期，还有余数加、减、乘定理。

【解答】通过逐次计算，可以求出 3^n 被 11 除的余数，

依次为：3^1 为 3，3^2 为 9，3^3 为 5，3^4 为 4，3^5 为 1，…；

因而 3^n 被 11 除的余数 5 个构成一个周期：

3，9，5，4，1，3，9，5，4，1，…；

类似地，7^n 被 11 除的余数 10 个构成一个周期：

7，5，2，3，10，4，6，9，8，1，…；

所以 3^n+7^n+4 被 11 除的余数也是 10 个构成一个周期：

3，7，0，0，4，0，8，7，5，6，…；

这表明，每一个周期中，只有第 3、4、6 这三个数满足题意，

即 $n=10k+3$、$n=10k+4$、$n=10k+6$（k 为自然数）时，

3^n+7^n+4 能被 11 整除，

所以，所有满足条件的自然数 n 的和为：

$(3+4+6)+(13+14+16)+\cdots+(2023+2024+2026)-2026=13+43+\cdots+6073-2026=615703$。

【总结】(1)通过余数周期找规律在余数问题经常运用。

(2)a^n 的个位数字 4 次一个周期循环出现，即 $a^{4k+T}\equiv d(\bmod 10)$，个位不变的有 0、1、5、6，两次为一周期的有 4、9。

类型三　同余方程和同余方程组

例 9　某自然数大于 2024，且被 3 除余 1，被 5 除余 2，被 7 除余 3，那么这个自然数是多少？

【分析】n 的值不确定，考虑到余数周期，还有余数加、减、乘定理。

【解答 1】先列出除以 3 余 1 的数：1，4，7，10，13，16，…；

再列出除以 5 余 2 的数：2，7，12，17，22，27，…；

这两列数中，首先出现的公共数是 7；

3 与 5 的最小公倍数是 15，两个条件合并成一个就是 $7+15\times$ 整数；

列出这一串数是 7，22，37，52，…；

再列出除以 7 余 3 的数：3，10，17，24，31，38，45，52，…；

就得出符合题目条件的最小数是 52；

又因为 3、5、7 的最小公倍数：$[3,5,7]=105$，

所以这个自然数被 105 除余 52；

那么这个自然数大于 2024，应该是 $105\times20+52-105=2047$。

【解答 2】构造一个数，使得除以 3 余 1，且还是 5 和 7 的公倍数，发现 70 符合要求，因为被 3 除余 1，所以 1×70；

构造一个数，除以 5 余 1，且又是 3 和 7 的公倍数，发现 21 符合要求，因为被 5 除余 2，所以 2×21；

构造一个数，除以 7 余 1，且又是 3 和 5 的公倍数，发现 15 符合要求.因为被 7 除余 3，所以即 3×15；

又因为 3、5、7 的最小公倍数 $[3,5,7]=105$，

那么满足条件的所有 x 均可表达为：

$1\times70+2\times21+3\times15\pm105k=157\pm105k$（$k$ 为自然数）；

这个自然数大于 2024，应该是 $157+105\times18=2047$。

【总结】当除数相同时，考虑同余性质（即加、减、乘定理）；当除数不同时，考虑逐级满足或中国剩余定理。

(二)数的整除

在余数问题中，当余数为 0 时，可以转化为数的整除，数的整除是数论知识体系中的一个基石，整除知识点的特点介于“定性分析与定量计算之间”。

1. 整除性质

若 $m\neq0$，则 $a|b\Leftrightarrow bm$。

例如：15 能被 3 整除，则 15 的 m 倍也能被 3 的 m 倍整除。

若 $a|b,b|c$，则 $a|c$。

例如：45 能被 15 整除，15 能被 5 整除，则 45 能被 5 整除。

若 $a|b,a|c$，对于任意整数 m、n，有 $a|(mb\pm nc)$。

例如：45 能被 15 整除，75 能被 15 整除，则 45 的 m 倍与 75 的 n 倍的和或差都能被 15 整除。

若 a,b 互质，且 $a|bc$，则 $a|c$。

例如：70 能被 7 整除，因为 $70=14\times5$，5 和 7 互质，所以 14 能被 7 整除。

若 a,b 互质，且 $a|c,b|c$，则 $ab|c$。

例如：70 能被 7 整除，70 也能被 5 整除，因为 5 和 7 互质，所以 70 能被 35 整除。

若 p 为质数，且 $p|a_1a_2\cdots a_n$，则 $p|a_1,p|a_2\cdots p|a_n$ 至少有一个成立。

例如：70 能被 7 整除，因为 $70=14\times5$，5 和 7 互质，所以 14 能被 7 整除。

【总结】小学阶段基本不会考察整除性质，但了解整除性质有助于更好理解整除方法。

2. 常见数字的整除判定方法（十进制）

末位系：2 和 5 看末一位，4 和 25 看末两位，8 和 125 看末三位.

说明：假设四位数$\overline{abcd}$，

因为$\overline{abcd}=abc\times10+d$，$\overline{abc}\times10$ 是 2 和 5 的倍数，所以$\overline{abcd}$能否被 2 或 5 整除。

仅需要看 d 是否能被 2 或 5 整除；

因为$\overline{abcd}=\overline{ab}\times100+\overline{cd}$，$\overline{ab}\times100$ 是 4 和 25 的倍数，所以$\overline{abcd}$能否被 4 或 25 整除，仅需要看$\overline{cd}$是否能被 4 或 25 整除。

同理，8 和 125、16 和 625、…等均可用位值原理进行推导。

和系：各位数字和能被 3 或 9 整除，这个数能被 3 或 9 整除。

说明：假设四位数$\overline{abcd}$，

因为$\overline{abcd}=a\times10^3+b\times10^2+c\times10^2+d=999a+99b+9c+(a+b+c+d)$，

$999a+99b+9c$ 是 3 和 9 的倍数，所以$\overline{abcd}$能否被 3 或 9 整除，仅需要判断

$(a+b+c+d)$能否被 3 或 9 整除。

【总结】(1)能否被 3 或 9 整除，还可以把一个多位数任意断开求和；

说明：因为$\overline{abcd}=\overline{ab}\times10^2+\overline{cd}=a\times10^3+\overline{bcd}$，$(10^2-1)$、$(10^3-1)$都是 3 和 9 的倍数，

即(10^n-1)都是 3 和 9 的倍数，所以任意断开求和即可，

如：$(\overline{ab}+\overline{cd})$或$(a+\overline{bcd})$等。

(2)能否被 33 或 99 整除，可以从个位开始，两位一段断开求和，

能否被 333 或 999 整除，可以从个位开始，三位一段断开求和，

……

说明：因为$(10^{2n}-1)$是 33 和 99 的倍数，$(10^{3n}-1)$是 333 和 999 的倍数，……

差系：如果一个整数的末三位与末三位以前的数字组成的数之差能被 7、11 或 13 整除，那么这个数能被 7、11 或 13 整除。

例如：假设六位数$\overline{abcdef}$，$\overline{abcdef}=\overline{abc}\times1000+\overline{def}=abc\times1011+(\overline{def}+\overline{abc})$，

因为 $1001=7\times11\times13$，所以$\overline{abcdef}$能否被 7、11 或 13 整除，仅需要判断$(\overline{def}-\overline{abc})$

能否被 7、11 或 13 整除。

【总结】(1)一个多位数能否被 7、11 或 13 整除，从个位开始每三位一段，奇数段的和与偶数段的和相减，判断能否被 7、11 或 13 整除。

说明：10^3、10^9、10^{15}…分别加 1 是 7、11 或 13 的倍数，

10^6、10^{12}、10^{18}…分别减 1 是 7、11 或 13 的倍数。

(2)在解题过程中，7 和 13 更多作为检验，11 的整除特征运用更多。

说明：10^3、10^9、10^{15}…分别加 1 是 7、11 或 13 的倍数，

10^6、10^{12}、10^{18}…分别减 1 是 7、11 或 13 的倍数。

互质因数法：遇到较大的数时，可分解成若干互质因数，如：$2024=8\times11\times23$；

试除法：未知数连续“聚集”在一起，最大考虑补 9，最小考虑补 0。

【总结】小学阶段整除问题主要考查常见数字整除特征与试除法。

类型一　末位系、和系、差系

例 10　已知：$23!=\overline{258D20C67388849766AB000}$。则$\overline{DCB}\times A=$________。

【分析】直接计算 23! 的计算量较大，考虑 1～23 的整除特征。

【解答】由于 1～23 中有 4 个 5 的倍数，所以 23! 的末尾有 4 个 0，所以 $B=0$。

由于 $23!=2\times5\times10\times15\times8\times20\times M=10000\times8\times3M$($M$ 为正整数)，

所以$\overline{258D20C67388849766AB000}$去掉末尾的 4 个 0 后得到的数是 8 的倍数，

那么$\overline{66A}$是 8 的倍数，所以 $A=4$。

易知$\overline{258D20C673888497664}$是 9 和 11 的倍数，所以

$2+5+8+D+2+0+C+6+7+3+8+8+8+4+9+7+6+6+4=93+C+D$ 是 9 的倍数；

$(2+8+2+C+7+8+8+9+6+4)-(5+D+0+6+3+8+4+7+6)=15+C-D$ 是 11 的倍数，

那么 $C+D=6$ 或 15，$C-D=7$ 或 $D-C=4$；

若 $C+D=15$，由于 $C+D$ 与 $C-D$(或 $D-C$)奇偶性相同，

所以此时 $C-D=7$，得 $C=11$，不合题意。

所以 $C+D=6$，$D-C=4$，得 $C=1$，$D=5$，

所以$\overline{DCB}\times A=510\times4=2040$。

【总结】下面介绍另一种解法：

$\overline{258D20C673888497664}$是 9 和 11 的倍数，

因为(9,11)=99,所以从右到左每两位一段,

$\overline{258D20C673888497664} \equiv 2+58+\overline{D2}+C+67+38+88+49+76+64 \pmod{99}$

$\equiv 2+58+\overline{D2}+C+67+38+88+49+76+64 \pmod{99}$

$\equiv 48+\overline{DC} \pmod{99}$,

所以$\overline{DC}=51$。

例 11 a,b,c,d 各代表一个不同的非零数字,如果$\overline{abcd}$是 13 的倍数,$\overline{bcda}$是 11 的倍数,$\overline{cdab}$是 9 的倍数,$\overline{dabc}$是 7 的倍数,那么$\overline{abcd}$是多少?

【分析】先考虑 9 的倍数,再考虑 11 的倍数,最后 7 和 13 作为检验。

【解答】由于$\overline{cdab}$是 9 的倍数,说明其各位数字之和能被 9 整除,所以四个数都是 9 的倍数。

由于$\overline{bcda}$是 11 的倍数,那么其奇位数字之和与偶位数字之和的差能被 11 整除,也就是 $a+c$ 与 $b+d$ 的差能被 11 整除,进而可判断四个数都是 11 的倍数。

又由于$\overline{abcd}$是 13 的倍数,那么$\overline{abcd}$是 9,11,13 的公倍数,也就是[9,11,13]=1287 的倍数,又是四位数,可能为 1287,2574,3861,5148,6435,7722,9009。

其中 7722 和 9009 出现重复数字,可予排除;

由于$\overline{dabc}$是 7 的倍数,说明$\overline{abc}-d$ 是 7 的倍数,对 1287,2574,3861,5148,6435,

逐一进行检验,发现只有 3861 满足,

所以$\overline{abcd}$是 3861。

类型二　互质因数法

例 12 已知七位数2□0□2□4是 1848 的倍数,那么这个七位数是多少?

【分析】1848 这个数较大,考虑分解成互质因数逐个分析。因为 1848=3×7×8×11,先考虑 8 的倍数,再考虑 11 和 3 的倍数,最后由 7 的倍数检验。

【解答】设七位数为$\overline{2a0b2c4}$,因为 1848=3×7×8×11,则:

$8|\overline{2c4}$,得 c 为 2 或 6;

$11|\overline{2a0b224}$,得 $a+b=6$ 或 17,$11|\overline{2a0b264}$,得 $a+b=2$ 或 13;

$3|\overline{2a0b2c4}$,排除 $a+b=6$、$a+b=2$,可能是七位数是:

2809224、2908224、2409264、2508264、2607264、2706264、2805264、2904264;

逐个检验 7 的倍数,仅 2805264 满足。

类型三　试除法

例 13 在六位数20□□27中的两个方框内各填入一个数字,使此数能被 17 和 19 整除,那么方框中的两位数是多少?

【分析】17 和 19 的整除特征并不常用,但同时整除同一个数,则必能被它们的最小公倍数整除;空格"聚集"在一起,考虑试除法。

【解答】设六位数为$\overline{20ab27}$,[17,19]=323,

因为 200027÷323=619……90,余 90 可以看成不足 323−90=233;

所以当$\overline{ab00}=233+323n$ 时,即$\overline{ab00}$是 100 的倍数时,六位数才是 323 的倍数。

所以有 $323n$ 的末位只能是 $10-3=7$，

所以 n 只能是 9,19,29,…，

验证有 $n=29$ 时，$233+323\times29=9600$，

所以原题的方框中填入 9,6 得到的 209627 满足题意。

【总结】当出现连续未知数的时候，建议使用试除法。如例 12，虽然有三个未知数，但并不是连在一起，建议用常见数字的整除特征。

三、经典例题和综合运用

类型一 多位数的余数问题

例 14 已知 $a=\underbrace{20242024\cdots2024}_{2024个2024}$，那么 a 除以 13 所得的余数是多少？

【分析】数量特别庞大，可尝试找规律。

【解答】2024 除以 13 余 9，10000 除以 13 余 3，注意到：

20242024 除以 13 余 $9\times3+9-13\times2=10$，

202420242024 除以 13 余 $10\times3+9-39=0$，即 202420242024 是 13 的倍数。

而 2024 除以 3 余 2，

所以 $a=\underbrace{20242024\cdots2024}_{2024个2024}$除以 13 的余数与 20242024 除以 13 的余数相同，为 10。

【总结】任何一个数字写 6 次，任何一个两位数写 3 次，任何一个三位数写 2 次，任何一个四位数写 3 次，均为 7 或 11 或 13 的倍数，即：$\overline{aaaaaa}$、$\overline{ababab}$、$\overline{abcabc}$、$\overline{abcdabcdabcd}$。

类型二 带余除法的估算问题

例 15 修改 31743 的某一个数字，可以得到 823 的倍数。那么修改后的这个数是多少？

【分析】因为 823 是质数，所以掌握的较小整数的整除特征不适用，可以考虑试除法。

【解答】因为 $31743\div823=38\cdots\cdots469$，则

31743 除以 823 可以看成余 469 也可以看成不足（$823-469=354$），

改动某位数字使得新数比原来大 354 或 $354+823n$，

当 $n=1$ 时，$354+823=1177$，$n=2$ 时，$354+823\times2=2000$，

所以当千位增加 2，即五位数是 33743。

改动某位数字使得新数比原来小 469 或 $469+823n$，

当 n 不为 0 时，$469+823n$ 的个位为 0，

当 $n=7$ 时，$469+823\times7=6230$，当 $n=17$ 时，$469+823\times17=14460$，

当 $n=27$ 时，$469+823\times27=22690$，当 $n=37$ 时，$469+823\times37=30920$。

所以，仅有千位改为 3 后，五位数 33743 为 823 的倍数。

类型三 弃九法原理

求一个整数被 9 除的余数，只要先计算这个整数各数位上数字之和，再求这

个和被 9 除的余数即可。利用十进制的这个特性，不仅可以检验几个数相加，对于检验相乘、相除和乘方的结果对不对同样适用。

【评注】弃九法只能知道原题一定是错的或有可能正确，但不能保证一定正确。

例 16 设 2023^{2023} 的各位数字之和为 A，A 的各位数字之和为 B，B 的各位数字之和为 C，那么 C 是多少？

【分析】题目涉及"数字和"时，可考虑弃九法。

【解答】由于一个数除以 9 的余数与它的各位数字之和除以 9 的余数相同，

所以 2023^{2023} 与 A、B、C、D 除以 9 都同余，而 2023 除以 9 的余数为 7，

则 2023^{2023} 除以 9 的余数与 7^{2023} 除以 9 的余数相同，

而 7^{2023} 除以 9 的余数为 1，

所以 $7^{2023}=7^{3\times674+1}=(7^3)^{674}\times7$ 除以 9 的余数为 7。

由于 $2023^{2023}<10000^{2023}=10^{8092}$，所以 2023^{2023} 的位数不超过 8092 位，

那么它的各位数字之和不超过 $9\times8092=72828$，即 $A\leqslant72828$；

那么 A 的各位数字之和 $B<6+9\times4=42$，B 的各位数字之和 $C<3+9=12$，

C 小于 12 且除以 9 的余数为 7，

那么 C 为 7。

【总结】作为解答题时，需要第二步的估算得到 C 为一位数。

类型四 整除综合

例 17 在 1，2，3，4，…，2024 这 2024 个数中有多少个自然数 a 能使 $(2024+a)$ 能被 $(2024-a)$ 整除？

【分析】要使得 $(2024+a)$ 能被 $(2024-a)$ 整除，将条件等价转化为让 $\frac{2024+a}{2024-a}$ 是一个整数即可。

【解答】由已知，$\frac{2024+a}{2024-a}+1=\frac{2024+a+2024-a}{2024-a}=\frac{4048}{2024-a}$ 是一个整数，

那么 $(2024-a)$ 是 4048 的因数，$4048=2^4\times11\times23$，

4048 的因数共 $(4+1)\times(1+1)\times(1+1)=20$（个），

其中 4048、2024 大于等于 2024，

其余的 $20-2=18$（个）均可以有对应的 a 的值，

所以满足条件的 a 的取值共有 18 个。

【总结】一个自然数因数个数的求法：分解质因数写成幂的形式，指数加 1 再连乘。

类型五 整除与余数综合

例 18 将自然数 1，2，3，…，2024 依次写成自然数 $A=1234\cdots20232024$，那么自然数 A 除以 495 的余数是多少？

【分析】495 分解为 5、9、11 三个互质，其中 5、9 求余数的方法比较熟悉，但是 11 怎么办呢？自然数 A 数位非常大，但可以考虑把自然数 A 按 1，2，3，…，9 的一位数，10，11，…，99 的两位数，100，101，…，999 的三位数，1000，1001，…，

2024 的四位数分段计算。

【解答】由已知：$495=5\times9\times11$，A 共 $9\times1+90\times2+900\times3+(2024-999)\times4=6989$ 位；

$A\equiv4(\bmod 5)$；

$A\equiv1+2+3+\cdots+2023+2024\equiv1012\times2025\equiv0(\bmod 9)$；

$A=123\cdots89\times10^{6080}+101112\cdots9899\times10^{6800}+100101102\cdots998999\times10^{4100}+10001001\cdots20232024$；

$10^{2k}\equiv(10^2)k\equiv1^k\equiv1(\bmod 11)$，

$$\begin{aligned}123\cdots89&\equiv1-2+3-4+5-6+7-8+9(\bmod 11)\\&\equiv1+(3-2)+(5-4)+(7-6)+(9-8)(\bmod 11)\\&\equiv5(\bmod 11),\end{aligned}$$

$$\begin{aligned}101112\cdots9899&\equiv10+11+\cdots+99(\bmod 11)\\&\equiv\frac{(10+99)\times90}{2}(\bmod 11)\\&\equiv109\times45(\bmod 11)\equiv10(\bmod 11),\end{aligned}$$

$$\begin{aligned}100101102\cdots998999&\equiv(999-998)+(997-996)+\cdots+(102-101)+100(\bmod 11)\\&\equiv450(\bmod 11)\equiv10(\bmod 11),\end{aligned}$$

$$\begin{aligned}10001001\cdots20232024&\equiv1000+1001+\cdots+2024(\bmod 11)\\&\equiv\frac{(1000+2024)\times1025}{2}(\bmod 11)\\&\equiv1512\times1025(\bmod 11)\equiv10(\bmod 11),\end{aligned}$$

所以，$A\equiv5+10+10+10\equiv2(\bmod 11)$。

(4)$\begin{cases}A\equiv4(\bmod 5),\\A\equiv0(\bmod 9),\\A\equiv2(\bmod 11),\end{cases}$ 由$\begin{cases}A\equiv4(\bmod 5)\\A\equiv0(\bmod 9)\end{cases}$得 $A=9+45k$（k 为自然数），

所以 A 为 189。

【总结】下面介绍另一种解法。

由于 $100a=99a+a$，所以 $100a$ 除以 99 的余数等于 a 除以 99 的余数。

同样，$10000a$，$1000000a$，…等数除以 99 的余数等于 a 除以 99 的余数。

可知，一个自然数 a，如果在它后面加上偶数个 0，

那么这个数除以 99 的余数等于 a 除以 99 的余数。

根据这一点，可以把 123…20232024 分成若干个后面带有偶数个 0 的数之和。

由于 123…20232024 的位数是奇数，那么对于组成 123…20232024：

一位数 1，2，3，…，9，可以分成 100…00，2300…00，4500…00，6700…00，8900…00；

两位数 10，11，12，…，98，99，可以分成 1000…00，1100…00，1200…00，…，9800…00，9900…00；

三位数 100，101，102，103，…，998，999，两两一组，可以分成 10010100…00，10210300…00，10410500…00，…，99899900…00；

四位数 1000,1001,…,1999,2000,可以分成 100000…00,100100…00,100200…00,…,20230000,2024。

那么上面分成的所有数中,虽然每个数后面的 0 的个数互不相同,但都是偶数个,且它们的和恰好为 123…20232024,那么 123…20232024 除以 99 的余数就等于分成的这些数除以 99 的余数的和。

由于这些数除以 99 的余数分别为:

1,23,45,67,89;

10,11,12,…,98,99;

100101,102103,104105,…,998999;

1000,1001,…,2023,2024,

而其中 100101,102103,104105,…,998999 是公差为 2002 的等差数列,共 450 项,可知所有这些余数的和为:

$$(1+23+45+67+89)+(10+11+12+\cdots 99)+(100101+102103+\cdots+998999)+(1000+1001+\cdots+2024)$$

$$=225+\frac{(10+99)\times 90}{2}+\frac{(100101+998999)\times 450}{2}+\frac{(1000+2024)\times 1025}{2}$$

$$\equiv 27+10\times 45+(12+89)\times 27+27\times 35 \pmod{99}$$

$$\equiv 90 \pmod{99},$$

所以 123…20232024 除以 99 的余数为 90。

四、小结

"被除数－余数＝商×除数"将整除与余数紧紧相联在一起,而两者又有各自的规律与方法。当余数为 0 时,寻找常见数字的整除方法,如末位系、和系、差系,注意当无法使用常见数字特征时,可考虑试除法;当余数不为 0 时,发现余数周期规律,除数相同时可加、减、乘,除数不同时可逐级满足。

整除问题与余数问题是数论知识体系中的基石,平时可多加练习,熟练掌握余数规律与整除方法。

以退为进　以守为攻——寻找对自己最有利的出发点
——北京·班昌

思考笔记

【作者简介：投身高思教育数学竞赛培优的班昌老师，毕业于北京大学数学科学学院，学生阶段曾获得初中数学联赛满分、高中数学联赛河北省第一名、冬令营金牌、国家集训队成员等数学竞赛荣誉，有15年教龄，对数学竞赛尖端学生的学习经历和培养过程了如指掌，希望带领学生感受不一样的数学之美。】

曾经有孩子问我国著名数学家华罗庚先生："当一个数学问题太复杂了的时候，我们应该怎样去思考呢？"华罗庚告诉他，复杂的问题要善于"退"，足够地"退"，"退"到最原始而不失去重要性的地方，是学好数学的一个诀窍。

当我们面对一个约束条件太多、超出自己处理范围的问题时，可以有意忽略掉一些东西；当我们面对一个约束条件太少、需要考虑太多情况的问题时，也可以有意添加一些东西。无论是哪一种，都是以退为进、以守为攻，找到对自己最有利的出发点。但是，退到哪里，才能既简洁而又不失问题的本质，这是最重要也是最难以掌握的关键点。我们不妨试着从下列问题中探索答案。

例1　是否存五个不同的正整数，满足五个数成等差数列且五个数乘积为平方数？

【分析】如果上来直接把问题代数化，设首项为 a、公差为 d，则五个数乘积表达式过于复杂，即使改进为设中间项为 a、公差为 d，处理起来也不太方便。停留在这里于事无补，我们不妨思考一下，什么样的五个数等差数列求乘积会比较方便呢？不妨考虑五项为 $a,2a,3a,4a,5a$，乘积为 $120a^5$，再令 $a=120$ 即可。

【解答】存在，120，240，360，480，600 符合要求，乘积为$(120^3)^2$。

【总结】当不知道退到哪里合适的时候，不妨先退到自己"最舒适"的位置，但此时的确不能保证仍然保留有问题的本质，如果失去了本质，再调整到"次舒服"的位置进行尝试。

例2　能否在正方体的每个顶点放一个正整数，使得每条棱两端一数被另一数整除，而不相邻的两数互不整除？

【分析】本题难度不大，即使画个正方体随意写一写，也是很有可能得到正确的构造方法的。但如果随意写数，哪怕是不太大的数，要验证八个顶点中任意两个的关系，即一共 $C_8^2=28$(个)数对，也会有点麻烦，所以我们应该重点思考怎么描述自己的表述方法才能更简洁，并明确展示数对间是否具有整除关系呢？我想答案是唯一的，不同质数一定不会有整除关系，且几个数的乘积和这几个数本身一定具有倍数关系，所以我们退一步，写上四个不同质数和他们中任意三个的乘积就可以了。

【解答】能，将正方体八个顶点黑白间隔染色，取四个不同质数 p、q、r、s 放到四个黑点；

对于四个白点，将与 p、q、r 相邻的白点放上 pqr，其余白点类似放上 pqs、prs、qrs 即可，

显然相邻的有倍数关系、不相邻的没有倍数关系。

【总结】这道题中，每个顶点放上具体数反而不是很好，因为具体数的整除关系反而不如字母来得明显；即使放具体数，比如 p、q、r、s 为 2、3、5、7，也需要注意一定不要把三个数乘积的结果计算出来，因为大多数时候形式比结果更加直观形象。

例 3　$3\times4\times5$ 长方体的表面分割为单位正方形格。能否在每个方格中填一数，使得环绕长方体的每条宽为 1 的方格带子中各数之和都等于 120？

【分析】我们不可能把表面 94 个格子中的每个数都设个变量，这样太麻烦了；但如果退得太狠，把 94 个格子设为同一个变量，环绕 3×4，3×5 的带子和环绕 3×4，4×5 的带子盖住的方格又不一样多。那应该如何处理呢？由于本题本质上只有 3 种不同的带子，即环绕 3×4，3×5、环绕 3×4，4×5、环绕 3×5，4×5，所以我们不妨令 3×4 填 a、3×5 表面全填 b、4×5 表面全填 c，再考虑 3 种本质不同的带子的环绕方式，令 $8a+10b=6a+10c=6b+8c=120$ 即可。

【解答】能，只需令 3×4 表面全填 5、3×5 表面全填 8、4×5 表面全填 9 即可。

【总结】舒适度和不失本质往往是有冲突的，所以如何平衡这两者需要仔细思考，重点在于优先明确问题的本质到底是什么。

例 4　将 2024 个球围成一圈，每次只能取 1 个或者相邻的 2 个，如果两个球中间有一个空位置，那么这两个球不能同时被取走。规定谁取到最后一个球谁胜。如果甲先乙后，那么谁有必胜策略？

【分析】圆上的小球处理起来比较麻烦，不好找到突破口。我们不妨退一步，把问题改一改，如果是一条线上的 2024 个小球呢？是不是就很容易解决了？因为一条线上不管有多少个小球，先手第一步只要取走中间一个或者两个，使左右球数相同并且左右被隔断，然后只要后手能取，则先手一定可以在另一侧对称取球，所以立于不败之地，又因为球数有限，所以先手必定获胜。因此我们可以很容易得到一条线上无论有多少个球，都是先手获胜的结论（奇数个球取中间一个、偶数个球取中间两个）。那么一个圈呢？直线和圈有联系吗？

【解答】后手必胜。无论先手取 1 个还是相邻 2 个，取完之后，圈都被“剪断”，变为直线上的若干个球。此时如果剩 2023 个球则后手取中间 1 个，如果剩 2022 个球则后手取中间 2 个，以后均与先手保持对称取球即可获胜。

【总结】先手取完后变为直线、面对直线先手必胜是这题的本质，如果不能退到考虑直线，即使能够想清楚，写起过程来也会比较难受。退到自己的舒适点、解决舒适点、寻求舒适点与原命题之间的关联，是处理这类问题的标准方法。

例 5　平面与正方体交成五边形截面。求证：这个五边形必有一边长与 1 米相差不少于 20 厘米。

【分析】本题乍一看去有点奇怪，题目中一个长度都没有，怎么可能能得到和长度有关的结论呢？万一我把正方体边长变大或缩小，结论不会改变吗？但仔细思考后会发现，如果正方体边长太大，可能五边形截面就会有一条边超过 1.2 米，

如果边长没那么大，可能截面又会有一条边不到 0.8 米，结论有可能确实没有问题。不过无论如何，题设没有具体长度，结论肯定也是得不到具体长度的，所以我们必须要退一步。我们能得到的关于边长的结论，一定只能是关于这些边之间的比例，所以将命题转化为“五边形截面中最长边与最短边之比大于 1.5”，这样要么最长边大于 1.2 米、要么最小边小于 0.8 米，才能得到结论。这一退，和前几个题不一样，是不得已而为之。

另外，如何得到一个平面与正方体相交的五边形截面呢？我们不可能在正方体棱上随意画五个点，顺次连上就说这是五边形截面，因为没有限制条件约束来保证五点共面的所谓五边形截面，不会给我们带来任何信息，对后续论证也就没有任何帮助。所以我们必须再退一步，深入思考平面与正方体相交得到截面的过程，这个过程其实可以理解为平面先与正方体四个侧面所在平面相交得到一个平行四边形，然后再考虑这个平行四边形在正方体内部的部分，如图(1)所示，即为平面与正方体的截面图，随着这个平行四边形的上下移动，在正方体内部的部分(截面图)呈现出不同的形状。因此，五边形截面图必定是某个平行四边形在正方体内部的部分，在此基础上解决这个问题就十分简单了。

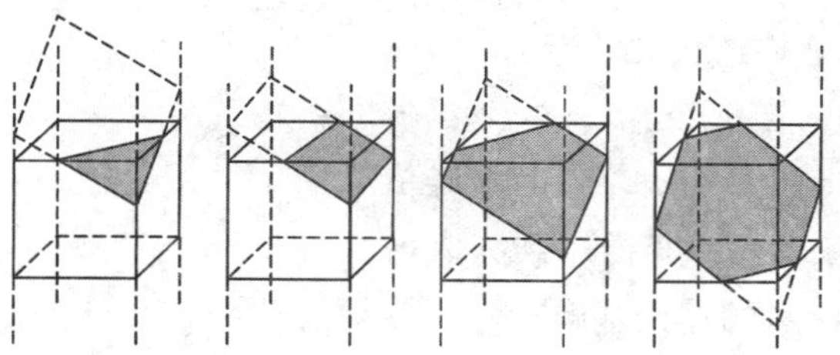

(1)

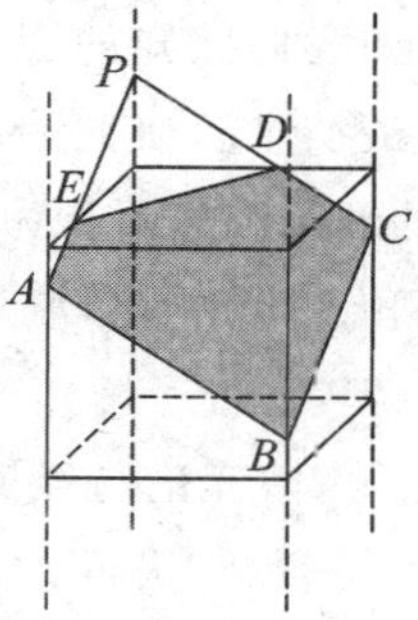

(2)

第 5 题图

【解答】如图(2)所示，五边形截面图 $ABCDE$ 由 $\square PABC$ 在正方体内部的五边形部分得到，

因为 $AE+ED+DC<AP+PC=AB+BC$，

所以 $\max\{AB,BC\}:\min\{AE,ED,DC\}>\frac{3}{2}$，故五边形最长边与最短边之比必大于 $\frac{3}{2}$，

若最长边不小于 1.2 米，则命题成立；

若最长边小于 1.2 米，则最短边小于 0.8 米，命题也成立。

【总结】本题的两个关键点：

第一，没有任何具体长度则边之间只能研究比例关系而不能研究具体长度；

第二，平面与正方体的截面是由与四个侧面的平行四边形截面在正方体内部的部分得到的。

本篇我们暂且就讲到这里，希望通过这几个例子，让同学们掌握以退为进而又不失本质的方法，进而再通过自己的努力，争取达到能进能退、进退自如的解题境界。

浅谈博弈游戏中的数学

——武汉·龙腾

思考笔记

【作者简介：高中通过化学竞赛一等奖和数学竞赛二等奖保送至武汉大学，后保送至北京大学攻读硕士学位。从2012年开始，龙腾老师边在北京读书，也在北京学而思当数学竞赛老师。2017年，龙腾老师因工作调回武汉，创立武汉学而思竞赛外联部，搭建小学集训队。2020年，龙腾老师着手创业，加入北京乐学教育集团，创建武汉乐学培优分校，并担任校长职位。2022年至今，龙腾老师和同伴创立自主品牌，以带小学初中竞赛课程为主，结合线上线下深耕一线教学。】

一、博弈论的历史

“博弈”的本意是下棋，比如我们熟知的围棋、象棋等。在现代数学中，博弈论作为一个重要的数学分支，最初主要研究的也是象棋、桥牌、赌博中的胜负问题。博弈论考虑游戏中个体的预测和实际行为，并研究它们的优化策略。

近代对于博弈论的研究，开始于策梅洛，波莱尔及冯·诺依曼。1928年，冯·诺依曼证明了博弈论的基本原理，宣告了博弈论的正式诞生。1944年，冯·诺依曼和摩根斯坦共著的划时代巨著《博弈论与经济行为》将二人博弈推广到n人博弈，并将博弈论系统地应用于经济领域，从而奠定了这一学科的理论基础。

1950—1951年，约翰·福布斯·纳什利用不动点定理证明了均衡点的存在，为博弈论的一般化奠定了坚实的基础。纳什的开创性论文《n人博弈的均衡点》(1950)，《非合作博弈》(1951)等，给出了纳什均衡的概念和均衡存在定理。此外，莱因哈德·泽尔腾、约翰·海萨尼的研究也对博弈论发展起到推动作用。

1994年，诺贝尔经济学奖被授予加利福尼亚大学伯克利分校的约翰·海萨尼、普林斯顿大学约翰·纳什和德国波恩大学的赖因哈德·泽尔滕，以表彰这三位数学家在非合作博弈的均衡分析理论方面做出的开创性贡献，以及对博弈论和经济学产生的重大影响。其后的1996年、2001年、2005年、2007年、2012年和2014年这6年中的诺贝尔经济学奖，也都和博弈论研究有关。

二、博弈论中的经典游戏

大家应该已经了解，“博弈”的起点是两个人“下棋”的游戏。如果我要跟你说，其实不管是围棋还是国际象棋，它都是有必胜法的，你相信吗？如果你掌握了必胜法，就绝对不会输，你相信吗？这就谈到了博弈论最开始的研究初衷，不妨从一个最简单的模型来进行分析。

1. 简单的博弈游戏

两个小朋友在玩一个简单的游戏(如图1)。从起点开始，A先走一步，然后B再走一步，游戏结束了。那么最后谁赢了？我们假设游戏的结果机制如表1所示：

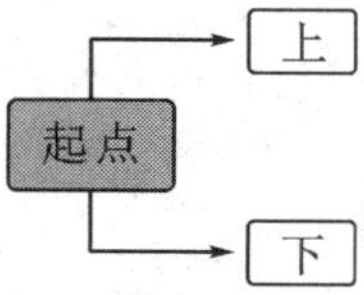

图 1

表 1

A 先走 B 后走	B 选上路	B 选下路
A 选上路	A 胜	B 胜
A 选下路	A 胜	和棋

可以看到，游戏有四种结果：

①A 走上路，B 走上路，就是 A 胜；②A 走上路，B 走下路，就是 B 胜；③A 走下路，B 走上路，就是 A 胜；④A 走下路，B 走下路，就是和棋。

如果这两个小朋友都非常聪明，他们玩这样一个简单的游戏，请问游戏的结果应该是怎么样的呢？有的小朋友可能说，A 胜利的情况总数多一些，所以 A 胜。但这里面，我们一定要考虑先后手的问题。在很多博弈游戏中，先后手的不同，其结果也会大不一样。

正确的答案应该是和棋。为什么呢？因为我们可以把这个游戏画成一个游戏树的形式(如图 2)：

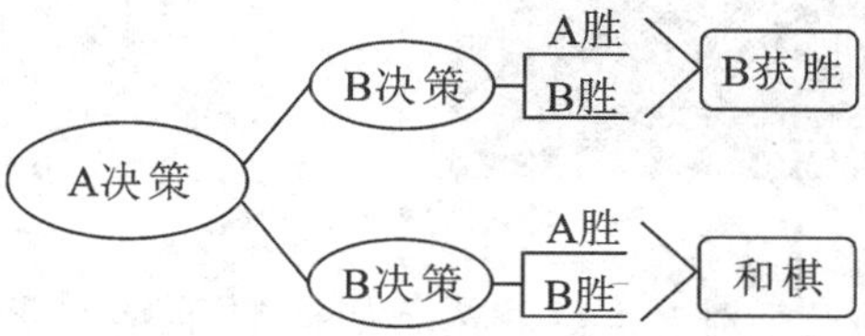

图 2

我们来看，假如先考虑 A 走上路的情况，这时就进入右上角的 B 做决策的子游戏中，在这种情况下，B 肯定要选择自己获胜的方式，所以 B 一定走下路。因此，如果说游戏进入右上角的子游戏，最后的结果一定是 B 获胜。

反过来说，假如第一步 A 是向下决策，就进入了右下角的子游戏当中，B 虽然也可以走上路或者下路，但 *B* 希望对自己有利，他会怎么选呢？他一定会选择走下路和棋。所以右下角的子游戏结果一定是和棋。

现在我们把这个游戏分成两个子游戏：如果 A 往上走，则 B 胜利；如果 A 往下走，则和棋。那 A 会怎么选择呢？A 是不是一定会往下走，选择和棋，对吧？

最后的结论是，这个游戏从最开始，A 就一定会选择下路，而 B 也一定会选择下路，所以双方博弈的结果一定是和棋！

其实任何一个棋类游戏，比如象棋、围棋等，它只要是双方轮流做决策，而且每个人都能够看到对方的决策，那么实际上也和这个游戏差不多，只不过是分支更多，步骤更复杂。但是只要我们从最后的一个子游戏开始，一层一层地往下倒推，我们就一定能够找到一个最优策略，在最优策略下，这盘棋要么一定是先手胜，要么一定是后手胜，要么就一定是和棋。

当然了，我们也从来没有听说过，谁掌握了围棋或者象棋的必胜策略，这又是为什么呢？这是因为象棋和围棋实在太复杂。大家知道围棋的格子是 19×19，一共有 361 个点位可以放，每个点位可以放黑棋或者白棋，还可以不放，所以说围棋的状态一共有 3^{361} 种，约等于 1.7×10^{172}，所以围棋非常复杂。

围棋有很多个步骤，我们可以认为平均一盘围棋有 150 步，而每一步可能有 250 种选择。所以这样一来，围棋的游戏树复杂度大约是 250^{150}，也就是 10^{360} 这么多。那么这个数字到底有多大呢？宇宙中的原子个数大约是 10^{80}，超级计算

机每秒钟大概能算 10^{18}。如果我们用超级计算机去计算围棋的游戏树，需要 10^{342} 秒才能计算完，进而找到最优解的游戏策略。但是很遗憾，宇宙从形成到现在 138 亿年，也只有 10^{17} 秒。所以，没有任何一台计算机能够把一个围棋的所有情况算准，因此我们也就不知道围棋准确的必胜策略到底是什么。尽管如此，我们确信，围棋也一定是有必胜策略的。

在 1913 年有一位名叫策梅洛的数学家提出了这样一个理论：对于一个两人的完全信息游戏，一定存在一个策略，要么先手一定获胜，要么后手一定获胜，要么双方平局。这个定理后来就被称为策梅洛定理（如图 3）。

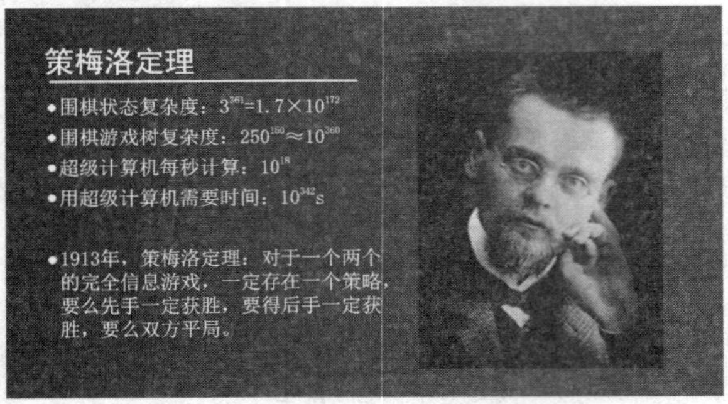

图 3

值得注意的是，策梅洛定理是假设双方都已经对这个游戏树了如指掌，而且是足够聪明的。这个时候，游戏就一定会朝着一个固定的结局去发展。双方没有任何一方有动力去改变自己的决策，就好像我们刚刚讲的那个简单的博弈游戏。无论 A 和 B 谁改变决策都会输，所以为了不让自己输，他们一定会向着一个固有的策略即和棋发展。于是在这种情况下，双方都没有改变自己策略的动力，和棋这个点就成为一种平衡状态，这种平衡状态就叫作纳什均衡。

2. 纳什均衡和囚徒困境

纳什均衡是一个非常重要的数学结论，是由 1994 年的诺贝尔奖得主约翰·纳什提出来的。

1950 年，约翰·纳什就证明了一个定理：只要参与博弈的几方都是有限的，那么就一定存在平衡状态，大家都会采取这种平衡策略，而没有单方面改变策略的动力。这种平衡就叫作纳什均衡（如图 4）。

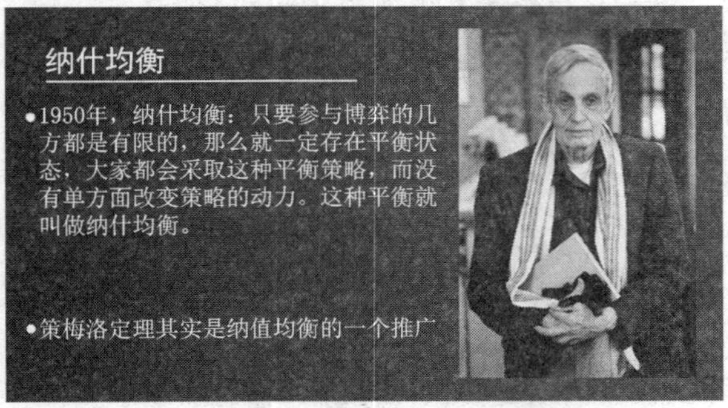

图 4

大家可以想想，刚刚我们讲的策梅洛定理是专门针对下棋的博弈过程，而我们的博弈过程不仅仅是下棋，所以策梅洛定理其实是纳什均衡的一个推广。那么比较典型地讲述纳什均衡的例子就是囚徒困境。

囚徒困境是博弈论中的一个很著名的例子(如图5)。讲述的是两个小偷被警察抓住了,但是警察没有找到赃物,所以不能给他们定罪。后来,警察想到一个办法,把他们分开审讯。审讯之前,两个小偷都知道了以下审讯规则:

(1)如果两个人都坦白了,两个人都判刑5年;

(2)如果其中一个人坦白,另一个人抗拒,坦白的人无罪释放,不坦白的人判刑8年;

(3)如果两个人都抗拒了,警察只能关他们1年。

那么这个规则,我们用图5中的表格来建立数学模型,他们判刑的年限,我们可以叫作收益。因为判刑是不好的事情,所以判刑的收益我们用负数来表示。在表格中,我们可以看到,如果两个人都坦白,他们的收益都是−1。如果A坦白,B抗拒,那么A的收益是0,B的收益是−8。相反,如果B坦白,A抗拒,则A的收益是−8,B的收益为0。还有最后一种情况,就是他们都抗拒,那么他们各自的收益为−5。

聪明的小朋友,你们先想一想,最终两个小偷会怎样做决策呢?

图5

对于他们俩来讲,最好的结局是什么?答案很明显,就是他们俩都抗拒,这样他们俩拘留的时间都比较短,共同收益最大化,一共只关押2年。但事实最终的结果是这样吗?

我们不妨从A的角度去思考问题。A会想,B会怎么选择呢?如果B选择了坦白,A选择坦白判刑5年,A选择抗拒判刑8年,所以A为了自己能判刑少一点,会选择坦白。另一种情况,如果B选择了抗拒,A选择坦白无罪释放,A选择抗拒还要判一年,所以A还是会选择坦白。所以,无论B如何选择,A的最优策略都应该坦白。

同样的,B思考这个问题时会和A有同样的想法,所以B也会选择对他更有利的坦白。最后他们两个人的均衡结果是两个人都选择了坦白,各判刑5年。这个结果就是纳什均衡,进入这样一个纳什均衡之后,每一个人都没有单方面改变自己决策的动力,因为任何一个人单方面改变决策之后,都会让自己判刑8年,对自己是不利的。所以,双方就陷入了一个坦白—坦白的纳什均衡。

显而易见,这种结果肯定没有两个人都抗拒好。但是,这的确是一个纳什均衡的结果。纳什均衡不见得是社会的最优解,但是它却是每一个人对自己来讲,最有利的一种情况。

3. 胆小鬼博弈

英国有一个著名的数学家,名字叫罗素。罗素最著名的一个数学问题是罗素悖论，讲的是一个理发师只给不给自己刮胡子的人刮胡子。小朋友们可以思考一下，这个理发师该不该给自己刮胡子呢？

除了这个悖论，罗素还提出了很多有意思的思想问题。比如在1959年的时候，罗素提出了这样一个问题。他说，有两个人他们在一条车道上相对着开车，每一辆车都可以随时打方向盘驶出车道。如果一个人最先驶出车道，当然他安全了，不过没有驶出车道的人会嘲笑他是胆小鬼。当然如果他没有驶出车道，他就会被称为英雄。但是如果两个人都不驶出车道，那么他们就会撞在一起，于是他们就同归于尽了。这是谁都不想看到的局面。

对于这个问题，我们能不能把它进行数学化，然后利用博弈论来进行解释呢？

假设A和B是两辆车，他们转向即“示弱”，一直往前开即“死磕”。那我们看表2：

表2

决策	B示弱	B死磕
A示弱	2，2	1，3
A死磕	3，1	−10，−10

决策	B示弱	B死磕
A示弱	2，2	1，3
A死磕	3，1	−10，−10

决策	B示弱	B死磕
A示弱	2，2	1，3
A死磕	3，1	−10，−10

假如A和B都示弱，也就是两辆车都转向了，这个时候两辆车都保住了面子，也没有出现安全问题，谁也不会嘲笑对方是胆小鬼。A和B的收益我们定为2。

假如A选择了死磕，而B示弱了，这个时候B就输了。于是A就会嘲笑B为胆小鬼，那么定义B的收益为1，因为他至少保住了命，而A的收益更高定为3。反过来说，B死磕，A示弱，则B收益为3，A收益为1。

假如A和B两辆车都死磕到底，就撞到一起，同归于尽。那么他们的收益就都是−10。两个人都不希望看到这种局面。

那么在这样的情况下，A和B会究竟如何选择呢？有的小朋友可能会想，应该都示弱，这样双方损伤都最小。但我们回顾一下历史，在发生斗争的时候是双方最后都和解了吗？好像不是吧。往往是一方示弱，另外一方取得胜利。

那我们仔细分析一下这个问题，可以看到A有两种选择，要么示弱，要么死磕。

我们先设想，假设A选择死磕，那就是左下角表中的最后一行，我们想想B会怎么选？B如果示弱了收益是1；如果死磕，收益是−10。所以B在这样的情况下会选择示弱。也就是说当A选择死磕，B就一定会选择示弱，双方的纳什均衡点就在这，这时候双方都不会改变自己的决策使自己的收益下降。

反过来，假如不是A选择了死磕，而是B选择了死磕，也就是右下角表中的最后一列。在这种情况下，跟上面分析一样，A最终也会选择示弱。所以B死磕A示弱又是一个纳什均衡点。

所以在这个问题中，存在至少两个纳什均衡点：一个是A死磕B示弱，另一个是B死磕A示弱。这两个点都是纳什均衡点，当然双方都希望局面向自己有利的方向发展。根据这个博弈问题，我们已经知道了，假如有一方选择死磕到底，那么另一方就一定会选择示弱。所以，如果我希望另一方让步，那我一定要表现得特别特别强硬。比如说我一上车，我就把方向盘扔了，当对方发现我把方向盘扔了，他就知道我已经决定跟他死磕到底了，那对方一定会示弱而转向。

当然，在这种情况下，我们必须考虑到对方知道信息的能力，以及对方的精神状态是否正常。假如说你把方向盘扔了，而对方也把方向盘扔了，那你们俩一定会同归于尽。

4. 石头剪刀布

刚才的"胆小鬼博弈"是一个很有意思的故事。那么下面我们思考一个问题，有些时候看起来是并不存在明显的纳什均衡的。比如我们小时候玩过的石头剪刀布的游戏。如果我和你玩石头剪刀布的游戏，我出石头你会出布，我出布你会出剪刀，我出剪刀你会出石头。在这个游戏中，如果你知道对方的策略，你是一定要改变自己的决策的。这样看起来不就没有纳什均衡了吗？其实并不是这样的。

如图6，在纳什定理中他所证明的纳什均衡，有可能是纯策略纳什均衡，也就是双方都采取一个固定的策略。但也有可能是混合策略纳什均衡，也就是说虽然双方有几种策略，每一个人都不会选定一个固定策略，但是双方都会以固定的频率在几种策略之间进行切换。也就是我会以一定的频率出石头、我也会有一定的频率出剪刀和布，并且石头剪刀布的频率是固定不变的。

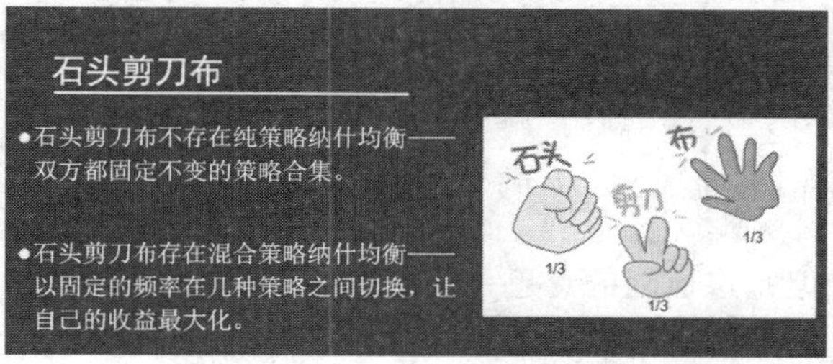

图6

我想问，如果你想赢的话，石头剪刀布的频率各是多少？应该各是$\frac{1}{3}$。为什么不多出点石头呢？如果你多出石头，我就会多出布。如果你多出剪刀，我就会多出石头。我只要看到你多出了什么，我就会克制你。你为了不让我占便宜，你是不是必须将出石头的频率控制在$\frac{1}{3}$？这样我才没有办法占到便宜。同样的道理我也是这么想的，于是我们俩玩石头剪刀布的时候都应该以同样的频率出石头、剪刀和布，这其实就是一个混合策略的纳什均衡！

当然，这个例子太简单了。我们换一个更好玩的例子吧。

5. 正反硬币的游戏

这个游戏是这样的，A和B两个人手里各拿一枚硬币，并且不让对方知道，各自的硬币是正面还是反面，然后扣在桌子上。两个人同时把手拿开，看一看硬币是正面还是反面。

(1)如果硬币都是正面，A赢，B给A3元钱。

(2)如果硬币都是反面，A赢，B给A1元钱。

(3)如果硬币是一正一反，A输，A给B两元钱。

这个游戏我们可以看到，无论是A还是B谁都不能出固定的一面。比如说A不可能一直出正面，如果这样，B就一直出反面，这样一来A就会一直输。同样A也不能一直出反面，也就是说，只要你采取固定策略的话，对方就知道你出什么，你就一定会输。所以，无论A还是B出硬币的正反一定要是随机的。但问题是，他们两个人随机时候，到底谁会赢？我们需要把整个过程数学化，列成一个收益的矩阵(如表3)。

表3

A收益	A正面	A反面
B正面	+3	−2
B反面	−2	+1

我们来看，如果A出正面，B出正面，A就挣3元钱。所以这个矩阵是A的收益矩阵，表中写了+3，意思是男人挣了3元钱。表中的四种情况对应着我们上面的游戏规则。所以看这个表格可以发现，如果这四种情况各出现一次，男人是挣了4元钱，输了4元钱，最后是没输没赢，它是个平局。如果我们说得更数学化一点，应该称它的期望是0。数学期望就是用概率乘上相应的值再加和，我们用字母E来表示。

如果四种频率出现的可能性都是$\frac{1}{4}$的话，那么期望值为

$$E=\frac{1}{4}\times3+\frac{1}{4}\times(-2)+\frac{1}{4}\times(-2)+\frac{1}{4}\times1=0。$$

所以如果按照这样都是$\frac{1}{4}$的概率来算的话，A的收益就是0。看起来，这个游戏可以随便玩，大家都不会输。但事实上，并非如此！因为只有你随机的出正面和反面，你每一种的情况概率才是$\frac{1}{4}$。但是这道题的意思是，A和B都是自己控制正面和反面的，类似于石头剪刀布的游戏，于是我们要换一种说法，它变成了一个博弈问题。

假设A以x的频率出正面(出正面的概率为x)，举个例子，x是$\frac{1}{3}$，也就是3次里面，他有1次出正面。所以，他就有$1-x$的频率会出反面。同样假设B有y的频率出正面，则B就会有$1-y$的频率出反面。假设完后，我们再来看这个矩阵，来填写A的收益和频率：

(1)A和B都出正面的频率是xy，收益为3。

(2)A出正面，B出反面的频率是$x(1-y)$，收益为−2。

(3)A出反面，B出正面的频率是$y(1-x)$，收益为−2。

(4)A和B都出反面的频率是$(1-x)(1-y)$，收益为1。

我们重新求出A的收益期望，这个期望是

$$E=3xy-2(1-x)y-2x(1-y)+(1-x)(1-y)=8xy-3x-3y+1。$$

大家分析下，A和B可以控制这里面的哪个字母？A可以控制的是x，B可以控制y。因为我们列出的是A的收益期望，所以A希望这个期望的收益尽可能的大，而相反B希望这个期望的收益尽可能的小。那么我们思考一下，他们能

不能做到自己的目的呢(如图 7)?

频率和收益	男人正面x	男人反面$1-x$
美女正面y	xy, 3	$(1-x)y$, -2
美女反面$1-y$	$x(1-y)$, -2	$(1-x)(1-y)$, 1

$E=3xy-2(1-x)y-2x(1-y)+(1-x)(1-y)=8xy-3x-3y+1$

A的策略：调整x让期望E尽量大

B的策略：调整y让期望E尽量小

图 7

我们先看 B,B 的策略是调整 y,让这个期望尽可能的小。我们把这个期望值重新以 x 为主元整理下:

$E=8xy-3x-3y+1=(8y-3)x-3y+1$。

由于 B 只能调整 y,我们可以得到以下结论:

若 $y>\frac{1}{8}$,则 $8y-3>0$。所以,A 一定会让 x 尽可能的大,x 最大等于 1,所以 A 必然让 $x=1$,这时候 $E=5y-2>\frac{1}{8}$。也就是说,B 出正面的频率大于$\frac{3}{8}$的话,A 每玩一局游戏平均亏的钱会少于$\frac{1}{8}$元钱。

若 $y<\frac{3}{8}$,则 $8y-3<0$。所以,A 一定会让 x 尽可能的小,x 最小等于 0,所以 A 必然让 $x=0$,这时候 $E=1-3y>\frac{1}{8}$。也就是说,B 出正面的频率小于$\frac{3}{8}$的话,A 每玩一局游戏平均亏的钱也会少于$\frac{1}{8}$元钱。

若 $y=\frac{3}{8}$,则 $8y-3=0$。所以,这个期望值和 x 的值无关,无论 x 取什么结果,这时候 $E=\frac{1}{8}$。也就是说,B 出工面的频率等于$\frac{3}{8}$的话,A 每玩一局游戏平均亏的钱就等于$\frac{1}{8}$元钱。

如果 B 采用前两种策略,A 输的钱不到$\frac{1}{8}$块;如果 B 采用第三种策略,A 输的钱为$\frac{1}{8}$元。所以 B 一定会采用第三种策略,也就是让自己出正面的频率等于$\frac{3}{8}$。

我们再看 A,A 的策略是调整 x,让这个期望尽可能的小。我们把这个期望值重新以 y 为主元进行整理:

$E=8xy-3x-3y+1=(8x-3)y-3x+1$。

由于 A 只能调整 x,我们可以得到以下结论:

若 $x>\frac{3}{8}$,则 $8x-3>0$。所以,B 一定会让 y 尽可能的小,y 最小等于 0,所以 B 必然让 $y=0$,这时候 $E=-3x+1<\frac{1}{8}$。也就是说,A 出正面的频率大于$\frac{3}{8}$

的话，A 每玩一局游戏平均亏的钱会多于$\frac{1}{8}$元钱。

若 $x<\frac{3}{8}$，则 $8x-3<0$。所以，B 一定会让 y 尽可能的大，y 最大等于 1，所以 B 必然让 $y=1$，这时候 $E=5x-2<\frac{1}{8}$。也就是说，A 出正面的频率小于$\frac{3}{8}$的话，A 每玩一局游戏平均亏的钱也会多余于$\frac{1}{8}$元钱。

若 $x=\frac{3}{8}$，则 $8x-3=0$。所以，这个期望值和 y 的值无关，无论 y 取什么结果，这时候 $E=-\frac{1}{8}$。也就是说，A 出正面的频率等于$\frac{3}{8}$的话，A 每玩一局游戏平均亏的钱就等于$\frac{1}{8}$元钱。

如果 A 采用前两种策略，A 输的钱多于$\frac{1}{8}$元；如果 A 采用第三种策略，A 输的钱为$\frac{1}{8}$元。所以 A 一定会采用第三种策略，也就是让自己出正面的频率等于$\frac{3}{8}$。

最后我们找到了一个混合策略的纳什均衡，也就是不管 A 还是 B，他们出正面的频率都是$\frac{3}{8}$。最终的结果是，平均每一局 A 会输$\frac{1}{8}$元钱（如图 8）。

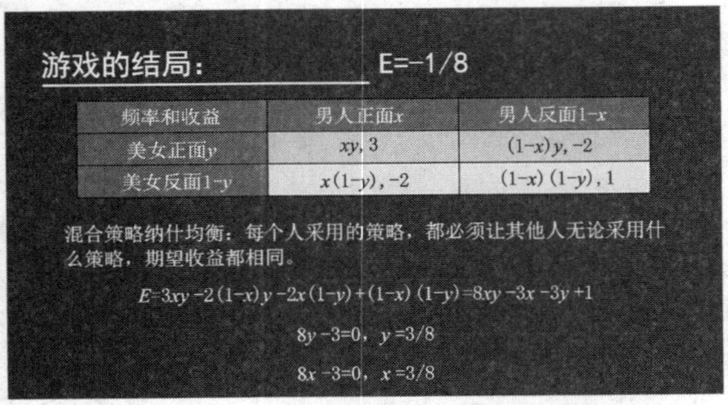

图 8

这个问题稍微复杂一点，我是想告诉大家，如果没有统一的策略，即使不存在一个简单纯粹的纳什均衡，它也一定存在一个概率上意义的纳什均衡，这个概率意义上的纳什均衡是不变的，双方一定会有一个固定的概率采取行动。当然，概率是概率，它不是一个固定的出牌顺序，比如说在石头剪刀布的游戏中，我有$\frac{1}{3}$的概率出石头，但我绝对不会按照石头、剪刀和布的顺序依次出，因为如果我这么做了，对方就摸清楚了我的套路。所以，我应该是随机地出石头、剪刀和布。

混合策略纳什均衡有一个简单的算法，就是每一个人采用的策略，都必须让其他人无论采用什么策略，期望和收益相同。这样我们就不需要分类讨论，直接计算结果，算出 x 和 y 都是$\frac{3}{8}$，从而算出期望收益 $E=-\frac{1}{8}$。

6. 奇数定理

在博弈论中，有一个奇数定理（如图 9），它是这么说的。纳什均衡点，会包含纯策略纳什均衡和混合策略纳什均衡，但是绝大多数的情况下，纳什均衡点都是奇数个。

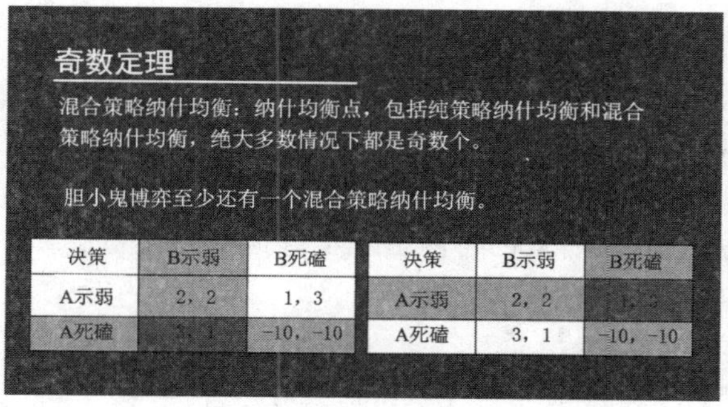

图 9

但是胆小鬼博弈的纳什均衡点我们刚刚只研究了两个，是偶数个。这说明了，我们还有一个混合策略纳什均衡点没有找到。我们也可以用刚才的策略去找这个纳什均衡点(如图 10)。

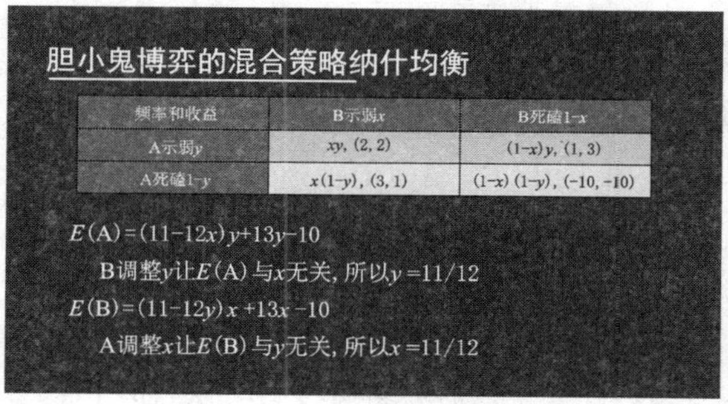

图 10

我们会发现，胆小鬼博弈的混合策略纳什均衡点就是：A 和 B 两个人示弱的概率都是$\frac{11}{12}$，死磕的概率都是$\frac{1}{12}$。也就是说，除了你知道对方死磕你就示弱，或你知道对方示弱你就死磕这两个纯策略纳什均衡点以外。还有一个，就是假如你不知道到底要死磕还是示弱，你应该怎么办？那你就应该以$\frac{11}{12}$的概率去示弱，而以$\frac{1}{12}$的概率去死磕，这样对你来讲是最有利的。

7. 拍卖陷阱

我们来做一个拍卖 20 元钱的游戏。这 20 元是一张真币，没有任何的收藏价值。那么我现在要拍卖这 20 元钱，1 块钱起拍，拍得最高的人获得这 20 元钱，但是出价最高和次高的朋友都需要按照他的出价付款。也就是虽然第二高的人什么也没有得到，但他还是要付款。这个游戏如果真实去拍卖会有什么结果呢？

这个游戏最早是耶鲁大学的经济学家马丁·舒比克提出的，他曾经在哈佛大学和耶鲁大学多次做了这个实验，而且他拍卖的是 1 美元。他拍卖 1 美元的时候，最后基本上都能拍出几十美元的高价。为什么这些同学会用几十美元买 1 美元呢？

假如两个同学参与了 20 元的拍卖，第一位同学出 1 元他觉得很便宜，第二位同学出 2 元，他还可以赚 18 元。这样，第一位同学又出 3 元，还能赚 17 元，如此下去，直到一个同学出 10 元，另一个同学出 11 元的时候，这时候情况就不对劲了，因为拍卖者他已经不亏了。继续，当第一位同学出 19 元，第二位同学出 20 元的时候，他已经知道自己不可能挣钱了。那么第一位同学会放弃吗？注意，这时候你出 19 元，但你放弃了，你什么都没得到，而且还白亏 19 元。如果这个时候你出 21 元，而对方放弃了，你只亏 1 元。所以第一个同学会出 21 元，同理，第二个同学也不会放弃，会继续出 22 元。如果按照这样的方法去进行的话，所有的人都不会停下来，他们都希望对方让步，然后自己再停下。尽管这个时候他们心里都明白，自己投入的钱已经不可能再收回来了(如表 4)。

表 4

A	1	3	…	11	13	…	19	21	…
B		2	…	10	12	…	18	20	…

在生活中，我们常会遇到美元拍卖陷阱。举个例子，街上有两家超市，有一家超市每天开门 12 小时，另外一家超市每天开门 15 小时。那么开门 15 小时的超市就会吸引更多的顾客，而把开门 12 小时的超市击垮。开门 12 小时的超市为了不被击垮，它只好开门 18 小时，而另外一家超市只好开门 20 小时，最终双方都会变成 24 小时的超市。这就是所谓的行业内卷，但事实上开门 24 个小时对双方都是有浪费的。他们也不想这样，只是因为内卷造成他们被迫如此。由此可见，纳什均衡是一个非常普遍的理论，它可以解释生活中非常非常多的现象。

我们今天讲了很多博弈论相关的问题。其实，人生就像一盘大棋，只不过这盘棋比围棋要复杂得多，参与博弈的人也更多。比如说以后大家高考的时候，你可以选择考史地政，也可以选择考理化生。大学毕业了，你可以先选择先成家，也可以选择先立业；可以去考教师编，也可以去考公务员，等等。其实，你的对手也是有这些策略的，当你做出选择的时候，不光要考虑自己会怎么做，你也需要考虑别人会怎么做。所以，如果我们对于生活有了这样的认识，而且又学习了博弈论的话，希望各位同学在以后生活过程中，面临选择的时候，能够想一想博弈论，想一想能不能利用数学来指导我们做出更好的决策。

从“小明的衣橱”说起——浅谈基础计数问题题目设计

——北京·史子贤

思考笔记

【作者简介：史子贤，保送中国科学技术大学少年班学院，原北京集训队教练，曾多次带队取得全国冠军。世界谜题大赛中国赛区裁判员，研究并参与图形推理体系搭建，主编出版相关图书《数图推理方法与实战技巧》。】

计数问题是数学中跟生活关系最紧密的问题，计数问题的结果会影响我们对生活中概率、期望的判断，进而影响我们对事物的选择、统筹等方方面面。一般同学学习计数问题都从枚举法开始，之后会学习到字典排列法、树状图等。真正意义上计算层面的计数问题还得从基本的加乘原理讲起。而加乘原理的开端，就是小朋友的“衣着搭配”。后续再会接触到容斥、排列组合等更加高级的计数计算逻辑。从题目的设计层面上讲，这里跟大家分享四个层次的题目设计方式及设计变化。

一、基础例题类型

基础类型一般为讲义例题刚学习的难度，这种问题的变化层次一般比较浅显，题目的调整属于同层次逻辑加强变化类型。对于这部分的题目，以务实基础为主，老师在命题过程中，这类内容是比较容易把控的，通过修改数据和调整事件背景可以有效提升孩子的学习兴趣，并且可以夯实基础，从而达到不错的教学效果。

例 1 小明的衣柜里有 3 件不同的上衣、3 条不同的裤子、4 双不同的鞋子，那么小明出门一共有多少种不同的搭配方案？

【解析】不难看出，可以根据乘法原理，分步解决：$3\times3\times4=36$(种)。

例 2 小明的衣柜里有 2 顶帽子、3 件不同的上衣、3 条不同的裤子、4 双不同的鞋子，那么小明出门一共有多少种不同的搭配方案？（帽子可以戴也可以不戴）

【解析】对于帽子的选择，可以利用加法原理分类，在分类的基础上，每种类别下其他衣物的种类相同，可得到对应计算方式：$(2+1)\times3\times3\times4=108$(种)。

例 3 小明的衣柜里有红、黄、蓝 3 件颜色不同的上衣，红、黄、蓝 3 条颜色不同的裤子，4 双不同的鞋子，小明不想穿相同颜色的上衣和裤子，那么小明出门一共有多少种不同的搭配方案？

【解析】可以先分步进行无差别统计，再排除上衣和裤子同色的情况：$3\times3\times4-3\times4=24$(种)。

也可以直接在分步过程中把颜色搭配考虑在内：$3\times2\times4=24$(种)。

例 4 小明的衣柜里有红、黄、蓝 3 件颜色不同的上衣，红、黄、蓝 3 条颜色不同的裤子，红、黄、蓝 3 双颜色不同的鞋子，小明希望上衣、裤子和鞋子的颜色都不相同，那么小明出门一共有多少种不同的搭配方案？

【解析】三类衣物的颜色种类都一样，直接按任意顺序分步考察：$3\times2\times1=6$(种)。

例 5 小明的衣柜里有红、黄、蓝 3 件颜色不同的上衣，红、黄、蓝 3 条颜色不同的裤子，红、黄、蓝、绿 4 双颜色不同的鞋子，小明希望上衣、裤子和鞋子的颜色都不相同，那么小明出门一共有多少种不同的搭配方案？

【解析】鞋子比上衣和裤子的颜色多一种，那么分步计算时，若先选鞋子，则按是否选到绿色鞋子进行分类：$1\times3\times2+3\times2\times1=12$(种)。

若先选上衣或者裤子则：$3\times2\times2=12$(种)。

【总结】不难看出，不同的分析视角对题目计算过程的影响是很大的，用好的视角解决问题会让计算难度大大降低，从而提升我们的做题准确度。这些经验需要老师和同学们在不断地学习和总结中摸索，找到最适合自己做题的节奏，形成自己的做题风格。

二、深入加强类型

这类题型的命题会更多地加入排列组合、容斥等复杂分类，题目逻辑的变化更灵活，命题时会对部分信息进行细化调整。每一个命题过程中的细节都会影响做题的难度，细化的要求越多，会让题目显得越生动有趣。好的角度会让人产生更加浓厚的做题兴趣。

例 6 小明的衣柜里有红、黄、蓝 3 件颜色不同的上衣，红、黄、蓝 3 条颜色不同的裤子，红、黄、蓝 3 双颜色不同的鞋子，小明希望上衣、裤子和鞋子只出现两种不同的颜色，那么小明出门一共有多少种不同的搭配方案？

【解析】比如按照“上衣＋裤子＋鞋子”的顺序来分步搭配，那么上衣有三类，裤子是否选择跟上衣同色会影响鞋子的选法，“分步＋分类”：$3\times(1\times2+2\times2)=18$(种)。

也可以按照“先选色、再分配”的顺序完成计算：$C_3^2\times A_3^2=3\times6=18$(种)。

例 7 小明的衣柜里有红、黄、蓝 3 件颜色不同的上衣，红、黄、蓝 3 条颜色不同的裤子，红、黄、蓝、绿 4 双颜色不同的鞋子，小明希望上衣、裤子和鞋子只出现两种不同的颜色，那么小明出门一共有多少种不同的搭配方案？

【解析】此时鞋子里多出的绿色鞋子影响比较大，可以先按照是否穿绿鞋进行分类：$3\times(1\times2+2\times2)+1\times3=21$(种)。

【总结】题目的复杂性提高，很难再出现完全用乘法主导的计算过程，一般计数环节中最难处理的往往是加减法的部分。

例 8 小明的衣柜里有 3 件不同的上衣，3 条不同的裤子，红、黄、蓝、绿 4 双颜色不同的鞋子，小明对鞋子进行混搭，就是左右脚鞋子颜色不一样，那么小明出门一共有多少种不同的搭配方案？

【解析】分步统计，单独考虑鞋子或者再进行分步：$3\times3\times A_4^2=108$(种)。

例 9 小明的衣柜里有 3 件不同的上衣，编号 1，2，3；3 条不同的裤子，编号 4，5，6；3 双不同的鞋子，编号 7，8，9。小明希望身上所穿的衣服编号总和大于 16，那么小明出门一共有多少种不同的搭配方案？

【解析】如表所示，分类有序枚举：

鞋子编号	裤子编号	上衣编号	种类
9	6	2、3	2
9	5	3	1
8	6	3	1

一般会以某一个较大数据或较小数据为脉络进行分类梳理，通过观察，发现一共有 4 种方案。

例 10 小明的衣柜里有 3 件不同的上衣，编号 1，2，3；3 条不同的裤子，编号 4，5，6；3 双不同的鞋子，编号 7，8，9。小明希望身上所穿的衣服编号总和大于 14，那么小明出门一共有多少种不同的搭配方案？

【解析】如表所示，分类有序枚举：

鞋子编号	裤子编号	上衣编号	种类
9	6	1、2、3	3
9	5	1、2、3	3
9	4	2、3	2
8	6	1、2、3	3
8	5	2、3	2
8	4	3	1
7	6	2、3	2
7	5	3	1

一共 $3+3+2+3+2+1+2+1=17$（种）。

例 11 小明的衣柜里有红、黄、蓝 3 件颜色不同的上衣，红、黄、蓝 3 条颜色不同的裤子，红、黄、蓝、绿 4 双颜色不同的鞋子，小明想在穿搭中至少保留 1 件红色着装，那么小明出门一共有多少种不同的搭配方案？

【解析】用整体排除法更加便捷，即用总数减去任意红色衣物都不选的情况：$3\times3\times4-2\times2\times3=24$（种）。

例 12 小明的衣柜里有红、黄、蓝 3 件颜色不同的上衣，红、黄、蓝 3 条颜色不同的裤子，红、黄、蓝、绿 4 双颜色不同的鞋子，小明对鞋子进行混搭，想身上出现 4 种颜色不同的着装（上衣、裤子、左脚鞋、右脚鞋），那么小明出门一共有多少种不同的搭配方案？

【解析】显然，按照题意绿色的鞋子一定要穿，可以先把绿色鞋子穿好（左脚或者右脚），然后再按照“另一只脚＋上衣＋裤子”的顺序进行分步：$2\times3\times2\times1=12$（种）。

例 13 小明的衣柜里有 3 件不同的上衣，3 条不同的裤子，4 双不同的鞋子，小明连续 2 天的穿搭没有相同衣物（包括衣服和鞋子）的概率为多少？

【解析】连续 2 天的穿衣种类：$(3\times3\times4)\times(3\times3\times4)=36^2$（种），其中符合要求的搭配一共：$(3\times3\times4)\times(2\times2\times3)=36\times12$（种），所以概率为：$\frac{36\times12}{36^2}=\frac{1}{3}$。

例 14 小明的衣柜里有 3 件不同的上衣，3 条不同的裤子，4 双不同的鞋子，小明连续 3 天的穿搭没有相同衣物(包括衣服和鞋子)的概率为多少？

【解析】连续 2 天的穿衣种类：$(3\times3\times4)^3=36^3$(种)，其中符合要求的搭配一共：$(3\times3\times4)\times(2\times2\times3)\times(1\times1\times2)=36\times12\times2$(种)，所以概率为：$\frac{36\times12\times2}{36^3}=\frac{1}{54}$。

三、赛事难度类型

赛事难度类型的命题更多基于我们一般学习的知识点，从特殊的视角出发，重新审视题目的结构，进而完成题目。在题目的设计层面，需要进行反复实验，题目设计需要有一定的巧思，让逻辑过程更富想象力，让完成题目后的精神体验更加振奋和愉悦。

例 15 小明的衣柜里有红、黄、蓝 3 件颜色不同的上衣，红、黄、蓝 3 条颜色不同的裤子，红、黄、蓝、绿 4 双颜色不同的鞋子。红色代表 1 分，黄色代表 2 分，蓝色代表 3 分，绿色代表 4 分，如果小明想使着装总积分为偶数，那么小明出门一共有多少种不同的搭配方案？

【解析】考虑到上衣和裤子的搭配一共有 $3\times3=9$(种)，这 9 种中，有和为奇数的，也有和为偶数的。当上衣和裤子的积分和为奇数时，鞋子有两种选择；当上衣和裤子的积分和为偶数时，鞋子也是 2 种选择。那么其实无论上衣和裤子有多少种搭配，鞋子都是两种选择。故可以得到结果：$3\times3\times2=18$(种)。

例 16 小明的衣柜里有红、黄、蓝 3 件颜色不同的上衣，红、黄、蓝 3 条颜色不同的裤子，红、黄、蓝、绿 4 双颜色不同的鞋子。红色代表 1 分，黄色代表 2 分，蓝色代表 3 分，绿色代表 4 分，如果要求裤子的分值不低于上衣，鞋子的分值不低于裤子，那么小明出门一共有多少种不同的搭配方案？

【解析】按照“鞋子＋裤子＋上衣”的顺序分类有序枚举如表所示：

裤子	上衣	鞋子	情况数
3	1,2,3	3,4	6
2	1,2	2,3,4	6
1	1	1,2,3,4	4

一共 $2\times3+3\times2+4\times1=16$(种)。

例 17 小明的衣柜里有红、黄、蓝 3 件颜色不同的上衣，红、黄、蓝、绿 4 条颜色不同的裤子，红、黄、蓝、绿 4 双颜色不同的鞋子，如果小明和大明两个人同时从衣柜中选取衣服，要求两人穿衣颜色相同(若小明的衣服是黄、蓝搭配，大明的衣服也必须是黄、蓝搭配)。共有多少种不同的着装方式？

【解析】绿色衣服总共只有 2 件，如果他们的颜色搭配中有绿色，那一定是一人一件，之后他俩每人都还要再选两件，而其他的颜色各有 3 件，那么再选的 4 件不可能只有一个颜色，一定是两种颜色的：$2\times3\times2=12$(种)。

如果都不选绿色，那么会有两种情况，一是两人的衣物都有三种颜色：$3\times2\times1\times2=12$(种)。二是两人身上的衣物各有两种颜色：$3\times(2\times2+1\times2)=18$(种)。

综上所述，一共 $12+12+18=42$(种)。

例 18 小明的衣柜里有红、黄、蓝 3 件颜色不同的上衣，红、黄、蓝、绿 4 条颜色不同的裤子，红、黄、蓝、绿 4 双颜色不同的鞋子，如果小明和大明两个人同时从衣柜中选取衣服，要求两人穿衣不能有相同的颜色(若小明的衣服是黄、蓝搭配，大明的衣服就不能有黄色或蓝色)。共有多少种不同的着装方式？

【解析】根据题意，如果有人身上穿了 3 种颜色，那这 3 种颜色里必须有绿色，另一个人只穿剩余那种颜色的衣物：$2\times3\times2\times2=24$(种)。

如果两人身上都只穿了一种颜色，则有 $3\times2=6$(种)。

如果有人身上穿了“绿色＋任意其他色”两种颜色，则另一人可以选择穿单色或者另外两种颜色：$2\times3\times(2+2\times3)\times2=96$(种)。

还有一类，其中一人穿单色，另一人穿双色，但都不包含绿色：$3\times3\times2\times1\times2=36$(种)。

综上所述，一共 $24+6+96+36=162$(种)。

【总结】赛事类题目往往很难一步到位，对大家综合能力的要求会远超一般的训练题目。在这类题目的解决过程中，需要考生对题目的细节处理有更高的自我要求，用“死记硬背”“公式至上”的学习状态做真正赛事难度的题目，就显得非常吃力。

四、研究探讨类型

探讨类问题很多会超出我们的一般经验，需要有一定的实践铺设和重新构架的内容。我们可以从设计入手，通过构造和枚举尝试找到问题之间的关联，由浅入深地发觉其中的计算方法。在题目设计上也应该注意，一切不能脱离事实依据，在这个前提下，提高题目的细节复杂性和趣味性，是对老师提出的更高要求。

例 19 小明的衣柜里有红、黄、蓝 3 件颜色不同的上衣，红、黄、蓝 3 条颜色不同的裤子，小明想把衣服叠好，从下到上摞在柜子里，相邻的衣服颜色不能相同，共有多少种叠放顺序？

【解析】每种颜色各有 2 件衣服，从上往下叠放是比较明显的分步过程，第一件可任意放，有六种情况；第二件不能与第一件同色，还有 4 件衣服可选；第三件就需按是否与第一件同色来分类处理：$6\times4\times(2\times2\times2\times1+1\times2\times1\times1)=240$(种)。

【总结】后续的方案以枚举实验为主，在少量的构造情况中，具有高限制性因素的题目，枚举是准确率最高、性价比最高的解题方式。

例 20 小明的衣柜里有红、黄、蓝 3 件颜色不同的上衣，红、黄、蓝 3 条颜色不同的裤子，小明想把衣服叠放，从下到上摞在柜子里，相邻的衣服颜色不能相同，相邻的衣服属性(上衣、裤子两种属性)不能相同，共有多少种叠放顺序？

【解析】分步计数，第一件可任意放，有六种情况，第二件既不同色也不同类就只有两种选择，再往后要同时满足不同色、不同类，每步都只剩一个选项：$6\times2\times1\times1\times1\times1=12$(种)。

例 21 小明有红、黄、蓝、绿 4 双颜色不同的鞋子，现在将所有的鞋摆成一排，从左到右依次编号为 1 到 8，奇数位置为左脚鞋，偶数位置为右脚鞋，并且 1、

2 号不同色，3、4 号不同色，5、6 号不同色，7、8 号不同色，那么一共有多少种符合要求的摆放方式？

【解析】可以先把左脚鞋排好，有 A_4^4 种，然后把右脚鞋按照配对规则分步插入：$A_4^4\times3\times3=216$(种)。

例 22 小明有红、黄、蓝、绿 4 双颜色不同的鞋子，现在将所有的鞋摆成一排，相邻的鞋左右脚不同且相邻的鞋颜色也不能相同，共有多少种不同的摆放方式？

【解析】显然，这里如果用 1～8 来对位置进行编号，奇数号位置要么都放左脚鞋，要么都放右脚鞋。可以先选一种在奇数位置上排好，再把另一种鞋插进去：$2\times A_4^4\times3=144$(种)。

例 23 小明有红、黄、蓝、绿 4 双颜色不同的鞋子，现在将所有的鞋摆成一圈，相邻的鞋左右脚不同且相邻的鞋颜色也不能相同，共有多少种不同的摆放方式？(旋转后相同为相同的摆放方式)。

【解析】这种情形属于旋转重合的圆排列，可以考虑在圆周上均匀排布的 4 个位置，我们先把左脚鞋摆好，有 $A_4^4\div4$ 种，然后按要求在每两只左脚鞋中间插放一只右脚鞋即可：$A_4^4\div4\times2=12$(种)。

【总结】对于命题来说，需贴合生活实际，一定要服务于生活，服务于实践。以科学踏实的求知态度，严谨地对待逻辑的复杂性，进而摸索其中的规律。在有可能的前提下，适当地精简解题的过程，让逻辑具有更强的共鸣和感染性。很多探究类型的题目在解题过程中都会带有少量的枚举，因为独立特征的问题往往没有统一的快速解题的一般结构。需要再枚举过程中找到对应的方式或规律，细致的思考和认真落笔打草稿对题目的完成度和正确率都会有显著的提升。

从命题角度探索正八边形

——北京·李兆伟

【作者简介：纳约数学学科负责人，曾任各类竞赛活动及大师赛命题人，获得各大杯赛金牌教练、北京新浪五星级金牌教师等荣誉，每年帮助多名学生 ZP 入营、获大师赛金奖，有个人公众号“以题会友”，因教学风格深入浅出，趣味性强，讲题方法独具一格，被学生戏称为“李大仙”。】

思考笔记

正八边形、正十二边形逐渐渗透到了小学奥数中。近几年来，杯赛题中考的频率也相当高。本文先来探索一下正八边形在小学奥数中的考试规律。

正八边形的主要难点在于，已知正八边形的边长时，图形是固定的，面积是固定的，但是小学阶段面积却不可求，因为涉及根号。所以下面的探究避开了初高中的方法，小学的正八边形题目由于其特殊性，也可以分为两类：①已知边长求解阴影面积；②已知总面积求解阴影面积。

注释

由正八边形的一个顶点向其他顶点连线，可以得到如图 1 所示的多条对角线。其中最长的对角线为 L_3，在下文中我们称其为“主对角线”；第二长的对角线为 L_2，在下文中我们称其为“次对角线”；最短的对角线为 L_1，在下文中我们称其为“弱对角线”。

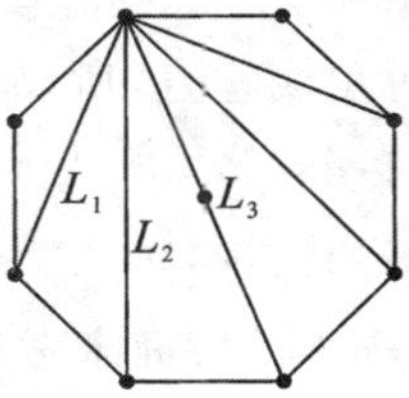

图 1

超纲小知识

1. 正八边形的总面积等于主对角线与弱对角线的乘积，即 $S=L_1\times L_3$。（下文有证明）

2. 图 1 中相邻对角线间的夹角相等。（在小学的应用是“处处对称”）

一、正八边形中的“一半模型”

在已知正八边形总面积时，小学做法的核心思想就是“分割”！分割成面积相等的部分，即可求解。下面我们探究一些小结论。通过分割发现正八边形中的“一半模型”。

连接正八边形的中心点与相邻两个顶点，很容易知道这个三角形面积为整个正八边形面积的八分之一，如图 1-1。

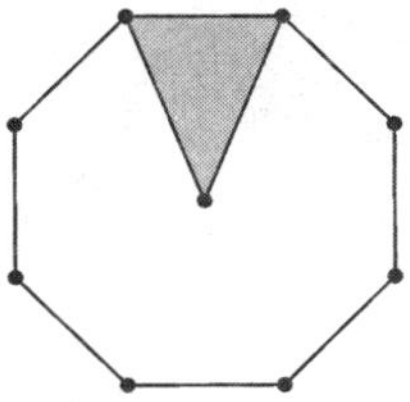
图 1-1

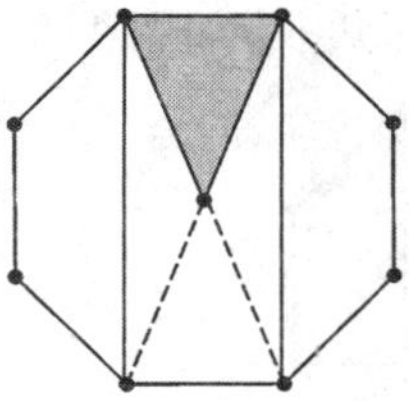
图 1-2

如果连接两个次对角线拼成一个长方形，易得阴影部分的面积是长方形的四分之一，如图 1-2。

所以长方形面积是整个正八边形的二分之一，如图 1-3。

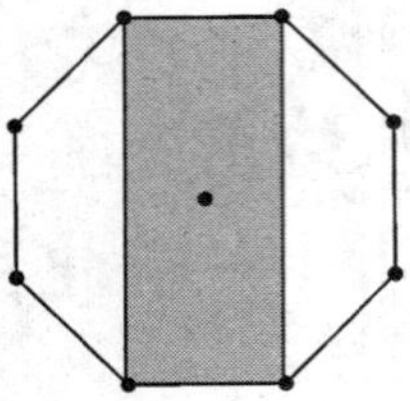

图 1-3

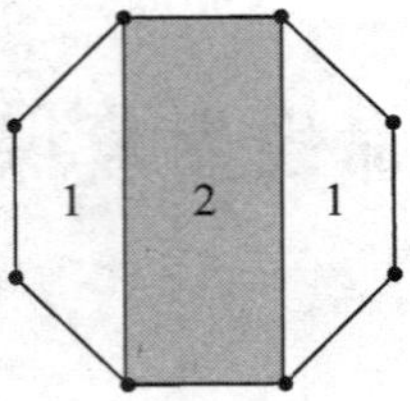

图 1-4

根据左右梯形对称，可以得出左、中、右三部分的面积比为：1 ∶ 2 ∶ 1，如图 1-4。

【变形 1】因为每相邻四个顶点组成的梯形面积都是四分之一。两块梯形面积和是正八边形面积的一半，还可以把图 1-4 中的梯形移动一下，进行如下变形，如图 1-5。

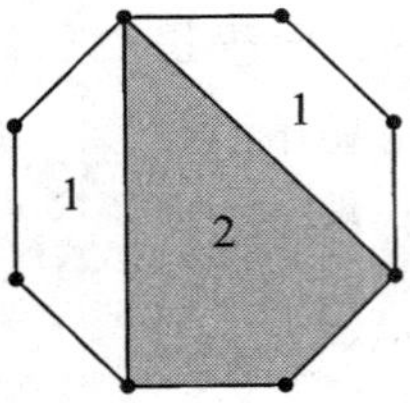

图 1-5

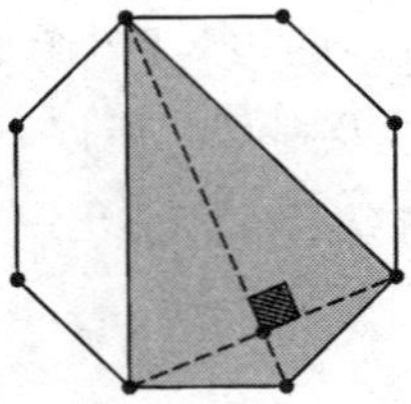

图 1-6

因为主对角线与弱对角线垂直，所以中间四边形的面积可以由主对角线×弱对角线÷2 得到，如图 1-6。

所以可以得出一个新的结论：正八边形的面积等于主对角线与弱对角线的乘积。（目前这个结论在小学阶段尚未考过）

【变形 2】当然还可以继续移动梯形，继续变形：因为两块梯形的面积和是总面积一半，所以阴影部分的面积＋①＝总面积的一半，如图 1-7。

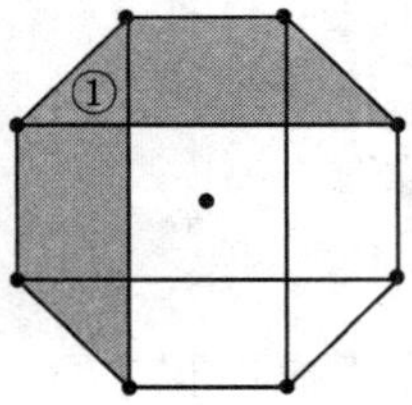

图 1-7

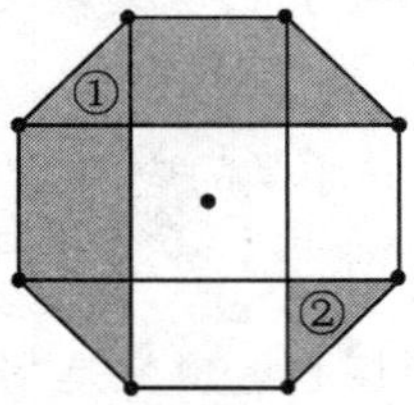

图 1-8

将 1-7 中的①移到右下角的位置（②），此时阴影部分的面积等于整个面积的一半，如图 1-8。

用这个方法也证明了一个比较简单的结论：中间正方形的面积＝四块三角形的面积和。而中间正方形的面积＝边长×边长，如图 1-9。

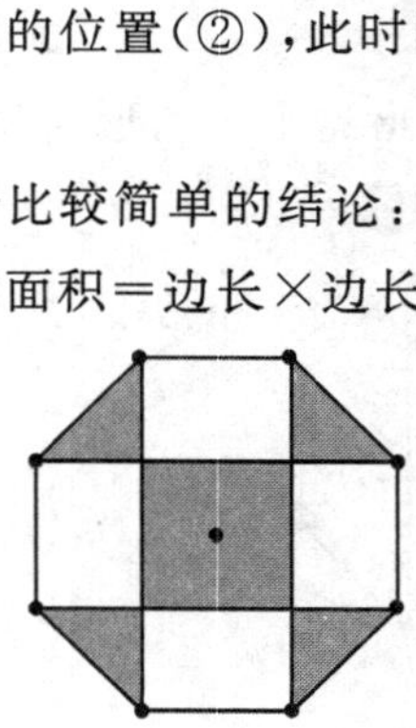

图 1-9

在已知正八边形边长时，部分求阴影面积的题目也可以转化到中间正方形中解决。如下是 2016 年 5 年级“迎春杯”的一道题目。

例 1　已知边长是 16，求阴影部分的面积，如图 1-10。

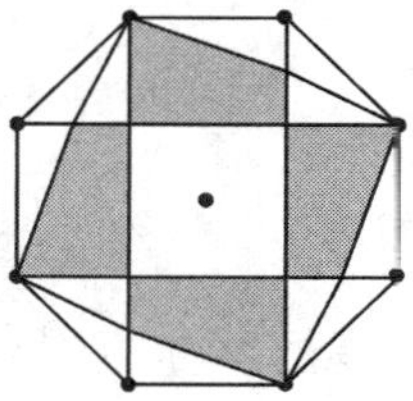

图 1-10

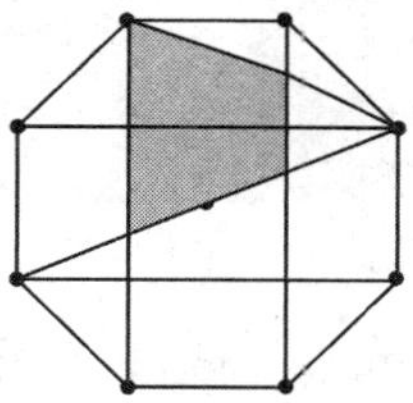

图 1-11

解法其实也相当简洁，利用对称性将一块阴影变为中间正方形的一半就搞定了，如图 1-11。

【变形 3】再把梯形移动一下，变形，可以得出阴影部分的面积加上重叠的菱形是整个图形的一半，如图 1-12。

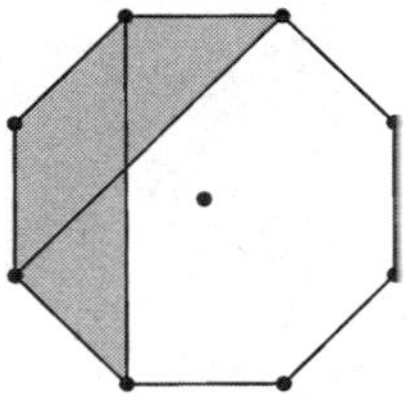

图 1-12

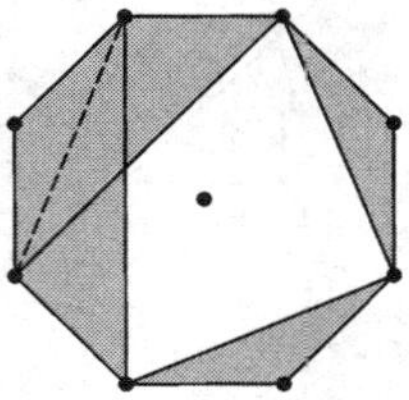

图 1-13

可以将重叠的菱形切成两部分，分到空白位置，如图 1-13 所示，得出阴影部分的面积为整个面积的一半。（空白面积自然也是一半）

用这个方法也可以编出一些题。

例 2　在已知总面积时，可以求图 1-14 的阴影部分的面积。

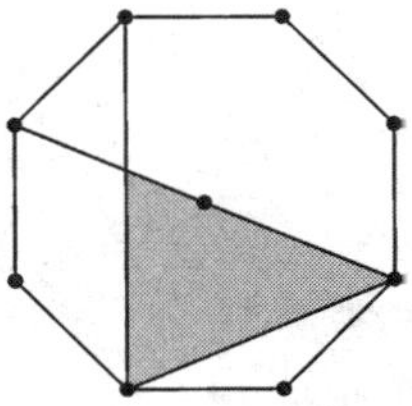

图 1-14

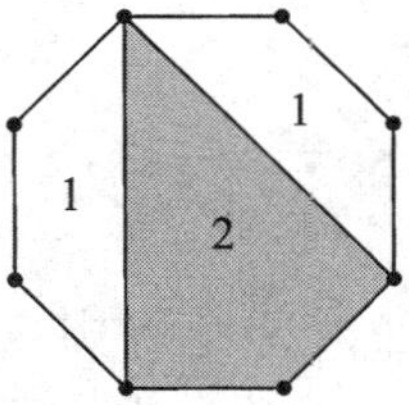

图 1-15

直接用总面积÷4 就解决了，如图 1-15。

二、正八边形的菱形结论

1. 菱形的发现

在正八边形中，下列线段显然是平行的。即“次对角线与边长平行”“弱对角线与主对角线平行”，如图 2-1、2-2。

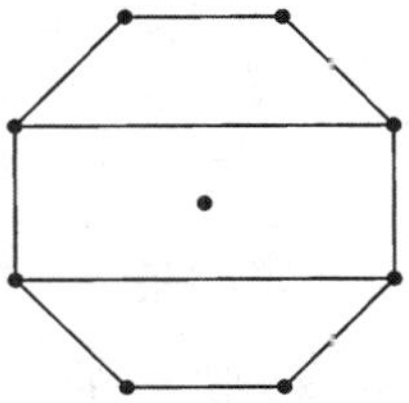

图 2-1

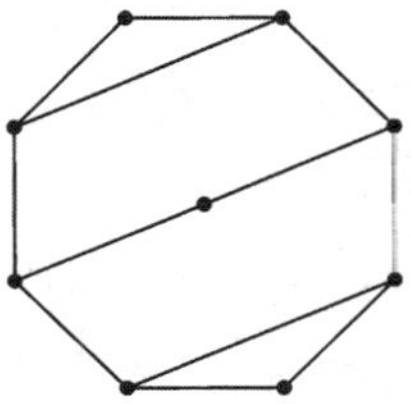

图 2-2

把它们放到一个图形中，可以得到图 2-3。

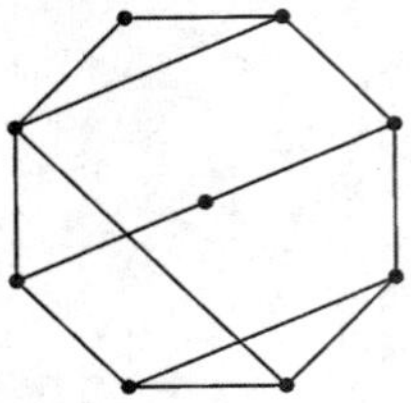
图 2-3

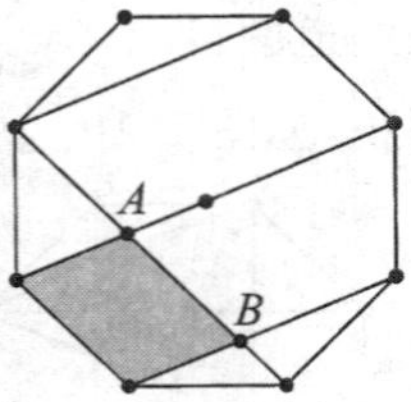

图 2-4

根据几组平行线，得到了一个平行四边形，而通过平行四边形，我们发现 AB 长度和边长是一样的，如图 2-4。

由于三条平行线间是等距的，可以得出 $AC=AB$，AC 长度也是边长，于是得到了图 2-5 的等腰三角形。若连接 AD，还可得到菱形 $ADEC$，如图 2-6。

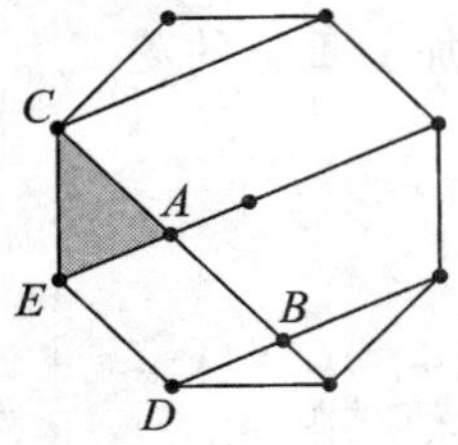

图 2-5

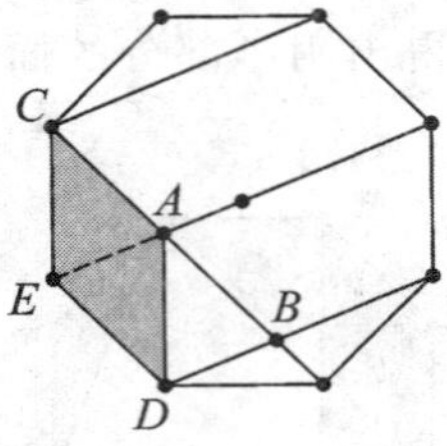

图 2-6

这是结论一：

【菱形结论】正八边形中主对角线与两相邻次对角线交于一点，能围成一个菱形 $ABCD$，如图 2-7。(各边长都相等)

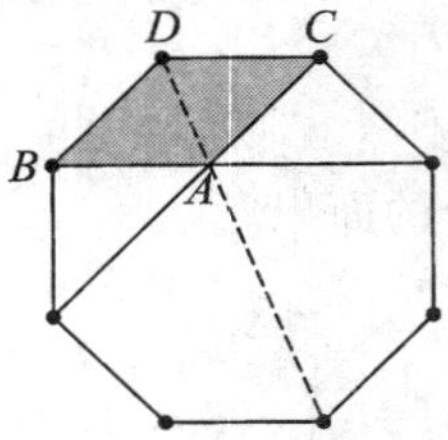

图 2-7

例 3 聪聪同学最近学习了使用 Python 程序设计中的 Turtle 库，并且用它画出了如图 2-8 所示的图形，这个图形中的正八边形边长为 6。那么，阴影部分的图形总面积是________。

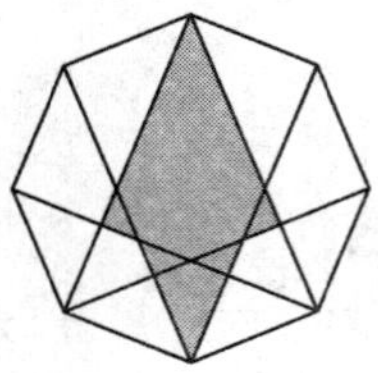
图 2-8

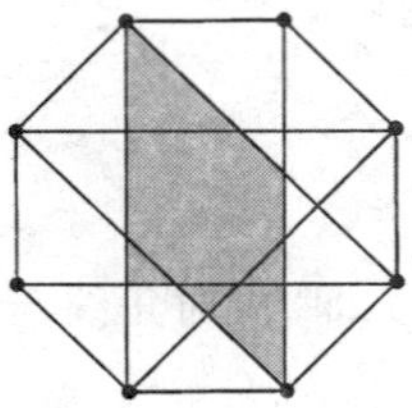
图 2-9

官方解答也是非常简洁：移动一个角，只需要求正方形面积(边长×边长)和两个三角形面积和(边长×边长÷2)即可，如图 2-9 所示。

但这里其实用到了我们说的第一个结论。在求三角形面积时，必须知道这两个三角形的斜边长等于边长。因为这几条对角线“夹出了一个菱形”，所以才有结论：三角形的斜边长就是边长。有了这个理论基础，再做这道题就不难了。

不然这道题，即使切割对了，也很难求对。

2. 菱形的应用

其实很容易看出正八边形是个轴对称图形，而对称轴就是主对角线。

如图 2-10，所以两条次对角线的交点 P 必然在主对角线上，得到“三线共点”。

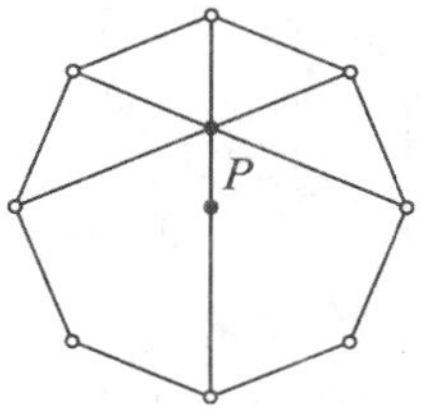

图 2-10

如图 2-11 所示，两条次对角线交于一点 A，也会得到：$AB=AC=$边长，可以得到菱形 $ABDC$。（这个结论的证明方法有很多，也可用“等角对等边”来证明）

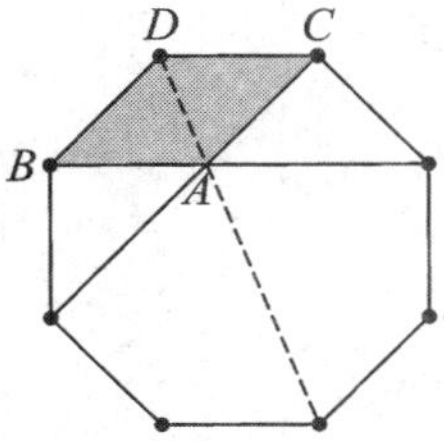

图 2-11

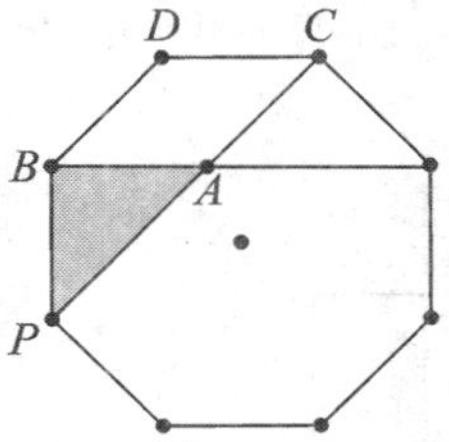

图 2-12

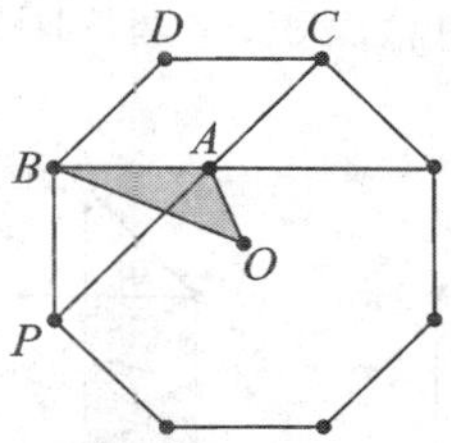

图 2-13

而这个结论常常可以用于解决一些“已知边长求阴影面积”的题目。若已知正八边形的边长，那图 2-12 中三角形 ABP 的面积是可求的。当然图 2-13 中三角形 ABO 的面积也是可求的。

如图 2-14，因为弱对角线与主对角线平行，三角形 AOM 的面积通过“平行线”进行等积变形也变得可求，如图 2-15。

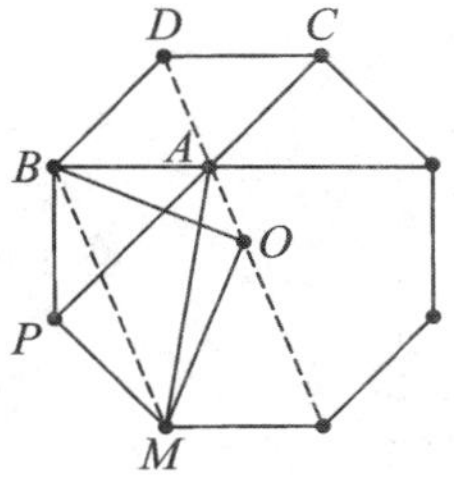

图 2-14

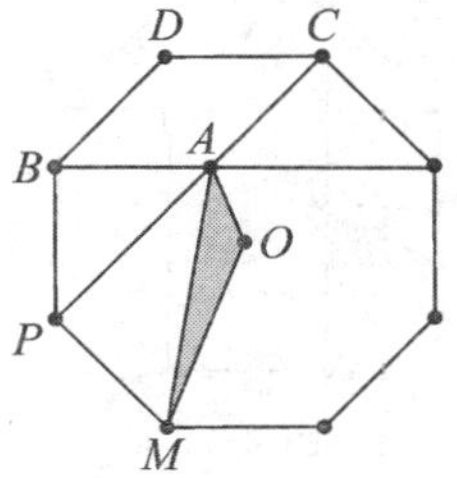

图 2-15

按照这个思路下去，确实可以编出很多看起来抽象，实则原理很简单的几何题。

3. 菱形的后续思考：正八边形翅膀

我们在上文中已经知道三线相交会得到一个菱形，如图 2-16 所示：

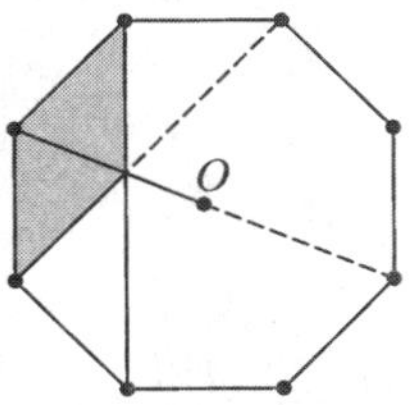

图 2-16

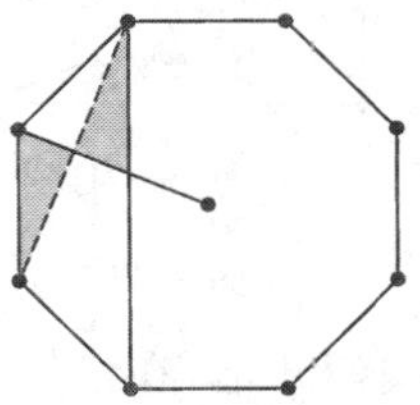

图 2-17

连接菱形的对角线，易得图 2-17 中两块阴影部分的面积相等。

如果给两块阴影部分的面积都加上一个公共区域 S。可以得出："①＋③＝②＋③"如图 2-18。

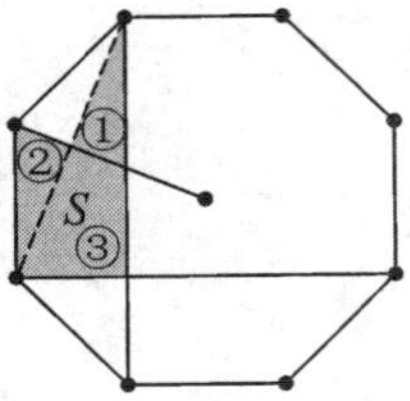

图 2-18

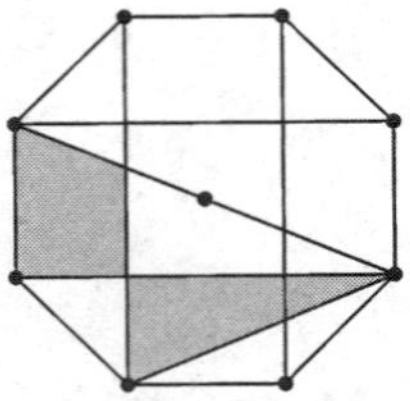
图 2-19

将"①＋③"进行旋转，可以得到：

引申结论一：图 2-19 中两块阴影部分的面积相等。

将三角形翻转上来，两块阴影部分的面积显然也是相等的。根据正八边形"1∶2∶1"的结论，我们知道图 2-20 中阴影部分的面积和是长方形的一半，也是正八边形面积的四分之一。若已知总面积，这两块阴影部分的面积都是可求的，分别是总面积的八分之一。

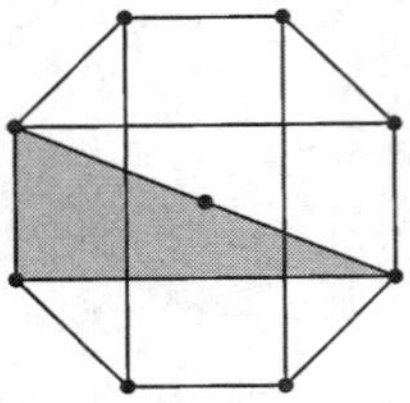
图 2-20

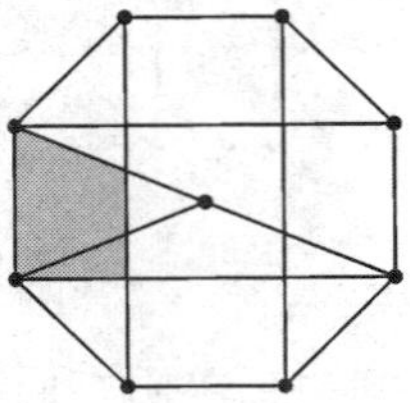
图 2-21

图 2-21 中的阴影部分的面积是总面积的八分之一。

很容易联想到：若连接中心点和相邻两个顶点，那得到的三角形面积（图 2-22 阴影部分）一定也是总面积的八分之一。

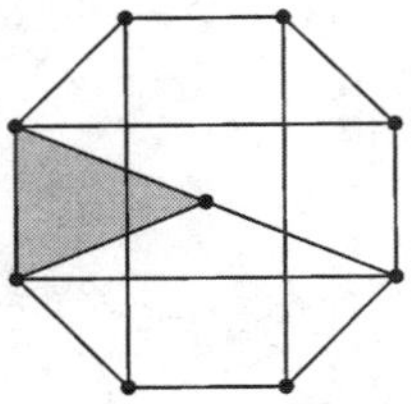
图 2-22

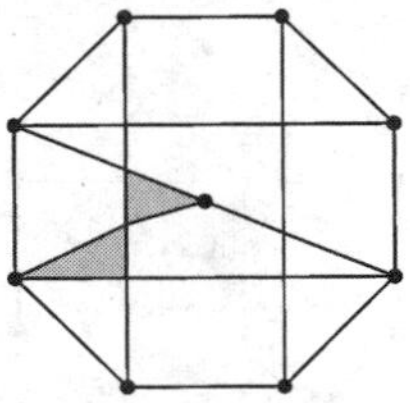
图 2-23

将上面两图中的阴影部分做比较，把公共部分去掉，得出

引申结论二：图 2-23 中两块阴影部分的面积相等。

当然，根据对称性，图 2-24 中的几块阴影部分的面积全都相等。

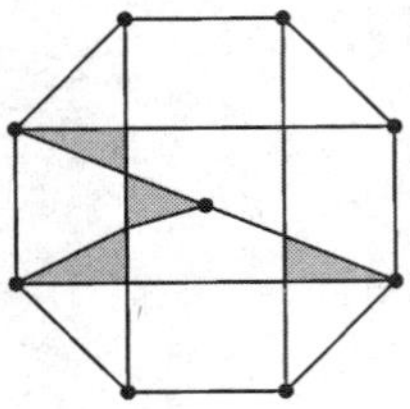
图 2-24

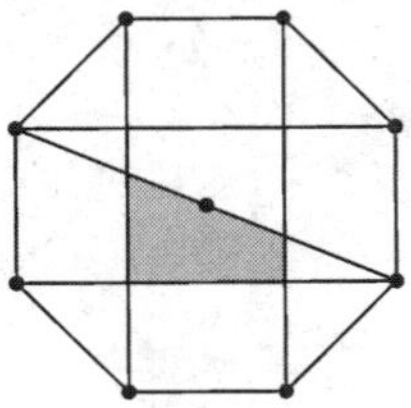
图 2-25

根据这个结论也可以编出一些题目。我们知道，在已知正八边形的边长时，中间正方形的面积是可求的，就等于边长×边长。

在正方形中，过中心点的随便一条直线都可以将正方形分成完全一样的两部分。如图 2-25 所示，图中的阴影部分的面积就是正方形面积的二分之一。

再结合“引申结论二”，已知边长是 2，可以求图 2-26 中的阴影部分的面积。

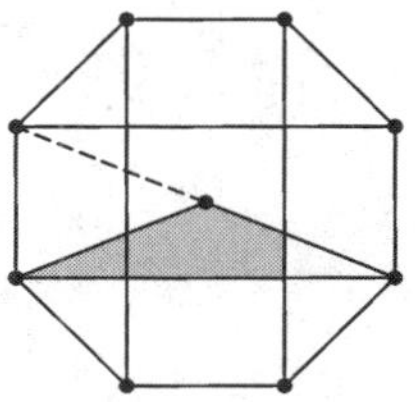

图 2-26

三、正偶数边形的“一半模型”

我们知道正八边形可以被分割成两个梯形和一个正方形，并且它们的面积比是 1∶2∶1，如图 3-1。

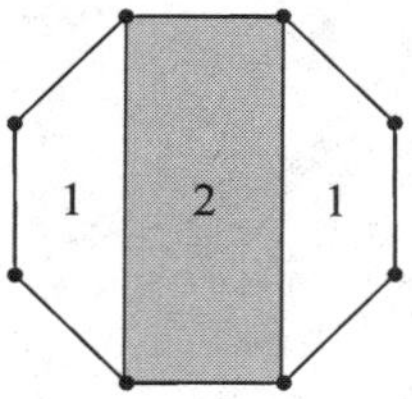

图 3-1

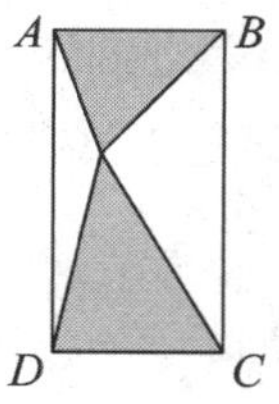

图 3-2

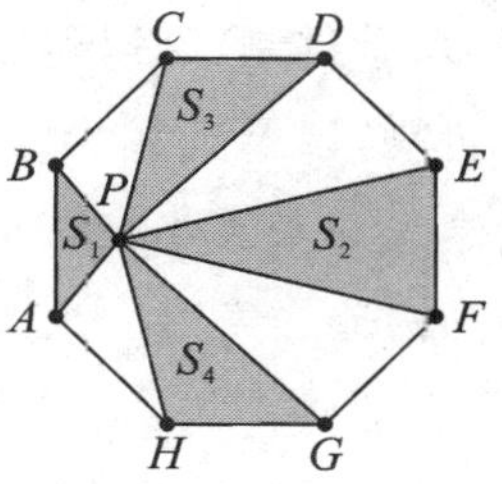

图 3-3

(1)正八边形中的长方形面积是正八边形面积的一半。

(2)长方形也有“一半模型”，就是将长方形内一点 P 与四顶点连线，相对的两个三角形面积和是长方形的一半，如图 3-2。(“内和外差”)

将上面两条结合到一起可以发现一个好玩的动点结论：在正八边形内任取一个动点 P，把点 P 与 8 个顶点连线，如图 3-3 所示，阴影部分的面积和是正八边形面积的一半。

证明方法很简单：S_1+S_2 是长方形面积的一半，S_3+S_4 也是长方形面积一半。所以 $S_1+S_2+S_3+S_4$ 是正八边形面积的一半。

其实这个结论对所有正偶数边形都是成立的。不过证明方法和正八边形不太一样。

正六边形：阴影部分的面积和是正六边形面积的一半，如图 3-4。

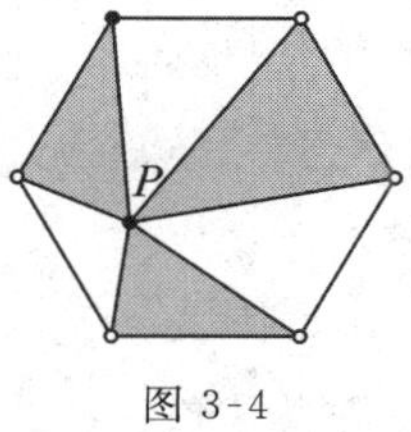

图 3-4

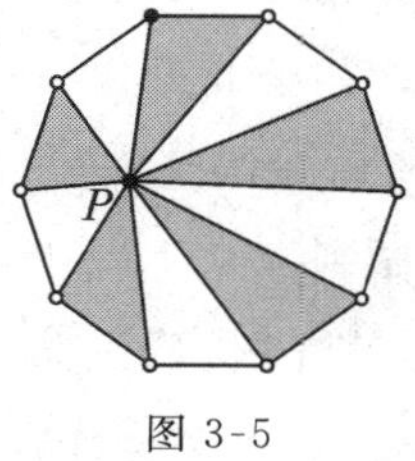

图 3-5

正十边形：阴影部分的面积和是正十边形面积的一半，如图 3-5。

有了这个结论，相信大家都可以编出很多好玩的题，在这里不过多介绍了。

【总结】因为小学根号的限制，正八边形中很少涉及比例的相关计算。所以往往通过“对称性”“平行线”“分割面积”等方式来进行求解。此文主要是探究正八边形中的一些小结论，以及在题目中的应用。

构造之美——神奇的进位制

——广州·黄锦熙

思考笔记

【作者简介：广州悦教育创始人。中国数学奥林匹克一级教练，"华杯赛"总决赛金牌教练。曾获全国高中数学联赛一等奖，保送中山大学数学系基地班，本硕连读。现任全国多所重点中学竞赛外聘教练。每年受邀参与全国各重大奥数赛事命题及书刊供题工作，多次荣获"中国数学资优教育最佳命题人"称号，进行了十余年小初高全线竞赛教学及深度数学思维能力拓展研究。】

从最早的古巴比伦人采用的六十进制，到以玛雅人记数法为代表的二十进制，再到以罗马数字为代表的五进制，以及现代比较常用的十六进制、十进制和二进制等，进位制与我们的生活息息相关。本文选取部分能通过进位制方法巧解的数学问题，共同感受进位制的构造之美！

一、取子问题

例 1 两人玩取石子游戏，现有 3 堆石子，分别有 7、6、5 个，要求每人轮流从任意一堆石子中取走至少一个，规定取走最后一个石子者胜，先手与后手谁有必胜的策略？

【答案】先手。

【解析】如果是 2 堆棋子，我们可以考虑取多的一堆，使两堆变得一样，构造"对称"得到必胜策略。但本题为 3 堆，不论先手如何取子，从数值上看，都无法看成对称的两部分，因此我们不能只看数值层面。因为二进制只有 2 种状态，任何一个数的二进制表示是唯一的，当数改变，必有某位数码会有变动。考虑 3 个数转为二进制后每一位上数字 1 的总个数，由于全部取尽时即剩余 0 个石子，此时每一位上数字 1 的总个数均为偶数(均为 0 个 1)。设想，如果能产生每位 1 的总个数均为偶数个的情况，那么当某人任意改变某个数时，这个数必有某一位从 0 变 1 或从 1 变 0，那么这一位上 1 的个数就会从偶数个变为奇数个，此后将要操作的人只要重新把每位 1 的个数改为偶数个，按此操作一直下去，前者不断改变"每位均为偶数个 1"这种场景，而后者操作后又调整为"每位均为偶数个 1"这种场景，那么剩余 0 个只有后者操作后才能做到。

回到本题，我们把 7、6、5 三个数转化为二进制，分别为 111、110、101，因为百位、十位、个位分别有 3、2、2 个 1，于是先手第 1 次操作需要把 111 改为 011(即从 7 个的一堆取走 4 个，剩余 3 个)，此时百位、十位、个位均有 2 个 1。接着如果"后手"在 5 个石子的一堆取 1 个，此时 3 堆分别有 3、6、4 个，对应二进制为 011、110、100，此时百位、十位、个位分别有 2、2、1 个 1，于是先手需要把个位的 1 改为偶数个，只需把 011 改为 010 即可，也就是在 3 个石子的一堆取 1 个把它变为 2 个。一直下去，先手就可以获胜。

综上,先手第一次在 7 个石子这堆取 4 个,可保证取胜。

【总结】多于两堆的取子问题,均可以转化为二进制,控制每位上 1 的个数的奇偶性来创造“对称”的场景。

例 2　两人玩取石子游戏,现有 4 堆石子,分别有 10、9、8、7 个,要求每人轮流从任意一堆石子中取走至少 1 个、至多 5 个,规定取走最后一个石子者胜,先手与后手谁有必胜的策略?

【答案】先手。

【解析】首先,因为取子有上限,我们将 4 堆用模 5 的余数替换,分别为 0、4、3、2 个,类似例 1 的解法,将 4 个数改为二进制:000、100、011、010,此时百位、十位、个位上 1 的个数分别有 1、2、1 个,因此先手只需把 100 改为 001,即可使得每位 1 的个数均为偶数,所以本题先手在 9 个石子这堆取 3 个,可保证取胜。

【总结】如取子有上限,则无法保证每次均能控制各位 1 为偶数个,因此取余数,可以把操作个数控制在上限之内。

例 3　在 1×18 的棋盘里,如图,放入 6 枚棋子,双方轮流将某个棋子向左移动,要求不能移动至有棋子的方格,也不能跳过其他棋子,谁无法走谁输,那么先手与后手谁有必胜的策略?

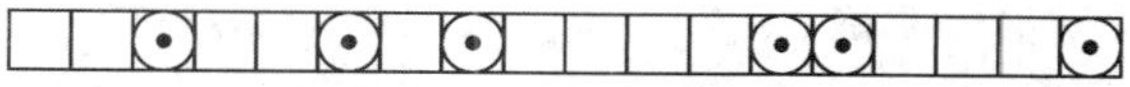

例 3 题图

【答案】先手。

【解析】观察左起第一二枚、第三四枚、第五六枚棋子的间隔数分别为 2、4、3 格,则将此问题转为 3 堆分别有 2、4、3 枚石子的取子问题(这里不考虑第一枚左侧格子数,是因为当前者将第一枚左移若干格,后者只需将第二枚左移相同格数,此问题还是原来的问题)。因此将 2、4、3 转化为二进制数分别为 010、100、011,因此先手操作需要把 3 堆转化为“每位均为偶数个 1”的情况,即转化为 010、001、011,那么先手采取的操作为将左起第 4 枚棋子向左移动 3 格,即有必胜的策略。

【总结】本题用到对应法,将移动棋子的场景对应成取石子的场景,即可转化为进位制的方法解决问题。

二、轮空问题

例 4　悦棋院举行五子棋争霸赛,共有 43 名选手报名参加,赛制为淘汰赛,那么直至决出冠军,共有多少人会出现轮空?

【答案】3 人。

【解析】我们先考虑最简单的情况,如果正好有 2^n 个人($n\geqslant1$)参赛,是不会有轮空的,因此假设有虚拟人填补原本轮空的位置,使得每一轮都是 2^n,则就不会出现轮空,此时虚拟人的人数就是原本轮空的人数(次数)。因为比 43 大的最小 2^n 为 64,64 的二进制表示为 1000000,43 的二进制表示为 101011,事实上虚拟人的出现就等价于给 101011 从低位开始补 1,使得能够进位得到 1000000。所以 $64-43=21$,21 转化为二进制为 10101 共有 3 个 1,故本题共轮空 3 人。

【总结】此类问题只需找到总人数与比它大的最小 2^n 的差，将这个差转化为二进制，观察有多少个 1，即有多少人轮空。

三、天平问题

例 5 有 5 箱零件，每箱有 300 个，每个零件重量 5 千克，因为封装疏忽，其中有若干箱装的全是 4 千克的零件，有若干箱装的全是 7 千克的零件，那么至少通过多少次称重可以明确每一箱的重量？

【答案】1 次。

【解析】因为 $7-4=3$，以 7 千克为基准，最大偏差是 3 千克，最小偏差是 0 千克，所以考虑四进制构造。5 箱分别取四进制数 1、$(10)_4$、$(100)_4$、$(1000)_4$、$(10000)_4$个零件，假设所有箱子的零件都是 7 千克，那么取出的零件总重量 $S=(1+4+4^2+4^3+4^4)\times7=2387$(千克)。我们用秤称出这些零件的实际重量 T，并对比重量偏差 $S-T$ 的数值，来确定零件种类。

例如，若 $S-T=139$，把 139 转化为四进制数得 2023，个位 3 表示取 1 个零件的箱子，每个零件与 7 千克相差 3 千克，即这箱全是 4 千克；十位和千位的数字 2 分别表示取$(10)_4$和$(1000)_4$个零件的箱子，每个零件与 7 千克相差 2 千克，即这箱全是 5 千克；百位和万位的数字 0 分别表示取$(100)_4$和$(10000)_4$个零件的箱子，每个零件均为 7 千克，因此每箱重量得以明确。

【总结】本题为可称重天平问题，利用任何进制下 10 的幂均能独立控制每一位，且重量差在任何进制下均可被唯一表示，从而通过每一位的数码得到重量偏差。要注意的是，选择几进制要由本题最大偏差 k 来确定，这样在大于 k 的进位制下，才能独立表示出每种状态。

例 6 在 24 颗外观完全一样的钢珠中混有 1 颗次品，次品比其他钢珠轻，现有一台无砝码的天秤，至少需要几次称重才能把这颗次品找出？

【答案】3 次。

【解析】我们把这 24 颗钢珠用三进制编号：000，001，002，010，…，212。我们将这 17 个钢珠进行两两分组，使得同组的两个号码每个位上 0 和 1 的个数一样多，按上下两个数同组，分组如下：

000，001，002，010，011，012，020，021，022，200，201，202

111，110，112，101，100，102，121，120，122，211，210，212

那么第 1 次称重将百位为 0 和 1 的分别放在天平两侧，若平衡，则次品百位为 2；若不平衡，轻的这一侧百位是几，次品的百位就是几，因此第 1 次称重可以得到次品的百位。第 2 次称重将十位为 0 和 1 的分别放在天平两侧，若平衡，则次品十位为 2；若不平衡，轻的这一侧十位是几，次品的十位就是几，因此第 2 次称重可以得到次品的十位。同理可得次品的个位数码，因此三次操作可以得到次品。

【总结】本题需要注意的地方是，必须保证每次天平两侧的数量一样多，这样比较才有意义，因此进行分组的目的就是让 0 和 1 形成对应，且称重时也只根据各位 0 和 1 的差异来分配。考虑篇幅，若有多个次品或未知次品轻重的情况，读者可自行思考。

四、鉴定问题

例 7 桌上有 200 个装满清水、外观一样的水杯，其中有 1 个水杯中滴有无色无味的毒药，此毒药任何生物均会在喝下 1 至 2 小时内中毒身亡，如需要在 2 小时内找出有毒的杯子，至少要准备多少只实验小白鼠？

【答案】8 只。

【解析】将 200 个杯子按二进制编号 00000000，00000001，00000010，…，11001000，这里的二进制数最多为 8 位数（不足 8 位高位补 0），若安排 8 只小白鼠，分别编上 1 至 8 号，分别只喝左起第 1 至 8 位上编号含 1 的杯子，那么最后根据 8 只小白鼠的中毒情况，可得到有毒的杯子哪些数位上含 1。

例如，最终 1，3，4 号小白鼠死亡，其余生存，那么有毒的杯子编号为 10110000；若所有白鼠全部生存，那么有毒的杯子编号为 00000000。

【总结】此类鉴定问题通常是利用每个数的二进制表示具有唯一性，通过设计操作找到 1 所在的位置，从而锁定数值。

例 8 有 10 个绝顶聪明的小朋友围成一圈，面朝圈内坐着，他们各自头上戴着一顶帽子，帽子上写着互不相同的 500 以内的自然数，每个人都能看见其余小朋友的数，但看不到自己的数。如果他们同时举起左手或右手后，就需要对自己的数做出猜测，那么是否存在一种方案，能保证每个人都猜对自己的数？

【答案】存在。

【解析】因为每人可举左手或右手，有两种状态，考虑把各自的数都写成二进制数，因为 $500<2^9$，因此每个人的二进制数均不超过 9 位（首位不足补 0）。我们在每位小朋友心中建立一个 9×9 的表格，并将他顺时针方向看到的第 $k(1\leqslant k\leqslant9)$ 个小朋友的二进制数放在第 k 行，这个二进制数从高位到低位的 9 个数码从左到右依次放在这行的 9 列中，很明显，除了自己的数之外，其余小朋友的每一位数码都在他的表格中有唯一的位置。接着把各自第 m 行 m 列所在的这条对角线上的 9 个数求和，若和为奇数则举左手，和为偶数则举右手。

随意选择一位小朋友记为 1 号，他顺时针方向相邻的小朋友记为 2 号，以此类推。我们发现，1 号小朋友可以在 10 号的动作中知道自己的第 1 位数码的奇偶性，从而判断是 0 或 1；2 号小朋友可以在 10 号的动作中知道自己的第 2 位数码，并在 1 号的动作中知道自己的第 1 位数码。以此类推，10 号小朋友可以在 $k(1\leqslant k\leqslant9)$ 号小朋友的动作中知道自己第 $10-k$ 位数码。即每位小朋友均可以从其余 9 名小朋友的动作中分别得到自己 9 个数位的数码的奇偶性，因此可以确定是 0 或 1，故每个人可以按上述方案推出自己的数。

【总结】本题为二维鉴定问题，通过方阵来把每个人的多种状态逐一且唯一呈现，并设计操作找到每个人的每个数值，此类问题难度较大。

例 9 悦悦和乐乐各有 8 张卡片，每张卡片上各写有一个正整数。两人各出一张卡片，计算 2 张卡片上所写数的和，结果发现一共能得到 64 个不同的和。那么，两人卡片上所写数中的最大数最小是多少？

【答案】36。

【解析】因为涉及的 8 和 64 都是 2 的幂，所以考虑用二进制。假设卡片上是非负整数，可以包含 0，和是 0 到 63，也就是二进制的 000000 到 111111。那么，每人控制三位的开关，两个人就能够控制全部六位的开关了。为了使得最大的数最小，控制最高位的那个人再控制最低两位就行了。

一个人控制最高位和最低两位：000000，000001，000010，000011，100000，100001，100010，100011；

另一个人控制中间三位：000000，000100，001000，001100，010000，010100，011000，011100。

最大数最小是 100011，也就是 35，所以每个数再加 1，答案是 36。

【总结】本题表面非鉴定问题，但是如同鉴定问题一样，用到了控制数位的思想，同时也涉及利用二进制求和的唯一性来解决问题。

关于计数问题之思考与漫谈

——北京·饶海波

【作者简介：饶海波，北京大学中文系毕业；优才教育教材研发部校长；杯赛资深命题专员，迎春杯命题组长；希望杯、华杯赛全国金牌教练；网评京城十大名师之一。】

思考笔记

本想写一篇关于直觉和常识比知识更加重要的文章，发现脱离课堂环境之后很多有说服力的案例消失得无影无踪，没消失的也和主题变得违和，因此迟迟无法动笔。现在，我将来一个180度的大反转，写一个直觉和常识作用相对较弱的模块，即便有直觉和常识，离把一道题目做对、做好，还有万里之遥。这个模块就是计数。

选计数模块，还有一个很重要的原因，本人在几年前坚持每日不断更地写了半年的公众号。说是写公众号，其实大部分时候是每天出两道数学题，一道中年级，一道高年级。好在有很多家长、学生以及全国各地的同仁，甚至其他领域的朋友，还有当年数学非常好的同学的捧场，才让这个事情坚持了半年。根据这半年的经验，发现只要一出计数问题，就会有人私信，说能不能不出这样的题。确实，面对计数，没有经过专门训练的人就很痛苦，最大的痛苦是做完了不知道做得对不对，很难有完成一个挑战之后的成就感。是的，其他各种专题确实都不会有计数问题这样的感觉。

计算，只要你认真，又写了过程，每一步和上一步有明显的相等关系，那做完了肯定是对的，不对，你也很容易发现，当然，做不出来是另一回事。

应用题，即使数量关系再复杂，只要做完了，顺着题目，正向，很好检验数量关系对不对。即便是过程非常多的行程问题，只要你做出来了，正向一步步将每一个过程逐一检验，也很容易知道对错。

几何，做出来就做出来了，不犯计算等低级错误，做出来就应该是对的。

组合，也是做出来了基本也是对的，举个最值构造的简单例子，例如问一个5×5的正方形中最多可以不重叠的放入多少个1×4的长方形，我知道一定是6个；7×7，最多是$49\div4=12\cdots\cdots1$，所以最多肯定是12个，也能构造出来，确定对了，还能更加有勇气和热情地进一步去挑战多出来的一格能在什么位置。换成6×6的正方形，经过尝试，知道答案肯定是8个。可$36\div4=9$，明明有可能是9个，却实现不了，也能激发学生去思考不能放9个的原因。

数论，在做完后验证上要稍微弱一些，一方面数论纯知识就很难，更重要的是数论往往都是关联计数和组合最值的。

最后回到计数，前两天有学生问了两道计数题目，要说题目并不难，也都是很直接的计数问题，用最基本的计数知识，加上并不太复杂的逻辑就能解决。具体题目到后面再说，其实大量直接的计数问题都是如此，但对于学生来说却并不容易。

那计数模块的学习中我们到底是要学什么，要学什么知识？要培养哪方面的能力？以及家长可能更关心的，如何才能准确地解决问题？下面就这几点说说我的看法。

首先是方向、原理上的，也就是一个计数总数是加还是乘。这一道关卡就有不少学生迈不过去，或者理解的也只是被问起来之后的假性理解，并没有变成自己的意识。例如我们说一个人有 3 顶不同的帽子，4 件不同的上衣，5 条不同的裤子，6 双不同的鞋子，问每样各选一个，有多少种不同搭配，有一部分人或者初学的很多人就是分不清楚是 $3+4+5+6=18$，还是 $3\times4\times5\times6=360$。对于认为是加法的人，无论你再怎么使劲地讲乘法原理的分布，互不影响，一一搭配，还是去画树形图，可能都不如一句玩笑管用——你是只戴帽子就出门吗？还是只穿鞋子就出门？所以这个逻辑上的认知，大部分只能交给时间。

当然，也有一部分是教材，或者我们老师自己造成的困扰。比如对于一个四年级学生来说(姑且就认为很多人四年级刚接触乘法原理吧)，很多写教材的或者上课的老师可能认为不少学生一至三年级都接触过了，所以一上来就给很大的数，给太多类别的搭配，让这个事情变得不可验证。就像上面的例子，我们没法真的将这 360 种搭配很直观地展示出来，可能有老师反驳说我都画了一部分树形图了，为什么学生还是不理解呢？想想人类得用了多少万年才从实物抽象出数的概念，又慢慢建立起运算的概念……所以我常说放过自己，放过孩子，留给时间。这里其实有两个实实在在的问题，就是我们要说戴红帽子和黄帽子一定是不同的搭配，但戴红帽子和戴黄帽子又是一样的——计数总数一样，而同样的数相加，才从加法上升为乘法。

其次是公式——排列组合公式，大量学生并没有真正理解排列组合，在各种题目里面瞎用。还有很多由排列组合引申出来的对应法的公式，插空、插板、捆绑，各种对应数列计算的公式等，难度更大，适用性也更窄，所以最重要的，万能的，其实是穷举，但面临一个答案成千上万的计数题目，又不可能真的去穷举，那么一一分类和有序思考就变得尤为重要。例如：

问题 1：十位数字小于个位数字的两位数有多少个？

枚举就很好，十几的，个位从 2～9，8 个；二十几的，个位从 3～9，7 个；三十几的……那么一共是 $8+7+6+\cdots+2+1=36$。还能检验，十位从 1 枚举到 8，正好八类，刚才算式里面的 1，正好对应十位是 8 的两位数的个数 1 个，这个数是 89。多方印证之下，那这个 36 应该就是对的。

问题 2：从百位到个位，数字依次增大的三位数有多少个？

一样还是枚举，12□，□中可以填 3～9，7 个；接着是 13□，□中可以填 4～9，6 个……那么有个式子 $7+6+\cdots+2+1=28$，但这个明显没做完，只是算出了符合条件的，百位是 1 的三位数有多少个。那百位是 2 的呢？首先是 23□，和百位是 1 的第二类是对应的，所以是 $6+\cdots+2+1=21$。进一步是 $5+4+3+2+1$、$4+3+2+1$、$3+2+1$、$2+1$、1。能做到这样就很好，这里用到了分类、有序、还有对应。当然如果能根据计算结果和对组合数的数感，或者对数列计算公式，以及排列组合公式适用要求的理解，无论是听别人讲，或者自己悟出来，原来问题1就是C_9^2，问题2就是C_9^3，那真的就是锦上添花了。

下面来说说促使我写下以上这些感想的两道计数问题。

1.用数字0、1、2、3、4组成没有重复数字的五位数，其中1和2不相邻的偶数有多少个？

2.将6个数：2、0、1、9、20、19按任意次序排成一行，拼成一个8位数（首位不为0），则产生的不同的8位数有多少个？

这两道题其实都不难，但向我提问的学生做的都是错的，其实对错都无关紧要，也无可厚非。图1和图2分别是学生写的这两道题的解答，这里面所体现出来的，是很多学生处理计数的共性问题，那就值得拿出来说说了。

无要求→ 0在末位：$A_4^4=24$（个）；0不在末位：$3\times2A_3^3=36$（个）} 60个

不符合→ 0在末位：$A_3^3\times2=12$（个）；0不在末位：$3\times(2+4)=18$（个）} 30个

$60-30=30$（个）

图1

$A_6^6-(2\times3\times A_3^3-3\times2\times A_3^3)\times2+3\times2\times2$

$=720-144+12$

$=732-144$

$=588$（个）

答：有588个。

图2

(1)不知道什么是写过程，以为写了一些加减乘除的算式就叫写过程，算式顶多叫计算。

(2)表达欠精准，例如图1，写的“无要求”“不符合”以及下一级的小分类“0在末位”，这都没有精准将后面算式所做的事情表达清楚。

(3)逻辑混乱，逻辑混乱也是造成表达不清晰的原因之一。

(4)迷信所谓的高级方法，经常从学生口中听到他们完全理解不了的新词，更不知道如何运用，却总是用这些新词去对题目进行分类。另外缺乏逻辑判断而拘泥于方法，很典型的就是数字排序，问偶数个数，就有学生用总数去排除奇数个数，下次完全一样的题目，只是问奇数个数，他又去排除偶数的个数。

(5)不会换个角度验证。就像第一题，学生问我答案对不对，我说你都知道参考答案，明知不对又看不出哪里不对，就换个角度，正向分类枚举出来。

第一题解答，看如何将学生写的解答清晰的表达改进一下：

(1)偶数的总数。

①个位是0的，_ _ _ _ 0：$A_4^4=240$（个）；

②个位是 2 或 4 的：$2\times3\times A_3^3=36$(个)。

所以，偶数一共有 $3\times A_4^4-2\times A_3^3=60$(个)。

(2)1、2 相邻的偶数。

①个位是 0 的，_ _ _ _ 0：$A_3^3\times A_2^2=12$(个)；

②个位是 2 的，_ _ _ 12：$2\times A_2^2=4$(个)；

③个位是 4 的，_ _ _ _ 4：$2\times A_2^2\times A_2^2=8$(个)。(1、2 相邻相当于②中的数字 3，但 1、2 可以交换)

所以 1、2 相邻的偶数有 24(个)，本题答案为 $60-24=36$(个)。

注：正向分类枚举，其实分类更少，个位是 0 的有 12 个；个位是 2 的有 14 个；个位是 4 的有 8 个。一共 36 个。

第二题解答，这个就无从改起了，如果要排除，肯定也是从 0 不在首位的 $5\times A_5^5=600$(个)往下排除。

(1)如果是 0 和 5 个不同的非 0 数字 A、B、C、D、E 进行排列，可以任意交换，共 $5\times A_5^5=600$(个)。

(2)但现在是 2、0、1、9、19、20，例如当 0 排在 2 后与 2 相邻时，变会成 20，和原有的 20 整体进行交换时，还是原来的数；9 在 1 后相邻时也一样；0 在 2 后，同时 9 也在后也一样。

①正向计算，0 在 2 后，但 9 不在 1 后。20、20、19、1 排列，最后将 9 插入，$A_4^2\times4=48$(个)，即这 48 个 8 位数当“2、0”和“20”进行交换时还是原来的 8 位数，这里就少了 48 个；

②9 在 1 后，但是 0 不在 2 后面，19、19、20、2 排列，最后将 0 插入，一共有 $A_4^2\times3=36$(个)；

③9 在 1 后，同时 0 也在 2 后，也就是 20、20、19、19 排列，一共有 6 个，如果互不相同时 24 个，这里又少了 18 个。

所以，一共有 $600-48-36-18=498$(个)不同的八位数。

综上，我们总结了为什么计数题不容易做对，计数的核心其实是逻辑而不是所谓的公式，要想逻辑清晰，分类枚举和有序思考必不可少，最后，万不可偷懒，需要认认真真书写。

数列计算中的十个有趣方法

——北京·周炬坤

【作者简介：各大杯赛命题人。每年参与各类杯赛命题工作，并多次为知名书刊供稿。长期致力于小学数学一线教学教研工作，具有丰富的教育经验，充分了解“授业”与“受业”双方的需求。命题风格灵活多变、不守陈规，旨在培养学生的思辨能力，同时又能体会到数学的有趣与精彩。】

思考笔记

众所周知，计算是数学非常重要的组成部分。大多数学习过数学的人发现，计算在数学的学习中不仅十分重要，很多时候还很困难；而一部分接触过数列学习的人还会进一步认识到，数列相关的计算又是其中尤其困难却无法绕开的一个分支，许多人会因此畏惧学习数列，认为数列“太难懂”“摸不着解法”。

很多时候，恐惧来源于未知。虽然，我们难以通过短短一篇文章就将浩渺的数列学习化“未知”为“已知”，但是我们仍然尝试展示数列计算中的各种方法以及其中的联系。今天，我们就将在本文中借助 31 个问题，尝试从简单的运算出发，探索 10 个有趣的与数列相关的计算方法，并进一步对它们进行简单地挖掘。

这十个方法分别是：倒序相加、情景构造、错位相减、裂项抵消、分组计算、连续约分、整体分析、辅助数列、通项公式、数表展开。

希望大家认识数列计算中这些方法的有趣之处，对学习数列有所帮助。

一、倒序相加

在计算 $1+2+3+4+5+6+7+8+9$ 时，我们发现 1 和 9 恰好可以凑成 10，同样的，2 和 8，3 和 7，4 和 6，也可以恰好凑成 10，于是快速计算出答案是 45。在计算过程之中，我们利用这一点：数列中第 n 项和倒数第 n 项之和是定值。在更复杂的问题中，我们同样可以利用这一点进行计算。

例 1 计算：$1+2+3+\cdots+100$。

【解析】令 $S=1+2+3+\cdots+100$，那么

$$\begin{aligned}2S&=(1+2+3+\cdots+98+99+100)+(100+99+98+\cdots+3+2+1)\\&=(1+100)+(2+99)+(3+98)+\cdots+(98+3)+(99+2)+(100+1)\\&=101\times100\\&=10100。\end{aligned}$$

所以 $S=5050$。

将求和式倒序与原式相加，我们称此方法为“倒序相加法”。一方面，用倒序相加法，我们可以总结出等差数列求和公式，和$=\frac{1}{2}\times$(首项$+$末项)$\times$项数；另一方面，既然倒序相加法对等差数列有效，那么倒序相加法在等差数列相关的问题中很可能也有效。

例 2 计算：$\left[\frac{1\times17}{13}\right]+\left[\frac{2\times17}{13}\right]+\left[\frac{3\times17}{13}\right]+\cdots+\left[\frac{12\times17}{13}\right]$。

【解析】被取整的部分构成等差数列，显然倒序相加后对应项之和是差不多大的数。

注意到，当 a 和 b 都不是整数，而 $a+b$ 是整数时，$[a+b]-2=+V-2=(a-1)+(b-1)<[a]+[b]<a+b=[a+b]$。

由于 $[a]+[b]$ 和 $[a+b]$ 都是整数，所以 $[a+][b]=[a+b]-1$，令 $S=\left[\frac{1\times17}{13}\right]+\left[\frac{2\times17}{13}\right]+\left[\frac{3\times17}{13}\right]+\cdots+\left[12\times\frac{17}{13}\right]$，于是，

$$\begin{aligned}2S&=\left(\left[\frac{1\times17}{13}\right]+\left[\frac{2\times17}{13}\right]+\cdots+\left[\frac{12\times17}{13}\right]\right)+\left(\left[\frac{12\times17}{13}\right]+\left[\frac{11\times17}{13}\right]+\cdots+\left[\frac{1\times17}{13}\right]\right)\\&=\left\{\frac{1\times17}{13}+\left[\frac{12\times17}{13}\right]\right)+\left(\frac{2\times17}{13}+\left[\frac{11\times17}{13}\right]\right)+\cdots+\left[\frac{12\times17}{13}+\left[\frac{1\times17}{13}\right]\right]\\&=(17-1)\times12\\&=192。\end{aligned}$$

所以 $S=96$。

在例 2 中，被取整的部分构成等差数列，这也决定了倒序相加之和差距不大，成为了应用倒序相加法的基础。虽然问题 2 对应项之和是定值，但是我们也能发现，如果将算式改为 $\left[\frac{1\times17}{13}\right]+\left[\frac{2\times17}{13}\right]+\left[\frac{3\times17}{13}\right]+\cdots+\left[\frac{90\times17}{13}\right]$，那么被取整数之中存在整数，倒序后对应项之和并不都相等。即便如此，我们只要找出了那些不“随大流”的和，仍然能计算出结果。这也引发了我们的思考：数列中第 n 项和倒数第 n 项之和不是定值但是有特点的时候，我们也可以考虑使用倒序相加法。

例 3 最简分数 $\frac{m}{n}=1+\frac{1}{2}+\frac{1}{3}+\cdots+\frac{1}{2016}$，证明：$m$ 是 2017 的倍数。

【解析】$$\begin{aligned}\frac{m}{n}&=1+\frac{1}{2}+\frac{1}{3}+\cdots+\frac{1}{2016}\\&=\left(1+\frac{1}{2016}\right)+\left(\frac{1}{2}+\frac{1}{2015}\right)+\left(\frac{1}{3}+\frac{1}{2014}\right)+\cdots+\left(\frac{1}{1008}+\frac{1}{1009}\right)\\&=\frac{2017}{1\times2016}+\frac{2017}{2\times2015}+\frac{2017}{3\times2014}+\cdots+\frac{2017}{1008\times1009}\\&=2017\times\left(\frac{1}{1\times2016}+\frac{1}{2\times2015}+\frac{1}{3\times2014}+\cdots+\frac{1}{1008\times1009}\right)\\&=2017\times\frac{M}{n}。\end{aligned}$$

由于 2017 是质数，所以 n 中不含因数 2017，故 $m=2017\times M$，m 是 2017 的倍数。

我们之前的操作是：将求和式换一种顺序（倒序）与原式相加。我们会意识到，即使第 n 项和倒数第 n 项之和并不特殊，只要求和式内部对应的两项之和特殊，仍然可以将求和式换一种顺序与原式相加。

例 4 记 $S(n)$ 表示 n 的各位数字之和，计算 $\frac{1}{S(1)}+\frac{2}{S(2)}+\frac{3}{S(3)}+\cdots+\frac{99}{S(99)}$。

【解析】在这个问题中，为了方便，我们将一位数 a 记作$\overline{0a}$，那么我们容易发现：$\frac{\overline{ab}}{S(\overline{ab})}+\frac{\overline{ba}}{S(\overline{ba})}=\frac{10a+b}{a+b}+\frac{10b+a}{b+a}=11$，即对应的两项之和恰好是 11，于是：

$$2\times\left(\frac{1}{S(1)}+\frac{2}{S(2)}+\cdots+\frac{99}{S(99)}\right)$$

$$=\left(\frac{1}{S(1)}+\frac{10}{S(10)}\right)+\left(\frac{2}{S(2)}+\frac{20}{S(20)}\right)+\cdots+\left(\frac{\overline{ab}}{S(\overline{ab})}+\frac{\overline{ba}}{S(\overline{ba})}\right)+\cdots+\left(\frac{99}{S(99)}+\frac{99}{S(99)}\right)$$

$$=99\times11$$

$$=1089。$$

所以$\frac{1}{S(1)}+\frac{2}{S(2)}+\frac{3}{S(3)}+\cdots+\frac{99}{S(99)}=\frac{1089}{2}$。

我们已经脱离了“倒序”，现在再脱离“两项相加”，如果多项之和有特点，我们也可以取多个原式再打乱顺序相加。

例 5 记 $S(n)$表示 n 的各位数字之和，计算$\frac{100}{S(100)}+\frac{100}{S(101)}+\frac{102}{S(102)}+\cdots+\frac{999}{S(999)}$。

【解析】为了方便，我们将一位数 a 记作$\overline{00a}$，两位数$\overline{ab}$记作$\overline{0ab}$，仿照上题，容易注意到，$\frac{\overline{abc}}{S(\overline{abc})}+\frac{\overline{acb}}{S(\overline{acb})}+\frac{\overline{bca}}{S(\overline{bca})}+\frac{\overline{bac}}{S(\overline{bac})}+\frac{\overline{cba}}{S(\overline{cab})}+\frac{\overline{cba}}{S(\overline{cba})}=222$，我们在前面添加数列$\frac{1}{S(1)}+\frac{2}{S(2)}+\frac{3}{S(3)}+\cdots+\frac{99}{S(99)}$，于是 $6\times\left(\frac{1}{S(1)}+\frac{2}{S(2)}+\cdots+\frac{99}{(S99)}+\frac{100}{S(100)}+\frac{101}{S(101)}+\cdots+\frac{999}{S(999)}\right)=999\times222$，又因为$\frac{1}{S(1)}+\frac{2}{S(2)}+\cdots+\frac{99}{S(99)}=\frac{99\times11}{2}$，所以$\frac{100}{S(100)}+\frac{101}{S(101)}+\frac{102}{S(102)}+\cdots+\frac{999}{S(999)}=\frac{999\times222}{6}-\frac{99\times11}{2}=36418.5$。

到此，“倒序相加法”已经被我们改造成了“自我相加法”。我们再从另一个角度看倒序相加：将求和式中的数排在一条线段上，将这条线段旋转 180°后再与原求和式相加。由此我们想到：如果可以将求和式排在一个平面内，就可以找到一种新的数列求和计算方法。

例 6 利用图 1 证明：$1^2+2^2+3^2+\cdots+n^2=\frac{1}{6}n(n+1)(2n+1)$。

1

2 2

3 3 3

… … …

$n-1$ … $n-1$

n n … n n

图 1

【解析】图 1 中所有数之和即为 $1^2+2^2+3^2+\cdots+n^2$，将图 1 旋转 120° 和 240°，再与原图相加(图 2)：

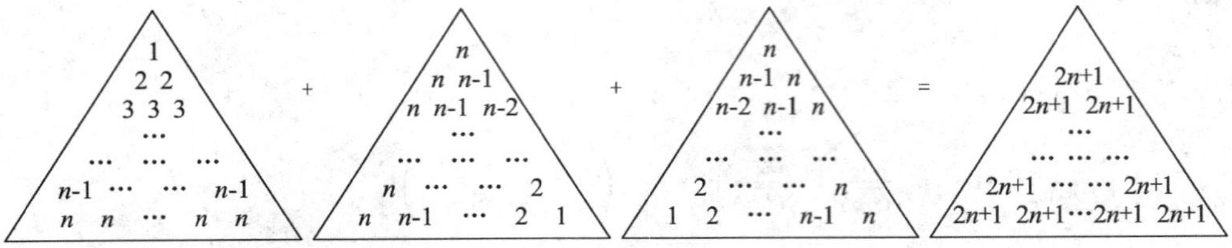

图 2

最终加出的三角中所有数之和为 $\frac{1}{2}n(n+1)(2n+1)$，所以一个三角中所有数之和为 $\frac{1}{6}n(n+1)(2n+1)$，故 $1^2+2^2+3^2+\cdots+n^2=\frac{1}{6}n(n+1)(2n+1)$。

很多人会将这个方法称为“踢三角”，容易发现，“踢三角”的方法可以解决一切“自然数列×等差数列”再求和的问题。

计算 $1\times100+2\times99+3\times98+\cdots+100\times1$ 时，考虑三角(图 3)：

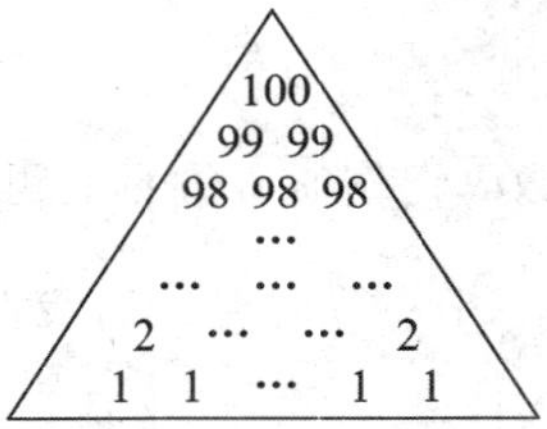

图 3

即有 $1\times100+2\times99+3\times98+\cdots+100\times1=\frac{1}{3}\times\frac{100\times101}{2}\times(1+1+100)=171700$。

计算 $1\times2+2\times3+3\times4+\cdots+99\times100$ 时，考虑三角(图 4)：

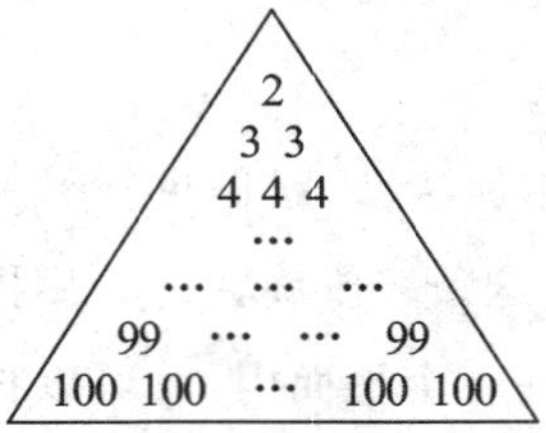

图 4

即有 $1\times2+2\times3+3\times4+\cdots+99\times100=\frac{1}{3}\times\frac{99\times100}{2}\times(2+100+100)=333300$。

正三角形是旋转对称图形，可以旋转叠加，除此之外，正方形、正五边形等正多边形都是旋转对称图形，也可以旋转叠加。

例 7 我们将图 5 中一个长方形内所包含所有数字的和称为这个长方形的重量。例如：图 5 中最大长方形的重量就是把所有 16 个数字全加起来，和是 40，即图 5 中最大长方形的重量是 40。那么，图 5 中所有长方形的重量之和是________。(正方形也算作长方形)

1	2	3	4
4	3	2	1
3	4	1	2
2	1	4	3

图 5

【解析】本题方法较多，这里我们采取旋转相加的办法。将所有的长方形再分割成小正方形，所有这些小正方形上数字的和，即是所有长方形重量的总和。而所有这些小正方形上数字的和，等于所有小正方形上的数字乘以包含这一小正方形的长方形的个数再求和。

将原图称为图 6，再将图 6 沿竖直方向对称轴翻转，得到图 7，最后将将图 6 与图 7 重叠在一起，得到图 8：

图 8 中所有长方形的重量之和为 $C_6^3\times C_6^3\times 5=2000$，故图 6 中所有长方形的重量之和为 1000。

1	2	3	4
4	3	2	1
3	4	1	2
2	1	4	3

图 6

4	3	2	1
1	2	3	4
2	1	4	3
3	4	1	2

图 7

5	5	5	5
5	5	5	5
5	5	5	5
5	5	5	5

图 8

二、情景构造

在利用踢三角求和时我们发现：$1\times100+2\times99+3\times98+\cdots+100\times1=\frac{1}{6}\times102\times101\times100=C_{102}^3$。一个数列的和恰好是一个组合数，我们会产生这样的思路：构造一个情景，利用计数的方法来解决计算的问题。

例 8 计算：$1\times100+2\times99+3\times98+\cdots+100\times1$。

【解析】考虑这样一个情景，从 0～101 这 102 个数中选出 3 个，共有多少种选法？直接使用组合数计算，即是 C_{102}^3。再考虑另外一种计算方式：先选择中间数，再选择较小数，最后选择较大数。

中间数可以选择 1，2，3，…，100，我们据此进行分类：

中间数	较小数的选择	较大数的选择
1	0：共 1 种	2～101：共 100 种
2	0、1：共 2 种	3～101：共 99 种
3	0～2：共 3 种	4～101：共 98 种
…	…	…
100	0～99：共 100 种	101：共 1 种

利用加乘原理，列式计算选法数：$1\times100+2\times99+3\times98+\cdots+100\times1$。利用两种不同的方案计算同一问题，结果自然是相同的，故 $1\times100+2\times99+3\times98+\cdots+100\times1=C_{102}^3=\frac{1}{6}\times102\times101\times100=171700$。

我们发现很多已知数列的和都可以用组合数表示，例如：$1\times2+2\times3+3\times$

$4+\cdots+99\times100=\frac{1}{3}\times99\times100\times101=2C_{101}^3$，$1^2+2^2+3^2+\cdots+100^2=C_{102}^3+C_{101}^3$。反过来，利用组合数我们也可以解决很多数列求和的问题。

例 9 计算：$1\times2\times20\times21+2\times3\times19\times20+3\times4\times18\times19+\cdots+20\times21\times1\times2$。

【解析】考虑这样的情景，从 1～24 这 24 个数中选出 5 个，共有多少种选法？如果我们利用组合数直接计算，即 C_{24}^5。如果我们利用中间数分类计数：先选择中间数，再选两个较小数，最后选两个较大数，中间数可以选 3，4，5，…，22。

中间数	较小数的选择	较大数的选择
3	1、2：共 $C_2^2=\frac{1\times2}{2}$（种）	4～24：共 $C_{21}^2=\frac{20\times21}{2}$（种）
4	1～3：共 $C_3^2=\frac{2\times3}{2}$（种）	5～24：共 $C_{20}^2=\frac{19\times20}{2}$（种）
5	1～4：共 $C_4^2=\frac{3\times4}{2}$（种）	6～24：共 $C_{19}^2=\frac{18\times19}{2}$（种）
……	……	……
22	1～21：共 $C_{21}^2=\frac{20\times21}{2}$（种）	23、24：共 $C_2^2=\frac{1\times2}{2}$（种）

于是我们得到等式：$\frac{1\times2}{2}\times\frac{20\times21}{2}+\frac{2\times3}{2}\times\frac{19\times20}{2}+\frac{3\times4}{2}\times\frac{18\times19}{2}+\cdots+\frac{20\times21}{2}\times\frac{1\times2}{2}=C_{24}^5$，所以 $1\times2\times20\times21+2\times3\times19\times20+\cdots+20\times21\times1\times2=4C_{24}^5=4\times\frac{20\times2\times22\times23\times24}{1\times2\times3\times4\times5}=170016$。

一些组合恒等式也可以利用这个思路证明。

例 10 证明：$(C_n^0)^2+(C_n^1)^2+(C_n^2)^2+\cdots+(C_n^n)^2=C_{2n}^n$。

【解析】考虑如下情景：从编号为 $1\sim n$ 的 n 张红色卡片和编号为 $1\sim n$ 的 n 张蓝色卡片中选出 n 张，共有多少种不同的选法？

从 $2n$ 张卡片中选出 n 张，可以利用组合数直接计算，即 C_{2n}^n。另外我们也可以根据红色卡片的个数分类计算，取 0 张红色卡片 n 张蓝色卡片有 $C_n^0\times C_n^n$ 种取法，取 1 张红色卡片 $n-1$ 张蓝色卡片有 $C_n^1\times C_n^{n-1}$ 种取法，……，取 n 张红色卡片 0 张蓝色卡片有 $C_n^n\times C_n^0$ 种取法。又因为 $C_n^m=C_n^{n-m}$，所以共有：$(C_n^0)^2+(C_n^1)^2+(C_n^2)^2+\cdots+(C_n^n)^2$ 种取法。所以 $(C_n^0)^2+(C_n^1)^2+(C_n^2)^2+\cdots+(C_n^n)^2=C_{2n}^n$。

这个方法的本质是：针对同一问题进行两次计算，两次计算的结果必然相等。那么除了组合数，还有很多其他可以利用的工具，比如概率，我们尝试用概率构造一个恒等式。

例 11 抛一枚均匀的硬币，抛出正面即结束，抛出反面则继续抛，抛 10 次之内结束的概率是多少？

【解析】我们可以依据第几次抛硬币分类计算，第一次抛结束的概率是 $\frac{1}{2}$，第二次抛结束的概率是 $\left(\frac{1}{2}\right)^2$，第三次抛结束的概率是 $\left(\frac{1}{2}\right)^3$……第十次抛结束的概率是$\left(\frac{1}{2}\right)^{10}$，那么抛10次之内结束的概率是$\frac{1}{2^1}+\frac{1}{2^2}+\frac{1}{2^3}+\cdots+\frac{1}{2^{10}}$。

我们也可以通过未结束的概率计算，抛10次未结束的概率是$\left(\frac{1}{2}\right)^{10}$，那么抛10次之内结束的概率是$1-\frac{1}{2^{10}}=\frac{1023}{1024}$。

在解决这个问题的过程中，我们顺便得到了等式$\frac{1}{2^1}+\frac{1}{2^2}+\frac{1}{2^3}+\cdots+\frac{1}{2^{10}}=1-\frac{1}{2^{10}}$。

三、错位相减

在循环小数化分数时，我们常常会利用方程，例如将循环小数$0.\dot{7}$化为分数：令$x=0.777\cdots$，那么$10x=7.777\cdots$，二者相减，

$$\begin{array}{r}7.\ 7\ 7\ 7\ 7\ \cdots\\ \times\ 0.\ 7\ 7\ 7\ 7\ \cdots\\ \hline 7.\ 0\ 0\ 0\ 0\ \cdots\end{array}$$

得到$9x=7$，于是$0.\dot{7}=x=\frac{7}{9}$。这个方法巧妙地将小数点移动了一位，消掉了小数点后的部分。我们再从分数的视角审视这个做法：令$x=0.777\cdots=0.7+0.07+0.007+\cdots+=\frac{7}{10}+\frac{7}{100}+\frac{7}{1000}+\cdots$，等式两边同时乘10可以得到$10x=7+\frac{7}{10}+\frac{7}{100}+\frac{7}{1000}+\cdots$，相减后得到$9x=7$，于是$0.\dot{7}=x=\frac{7}{9}$。

在分数的视角下，$0.\dot{7}$是一个无穷多项的等比数列求和，在等式两边同时乘10之后，出现了大量与乘10之前相同的项，两式相减极大程度地化简了等式。从这里我们可以获得一个经验：针对等比数列有关的求和，乘公比再相减有时会十分有效。我们将这个做法称为“错位相减法”。在问题11中提到的等式$\frac{1}{2^1}+\frac{1}{2^2}+\frac{1}{2^3}+\cdots+\frac{1}{2^{10}}=1-\frac{1}{2^{10}}$，我们也可以用错位相减法得到。

例12 证明：$\frac{1}{2^1}+\frac{1}{2^2}+\frac{1}{2^3}+\cdots+\frac{1}{2^{10}}=1-\frac{1}{2^{10}}$。

【解析】令$S=\frac{1}{2^1}+\frac{1}{2^2}+\frac{1}{2^3}+\cdots+\frac{1}{2^{10}}$，那么$\frac{1}{2}S=\frac{1}{2^2}+\frac{1}{2^3}+\frac{1}{2^4}+\cdots+\frac{1}{2^{11}}$，两式相减，可以得到$\frac{1}{2}S=\frac{1}{2}-\frac{1}{2^{11}}$，即$S=1-\frac{1}{2^{10}}$。

在探索倒序相加法时，我们在“两项和是定值”的基础上，将“定值”拓展为“有规律”，将“两项”拓展为“多项”。在错位相减法的探索中，亦可如此。相减后有规律的情形读者可在拓展思考第3题中自行尝试，这里举一个多项相减的例子。

例13 已知$F(1)=1$，$F(2)=1$，在$n\geqslant3$时，$F(n)=F(n-1)+F(n-2)$，证明：$\frac{F(1)}{10}+\frac{F(2)}{10^2}+\frac{F(3)}{10^3}+\cdots+\frac{F(100)}{10^{100}}<\frac{10}{89}$。

【解析】令 $S=\frac{F(1)}{10}+\frac{F(2)}{10^2}+\frac{F(3)}{10^3}+\cdots+\frac{F(98)}{10^{98}}+\frac{F(99)}{10^{99}}+\frac{F(100)}{10^{100}}$，那么 $10S=F(1)+\frac{F(2)}{10}+\frac{F(3)}{10^2}+\cdots+\frac{F(98)}{10^{97}}+\frac{F(99)}{10^{98}}+\frac{F(100)}{10^{99}}$，$100S=10\times F(1)+F(2)+\frac{F(3)}{10}+\cdots+\frac{F(98)}{10^{96}}+\frac{F(99)}{10^{97}}+\frac{F(100)}{10^{98}}$。第三式减去前两式，可得 $89S=9F(1)+F(2)-\frac{F(100)}{10^{99}}-\frac{F(99)}{10^{99}}-\frac{F(100)}{10^{100}}<10$，于是有 $\frac{F(1)}{10}+\frac{F(2)}{10^2}+\frac{F(3)}{10^3}+\cdots+\frac{F(100)}{10^{100}}<\frac{10}{89}$。

例 13 在一定程度上解释了为什么 $\frac{10}{89}$ 与斐波那契数列有着如此紧密的关系：$\frac{10}{89}=0.112359\cdots=0.1+0.01+0.002+0.0003+0.000005+0.000008+0.0000013\cdots$

除 $\frac{10}{89}$ 外，还有其他分数也有类似的性质，例如：$\frac{1}{98}$，$\frac{100}{9801}$。另外，若 $F(1)=1$，$F(2)=1$，在 $n\geqslant3$ 时，$F(n)=F(n-1)+F(n-2)$，那么 $F(n)$ 的通项公式为 $F(n)=\left(\frac{1+\sqrt{5}}{2}\right)^{n-1}+\left(\frac{1-\sqrt{5}}{2}\right)^{n-1}$，是两个等比数列之和。据此我们可以推测，在斐波那契数列中相关的计算中，错位相减法也会相当有效。

例 14 已知 $F(1)=1$，$F(2)=1$，在 $n\geqslant3$ 时，$F(n)=F(n-1)+F(n-2)$，证明：$F(1)+F(2)+F(3)+\cdots+F(n)=F(n+2)-1$。

【解析】直接让求和式相减。

$0=[F(1)+F(2)+F(3)+\cdots+F(n+2)]-[F(1)+F(2)+F(3)+\cdots+F(n+2)]$

$=F(1)+[F(2)-F(1)]+[F(3)-F(2)]+\cdots+[F(n+2)-F(n+1)]-F(n+2)$

$=1+0+F(1)+F(2)+F(3)+\cdots F(n)=F(n+2)-1$。

所以 $F(1)+F(2)+F(3)+\cdots F(n)=F(n+2)-1$

四、裂项抵消

如果将数列的第 n 项称为 a_n，而数列的前 n 项和称为 S_n，那么在 $n\geqslant2$ 时，由于 $a_1+a_2+\cdots+a_{n-1}=S_{n-1}$，$a_1+a_2+\cdots+a_{n-1}+a_n=S_n$，即有 $a_n=S_n-S_{n-1}$，换而言之：

$a_1+a_2+a_3+\cdots+a_n=a_1+(S_2-S_1)+(S_3-S_2)+\cdots+(S_n-S_{n-1})=S_n$。

例如问题 14 的解答，我们可以这样反过来写：

$F(1)+F(2)+F(3)+\cdots+F(n)$

$=[F(3)-F(2)]+[F(4)-F(3)]+\cdots+[F(n+2)-F(n-1)]$

$=F(n+2)-F(2)$

$=F(n+2)-1$。

从上面的过程我们会意识到，有些时候我们可以将数列中的一项拆成两项或多项，然后将大部分项两两抵消，最终剩下一项或几项，计算得出最终的结果。

例 15 计算：$1^2+2^2+3^2-5^2+8^2+13^2+21^2+34^2+55^2+89^2+144^2+233^2$。

【解析】斐波那契数列的项正好等于它的后一项减去前一项，如此可以同时和前后项产生联系，我们便依次裂项。

$$1^2+2^2+3^2+5^2+8^2+13^2+21^2+34^2+55^2+89+144^2+233^2$$
$$=1\times(2-1)+2\times(3-1)+3\times(5-2)+5\times(8-3)+8\times(13-5)+\cdots+144\times(233-89)+233\times(377-144)$$
$$=233\times377-1$$
$$=8780。$$

在上题中，我们将斐波那契数列拆分成两项相减，之后算式中出现了大量可以加减抵消的项。而实际上，有一部分题目我们比较容易看出如何拆分，还有一部分题目我们很难看出每一项应当如何拆分，为此，我们需要积累一点经验，比如：①斐波那契数列相关的裂项：拆成临近两项的差；②等差数列中相邻两项相乘的裂项：$n(n+k)=\frac{1}{3k}n(n+k)(n+2k)-\frac{1}{3k}(n-k)n(n+k)$；③等差数列中相邻两项相乘作分母的裂项：$\frac{1}{n(n+k)}=\frac{1}{k}\times\left(\frac{1}{n}-\frac{1}{n+k}\right)$；

……

之后再遇到相似的问题时，将新问题转化为已知的问题即可。

例 16 计算：$\frac{1\times2+9\times10}{1\times2\times9\times10}+\frac{2\times3+8\times9}{2\times3\times8\times9}+\frac{3\times4+7\times8}{3\times4\times7\times8}+\cdots+\frac{9\times10+1\times2}{9\times10\times1\times2}$。

【解析】分子与分母仅有一符号不同，分子是两部分的和，分母又恰好是这两部分的积，这促使我们进行如下变形：

$$\frac{1\times2+9\times10}{1\times2\times9\times10}+\frac{2\times3+8\times9}{2\times3\times8\times9}+\frac{3\times4+7\times8}{3\times4\times7\times8}+\cdots+\frac{9\times10+1\times2}{9\times10\times1\times2}$$
$$=\left(\frac{1\times2}{1\times2\times9\times10}+\frac{9\times10}{1\times2\times9\times10}\right)+\left(\frac{2\times3}{2\times3\times8\times9}+\frac{8\times9}{2\times3\times8\times9}\right)+\cdots+\left(\frac{9\times10}{9\times10\times1\times2}+\frac{1\times2}{9\times10\times1\times2}\right)$$
$$=\left(\frac{1}{9\times10}+\frac{1}{1\times2}\right)+\left(\frac{1}{8\times9}+\frac{1}{2\times3}\right)+\cdots+\left(\frac{1}{1\times2}+\frac{1}{9\times10}\right)$$
$$=2\times\left(\frac{1}{1\times2}+\frac{1}{2\times3}+\cdots+\frac{1}{9\times10}\right)。$$

到这里，我们就完成了转化，括号内的部分是一个基础的分数裂项：

$$\frac{1}{1\times2}+\frac{1}{2\times3}+\cdots+\frac{1}{9\times10}$$
$$=\left(1-\frac{1}{2}\right)+\left(\frac{1}{2}-\frac{1}{3}\right)+\left(\frac{1}{3}-\frac{1}{4}\right)+\cdots+\left(\frac{1}{9}-\frac{1}{10}\right)$$
$$=1-\frac{1}{10}$$
$$=\frac{9}{10}。$$

所以$\frac{1\times2+9\times10}{1\times2\times9\times10}+\frac{2\times3+8\times9}{2\times3\times8\times9}+\frac{3\times4+7\times8}{3\times4\times7\times8}+\cdots+\frac{9\times10+1\times2}{9\times10\times1\times2}=\frac{9}{5}$。

当然，无论我们经验多么丰富，我们总有可能遇到难以转化的问题，这时候就需要我们用以往的经验对拆分后的结构进行一些推测。

例 17　估算：$\frac{3^2-2}{3\times4\times2^3}+\frac{4^2-2}{4\times5\times2^4}+\frac{5^2-2}{5\times6\times2^5}+\cdots+\frac{2022^2-2}{2022\times2023\times2^{2022}}$。(保留六位小数)

【解析】每一项的分母都形如 $k\times(k+1)\times2^k$，为了能相互抵消，我们推测拆分后的两项分母分别为 $k\times2^k$ 和 $(k+1)\times2^{k+1}$。

$$\frac{3^2-2}{3\times4\times2^3}+\frac{4^2-2}{4\times5\times2^4}+\frac{5^2-2}{5\times6\times2^5}+\cdots+\frac{2022^2-2}{2022\times2023\times2^{2022}}$$

$$=\left(\frac{2}{3\times2^3}-\frac{3}{4\times2^4}\right)+\left(\frac{3}{4\times2^4}-\frac{4}{5\times2^5}\right)+\left(\frac{4}{2\times5^2}-\frac{5}{6\times2^6}\right)+\cdots+\left(\frac{2021}{2022\times2^{2022}}-\frac{2022}{2023\times2^{2023}}\right)$$

$$=\frac{2}{3\times2^3}-\frac{2022}{2023\times2^{2023}}$$

$$=\frac{1}{12}-\frac{2022}{2023\times2^{2023}}$$

≈0.833333。

五、分组计算

再从另一个视角看倒序相加法，倒序相加其实是先将整体分成一些小组，再在小组内计算，最后将每个小组计算的结果进行计算。针对同一问题，我们有着多种分组方式。

例 18　计算：$100^2-99^2+98^2-97^2+\cdots+2^2-1^2$。

【解析】方法 1 按符号周期分组。

$100^2-99^2+98^2-97^2+\cdots+2^2-1^2$

$=(100^2-99^2)+(98^2-97^2)+\cdots+(2^2-1^2)$

$=(100+99)\times(100-99)+(98+97)\times(98-97)+\cdots+(2+1)\times(2-1)$

$=100+99+98+97+\cdots+2+1$

$=5050$。

方法 2 按符号分组。

$100^2-99^2+98^2-97^2+\cdots+2^2-1^2$

$=(100^2+98^2+96^2+\cdots+2^2)-(99^2+97^2+95^2+\cdots+1^2)$

$=2\times(100^2+98^2+96^2+\cdots+2^2)-(100^2+99^2+98^2+\cdots+1^2)$

$=8\times(50^2+49^2+48^2+\cdots+1^2)-(100^2+99^2+98^2+\cdots+1^2)$

$=8\times\frac{1}{6}\times50\times51\times101-\frac{1}{6}\times100\times101\times201$

$=5050$。

方法 3 利用平方差公式的特点，按和分组，倒序相加。

$2\times(100^2-99^2+98^2-97^2+\cdots+2^2-1^2)$

$=(100^2-1^2)-(99^2-2^2)+(98^2-3^2)-(97^2-4^2)+\cdots+(2^2-99^2)-(1^2-100^2)$

$=101\times(100-1)-101\times(99-2)+\cdots+101\times(2-99)-101\times(1-100)$

$=2\times101\times(100-99+98-97+\cdots+2-1)$

$=10100$。

所以 $100^2-99^2+98^2-97^2+\cdots+2^2-1^2=5050$。

在上例中我们看到，不同的分组方式所呈现出的计算量差距较大，针对不同问题应采取合适的分组方式：在计算 $1\times2-2\times3+3\times4\times-4\times5+\cdots-18\times19+19\times20$ 时，按正负号直接分组并不方便计算，我们将它倒序然后按符号周期分组较为简便。

$1\times2-2\times3+3\times4-4\times5+\cdots-18\times19+19\times20$

$=(19\times20-18\times19)+(18\times17-16\times17)+\cdots+(3\times4-2\times3)+1\times2$

$=2\times19+2\times17+2\times15+\cdots+2\times3+2\times1$

$=200$。

在计算 $200^3-199^3+198^3-197^3+\cdots+2^3-1^3$ 时，按符号周期分组不太方便计算，按符号分组较为简便：

$200^3-199^3+198^3-197^3+\cdots+2^3-1^3$

$=(200^3+198^3+\cdots+2^3)-(199^3+197^3+\cdots1^3)$

$=16\times\left(\frac{100\times101}{2}\right)^2-\left(\frac{200\times201}{2}\right)^2$

$=(100\times202+100\times201)\times(100\times202-100\times201)$

$=4030000$。

在前面 3 个例子和倒序相加法的诸多问题中，分组都是平均的，而实际上，分组未必要平均。

例 19 证明：$1+\frac{1}{2}+\frac{1}{3}+\frac{1}{4}+\frac{1}{5}+\cdots+\frac{1}{1024}>6$。

【解析】将左式分为几个小组分别计算。

$1+\frac{1}{2}=\frac{3}{2}$

$\frac{1}{3}+\frac{1}{4}>\frac{1}{4}+\frac{1}{4}=\frac{1}{2}$

$\frac{1}{5}+\frac{1}{6}+\frac{1}{7}+\frac{1}{8}>\frac{1}{8}+\frac{1}{8}+\frac{1}{8}+\frac{1}{8}+\frac{1}{8}=\frac{1}{2}$

…

$\frac{1}{513}+\frac{1}{514}+\frac{1}{515}+\cdots+\frac{1}{1024}>\frac{1}{1024}+\frac{1}{1024}+\frac{1}{1024}+\cdots+\frac{1}{1024}=\frac{1}{2}$

再求和即可得到：

$1+\frac{1}{2}+\frac{1}{3}+\frac{1}{4}+\frac{1}{5}+\cdots+\frac{1}{1024}>\frac{3}{2}+\frac{1}{2}+\frac{1}{2}+\frac{1}{2}+\frac{1}{2}+\frac{1}{2}+\frac{1}{2}+\frac{1}{2}+\frac{1}{2}+\frac{1}{2}=6$。

六、连续约分

在做分数乘法时，我们往往先约分，之后再分子分母分别相乘，例如在计算

$\frac{17}{26}\times\frac{39}{34}$时，由于17和34中都含有因数17，26和39中都含有因数13，我们会先约去17和13，再进行计算$\frac{17}{26}\times\frac{39}{34}=\frac{1}{2}\times\frac{3}{2}=\frac{3}{4}$。同样的，在大量分数连乘时，我们也可以如此操作。

例20 已知算式$\left(1+\frac{2}{3}\right)\times\left(2+\frac{4}{5}\right)\times\cdots\times\left(8+\frac{16}{17}\right)\times\left(9+\frac{18}{19}\right)$的结果是一个整数，那么它的末两位数字是多少？

【解析】容易发现，每个括号内部都是一个整数加一个分数，并且分数的分子总是整数的两倍，于是我们可以先提取出公有部分，再进行计算。

$$\left(1+\frac{2}{3}\right)\times\left(2+\frac{4}{5}\right)\times\cdots\times\left(8+\frac{16}{17}\right)\times\left(9+\frac{18}{19}\right)$$
$$=\left(1+\frac{2}{3}\right)\times\left(1+\frac{2}{5}\right)\times\left(1+\frac{2}{7}\right)\times\cdots\times\left(1+\frac{2}{17}\right)\times\left(1+\frac{2}{19}\right)\times9!$$
$$=\frac{5}{3}\times\frac{7}{5}\times\frac{9}{7}\times\cdots\times\frac{19}{17}\times\frac{21}{19}\times9!$$
$$=7\times9!$$

所以算式结果的末两位为60。

在上题中，如果我们不先提取，直接通分：

$$\left(1+\frac{2}{3}\right)\times\left(2+\frac{4}{5}\right)\times\left(3+\frac{6}{7}\right)\times\cdots\times\left(8+\frac{16}{17}\right)\times\left(9+\frac{18}{19}\right)$$
$$=\frac{3+2}{3}\times\frac{2\times5+4}{5}\times\frac{3\times7+6}{7}\times\cdots\times\frac{8\times17+16}{17}\times\frac{9\times19+18}{19}。$$

然后将每一个分子化简，$\frac{3+2}{3}\times\frac{2\times5+4}{5}\times\frac{3\times7+6}{7}\times\cdots\times\frac{8\times17+16}{17}\times\frac{9\times19+18}{19}=\frac{5}{3}\times\frac{14}{5}\times\frac{27}{7}\times\cdots\times\frac{152}{17}\times\frac{189}{19}$。

此时我们会发现，不太容易进行后续的约分。而如果不将分子算出来，提取公因数以保持乘法的形式：$\frac{3+2}{3}\times\frac{2\times5+4}{5}\times\frac{3\times7+6}{7}\times\cdots\times\frac{8\times17+16}{17}\times\frac{9\times19+18}{19}=\frac{5}{3}\times\frac{2\times7}{5}\times\frac{3\times9}{7}\times\cdots\times\frac{8\times19}{17}\times\frac{9\times21}{19}$，后面的约分相对容易进行，这也给我们了一个提示，保持乘法形式利于约分。

例21 计算：$\frac{2}{1+2}\times\frac{2+3}{1+2+3}\times\frac{2+3+4}{1+2+3+4}\times\cdots\times\frac{2+3+\cdots+100}{1+2+3+\cdots+100}$。

【解析】很多分数相乘，我们期待利用约分进行化简，于是我们利用等差数列求和公式，将每一个分子、分母都变成乘法的形式。

$$\frac{2}{1+2}\times\frac{2+3}{1+2+3}\times\frac{2+3+4}{1+2+3+4}\times\cdots\times\frac{2+3+\cdots+100}{1+2+3+\cdots+100}$$
$$=\frac{\frac{(2+2)\times1}{2}}{\frac{(1+2)\times2}{2}}\times\frac{\frac{(2+3)\times2}{2}}{\frac{(1+3)\times3}{2}}\times\frac{\frac{(2+4)\times3}{2}}{\frac{(1+4)\times4}{2}}\times\frac{\frac{(2+100)\times99}{2}}{\frac{(1+100)\times100}{2}}$$
$$=\frac{4\times1}{3\times2}\times\frac{5\times2}{4\times3}\times\frac{6\times3}{5\times4}\times\cdots\times\frac{102\times99}{101\times100}$$

$=\frac{1\times102}{3\times100}$

$=\frac{17}{50}$。

七、整体分析

在计算算式 $97531\times13579-97531\times13579+97531\times13579-97531\times13579$ 时，即便我们不去计算 97531×13579 的值具体是多少，我们也知道上面算式的结果是 0。这是因为我们在思考时，将 97531×13579 看成了一个整体，这个整体在运算过程中被抵消掉了。在更复杂的问题中，我们也可以将重复出现的部分看作一个整体进行运算。

例 22 计算：$\left(1+\frac{1}{2}+\frac{1}{3}+\cdots+\frac{1}{2021}\right)\times\left(\frac{1}{2}+\frac{1}{3}+\cdots+\frac{1}{2022}\right)-\left(1+\frac{1}{2}+\frac{1}{3}+\cdots+\frac{1}{2022}\right)\times\left(\frac{1}{2}+\frac{1}{3}+\cdots+\frac{1}{2021}\right)$。

【解析】在上式中，$\frac{1}{2}+\frac{1}{3}+\cdots+\frac{1}{2021}$ 重复出现多次，我们将其看为一个整体，即令 $M=\frac{1}{2}+\frac{1}{3}+\cdots+\frac{1}{2021}$，那么

$$\left(1+\frac{1}{2}+\frac{1}{3}+\cdots+\frac{1}{2021}\right)\times\left(\frac{1}{2}+\frac{1}{3}+\cdots+\frac{1}{2022}\right)-\left(1+\frac{1}{2}+\frac{1}{3}+\cdots+\frac{1}{2022}\right)\times\left(\frac{1}{2}+\frac{1}{3}+\cdots+\frac{1}{2021}\right)$$

$$=(1+M)\times\left(M+\frac{1}{2022}\right)-\left(1+M+\frac{1}{2022}\right)\times M$$

$$=\frac{1}{2022}。$$

在问题 22 中，被我们看作整体的 M 在运算中被抵消了，也即是说，我们利用了“$A-A=0$”消去了算式中难计算的部分。而我们又知道，与“$A-A=0$”类似的算式还有一个，即是“$A\div A=1$”。

例 23 计算：$\frac{1\times3\times24+2\times6\times48+3\times9\times72+4\times12\times96}{1\times2\times4+2\times4\times8+3\times6\times12+4\times8\times16}$。

【解析】我们发现，分子中每一项都含有因数 $1\times3\times24$，分母中每一项都含有因数 $1\times2\times4$，于是将分子和分母分别提取公因数：$\frac{1\times3\times24+2\times6\times48+3\times9\times72+4\times12\times96}{1\times2\times4+2\times4\times8+3\times6\times12+4\times8\times16}=\frac{1\times3\times24\times(1+2^3+3^3+4^3)}{1\times2\times4\times(1+2^3+3^3+4^3)}$，

我们将 $1+2^3+3^3+4^3$ 看做一个整体，分子分母直接约分：$\frac{1\times3\times24\times(1+2^3+3^3+4^3)}{1\times2\times4\times(1+2^3+3^3+4^3)}=\frac{1\times3\times24}{1\times2\times4}=9$。

在上面的解答过程中，$\frac{1\times3\times24}{1\times2\times4}=\frac{2\times6\times48}{2\times4\times8}=\frac{3\times9\times72}{3\times6\times12}=\frac{4\times12\times96}{4\times8\times16}$ 确保了在分子提取 $1\times3\times24$，分母提取了 $1\times2\times4$ 之后，所剩下的部分可以直接约分。而且容易知道，当 $\frac{a}{b}=\frac{c}{d}=M$ 时，只要 $b+d\neq0$，就有 $\frac{a+c}{b+d}=M$。由此我们可以获得经验：如果分子和分母对应项之比是个定值 M，那么整体的计算结果就

是 M。

例 24 计算：$\dfrac{1+2+4+8+\cdots+1024}{1+\frac{1}{2}+\frac{1}{4}+\frac{1}{8}+\cdots+\frac{1}{1024}}$。

【解析】将分子逆序，那么对应项之比是 1024，于是$\dfrac{1+2+4+8+\cdots+1024}{1+\frac{1}{2}+\frac{1}{4}+\frac{1}{8}+\cdots+\frac{1}{1024}}$。

例 25 计算：$\dfrac{(1^2+2^2+3^2+4^2)\times(1^3+1^3+3^3+4^3)+(1+2+3+4)\times(1^4+2^4+3^4+4^4)}{(2^2+4^2+6^2+8^2)\times(2^3+4^3+6^3+8^3)+(2+4+6+8)\times(2^4+4^4+6^4+8^4)}$。

【解析】分子与分母结构相同，都是和的乘积再相加。

由 $\dfrac{1+2+3+4}{2+4+6+8}=\dfrac{1}{2}$，$\dfrac{1^2+2^2+3^2+4^2}{2^2+4^2+6^2+8^2}=\dfrac{1}{4}$，$\dfrac{1^3+2^3+3^3+4^3}{2^3+4^3+6^3+8^3}=\dfrac{1}{8}$，$\dfrac{1^4+2^4+3^4+4^4}{2^4+4^4+6^4+8^4}=\dfrac{1}{16}$，可知 $\dfrac{(1^2+2^2+3^2+4^2)\times(1^3+2^3+3^3+4^3)}{(2^2+4^2+6^2+8^2)\times(2^3+4^3+6^3+8^3)}=\dfrac{(1+2+3+4)\times(1^4+2^4+3^4+4^4)}{(2+4+6+8)\times(2^4+4^4+6^4+8^4)}=\dfrac{1}{32}$，所以

$\dfrac{(1^2+2^2+3^2+4^2)\times(1^3+2^3+3^3+4^3)+(1+2+3+4)\times(1^4+2^4+3^4+4^4)}{(2^2+4^2+6^2+8^2)\times(2^3+4^3+6^3+8^3)+(2+4+6+8)\times(2^4+4^4+6^4+8^4)}=\dfrac{1}{32}$。

八、辅助数列

在例 5 的解答中，我们在原求和式前添加了另一个求和式$\dfrac{1}{S(1)}+\dfrac{2}{S(2)}+\cdots+\dfrac{99}{S(99)}$，最后再将这个求和式减掉，进而求出了原式的值。于是我们会产生这样的想法：引入一些其他数列进行辅助，会更容易计算。

例 26 计算：1×2＋3×4＋5×6＋…＋19×20。

【解析】利用裂项，我们容易知道 1×2＋2×3＋3×4＋4×5＋…＋18×19＋19×20＝2660。利用分组，我们容易知道 1×2－2×3＋3×4－4×5＋…－18×19＋19×20＝200。两式相加除以 2，即可得到 1×2＋3×4＋5×6＋…＋19×20＝1430。

在例 5 中，我们添加的是一个已知值的算式，最后再将这个值减去。在例 26 中我们针对求和式 A 添加了求和式 B，虽然我们在一开始并不知道 B 的值，但是我们容易计算出 $A+B$ 和 $A-B$，构造了关于 A 和 B 的方程，最终解出 A 的值。至此，我们已不必添加已知结果的求和式了，当然，我们也不一定只添加一个辅助求和式。

例 27 计算：1×2×99×100－2×3×98×99＋3×4×97×98－4×5×96×97＋…＋99×100×1×2。

【解析】显然 1×2×98×99－2×3×97×98＋3×4×96×97－4×5×95×96＋…－98×99×1×2＝0，在原式的基础上减去此式，可以得到：1×2×99×100－2×3×98×99＋3×4×97×98－4×5×96×97＋…＋99×100×1×2＝2×(1×2×99－2×3×98＋3×4×97－4×5×96＋…＋99×100×1)。

倒序相加，可以得到：

2×(1×2×99－2×3×98＋3×4×97－4×5×96＋…＋99×100×1)＝102×(1×99－2×98＋3×97－4×96＋…＋99×1)。又显然 1×98－2×97＋

$3\times96-4\times95+\cdots+97\times2-98\times1=0$，上式的括号内减去此式，可得：$102\times(1\times99-2\times98+3\times97-4\times96+\cdots+99\times1)=102\times(1-2+3-4+\cdots+99)=102\times50=5100$。

九、通项公式

数列求和的问题千奇百怪，我们会希望有一种通用的方法，解决大部分问题。在问题 16 中，我们先将原式转化为了 $\frac{1}{1\times2}+\frac{1}{2\times3}+\cdots+\frac{1}{9\times10}$，再裂项进行计算，将复杂问题转化成了简单的已知问题，这也是我们经常用到的方法。于是我们会产生这样一个思路：寻找一些简单的求和式，让大部分数列求和的问题，都能通过某些手段转化成这样的求和式。

例 28　计算：$1\times2\times5+2\times5\times8+3\times8\times11+4\times11\times14+\cdots+20\times59\times62$。

【解析】根据观察可知，每一项都是 3 个整数相乘，第 k 项中第 1 个乘数是 k，第 2 个乘数是 $3k-1$，第 3 个乘数是 $3k+2$，所以第 k 项是 $k(3k-1)(3k+2)$。我们先将 $k(3k-1)(3k+2)$ 用乘法展开：$k(3k-1)(3k+2)=9k^3+3k^2-2k$。然后将每一项都用展开后的式子替换，即：$1\times2\times5+2\times5\times8+3\times8\times11+4\times11\times14+\cdots+20\times59\times62=(9\times1^3+3\times1^2-2\times1)+(9\times2^3-3\times2^2-2\times2)+(9\times3^3+3\times3^{-}2\times3)+\cdots+(9\times20^3+3\times20^2-2\times20)$。接着按立方项、平方项、一次项进行分组，即：$(9\times1^3+3\times1^2-2\times1)+(9\times2^3+3\times2^2-2\times2)+(9\times3^3+3\times3^2-2\times3)+\cdots+(9\times20^3+3\times20^2-2\times20)=9\times(1^3+2^3+3^3+\cdots+20^3)+3\times(1^2+2^2+3^2+\cdots+20^2)-2\times(1+2+3+\cdots+20)$，最后利用公式计算出结果：$9\times(1^3+2^3+3^3+\cdots+20^3)+3\times(1^2+2^2+3^2+\cdots+20^2)-2\times(1+2+3+\cdots+20)=9\times\frac{20^2\times21^2}{4}+3\times\frac{20\times21\times41}{6}-2\times\frac{20\times21}{2}=405090$。

在例 28 中，应用的基础求和式为：

$$1+2+3+\cdots+n=\frac{1}{2}n(n+1),$$

$$1^2+2^2+3^2+\cdots+n^2=\frac{1}{6}n(n+1)(n+2),$$

$$1^3+2^3+3^3+\cdots+n^3=\frac{1}{4}n^2(n+1)^2。$$

另外，我们还需要知道，$1^k+2^k+3^k+\cdots+n^k$ 的化简结果是 n 的 $k-1$ 次多项式。

例 29　计算：$\frac{7}{1\times3\times4}+\frac{8}{2\times4\times5}+\frac{9}{3\times5\times6}+\cdots+\frac{19}{13\times15\times16}$。

【解析】根据观察可知，第 n 项是 $\frac{n+6}{n\times(n+2)\times(n+3)}$，容易发现：

$$\frac{n+6}{n\times(n+2)\times(n+3)}=\frac{1}{n}-\frac{2}{n+2}+\frac{1}{n+3}。\qquad (*)$$

所以

$$\frac{7}{1\times3\times4}+\frac{8}{2\times4\times5}+\frac{9}{3\times5\times6}+\cdots+\frac{19}{13\times15\times16}$$

$=\left(\frac{1}{1}-\frac{2}{3}+\frac{1}{4}\right)+\left(\frac{1}{2}-\frac{2}{4}+\frac{1}{5}\right)+\left(\frac{1}{3}-\frac{2}{5}+\frac{1}{6}\right)+\cdots+\left(\frac{1}{13}-\frac{2}{15}+\frac{1}{16}\right)$

$=\frac{1}{1}+\frac{1}{2}+\left(\frac{2}{3}+\frac{1}{3}\right)+\left(\frac{1}{4}-\frac{2}{4}+\frac{1}{4}\right)+\cdots+\left(\frac{1}{13}-\frac{2}{13}+\frac{1}{13}\right)+\left(\frac{1}{14}-\frac{2}{14}\right)+\left(\frac{1}{15}-\frac{2}{15}\right)+\frac{1}{16}$

$=\frac{1}{1}+\frac{1}{2}-\frac{1}{3}-\frac{1}{14}-\frac{1}{15}+\frac{1}{16}$

$=\frac{1491}{1360}$。

关于获得 * 式,我们有如下几种方法:

方法1　令$\frac{n+6}{n\times(n+2)\times(n+3)}=\frac{A}{n}+\frac{B}{n+2}+\frac{C}{n+3}$,等式右侧进行通分,

$$\frac{A}{n}+\frac{B}{n+2}+\frac{C}{n+3}=\frac{A(n+2)(n+3)+Bn(n+3)+Cn(n+2)}{n(n+2)(n+3)}$$
$$=\frac{(A+B+C)n^2+(5A+3B+2C)n+6A}{n(n+2)(n+3)}。$$

取$\begin{cases}A+B+C=0,\\5A+3B+2C=1,\\6A=6,\end{cases}$可得$\begin{cases}A=1,\\B=-2,\\C=1,\end{cases}$$\frac{n+6}{n\times(n+2)\times(n+3)}=\frac{1}{n}-\frac{2}{n+2}+\frac{1}{n+3}$恒成立。

方法2　令$\frac{n+6}{n\times(n+2)\times(n+3)}=\frac{A}{n}+\frac{B}{n+2}+\frac{C}{n+3}$,分别取 $n=1$、2、3 可得:

$\begin{cases}\frac{7}{12}=\frac{A}{1}+\frac{B}{3}+\frac{C}{4},\\\frac{8}{40}=\frac{A}{2}+\frac{B}{4}+\frac{C}{5},\\\frac{9}{90}=\frac{A}{3}+\frac{B}{5}+\frac{C}{6}。\end{cases}$解得$\begin{cases}A=1,\\B=-2,\\C=1,\end{cases}$即$\frac{n+6}{n\times(n+2)\times(n+3)}=\frac{1}{n}-\frac{2}{n+2}+\frac{1}{n+3}$。

方法3　令$\frac{n+6}{n\times(n+2)\times(n+3)}=\frac{A}{n}+\frac{B}{n+2}+\frac{C}{n+3}$,等式两边同时乘以 n,得到$\frac{n+6}{(n+2)\times(n+3)}=A+\frac{nB}{n+2}+\frac{nC}{n+3}$,再令 $n=0$,可以得到 $A=1$。等式两边同时乘以$(n+2)$,得到$\frac{n+6}{n\times(n+3)}=\frac{(n+2)A}{n}+B+\frac{(n+2)C}{n+3}$,再令 $n=-2$,可以得到 $B=-2$;等式两边同时乘以$(n+3)$,得到$\frac{n+6}{n\times(n+2)}=\frac{(n+3)A}{n}+\frac{(n+3)B}{n+2}+C$,再令 $n=-3$,可以得到 $C=1$;于是得到$\frac{n+6}{n\times(n+2)\times(n+3)}=\frac{1}{n}-\frac{2}{n+2}+\frac{1}{n+3}$。

在例 29 中,我们将"复杂分数"拆分成了多个"单纯分数",实现了一种裂项,然后再加减相消。这里我们需要知道:①我们将 $1+\frac{1}{2}+\frac{1}{3}+\cdots+\frac{1}{n}$称为调和数列求和,无上界,在小学范围内无求和公式;②$1^2+\frac{1}{2^2}+\frac{1}{3^2}+\cdots+\frac{1}{n^2}$在小学范

围内无求和公式，但有上界，在 n 较大时算式的计算结果接近 $\frac{\pi^2}{6}$。

十、表格展开

在证明 $3+3+3+3+3=5+5+5$ 时，我们会借助简单的表格：

1	1	1	1	1
1	1	1	1	1
1	1	1	1	1

计算表格中所有数的和，考虑两种计算方案。①先对每一列求和，再将各列的和求和；②先对每一行求和，再将各行的和求和。

依照方案①得到的结果是 $3+3+3+3+3$，按照方案②得到的结果是 $5+5+5$，所以 $3+3+3+3+3=5+5+5$。这一做法与前文所述的情景构造相似，都是对同一问题进行了两次计算，利用计算结果相同得出结论。但我们在这里可以衍生出一种更加直接的办法：先将求和式展开成表格，再改变求和顺序，变成新的求和式，计算新的求和式得到最终的结果。

让我们再一次计算 1 的平方加到 100 的平方的和。

例 30 计算：$1^2+2^2+3^2+\cdots+100^2$。

【解析】考虑下表。

1								
2	2							
3	3	3						
4	4	4	4					
5	5	5	5	5				
6	6	6	6	6	6			
…	…	…	…	…	…	…		
99	99	99	99	99	99	…	99	
100	100	100	100	100	100	…	100	100

如果我们按行考虑，那么第 n 行的和恰好就是 n^2，整个表中所有数之和即为 $1^2+2^2+3^2+\cdots+100^2$。

如果我们按列考虑，那么第 1 列的和是 $\frac{1}{2}\times100\times101$，第 2 列的和是 $\frac{100\times101}{2}-\frac{1\times2}{2}$，……，第 100 列的和是 $\frac{100\times101}{2}-\frac{99\times100}{2}$，表中所有数之和为 $\frac{1}{2}\times[100\times101+(100\times101-1\times2)+\cdots+(100\times101-99\times100)]=\frac{100\times100\times101}{2}-\frac{1^2+2^2+\cdots+100^2}{2}+\frac{1+2+\cdots+100}{2}$。

我们发现：$1^2+2^2+\cdots+100^2=\frac{100\times100\times101}{2}-\frac{1^2+2^2+\cdots+100^2}{2}+\frac{1+2+\cdots+100}{2}$，于是 $1^2+2^2+\cdots+100^2=\frac{2}{3}\times\left(\frac{100\times100\times101}{2}+\frac{1+2+\cdots+100}{2}\right)=\frac{100\times101\times201}{6}$。

在纯算术之外的领域，也可以采用类似的办法。在情景构造的部分，我们用计数的方法解决了很多计算的问题，在这里我们采用表格展开的思路解决一个计数问题。

例 31 自然数 n 表示两个正整数的平方和的方法数记作 $F(n)$。例如，$65=1^2+8^2=4^2+7^2$，所以 $F(65)=2$；$2=1^2+1^2$，所以 $F(2)=1$；3 不能表示成两个非零自然数的平方和，故 $F(3)=0$。那么 $F(1)+F(2)+F(3)+\cdots+F(400)$ 的计算结果是多少？

【解析】由于 20 的平方恰好是 400，所以 1～400 中任何一个数表示为两正整数平方之和时，较大的正整数不超过 19。

如果不超过 400 的正整数 x 和不超过 19 的 A 和 B 满足：$x=A^2+B^2(A\geqslant B)$，那么就在 x 所在行，A 所在列画√：

	1	2	3	4	…	19
1						
2	√					
3						
4						
5		√				
…						
400						

显然 x 所在行√的数量即为 $F(x)$ 的值，表中所有√的数量即为 $F(1)+F(2)+F(3)+\cdots+F(400)$ 的值。按列计数，容易计算出表中√的数量：$F(1)+F(2)+F(3)+\cdots+F(400)=1+2+3\cdots+14+13+12+10+8+6=154$。

透过现象看本质——最值问题中的权重分析

——北京·孙佳俊

【作者简介：孙佳俊，毕业于北京大学，“数学花园探秘”中年级命题组组长。】

思考笔记

今天这篇文章的构思来源于一道被大家广为探讨的校内拓展题：将 1，2，3，4，5 各一个组成一个三位数和一个两位数，它们的乘积最大是多少？该题的其中一种解法为广为诟病的 U 型图解法（图 1），即将 1，2，3，4，5 按顺序填入这个 U 型图中，上面的 52×下面的 431 即为问题答案。

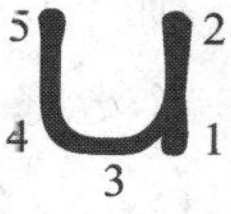

图1

然而，这个解法存在两个主要问题：

（1）缺乏原理讲解，学生不知道为什么要这么做，又因为不知其所以然，出现了更为严重的问题。

（2）缺乏推广性，无法适用于四位数×三位数或者加乘综合等更复杂的情况。

那么，面对这类填数求最值的问题究竟应该如何思考呢？下面，我们一起来一探究竟。

一、从简单情况入手

在研究本题之前，我们先来看一个更简单的问题：用 1，2，3，4，5，6 组成两个三位数，它们的乘积最大是多少？

这道题目虽然数字更多，但相比于上面更为简洁，因为这两个数的位数是一样的。为了让乘积最大，我们不难得到以下结论：将 6 和 5 放在百位，4 和 3 放在十位，2 和 1 放在个位。接下来，只需要关注的是它们的顺序问题。根据位值原理，这两个数的和一定是（600＋500）＋（40＋30）＋（2＋1）＝1173。根据“和同近积大”原理，为了让乘积最大，我们应该让百位是 6 的三位数尽可能小，而让百位是 5 的三位数尽可能大，不难得到 631×542＝342002 这个答案。

二、探本溯源

带着这个思路，下面我们回到原题，原题与上述问题的区别在于两个数的位数不同。那我们想个办法让它们变成位数相同就好了嘛！于是就有了解决这类问题的“补 0 法”：

我们将两位数后面补上一个 0，变为三位数，补 0 相当于这个数×10，并不会影响原本乘积的大小关系（例如：两种不同的填法 123×45＝5535 与 134×52＝6968，补 0 后会变位 123×450＝55350 与 134×520＝69680，乘积都会扩大到原来的 10 倍，原来大的扩大到 10 倍后依然会大，所以原本的最大值补 0 后依然是最大值）。这样问题就会变成“□□□×□□0”，我们将 5 和 4 放在百位，3 和 2 放在十位，1 放在个位，这两个数的和一定是（500＋400）＋（30＋20）＋（1＋0）＝951，那么，根据“和同近积大”原理，为了让乘积最大，我们应该让百位是 5

的三位数尽可能小。不难得到 520×431，由于这个 0 是我们补上的，所以原本乘积的最大值即为 52×431=22412。这样，问题就解决了。

三、小试牛刀

学会了上面这个解法方法，就让我们来一展身手吧！看看 U 型图无法解决的问题：用 1,2,3,4,5,6,7 各一个组成两个两位数和一个三位数，这三个数的乘积最大是多少？

如果我们按照 U 型图的方法来解，这道题无异于晴天霹雳，连位置都不够，就别提怎么填数了。但是，如果我们采用“补 0 法”，问题的本质其实是完全一样的。我们通过补 0，将这三个数都变成三位数，得到“□□□×□□0×□□0”。我们将 7,6,5 放在百位，4,3,2 放在十位，1 放在个位。这样，这三个数的和一定是(700+600+500)+(40+30+20)+(1+0+0)=1891。我们应该让百位是 7 的数尽可能小，百位是 5 的数尽可能大，不难得到 720×630×541。由于这两个 0 是我们补上的，所以原本的乘积应该是 72×63×541=2453976。通过这个例子，希望能让大家知道探究数学问题背后原理的重要性，我们不仅要解决当下的问题，更要学习题目背后蕴藏的逻辑，掌握一种思考方式，以便解决更多的问题，达到举一反三的效果。

然而，我们真的掌握这个问题的本质了吗？

四、提出疑惑

其实在讲解“补 0 法”的时候，班上就有同学提出了一个非常精彩的问题，这里我分享给大家一起思考一下：“老师，我们为什么要先补 0 再做和同近积大呢？我们直接做不行吗？我把 5 放在百位，把 4 和 3 放在十位，把 2 和 1 放在个位，这样，两个数的和一定是 500+(40+30)+(2+1)=573，那么，应该让三位数尽可能小，得到 531×42=22302，确实没有老师的 431×52=22412 大，但我哪里错了呢？我也满足和同近积大了啊。”

如果你也有类似的疑惑，那么恭喜你，我们应该对这种乐于思考的习惯表示赞赏。同时，这也的确是一个非常值得探究的问题。但是我们不必急于得出结论。让我们先带着这个疑问看一看下面这个“非常简单”的问题：

将 6,7,8,9 填入下面的 4 个方框中，□×□+□□，使得算式的结果最大。那么，这个结果是多少？

这里，大家会不会很自然地写出 9×8+76=148 呢？实则不然。正确的结果应该是 8×7+96=152。当然，如果大家得到 148，千万不要怀疑自己，因为大部分人一眼看过去都会是这个答案。而这个问题出现在哪里呢？其实问题根源在于我们内心的一种预设。我们下意识地会觉得乘法比加法要重要一些，所以我们会将比较大的 9 和 8 放在乘法中，而将 7 和 6 放在加法中，而十位又比个位要大一些，所以我们会把 7 放在十位，这就导致了我们就会得到 9×8+76 这个“标准错误答案”了。实际上，问题就出现在这个“我们觉得乘法比加法要重要一些”这句话上，究竟什么才是“重要”呢？而这就是我们接下来要探究的难点——权重分析。

五、再次探本溯源

为了研究清楚这个问题，我们先给出一个定义：权重。所谓权重就是说，某个位置+1，对于整个结果的影响。虽然这个定义有点抽象，但我们可以通过具体例子来加深理解。考虑一个三位数321，如果它的百位+1，变成421，那么，这个数就增大了100；而如果是十位+1，变成331，这个数就增大了10；如果是个位+1，变成322，这个数就增大了1。我们就可以称百位的权重是100，十位的权重是10，个位的权重是1。那么，如果我们仅有1次+1的机会，想让这个数变得最大的话，我们自然会将这个1加在百位上，得到421这个结果。所以，不难想象，研究权重这个问题的目的，是为了让我们知道哪个位置更为重要，从而知道应该把较大的数填在哪些位置。

好了，接下来我们来分析一下权重在不同运算中的影响。首先是加法，我们还是通过具体例子来理解。考虑123+456，如果将第一个数的百位1加上1，变为223+456，很容易看到结果变大100；而将第二个数的百位4加上1，得到123+556，结果同样变大100；而如果把第一个数的十位2加上1，变为133+456，结果会变大10；后面不再举例，相信大家很容易理解，加法是不影响权重的，每个位置的权重仍然仅和这个位置具体是哪一位有关。

那么在乘法中也是同样如此吗？同样来看一个例子，123×456，如果将第一个数的百位1加上1，变成223×456，运用提取公因数，我们发现结果变大了，223×456－123×456=(223－123)×456=100×456。在这个例子中，结果也的变大，不仅与这个数字在百位有关，还与它所乘的数有关。同样，如果我们把第二个数的百位4加上1，变为123×556，那么，结果也会变大，123×556－123×456=123×(556－456)=123×100，仍然是百位的权重100乘以另一个乘数；我们再把123的十位2加上1，变为133×456，结果也会变大，133×456－123×456=(133－123)×456=10×456，仍然是2所在十位的权重10乘以另一个乘数。讲到这里，相信大家对于乘法的权重就有所了解了，乘法的权重不仅与自己的位置有关，还要乘以另外的乘数。所以，大家会认为乘法更为“重要”，应该放较大的数，这也就不奇怪了。

了解权重的问题后，我们回到之前看似“简单”的小题。将每个位置的权重表达出来。$A\times B+\overline{CD}$，根据加法不影响权重的原则，A，B和C，D的权重独立计算，不难得到这四个位置各自的权重——

$$A:B\quad B:A\quad C:10\quad D:1$$

看到这里，是不是不难理解，为什么C的位置要填最大的9，而D的位置要填最小的6，因为显然$10>A、B>1$，而A，B的权重互为对方，这是因为乘法交换律，所以它们两个无论谁填8谁填7，其实是一样的。这样，就可以得到8×7+96=152这个正确答案了。

解决了这个问题，让我们回到原题，$\overline{ABC}\times\overline{DE}$，同样写出每个字母的权重——

$$A:100\,\overline{DE}\quad B:10\,\overline{DE}\quad C:\overline{DE}\quad D:10\,\overline{ABC}\quad E:\overline{ABC}$$

通过位数很容易看出，A，D 的权重是四位数，应该填 5 和 4；B，E 的权重是三位数，应该填 3 和 2；C 的权重是两位数，应该填 1。此时，大家注意 5 和 4、3 和 2 的顺序并不确定，这样不难解决刚刚同学们提出错误做法的问题，在没有学习权重之前，我们会认为百位“重要”，应该填 5，十位第二“重要”，应该填 4 和 3，个位填 2 和 1。但实际上，乘法的权重是按从高位到低位的顺序排的。两个数的最高位权重最高且位数相同，第二位次之，第三位权重最小。而在研究 A，D 和 B，E 的顺序时，由于它们的位置不同，不存在“和同”这个条件，那“近积大”这个结论相应也就不复存在了。大家还记得“补 0 法”吗？补 0 之后，是不是 A，D 和 B，E 的位置就对齐了，自然就又可以用“和同近积大”这个结论了。所以，“补 0”的意义并不单单是因为 $\times 10$ 之后大小关系不变，它更重要的效果是把权重难以比较的两个位置变成同一个位置，方便我们使用“和同近积大”的方式来确定它们的顺序。

总结一下，这道经典题目 $\overline{ABC}\times\overline{DE}$ 的最终思考逻辑：

(1)通过权重判断，发现 A，D 权重最大，应该填 5，4，B，E 权重次之，应该填 3，2，C 权重最小，应该填 1(图 2)。

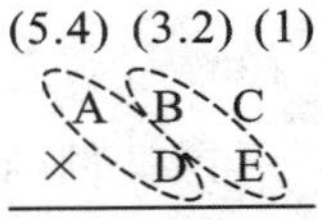

图2

(2)发现 A，D 和 B，E 位置不同，很难判断顺序，用“补 0 法”将它们变得位置相同，再使用“和同近积大”确定顺序，从而得到答案。

六、大显身手

讲了这么多，我们来一道终极挑战题：将 1～9 各一个填入下面 9 个“□”中，使得结果最大，应该怎样填？

$$\overline{\square\square\square}\times\overline{\square\square}+\overline{\square\square\square\square}$$

为了更好地分析，我们用字母表示每个位置：，每个字母的权重如下：

A：$100\ \overline{DE}$　　B：$10\ \overline{DE}$　　C：$\overline{DE}$　　D：$10\ \overline{ABC}$　　E：$\overline{ABC}$

F：1000　　G：100　　H：10　　I：1

首先，分析位数，A，D，F 权重的位数都是四位数，显然 F 是最小的，所以 A，D 应该是 9 和 8，F 是 7；B，E，G 的位数都是三位数，显然 G 是最小的，所以 B 和 E 是 6 和 5，G 是 4；C 和 H 都是两位数，显然 $C>H$，所以 C 是 3，H 是 2；I 是一位数，所以 I 是 1。

问题分析到这里，算式变为 $\overline{AB3}\times\overline{DE}+\overline{7421}$，那么，$A$，$D$ 和 B，E 的顺序如何确定呢？仔细想想，这不是和我们的初始问题一样吗？乘法的权重差别很小，无法直观比较出来，但我们可以通过“补 0 法”把难以比较权重的位置变为同样的位置，然后用“和同近积大”来比较。因此，问题转化为 $\overline{AB3}\times\overline{DE0}$，由于 A，D 是 9 和 8，B，E 是 6 和 5，所以这两个数之和一定是 $(900+800)+(60+50)+(3+0)=1813$。那么，我们让百位是 9 的数尽可能小，得到 950×863。原来的算式即为 863×95，本题最终答案为 $863\times 95+7421$。

七、引申思考

通过上述完整逻辑的讲解，我们掌握了加乘综合最值的求解方法，那减法和除法呢？这个问题，我希望大家可以先试着自行思考一下。

其实问题并不难，加法和乘法会使得结果变大，而减法和除法会使得结果变小，所以他们往往并不会形成冲突，我们随意举一个例子，将 1～8 各一个填入下面的算式$\overline{AB}\times\overline{C}+\overline{DE}-\overline{FGH}$使得结果最大。

在思考时，我们将较大的 8，7，6，5，4 填入 A,B,C,D,E，较小的 1，2，3 填入 F,G,H。那么，显然$\overline{FGH}=123$ 会使得减数更小。而前面的部分根据权重分析，可以得到答案是 75×8+64。具体过程希望大家根据上面的学习成果自行推理得出，这里就不再展示。最终本题答案是 75×8+64−123=541。

八、结语

本文通过对一道数学题的深入探究，希望大家可以知晓一道题目的完整逻辑对于数学学习的重要性。通过一道道题目的学习，希望大家可以感受到题目与题目之间知识点的关联，把每道题目当作一个点，把知识点当作连起不同题目之间的线，最后把所有的知识在脑海中合并成一张知识网络，从而达到举一反三、灵活运用的效果，并在整个过程中，提升自己思考问题并解决问题的能力，这些会让大家受益一生。

有道无术术尚可求，有术无道止于术——浅谈经典奥数公式背后的数理逻辑

——沈阳·张旭

思考笔记

【作者简介：益学堂教育创始人，探索体系教练。数学花园探秘（原迎春杯）中年级命题组组长，辽宁数学创新应用大赛命题人，华杯赛、希望杯金牌教练员，辽宁省数学集训队教练。】

无论小学、中学抑或是大学，在数学课上我们会接触到很多公式，随着时间的推移，有些还记得，有些却淡忘了。如果仅局限于把公式背下来去应付阶段性考试，那么遗忘也是正常，更可惜的是失去了发现数学之美的绝佳机会。多去尝试用代数手段解决几何问题，用几何图形具体化代数问题，数学难题便不再神秘，你会发现数理逻辑竟然如此简单。

§1. 连续自然数平方和公式推导

相信小学高年级数学素养不错的孩子对 $1^2+2^2+3^3+4^2+5^2+\cdots+n^2=\frac{n(n+1)(2n+1)}{6}$ 这个公式是很熟悉的。很遗憾的是，灌输式教育只强调“背下来”，孩子们根本窥见不到数学的美妙，更谈不上能达到灵活应用的地步。结合小学生的数学认知水平，我分享两个思路供读者参考。

【思路 1】从数表获取的灵感。

不难发现图 1 的 $n\times n$ 数表是由自然数列有规律地排列而成的，被框住部分的数字和即为我们所要探究的公式。乍一看并不是很容易，但是整体数表数字和是很容易表示出来的，若将左下的部分从整体中抛去，结果自然就会浮出水面。

1	2	3	4	5	…	n-1	n
1	2	3	4	5	…	n-1	n
1	2	3	4	5	…	n-1	n
1	2	3	4	5	…	n-1	n
1	2	3	4	5	…	n-1	n
…	…	…	…	…	…	…	…
1	2	3	4	5	…	n-1	n
1	2	3	4	5	…	n-1	n

图 1

整体数字和：

$$n\times(1+2+3+\cdots+n)$$

$$=n\times\frac{(1+n)n}{2}$$

$$=\frac{n^1(n+1)}{2}$$

$$=\frac{n^3+n^2}{2}。$$

左下数字和：

$$1+(1+2)+(1+2+3)+\cdots+[1+2+3+\cdots+(n-1)]$$

$$=\frac{1^2-1}{2}+\frac{2^2-2}{2}+\frac{3^3-3}{2}+\cdots+\frac{n^2-n}{2}$$

$$=\frac{1}{2}\times(1^2+2^2+3^2+\cdots+n^2)-\frac{1}{2}\times(1+2+3+\cdots+n)。$$

整体－左下，可得

$$1^2+2^2+3^2+\cdots+n^2=\frac{n^3+n^2}{2}-\frac{1}{2}\times(1^2+2^2+3^2+\cdots n^2)+\frac{1}{2}\times(1+2+$$

$3+\cdots+n)$。

经过整理，可得

$$\frac{3}{2}\times(1^2+2^2+3^2+\cdots+n^2)$$

$$=\frac{n^3+n^2}{2}+\frac{1}{2}\times\frac{n(1+n)}{2}$$

$$=\frac{1}{4}\times(2n^3+3n^2+n)$$

$$=\frac{1}{4}\times[(2n^3+2n^2)+(n^2+n)]$$

$$=\frac{1}{4}\times n(n+1)(2n+1)。$$

可推导结果：$1^2+2^2+3^3+4^2+5^2+\cdots+n^2=\frac{n(n+2)(2n+1)}{6}$。

【思路 2】从简单入手，探究规律性是数学爱好者必备的能力。

我们先看看 $1^2+2^2+3^2+4^2+5^2$ 这个算式，平方数最佳的几何表达就是正方形面积，如图(2)，那么这 5 个平方数就有的放矢了。

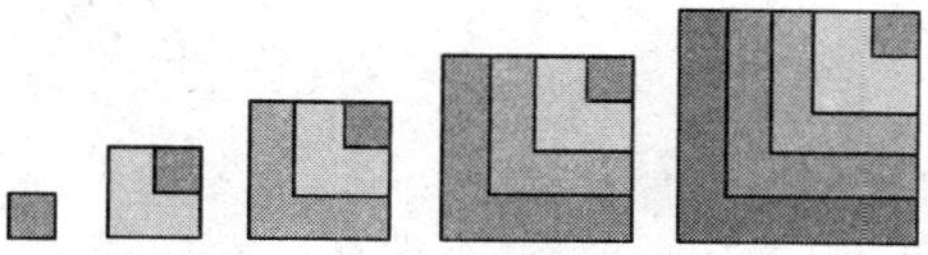

图 2

将相同灰度的方块重新拼接组合后，形成图 3 的长方形，长为$(1-2+3+4+5)$，宽为$(5+5+1)$，所以整体面积为$(5+5+1)\times(1+2+3+4+5)$。仔细观察一下，甲、乙、丙三部分的面积（方格数）其实是完全相等的，那么 $1^2+2^2+3^2+4^2+5=\frac{(5+5+1)\times(1+2+3+4+5)}{3}$。

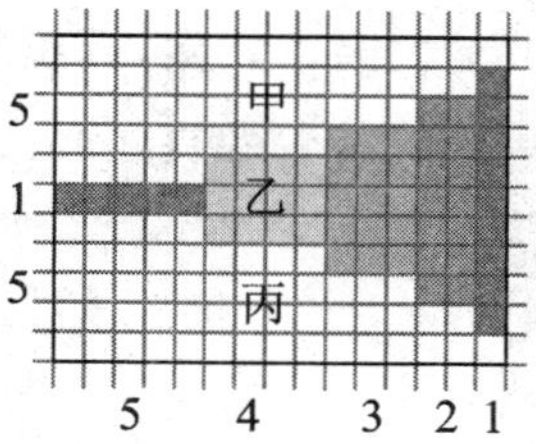

图 3

那么，从特殊到一般，将 1～5 的平方和推广到 1～n 的平方和，将 5 替换成 n 就可以了，即 $1^2+2^2+3^3+4^2+5^2+\cdots+n^2=\frac{(n+n+1)(1+2+3+\cdots+n)}{3}=\frac{n(n+1)(2n+1)}{6}$，即使到这时也不应掉以轻心，适度进行其他情况的核实是很有必要的，确保特殊并不特殊，一般覆盖全面。

【举一反三】

连续奇数平方和公式：

$$1^2+3^2+5^2+\cdots+(2n-3)^2+(2n-1)^2$$

$$=[1^2+2^2+3^2+\cdots+(2n)^2]-[2^2+4^2+6^2+\cdots+(2n)^2]\cdots\cdots①$$

$$=[1^2+2^2+3^2+\cdots+(2n)^2]-4\times[1^2+2^2+3^2+\cdots+n^2]\cdots\cdots②$$

$$=\frac{2n(2n+1)(4n+1)}{6}-4\times\frac{n(n+1)(2n+1)}{6}\cdots\cdots③$$

$$=\frac{2n(2n+1)(4n+1)}{6}-\frac{2n(2n+2)(2n+1)}{6}\cdots\cdots④$$

$$=\frac{2n(2n+1)}{6}\times[(4n+1)-(2n+2)]\cdots\cdots⑤$$

$$=\frac{(2n-1)2n(2n+1)}{6}。\cdots\cdots⑦$$

上面的推导过程整体构造思路很简单，但要注意第③步对 4 的处理方法，一是不要与 6 进行约分，二是将 4 拆成 2 个 2 分配到分子的前两项中。通过后面的提取公因式作差，自然呈现出了分子的规律性，切记约分将失去公式的美感。趁热打铁，快去探索一下连续偶数平方和公式，我相信你能成功！

连续偶数平方和公式：

$$2^2+4^2+6^2+\cdots+(2n)^2$$

$$=4\times(1^2+2^2+3^2+\cdots+n^2)$$

$$=4\times\frac{n(n+1)(2n+1)}{6}$$

$$=\frac{2n(2n+1)(2n+2)}{6}$$

以上两个由连续自然数平方和引出的公式，只要仔细观察，不难发现分子就是将公式的最后一个数再乘以接下来未出现的两个连续数所构成的，颇具规律性。

§2. 皮克定理推导

解决格点图形面积的皮克定理常在众多数学思维类教材中被提及，但是大家对皮克定理背后所蕴藏的数理逻辑却知之甚少，对皮克是谁更是陌生。课上每每讲到，不少同学调侃 Pick 定理为 Pig 定理，引起哄堂大笑。其实，真正热爱知识的人不会放过了解先驱们的生平轶事，对知识也一直保持着敬畏之心。

图 4

图 5

乔治·亚历山大·皮克(Georg Alexander Pick，1859.8.10—1942.7.26)是一位奥地利犹太数学家(见图 4)，出生于维也纳，曾就读于维也纳大学。他于 1899 年提出了用于确定晶格多边形面积的皮克定理。

雨果·斯坦豪斯(Hugo Steinhaus，1887.1.14—1972.2.25)是波兰数学家和教育家(见图 5)。在 1950 年版的《数学快照》一书中用英语推广了皮克定理。

皮克定理(Pick's theorem)：假设多边形的所有顶点都具有整数坐标(或者正方形格子点)。i 代表多边形内部的整数点数，b 代表其边界上的整数点数(包括顶点和沿边的点)，则多边形 A 的面积是 $A=i+\frac{b}{2}-1$。

那么，皮克定理背后蕴藏的数学逻辑有什么呢？如果运用繁琐的分类讨论和数学归纳法来阐述势必超过了小学生的接受能力，那么也许借助北方冬日的雪花来证明更容易些。

首先，我们可以将整个网格看作一块很大的钢板，而每个格点上均放置一朵尚未融化很小的雪花，每朵雪花融成水所覆盖的面积即为一个单位面积，那么格点多边形内部所包含的水即为它的面积。

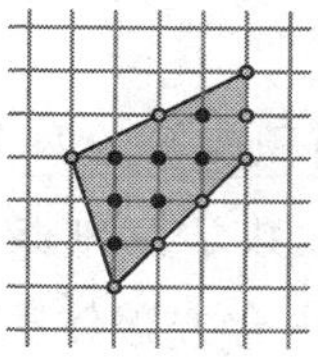

图 6

如图 6，黑色雪花处于多边形内部，它们融化后水覆盖的单位面积与黑点数量相当。处于边界的灰色雪花一部分在图形内部，一部分在图形外部，其中，处于多边形顶角位的 4 个确定了整体为四边形。它们对与图形内部提供的水的比例可以从度数角度去测算，四边形内角和为$(4-2)\times180°$，但是它们所蕴藏的所有水应为$4\times360°$，因此有效供给为$4\times\frac{(4-2)\times180}{4\times360}=\frac{4-2}{2}=\frac{4}{2}-1$。此时你也许会怀疑非顶点位的 4 朵灰雪花难道不提供水吗？非常好，学习应该敢于去质疑，这才是深入思考的开始。显然，它们提供给多边形自己一半的水（直线位 180°平分），其实就是提供了$4\times\frac{1}{2}=\frac{4}{2}$的水。现在汇总一下边界雪花，可得$\frac{4}{2}-1+\frac{4}{2}=\frac{8}{2}-1$，再加上内部 7 朵黑色雪花，整个多边形所蕴藏的水份为$7+\frac{8}{2}-1$，即多边形面积包含的单位面积数。

现在将情况一般化，如果内部黑色雪花数为 i，边界灰色雪花数为 b，不难推出这个多边形面积为$i+\frac{b}{2}-1$个单位面积。

既然明白了正方形网格面积公式的逻辑，你能推导出等边三角形网格的面积公式为什么是 $2i+b-2$ 吗，三角形与正方形面积关系去考虑即可。

【举一反三】

当我们掌握了皮克定理后，不难发现，当一条经过的所有点均为格点且形成一个闭合回路时，多边形的面积也一定相同，这样不必计算即可得出图 7 三个多边形面积一样大的结论。

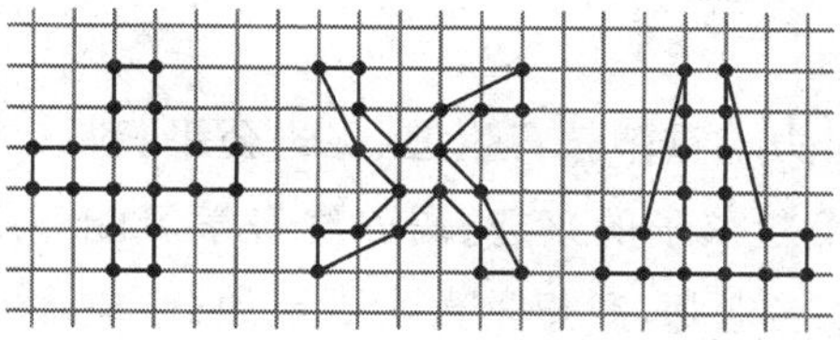

图 7

【实操应用】

如图 8 所示，网格中每个小正方格的面积都为 1 平方厘米。小明在网格纸上画了一匹红鬃烈马的剪影(马的轮廓由小线段组成,小线段的端点在格子上或在格线上),则这个剪影的面积为________平方厘米。(第19届华杯赛决赛A小高组试题第4题)

图 8

此题可以用图形分割的方法,逐步计算,得出面积为56.5平方厘米,当然你也可以利用皮克定理,计算效率应该会提高不少!

§3. 浅谈球体体积推导

若想要探索球的体积公式,我们需要先掌握祖暅定理。

祖暅原理,又名等幂等积定理,是指所有等高处横截面积相等的两个同高立体,其体积也必然相等。这个原理最早其实是由我国古代数学家刘徽提出的。南北朝时祖冲之儿子祖暅再次提出,两父子用这原理求出牟合方盖体积,进而算出球体积。祖暅之《缀术》有云:"缘幂势既同,则积不容异。"17世纪,意大利数学家卡瓦列里亦发现相同定理,所以西方文献一般称该原理为卡瓦列里原理。

在掌握了祖暅定理的内容后,我们一起来探究下球体体积公式:$V=\frac{4}{3}\pi R^3$是如何推导出来的。

我们先确定整体推导思路。如图9所示,先考虑半球体积,并找到与其底面积相等且等高的立体图形(圆柱体内挖去同底等高圆锥,呈现空心状态),只需要任意选取高度h,并证明左右等高处截面面积相等,即可通过确定右侧立体体积推导出半球体积。

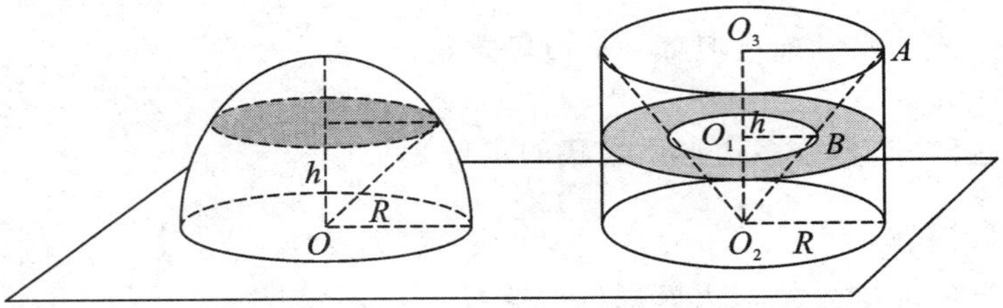

图 9

左侧阴影截面是一个半径平方为R^2-h^2的圆(利用勾股定理),面积为$\pi(R^2-h^2)$。右侧阴影是个圆环,大半径为R,不难看出$\triangle AO_2O_3$与$\triangle ABO_1O_2$均为等腰直角三角形,故圆环的小半径也为h。因此阴影圆环的面积同为$\pi(R^2-h^2)$。综上所述,左右立体体积相等。右侧立体的体积为$\pi R\times R-\frac{1}{3}\pi R^2\times R=\frac{2}{3}\pi R^3$,即为半球体积。因此球的体积公式为半球体积的2倍,即$V=\frac{4}{3}\pi R^3$。

数理逻辑是不是很简单。如有兴趣,可以查阅《MO2022》中刘嘉老师用穷竭法推导球体积公式的过程,也很精彩!

近年来,国家不断出台考试招生改革政策,力求重塑教育生态、促进公平、科学选材,学习上不该仅仅看重分数和排名,激发起孩子的兴趣、培养终身学习能力并相信坚持的力量才是破局的关键。作为一名老师,我想学数学更是如此,应该少些应试上的功利心,多些数理逻辑的探究力,学习套路永远与培养兴趣无关,只会模式化的思考看似提高了效率,但与创新也渐行渐远。以道驭术,以术载道,大道至简,势在必得。

组合中的“抽杀问题”

——武汉·喻星

【作者简介：少年志教育高端思维体系创始人，“希望杯”“华杯赛”“迎春杯”金牌教练员。高中就读于武钢三中理科实验班，保送武汉大学弘毅学堂。十多年竞赛班教学经验，对于顶尖学员数学思维培养有独到见解，在各大杯赛中，所带学员多次包揽武汉市前十名。】

思考笔记

在国内外各类数学问题中，常常遇到一些非常有意思的操作游戏类问题。这类问题操作规则形式比较多样化，时而错综复杂，没有明显的递推公式，时而有规律可循，可找到关键性的突破口。解决这类问题通常不需要很高深的数学知识，而是需要运用各种数学技巧和逻辑推理能力、构造能力，因此这类问题对于增强数学思维能力、开拓解题思路、增进研究数学的兴趣很有帮助，并在国内外竞赛中颇受青睐。

“抽杀问题”便属于基本的数字操作类问题，本文主要介绍该类问题。

有 41 个人一起玩游戏，他们排成一个圆圈，由某一个人从 1 开始顺时针报数，每报数到 3 的人就淘汰，然后再由下一个人从 1 开始重新报数，直到只剩下 2 个人为止。

小明和小强想获得游戏的胜利，于是他们将自己分别安排在第 16 个与第 31 个位置。那么小明和小强为什么可以获胜呢？

其实我们只需要按照规则进行实际操作，分析出最后留下的两个人最初的编号是多少即可。于是我们画了两个圆圈，内圈依次表示所有人的编号，而外圈则表示依次的淘汰顺序，如图 1 所示：

图 1

由图可知，最后一个淘汰的人在第 31 号位置，而倒数第二个淘汰的要排在第 16 个位置。由于之前的人全部淘汰了，小明和小强取得了胜利。

对于该问题，属于环形“杀 1 留 2”型，相对而言比较复杂，我们先从简单的类型开始分析。

一、直线型“抽杀”

此类问题比较简单，按照规则，依次操作，即可找到最终留下的。

例 1　已知小猫抓到了 100 只老鼠，小猫把它们排成一条直线，然后从左端开始，把奇数位置上的老鼠吃掉，直到最右端；然后再次从左端开始，把奇数位置上的老鼠吃掉……以此类推，直到剩下一只老鼠。请问这只老鼠最初是从左往右的第几只？

【解析】不妨先对这 100 只老鼠编号 1～100，按照题意操作，

第一轮小猫吃掉了所有奇数，留下偶数(2 的倍数)；

第二轮小猫吃掉了所有的除以 4 余 2 的数，留下 4 的倍数(2^2的倍数)；

第三轮小猫吃掉了所有的除以 8 余 4 的数，留下 8 的倍数(2^3的倍数)；

……

以此类推，第六轮最终留下唯一一个 2^6 的倍数，即为 64，而 $2^7=128>100$，编号中不存在。

第一轮：1、2、3、4、5、…、98、99、100

第二轮：2、4、6、8、10、…、98、100

第三轮：4、8、12、16、…、96、100

……

【总结 1】我们发现，如果是 N 个数，不断从一端开始去奇留偶，最终留下的是 2^n，其中 $2^n\leqslant N<2^{n+1}$；如果是不断从一端开始去偶留奇，那么最终留下的是 1，因为 1 号是每轮开始的奇数，直到最后。

例 2　将七位数“1234567”重复写组成一个 2023 位数，从左至右依次删去这个数中所有位于奇数数位上的数字，直到最右端，再次从左端开始，按上述方法不断重复的删下去，直到剩下一个数字为止，则最后剩下的数字是几？

【解析】将这些数字编号为 1～2023，由于 $2^{10}=1024<2023<2^{11}=2048$，故最终留下的是编号为 1024 的数字，接下来转换为周期问题，$1024\div7=146$……2，故最终留下的是第 147 组的数字 2。

二、环形“抽杀”

此类问题是在直线型问题的基础上，首位相连形成环形，规则类似，但是有很多种类型，比如“杀 1 留 1 型”“杀 2 留 1 型”“杀 1 留 2 型”等，由于“杀 m 留 n 型($n\geqslant2$)”情况过于复杂，在此就不做赘述。而在各类考试中“杀 m 留 1 型”居多，并且相对而言比较简单，所以我们重点分析。

1.“杀 1 留 1 型”

例 3　小猫若把 32 只老鼠排成一个圈，顺时针顺次编号为 1～32，然后吃掉 1 号老鼠，3 号老鼠，5 号老鼠……这样每隔一个吃一个，转圈吃下去，直到剩下一只老鼠。请问这只老鼠编号是多少？

【解析】由于环上个数较多，具体操作起来比较繁琐，可以先研究环上少一点个数，如图 2。

（第一圈去掉的为细线，第二圈划掉了中粗线，第三圈划掉的为粗线）

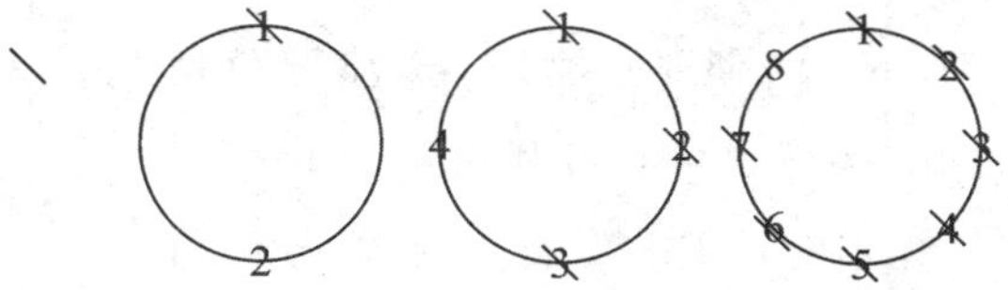

图 2

若环上仅有 2 个数，1 和 2，很明显先去掉 1 号，最终留下 2 号；

若环上有 4 个数，分别为 1～4，先去掉 1 号，最终留下 4 号；

若环上有 8 个数，分别为 1～8，先去掉 1 号，最终留下 8 号；

……

若环上有 32 个数，分别为 1～32，先去掉 1 号，最终留下 32 号。

观察发现，环上个数如果为 2^n 个，先去掉 1 号，那么最终留下 2^n 号。

原因非常简单，其实就是归纳递推的过程。环上若为 2^n 个数，第一圈去掉一半的数，剩下 2^{n-1} 个数，第二圈再去掉一半的数，剩下 2^{n-2} 个数。以此类推，直到最后剩下 2 个数，并且每次都是先去再留，每一圈 2^n 都会留下，所以最终留下 2^n 号。

【思考 1】如果例 3 中，环上 32 只老鼠，小猫先留下 1 号老鼠，吃掉 2 号老鼠，吃掉 4 号老鼠……这样每隔一个吃一个，转圈吃下去，直到剩下一只老鼠。请问这只老鼠编号是多少？

【解析】根据题意我们可以重新编号，原 2 号编为新 1 号，原 3 号编为新 2 号，…，原 32 号编为新 31 号，原 1 号编为新 32 号，那么该问题可以直接转换为例 3，最终留下的便是新 32 号，即为原 1 号。

原来：2、3、4、5、…、32、1

↓ ↓ ↓ ↓ ↓ ↓

新编：1、2、3、4、…、31、32

【总结 2】所以，无论先去掉几号，我们都可以将其编为新 1 号，只要环上个数为 2^n 个，那么最终留下的就是新 1 号的前一个编号，所以环形“杀 1 留 1 型”，不需要分奇偶考虑。如先去掉 a 号，那么最终留下的就是 $(a-1)$ 号，特别地，$a=1$，那么最终留下的就为 2^n 号。

那么问题来了？如果环上个数不为 2^n 个，那么应该如何分析呢？

例 4 小猫若把 100 只老鼠排成一个圈，然后顺时针顺次编号为 1～100，然后吃掉 1 号老鼠，3 号老鼠，5 号老鼠……这样每隔一个吃一个，转圈吃下去，直到剩下一只老鼠。请问这只老鼠编号是多少？

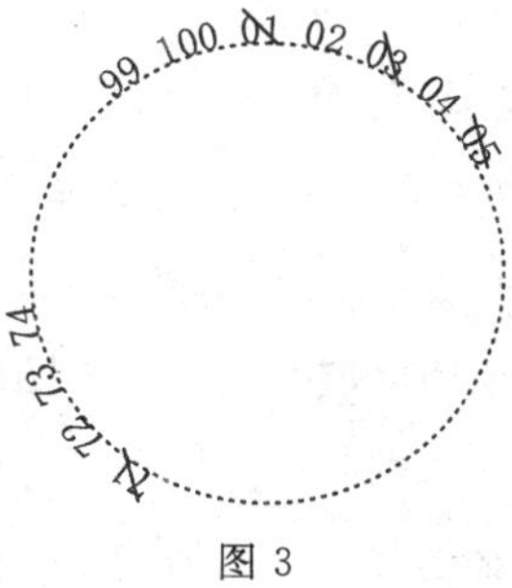

图 3

【解析】由于以上结论仅对环上个数为 2^n 适用，现在环上个数为 100，不为 2^n 个。那么小猫可以先吃掉一些老鼠，使环上个数变成 2^n 个后（最接近 100 为 $2^6=64$），就可利用上述结论。如图 3，小猫先吃掉 $100-64=36$ 个后，吃掉编号为 $36\times2-1=71$ 的老鼠，此时环上剩下 64 个，下一个便要吃掉 73 号，73 号就是新编 1 号，所以最终留下的就是 $73-1=72$ 号。当然也可直接利用 $71+1=72$，得到最终留下的编号，因为 71 的后一个编号其实就是下一个要吃的 73 号的前一个编号。

【总结 3】若环上个数为 N，其中 $N\neq2^n$（n 为正整数），那么可以去掉一些数，使剩下的个数为 2^n 个（$2^n<N<2^{n+1}$），那么接下来要去掉的前一个编号即为最终留下的编号。

例 5　小猫若把 666 只老鼠排成一个圈，然后顺时针顺次编号为 1～666，然后先吃掉 100 号老鼠，再吃掉 102 号老鼠……这样每隔一个吃一个，转圈吃下去，直到剩下一只老鼠。请问这只老鼠编号是多少？

【解析】首先，环上个数不为 2^n 个，$2^9=512<666<2^{10}=1024$，因此先吃掉 $666-512=154$ 个，由于从 100 号开始，可以将 100 号编为新 1 号，101 号即为新 2 号，102 号即为新 3 号……只需要求出从新 1 号开始吃，最终留下的编号，即可推出原来的编号。

对于新编号，吃掉 154 个后，刚好吃掉编号为 $154\times2-1=307$ 的老鼠，因此最终留下新编号为 $307+1=308$ 的老鼠，而该老鼠的原编号为 $308+100-1=407$ 号。

如果此题小猫先吃掉 500 号老鼠，那么得到的原编号为 $308+500-1=807>666$，故不存在 807 号，那么 $807-666=141$ 号，因为 667 号相当于 1 号，668 号相当于 2 号……

例 6　小猫若把 888 只老鼠排成一个圈，然后顺时针顺次编号为 1～888，然后先吃掉 m 号老鼠，再吃掉 $m+2$ 号老鼠……这样每隔一个吃一个，转圈吃下去，直到剩下一只编号为 10 的老鼠。请问 m 为多少？

【解析】相比于例 5，现在知道最终留下的一只编号，要反求最开始吃掉的老鼠编号，其实还是将其重新连续编号，原 m 号编为新 1 号，原 $m+1$ 号编为新 2 号……

若从新 1 号开始吃，那么最终留下的就是 $(888-512)\times2-1+1=752$ 号，也就意味着原 10 号编为新 752 号，那么 $m=1+888-(752-10)=147$。（相当于将环进行旋转，752 号转到 10 号的位置，那么 1 号转到 147 号的位置，号码差不变）

例 7　小猫若把 $N(N<2023)$ 只老鼠排成一个圈，然后顺时针顺次编号为 $1\sim N$，然后先吃掉 1 号老鼠，再吃掉 3 号老鼠……这样每隔一个吃一个，转圈吃下去，直到剩下一只编号为 36 的老鼠。求出 N 的所有可能取值的总和？

【解析】相比于前面的问题，现在环上个数未知，只知道最初吃掉的编号以及最终留下的编号，需要求出环上个数。

根据前面的分析，若要让 36 号老鼠最终留下，那么当吃掉 35 号老鼠时，环

上剩下的个数需为 2^n 个，所以之前吃掉编号为 1，3，5……35 的老鼠，共(35+1)÷2=18(只)，那么原本的环上个数 $N=2^n+18$，其中 n 为正整数，而 $36\leqslant N<2023$，故 $5\leqslant n\leqslant 10$。

综上满足条件的 N 的总和为 $2^5+2^6+2^7+2^8+2^9+2^{10}+18\times 6=2^{11}-2^5+108=2124$。

【总结 4】此类环形“杀 1 留 1 型”抽杀问题，相当于有三个基本量：环上个数 N，最初抽杀编号 A，最终留下编号 B，如图 4。只需知道其中两个基本量，我们就可以求出第三个基本量。

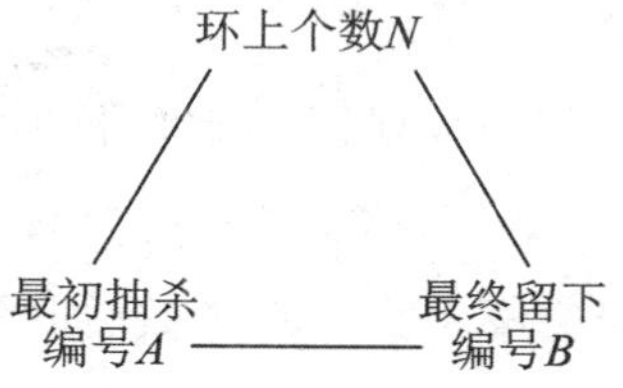

图 4

例 8 (2007 年全国初中数学联赛)有 40 组 $CASIO$ 卡片，每组均由 C，A，S，I，O 五张卡片按 C，A，S，I，O 顺序由上而下叠放而成，现将这 40 组卡片由上至下叠放在一起，然后把第一张丢掉，把第二张放在最底层，再把第三张丢掉，把第四张放在最底层，……，如此继续下去，直至最后只剩下一张卡片。

(1)在上述操作过程中，当只剩下 88 张卡片时，一共丢掉了多少张卡片 S？

(2)最后一张卡片是哪一组的哪一张卡片？

【解析】(1)40 组卡片，每组 5 张，共 40×5=200(张)卡片，将 200 张卡片从上到下依次编号 1～200，相当于环上有 200 个编号。由题意，依次丢掉编号 1，3，5，…的卡片，第一圈丢掉编号为奇数的卡片，剩下 100 张编号为偶数的卡片，编号分别为 2，4，6，…，198，200。若再丢掉 100−88=12(张)卡片，剩下 88 张，丢掉的编号分别为 2，6，10，…，46，编号，即编号模 4 余 2。

而卡片 S 的编号模 5 余 3。200 以内的奇数中，同时满足模 5 余 3 的数有 3，13，…，193，共 20 个；46 以内的模 4 余 2 的数中，同时满足模 5 余 3 的数有 18，38，共 2 个。故一共丢掉 20+2=22(张)卡片 S。

(2)首先环上个数不是 2^n 个，$2^7=128<200<2^8=256$，因此先丢掉 200−128=72(张)卡片，刚好丢到编号为 72×2−1=143 的卡片，因此最终留下编号为 143+1=144 的卡片，而 144÷5=28……4，故最后一张为第 29 组的第 4 张卡片 I。

例 9 100 个连续自然数 1，2，3，…，99，100 排成一列，每次划掉前面两个并把它俩的和写到后面，例如第一次划掉 1 和 2，并在末尾写上 3，经过若干次操作，最后黑板上只留下 2 个数，那么最后剩下的这 2 个数，分别是多少？

【解析】如图 5，每次操作划去前 2 个数，将和数写在后面，倒推可发现，最后两个数来自于前 4 个数，而前 4 个数来自于前 8 个数，…，所以当黑板上剩下 64 个数时，前 32 个数求和得到最后 2 个数中的前一个数，而后 32 个数求和得到最后 2 个数中的后一个数。

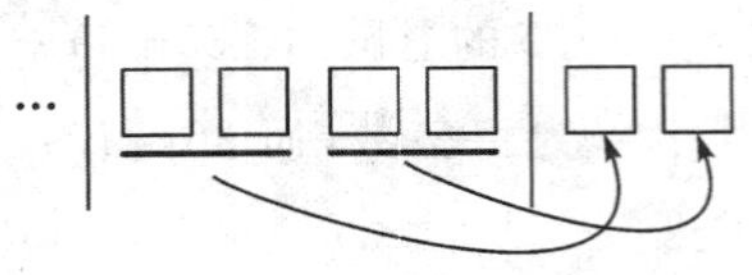

图 5

由于每次操作减少一个数，最初的 100 个数，经过 100－64＝36(次)操作后，得到 64 个数，分别为：73，74，75，…，100，(1＋2)，(3＋4)，(5＋6)，…，(71＋72)，所以最后两个数分别为：73＋74＋…＋100＋1＋2＋…＋7＋8＝2450；9＋10＋11＋…＋71＋72＝2592。

2."杀 2 留 1 型"

例 10 连续自然数 1，2，3，…，81 排成一圈，从 1 开始，划掉 1，2 留下 3；划掉 4，5 留下 6……这样划两个留一个，转圈划下去，那么最后留下的是哪个数？

【解析】由于环上个数较多，还是化繁为简，先研究环上少一点个数，如图 6(第一圈去掉的为细线，第二圈划掉了为中粗线)：

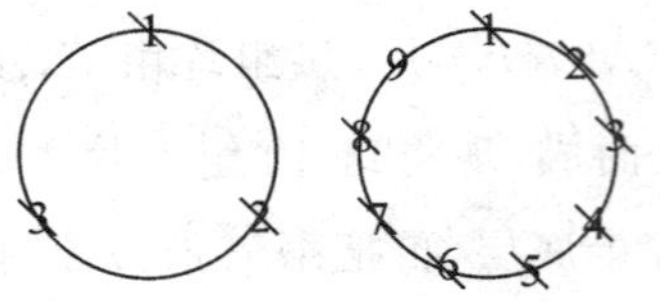

图 6

若环上仅有 3 个数，划掉 1 和 2，最终留下 3；

若环上有 9 个数，分别为 1～9，最终留下 9；

……

根据规律可知，若环上有 81 个数，分别为 1～81，先去掉 1 号，最终留下 81。

观察发现，环上个数如果为 3^n 个，先去掉 1，2 号，那么最终留下 3^n 号。

原因跟例 3 一样，仍然是归纳递推的过程。环上若为 3^n 个数，第一圈去掉 $\frac{2}{3}$ 的数，剩下 $\frac{1}{3}$ 的数，即 $3^n\times\frac{1}{3}=3^{n-1}$ 个数；第二圈再去掉 $\frac{2}{3}$ 的数，剩下 3^{n-2} 个数，……，以此类推，直到最后剩下 1 个数，并且每次都是先划 2 个再留 1 个，每一圈 3^n 都会留下，所以最终留下 3^n 号。

【思考 2】如果例 10 中，81 个连续自然数，留下 1，划掉 2，3；留下 4，划掉 5，6…；这样留一个划两个，转圈划下去，那么最后留下的是哪个数？

【解析】(1)跟之前类似，重新编号，原 2 号编为新 1 号，原 3 号编为新 2 号，…，原 81 号编为新 80 号，原 1 号编为新 81 号，那么该问题可以直接转换为例 10，最终留下的便是新 81 号，即为原 1 号。

【思考 3】如果例 10 中，81 个连续自然数，划掉 1，留下 2，再划掉 3；划掉 4，留下 5，再划掉 6……这样划一个留一个再划一个，转圈划下去，那么最后留下的是哪个数？

【解析】研究 $81=3^4$ 跟研究 3 类似，对于 3 个数，留下的是中间的一个数，即为 2；对于 9 个数，还是留下中间的数，即为 5。因此 81 个数，最终留下中间的一个数，即为$\frac{81+1}{2}=41$。

对于该问题，如果转化为“留1个去2个”，那么需要先把原1号去掉，此时环上剩下80个数，不为3^n个，需要先去掉一些，下面会继续分析此类问题。

【结论1】对于“杀2留1型”，环上个数为3^n时：若采用“去去留”或“留去去”，最先去掉a号，那么最终留下的就是$(a-1)$号，若$a=1$，那么最终留下的就为3^n号。

若采用“去留去”，最先去掉a号，那么最终留下的就是a号正对面的，编号即为$a+\frac{3^n-1}{2}$。

【结论2】特别地，若环上个数为2×3^n时，若采用“去去留”或“留去去”，最先去掉a号，那么最终留下的就是$(a-1)$号，若$a=1$，那么最终留下的就为2×3^n号。

例11　连续自然数1，2，3，…，99排成一圈，从1开始，划掉1，2留下3；划掉4，5留下6，……这样划两个留一个，转圈划下去，那么最后留下的是哪个数？

【解析】由于以上结论仅对环上个数为3^n适用，现在环上个数为100，不为3^n个。那么可以先去掉一些数，使环上个数变成3^n个后（最接近99为$3^4=81$），就可利用上述结论。

若要环上留下81个数，需要先划掉$99-81=18$（个）数，由于每次三个数中划掉连续两个数，$18\div2\times3=27$，当划掉26后，此时环上剩下81个数，下一个划的数为28，故27为最后留下的数。

【思考】如果120个连续自然数编号1～120排成一圈，从1开始，划掉1，2留下3；划掉4，5留下6，……这样划两个留一个，转圈划下去，那么最后留下的是哪个数？

【解析】类似例11，只是将99改成了120。我们还是要先去掉一些数，使环上个数变成3^n个，若要环上留下81个数，需要先划掉$120-81=39$（个）数，由于每次三个数中划掉连续两个数，$39\div2=19\cdots\cdots1$，有$19\times3+1=58$，当划掉58以后，环上剩余81个数，接下来变成划59，留60，划61，也就是“划留划”型。需要将剩下的81个数重新进行编号，59号编为新1号，60号编为新2号，……，120号编为新62号，3号编为新63号，……，57号编为新81号。故最终留下中间的新41号，即为原$41+58=99$号。

上述方法过于烦琐，我们还可以利用结论2，若环上个数为2×3^n，最终留下的即为最初去掉的编号-1。

依旧先去划掉一些数，使环上个数变成2×3^n个后（最接近120为$2\times3^n=54$），就可利用结论2。先划掉$120-54=66$（个）数，$66\div2\times3=99$，当划掉98后，此时环上剩下54个数，下一个划的数为100，故99为最后留下的数。

【总结5】对于环形“杀2留1型”，若环上个数为N，其中$N\neq3^n$且$N\neq2\times3^n$（n为正整数），那么可以去掉一些数，使剩下的个数为3^n个或2×3^n个。当N为奇数时，$3^n<N<3^{n+1}$，先去掉$N-3^n$个；当N为偶数时，$2\times3^n<N<2\times3^{n+1}$，

先去掉 $N-2\times3^n$ 个。

那么接下来要去掉的前一个编号即为最终留下的编号。(避免分析“杀留杀”型)

例 12　50 个同学围成一圈,每个人依次编上号码 1～50,老师随意点一位同学,从这位同学顺时针 1～3 开始报数,凡是报 1 和 2 的同学都出列。这样不断进行下去,直到剩下最后一位同学,最后剩下的这位同学的号码为 37,那么老师一开始点中的同学编号是多少?

解析:还是将其重新连续编号,设第一名点中的同学为 m 号,将 m 号编为新 1 号,原 $m+1$ 号编为新 2 号……若从新 1 号开始,去掉 1 号、2 号,留下 3 号;去掉 4 号、5 号,留下 6 号,那么最终留下的就是新 $(50-2\times3^2)\div2\times3=48$ 号,也就意味着原 37 号编为新 48 号,那么 $m=1+50-(48-37)=40$。(相当于将环进行旋转,48 号转到 37 号的位置,那么 1 号转到 40 号的位置,号码差不变)

参考答案

一、览胜探幽·2023年真题在线

2023年 全国“数学花园探秘”(原“迎春杯”)数学竞赛

决赛

低年级组

1. 答案:2。

分析:观察等式左边刚好为“数”“学”“花”“园”4个不同的汉字,因此总和为4个不同数字的和,即0+1+2+3=6,数+数+数=6,通过枚举尝试可得“数”=2。

2. 答案:20。

分析:观察图形可知是一个含有2个单数点的图形,可以一笔画完,所以卡丁车可以不重复地经过每条跑道,得到所有金币,一共有20枚。方法如图所示(方法不唯一)。

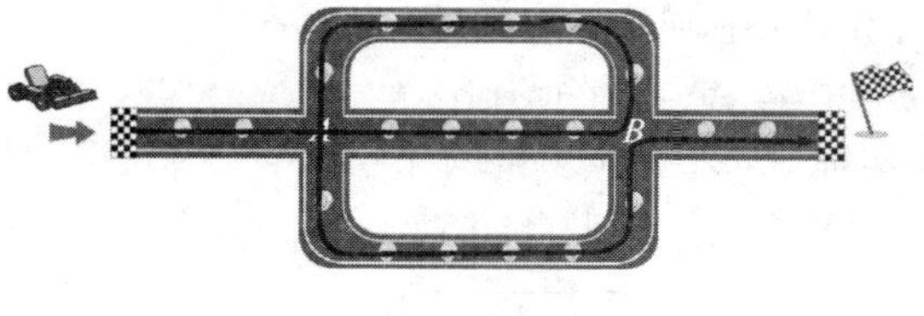

第2题图

3. 答案:6。

分析:想使得结果最大,则加数越大越好,减数越小越好,所以在0和两个1前面填入减号,在剩余3个2前面填入加号即可,答案为2−0+2−1+2−1+2=6。

4. 答案:10。

分析:首先从左上角、左下角、最右侧一列以及第一行右侧开始入手分析,可以确定最右侧一列一定会有一个格没法摆放小汽车。接着继续分析可得到答案为最多10辆,如图是其中一个摆法。

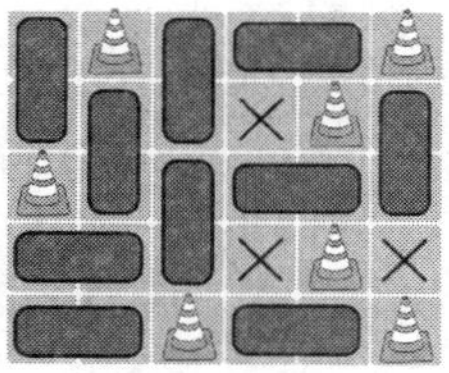

第4题图

5. 答案:五。

分析:由第一句话可知三娃第一名,五娃第二名。由第二句话和第三句话可知四娃前面至少有3人,后面至少有1人。由第四句话可知四娃前面还得有1人,后面也还得有1人,正好加起来7人。所以四娃前面有4人,后面有2人,因此四娃排名第五名。

6. 答案:2014。

分析:根据题意从2020开始往前逐个分析即可。

2020+2+0+2+0=2024;

2019+2+0+1+9=2031;

2018+2+0+1+8=2029;

2017+2+0+1+7=2027;

2016+2+0+1+6=2025;

2015+2+0+1+5=2023;

2014+2+0+1+4=2021。

所以距离2021年最近的是2014年。

7. 答案:C。

分析:根据第一个天平可知A+D=C,因此C>10g。同时,可将第二个天平的A+D+E换为C+E,两边抵消后可知E<B,因此B>10g。若B=30g,则第三个天平左侧B+E至少为30−10=40,右侧想比左侧重,则至少为50g,而此时已经没有30g积木,矛盾,因此B=20g,E=10g。剩下的A、C、D由第一个天平可知A+D=C,因此C是最重的,为30g。

8. 答案:562134。

分析:突破口为路线上的所有数都为2,4,6,包括起点和终点,所以通过行列排除可确定左上角○=6,右下角○=6,并且遇到单数不能走,因此可以先得出起点和终点的第二步和第三步。如图(1)(2)所示。

接下来,最左和最右两列只剩一个数字没有填写,可直接判断还差谁。同时一宫和六宫3个双数都已填完,而路线里不能有单数,因此接下来两条路线都要去别的宫寻找新的双数,同样可以根据行列排除确定第三行第二列和第四行第五列,并且在过程中可通过宫内排除找到所有数,如图(3)~(5)所示。

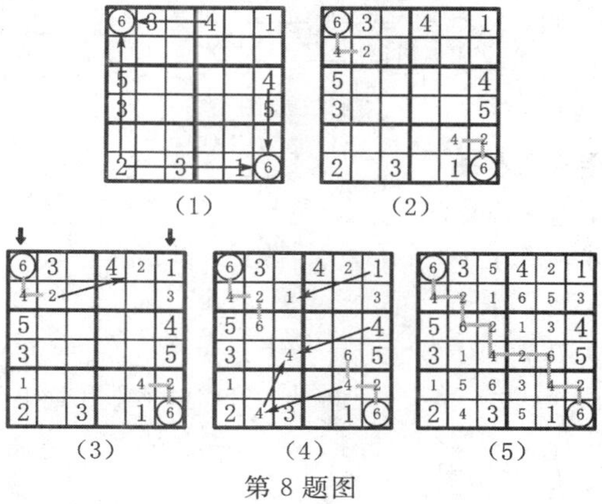

第8题图

9. 答案:6。

分析:此展开图折成正方体时,中间一排 4 个正方形为侧面。折好后,上面 4 条棱每条棱都有一组相邻○,共 4 组;同时侧面 4 条棱上共有 2 组相邻○;底部没有棱有相邻○,因此共有 6 组。

10. 答案:159。

分析:在对面看到的数字即为旋转半圈的样子,因此 01258 不变,6 和 9 互换。想要摆出的数最小,则原三位数百位最小为 1,那么新三位数个位就是 1;根据和为 810,确定原三位数个位为 9,因此新三位数百位为 6;最后,百位 6+1 的结果是 8,说明有进位 1,因此十位结果为 11(包含个位向十位的进位 1),所以原十位数字+新十位数字=10,即 5+5=10。

11. 答案:19。

分析:如图所示,红绿灯的变化时间为 1 分钟,因此每过两分钟变化两次,则还是原来的颜色。小玉出发时刚好是红灯,因此她走两分钟到路口时刚好又变回了红灯,所以她需要等 1 分钟。灯变绿后她每走一段路都需要 2 分钟,因此到路口时红绿灯刚好又变回绿的,所以小玉不用再等待,同时往回走时也是一路绿灯,因此只需要计算在路上行走的时间即可,无需再等红绿灯。因此共需要 2+2+2+2+2+2+2+2+2+1=19(分钟)。

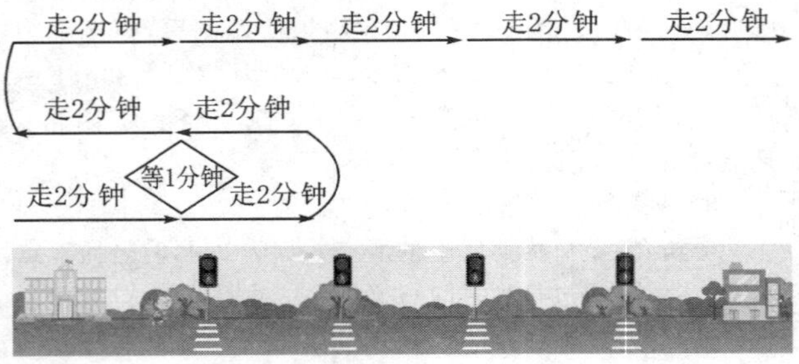

第 11 题图

12. 答案:11。

分析:如图所示,突破口为角上的 1 和边上的 2。

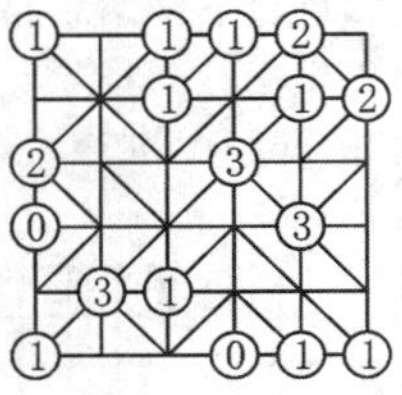

第 12 题图

中年级组A卷

1. 答案:2023。

分析:(123+4)×(5+7)÷6×8−9=2032−9=2023。

2. 答案:31。

分析:共(4+5)÷1=9(人),开始时苹果有3×9+4=31(个)。

3. 答案:36。

分析:设图(1)的边长为 1,则图(1)的周长为 6。图(2)的边长为 6×5÷10=3,图(2)的正方形、等边三角形的面积分别是图(1)的正方形、等边三角形面积的 $3^2=9$ 倍。图(1)由 1 个正方形、2 个等边三角形组成,图(2)由 4 个正方形、8 个等边三角形组成,都恰好对应为 4 倍。所以图(2)的面积是图(1)的 9×4=36 倍。

4. 答案:8089。

分析:数列从第 2 个数字开始,6 个循环。2023−1=2022;2022÷6=337;所以 1+(2+2+4+8+2+6)×337=8089。

5. 答案:207。

分析:

如图所示,由 $EF-GH=3$ 得 $E=G+1$,$H-F=7$,$H-F$ 可能为 7−0 或 8−1。

如果 $H-F$ 可能为 7−0,此时 1 无法填入($A=1\to C=7$,$B=1\to D=7$)。

所以 $H=8$,$F=1$。此时 0 只能填在 A,从而$C=6$。余下 4、5、7、9,其中相邻数字只有 4、5,$E=5$,$G=4$。

所以算式为 207÷69=51−48=3,算式中的被除数是 207。

2 A B ÷ C D = E F − G H = 3

第 5 题图

6. 答案:112。

分析:如图所示,由 F 是 CD 中点有 $S_{\triangle CEF}=S_{\triangle DEF}=23$,再由 ED 与 CG 平行有 $S_{\triangle CFG}=S_{\triangle DEF}=23$。$S_{\triangle BCE}=S_{长方形ABCD}\div 2=S_{\triangle ABE}+S_{\triangle CDE}=20+23\times 2=66$。所以 $S_{\triangle BEG}=66+23\times 2=112$。

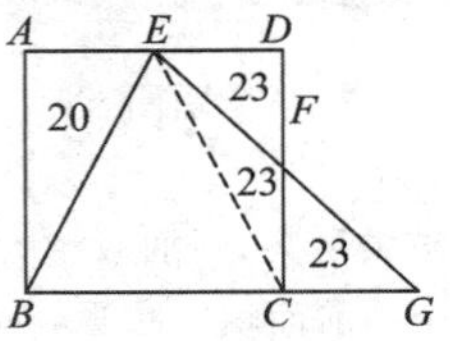

第 6 题图

7. 答案:15。

分析:今年,甲、乙的年龄和是丙的 2 倍;到明年,甲、乙年龄和增加 2 岁,丙增加 1 岁,甲、乙的年龄和仍然是丙的 2 倍。

设明年时,乙的年龄为 2 份,则甲的年龄为2×2=4(份),丙的年龄是(4+2)÷2=3(份)。

3 年前,乙、丙年龄和等于甲的年龄;到明年,乙、丙年龄和比甲多增加 4 岁,4 岁就是 2+3−4=1(份)。所以明年,甲的年龄是 4×4=16(岁),从而今年,甲的年龄是 16−1=15(岁)。

8. 答案:42。

分析:狈说"有狐狸与我相邻",而狈与狐狸相邻时说假话,矛盾!所以狈说的是假话,狈与狐狸不相邻,且狈与狼相邻。1 只狼至多与 2 只狈相邻,所以狼至少有 24÷2=

12(只)。老虎与狐狸一共至多有 100－24－12＝64(只)。

老虎说:“有狐狸与我相邻”,而老虎都说真话,所以老虎必与狐狸相邻。1 只狐狸至多与 2 只老虎相邻。若老虎为 N 只,则狐狸至少为 $0.5N$ 只;$N+0.5N\leqslant 64$,得 $N\leqslant 42$。

如图给出了 42 只老虎的一种构造。构造说明:虎、狐、(20 组“虎狐虎”)、狐、虎、(12 组“狈狼狈”),共 42 只老虎、22 只狐狸、12 只狼、24 只狈。所以老虎最多有 42 只。

第 8 题图

9. 答案:4083。

分析:看 3 条横线,知每条直线上圆圈中所填数的和是 $(0+1+2+3+\cdots+9)\div 3=15$。$C+G=15$,只有 $6+9$ 和 $7+8$ 两种可能;结合 $H+I=15-1=14$,只有 $5+9$ 和 $6+8$ 两种可能;从而,$C+G$ 为 $7+8$,$H+I$ 为 $5+9$。

如果 $C=7$,则 $F=15-1-7=7$,矛盾!

所以 $C=8$,$G=7$,$F=15-1-8=6$。

如果 $I=9$,则 $A=15-9-6=0$,矛盾!

所以 $I=5$,$H=9$。从而,$A=15-5-6=4$,$B=15-9-6=0$,$D=15-4-0-8=3$,如图。所以四位数 $\overline{ABCD}$ 是 4083。

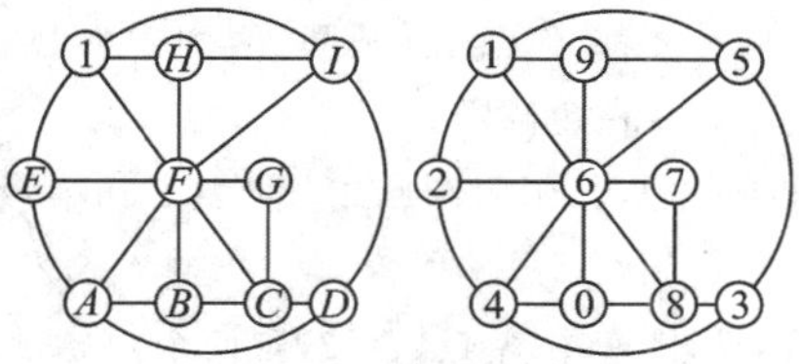

第 9 题图

10. 答案:36。

分析:用 1、2、3 分别表示三种颜色,先考察第 2 列上下两格。

(1)若这两格颜色相同。设这两格颜色为 1,则第 1 列上下两格颜色相同,设为 2,前 2 列如图(2);还得出“若第 2 列上下两格颜色相同,则第 2 列中间格颜色也与它们相同”的结论;此时,第 3 列上下两格都是 3,据上面结论有,第 3 列中间格也是 3;这时,第 2 列中间格不满足题意。

(2)若这两格颜色不同。设这两格颜色为 1、2,则第 1 列中间格为 3,从而确定第 1 列如图(5);如果第 2 列中间格不是 3,据对称性不妨设为 1;这时可得第 3 列上下格都是 3,第 3 列就是右数第 2 列,据(1)这是不满足题意的。所以第 2 列中间格为 3。注意到,左边两列 6 格现在仅在左两列内就已满足题意。

1、2、3 对应红、黄、蓝三种颜色,所以左边两列有 $3\times2\times1=6$(种)不同染法;同理,右边两列也有 6 种。

所以满足条件的不同染色方法共有 $6\times6=36$(种)。

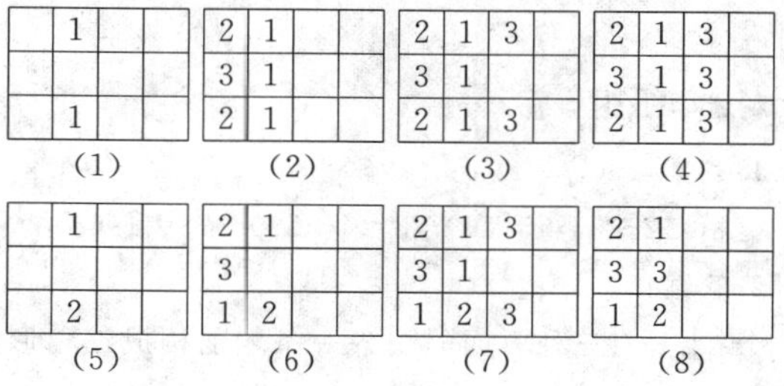

第 10 题图

11. 答案:302。

分析:因为每条道路至多经过一次,所以被“围墙”堵死的“死胡同”实际不能走,有可能走到的道路如图(1)。

图(1)中除了起点和终点外,还有 2 个奇点,而这 2 个奇点间又没有道路直接相连,从而图(1)中至少有 2 条道路走不到。当图(1)中只有 2 条道路走不到时,能走到的道路如图(2)或图(3)。

(1)如果按图(2)走,将相应小方格标在图(2)中,得到图(4)。小方格周围的道路被走了几条,那么小方格中标的数就要在积分中被累加几次,在图(4)中标注每个小方格中标的数被累计的次数。图(4)中小方格中标的数必须奇偶相间,如图(5)。

如果图(5)中白格标奇数,这时总积分至多为:$(15+16-14)\times4+(13+11+9+12+10)\times2+(7+5)=302$,可如图(6)。如果图(5)中白格标偶数,这时总积分至多也为:$(16+15+13)\times4+(14+12+10+11+9)\times2+(8+6)=302$。

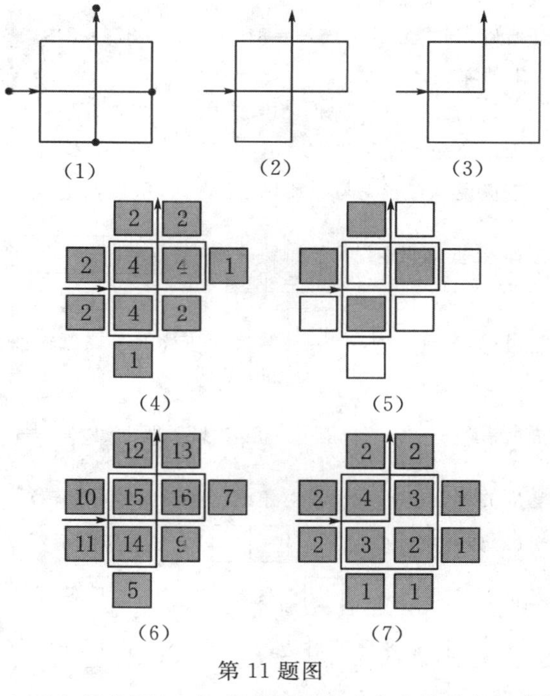

第 11 题图

(2)如果按图(3)走,同样标注每个小方格中标的数被累计的次数如图(7),这时总积分 $\leqslant16\times4+(15+14)\times3+(13+12+11+10+9)\times2+(8+7+6+5)=287$。

所以综上所述，按照上述迷宫规则，获得的积分最多是 302。

中年级组E卷

1. 答案：196。

分析：12÷3＋45×6－78＝4＋270－78＝196。

2. 答案：6。

分析：只有三种方向的线各一条才能构成三角形，共1＋2＋3＝6(个)。

3. 答案：1930。

分析：2022－(22－1＋2)×4＝2022－92＝1930。

4. 答案：34。

分析：大正方形的边长为(70＋80＋90＋100)÷(4＋2×3)＝34，最小的小长方形的宽为 70÷2－34＝1。所以最小的小长方形的面积是 34×1＝34。

5. 答案：4。

分析：假设没有损坏，工人应得 5×1000＝5000(元)，实际比这少了 5000－4500＝500(元)。所以损坏了 500÷(120＋5)＝4(件)。

6. 答案：819。

分析：数字和 1＋2＋3＋…＋9 为奇数，所以进位奇数次；百位没有向千位进位，所以只能进位一次。若个位进位，则十位不进位，十位必为 1＋7＋1＝9，个位只能 6＋5＝11，1 用了两次；若十位进位，则个位只能是 6＋3＝9；两加数百位和为 7，在余下的 1、2、4、5 中只有 2＋5＝7，那么十位 4＋7＝11，满足。

所以，算式为 246＋573＝819 或 546＋273＝819。

7. 答案：15。

分析：方法 1　狐狸说："有老虎与我相邻"是假话，所以狐狸不能和老虎相邻。

老虎说："有老虎与我相邻"是真话，所以与老虎相邻的必有老虎。3 只老虎只能如"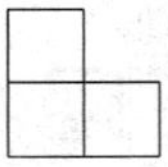"或"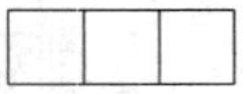"。

(1)如 3 只老虎占"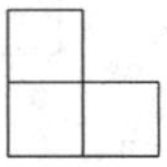"。要放下 3 只狐狸，3 只老虎所占"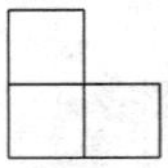"只能靠一角，3 只狐狸也如"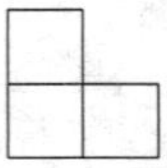"靠老虎的对角；3 只猴子占对角线。如图(1)(可旋转)。

(2)如 3 只老虎占"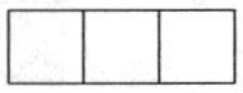"。要放下 3 只狐狸，3 只老虎所占"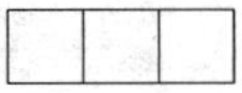"只能靠一边，3 只狐狸也如"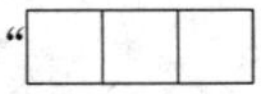"靠老虎的对边；3 只猴子占中间。如图(2)(可旋转)。

无论那种情况，每只猴子都至少与 1 只老虎相邻，所以猴子都说真话。1＋5＋9、3＋5＋7、2＋5＋8、4＋5＋6 的计算结果都是 15。

虎	虎	猴
虎	猴	狐
猴	狐	狐

(1)

虎	虎	虎
猴	猴	猴
狐	狐	狐

(2)

第 7 题图

方法 2　老虎说："有老虎与我相邻"是真话，所以与老虎相邻的必有老虎，3 只老虎在一起。

狐狸说："有老虎与我相邻"是假话，所以狐狸不能和老虎相邻。

所以，狐狸与老虎只能被猴子隔开，3 只猴子只能在过中心格的一条直线上且都说真话。1＋5＋9、3＋5＋7、2＋5＋8、4＋5＋6 的计算结果都是 15。

8. 答案：7。

分析：将 3 个顶点和中心小圆圈染成红色，其余白色，每个小三角形的顶点都是 1 红 2 白。

当 6 个白色小圆圈中数由 2＋3＋4＋6＋8＋9＝32 变为 0 时，4 个红色小圆圈中数的总和变为(1＋5＋7＋10)－32÷2＝7。可以如图操作。

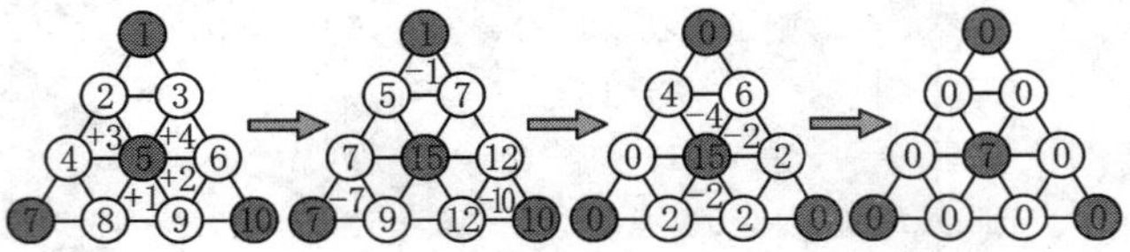

第 8 题图

9. 答案：44。

分析：两个 4 都必在阴影圆圈，两个 1 都必在白色圆圈，至多一个 3 在白色圆圈。

(1)如图所示，若阴影圆圈中填 4、4、3、3，$C_4^2 \times C_4^2=36$。

(2)若阴影圆圈中填 4、4、3、2，则两个 4 之间白圈填 3，阴影圈的 2 两边白圈都填 1。所以，如果阴影圈中的 4、4、3、2 已填好，则白圈中的数唯一确定，4×2＝8。

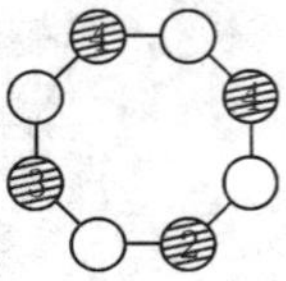

第 9 题图

所以不同的填法共有 36＋8＝44(种)。

10. 答案：89。

分析：如图所示，同时拿 1 个红球和 3 个白球时，再借 30×3－2＝88(个)白球，则正好拿完。说明红球的 3 倍比白球多 88 个。而红球的 1 倍比白球少 30 个，所以红球有(88＋30)÷(3－1)＝59(个)。那么，白球有 59＋30＝89(个)。

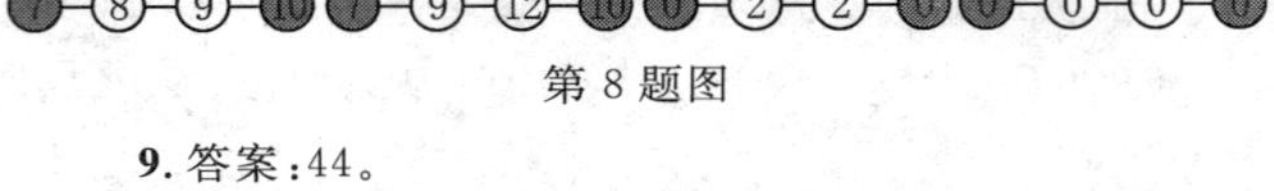

第 10 题图

11. 答案：284。

分析：因为每条道路至多经过一次，所以被"围墙"堵死的"死胡同"实际不能走，有可能走到的道路如图(1)。

图(1)中除了起点和终点外，还有 2 个奇点，而这 2 个奇点间又没有道路直接相连，从而图(1)中至少有 2 条道路走不到。

当图(1)中只有 2 条道路走不到时，能走到的道路如图(2)；再将相应小方格标在图(2)中，得到图(3)；小方格周围的道路被走了几条，那么小方格中标的数就要在积分中被累加几次，在图(3)中标注每个小方格中标的数被累计的次数。

所以，总积分至多$(16+15+14+13)\times3+(12+11+10+9)\times2+(8+7+6+5)=284$。图(4)给出了一种能获得 284 积分的填数方式。

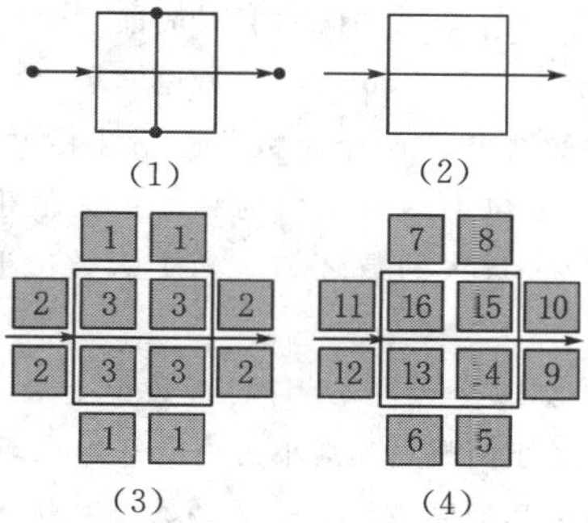

第 11 题图

高年级组A卷

1. 答案：425。

分析：$2023\div(2.4^2-1)=2023\div(2.4+1)\div(2.4-1)=7\times17^2\div3.4\div1.4=7\times17^2\div17\times5\div7\times5=17\times25=425$。

2. 答案：50。

分析：如图，阴影大弓形面积等于两个空白小弓形面积的和。所以阴影部分面积和是$10^2\div2=50$。

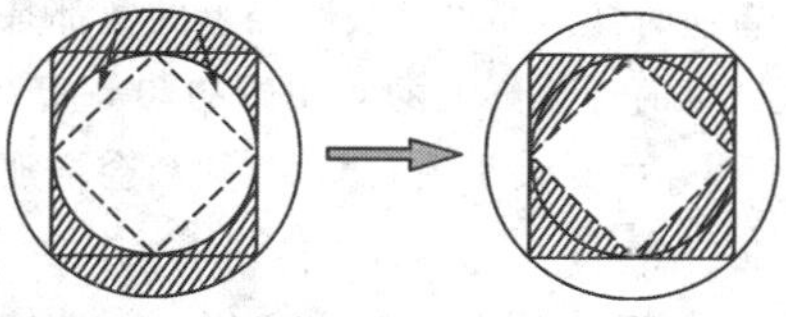
第 2 题图

3. 答案：15。

分析：按配比公式，德国金牌、银铜牌块数比为$\left(\frac{5}{9}-40\%\right):\left(75\%-\frac{5}{9}\right)=4:5$。所以德国奖牌数是$9\div75\%\div4\times(4+5)=27$，中国奖牌数是$27\times\frac{5}{9}=15$。

4. 答案：91。

分析：两枚导弹都没命中的概率是$(1-70\%)\times(1-70\%)=9\%$，所以至少有一枚命中目标的概率是$1-9\%=91\%$。

5. 答案：71。

分析：设算式为$(AB-CD)\times(EF-G)\times HI=2023$，$2023=7\times17^2$，$HI$ 为 17。$EF-G>23-9>7$，所以$EF-G=17$，$AB-CD=7$。

由$EF-G=17$知$E=2$且$G-F=3$，由$AB-CD=7$知$A-C=1$且$D-B=3$，在余下数字 3、4、5、6、8、9 中，差为 3 的有：$6-3$、$8-5$、$9-6$，取 2 组必取$8-5$，余下 3、4、6、9 中只有 3、4 相邻，从而$A=4$，$C=3$。算式有如下两组：$(45-38)\times(26-9)\times17=2023$ 或 $(46-39)\times(25-8)\times17=2023$。

所以算式中两个被减数的和是$45+26=46+25=71$。

6. 答案：25678。

分析：若三只猫彼此不相邻，则三只均会提出抗议，不合题意；若三只猫中仅有两只相邻，则三只也都会抗议，不合题意；因此三只猫一定顺次相邻，此时中间位的猫不抗议，为两只抗议。

所以猫的位置是 1、3、4 位，所以五位数是 25678。

7. 答案：20。

分析：设原利润率为 $N\%$，原成本为 1。据题意，列方程：$1\times(1+N\%)\times(1+20\%)=1\times(1+30\%)\times[1+(N-10)\%]$，解得 $N=30$。所以现在的利润率是$(30-10)\%=20\%$。

8. 答案：46。

分析：证明如下。如图(1)，将第 2 行第 1、3 格染为黄色，第 2 行第 2、4 格染为红色，称黄格、红格为彩格，其余格为白格。每次操作的 4 格都是 1 黄 1 红 2 白。每次操作恰含 1 黄 1 红，则红格和一黄格和始终不变。初始时，红格和一黄格和为$(1+11)-(6+2)=4$，所以红格和至少是 4，从而彩格和至少是 4。每次操作恰含 2 白格 2 彩格，则白格和一彩格和始终不变。初始时，白格和一彩格和为$(1+2+3+\cdots+12)-(6+1+2+11)\times2=38$。所以，白格和至少为$4+38=42$，从而，表格中十二个数的总和至少为$4+42=46$。

构造如下操作，可使得表格中十二个数的总和是 46。

5	4	3	12
6	1	2	11
7	8	9	10

(1)

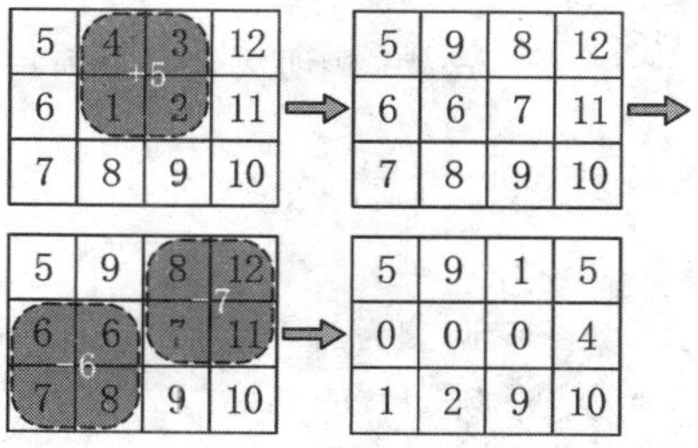
(2)

第 8 题图

9. 答案：9360。

分析：将数按除以 5 的余数分为(0)、(1,4)、(2,3)这 3 类，根据抽屉原理，所求四位数必有两个数字在同一类，那么它们的和或差是 5 的倍数，从而这个四位数是 5 的倍数。同理，也是 4 的倍数。所以，这个四位数个位为 0，十位数字为偶数。

当千位数字是 9 时，这个四位数是$9+0=9$的倍数，可能是 9720、9540、9360、9180。

9720 不是 7 的倍数、9540 不是$9+4=13$的倍数，检

验 9360 满足要求。所以这个四位数的最大值是 9360。

10. 答案：186。

分析：每个角上的圆圈都只有 2 个相邻圆圈，据题意，这 3 个圆圈所染颜色互不相同，内部 2 个圆圈颜色确定后，角上圆圈的颜色唯一确定。

先染如图的正六边形上的 6 个阴影圆圈，颜色选 3 种，相邻 2 个阴影圆圈颜色不同，这是环状染色。

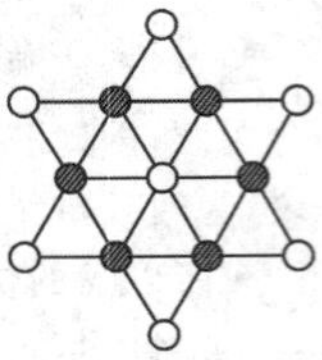

第 10 题图

设环形上有 N 个圆圈，颜色选 3 种，相邻 2 个圆圈颜色不同的染色方法数为 K_N，则 $K_3=3\times2\times1=6$，$K_4=3\times2^3-K_3=18$，$K_5=3\times2^4-K_4=30$，$K_6=3\times2^5-K_5=66$。

其中，只用两种颜色的有 $3\times2=6$(种)，3 种颜色都用的有 $66-6=60$(种)。6 个阴影圆圈中 3 种颜色都用时，中心圆圈可任意染为 3 种颜色之一；6 个阴影圆圈中只用两种颜色时，中心圆圈的颜色唯一确定。所以满足条件的不同染色方法共有 $3\times60+6=186$(种)。

11. 答案：56。

如图，设信鸽①在 A 点放出，在 B 点与阿明相遇，信鸽②在 C 点放出，在 D 点与阿明相遇。

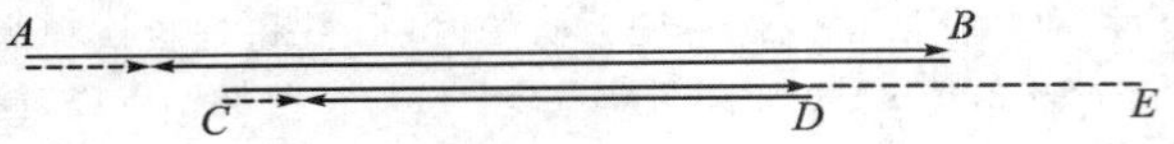

第 11 题图

$AB-CD=(100+1400)\times(30-24)\div2=4500$(米)，$AC=100\times30=3000$(米)，$BD=4500-3000=1500$(米)。延长 CD 至 E，使 $CE=AB$，则信鸽②到 E 比信鸽①到 B 晚 30 分钟，$DE=AB-CD=4500$(米)，信鸽②飞行 DE 用 $4500\div1400=\frac{45}{14}$(分钟)，信鸽②到 D 比信鸽①到 B 晚 $30-\frac{45}{14}=\frac{375}{14}$(分钟)，这就是阿明从 B 到 D 所用时间。所以阿明的速度是 $1500\div\frac{375}{14}=56$(米/分)。

12. 答案：(1)12。(2)7。

分析：(1)如图所示，因为点 O 是等边$\triangle DEF$ 的中心，所以 $OD=OF$，$\angle DOF=120°$，将$\triangle BOD$ 绕点 O 顺时针旋转 120°，点 B 恰落在 AC 中点 M 处。所以$\triangle ABC$ 的面积是$\triangle OBD$ 和$\triangle OCF$ 面积和的 4 倍，即$(1+2)\times4=12$。

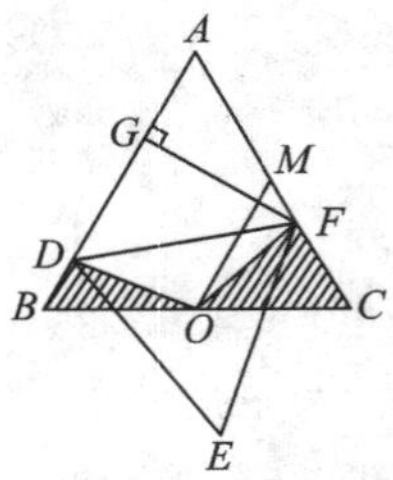

第 12 题图

(2)由(1)得 $BC:AD:AF=6:5:4$，过点 F 作$FG\perp AD$ 于点 G，则 $AG:GD=2:3$，$\frac{S_{\triangle DEF}}{S_{\triangle ABC}}=\frac{DF^2}{BC^2}=\frac{AF^2-AG^2+GD^2}{BC^2}=\frac{4^2-2^2+3^2}{6^2}=\frac{7}{12}$，则$\triangle DEF$ 的面积为 $12\times\frac{7}{12}=7$。

13. 答案：(1)6007。(2)2041。(3)3200。

分析：(1)10 个"幸运数"的总和等于 10 个人所想数的和(2023)再加上每相邻两人所想数的差(大减小)的和。假定聪聪所在的位置是第 1 位，其余位置按顺时针顺序依次为第 2，3，…，10 位，则每相邻的两人位置编号的奇偶性相同。题中的"大减小"只能是奇数位上的数相减或者偶数位上的数相减。

设第 1、3、5、7、9 位上的数从大到小分别为 $a>b>c>d>e$，则题中的奇数位上的数相减的和可以看成将 5 个"+"和 5 个"−"填入算式"$\square a\square a\square b\square b\square c\square c\square d\square d\square e\square e$"中得到的计算结果。最大值对应前 5 个填"+"，后 5 个填"−"，结果为 $2a+2b-2d-2e$，也就是：2×(两个奇数位上最大的数之和－两个奇数位上最小的数之和)。同理，题中的偶数位上的数相减的和的最大值也等于：2×(两个偶数位上最大的数之和－两个偶数位上最小的数之和)。

注意到这 10 个数互不相同，奇数位上最小两数之和加偶数位上最小两数之和最小为 $1+2+3+4=10$，奇数位上最大两数之和加偶数位上最大两数之和最大为 $2023-(1+2+3+4+5+6)=2002$，每相邻两人所想数的差(大减小)的和不超过 $2\times(2002-10)=3984$，从而 10 个"幸运数"的总和不超过 $2023+3984=6007$。

当这 10 人所想的数分别为 994、993、1、3、7、5、6、8、2、4 时，如图(1)，10 个"幸运数"的总和恰好等于 6007。

所以综上所述，10 个"幸运数"总和的最大值是 6007。

(2)和上面类似，设第 1、3、5、7、9 位上的数从大到小分别为 $a>b>c>d>e$。考虑从 e 出发到 a 的两条路径(顺时针或者逆时针)，如果每条路径上的数都是从小到大排列，那么题中的奇数位上的数相减的和等于 $2a-2e$；如果存在两个相邻的数大小关系颠倒，则和会增加这两数之差的两倍。

因此，奇数位上的数相减的和≥2×(奇数位上最大的数－奇数位上最小的数)。同理，偶数位上的数相减的和≥2×(偶数位上最大的数－偶数位上最小的数)。

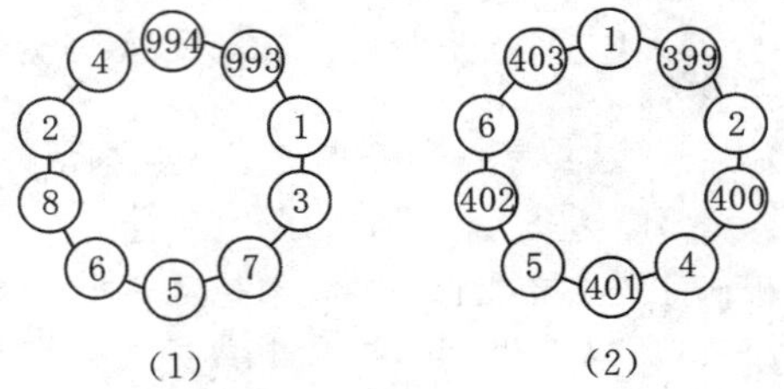

第 13 题图

注意到这 10 个数互不相同，奇数位上的数相减的和≥2×4=8(对应奇数位上的 5 个数需组成 5 个连续的自然数)；偶数位上的数相减的和≥2×4=8(对应偶数位上的 5 个数也需组成 5 个连续的自然数)。但此时这 10 个数之和是 5 的倍数，不能等于 2023。每相邻两人所想数的差(大减小)的和大于等于 $2\times4+2\times5=18$。从而 10 个

“幸运数”的总和≥2023+18=2041。

当这10人所想的数分别为1、399、2、400、4、401、5、402、6、403时，如图(2)，10个“幸运数”的总和恰好等于2041。

所以综上所述，10个“幸运数”总和的最小值为2041。

(3)按照上面的讨论，10个“幸运数”总和最小时，奇数位和偶数位上5个数相减的和分别为8和10。和为8对应的5个数从小到大可以记为a、$a+1$、$a+2$、$a+3$、$a+4$。和为10对应的5个数中最大的比最小的大5，可以看成是从b、$b+1$、$b+2$、$b+3$、$b+4$、$b+5$中去掉一个中间的数。10个数的和是2023，考虑除以5的余数容易知道去掉的是$b+2$，因此余下的5个数分别是b、$b+1$、$b+3$、$b+4$、$b+5$。

聪聪所想的数是24，是a、$a+1$、$a+2$、$a+3$、$a+4$、b、$b+1$、$b+3$、$b+4$、$b+5$中的某一个，有10种可能性。确定24所对应的算式，其余9个数就被确定，且容易验证这10个数互不相同。当a、$a+1$、$a+2$、$a+3$、$a+4$被确定后，根据上面的讨论，a到$a+4$的两条路径上的数都是从小到大排列，一共有5×2×2×2=40(种)不同的情况。同理，当b、$b+1$、$b+3$、$b+4$、$b+5$被确定后，一共有5×2×2×2=40(种)不同的情况。

考虑到聪聪的位置是固定的，一共有10×40÷5×40=3200(种)不同的情况。

高年级组C卷

1. 答案：259。

2. 答案：75。

3. 答案：22。

4. 答案：3348。

5. 答案：15。

6. 答案：16。

7. 答案：48。

8. 答案：4080。

9. 答案：192。

10. 答案：1800。

11. 答案：56。

12. 答案：(1)1962。(2)237。

13. 答案：(1)296。(2)118。

高年级组E卷

1. 答案：23。

分析：(2.4+0.1)×(2.4−0.1)÷0.25=2.5×2.3÷0.25=2.5÷0.25×2.3=10×2.3=23。

2. 答案：157。

分析：阴影部分面积和$=\pi\times10^2\div2=50\pi\approx157$。

3. 答案：75。

分析：设商品成本为100份，则实际售价为100×(1+40%)=140(份)，原标价为140÷80%=175(份)。所以该商品原来的利润率是(175−100)÷100×100%=75%。

4. 答案：11。

分析：只有红桃2、方块4、方块5的图案是中心对称图形。所以2+4+5=11。

5. 答案：10693。

分析：$2023=7\times17^2$，□□□×□=2023只能是289×7=2023。289×□=□□□且乘积首位至少是7，从而只能是289×3=867。所以289×37=10693。

6. 答案：129。

分析：设主裁判人数为3份，则视频助理裁判人数为2份。33+3=36(人)是2×3−3=3(份)，每份为36÷3=12(人)。主裁判12×3=36(人)，助理裁判36+33=69(人)，视频助理裁判12×2=24(人)。所以卡塔尔世界杯的裁判共有36+69+24=129(人)。

7. 答案：10248。

分析：方法1　设所求数为$N=\overline{ABCDE}$，据抽屉原理，5个数字中必有2个除以4的余数相等，它们的差是4的倍数。所以$4|N$，同理，$3|N$。

$\overline{ABCD}\geqslant1023$，若$\overline{ABCD}=1023$，据$4|N$及$3|N$得$E=6$，但10236不是6−1=5的倍数；若$\overline{ABCD}=1024$，据$4|N$及$3|N$得$E=8$。检验，10248满足要求。

所以这个五位数的最小值是10248。

方法2　若$\overline{ABCD}=1023$，则$2|N$且$3|N$，得$E=6$，但10236不是6−1=5的倍数；若$\overline{ABCD}=1024$，据$4|N$及$3|N$得$E=8$。检验，10248满足要求。

所以这个五位数的最小值是10248。

8. 答案：2645。

分析：如果有人的两数的和为3或4或5，因为最小4个数的和是10，两人的和又不相等，那该人就能判断出他的和比对方的小。甲说：“我判断不出。”说明甲的和不是3或4或5；同理，甲的和不是13或12或11。

乙说：“听了甲的话，我还是判断不出。”说明乙的和不是3或4或5或13或12或11。如果乙的和是6，这是余下的和的可能值中最小的，那甲的和比他的和大；既然乙“我还是判断不出”说明乙的和不是6；同理，乙的和也不是10。这时，乙的和的可能值是7或8或9。

甲说：“现在我还是判断不出。”说明甲的和不是7或9，所以甲的两数的和是8。

乙说：“现在我能判断出我的和比甲的大，但不能确定甲的两个数分别是多少。”前半句说明乙的两数的和是9。此时，乙可能是(2,7)或(3,6)或(4,5)。

乙若为(2,7)，则甲只能是(3,5)；乙若为(3,6)，则甲只能是(1,7)；乙若为(4,5)，则甲可能是(1,7)或(2,6)；根据乙第二次说的话的后半句，知乙为(4,5)。

1或7中没有与4或5差1的数，据甲的第三次说话，知甲不是(1,7)，是(2,6)。

所以$\overline{ABCD}=2645$。

9. 答案：78。

分析：如图所示，设每条直线上所填数的和为 S，最小六个质数和为 $2+3+5+7+11+13=41$。

质数中只有 2 是偶数，由 $A+C=D+E$ 知 $A、C、D、E$ 全为奇数。又据 $F=B+D$ 知 $B=2$。由 $3\mid 41+2+E$，得 $E\equiv 2 \pmod 3$，所以 E 为 5 或 11。

若 $E=5$，$S=(41+2+5)\div 3=16$，$A+C=D+E=14$，无解。所以 $E=11$，$S=(41+2+11)\div 3=18$，$F=18-11=7$，$D=18-11-2=5$，$A+C=3+13$（可对调）。所以 $A\times B\times C=3\times 2\times 13=78$。

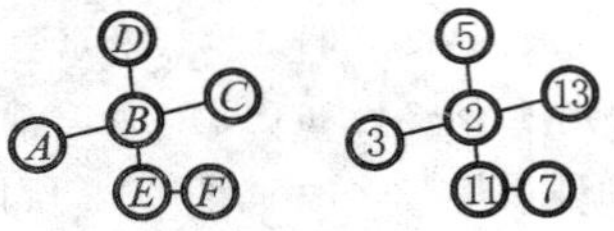

(1)　　(2)

第 9 题图

10. 答案：216。

分析：第一次迎面相遇时，两人合行 AB，乙行 BC，如图中过程(1)；第二次迎面相遇时，两人又合行 $2\times AB$，如图中过程(2)；如果两人调头后都保持原速，则调头后的路程和为 $AD\div 2+BD\div 2=AB\div 2$，如图中过程(3)。

那么在与原来两次相遇间隔的同样时间内，两人又合行的是 $1.5\times AB$，乙就应行 $1.5\times BC$。实际上，乙行 $100+(100+48)\div 2=174$（米）。那么，$BC=174\div 1.5=116$（米）。

所以 $AB=100+116=216$（米）。

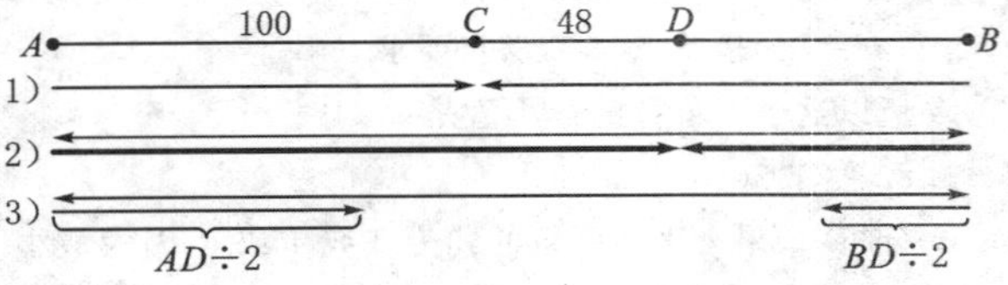

第 10 题图

11. 答案：600。

分析：方法 1　大三角形的顶点处的圆圈只与 2 个圆圈相邻，据题意，这 3 个圆圈所染颜色互不相同。

所以除了中心圆圈，另 9 个圆圈的染色方法共有 $(A_3^3)^3=216$（种），且这 9 个圆圈已满足题意。

与中心圆圈相邻的 6 个圆圈至少有 2 种不同颜色，其中恰用 2 种不同颜色的染色方法有 $(C_3^2)\times 2^3=24$（种），这时中心圆圈只能染第三种颜色。另外 $216-24=192$（种），中心圆圈可以染 3 种颜色中的任一种。

所以满足条件的不同染色方法共有 $1\times 24+3\times 192=600$（种）。

方法 2　也可先染中心，$3\times[(A_3^2)^3-2\times 2^3]=600$（种）。

12. 答案：(1)330。(2)42。

分析：(1)如图所示，$S_{\triangle ADE}=S_{ABCD}\div 2=S_{\triangle ABC}$，从而 $S_{\triangle ADH}=S_{\triangle CEH}+S_{\triangle ABE}=44+55=99$。在梯形 $ADCE$ 中，$(S_{\triangle CDH})^2=S_{\triangle CEH}\times S_{\triangle ADH}=44\times 99=66^2$，得 $S_{\triangle CDH}=S_{\triangle AHE}=66$。

所以 $S_{长方形ABCD}=2S_{\triangle ACD}=2\times(99+66)=330$。

(2)连接 CG，$AH:HC=S_{\triangle AHE}:S_{\triangle CEH}=66:44=3:2$，得 $S_{\triangle CGH}=33\div 3\times 2=22$，$S_{\triangle CDG}=66-22=44$，而 $S_{\triangle ADG}=99-33=66$，据共边定理，$DF:FC=S_{\triangle ADG}:S_{\triangle ACG}=66:(33+22)=6:5$，得 $S_{\triangle CFG}=S_{\triangle CDG}\div(6+5)\times 5=44\div 11\times 5=20$。

所以 $S_{CFGH}=S_{\triangle CGH}+S_{\triangle CFG}=22+20=42$。

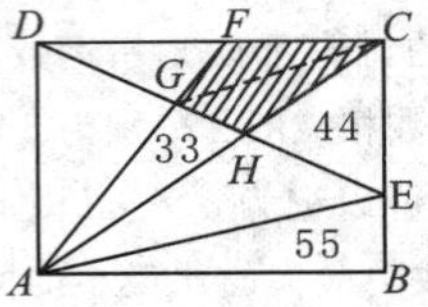

第 12 题图

13. 答案：(1)43075。(2)675。(3)1699。

分析：每行为 50 个连续正整数：$N^2, N^2+1, N^2+2, N^2+3, \cdots, N^2+49$。

(1)$(1^2+3)+(2^2+3)+(3^2+3)+\cdots+(50^2+3)=50\times 51\times 101\div 6+3\times 50=43075$。

(2)设 K 没出现在数表中且不超过数表中的最大数，则有 $N^2+49<K<(N+1)^2$，从而 $(N+1)^2-(N^2+49)\geqslant 2$，即 $2N+1\geqslant 51$，$N\geqslant 25$。

第 25 行：625，626，627，…，674；第 26 行：676，677，678，…，725。

所以没在数表中出现的最小正整数是 675。

(3)设"十"字形框中心的数为 A，A 在第 N 行。"十"字形框中，A 左边的数比 A 小 1，A 右边的数比 A 大 1，A 上方的数比 A 小 $N^2-(N-1)^2=2N-1$，A 下方的数比 A 大 $(N+1)^2-N^2=2N+1$。所以"十"字形框中五数的和为 $5A+2$。

据题意，$2023\mid 5A+2$，设 $5A+2=2023t$，个位为 2 或 7，t 的个位为 4 或 9。

当 $t=4$ 时，$A=(2023\times 4-2)\div 5=1618$，$1618=40^2+18$，是第 40 行的第 19 个数，满足！这时，"十"字形框中最大的数为 $1618+2\times 40+1=1699$。

当 $t\geqslant 9$ 时，$A\geqslant(2023\times 9-2)\div 5>2549$，矛盾！

所以满足题意的"十"字形框中最大的自然数是 1699。

大师赛

3 年级

第一试

1. 答案：289。

分析：$2023\div(2+0+2+3)=2023\div 7=289$。

2. 答案：55。

分析：同学共 $(7+9)\div(8-6)=8$（人），苹果共 $6\times 8+7=55$（个）。

3. 答案：1334、1445、3345。

分析：如图所示。

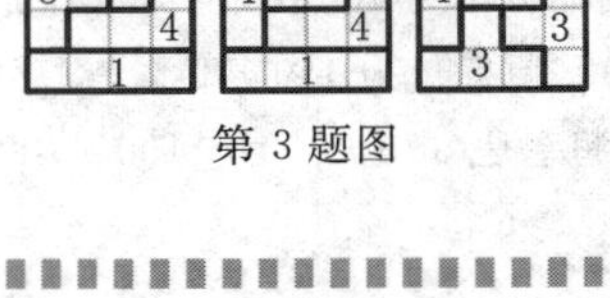

第 3 题图

4. 答案:4。

分析:沫沫报的数都是除以 7 余 1 的数。在 8 的倍数中,符合要求的有 8 和 64;在含 8 的数中,符合要求的有 78,85。所以沫沫一共拍了 4 次手。

5. 答案:(1)10。(2)8。

分析:(1)一方面,两个整数的和与差的奇偶性相同,前两行的总和是(1+2+3+⋯+9)×2=90 为偶数,所以第三行所有数的总和必为偶数。⋯⋯①

另一方面,第二行每个数字与上面的数字都不同,从而差都不是 0,差至少是 1。所以第三行所有数的总和≥1×9=9。⋯⋯②

所以结合①、②,第三行所有数的总和≥10。如图给出了一种构造。

所以第三行所有数的总和最小是 10。

1	2	3	4	5	6	7	8	9
3	1	2	5	4	7	6	9	8
2	1	1	1	1	1	1	1	1

第 5 题图

(2)1~9 分为 4 组,1 组 3 个连续的数,另 3 组各 2 个相邻的数。同组 2 个相邻的数,如 8、9,第 2 行对应位置只能依次为 9、8。同组 3 个连续的数,如 1、2、3,第 2 行对应位置可以依次为 3、1、2 或 2、3、1 这 2 种。而同组 3 个连续的数可以有(1,2,3)、(3,4,5)、(5,6,7)、(7,8,9)这 4 种选择,所以第三行所有数的总和最小时,有 2×4=8(种)不同填法。

第二试

1. 答案:1247。

2. 答案:蓝色;蓝色。

分析:甲的话说明甲没有拿蓝球;乙、丙两人中,一人拿 2 个蓝球,另一人拿 1 个蓝球和 1 个另外颜色的球。拿 2 个蓝球的人,无法确定另 2 人的球,因为另 2 人可能是(红黄)(黄蓝)或(红蓝)(黄黄),而乙能确定另 2 人球的颜色,说明乙拿的不是 2 个蓝球。所以丙拿的是 2 个蓝球。

3. 答案:120。

分析:千位是 1 时,百位为 0,个位可以是 2~9 这 8 种,1×8;

千位是 2 时,百位为 0、1,个位可以是 3~9 这 7 种,2×7;

⋯⋯

千位是 8 时,百位为 0~7 这 8 种,个位为 9,8×1。

所以(1×8+2×7+3×6+4×5)×2=120。也可 C_{10}^{3}=120。

4. 答案:195。

分析:如图,连接 *DF*,设为 *AF* 为 1 份,则据题意 *BF*=2(份),从而 *AB*=3(份),因为 *DEFG* 是正方形,直角三角形 *BFG* 绕正方形中心逆时针旋转 90°恰好到直角三角形 *CGD* 的位置,所以 *BG*=*CD*=*AB*=3(份),*CG*=*BF*=2(份),从而 *BC*=3+2=5(份)。△*ADF* 的面积=5×1÷2=2.5(份),△*DEF* 的面积=△*DFG* 的面积=5×3−2.5−3×2÷2×2=6.5(份),△*PDE*−△*PAF*=△*DEF*−△*ADF*=6.5−2.5=4(份),每份为 60÷4=15(平方厘米)。

所以正方形 *DEFG* 的面积=△*DFG* 的面积×2=13(份)=13×15=195(平方厘米)。

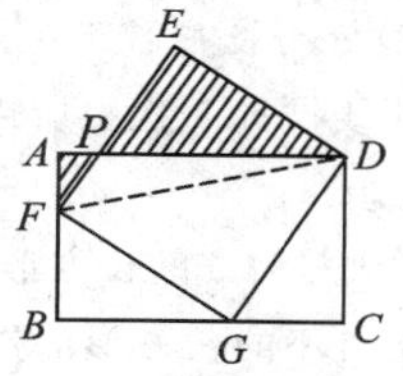

第 4 题图

5. 答案:(1)4。(2)2。

分析:(1)如果非零自然数只有 3 个,则对于其中任一个有是、否在指定 2×2 中这 2 种选择。从而,2×2 正方形中 4 个数的和至多有 2×2×2=8(种)选择,与题意不符。所以非零自然数至少有 4 个。

图(1)给出了一种只有 4 个非零自然数的构造。

(2)如果所填的 16 个数中只有 2 种不同取值,则 2×2 正方形中 4 个数的和至多有 5 种不同取值,与题意中 9 个 2×2 正方形需要有 9 个不同的和矛盾!

所以 16 个数中至少有 3 种不同取值,从而其中最大的数≥2。图(2)(3)(4)给出了几类构造。

(1)

0	0	0	0
0	4	8	0
0	1	2	0
0	0	0	0

(2)

0	0	0	1
0	0	1	0
2	1	2	2
1	2	2	2

(3)

0	0	0	1
0	0	1	0
1	2	2	1
1	2	2	2

(4)

0	0	0	1
2	0	0	0
1	2	2	1
1	2	2	2

第 5 题图

4年级

第一试

1. 答案:5。

分析:(202×3−2×23)÷20−23=(606−46)÷20−23=560÷20−23=28−23=5。

2. 答案:99。

分析:因为三角形 *AOD* 与三角形 *OBC* 的面积比为 23∶20,底的比为 1∶2,所以高的比为 23∶10,三角形 *BCD* 与三角形 *OBC* 的高之比为 33∶10,那么三角形 *BCD* 的面积为 66,所以梯形面积为 66+33=99。

3. 答案：3862。

分析：$A\sim F$ 代表的数字恰好是 2、3、5、6、7、8。若 $E\div F=8\div 2$，$C\times D\leqslant 42$，A 只能是 3，$B=5$、6、7 均不成立；若 $E\div F=6\div 3$，$C\times D\leqslant 56$，A 只能是 2 或 5，均不成立；若 $E\div F=6\div 2$，$C\times D\leqslant 56$，A 只能是 3 或 5，$A=3$，$B=8$ 时，$38-5\times 7=6\div 2$。

因此$\overline{ABEF}$代表的四位数是 3862。

4. 答案：(1)144。(2)8。

分析：(1)计算这 9 个长方形的周长的总和时，内部的线被计 2 次，外部的线被计 1 次。所以周长总和为 $12\times(4+4\times 2)=144$(厘米)。

(2)周长从小到大排第 5 的长方形的周长$=144\div 9=16$(厘米)，要使周长最小的长方形的周长尽可能的小，需使公差大，公差<4 厘米，这 9 个长方形的长与宽的厘米数都是整数，从而它们的周长都是偶数，公差也是偶数。所以公差$\leqslant 2$。

公差$=2$ 时，周长最小的长方形的周长$=16-2\times 4=8$(厘米)。而如图给出了一个构造(图中小长方形中的数为周长的一半)。

综上所述，这 9 个长方形中周长最小的长方形的周长是 8 厘米。

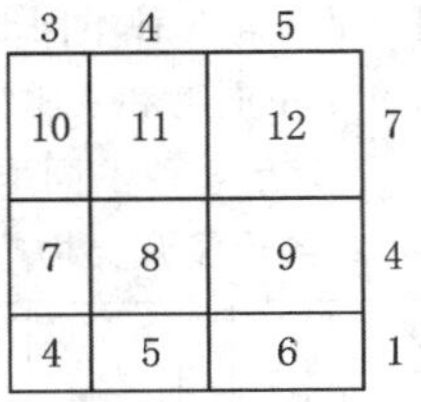

第 4 题图

5. 答案：(1)1、4、7、10、2、5、9、1(答案不唯一)。(2)11。(3)11。

分析：(1)言之有理即可，例如 1、4、7、10、2、5、9、1 或 1、5、9、12、3、6、10、1。

(2)如图(1)，我们画出这样的一个网格，表示所有传球的可能。

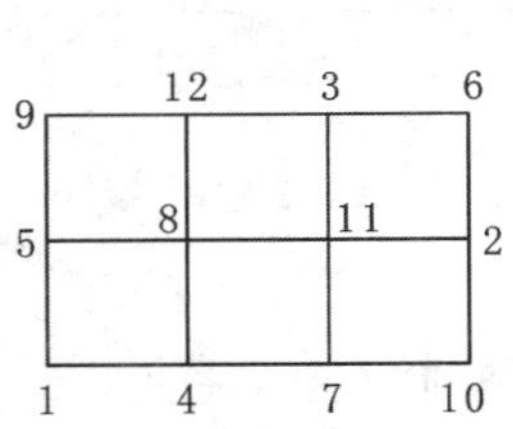

第 5 题图(1)

每个点的编号和小朋友的编号相同，传球总是能传给右边或者上边相邻的点(注意同行最左最右，同列最上最下也是相邻的)，容易构造 11 个人的情况：1、4、7、10、2、5、8、11、3、6、9(再回到 1)。

下面证明 12 是不可能的：由于对每个人而言，都有两个人可能传球给他，但最终实际传给他球的是这两个人之一，同时他可能传给两个人，但最终实际他也只会传给这两人之一。如果 12 个人都参与过传球，利用排除法可以知道若 1 传 4，则 12 不传 4，则 12 传 3，则 11 不传 3，则 11 传 2……以此类推，可以得到如图(2)情况。

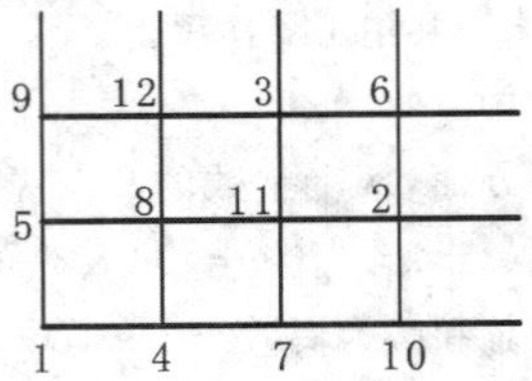

第 5 题图(2)

要么传球路线为所有的细线，要么为所有的粗线，这显然都是不可能的，矛盾！所以最多有 11 名小朋友参与了本次传球。

(3)一方面，由于对称性，缺任何一个数，剩下的 11 个数所构成的圈都是等价，故不妨设缺的是 12 号，由于 8 无法传给 12，所以 8 只能传 11，故 7 不传 11，从而 7 传 10，进一步 6 传 9，5 传 8，4 传 7，3 传 6，2 传 5，1 传 4。另一方面，9 只能传 1，而 3 只能被 11 传，从而这个圈是唯一确定的，必定为 1、4、7、10、2、5、8、11、3、6、9、1，情况唯一。缺其他的数情况也是唯一的，所以缺少的数字可以是 2～12 中的任何一个，共有 11 种情况。

第二试

1. 答案：9805。

分析：由$\overline{ABC}$能被 20 整除可判断 $C=0$，B 为偶数，A 尽量大，为 9。而$\overline{BCD}$能被 23 整除，依次检验前两位为 80、60、40、20 且能被 23 整除的三位数，805 符合，那么四位数最大是 9805。

2. 答案：420。

分析：如图所示，由 F 是中点，可知 $S_{\triangle PBF}=\frac{1}{2}S_{\triangle PAB}=\frac{1}{2}S_{\triangle PEF}$，故 $EP=2PB$。连接 AE，则有 $S_{\triangle ACD}=\frac{AD}{DP}\cdot S_{\triangle PCD}=\frac{AD}{DP}\cdot S_{\triangle PEF}=S_{\triangle AEF}$，所以 $S_{\triangle ACE}=S_{\triangle ACD}+S_{\triangle PCD}-S_{\triangle PAE}=S_{\triangle AEF}+S_{\triangle PEF}-S_{\triangle PAE}=S_{\triangle PAF}=\frac{1}{2}S_{\triangle PAB}$，即 $PB=2CE$。

所以 $BP=\frac{2}{7}BC$，$S_{\triangle ABC}=\frac{7}{2}S_{\triangle PAB}=420$。

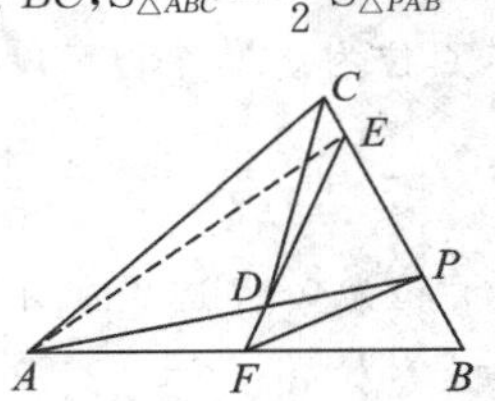

第 2 题图

3. 答案：120。

分析：达达的数是 19、41、61、89 中的一个，沫沫的数是 23、37、53、73 中的一个，平平的数是 16、25、49、64、81 中的一个。达达确定自己的数最小，所以达达的数是 19，平平只能是 25 和 64；沫沫不知道谁的数最大，那么沫沫不是 73(能确定自己最大)、23(能确定平平最大)、53(能确定平平是 64，最大)，所以沫沫是 37。平平最大，所以是 64。3 个数之和为 19＋37＋64＝120。

4. 答案：(1)20。(2)50。

分析：(1)原计划沫沫早走 20 分钟，两人同时到饭店，说明达达步行时间比沫沫少 20 分钟，实际上两人同时从饭店出发，沫沫以 2 倍速度和达达同时到家，说明达达步行时间和沫沫步行时间的一半相同，所以沫沫步行去饭店用 40 分钟，达达用 20 分钟。

(2)两人计划 11 点到饭店，13 点离开饭店，沫沫 13:40 到家。于是实际情况下两人 13:40 同时到家，所以 13:20 离开饭店，说明 11:50 开始吃饭，故达达从 11 点等到 11:50，共 50 分钟。

5. 答案：(1)16。(2)存在。(3)7。

分析：(1)必有一组有 0，所以三位数共有 $A_3^3+A_3^3+2\times2=16$(个)。

(2)存在。考虑一个三位数$\overline{abc}$是 8 的倍数所需满足的要求，首先 c 为偶数且 $4|\overline{bc}$，其次若 $8|\overline{bc}$，a 为偶数；若 $8\nmid\overline{bc}$，a 为奇数。不符上述要求就不为 8 的倍数，因此构造中尽量使后两位数不为 4 的倍数。个位为 0、4、8 时，十位搭配 1、3、5、7；个位为 2、6 时，十位搭配 2、4、6、8。因此偶数中 2、6 适合搭配一起，4、8 可各搭配 2 个奇数数字，即可构成无 8 的倍数分组，构造如下：(0，2，6)(1，3，4)(5，7，8)，因此存在无 8 的倍数的分组。

(3)首先证明任意 3 个不同数字最多能组出 3 个 8 的倍数：若 a、b、c 能组成 4 个 8 的倍数，必有两数百位相同，记为$\overline{abc}$、$\overline{acb}$(不妨令 $b>c$)，则 $8|\overline{abc}-\overline{acb}=9(b-c)$，因此 $b-c=8$，只能是 $\begin{cases}b=8\\c=0\end{cases}$，且 a 为偶数，则由题意 $8|\overline{8a0}$ 且 $8|\overline{bac}$，$8|a$ 矛盾，因此最多 3 个 8 的倍数。

记 a、b、c 能组成 3 个 8 的倍数，若其中存在奇数最多只有 1 个，不妨令 a 为奇数，b、c 为偶数，则必有 2 个 8 的倍数个位相同，不妨记为 $8|\overline{abc}$ 且 $8|\overline{bac}$，因此 $8|90(a-c)$，$4|(a-c)$，矛盾，则 a、b、c 必须全偶，而全偶的分组最多 1 组，因此 8 的倍数最多 3＋2＋2＝7(个)。构造如下：另外 2 组均为 2 奇 1 偶，记为 d、e 奇，f 偶，此时 $8|\overline{def}-\overline{edf}=90(d-e)$，$4|d-e$，只能为 1、5 同组，3、7 同组，则三组数分别为：①1、5、2，152、512；② 3、7、6，376、736；③ 0、4、8，408、480、840。

5年级

第一试

1. 答案：7。

分析：前面括号中计算结果为 1，$1\times2023\div17^2=7$，计算结果为 7。

2. 答案：80。

分析：由等比数列，有 $B^2=A\times A^2=A^3$，进一步可设 $A=m^2$，$B=m^3$，在两位数范围内只有 $A=4^2=16$，$B=4^3=64$。A、B 之和为 80。

3. 答案：246。

分析：如图，设圆弧与 BC 的交点为点 H，连接圆心 O 与 H，由圆的对称性，OH 垂直于 BC，过点 E、F 分别作 OH 的垂线，设 $AE=x$，那么有 $OE=OH=AB=x+4$，$AO=DF=12$，在 $\triangle OAE$ 中，利用勾股定理有 $OE^2-AE^2=OA^2$，即 $(x+4)^2-x^2=12^2$，得 $x=16$。

阴影部分面积＝长方形面积－扇形面积＝$20\times28-20^2\times\pi\times\frac{1}{4}=246$。

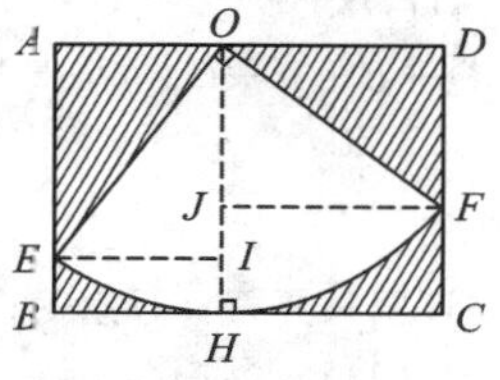

第 3 题图

4. 答案：(1)见分析。(2)17、1000。

分析：(1)分子为 8、17、26、35、44、53、62、71、72、…、79、80，写出任何两个即可。

(2)一共 17 个，和为 1000。

$\frac{a}{101}=\frac{99a}{9999}$，无论 a 取 1～100 中的任何值，$99a$ 数字和均为 18，$2023\div18=112\cdots\cdots7$，所以 $99a$ 结果中从高到低有连续若干位数字和为 7。

$99a$ 取值可以为：①0792，此时 $a=8$；②1683，此时 $a=17$；③2574，此时 $a=26$；④3465，此时 $a=35$；⑤4356，此时 $a=44$；⑥5247，此时 $a=53$；⑦6138，此时 $a=62$；⑧7029，此时 $a=71$；⑨7128，此时 $a=72$；⑩7227，此时 $a=73$……⑰7920，此时 $a=80$。

和为 8＋17＋26＋35＋44＋53＋62＋71＋72＋…＋79＋80 =35×7＋151×5 =1000。

5. 答案：210。

分析：如图所示，设甲车速度是乙车速度的 $k(k<1)$ 倍，乙车一小时行驶距离为 L，乙车追上甲车处记为 C 地，甲车与丙车相遇处记为 D 地。

第 5 题图

在 8:00—9:00，甲车行驶路程为 kL。从 9:00 到乙车追上甲车，追及路程为 kL，故此段时间乙车行驶路程为 $\frac{kL}{1-k}$。从甲车第一次掉头到与丙车相遇，此段时间甲车行驶路程为 $\frac{kL}{1+k}$。

从甲车与丙车相遇到甲车被丁车追上，追及路程为 L，故此段时间甲车行驶了 $\frac{kL}{1-k}$。

甲车与丙车相遇时乙车与丁车之间的距离为 $2L$，故全程 AB 恰好为 $2L+50$，$BD=L+40$，所以 $AC=L+40$，$CD=AC+BD-AB=30$，所以 $k=\frac{30}{L-30}=\frac{L+40}{2L+40}$，交叉相乘解得 $L=80$。或：$k=\frac{30}{L-30}=\frac{L+40}{2L-40}=\frac{3(L+40)-30}{3(2L+40)-(L-30)}=\frac{3L+90}{5L+150}=\frac{3}{5}$，进而得到 $L=80$，AB 为 $2L+50=210$(千米)。

第二试

1. 答案：240。

分析：$2023=7\times17\times17$，式中每个因数显然小于 100，所以 $A=7$，$B+C=17$，$D+E+F+G=17$，那么 B 和 C 一定是 8 和 9，所以 $D+E+F+G=6+5+4+2$，所以 $D\times E\times F\times G=240$。

2. 答案：63。

分析：(1)首先证明只要第一行第一列确定，剩余 4 个数是可以确定的。如图(1)。$b=aq+dq$，$c=aq+2dq$，$d=aqq+dqq$，$e=aqq+2dqq$。

a	$a+d$	$a+2d$
aq	b	c
aqq	d	e

(1)

1	3	5
2	b	c
4	d	e

(2)

1	3	5
2	6	10
4	12	20

(3)

第 2 题图

(2)要让总和越小越好，只需要让第一行第一列尽量小，第一行第一列最小 5 个数为(1,2,3,4,5)，按照等差与等比的分配，第一行为 1,3,5；第一列为 1,2,4。

(3)构造如图(3)：和最小为 $1+2+3+4+5+6+10+12+20=63$。

3. 答案：6623。

分析：方法 1　设原四位数为 $\overline{abcd}$，则 $\overline{abc2}$、$\overline{ab3d}$、$\overline{a5cd}$、$\overline{7bcd}$ 均为 11 的倍数，相邻两个相减得以下 3 个数均为 11 的倍数：$\overline{c2}$ 与 $\overline{3d}$ 的差、$\overline{b3}$ 与 $\overline{5c}$ 的差的 10 倍、$\overline{a5}$ 与 $\overline{7b}$ 的差的 100 倍(其中 $\overline{c2}$ 与 $\overline{b3}$ 首位可能为 0)。尝试可知：

$a=1$ 时，$b=0$，$c=8$，$d=8$，此时 $\overline{abc2}=1082$ 不是 11 的倍数。

$a=2$ 时，b 不存在。

$a=3$ 时，$b=9$，c 不存在。

$a=4$ 时，$b=8$，$c=0$，$d=5$，此时 $\overline{abc2}=4802$ 不是 11 的倍数。

$a=5$ 时，$b=7$，$c=1$，$d=4$，此时 $\overline{abc2}=5712$ 不是 11 的倍数。

$a=6$ 时，$b=6$，$c=2$，$d=3$，此时 $\overline{abc2}=6622$ 是 11 的倍数。

$a=7$ 时，$b=5$，$c=3$，$d=2$，此时 $\overline{abc2}=7532$ 不是 11 的倍数。

$a=8$ 时，$b=4$，$c=4$，$d=1$，此时 $\overline{abc2}=8442$ 不是 11 的倍数。

$a=9$ 时，$b=3$，$c=5$，$d=0$，此时 $\overline{abc2}=9352$ 不是 11 的倍数。

因此，只有 $a=6$ 符合要求，此时的四位数是 6623。

方法 2　设原四位数为 $\overline{abcd}$，则 $\overline{abc2}$、$\overline{ab3d}$、$\overline{a5cd}$、$\overline{7bcd}$ 均为 11 的倍数，那么有 $11\mid\overline{abc2}+\overline{ab3d}+\overline{a5cd}+\overline{7bcd}$，即 $11\mid 3\times\overline{abcd}+7532$，得 $\overline{abcd}\equiv1\pmod{11}$，分别对比甲、乙、丙、丁四人抄写的数，依次得 $d=3$，$c=2$，$b=6$，$a=6$。四位数为 6623。

4. 答案：(1)35。(2)72。

分析：(1)这 9 个长方形的周长的总和为 $12\times12=144$ 厘米，那么其周长长度位于正中间的长方形周长为 $144\div9=16$，它的“长”+“宽”=8，那么这 9 个长方形的“长”+“宽”只能分别等于 4、5、6、7、8、9、10、11、12。

考虑“长”+“宽”=12 的长方形，若为 $6+6=12$，不妨设 $a=d=6$，看长方形 D、G、B、C 的周长，b、c、e、f 互不相同，且有 $b+c=e+f=6$，只能为 $1+5=2+4$，这样出现了“长”+“宽”$=1+2=3$ 的情况，不符合要求。所以面积最大为 $6\times6=36$ 不成立。次大 $5\times7=35$ 可以构造出。$12=7+5$，有 5 的一边另外两条长度不同，且小于 5，只能是 4 和 3；有长度为 7 的边，$12=7+4+1$ 成立，如图(2)，$12=7+3+2$ 不成立，如图(3)。

(2)3、4、5 任意交换，7、4、1 任意交换，两组交换。共有 $A_3^3\times A_3^3\times2=72$(种)分法。

	f	e	d
a	G	D	A
b	H	E	B
c	K	F	C

(1)

3	4	5	
10	11	12	7
7	8	9	4
4	5	6	1

(2)

3	4	5	
10	11	12	7
6	7	8	3
5	6	7	2

(3)

第 4 题图

5. 答案：1029。

分析：方法 1　如图(1)，延长 CD 至 M 使 $DM=CD$，连接 MF、ME、MA。可知四边形 $ABCM$ 是平行四边形。

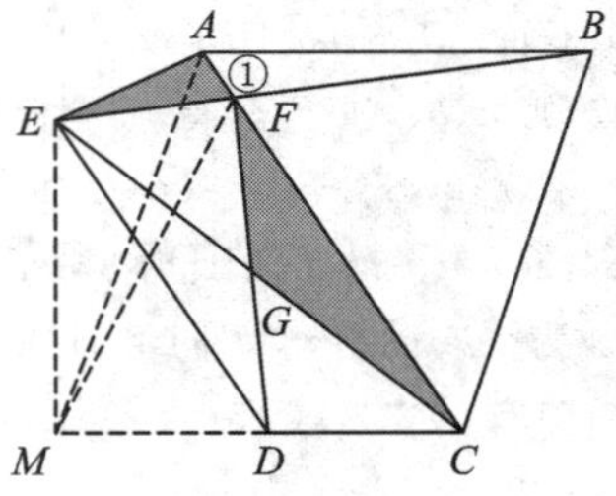

第 5 题图(1)

根据一半模型，①$+S_{\triangle FMC}=\frac{1}{2}S_{ABCM}=$①$+S_{\triangle AEF}+S_{\triangle EMC}$，进而：$S_{\triangle FMC}-S_{\triangle EMC}=S_{\triangle AEF}=42\Rightarrow2(S_{\triangle CDF}-S_{\triangle CDE})=42$，$S_{\triangle CDF}-S_{\triangle CDE}=21$，所以有：$S_{\triangle CFG}-S_{\triangle DEG}=21$，$S_{\triangle DEG}=121-21=100$，所以有，$DE:CF=10:11=EG:GC$(沙漏)，$S_{\triangle EGF}=121\times\frac{10}{11}=110$，$FC:AF=$

$S_{\triangle CFE}:S_{\triangle AFE}=231:42=11:2$，$AF:FC:ED=2:11:10$。$S_{\triangle AEF}=42$，$S_{\triangle CFG}=121$，$S_{\triangle EFG}=S_{\triangle CDG}=110$，$S_{\triangle DEG}=100$，$S_{\triangle ABC}=(110+121)\div11\times13\times2=546$。$42+121+110+110+100+546=1029$。

方法 2　如图(2)连接 AD、BD，因为 $DE//AC$，所以 $S_{\triangle AEC}=S_{\triangle ADC}=\frac{1}{2}S_{\triangle ABC}$，所以有 $EF:FB=1:2$，所以 $S_{\triangle ABF}=2\times S_{\triangle AEF}=84$，因为 $DE//AC$，有 $S_{\triangle DAF}=S_{\triangle EAF}=42$，设 $S_{\triangle EFG}=S_{\triangle CDG}=x$，由 $S_{\triangle ABC}=S_{\triangle ABD}$，得 $S_{\triangle BFC}-S_{\triangle BFD}=S_{\triangle AFD}=42$，而$\triangle EFC$ 和$\triangle EFD$ 分别为$\triangle BFC$ 和三角形 BFD 面积的一半，所以，$S_{\triangle EFC}-S_{\triangle EFD}=42\times\frac{1}{2}=21$，所以，$S_{\triangle EFD}=S_{\triangle EFC}-21$，$S_{\triangle EGD}=S_{\triangle EFD}-S_{\triangle EFG}=S_{\triangle EFC}-S_{\triangle EFG}-21=S_{\triangle CFG}-21=121-21=100$，在四边形 $EDCF$ 中，有 $x^2=100\times121$，得 $x=110$，进而求出总面积为 1029。

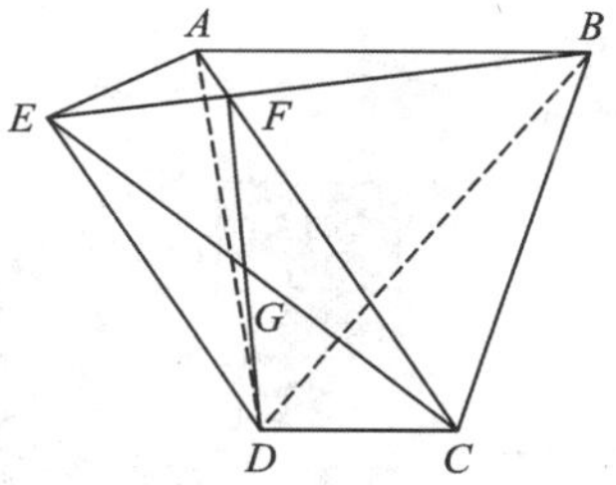

第 5 题图(2)

2023年 “希望杯”全国数学邀请赛

春季赛

1年级

1. 答案：8。

2. 答案：16。

3. 答案：C。

分析：共有 2 个 1，2 个 2，4 个 3，3 个 4，2 个 5，1 个 6，3 个 7，2 个 8，2 个 9，所以 3 出现最多，选 C。

4. 答案：D。

分析：A. 7 块；B. 7 块；C. 7 块；D. 8 块；E. 7 块。所以选 D。

5. 答案：17。

分析：如图，还需要 17 个。

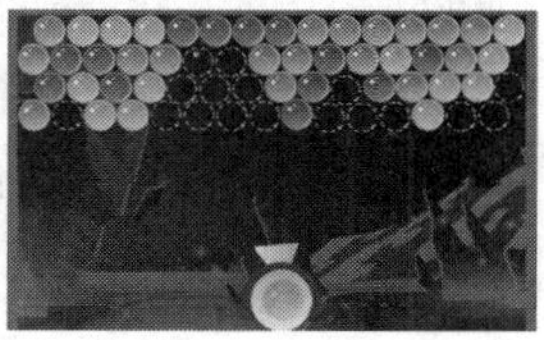
第 5 题图

6. 答案：6。

分析：1→4→5，1→3→5，1→3→4→5，1→2→5，1→2→3→5，1→2→3→4→5，共 6 种。

7. 答案：C。

分析：如图所示，有 2 种，选 C。

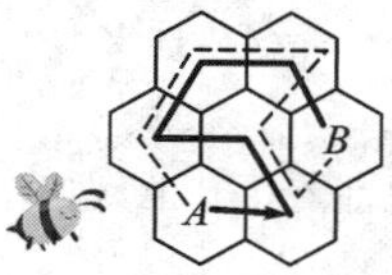

第 7 题图

8. 答案：8。

分析：如图所示，共有 8 条路线。

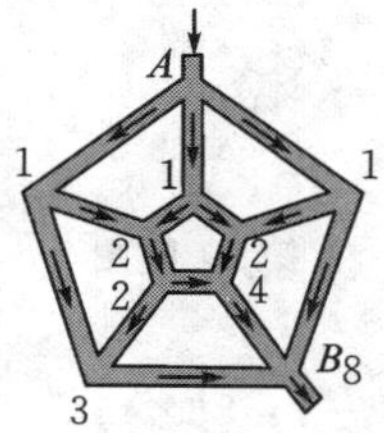

第 8 题图

9. 答案：D。

10. 答案：B。

11. 答案：D。

12. 答案：B。

13. 答案：D。

14. 答案：E。

15. 答案：4。

16. 答案：7。

分析：如图所示，共捕到 7 条。

第 16 题图

17. 答案：C。

分析：如图所示。

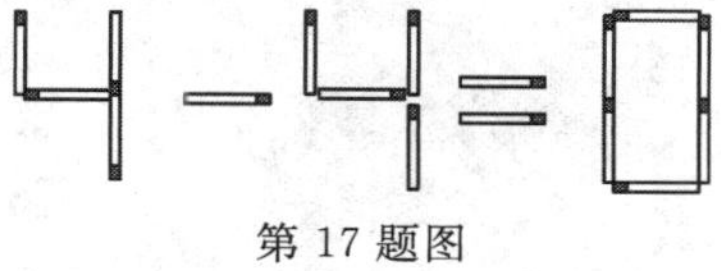
第 17 题图

18. 答案：91。

19. 答案：B。

20. 答案：B。

分析：20÷2+4=14(罐)，选 B。

21. 答案：B。

分析：19−4=15，选 B。

22. 答案：13。

分析：明明在(25+1)÷2=13 号位，亮亮在他前面 8 个，所以强强后面有 13 名同学。

23. 答案：E。

分析：12+4−9=7，选 E。

24. 答案：3。

分析：5+8−10=3(米)。

25. 答案:B。

分析:1+2+…+9=45,选 B。

26. 答案:B。

分析:第奇数次都落在 B 上,选 B。

27. 答案:15。

分析:如图所示,所以所求和为 2+4+9=15。

$$\begin{array}{ccccc} 7 & < & 8 & > & 1 \\ \vee & & \vee & & \wedge \\ 3 & < & 5 & < & 6 \\ \vee & & \vee & & \wedge \\ 2 & < & 4 & < & 9 \end{array}$$

第 27 题图

28. 答案:8。

分析:(5+4+7)÷2=8(名)。

29. 答案:B。

30. 答案:D。

❷年级

1. 答案:18。

2. 答案:8。

分析:15−7=8。

3. 答案:29。

分析:4★5=4+5×5=29。

4. 答案:105。

分析:

$$\begin{array}{r} 5\ 5 \\ +\ 5\ 0 \\ \hline 1\ 0\ 5 \end{array}$$

5. 答案:12023。

6. 答案:2。

分析:其中必有 0,另两张和不大于 4,所以有(1,2,0)(1,3,0)两种情况。

7. 答案:16。

分析:(2+2×3)×2=16(人)。

8. 答案:40。

分析:20÷2÷2×8×1=40(分钟)。

9. 答案:13。

分析:5+(6−2)×2=13(人)。

10. 答案:20。

分析:(3×30+10)÷10=10(周)。10×5÷30=1(个)……20(个)。

11. 答案:12。

分析:(3+5+4)÷(2−1)=12(元)。

12. 答案:40。

分析:[(12−4)÷(4−2)+1]×4=20(个),20×2=40(个)。

13. 答案:990。

分析:(190+160−130)÷2×9=990(元)。

14. 答案:2。

分析:2×[4×5+2×3−(3×3+4×2+2×4)]=2(分)。

15. 答案:24。

分析:1+9+5+9=24。

16. 答案:7。

分析:1+2+3+…+7<30<1+2+…+8,所以最多用了 7 个盘子。

17. 答案:15。

分析:一块,11 个。二块,2 个。三块,1 个。七块,1 个。共 11+2+1+1=15(个)。

18. 答案:D。

19. 答案:A。

20. 答案:A。

21. 答案:E。

22. 答案:D。

分析:如图所示。

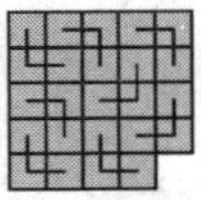

第 22 题图

23. 答案:E。

分析:如图所示。

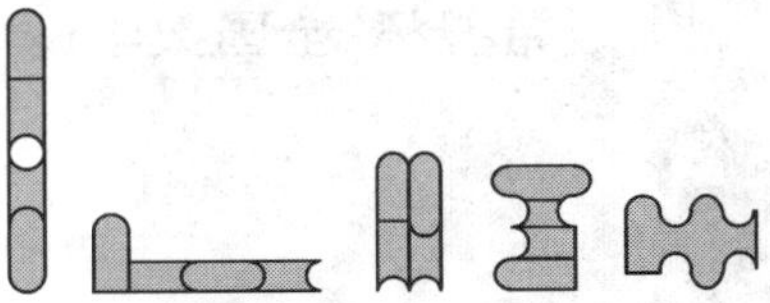

A　B　C　D　E

第 23 题图

24. 答案:E。

25. 答案:4。

分析:将第二位与第五位互换,第三位与第七位互换,第四位与第六位互换,第一位与第六位互换,所以最小要换 4 次。

26. 答案:75。

分析:东=3,南=5,西=7,北=8。所以"西南"=75。

27. 答案:A。

分析:小华在最边上,小恒比小泰高,所以小华 5 号,小恒 4 号,小泰是奇数,小衡也是奇数且不是 3 号,所以小衡 1 号,小泰 3 号,小嵩 2 号。

28. 答案:6。

分析:如图,最少 6 步。

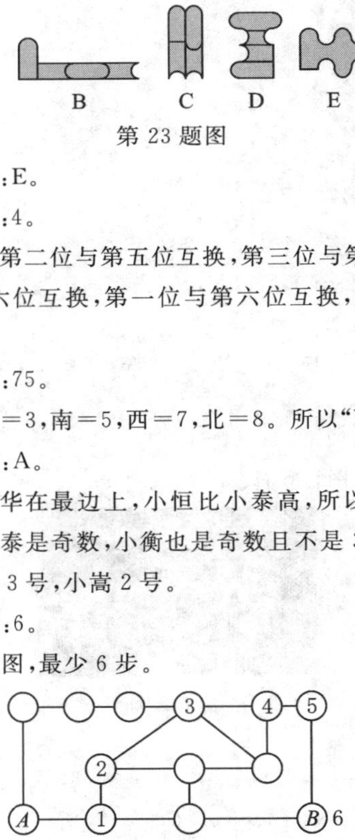

第 28 题图

29. 答案：6。

分析：25 =11+8+4+2

=11+5+4+3+2

=10+8+5+2

=10+8+4+3

=12+8+3+2

=12+8+5

共 6 种。

30. 答案：3。

分析：只有下列两种填法，如图所示。

8 − 6 = 2		8 − 6 = 2
∧ ∧		∧ ∧
9 − 4 = 5		9 − 5 = 4
∧ ∧		∧ ∧
10 − 3 = 7		10 − 3 = 7

第 30 题图

所以所求数为 3。

❸年级

1. 答案：100。

分析：原式=(2023−1123)÷9=100。

2. 答案：80。

分析：9×8+8=80。

3. 答案：12。

分析：如图所示，2+5+4+1=12。

```
   2 5 4 1
     5 4 1
       4 1
+        1
----------
   3 1 2 4
```

第 3 题图

4. 答案：B。

5. 答案：8。

分析：(10+2)÷(2+1)×2=8(个)。

6. 答案：12。

分析：黄花比白花多，所以白花不少于 9 朵；红花至少比白花多 2 朵，所以白花不多于(8−2)×2=12(朵)。枚举可知，红花 13 朵，黄花 12 朵，白花 10 朵。

7. 答案：26。

分析：4，3，2，6，2，2，4，8，2，6，…从第三节起每 6 节一循环，53−2=6×8+3，记号为 2 的共有 3×8+2=26(节)。

8. 答案：E。

分析：5+7+13=25(秒)一周期，2023=25×80+23，所以选 E。

9. 答案：52。

分析：$96=9^2+1+2\times7$，所以需要跳 2+3+4+5+6+7+8+9+1+7=52(次)。

10. 答案：306。

分析：126=66+60，所以共有 66+60+54+48+42+36=306(架)。

11. 答案：21。

分析：(27−1−16)×2+1=21(人)。

12. 答案：24。

分析：哈家数字和为(1+2+3+…+9−27)÷2=9，所以乘积最大为 2×3×4=24。

13. 答案：80。

分析：(1000−20×5)÷12+5=80(回)。

14. 答案：10。

分析：55+46−(1+2+3+…+13)=10。

15. 答案：E。

16. 答案：8。

分析：如图所示，1×1，1 种；2×2 加上内部的，2 种；3×3 加上内部的，2 种；4×4 加上内部的，3 种。共 1+2+2+3=8(种)。

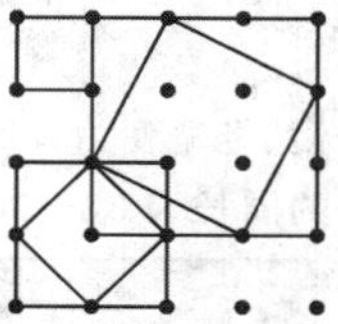

第 16 题图

17. 答案：44。

分析：小猫钓到 55÷(3×2−1)=11(条)，共钓到 11×3+11=44(条)。

18. 答案：23。

分析：32−9=23(个)。

19. 答案：19。

分析：小号为 1 的 2 种；小号为 2 的 2 种；小号为 3 的 2 种；小号为 4 的 3 种；小号为 5 的 4 种；小号为 6 的 3 种；小号为 7 的 2 种；小号为 8 的 1 种。共 2+2+2+3+4+3+2+1=19(种)。

20. 答案：820。

分析：1 一定不正确，所以密码是 820。

21. 答案：2015。

答案：2023−4×(3−1)=2015。

22. 答案：80。

分析：共长 8×4+2×24=80(米)。

23. 答案：4。

分析：7−3=4(厘米)。

24. 答案：B。

25. 答案：9。

分析：从第 6 个宝箱起，每个宝箱只能装 1 颗，所以最多 9 个宝箱。

26. 答案：1044。

分析：$20+1\times\underbrace{2\times2\times\cdots\times2}_{10个2}=1044$(个)。

27. 答案：1885。

分析：602＋186＋1097＝1885。

28. 答案：D。

分析：三角形的角指向圆，故选 D。

29. 答案：38。

分析：60÷5×4－20÷2＝38(分钟)。

30. 答案：3。

分析：如图所示，至少要翻开 3 张。

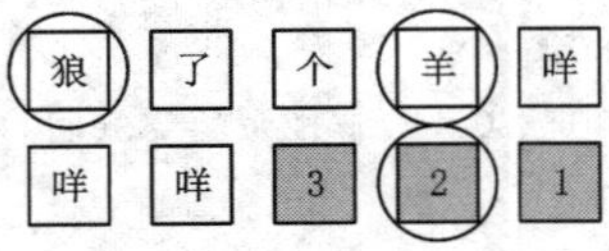

第 30 题图

4年级

1. 答案：85。

分析：180÷8×2＋180÷9×2＝85(平方米)。

2. 答案：168。

分析：4×(24＋10＋8)＝168(平方千米)。

3. 答案：52。

分析：如图所示，横、竖宽度为(32×2－60)÷2＝2(厘米)，所以原来长方形的周长为 32＋10×2＝52(厘米)。

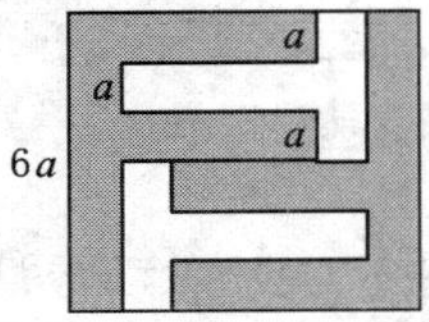

第 3 题图

4. 答案：40440000。

分析：原式＝(2023－2021)×20220000＝40440000。

5. 答案：14。

分析：2023＋2＝2025 是除数的倍数，除数不小于 3，$2025=3^4\times5^2$，所以有(4＋1)×(2＋1)－1＝14(个)。

6. 答案：3。

分析：阴影方格中所填数字的奇偶性相同，且和正中间方格所填数字的奇偶性也相同，所以正中间方格填 1＋3＋5＋7＋9－22＝3。

7. 答案：5。

分析：重复加上一次这两个数，12 个数的和是 3 的倍数，1＋2＋…＋10＝55 除以 3 余 1，所以两个○内数之和最小为 5。

8. 答案：524。

分析：163＋361＝524。

9. 答案：11730。

分析：如图所示。

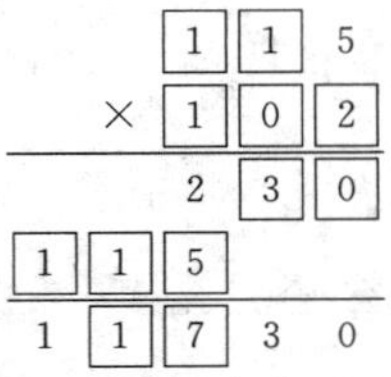

第 9 题图

10. 答案：2。

分析：(100×2－120)÷(43×2－46)＝2(小时)。

11. 答案：34500。

分析：(8300－800)÷5÷5＝300，(800＋300×5)×15＝34500(个)。

12. 答案：12。

分析：兔笼比鸡笼头少 4，脚多 8，所以鸡有(4×4＋8)÷2＝12(只)。

13. 答案：32。

分析：第二次分完后剩下的苹果数除以 5 余 1，又是 2 的倍数，所以除以 10 余 6。第一次分完后剩下的苹果数除以 25 余 18，又是 3 的倍数，所以除以 75 余 18，最初至少 18÷3×5＋2＝32(个)。

14. 答案：78。

分析：27－1＝26，最大和为 26＋26×2＝78(岁)。

15. 答案：160。

分析：5＋30÷5＝11(份)，10÷2＝5(份)，200÷20＝10(份)，(11＋10－5)÷2×20＝160(颗)。

16. 答案：872。

分析：从第一天 9:00 到第二天 9:00，充 16 个点，耗 8 个点，剩余 8 个点，每周共剩余 8×5－24＝16(个)点，最高时剩 48 个点，2023＝16×124＋39，所以在第 124×7＋4＝872(天)首次达到 2023 个点。

17. 答案：1440。

分析：$4\times\frac{3}{3-2}\times60\times2=1440$(米)。

18. 答案：24。

分析：$3\times2\times1\times2^2=24$(种)。

19. 答案：19。

分析：如图所示，入口和出口都一定是游戏密室，A、B、C 中必有一个游戏密室。若有 3 个，有 1 种；若有 2 个，有 3×4＝12(种)；若只有 1 个，有 1＋2×2＋1＝6(种)，共 1＋12＋6＝19(种)。

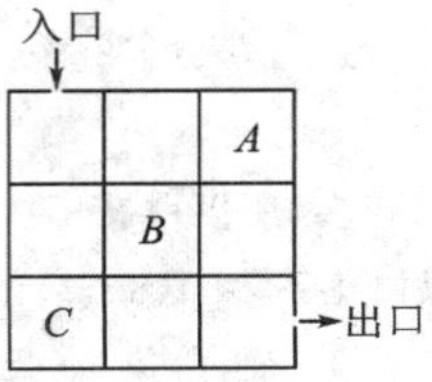

第 19 题图

20. 答案：40。

分析：4 在 3、5 前，有 $A_5^2\times2=40$(个)。

21. 答案：37。

分析：如图所示，有 2×3＋5×5＋3×2＝37(种)。

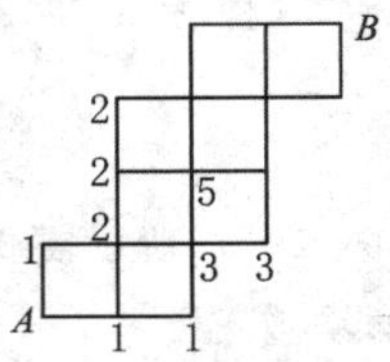

第 21 题图

22. 答案：E。

分析：$2\times256=4\times128=8\times64=16\times32=512$。所以选 E。

23. 答案：3。

分析：数量各不相同，所以 3 种颜色帽子的数量分别为 1、2、3 顶，可推出甲是唯一一顶黄帽子的，乙的话说明红色帽子有 2 顶，所以蓝色帽子有 3 顶。

24. 答案：7。

分析：$3X=3C+2E$，$X-C=B-A=E-D$，所以 $E=3$，$X-C=2$，$D=1$，$B=4$，$A=2$，$C=5$，$X=7$。

25. 答案：82。

分析：$1+2+3+4=10$，$1+2+3+\cdots+20=210$，所以它共跳了 19 次，分别跳到 3，6，10，15，21，28，36，45，55，66，78，91，5，20，36，53，71，90，10 号，其中 10 和 36 重复，所以没到过的弹跳板有 82 个。

26. 答案：28。

分析：$9\times3+1=28$（人）。

27. 答案：9960。

分析：0～9 分别用 6、2、5、5、4、5、6、3、7、6 根，比该数分别多 6，多 1，多 3，多 2，持平，持平，持平，少 4，少 1，少 3，所以最大四位数是 9960。

28. 答案：472。

分析：6 个数的和 $=(200\times a+20\times a+2a)+(200\times b+20\times b+2b)+(200\times c+20\times c+2c)=222a+222b+222c=222(a+b+c)$，$3358-13\times222=472$。

29. 答案：700。

分析：$2+0+2+3=7$，$100\times7=700$。

30. 答案：55。

分析：前 4 种宝石每盒中至少有 2 种，所以最多可装 $(11+22+33+44)\div2=55$（个）。

5年级

1. 答案：1。

分析：原式 $=(9.87\div98.7)\times(321\div0.321)\times(0.654\div65.4)$

$=0.1\times1000\times0.01$

$=1$。

2. 答案：7。

分析：$3+4=9-2=1\times7=56\div8$，所以得数为 7。

3. 答案：14。

分析：$2023=41\times49+14$，$1+4+9=14$。

4. 答案：677。

分析：$2.\dot{0}2311\dot{5}$ 中，$2023=12\times168+7$，此时 $n=168\times5+5=845$。$2.02\dot{3}11\dot{5}$ 中，$2023=7\times289$，此时 $n=288\times3+5=869$。$2.0231\dot{1}\dot{5}$ 中，$2023=6\times337+1$，此时 $n=336\times2+5=677$。所以 n 最小为 677。

5. 答案：3。

分析：$2.7\div(1-0.1)=3$。

6. 答案：7。

分析：$(2023,875)=7$。

7. 答案：95。

分析：$56\div4+81=95$（米）。

8. 答案：40。

分析：$12\times2\div\left(1-\frac{2}{5}\right)=40$（千克）。

9. 答案：35。

分析：$(100+110)\div(2+4)=35$（只）。

10. 答案：28。

分析：$66\div2=33$，$120\div5=24$，$232\div8=29$，$(33+24-29)\div2\times2=28$（袋）。

11. 答案：1600。

分析：$2400-2400\div(8+1)\times3=1600$（米）。

12. 答案：6。

分析：甲顺水漂流的速度为 $3\div10=0.3$（千米/分），两船相遇需 $30\div0.3=100$（分钟），水速为 $0.3-10\div(100\div2)=0.1$（千米/分），0.1 千米/分 = 6 千米/时。

13. 答案：50。

分析：$\frac{6^2+8^2}{8^2}\times32=50$。

14. 答案：144。

分析：$576\div4=144$。

15. 答案：2023。

分析：如图所示，$EF=FC=CD=\cdots=NB=2AE$，所以 $AB=1+2022\div2\times2=2023$。

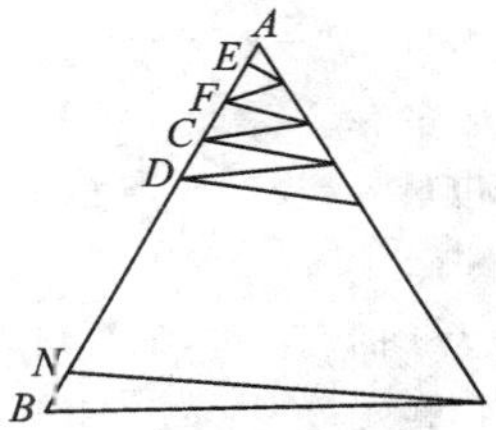

第 15 题图

16. 答案：6552。

分析：$(20-8)\div2=6$，$20^3-8^2\times6\times3-8^3+6^3=6552$。

17. 答案：18。

分析：$300\div3=100=2^2\times5^2$，有 $(2+1)\times(2+1)-1=8$（种）不同分法。

18. 答案：796。

分析：3 个质数中必有两个 2，所以第一个数为 $(999-4)\div5=199$，所求乘积为 $2\times2\times199=796$。

19. 答案：38165472。

分析：2、4、6、8 位是偶数，所以第 3、4 位是 4 的倍数，第 7、8 位是 8 的倍数，第 5 位是 5，$1+2+3+4+5+6+7+8=36$，所以第 7、8 位还是 3 的倍数，第 7、8 位只能是 7、2，第 4 位是 6，第 5、6 位是 6 的倍数，所以第 6 位是 4，考虑前 7 位是 7 的倍数。所以它是 38165472。

20. 答案:1。

分析:与 10+11+…+2023 的余数相同,即与 2014×2033÷2=1007×2033 除以 9 的余数相同,即与 8×8=64 除以 9 的余数相同,为 1。

21. 答案:71。

分析:两人年龄差是[1,2,3,4,5,6]=60 的倍数,所以慢羊羊今年 11+60=71(岁)。

22. 答案:34。

分析:$(ab)_9=(cd)_7$,$9a+b=7c+d$,$a+b=c+d$。所以 $4a=3c$,$a=3$,$c=4$,$(46)_7=34$,$(38)_9=35$,所以最大的数是 34。

23. 答案:60。

分析:由第三幅图知 $A+D=150$(克),由第二幅图知 D 为 40 或 60 或 80 克。所以 $D=80$ 克,$A=70$ 克,$C=40$ 克,$B=80+40-70=50$(克),$E=60$ 克。

24. 答案:B。

分析:B、C 矛盾,其中必恰有 1 个人来自魔鬼岛,所以 B 来自真理岛,C 来自魔鬼岛,F,G 矛盾,其中必恰有 1 个人来自魔鬼岛。

所以 A 来自魔鬼岛,D、E 来自真理岛,F 来自真理岛,G 来自魔鬼岛,故选 B。

25. 答案:164。

分析:$2023=7\times17^2$,所以棱长最小为(7+17+17)×4=164。

26. 答案:84。

分析:毛毛吼完一定有 32 盏灭,小砾吼完最少有 76−32=44(盏)灭,最多有 200−32−76=92(盏)灭,灰灰吼完最少有 11 盏灭,最多有 75 盏灭,阿奇吼完最少有 91−75=16(盏)灭,所以最多有 100−16=84(盏)亮。

27. 答案:20。

分析:最短边为 1 的有 1 种,最短边为 2 的有 2 种,最短边为 3 的有 3 种,最短边为 4 的有 4 种,最短边为 5 的有 4 种,最短边为 6 的有 3 种,最短边为 7 的有 2 种,最短边为 8 的有 1 种,共 1+2+3+4+4+3+2+1=20(种)。

28. 答案:110。

分析:从左边看,第一位只能是 0、1、2,第二位只能是 0、1、2、5(第一位是 2 时不能为 5),第三位只能是 0、1、2、5,第四位只能是 0、1、2(第三位是 5 时不能为 2)。

第一、二位有 3×4−1=11(种),两人看到的时刻不同,所以有 11×(11−1)=110(种)。

29. 答案:13。

分析:最大和最小数的和为 8×8−6×7=22,次大和次小数的和为 6×7−4×6=18。剩余 4 个数中最小数至少为 3。

有 3+4+5+12,3+4+6+11,3+4+7+10,3+4+8+9,3+5+6+10,3+5+7+9,3+6+7+8,4+5+6+9,4+5+7+8,共 9 种,其中 2 种情况中的最小数为 4。所以共有 $7+2C_3^2=13$(种)。

30. 答案:120。

分析:8=4+2+2=3+3+2。所以 $C_3^1\cdot(C_8^1+C_4^1)\cdot C_2^1+C_3^1\cdot C_8^1\cdot C_2^1=120$(种)。

⑥年级

1. 答案:686。

分析:原式$=90\times210\div\frac{100}{11}\times\frac{98}{11}\div27$

$=700\times\frac{98}{100}$

$=686$。

2. 答案:2023。

分析:原式$=\frac{17}{9\times26}\times17\times7\times11\times13\times\frac{18}{11}$

$=7\times17^2$

$=2023$。

3. 答案:251。

分析:原式$=\frac{1}{19}\times\left(17\frac{11}{13}+19\frac{2}{13}+1\right)+13\times19\frac{2}{13}$

$=2+249$

$=251$。

4. 答案:1。

分析:$\frac{1}{5+\frac{1}{1+x}}=\frac{2}{11}$,$\frac{1}{1+x}=\frac{1}{2}$,$x=1$。

5. 答案:5。

分析:$\frac{3}{4}=\frac{1}{2}+\frac{1}{5}+\frac{1}{20}$

$=\frac{1}{2}+\frac{1}{6}+\frac{1}{12}$

$=\frac{1}{2}+\frac{1}{8}+\frac{1}{8}$

$=\frac{1}{3}+\frac{1}{3}+\frac{1}{12}$

$=\frac{1}{3}+\frac{1}{4}+\frac{1}{6}$

$=\frac{1}{4}+\frac{1}{4}+\frac{1}{4}$,共 6 种。

6. 答案:561。

分析:积的数之和是 9 的倍数,所以积为 77688。$77688=2^3\times3^2\times13\times83$,所以这两个三位数是 $2^3\times3\times13=312$ 和 $3\times83=249$。所求和为 312+249=561。

7. 答案:E。

分析:灰兔送完后,灰兔、白兔的萝卜数量比为$\left(1-\frac{1}{4}\times2\right):1=1:2$。所以原来灰兔、白兔萝卜的数量比为$\left[1\div\left(1-\frac{1}{4}\right)\right]:\left[2+1-1\div\left(1-\frac{1}{4}\right)\right]=4:5$。选 E。

8. 答案:20。

分析:$\frac{2\times18+3\times12+7\times24}{2+3+7}=20$(元)。

9. 答案:20。

分析:水怪、毛怪合有 5 头 7 腿,4 种怪兽平均也是 5 头 7 腿,所以飞怪、火怪数量相同。毛怪、火怪一共有 $100\div5=20$(只)。

10. 答案:B。

分析:$30+42+78=150$(升),所以车多耗了 35 升油,$35=42\times\frac{5}{6}$。所以起、始点为 A、B(可交换)。故选 B。

11. 答案:38。

分析:阿杰速度变后,两只蜗牛的速度比交换。$1:\left(1+\frac{19}{81}\right)=81:100$,所以原来两只蜗牛速度比为 $9:10$。两家相距 $1\times2\times\frac{10+9}{10-9}=38$(米)。

12. 答案:296。

分析:$45\div5=9$,$(9-1)\div2=4$。

$\left(72\times\frac{1}{1+4+1}\div5+72\times\frac{4+1}{1+4+1}\div45\right)\times60+72=296$(千米)。

13. 答案:35。

分析:$2106\div2400=\frac{351}{400}=1-\left(\frac{7}{20}\right)^2$,所以 $n=100\times\frac{7}{20}=35$。

14. 答案:243。

分析:大半圆半径是三角形直角边的一半,小半圆直径是三角形斜边的一半,所以 $S_{阴}=40\times40\times\frac{1}{4}-\frac{1}{2}\times\pi\times(40^2\div8)+\frac{1}{2}\times\pi\times(40\div4)^2=400-50\pi=243$。

15. 答案:40。

分析:$160\div4=40$(平方米)。

16. 答案:240。

分析:如图所示,连接 EF。$S_{\triangle ASR}=\frac{1}{4}S_{\triangle AGF}=\frac{1}{24}S_{\triangle ABC}$,$\frac{PT}{AE}=\frac{GT}{GA}=\frac{GF}{GC}=\frac{1}{4}$,$S_{\triangle GPT}=\frac{1}{10}S_{\triangle GAE}=\frac{1}{32}S_{\triangle AGC}=\frac{1}{48}S_{\triangle ABC}$,$\frac{FQ}{AQ}=\frac{S_{\triangle GFE}}{S_{\triangle AGE}}=\frac{S_{\triangle AGF}}{S_{\triangle AGC}}=\frac{1}{4}$。

$\therefore S_{\triangle FQE}=\frac{1}{5}S_{\triangle AFE}=\frac{1}{20}S_{\triangle ABC}$。

$\therefore S_{阴}=\left(\frac{1}{4}-\frac{1}{20}+\frac{1}{24}+\frac{1}{48}\right)S_{\triangle ABC}=\frac{21}{80}S_{\triangle ABC}$。

$\therefore S_{\triangle ABC}=63\div\frac{21}{80}=240$。

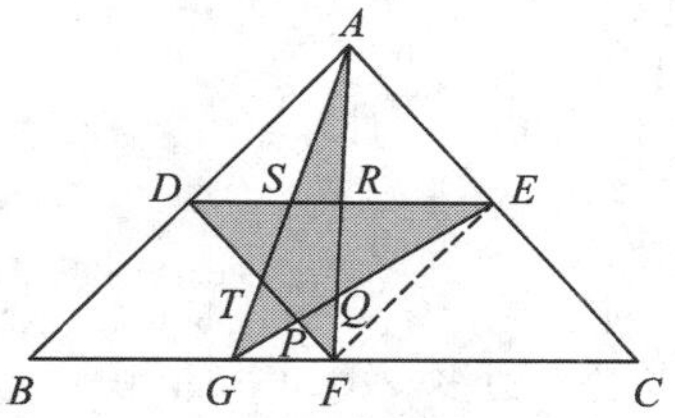

第 16 题图

17. 答案:7。

分析:放第二层时,放入的总体积不少于 12,放第三层时,放入的总体积不少于 24,所以 7 个小块都能放入。

18. 答案:60。

分析:若这个自然数含质因数 7,则必含质因数 11;若不含 7,则不含 11,乘以 7 或 11 后因数个数乘 2,$2=\frac{4}{2}=\frac{6}{3}$。所以含 2 个质因数 2,1 个质因数 3,$2=\frac{4}{3}\times\frac{3}{2}$。所以含 1 个质因数 5,这个数最小是 $2^2\times3\times5=60$。

19. 答案:44。

分析:最少为 $2+6+3+9+12+4+8=44$(次)。

20. 答案:1445。

分析:设这两个数的最大公因数为 a,两个数分别为 ax、$ay(x\leqslant y)$,则 $a(x+y)=a(xy+1)=2023$。

所以 $(x-1)(y-1)=0$,$x=1$,$a\mid2023$。所以当 $a=289$ 时,两数差最大为 $289\times(7-2)=1445$。

21. 答案:80。

分析:$1\underbrace{22\cdots2}_{n个2}1=11\times\underbrace{11\cdots1}_{n+1个1}$,$\underbrace{11\cdots1}_{n+1个1}$ 能被 $\underbrace{99\cdots9}_{9个9}$ 整除。所以 n 最小为 $9\times9-1=80$。

22. 答案:20。

分析:按最短边分类,有(1,5,5)(1,7,7)(2,3,4)(2,4,4)(2,4,5)(2,5,5)(2,6,7)(3,3,4)(3,3,5)(3,4,5)(3,4,6)(3,5,5)(3,5,6)(3,5,7)(3,6,6)(4,4,5)(4,4,7)(4,5,5)(4,5,6)(5,5,5),共 20 种。

23. 答案:289。

分析:大人国的 7 元能换小人国 5 元,所以只需考虑 N 除以 7 的余数,其中,余 0、余 1、余 3、余 4、余 5、余 6 不赚不赔。余 2 亏,余 4 赚。

所以有 $2023\div7=289$(种)情况。

24. 答案:49。

分析:24 都不为 0 时,个位为 0 也满足。

差为 1,和为 3,5,7,9,11,13,15,17,8 种;

差为 2,和为 4,6,8,10,12,14,16,7 种;

差为 3,和为 9,15,2 种;

差为 4,和为 8,12,2 种;

差为 6,和为 12,1 种;

共 $(8+7+2+2+1)\times2+9=49$(个)。

25. 答案:810。

分析:如图所示,考虑中部的棱 AB 从起点到 A 有 $2\times5-1=9$(种),从 B 到终点有 $2\times5-1=9$(种),所以共 $9\times10\times9=810$(种)路线。

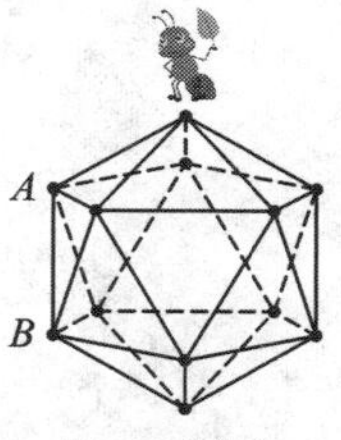

第 25 题图

26. 答案:2048。

分析:如图所示,做记号的 11 个方格内任意填,其他格都唯一确定,所以共有 $2^{11}=2048$(种)。

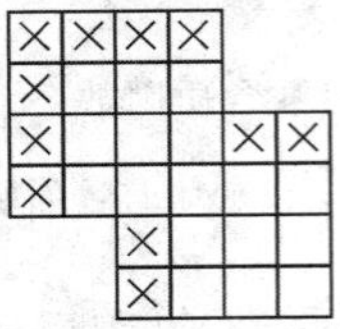

第 26 题图

27. 答案:16。

分析:将任一行(列)的最大数叫作“大数”,若有两个大数同行(列),则 $A\geqslant[(2+1)\times2+3]\times2=18$,若都不同行(列),如图(1)。其余 6 个数至少为 1、2、3、4、5、6。$1+2+3+\cdots+6=21=7\times3$,所以 A 至少为 $8\times2=16$。构图如图(2)。

大		
	大	
		大

(1)

16	5	3
2	12	4
6	1	14

(2)

第 27 题图

28. 答案:968。

分析:这个数是[4,14,44]=308 的倍数,小美和正确答案相差[14,100]=700,所以这个数是 $308\times3=924$,小洋猜的是 $924+44=968$。

29. 答案:1343。

分析:最多可增加

$(120+116+112+\cdots+92)+(40+41+\cdots+50)$

$=(120+92)\times8\div2+(40+50)\times11\div2$

$=848+495$

$=1343$。

30. 答案:14。

分析:冠军至多亲手淘汰 2 名比自己编号小的,更小的编号由他们俩淘汰,每轮只能直接或间接淘汰 2 人,$128=2^7$,共比 7 轮,所以冠军最大是 $7\times2=14$(号)。

希望联盟邀请赛

1年级

1. 答案:12。

2. 答案:3。

3. 答案:15。

分析:$6+7+9-3-4=15$。

4. 答案:2。

5. 答案:D。

6. 答案:9。

分析:$6\div2\times3=9$。

7. 答案:11。

分析:$3+2+3+2+1=11$(个)。

8. 答案:40。

分析:$1+4+9+14+12=40$。

9. 答案:5。

10. 答案:A。

分析:$1+2+3+\cdots+13=91$。选 A。

11. 答案:16。

分析:$6\times6-20=16$(个)。

12. 答案:3。

13. 答案:B。

14. 答案:F。

15. 答案:12。

分析:$6\times2=12$(颗)。

16. 答案:10。

分析:$7+1+2=10$(只)。

17. 答案:8。

分析:$6+2=8$(个)。

18. 答案:18。

分析:$4+2+3+3\times3=18$(个)。

19. 答案:B。

分析:如图所示。

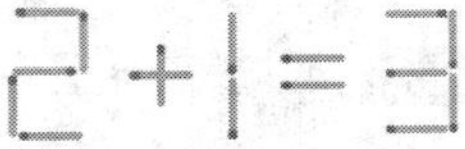

第 19 题图

20. 答案:B。

21. 答案:4。

分析:如图,它共采了 4 朵。

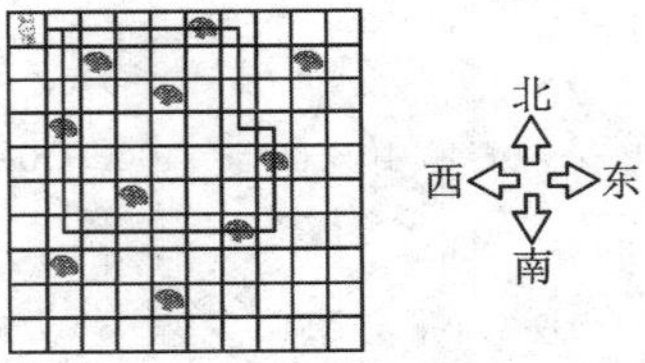

第 21 题图

22. 答案:C。

23. 答案:8。

分析:$(7+5+4)\div2=8$(根)。

24. 答案:13。

分析:如图,共可数出 13 对。

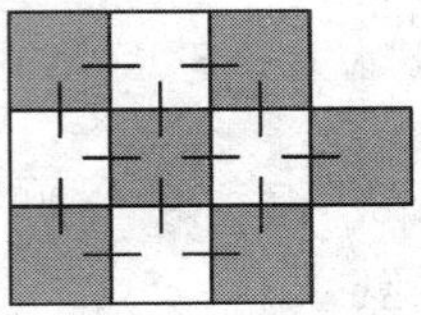

第 24 题图

25. 答案:30。

分析:$42-2-10=30$(件)。

2年级

1. 答案:1;3。

分析:右边比左边多,$2+10+6+8+3-(5+7+3+9+1)=4$,所以互换的右边比左边多 2,将左边的 1 与右边的 3 互换。

2. 答案:63。

分析:31×2+1=63。

3. 答案:D。

4. 答案:150。

分析:2000×3÷40=150(千克)。

5. 答案:412。

6. 答案:D。

分析:如图,选 D。

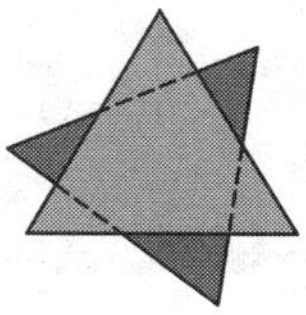

第 6 题图

7. 答案:416。

分析:20×23-(20+23)-1=416(个)。

8. 答案:13。

分析:(2+9×3-3)÷2=13。

9. 答案:0。

分析:如图所示,注意到被减数万位上是 0,所以所求乘积为 0。

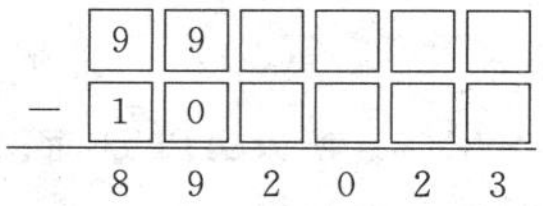

第 9 题图

10. 答案:4。

分析:8×6÷12=4(次)。

11. 答案:30。

分析:39-27=9+3,所以老师 27+3=30(岁)。

12. 答案:13。

分析:[30-(10-6)]÷2=13(克)。

13. 答案:A。

分析:12:00 时喝第 4×4+1=17(次),所以选 A。

14. 答案:F。

分析:如图,选 F。

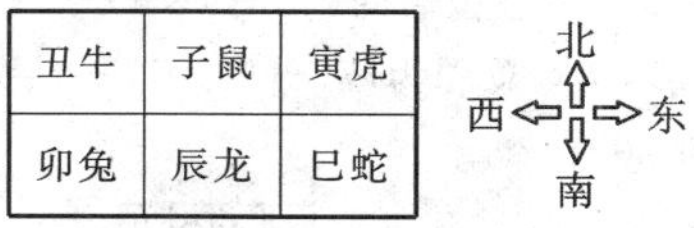

第 14 题图

15. 答案:3。

16. 答案:5。

分析:(2+4+4)÷2=5(张)。

17. 答案:2。

分析:第三个数是 23-12-7=4;第二个数是 12-7-4=1;第一个数是 7-4-1=2。

18. 答案:56。

分析:24×2+8=56(个)。

19. 答案:12。

分析:如图,最多 12 个。

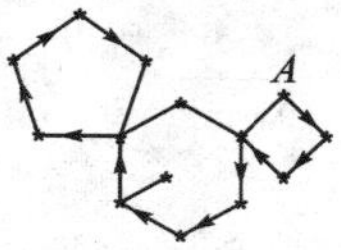

第 19 题图

20. 答案:16。

分析:2 块的有 2 个;3 块的有 2 个;4 块的有 4 个;6 块的有 4 个;8 块的有 2 个;9 块的有 1 个;12 块的有 1 个。共 2+2+4+4+2+1+1=16(个)。

21. 答案:30。

分析:如图,最大为 30 厘米。

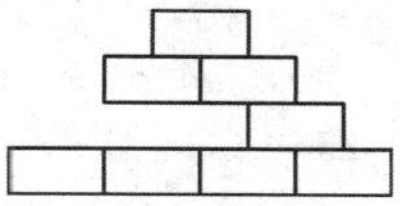

第 21 题图

22. 答案:15。

分析:6×5÷2=15(种)。

23. 答案:3。

分析:61=2×3+5×2+9×5,所以有 3 次得 2 分。

24. 答案:8。

分析:(12+4)÷(8-2×3)=8(只)。

25. 答案:2023。

分析:四人年龄和是王五的四倍多 9 岁。2013+40-(129-9)÷4=2023。

③年级

1. 答案:223。

分析:原式=(18+82)+(47+53)+23=223。

2. 答案:C。

3. 答案:D。

4. 答案:1452。

分析:99÷(132-123)×132=1452。

5. 答案:13。

分析:4×3-2+3=13。

6. 答案:77。

分析:(20÷5÷3-6÷6÷3)×7×11=77。

7. 答案:8095。

分析:2024×3+2023=8095。

8. 答案:24。

分析:一块的有 5 个,二块的有 7 个,三块的有 6 个,四块的有 2 个,六块的有 3 个,九块的有 1 个,共 5+7+6+2+3+1=24(个)。

9. 答案:15。

分析:(18×17+12×12)÷(18+12)=15(元)。

10. 答案:73。

分析:36÷9=4,(10+4)÷2=7,(10-4)÷2=3,原数为 73。

11. 答案:10。

分析:$\begin{array}{r} 1\ 0\ 8\ 9 \\ \times \quad\quad\ \ 9 \\ \hline 9\ 8\ 0\ 1 \end{array}$,所以 1+0×8+9=10。

12. 答案:52。

分析:4×4+4×5+4×4=52(个)。

13. 答案:341。

分析:21×21－10×10=341(个)。

14. 答案:B。

分析:$\begin{matrix}2&0\\2&3\end{matrix} \Rightarrow \begin{matrix}2&3\\2&0\end{matrix} \Rightarrow \begin{matrix}3&2\\2&0\end{matrix} \Rightarrow \begin{matrix}3&0\\2&2\end{matrix} \Rightarrow \begin{matrix}0&3\\2&2\end{matrix} \Rightarrow \begin{matrix}0&2\\2&3\end{matrix} \Rightarrow \begin{matrix}2&0\\2&3\end{matrix}$,所以 6 次一循环,选 B。

15. 答案:200。

分析:29+27+25+23+21+19+17+15+13+11=200。

16. 答案:8090。

分析:(2023+1000+1022)×2=8090。

17. 答案:90。

分析:(40+21－1)÷2×3=90(个)。

18. 答案:90。

分析:15÷(100－60)×(100+40+60+40)=90(米)。

19. 答案:6。

分析:(10－4)÷(6－2)×(10－2)－(10－4)=6(米)。

20. 答案:34。

分析:9×10－7×8=34(个)。

21. 答案:C。

22. 答案:14。

分析:1 积分卡有 0、5、10、15 四种,考虑 10 积分卡张数,共有 4+4+4+2=14(种)。

23. 答案:76。

分析:36÷(5×2－1)=4(只),羊有 4×2×5=40(只),牛有 40÷2+16=36(头),共 40+36=76(只/头)。

24. 答案:65。

分析:倒立得到的数比原来多(47－45)×3=6,所以倒立后显示的是 65。

25. 答案:16。

分析:(76+26×2)÷(6+2)=16(个)。

4年级

1. 答案:34034。

分析:原式=(697+304)×34=34034。

2. 答案:25。

分析:17×4=68=93－25。

3. 答案:225。

分析:2023=9×224+7,所以最少有 225 位。

4. 答案:1331997。

分析:这样的七位数必有 3 个 2,所以 3332220－2000223=1331997。

5. 答案:79608。

分析:856×93=79608。

6. 答案:500。

分析:从第三个数起,每个数都是(8+2)÷2=5,所以和为 5×100=500。

7. 答案:99。

分析:(21+19)÷(15－10)×10+19=99(个)。

8. 答案:209。

分析:(2023－349×4)÷(7－4)=209(个)。

9. 答案:50。

分析:1000－1000÷(1000－360)×(1000－392)=50(米)。

10. 答案:231。

分析:欢欢跳了 1 份,则乐乐跳了 3 份少 6 个,阳阳跳了 9 份少 12 个。(333+12+6)÷(1+3+9)=27,27×9－12=231(个)。

11. 答案:5。

12. 答案:E。

分析:5 条直线最多有 5×4÷2=10(个)交点。所以选 E。

13. 答案:2625。

分析:75=3×5×5。所以 $ABCD$ 面积为(5×3×5)×(5×2+5×3+5×2)=75×35=2625。

14. 答案:74。

分析:3×5+5×9+(9×9－5×5)÷4=15+45+14=74。

15. 答案:48。

分析:如图,正六边形面积为 10÷5×24=48。

16. 答案:C。

17. 答案:146。

分析:共有 51÷3=17(人),所以修正后得分为 2023÷17+3×9=146(分)。

18. 答案:560。

分析:有 4 个十进位后的(83+9×4)÷7－9=8,所以这 7 个数为 77～83,总和为(77+83)×7÷2=560。

19. 答案:209292。

分析:如图。

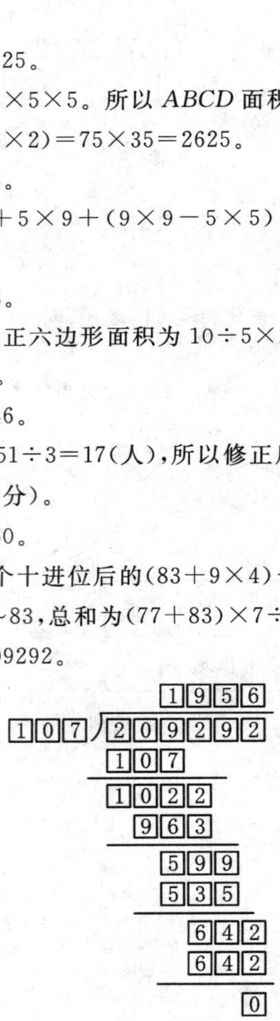

第 19 题图

20. 答案:945。

分析:9×7×5×3×1=945(个)。

21. 答案:3。

分析:“?”处最小为5,最大为7,共有3种可能。

22. 答案:30。

分析:如图所示,共有2×2×6+1×1×6=30(种)。

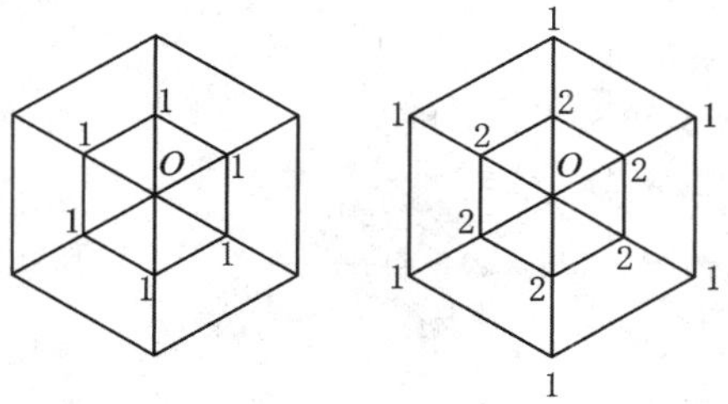

第22题图

23. 答案:3。

分析:$2^2<5$,所以至少需3只。例如,A猫喝1、2号药水,B猫喝2、3号药水,C猫喝3、4号药水。

24. 答案:8。

分析:$X=3$,$Y=5$,3+5=8。

25. 答案:153。

分析:至少有8人低于170厘米,所以第二、第三矮的人最多163厘米、164厘米。最矮的人不低于160×3-163-164=153(厘米)。

5年级

1. 答案:12138。

2. 答案:8086。

3. 答案:90。

分析:积不小于4×5×6=120,小于5×6×7=210,共210-120=90(种)可能值。

4. 答案:1683。

分析:$1+0.2+0.002+\cdots=1\frac{20}{99}=2023\div1683$。

5. 答案:20。

分析:C-D=2,B-D=5,A+D=11,所以C=(17-11)÷2=3,D=3-2=1,B=1+5=6,A=11-1=10,A+B+C+D=10+6+3+1=20。

6. 答案:9997。

分析:这个数除以5余2除以6余1,所以它除以30余7,最大为30×333+7=9997。

7. 答案:113。

8. 答案:96。

分析:最大为$2^6\times3=96$。

9. 答案:34。

分析:176+253+512-23=918=$2\times3^3\times17$,n是918的约数,经检验,n最大为34。

10. 答案:5。

分析:除2月外,“幸福月”有5个周日,一年最多有53个周日。若有53个,则2月必不是“幸福月”,最多有53-4×12=5(个)“幸福月”,若有52个,则最多有52-4×12+1=5(个)“幸福月”。

11. 答案:18。

分析:看作数字谜得到157894736842105263×2=315789473684210526,共18位数。

12. 答案:72。

分析:2×2×9-6×6=72(种)。

13. 答案:7。

分析:如图,$S_1=S_2=6$,$ED=(6+6)\div4+4=7$。

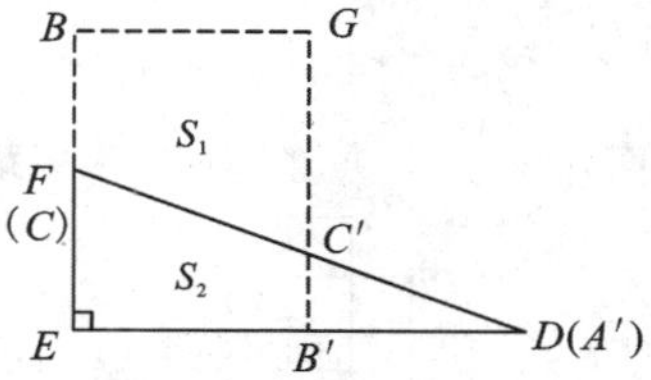

第13题图

14. 答案:9。

分析:如图,$12\times\frac{3}{4}=9$。

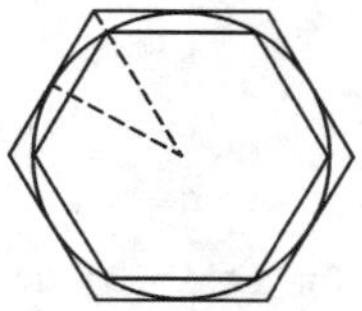

第14题图

15. 答案:3。

分析:如图,$625=25^2$,$225=15^2$,$S_{\triangle AGE}=S_{\triangle CGE}=165$,$AG=165\times2\div15=22$,$GB=25-22=3$。

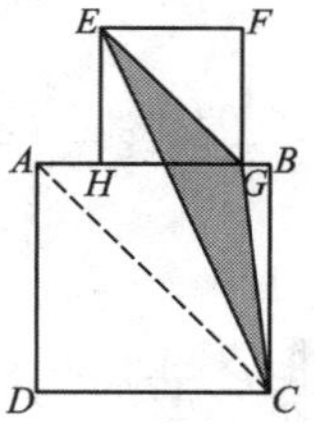

第15题图

16. 答案:16。

分析:当图(2)涂色的3个面共点时,有3+12=15(个),当图(2)涂色的3个面不共点时,有4+12=16(个),所以最多有16个。

17. 答案:2317。

分析:$\overline{A00B}-C=D\times\overline{CC}\times\overline{CB}\times A$,所以$B-C=A$,$1001=D\times\overline{CC}\times\overline{CB}$.$D=7$,$C=1$,$B=3$,$A=2$,$\overline{ABCD}=2317$。

18. 答案:2。

分析:150-5×30=2(朵)。

19. 答案:4。

分析:$(v_甲-v_乙)t=32$,$(v_甲-v_乙+2)(t-3)=32$,$(v_乙-1)(t-3)=v_乙\cdot t-12$,所以$3v_乙+t=15$,$3v_甲-t=9$,

$v_甲+v_乙=8$，$32÷8=4$(小时)。

20. 答案：18。

分析：枚举知每人最少带 18 元。

21. 答案：11。

分析：$51=4×4+5×7$，所以共下了 $4+7=11$(局)。

22. 答案：13。

分析：$35×\left(1-\frac{2}{7}-\frac{1}{5}-\frac{1}{7}\right)=13$(人)。

23. 答案：1986。

分析：1→2→9→8→1，3→6→7→4→3，5→0→5，所以加密 4 次还原，密码为 1986。

24. 答案：99。

分析：如图，标数得有 99 条不同的最短路线。

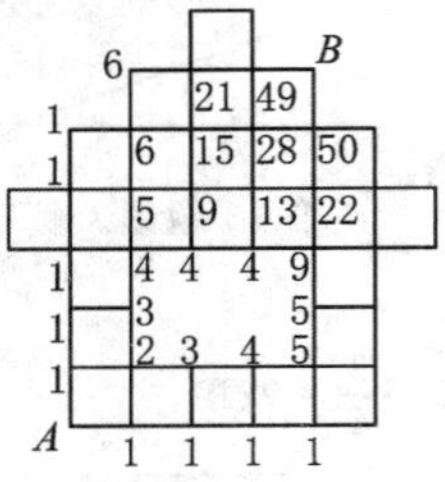

第 24 题图

25. 答案：60。

分析：$8*9=8*3+8*6=8*3+8*3+8*3=(3*8)×3=(3*2)×4×3=5×4×3=60$。

⑥年级

1. 答案：21。

分析：原式 $=(16+19)×\frac{3}{5}=21$。

2. 答案：2023。

分析：$\dfrac{1}{2-\dfrac{2}{3-\dfrac{3}{x}}}=\dfrac{3033}{4043}$，$2-\dfrac{2}{3-\dfrac{3}{x}}=\dfrac{4043}{3033}$，$\dfrac{2}{3-\dfrac{3}{x}}=\dfrac{2023}{3033}$，$3-\dfrac{3}{x}=\dfrac{6066}{2023}$，$\dfrac{3}{x}=\dfrac{3}{2023}$，$x=2023$。

3. 答案：1。

分析：原式 $=\frac{2023}{2030}×\frac{290}{4046}×14=1$。

4. 答案：26。

分析：$\frac{1}{27}=\frac{37}{999}<\frac{1}{963}+\frac{1}{964}+\cdots+\frac{1}{999}<\frac{37}{962}=\frac{1}{26}$，所以原式 $=26$。

5. 答案：44。

分析：$\frac{45}{46}-\frac{44}{45}<\frac{1}{2023}<\frac{44}{45}-\frac{43}{44}$，所以最多有 44 个。

6. 答案：399996。

分析：最大为 399996。

7. 答案：400。

分析：$1000×\left(1-\frac{1}{2}\right)×\left(1-\frac{1}{5}\right)=400$(个)。

8. 答案：1。

分析：这个 100 位数是 $\underbrace{142857142857\cdots}_{16个142857}1428$，$428×17-571×16-1=-1861$，除以 7 余 1。

9. 答案：405。

分析：每次亏 5 亏 3 或赚 2，所以至少下了 $2020÷5+1=405$(次)。

10. 答案：12。

分析：$180÷(4^2-1^2)=12$。

11. 答案：12。

分析：$432×3.5×2×\frac{576}{576+432}=12^3$，所以棱长为 12 厘米。

12. 答案：12。

分析：如图，$\frac{AB}{BC}=\frac{1}{2}$，所以 $S_阴=6×6-3×2÷2×8=12$。

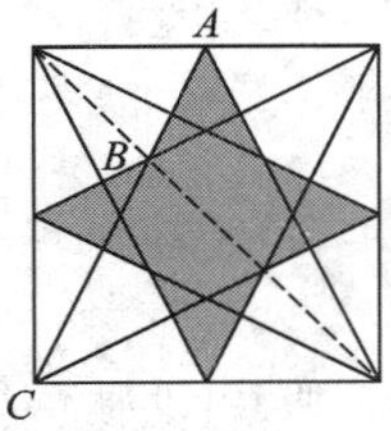

第 12 题图

13. 答案：24。

分析：如图，$S_{四ABCD}=(10^2-2^2)÷4=24$。

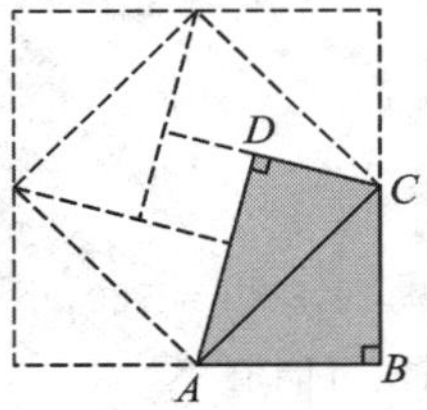

第 13 题图

14. 答案：9。

分析：$5÷\left(\frac{1-45\%}{45\%}-\frac{1-60\%}{60\%}\right)=9$(只)。

15. 答案：36。

分析：$(6+2)×(1+50\%)-6×(1+80\%)=1.2$，$6×(1+80\%)-(6+1)×(1+50\%)=0.3$，$1.2÷0.3×(6+1)+(6+2)=36$(根)。

16. 答案：20%。

分析：$\frac{200×10\%+100×40\%}{300}=20\%$。

17. 答案：105。

分析：设全长为 S，扶梯速度为 v。

$\frac{S}{v_甲+v_乙}\cdot v_甲=60$，$\frac{S}{v_甲+v_乙}(v_乙-v)=100$，$\frac{S}{2v_甲+v_乙}\cdot 2v_甲=90$，所以 $v_甲:v_乙=1:2$，$v_甲:v_乙:v=3:6:1$，$S=180$。$180-90×\frac{5}{6}=105$(级)。

18. 答案：16。

分析：如图，$v_甲 : v_乙 = 9 : 7$，$AB = 9\times 8 = 72$(千米)，$72\times 2\div 9 = 16$(千米/时)。

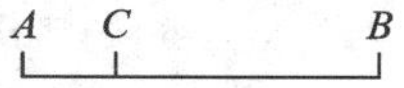

第 18 题图

19. 答案：1。

分析：$3+4+5+6+7-2-2=21$，除以 5 余 1。

20. 答案：3。

分析：第二行第 2023 个数即兔子数列第 4046 个数。兔子数列除以 5 的余数列为 1，1，2，3，0，3，3，1，4，0，4，4，3，2，0，2，2，4，1，0。20 个一循环，第 4046 个余 3。

21. 答案：168。

分析：$2(C_4^1\cdot C_6^2+C_4^3\cdot C_6^1)=168$(种)。

22. 答案：6。

分析：如图，$A=(92-23-29)\div 2=20$，$\begin{cases}9+2B+C=23\\B+2C+D=20\\C+2D+11=29\end{cases}$，

解得$\begin{cases}B=5\\C=4\\D=7\end{cases}$，"?"处填 $7-4+3=6$。

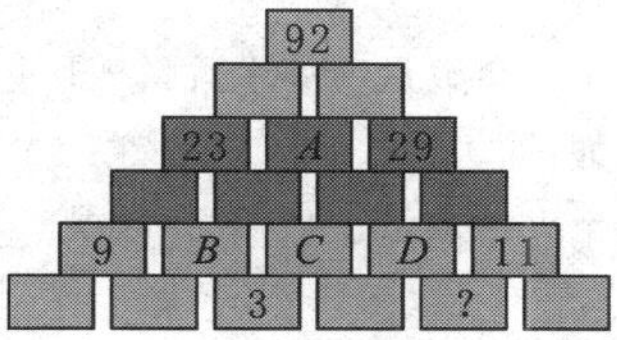

第 22 题图

23. 答案：1100。

分析：$C_{20}^3-4C_5^3=1100$(个)。

24. 答案：C。

分析：$\frac{A_7^3}{A_9^3}=\frac{7\times 6\times 5}{9\times 8\times 7}=\frac{5}{12}$，选 C。

25. 答案：65。

分析：$\frac{n(n+1)}{2}\geqslant 2023$，$\frac{n(n+1)}{2}$ 为奇数，所以 n 最小为 65。

2023年 "优才杯"暑秋数学学情诊断

1年级

1. 答案：8。

分析：从第三项开始，每一项都是数列中前相邻两项之和，"?"处数字为 $3+5=8$。

2. 答案：U。

分析：按 26 个字母顺序寻找即可。

3. 答案：12；51。

分析：左右两端的"1"不变，中间"2""5"两个数字是轴对称的，翻转回来数字不变。

4. 答案：15。

分析：小朱家住在 $10+5=15$(楼)。

5. 答案：D。

分析：根据条件(1)可知豆豆和庆庆有两种可能：1 号＋4 号或 2 号＋3 号；根据条件(2)可知皮皮可以坐 2 号或 4 号；根据条件(3)可以确定皮皮坐 2 号，豆豆坐 4 号，庆庆坐 1 号，那么康康坐 3 号座位。

6. 答案：2。

分析：假设芳芳 10 岁，那么阳阳 7 岁，燕燕 9 岁，燕燕比阳阳大 2 岁。

7. 答案：5。

分析：美美前面的同学和美美自己共有 7 人，那么美美后面有 $12-7=5$(名)同学。

8. 答案：C。

分析：$6=1+5$，$8=1+2+5$，$16=2+5+9$；13 个豆币无法用这四种面额钱币各一枚组成，所以选 C。

9. 答案：15。

分析：经观察，这三个面最大可以为 6、5、4，因此点数之和最大是 $6+5+4=15$。

10. 答案：A。

分析：题图(1)(2)(3)分别为 B、C、D 三个选项不符合的地方，故选 A。

第 10 题图

11. 答案：20914。

分析：飞船上的数字对应的是四位同学名字后三个字母在字母表中的顺序排列。

12. 答案：3。

分析：如果两人都赢了 5 局，那么两人的棒棒糖数量不变；如果小珂赢 6 局，小星赢 4 局，那么小珂有 12 根，小星有 8 根；如果小珂赢 7 局，小星赢 3 局，那么小珂有 14 根，小星有 6 根。小星共赢了 3 局。

2年级

1. 答案：(1)210。(2)29。

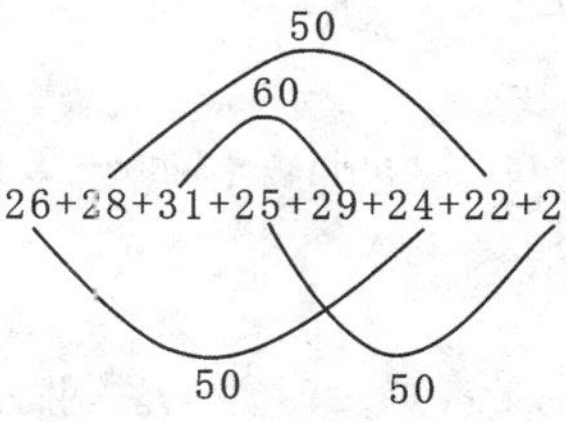

分析：(1)26+28+31+25+29+24+22+25=210(公斤)。

(2)

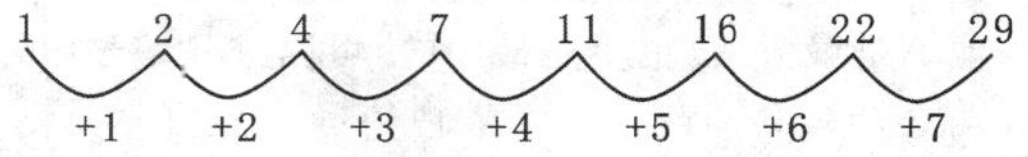

2. 答案：5；30。

分析：下午 4 点即 16:00，16:00－8:30＝7:30，也就是

7 小时 30 分钟，中午休息了 2 小时，

7 小时 30 分减去 2 小时，即 5 小时 30 分钟。

3. 答案：8。

分析：绳子对折两次被分为 4 段，每段长 6 米，总长度：4×6=24(米)。折成 3 折后每段长度为：24÷3=8(米)。

4. 答案：6。

分析：由第 2 个天平可知，1 个=3 个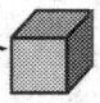，所以2 个=6 个，2 个=1 个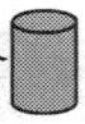，所以 1 个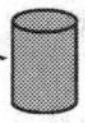=2 个=6 个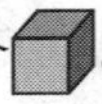。

5. 答案：17。

分析：单块的三角形有 14 个，两块组合的三角形有 3 个，总数：14+3=17(个)。

6. 答案：4。

分析：舒舒锯的次数：10−1=9(次)。根据对应关系"舒舒锯 3 次所用的时间和贝贝锯 1 次所用的时间相同"可得：贝贝锯的次数：9÷3=3(次)。因此锯成了 3+1=4(段)。

7. 答案：B。

分析：小猴与小兔相邻，小兔和小狗相邻有两种情况，如下所示：

小猴，小兔，小狗　小狗，小兔，小猴

因为小猴和小熊不相邻，所以小熊只能和小狗相邻，又因为小熊和小羊不相邻，所以小羊只能和小猴相邻。

8. 答案：A。

分析：如题图所示，首先观察展开图，ab 边和 bc 边应该重合，排除 B、C 两个选项。与绿色三角形长边相邻的是空白正方形，排除 D 选项，所以答案是 A。

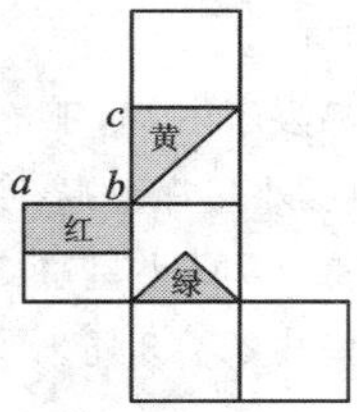

第 8 题图

9. 答案：3。

分析：七个数字之和是 1+2+3+5+6+7+9=33，三条连线数字和是 12+12+12=36，三条线上参宿一和参宿三都被加了两次，所以多出的数字和即为参宿一和参宿三的数字之和：36−33=3。

10. 答案：8。

分析：由 A 的话可知 A 的编号是 3 排在正中间；由 B 的话可知 B 和 C 的编号为(1,5)或(2,4)的组合；结合 C 说他不是最大的，也不是最小的，可以排除编号(1,5)，那么 B 和 C 的编号为(2,4)，D 和 E 的编号为(1,5)，又因为 E 没 D 大，所以 D 是 5，E 是 1，因此 A+D=3+5=8。

11. 答案：5。

分析：若豆豆有 1 块，翻 1 倍是 2 块，康康 20 块，符合题意。

若豆豆有 3 块，翻 1 倍是 6 块，康康 16 块，符合题意。

若豆豆有 5 块，翻 1 倍是 10 块，康康 12 块，符合题意。

若豆豆有 7 块，翻 1 倍是 14 块，康康 8 块，符合题意。

若豆豆有 9 块，翻 1 倍是 18 块，康康 4 块，符合题意。

若豆豆有 11 块，翻 1 倍是 22 块，康康 0 块，不符合题意。

则共有 5 种可能。

12. 答案：9。

分析：由(1)(2)(3)可知：

小鱼数量>大鱼数量

虾米数量>小鱼数量

大鱼数量+小鱼数量>虾米数量

再根据(4)：一旦它们中的任何一种动物增加 1 只，都会打破这种平衡，可得：

小鱼数量=大鱼数量+1

虾米数量=小鱼数量+1=大鱼数量+1+1

大鱼数量+小鱼数量=虾米数量+1

那么：

大鱼数量+小鱼数量=虾米数量+1

可以替换为：

大鱼数量+大鱼数量+1=大鱼数量+1+1+1

即：

大鱼数量=2

可知，大鱼 2 条，小鱼 3 条，虾米 4 只，和为 9。

3年级

1. 答案：8。

分析：左+右+中=左×右，图(4)：4+20+右=4×右，则？=8。

2. 答案：7；2。

分析：38−8=30(岁)，30÷(3−1)=15(岁)，15−8=7(年)；30÷(6−1)=6(岁)，8−6=2(年)。

3. 答案：20。

分析：增加了 3 辆相同的卡车后，卡车数量为 7 辆。

4 辆大卡车，7 趟共运 96 吨；7 辆大卡车，4 趟也共运 96 吨。

7 辆大卡车，运 480 吨需要：(480÷96)×4=20(趟)。

4. 答案：27。

分析：正向 12+5=17(个)，斜向 8+2=10(个)，共 17+10=27(个)。

5. 答案：3。

分析：5 月有 31 天，有完整的 4 周，余 3 天。若有 5 个星期二和 5 个星期日，则该月的第一天是星期日，25÷7=3(周)……4(天)，25 号同该月的第四天，即 25 号是星期三。

6. 答案：6。

分析：1+3+8=12，1+4+7=12，1+5+6=12，2+3+7=12，2+4+6=12，3+4+5=12。

7. 答案：85。

分析：仔细观察图形，可发现，第 2 个图比第 1 个图增加了 4 个正方形，第 3 个图比第 2 个图增加了 8 个正方形，以此类推，相邻两个图案正方形数量的差依次是 4、8、12…差每次增加 4。第 7 个图案正方形数量：1+4+8+12+16+20+24=85(个)。

8. 答案：19。

分析：第 1 次，康康、和和过，用时 3 分钟；

第 2 次，康康回去送手电筒，用时 2 分钟；

第 3 次，依依、豆豆过，用时 8 分钟；

第 4 次，和和回去送手电筒，用时 3 分钟；

第 5 次，康康、和和过，用时 3 分钟。

共 3+2+8+3+3=19(分钟)。

9. 答案：32。

分析：平移法，如题图，平移后组成了一个正方形，边长为 4+2+2=8(厘米)，则周长为 8×4=32(厘米)。

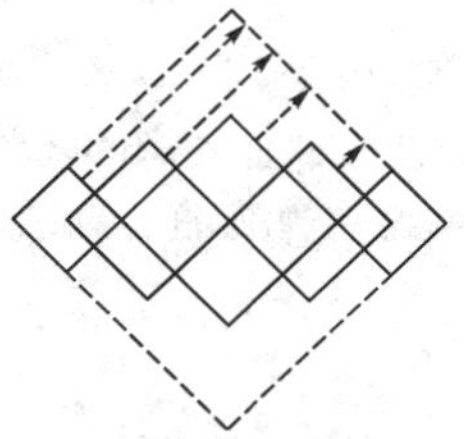

第 9 题图

10. 答案：42。

分析：原本安安比康康多 10×2−4=16(块)，康康给安安 10 块后，安安比康康多 16+10×2=36(块)，现在康康有(36−4)÷(3−1)=16(块)，安安有 16×3+4=52(块)，原来安安有 52−10=42(块)。

11. 答案：37。

分析：

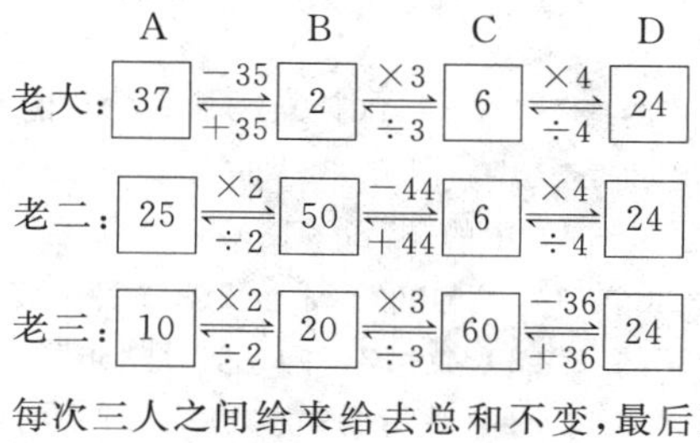

每次三人之间给来给去总和不变，最后三人一样多，即每人 72÷3=24(元)。

C 列老大：24÷4=6(元)，老二：24÷4=6(元)，老三：72−6−6=60(元)；

B 列老大：6÷3=2(元)，老三：60÷3=20(元)，老二：72−20−2=50(元)；

A 列老二：50÷2=25(元)，老三：20÷2=10(元)，老大：72−25−10=37(元)。

12. 答案：4。

分析：所有数的和为 1+2+3+4+5+6+7+8+9+10=55，3×公共和=所有数和+重数和，即 3×公共和=55+重数和。

中间 2 个重数最小时，公共和最小，枚举尝试，重数和是 5 时，公共和最小，最小为(55+5)÷3=20；中间 2 个重数最大时，公共和最大，枚举尝试，重数和是 17 时，公共和最大，最大为(55+17)÷3=24；因此公共和的最小值和最大值相差：24−20=4。

13. 答案：1。

分析：学+而=14，而+之=16，可得“而”=9，“之”=7，“学”=5；此时剩下 1、2、3、4、6、8，习×不=24，8×3=24 6×4=24，根据减法算式，“不”是其中较小的数得到“不”是 3 或者 4；当“不”是 4 时，“习”是 6，8÷2=8−4，此时剩下 1，3，不能组成差为 4 的算式，所以“不”是 3，“习”是 8，6÷2=6−3=4−1，算式成立，“时”代表的数字是 1。

14. 答案：12。

分析：6 张纸牌中 2 个奇数 4 个偶数，只有康康拿的是 2 个奇数时，才可以判断其他两人手里 2 张牌的和一定是偶数，所以康康拿的是 3 和 5，和为 8；通过和和的话可以判断依依拿的是 2 和 6，所以和和拿的是 4 和 8，和为 12。

15. 答案：15。

分析：依次枚举，有 123、234、567、268、126、265、651、512、237、376、762、623、437、568、768，15 种不同的情况。

4年级

1. 答案：460。

分析：2×0×2×3+20×23

=20×23

=460。

2. 答案：75。

分析：归一问题，6 月份有 30 天，猫数量不变，30 天是 2 天的 15 倍，买 5×15=75(条)鱼。

3. 答案：76。

分析：如题图所示，原图形周长是(19×2)×2=76(厘米)。(虚线是折痕)

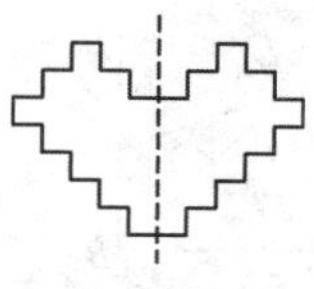

第 3 题图

4. 答案：16。

分析：地铁运行时间为 40÷160=0.25(小时)，0.25(小时)=15(分钟)；一共需要 15+1=16(分钟)。

5. 答案：9。

分析：如图所示，当哥哥是弟弟现在的年龄时，弟弟的年龄是 1 份，哥哥的年龄是 3 份，所以年龄差为 2 份；年龄差不变，则弟弟到哥哥现在的年龄时，弟弟的年龄是 5 份，哥哥的年龄是 7 份，两人的年龄和为 5+7=12(份)，则每份为36÷12＝3(岁)，那么今年弟弟的年龄为 3×3＝9(岁)。

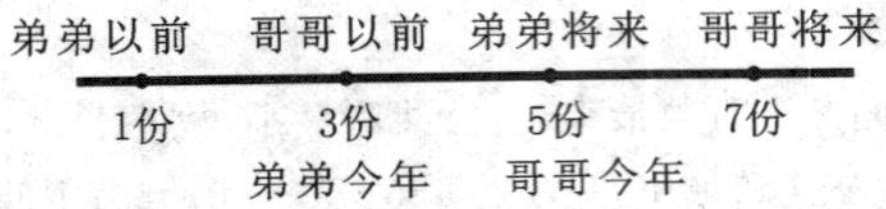

第 5 题图

6. 答案：10。

分析：相当于从 0～8 中取出 3 个数(可以重复)并且和是 8，经枚举如下：

(0，0，8)，(0，1，7)，(0，2，6)，(0，3，5)，(0，4，4)，(1，1，6)，(1，2，5)，(1，3，4)，(2，2，4)，(2，3，3)，共 10 种情况。

7. 答案：18。

分析：从两辆绿色小火车开始，一个周期中依次有 2 辆绿色、4 辆蓝色、3 辆红色共 2＋4＋3＝9(辆)，桦桦能看到(115＋1)÷2－1＝57(辆)，57÷9＝6(组)……3(辆)(2 绿 1 蓝)，则其中有 3×6＝18(辆)红色小火车。

8. 答案：714。

分析：图中共 7 类正方形，设边长分别是 1 份、2 份、3 份(蓝色)、5 份、8 份(绿色)、13 份、21 份，绿色正方形与蓝色正方形边长差是 8 份－3 份＝5 份＝20÷4＝5，则 1 份＝1。那么 7 类正方形边长分别是 1、2、3、5、8、13、21，大长方形长是 13＋21＝34，宽是 21，面积是 34×21＝714。

9. 答案：36。

分析：满足 3 种，不满足 10 个时，最多吃 9＋9＋9＋8＝35(个)；满足 10 个，不满足 3 种时，最多吃 20＋13＝33(个)；在最不利情况下，要保证两个条件都满足需要 35＋1＝36(个)。

10. 答案：75。

分析：如图所示，点 O 是正方形的中心点，$\triangle AOB$ 是等腰直角三角形，$\angle AOB=90°$，$\angle 3=\angle 4=45°$，$\angle 1+\angle 6=\angle 5+\angle 6=90°$，$\angle 5=\angle 1=30°$，$\angle 2=\angle 4+\angle 5=45°+30°=75°$。

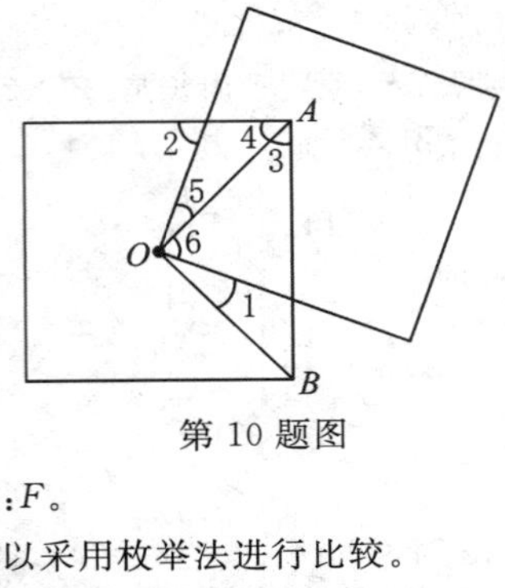

第 10 题图

11. 答案：F。

分析：可以采用枚举法进行比较。

(1)对比 B、C 两点，若从 B 调整到 C 点，A_1 多走 1 个 BC 段，A_2、A_3、A_4、A_5、A_6、A_7、A_8、A_9 点共少走 8 个 BC 段，C 点比 B 点合适。

(2)对比 C、D 两点，若从 C 调整到 D 点，A_1、A_2 共多走 2 个 CD 段，A_3、A_4、A_5、A_6、A_7、A_8、A_9 点共少走 7 个 CD 段，D 点比 C 点合适。

(3)对比 D、E 两点，若从 D 调整到 E 点，A_1、A_2、A_3 共多走 3 个 DE 段，A_4、A_5、A_6、A_7、A_8、A_9 点共少走 6 个 DE 段，E 点比 D 点合适。

(4)对比 E、F 两点，若从 E 调整到 F 点，A_1、A_2、A_3、A_4 共多走 4 个 EF 段，A_5、A_6、A_7、A_8、A_9 点共少走 5 个 EF 段，F 点比 E 点合适。

(5)对比 F、G 两点，若从 F 调整到 G 点，A_1、A_2、A_3、A_4、A_5、A_6 共多走 6 个 FG 段，A_7、A_8、A_9 点共少走 3 个 FG 段，F 点比 G 点合适。

综上，车站应建在 F 点。

12. 答案：1141063。

分析：由竖式中间各行乘积可得

(1)迢×去＝迢：任意数×1＝任意数、0×任意数＝0、5×奇数＝5、2×6＝12、4×6＝24。

(2)迢×人＝人：因"人"为首位，不能为 0，可得"迢"不能为 0 或 5。经尝试，"迢"不能是 2 或 4，再结合(1)，则"去"只能为 1，"迢"为 3 或 6。

(3)乘积首位："人×隐"需进位 1 且乘积不能超过 11，只能是 2×5＝10。

若"迢"是 3，"水"为 3＋3＝6，符合题意；若"迢"是 6，"水"为 2，与"隐"或者"人"重复，不符合题意；若"迢"为 3，"水"为 6，"人"为 5，"隐"为 2，符合题意，计算可得 2233×511＝1141063。

13. 答案：78。

分析：A＋B＋C＋D＋E＋F＝351－(11＋12＋13)＝315。其中 A、B、C 依次减小 1，D、E、F 依次增加 1，可得 A＋D＝B＋E＝C＋F＝315÷3＝105，即第二、三排的相对的两个座位之和均相等。可得 $m+(m+1)$＝A＋D＝B＋E＝C＋F＝105，则 $m=52$。截止到 52 号，正好是两排座位，则一共有 52÷2×3＝78(个)座位。

14. 答案：617。

分析：分类枚举，利用 0 分类。

(1)0 是第一个 0("10"的"0")：千位 2 位置确定，1 种可能。

①3 是"13"的"3"：1×1＝1(种)；②3 是"23"的"3"：1×6＝6(种)；③3 是"30""31"或"32"的"3"：1×12×3＝36(种)；④3 是"33～39"中的"3"：1×13×8＝104(种)。

(2)0 是第二个 0("20"的"0")：千位 2 有 3 种可能。

①3 是"23"的"3"：3×4＝12(种)；②3 是"30""31"或"32"的"3"：3×3×10＝90(种)；③3 是"33～39"中的"3"：3×11×8＝264(种)。

(3)0 是第三个 0("30"的"0")：千位 2 有 13 种可能，十位 2 位置确定，1 种可能，3 只能为"33～39"中的"3"，则 13×1×8＝104(种)。

(4)0 是第四个 0("40"的"0")：无解。

综上，一共有 1＋6＋36＋104＋12＋90＋264＋104＝617(种)不同的划数方法。

15. 答案：5312。

分析：如题图，从 E、F、G、H 位置入手，E 左侧的田字格，竖着算总和为 $5+7=12$，横着算总和 $6+8=14$，多出一个 E，即为 $14-12=2$。同理 $F=1$、$G=2$、$H=1$。

把其余格子分成五组田字格，分别枚举求解，以左上角为例，第一列 $5=1+4=2+3=3+2=4+1$，经尝试：$1+4$ 会导致第二行数重复；$2+3$ 会导致第二行数重复；$3+2$ 会导致第二行数重复；$4+1$ 符合，则整个田字格可填出。

可得 $\overline{ABCD}$ 所代表的四位数是 5312。

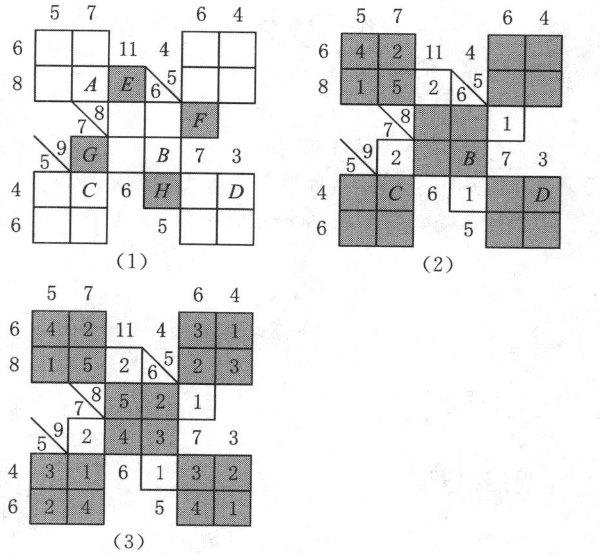

第 15 题图

5年级

1. 答案：385。

分析：$1^2+2^2+3^2+\cdots+10^2$

$=10\times11\times21\div6$

$=385$。

2. 答案：12。

分析：今年两人年龄和为 $40-10=30$(岁)，小轩为 $30\times\frac{2}{2+3}=12$(岁)。

3. 答案：33。

分析：四边形 $BCDE$ 为平行四边形．$S_{\triangle CDF}=S_{\triangle BFC}+S_{\triangle DEF}=S_{\triangle ABF}+S_{\triangle AEF}=11$，$S_{ABCDE}=11\times3=33$。

4. 答案：2。

分析：小张提速前两人速度和为 $400\div80=5$(米/秒)，小张提速后两人速度和为 $400\div50=8$(米/秒)，那么小张提速前的速度为 $8-5=3$(米/秒)，小王的速度为 $5-3=2$(米/秒)。

5. 答案：27。

分析：两位截和，$89+67+45+23+1=225$，$225\div99$ 余 27。

6. 答案：3。

分析：容斥原理，有人做对的题目有 $9+8+7-6-5-4+3=12$(道)，三人都没做对的有 $15-12=3$(道)。

7. 答案：1011。

分析：$\frac{1}{2}\times\left(1-\frac{1}{2023}\right)\times2023=1011$。

8. 答案：221。

分析：第 n 行最后一个数为数表中第 n^2 个数，因此第 11 行左数第 11 个数为数表中第 $10^2+11=111$(个)数，第 111 个奇数为 $2\times111-1=221$。

9. 答案：192。

分析：先将除小王、小张外的 4 人排队，共有 A_4^4 种，小王插空有 2 种选法，小张插空有 4 种选法，因此共有 $A_4^4\times2\times4=192$(种)排队方法。

10. 答案：14。

分析：如题图，构造弦图，$DE=AB=4$，三角形 ABC 以 AB 为底，高为 $BE=4+3=7$，$S_{\triangle ABC}=4\times7\times\frac{1}{2}=14$。

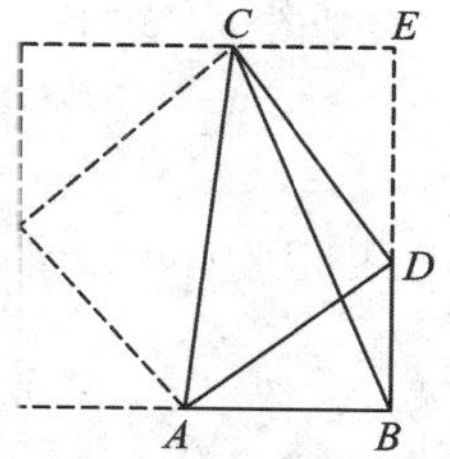

第 10 题图

11. 答案：70。

分析：第一个同学 A 的朋友有 $C_5^2=10$(种)情况，假设 A 的朋友为 B 和 C，那么 B、C 是好朋友的情况有 1 种，B、C 不是好朋友的情况有 $A_3^2=6$(种)，共 $10\times(1+6)=70$(种)。

12. 答案：14850。

分析：$\overline{AB}^2=2023+\overline{CD}+\frac{E+F}{G\times H\times I}\geqslant2023+12+1>45^2$，所以 $\overline{AB}\geqslant46$；

$\overline{AB}^2=2023+\overline{CD}+\frac{E+F}{G\times H\times I}\leqslant2023+98+7<47^2$，所以 $\overline{AB}\leqslant46$。

所以 $\overline{AB}=46$，$\overline{CD}+\frac{E+F}{G\times H\times I}=93$。

$\frac{E+F}{G\times H\times I}\leqslant\frac{8+9}{1\times2\times3}$，所以 $\frac{E+F}{G\times H\times I}\leqslant2$，$\overline{CD}\geqslant91$。

只能是 $\overline{CD}=91$ 或 $\overline{CD}=92$。

若 $\overline{CD}=91$，还有 2、3、5、7、8，$G\times H\times I\geqslant2\times3\times5=30$，$E$、$F$ 无法取值。

若 $\overline{CD}=92$，还有 1、3、5、7、8，令 G、H、I 为 1、3、5，E、F 为 7、8 即可。

这时 $(A+B)\times(C+D)\times(E+F)\times(G+H+I)=(4+6)\times(9+2)\times(7+8)\times(1+3+5)=14850$。

13. 答案：81。

分析：平方数必不是质数，质数也不可能是平方数，所以小张和小赵必有一个人说错了，另外两位同学的话必是正确的。假设 n 是两位质数，n 的因数和 $=n+1=k^2$，$n=$

$k^2-1=(k+1)(k-1)$，n 必为合数，矛盾。

所以小张说得不对，这个数是两位质数。两位质数有 16、25、36、49、64、81，其中只有 81 的因数和为 121，是完全平方数，符合题意。

14. 答案：72。

分析：图案仅有 B、C 两个奇点可作为起点和终点。以 B 为起点，①若下一步到 A，因为 CD 间只有一条通路，外侧路线必须在从 D 到 C 之前先走完，有 $A_3^3=6$（种）画法，内部两条路有 $A_2^2=2$（种）画法，共计 $6\times2=12$（种）；②若下一步到 C，再下一步可以选择从 C 回 B 或是从 C 到 D，共计 $2\times2\times A_3^3=24$（种）画法。合计 $12+24=36$（种）。同理，以 C 为起点也有 36 种画法，一共有 $36+36=72$（种）画法。

15. 答案：8。

分析：设两块草场原有 $3x$、$5x$ 份草，每天增长 $3y$、$5y$ 份草，有：

$$\begin{cases}3x+8\cdot3y=15\times8\\5x+18\cdot5y=10\times18+10n+5n\end{cases}$$，且 x、y、n 均为整数

化简得 $10y=3n-4$，使 y 为整数的最小的 n 为 8。

⑥年级

1. 答案：(1)40。(2)180。

分析：(1) 原式 $=20\times\frac{20}{23}+26\times\frac{20}{23}=(20+26)\times\frac{20}{23}=40$。

(2) 原式 $=86\div\left(\frac{1}{2}-\frac{1}{45}\right)=86\div\frac{43}{90}=180$。

2. 答案：89。

分析：设这个两位数是 $\overline{AB}$，由题意 $10A+B-(A+B)=72$，解得 $A=8$，个位 B 最大取 9，所以这个两位数最大是 89。

3. 答案：36。

分析：进价是 30 元，加价 20% 后，售价 $=30\times(1+20\%)=36$（元）。

4. 答案：18。

分析：由题意，这个三位数各位数字的乘积形如 p^2（p 是质数）。

(1) 乘积为 $2^2=1\times2\times2$，组成的三位数有 122、212、221，共 3 个。

(2) 乘积为 $2^2=1\times1\times4$，组成的三位数有 114、141、411，共 3 个。

(3) 乘积为 $3^2=1\times3\times3$，组成的三位数有 133、313、331，共 3 个。

(4) 乘积为 $3^2=1\times1\times9$，组成的三位数有 119、191、911，共 3 个。

(5) 乘积为 $5^2=1\times5\times5$，组成的三位数有 155、515、551，共 3 个。

(6) 乘积为 $7^2=1\times7\times7$，组成的三位数有 177、717、771，共 3 个。

经枚举可知，有 $3\times6=18$（个）三位数的各位数字的乘积恰有 3 个因数。

5. 答案：37。

分析：设选择 6 个数相加的和是 A，由题意 $1+2+3+4+5+6\leqslant A\leqslant7+8+9+10+11+12$，这样 $21\leqslant A\leqslant57$，且在 21～57 的所有情况都可以取到，所以 A 共有 $57-20=37$（种）不同的可能。

6. 答案：36。

分析：六支球队单循环共有 $C_6^2=15$（场），每一场平局得分总和是 $1+1=2$（分），分出胜负的比赛得分总和是 3 分。根据题意有 9 场平局，6 场不是平局，总得分为 $2\times9+3\times6=18+18=36$（分）。

7. 答案：25。

分析：$\frac{142857}{2^{25}\times5^{13}}=\frac{142857\times5^{12}}{2^{25}\times5^{13}\times5^{12}}=\frac{142857\times5^{12}}{2^{25}\times5^{25}}=\frac{142857\times5^{12}}{10^{25}}$，由于分子个位不是 0，这样将 142857×5^{12} 缩小 10^{25} 倍，小数点后就有 25 位。

8. 答案：2880。

分析：①4 位没有穿西装的数学家，全排列，有 A_4^4 种排法；②从 3 位穿西装的数学家中，选 2 人坐在一起，有 A_3^2 种排法；③让坐在一起的 2 位穿西服的数学家和另外 1 位穿西服的数学家，插入 4 位没穿西服的数学家产生的 5 个空中，有 A_5^2 种排法，共有 $A_4^4\times A_3^2\times A_5^2=2880$（种）排法。

9. 答案：110。

分析：设甲带了 A 元，乙带了 B 元，甲剩下了 $\frac{4}{9}\times A$，乙剩下了 $\frac{5}{7}\times B$，由题意可知，$\frac{5}{7}\times B=\frac{4}{9}\times A\times2$，则 $A:B=\frac{5}{7}:\frac{8}{9}=45:56$，

所以乙比甲多带 $1010\times\frac{56-45}{45+56}=1010\times\frac{11}{101}=110$（元）。

10. 答案：4213。

分析：如题图，延长 AC 和 BD 交于点 F，则 $\angle F=360°-90°\times3=90°$，又由于 $\angle CAB=\angle ABD=45°$，所以 $\triangle ABF$ 是等腰三角形。

由条件知 $AC=BD$，可知 $CF=DF$，那么四边形 $CEFD$ 是正方形。

设 $CE=a$，$AC=2a$，$AF=3a$，

根据勾股定理有，$AF^2+BF^2=AB^2$，则 $(3a)^2+(3a)^2=120^2$（平方厘米），故 $a^2=14400\div18=800$（平方厘米），

那么 $S_{ACEDB}=S_{\triangle ABF}-S_{CEDF}=120^2\div4-800=2800$（平方厘米），

所以 $S_{阴影}=2800+\pi\times30^2\times\frac{1}{2}=2800+450\pi=2800+1413=4213$(平方厘米)。

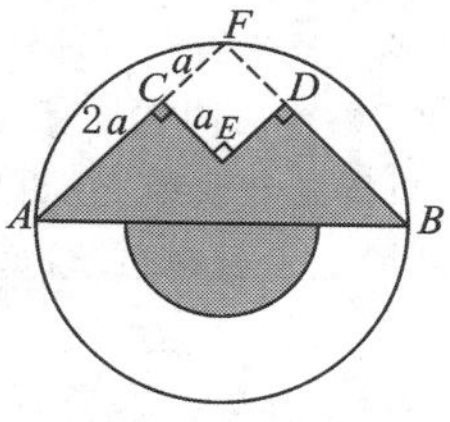

第 10 题图

11. 答案:63342。

分析:如题图所示,令原算式为$\overline{abc}\times\overline{def}$,由于三组乘积个位分别为 2、0、2,可知 $e=5$,$c\times d$ 与 $c\times f$ 的个位均为 2,且由其乘积的数位可知 $f>d$。可得 c 是偶数,且 f 比 d 大 5。则 $c\times d$ 与 $c\times f$ 有四种情况:2×1 与 2×6、4×3 与 4×8、6×2 与 6×7、8×4 与 8×9。又$\overline{abc}\times f$ 的结果的末两位是 42,经枚举可知只有 8×4 与 8×9 符合题意,所以最终乘积为 138×459=63342。

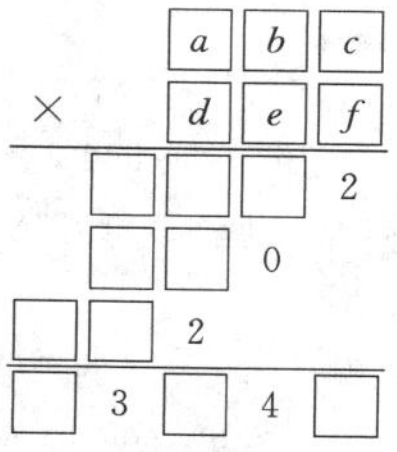

第 11 题图

12. 答案:9756480。

分析:假设这个多位数为$\overline{abcdefgh\cdots}$(数位不确定)。由任意连续三位组成的三位数都是 3 的倍数可知,这个多位数的每个数字除以 3 的余数是周期排列。任意连续四位组成的四位数都是 4 的倍数,可知$\overline{cd}$、$\overline{de}$、$\overline{ef}$……都是 4 的倍数,这样从 d 开始往后的数字都是偶数。这样从 e 开始往后的数都只能是 0、4、8 中的数,所以这个数最多是一个七位数。从高位开始,极端调整可知该数最大为 9756480。

13. 答案:12。

分析:由题意可知甲乙酒精溶液混合后浓度为 35%,每分钟加入的酒精溶液混合后浓度也是 35%,所以当甲乙浓度相同时它们的浓度都是 35%,此时需要向甲中加入 6 升浓度为 20%的酒精溶液,这样需要 6÷0.5=12(分钟)。

14. 答案:24。

分析:由沙漏模型可知,$AD:EB=GD:EG=AG:BG=2:1$,由 $EF=6$ 厘米可得三角形 BEF 的面积为 6×6÷4=9(平方厘米),即 $EB^2=18$,则 $AB^2=18\times4=72$,所以△AGD 的面积为 $72\times\frac{1}{2}\times\frac{2}{3}=24$(平方厘米),所以阴影四边形 $BHDG$ 的面积为 72−24×2=24(平方厘米)。

15. 答案:6600。

分析:如图所示,在 AC 段,由 $v_甲:v_乙=40:60=2:3$,可得 $t_甲:t_乙=3:2$,则两人第一次相遇用时 $11\times\frac{3}{3-2}=33$(分钟);因为甲、乙在 DB 段骑车与乙在 AD 段步行用时相同,所以在 AD 段,$t_甲-t_乙=15$(分钟),$t_乙=15\times\frac{2}{3-2}=30$(分钟)。设两人骑车速度均为 x 米/分,可得 $(40+x)\times33=(60+x)\times30$,$x=160$,A、B 两地相距 (40+160)×33=6600(米)。

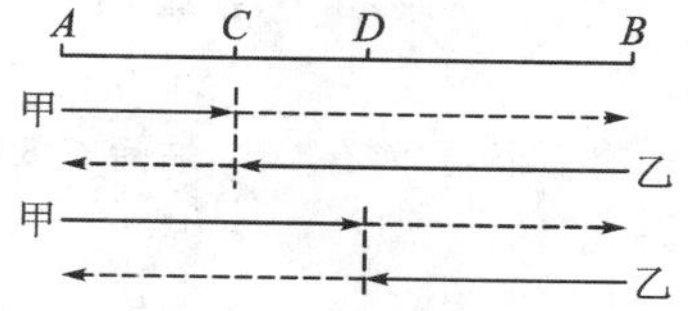

第 15 题图

2023年 南京市第十七届“时代杯”数学文化节活动

初赛

3年级

1. 答案:A。

2. 答案:B。

分析:只有 B 是平均分。

3. 答案:48。

分析:先将兔子按照灰、白两种颜色进行分类,再按照大小进行二次分类。根据题图可知,白兔有 80−63=17(只),小白兔有 17−10=7(只),小灰兔就有 55−7=48(只)。

兔子(80)

/ \

灰兔(63) 白兔

/ \ / \

大灰兔 小灰兔 大白兔(10) 小白兔

第 3 题图

4. 答案:9。

分析:下层、中层、上层各有 3 个。

5. 答案:13。

分析:46−3−3=40(厘米),40÷4=10(厘米),10+3=13(厘米)。

6. 答案:6。

分析:1 个小三角形组成:2 个。2 个部分组成:3 个。4 个部分组成:1 个。一共 2+3+1=6(个)。

7. 答案:3,4,1225;7,8,100,25,5625。

8. 答案:75。

分析:17−7=10(小时),10÷2=5,15×5=75(辆)。

9. 答案:10,11。

分析:A 队得分是 2×3+2×2=10(分);B 队得分是

$(2+1)\times3+2\times1=11$(分)。

10. 答案:10。

分析:7 克 7 个,5 克 1 个,3 克 2 个或 7 克 6 个,5 克 3 个,3 克 1 个。

11. 答案:6,12,18,24。

分析:余数要比除数小,余数可能是 1,2,3,4,被除数可能是 6,12,18,24。

12. 答案:21。

分析:足球 21 个,篮球 30 个,排球 15 个。

13. 答案:15。

分析:左边有 6 个,右前有 4 个,右后有 5 个,一共 $6+4+5=15$(个)棋子。

14. 答案:28。

分析:一夜滑行 2 米,井深 28 米。

15. 答案:$2\times[(3+5)\div2]-4=4$。

4年级

1. 答案:16。

分析:$456-384=72$,$72\div(9-6)=24$,$384\div24=16$。

2. 答案:69。

分析:$27-6=21$。$21+21+27=69$。

3. 答案:7。

分析:$9\times5=45$,$5\times8=40$,$45-40=5$,$5+2=7$。

4. 答案:8,6。

分析:最多下面 4 个,上面 4 个,共 $4+4=8$(个)。最少下面 4 个,上面斜着摆 2 个,共 $4+2=6$(个)。

5. 答案:18。

分析:中间一层有 12 个三角形,加上顶部的 6 个,一共 $12+6=18$(个)。

6. 答案:9。

分析:自己与自己相减的差是 0,自己与自己相除的商是 1。经尝试,这个自然数是 9。$(9+9)+(9-9)+(9\times9)+(9\div9)=100$。

7. 答案:700。

分析:$21000\times14\times1000\div21\div2=7000000=700$ 万。

8. 答案:4,7,16,24,30。

分析:单数减去 3 得到一个双数的日期数,所以这个单数大于 3;单数减去 1 之后乘 5 得到一个日期数,所以这个单数小于 9;经尝试,5 不行,只能是 7。这几天的日期数分别是 4,7,16,24,30。

9. 答案:2。

分析:如图。

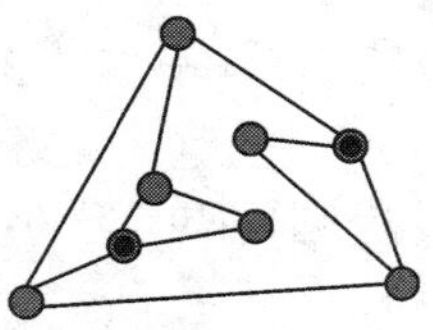

第 9 题图

10. 答案:2,1,7,8。

分析:先看千位,由"月"乘 4 后还是四位数,可以知道"月"只能是 1 或者 2,但个位上"海"乘 4 后得到的肯定是一个双数,所以"月"只能代表 2,"海"只能代表 8,如图(1)。

接着看百位,"明"乘 4 后同样没有向千位进 1,且"明"不能是 2,所以"明"只能是 0 或者 1。再由十位上"上"乘 4 后得到的是个双数,加上个位进的 3,得到的肯定是个单数,所以"明"只能代表 1。

十位上可能是 $2\times4+3=11$,向百位进 1;也可能是 $7\times4+3=31$,向百位进 3。"上"可能是 2 或者 7,而百位只能是 $1\times4+3=7$,推出"上"代表 7,如图(2)。

```
  2 明 上 8        2 1 7 8
×       4      ×       4
---------      ---------
  8 上 明 2        8 7 1 2
   (1)              (2)
```

第 10 题图

11. 答案:24。

分析:不考虑表妹,还有 4 个人,$4\times3\times2\times1=24$(种)。

12. 答案:18。

分析:把每个正六边形分成 6 小块,整个图形一共可以分成 18 块。$6\div6=1$(平方厘米),$1\times18=18$(平方厘米)。

13. 答案:223。

分析:第一次出现 5 个连排的 1 是 111 的第一个数字。1~9 有 9 个数字,10~99 有 180 个数字,100~110 有 33 个数字。$9+180+33=222$,下一个是 223。

14. 答案:13。

分析:用●表示船,用"/"分开河的两岸。

初始,ABCabc ●/;① ABCb/ac ●;② ABCab ●/c;③ABC/abc●;④ ABCa●/bc;⑤ Aa/BCbc●;⑥ ABab●/Cc;⑦Bb/ACac●;⑧BCbc●/Aa;⑨bc/ABCa●;⑩abc●/ABC;⑪b/ABCac●;⑫ab●/ABCc;⑬/ABCabc●。最少要划 13 次。

15. 答案:(1)4。(2)8。(3)9。

分析:如果 10 个人,从 1 号开始报数,最后留下来的是 4 号。现在留下来的是 2 号,往前移动了 $4-2=2$(位)。1 号往前移动 2 位是 9 号,所以是从 9 号开始报数的。

5年级

1. 答案:(1)4。(2)38.3。(3)6。(4)$(2+2022)\times203\div2=205436$。

2. 答案:-273.15。

分析:$-272.2-0.95=-273.15$℃。

3. 答案:250。

4. 答案:如图。

▲	●	★	■
■	★	●	▲
●	■	▲	★
★	▲	■	●

第 4 题图

5. 答案：361；529，23^2；784，28^2。

6. 答案：30；42。

分析：一份是 12＋12＝24(个)，所以小猴原来有 24＋6＝30(个)，小兔原来有 24×2－6＝42(个)。

7. 答案：40.96。

降价的规律是每次降价后的价格是降价前的 0.8。因此，毛绒玩具下一次降价后的价格是 51.2×0.8＝40.96(元)。

8. 答案：$0.202\dot{3}>0.20\dot{2}\dot{3}>0.\dot{2}02\dot{3}>0.2\dot{0}2\dot{3}>0.2023$。

9. 答案：54；18。

分析：张、李两家共有麻 6 斤 12 两＋2 斤 4 两＝9(斤)，每两麻可织布 72÷(16×9)＝0.5(尺)。因此，李家 6 斤 12 两应分到(6×16＋12)×0.5＝54(尺)，张家 2 斤 4 两应分到(2×16＋4)×0.5＝18(尺)。

10. 答案：4；6。

11. 答案：8。

12. 答案：4。

13. 答案：127。

分析：考虑 6 的枚举法：

(1)没有数字 6/9：3×4×4＝48(种)。

(2)数字 6/9 在百位：5×3×2＝30(种)。

(3)数字 6/9 在十位：4×3×2＝24(种)。

(4)数字 6/9 在个位：5×5＝25(种)。

合计：48＋30＋24＋25＝127(种)。

14. 答案：9。

分析：机器狗每小时跑 9 千米，就是每分钟跑 150 米，6 分钟可以跑 5×150＝750(米)。小狗每小时跑 12 千米，就是每分钟跑 200 米。机器狗先跑了 750 米，小狗前 3 分钟能使距离差缩短(200－150)×3＝150(米)，接下来的 1 分钟能使距离差缩小 200 米，再接下来 4 分钟能使距离缩小 200 米，再过 1 分钟再缩小 200 米，此时就追上了。因此需要 3＋1＋4＋1＝9(分钟)。

15. 答案：5。

6年级

1. 答案：(1)$\frac{1}{4}$。(2)$201\frac{4}{15}$。(3)$\frac{5}{6}$。(4)$\frac{5}{11}$。

2. 答案：41.7；11.1。

分析：10÷24＝41.7%，(10－9)÷9＝11.1%。

3. 答案：C。

4. 答案：58，42，20。

分析：$4^2=16$，$1^2+6^2=37$，$3^2+7^2=58$，$5^2+8^2=89$，$8^2+9^2=145$，$1^2+4^2+5^2=42$，$4^2+2^2=20$。

5. 答案：如图所示。

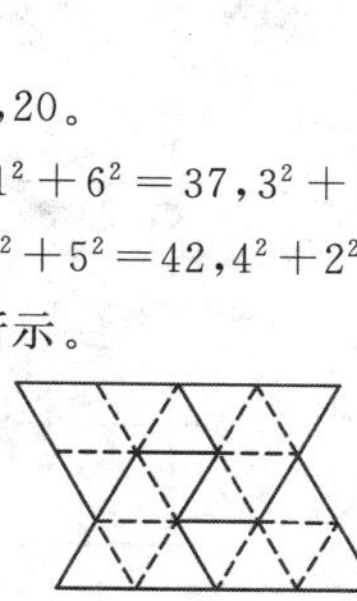

第 5 题图

6. 答案：E。

分析：$600\times\frac{\text{实际乘车里程}}{1500}=240$，实际乘车里程＝240×1500÷600＝600(千米)，从 B 站上车行驶 600 千米到达 E 站。

7. 答案：4。

分析：求书包最多能装多重的物品，那么书包的质量就尽可能小，取 0.5 千克。小明重 45 千克，他最多能背负的书包质量为 45×10%＝4.5(千克)。因此，书包里最多能装 4.5－0.5＝4(千克)物品。

8. 答案：450。

分析：$330\div\left(40\%+\frac{1}{3}\right)=450$(米)。

9. 答案：350。

分析：直接把丙分到的绿橙看为 4 份、丁分到的看为 3 份；再由"甲分得的绿橙相当于丙、丁两家所分得的绿橙总和的 $\frac{2}{5}$"，算出甲水果店为 $(4+3)\times\frac{2}{5}=2.8$(份)，进而得乙为 2.8÷2×3＝4.2(份)。写成连比：2.8∶4.2∶4∶3＝14∶21∶20∶15。

最后推算这车绿橙的总量：30÷(21－15)×(14＋21＋20＋15)＝5×70＝350(箱)。

10. 答案：674。

分析：原式$=\frac{2022\times2023\times2024}{3}\times\frac{1}{2023\times2024}=674$。

11. 答案：20.28 或 14＋2π。

分析：$4\times2+3\times2+2\times\frac{1}{2}\pi\times1^2+\frac{1}{4}\pi\times2^2=20.28$(或 14＋2π)(平方厘米)。

12. 答案：6。

13. 答案：120。

分析：假设三辆轿车是 A，B，C，A 轿车有 4 种情况，B 轿车有 5 种情况，C 轿车有 6 种情况。共有 4×5×6＝120(种)情况。

14. 答案：18。

分析：由于 $22^3=10648$，超过四位数，$17^4=83521$，小于六位数。所以这个数一定在 17～22。计算后发现只有 $18^3=5832$，$18^4=104976$ 满足将 0～9 这 10 个数全用上。因此是 18。

15. 答案：7。

分析：设白面书生买了 x 只小猪，则 $\frac{1}{2}x+\frac{1}{2}=x$，故 $x=1$，即最后卖出 1 只小猪，这也是黑脸大汉买后所剩小猪的数量。所以黑脸大汉买前所剩小猪为 $\left(1+\frac{1}{2}\right)\times2=3$(只)，这也是红脸大汉买后所剩小猪的数量。因此，张飞原有小猪 $\left(3+\frac{1}{2}\right)\times2=7$(只)。

决赛A

3年级

1. 答案:7。

分析:22－16＋1＝7(天)。注意要加 1。

2. 答案:A。

分析:正确认识轴对称图形。

3. 答案:24,48。

分析:注意所求的量对应线段图中的哪一段。

4. 答案:B。

分析:关键要看是不是平均分。

5. 答案:(1)六。(2)11。

分析:用的时间越少,跑得越快。(13＋12＋9＋10＋13＋8＋12)÷7＝11。

6. 答案:196。

分析:38×8＝304(元),500－304＝196(元)。

7. 答案:A。

分析:A 距离路灯最远,影子最长。生活中也有这样的经验,离路灯越远,人的影子越长。

8. 答案:78。

分析:1＋2＋3＋…＋11＋12＝66＋12＝78。

9. 答案:如图。

分析:最上面的四边形中,23－11－9＝3。3＝1＋2,只有这一种分法。经试验,2 不能填在五角星的中心,中心的数是 1。

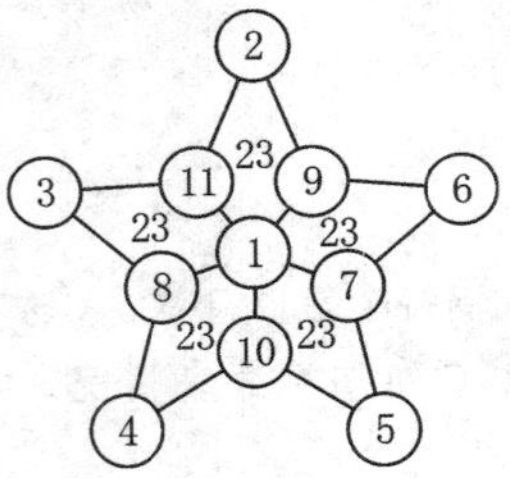

第 9 题图

10. 答案:E。

分析:瓢虫的对面不是老鼠、鸭子、小狗、蝉,只能是大象。瓢虫上面连着的一面是小狗,瓢虫下面连着的一面是老鼠。所以老鼠和小狗相对。

11. 答案:225。

分析:a^2 是平方的意思,就是用这个数乘这个数自身。15×15＝225。

12. 6,12,18,24;60。

分析:先填表,再从探索中发现规律。

13. 答案:5。

分析:可以用画图的方法进行思考。用○代表亮着的灯,×代表关掉的灯,不同关法如图,一共有 5 种方法。

○×○×○×○×○○

○×○×○×○○×○

○×○×○○×○×○

○×○○×○×○×○

○○×○×○×○×○

第 13 题图

14. 答案:蔷薇。

分析:假设小明说的全对,则小华说的全对,矛盾。

假设小华说的全对,则小明说的不能是全对,他的前半句“它不是蔷薇”为真,他的后半句“是玫瑰”只能为假。此时小红说的“它不是玫瑰”为真。没有人说的全错,矛盾。

假设小红说的全对,则小明说的全错,小华说的半对半错,符合题意。

15. 答案:2023,1912。

分析:数字记号的认识,注意,罗马数字中用 D 表示 500。

4年级

1. 答案:13000000;1040000000。

2. 答案:105;75。

3. 答案:(1)17。(2)24。

分析:18×6－17－13－20－18－16＝24(米)。

4. 答案:(1)A。(2)13。

5. 答案:10。

分析:4 年级的学生属于 7 岁及以上儿童,每次要服用 20 毫升,1 天服用 20×3＝60(毫升)。2 瓶糖浆有 300×2＝600(毫升),可以服用 600÷60＝10(天)。

6. 答案:B。

分析:注意每辆车的初始位置和到达位置。

7. 答案:24。

分析:设全程是 60 千米,去的时候用时 2 小时,回来的时候用时 3 小时,平均速度是每小时 120÷5＝24(千米)。

8. 答案:B。

分析:B 图形可以通过平移通过 G 门。

9. 答案:如图。

分析:通过商的百位、十位、个位与 7 相乘的尾数可知,商为 119;由商的百位与除数相乘可知,除数十位只能为 1 或 2,经尝试,除数为 17。所以被除数为 119×17＝2023。

```
       1 1 9
 1 7 ) 2 0 2 3
       1 7
       -----
         3 2
         1 7
       -----
         1 5 3
         1 5 3
       -------
             0
```

第 9 题图

10. 答案：1013，1011。

分析：通过操作，我们将观察的结果列成表。

次数	正方形个数	长方形个数	图形总个数
1	0	2	2
2	2	1	3
3	1	3	4
4	3	2	5
5	2	4	6
7	3	5	8
8	5	4	9

我们发现：图形的总个数比剪的次数总是多 1；奇数、偶数次时，正方形分别比长方形少 2 个和多 1 个。根据表中的规律，我们可以得出剪到 2023 次时，正方形和长方形的总个数是 2023＋1＝2024（个），正方形的个数是(2024－2)÷2＝1011（个），长方形的个数则是 2024－1011＝1013（个）。

11. 答案：150。

分析：102，103，104，105，106，107，108，109 有 8 个。

112，113，114，115，116，117，118，119 有 8 个。

122，123，124，125，126，127，128，129 有 8 个。

132～139 有 8 个。

142～149 有 8 个。

152～159 有 8 个。

162～169 有 8 个。

……

192～199 有 8 个。

所以，100～199 有 80 个。

203，204，205，206，207，208，209 有 7 个。

213～219 有 7 个。

223～229 有 7 个。

所以，200～299 有 70 个。

300 不是进化数。

一共有 80＋70＝150（个）。

12. 答案：2023。

分析：第三位数字有 3 个人猜 4，而每个人猜对数字的位置不同，所以第三位是 2。

同样，第四位数字不能是 5，也不能是 8，只能是 3。

同样，第一位数字不能是 3，也不能是 1，只能是 2。

13. 答案：5。

分析：由题图可知，一共有 5 种可能。

第 13 题图

14. 答案：50。

分析：如果水是静止的，那么丁丁从桥下游 20 分钟后再返回桥也需要 20 分钟，这时水壶正静静地躺在那里等他。现在水是流动的。假设水壶上有一只蚂蚁，在水壶上的蚂蚁看来，它认为自己并未移动，而丁丁先用 20 分钟从它身旁游走，然后又用同样速度游回来，当然仍用 20 分钟。

换一种说法，设丁丁的速度是每分钟 x 米，水速是每分钟 y 米，那么人逆流游 20 分钟，游了 $20(x-y)$ 米，而水壶向下游漂了 $20y$ 米，两者的距离是 $20(x-y)+20y=20x$（米）。人返回时，每分钟比水壶多行 $(x+y)-y=x$（米）。因此追上水壶需 $20x\div x=20$（分钟）。

整个过程，人向前和向后游的距离相同，只有水流了 40 分钟，所以水速是每分钟 2000÷40＝50（米）。

想法和思路很重要，选对了观察者就很简单。

15. 答案：(1)15。(2)8。

分析：$2^{10}=1024$，$2^{14}=16384>10000$。第 n 小格的麦子数是 2^{n-1}，第一次超过 10000 是在第 15 格。

7！＝5040，8！＝40320，所以当 $n=8$ 时，n！第一次超过 10000。

⑤年级

1. 答案：(1)75.4。(2)20。(3)45。(4)0.1125。

分析：(1)　7.54×32×0.25×1.25

＝7.54×4×8×0.25×1.25

＝7.54×(4×0.25)×(8×1.25)

＝7.54×1×10

＝75.4。

(2)　2.63÷0.4＋5.37×2.5

＝2.63×2.5＋5.37×2.5

＝(2.63＋5.37)×2.5

＝8×2.5

＝20。

(3)　20.23＋19.49－0.4＋9.77－0.49－3.6

＝(20.23＋9.77)＋(19.49－0.49)－(0.4＋3.6)

＝30＋19－4

＝45。

(4)　0.9÷(0.8÷0.7)÷(0.7÷0.6)÷…÷(0.2÷0.1)

＝0.9÷0.8×0.7÷0.7×0.6÷…÷0.2×0.1

＝0.9÷0.8×0.1

＝0.1125。

2. 答案：(1)C。(2)B。(3)B。

3. 答案：87；20；液氢。

4. 答案：17.76。

分析：2021—2021 年是 10 年，2021 年到 2030 年也是 10 年。14.78－11.8＝2.98（平方米），14.78＋2.98＝17.76（平方米）。

5. 答案：8.4。

分析：(9＋6)÷2＝7.5（千克），9－7.5＝1.5（千克），12.6÷1.5＝8.4（元）。

6. 答案：(1)六；一。(2)5。(3)14.1；5.5。

7. 答案:14。

分析:中间还有 2 个。

8. 答案:+;+;×;+;-;×或+;+;×;-;×;-。

分析:(1+2+345)×6+7-8×9=2023 或(1+2+345)×6-7×8-9=2023。

9. 答案:3;10;2;7;6。

10. 答案:如下表。

序号	a	b	S
①	2	10	6
②	2	4	3
③	3	10	7

$S=a+b\div12-1$;25。

11. 答案:2.998。

12. 答案:40;60。

分析:2 名男教师和 3 名女教师为一组,5 人可吃 5 个月饼;100 人吃 100 个月饼,5 人一组,一共有 100÷(2+3)=20(组),男教师 20×2=40(人),女教师 20×3=60(人)。

13. 答案:10。

分析:4 分钟转了一圈的 $\frac{1}{6}$,是 $360\times\frac{1}{6}=60°$。摩天轮每分钟走 360÷24=15°,由题图可知,乐乐和豆豆在一个高度上,至少要经过(90+60)÷15=10(分钟)。

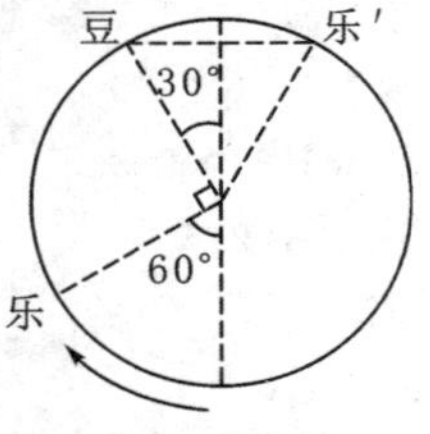

第 13 题图

14. 答案:457。

分析:根据小时候的猜测,首先排除 123。

根据小时候的猜测,如果猜中的数字是 9,则 9 不在个位上,9 在十位或百位,与题目中"百位到个位依次增大"矛盾,排除 9;如果猜中的数字是 8,则 8 不在十位上,又因为这个数为奇数,则 8 不在个位上,排除 8;因此猜中的数字为 7,是剩下最大的数字,因此在个位。

根据小贝的猜测,7 数字、数位均正确,5 与 6 中只有一个数字正确,如果猜中的数字是 6,则 6 不在十位上,十位没有数字可以选,因此猜中的数字为 5,在十位上。

三位同学均未猜过 4,所以 4 在百位上,三位数为 457。

15. 答案:(1)A。(2)5720。

❻年级

1. 答案:(1)1。(2)$\frac{1}{32}$。(3)2.3。(4)204。

2. 答案:(1)0.96。(2)230.592。(3)137.5。

3. 答案:(1)B。(2)C。(3)B。

4. 答案:860。

5. 答案:(1)75。(2)51。(3)D。

6. 答案:21。

7. 答案:133。

分析:如果两种乒乓球相等$那么误把 10 个黄色乒乓球放入了白色筐中,白色筐中的乒乓球比黄色筐中多 20 个。实际上黄色乒乓球比白色乒乓球多 1 个,因此误放后白色筐中的乒乓球比黄色筐中多 19 个,所以误放后黄色筐中有 $19\div\frac{1}{3}=57$(个)乒乓球,白色筐中有 57+19=76(个)乒乓球,两种乒乓球共有 57+76=133(个)。

8. 答案:如图所示。

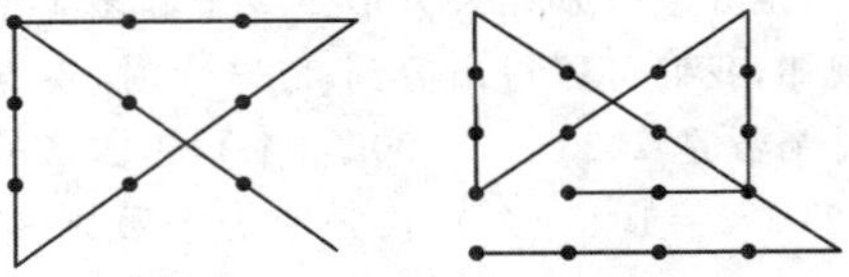

四线九点　　六线十六点

第 8 题图

9. 答案:答案不唯一,如图(1)~(3)所示:

分析:设出未知数,如图(4)所示,再设每个三角形中四个数之和为 N,则 $4x+2(a+b+c)+(m_1+m_2+m_3+m_4+m_5+m_6)=4N$,注意到 $x+(a+b+c)=N$,化简得:$2x=3N-45$。等式右边是 3 的倍数,因此 x 是 3 的倍数,所以 $x=0,3,6,9$。列表枚举出 x 和 N 的关系:

x	0	3	6	9
N	15	17	19	21

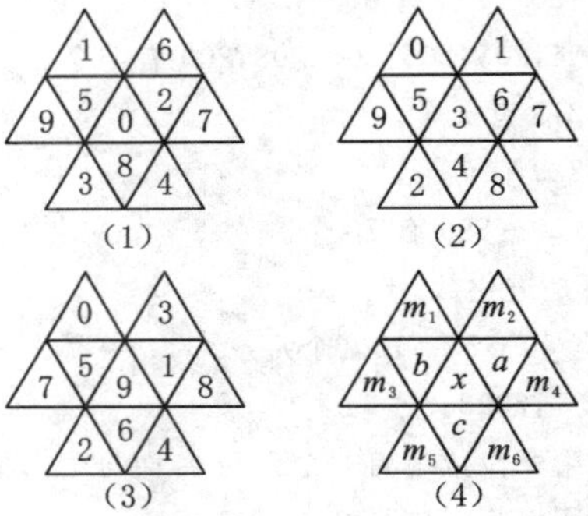

第 9 题图

10. 答案:(1)2,7 或 7,2。(2)2069,2081,2089。

11. 答案:20。

分析:A 和 B 按两种方式混合分别得到浓度为 10%和 14%的盐水,则可求出 A 和 B 按 1∶1 混合所得盐水浓度为(10%+14%)÷2=12%,则 A,B,C 按 1∶1∶2 混合的盐水可看成由 12%的盐水与 C 盐水按 1∶1 混合。

设盐水 C 的浓度为 x,则 $12\%\times1+x=2\times16\%$,解得 $x=0.2$,因此盐水 C 的浓度是 20%。

12. 答案:1680。

分析:甲、乙二人在相同时间内所行的距离与他们的速度成正比，如图所示。

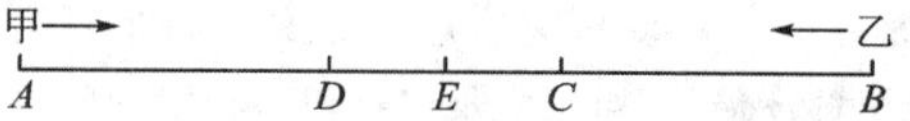

第 12 题图

设 AB 的中点为 E，因为 $DE=CE$，$AC:BC=80:60=4:3$；所以 $AD=BC=\frac{3}{4+3}AB=\frac{3}{7}AB$，因为 AD 等于 AB 与 $60\times7=420$(米)之差的$\frac{4}{7}$，AB 为 AB 与 420 米之差的 $\frac{4}{7}\div\frac{3}{7}=\frac{4}{3}$ 倍，所以 AB 与 420 米之差为 $420\div\left(\frac{4}{3}-1\right)=1260$(米)，$AB=1260+60\times7=1680$(米)。

13. 答案：15。

14. 答案：7000；9000；6000。

分析：王远和顾尔健都提到王远的月薪，因此必有一假或两假。据此逐一推断，王远的月薪是 7000 元，陈志焕的月薪是 9000 元，顾尔健的月薪是 6000 元。

15. 答案：1000000000；1000。

决赛B

3年级

1. 答案：7。

分析：22－16＋1＝7(天)。注意要加 1。

2. 答案：27。

分析：9×3＝27。

3. 答案：(1)六。(2)11。

分析：用的时间越少，跑得越快。(13＋12＋9＋10＋13＋8＋12)÷7＝11(分钟)。

4. 答案：72。

分析：正方形的边长是 9 厘米，星星的周长是 9×8＝72(厘米)。

5. 答案：64。

分析：下面两个数是 48，16。48＋16＝64。

6. 答案：不变；在 O 点右边。

7. 答案：8。

分析：张飞吃了(32＋4)÷2＝18(斤)，刘备吃了 18÷3＝6(斤)，关羽吃了 32－6－18＝8(斤)。

8. 答案：丙。

分析：甲和乙的路程一样，都等于 600 米，而丙比甲、乙多出两段内凹进去的长度，而 3 人速度一样，所以丙时间最长。

9. 答案：7。

分析：30＝9×2＋4×3。所以小白有 2 天吃 9 根萝卜，有 3 天吃 1 朵蘑菇和 4 根萝卜，还有 7－2－3＝2(天)吃 2 朵蘑菇。小白一共吃了 1×3＋2×2＝7(朵)蘑菇。

10. 答案：D。

分析：A 表示的数是 15786，B 表示的数是 98542，C 表示的数是 26847，D 表示的数是 98651。D 表示的数最大。

11. 答案：如图所示。

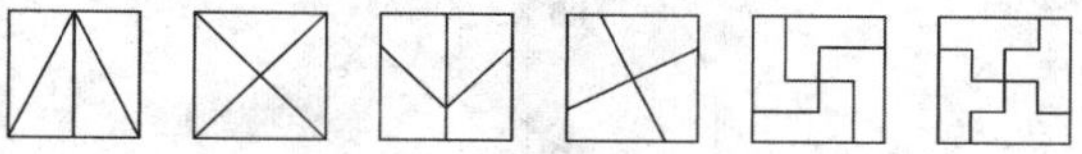

第 11 题图

答案不唯一。

12. 答案：4045。

分析：2023＋2022＝4045。

13. 答案：13。

分析：这是一个算式谜题。二十多加 25，和可能是四十多，也可能是五十多。而和的个位是 3，和只能是五十多。53－25＝28。5＋8＝13。

14. 答案：C。

分析：由最后一个图，A＋D＝B＋C＋E。知道 A＋D＝B＋C＋E。80＋50＝50＋50＋30。

而 C＋D＞A＋B，B＋E＞A＋C，所以 B＝50，A＝50，C＝30，E＝50，D＝80。满足题意。

15. 2023；1912。

分析：注意，罗马数字中用D表示 500。

4年级

1. 答案：13000000；1040000000。

2. 答案：C。

3. 答案：(1)17。(2)24。

分析：18×6－17－13－20－18－16＝24(米)。

4. 答案：10；420。

5. 答案：3。

分析：24＝1＋2＋3＋4＋5＋6＋3＝1＋2＋3＋4＋5＋7＋2＝1＋2＋3＋4＋5＋8＋1。重复的数字最大是 3。

6. 答案：60。

分析：把项羽原来的兵力看成 1 份，刘邦原来的兵力就是 6 份。项羽的兵力减少了 4 万，刘邦的兵力如果还是项羽的 6 倍就要减少 4×6＝24(万)。所以 24 万是项羽现在兵力的 10－6＝4 倍，项羽现在有兵力 24÷4＝6(万)，刘邦有兵力 6×10＝60(万)。

7. 答案：B。

分析：假设 X 站到 Y 站之间有 180 千米。

那么从 X 站到 Y 站的慢车的速度是每分钟 1 千米，从 Y 站到 X 站的快车的速度是每分钟 3 千米。

从 Y 站到 X 站的快车的速度是从 X 站到 Y 站的慢车的速度的 3 倍。

当从 X 站到 Y 站的慢车的行驶了 1 段多，从 Y 站到 X 站的快车行驶了 4 段多，他们在第二和第三个点之间相遇。

8. 答案：10 分钟。

分析：4 分钟转了一圈的$\frac{1}{6}$，是 $360\times\frac{1}{6}=60°$。摩天轮每分钟转 360÷24＝15°，由图可知，乐乐和豆豆在一个高度上，至少要经过(90＋60)÷15＝10(分钟)。

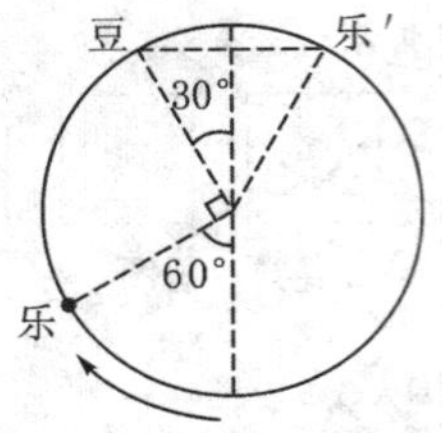

第 8 题图

9. 答案：D。

10. 答案：A。

分析：齿轮 a 有 10 个齿，齿轮 b 有 13 个齿，齿轮 c 有 13 个齿。当齿轮 a 按顺时针方向旋转一周后，齿轮 b 顺时针旋转不到一周，齿轮 c 顺时针旋转不到一周。

11. 答案：(1)132，21。(2)352，32。(3)52，25。

12. 答案：15；66；2049300。

分析：1＋2＋3＋4＋5＝15。

1＋2＋3＋…＋11＝66。

1＋2＋3＋…＋2024＝2049300。

13. 答案：乙。

分析：三人共得 1×5＋3×2＋5×3＋9×1＋15×3＋25×1＝105(分)；每人得 105÷3＝35(分)。

甲打了 2 个 15 分，1 个 3 分，2 个 1 分。

乙打了 1 个 25 分，1 个 5 分，1 个 3 分，2 个 1 分。

所以是乙射中了靶心。

14. 答案：50。

分析：2000÷(20×2)＝50(米/分)。

15. 答案：21；10。

分析：(1)$2^{19}<1000000<2^{20}$，

所以第 21 格第一次超过 1000000。

(2)9！＜1000000＜10！，所以 n 至少是 10。

❺年级

1. 答案：(1)5.625。(2)2.1。(3)2023。(4)48.4。

2. 答案：(1)B。(2)B。(3)C。

3. 答案：(1)三；1.25。(2)A；B；B。(3)B。

4. 答案：18，8。

5. 答案：2028。

分析：画图表示题干信息。

今年年龄和	4 年后		
78	父亲	母亲	78＋8＝86
	○○○○	△△△	
17	弟弟	姐姐	17＋8＝25
	○	△	

第 5 题图

四年后父亲的年龄是弟弟的 4 倍，母亲的年龄是姐姐的 3 倍，假如母亲再多 1 份，则母亲的年龄也是姐姐的 4 倍。那父母年龄和是姐弟年龄和的 4 倍，四年后姐弟就是 25 岁，父母则是 25×4＝100 岁，与实际相差 100－86＝14(岁)→即姐姐(1 份三角形)四年后的年龄是 14 岁，弟弟就是 25－14＝11(岁)，父亲是 11×4＝44(岁)，父亲的年龄是姐姐的 3 倍时，姐姐应是(44－14)÷2＝15(岁)，所以是 2023＋4＋1＝2028(年)。

6. 答案：108。

7. 答案：100。

分析：如果第 1 次向后移动，那么前 3 次移动 3 次时，就会有以下 9 种情况(如图)。第 4 次移动分 2 大类，田字格类型只有 2 种方向，其他类型有 3 种方向。因此第 1 次向后移动，共有 2×2＋7×3＝25(种)。又因为第 1 次移动可以是前、后、左、右四种情况，所以移动 4 次时全部路径有 25×4＝100(种)。

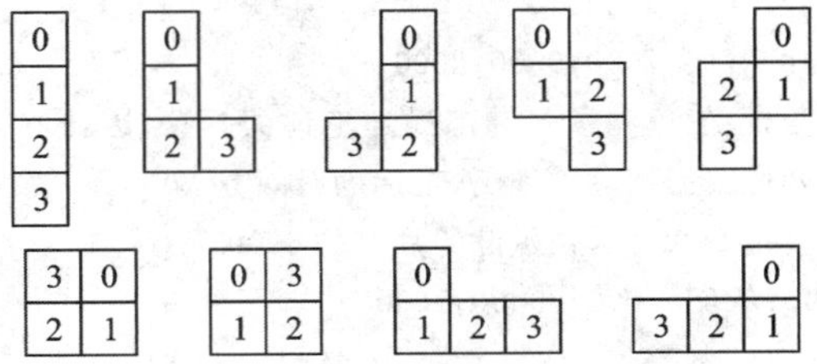

第 7 题图

8. 答案：如图所示。

16	3	2	13
5	10	11	8
9	6	7	12
4	15	14	1

第 8 题图

9. 答案：6。

分析：可以瞄准 P_1，P_3，P_5，P_6，P_8，P_10。画图略。

10. 答案：(1)$(a+b)(a-b)$；a^2-b^2，$(a+b)(a-b)$。(2)12，2；8，5；15，8。(3)5050。

11. 答案：308。

分析：设季军队的球迷人数为 x，则冠军队的球迷人数是 $4x-12$，亚军队的球迷人数是 $4x-48$。$x+(4x-12)+(4x-48)=660$，$x=80$。冠军队的球迷有 4×80－12＝308(人)。

12. 答案：60。

分析：2，3，4 的最小公倍数为 12，每 12 位客人用 6 只饭碗、4 只汤碗、3 只菜碗，共用 13 只碗。现共 65 只碗，因此有 65÷13＝5，5×12＝60，共有 60 位客人。

13. 答案：(1)4；11。(2)后；前。

14. 答案：810。

分析：如图，画出示意图。

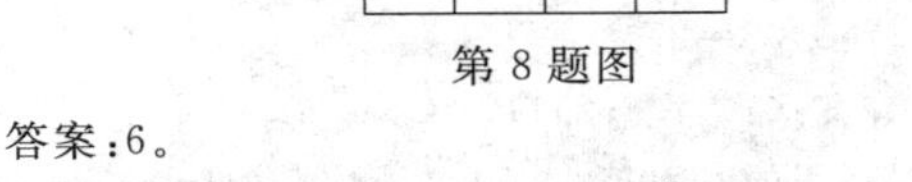

第 14 题图

根据图意，应使从 C 到 B 的一段路用油尽量多。但每辆汽车最多只能载 20 桶油，所以从 C 到 B 和从 B 到 C 返回时最多各用 10 桶油，这 10 桶油能使汽车前进的路程就是乙单独行的路程。这样从 A 到 B 和从 C 到 A 一共用 20 桶油，这 20 桶油是两辆车一起用的，一共有 4 个单趟，所以每个单趟用 5 桶油。这样，问题就清楚了，乙车可以行 15 桶油的路程，就是 15×54＝810(千米)，这一路程就是乙车所行的最远距离。

15. 答案：13。

❻年级

1. 答案：(1)9。(2)$\frac{4}{5}$。(3)2。(4)68。

2. 答案：3；3；24。

3. 答案：(1)B。(2)B。(3)C。

4. 答案：(1)200。(2)6080。(3)D，45。

5. 答案：48。

6. 答案：40，28。

分析：抓住"价格差"不变思考。5∶3＝15∶9，10∶7＝20∶14。上涨了 10 元，上涨的份数是 20－15＝5(份)，每份是 2 元。因此，现在甲级鲈鱼的价格是每千克 40 元，乙级鲈鱼的价格是每千克 28 元。

7. 答案：162.4。

分析：公众号发布"喝绿豆汤可治疗癌症"

⬇

40 万人(100 万×40％＝40 万)看到，2 万人(40 万×5％＝2 万)转发到自己的朋友圈

⬇

60 万人(2 万×100×30％＝60 万)看到，2.4 万人(60 万×4％＝2.4 万)转发到自己的朋友圈

⬇

48 万人(2.4 万×100×20％＝48 万)看到，1.44 万人(48 万×3％＝1.44 万)转发到自己的朋友圈

⬇

14.4 万人(1.44 万×100×10％＝14.4 万)看到，0.288 万人(14.4 万×2％＝0.288 万)转发到自己的朋友圈

⬇

没有新朋友看到

通过上面的传播模型，总计看到谣言的有 40＋60＋48＋14.4＝162.4(万人)。

8. 答案：1－6，3－8，5－10，7－12，9－4，11－2。

9. 答案：(8×7×6＋5－4)×3×2＋1＝2023。(答案不唯一)

10. 答案：(1)$\frac{1}{2}$；$\frac{1}{2}$；$S_1+S_2+S_3+S_4+2S_{阴}$；$a+b+c+d$。(2)18＋45＋10＝73(平方厘米)。

11. 答案：1004.8。

12. 答案：8。

分析：第一次相遇，张华和小火车合走一个全程，小火车用时 6 分钟。从第一次相遇到小火车返回追上张华，用时 4 分钟。第二次相遇时，张华和小火车合走三个全程，总用时 6×3＝18(分钟)。因此，从小火车追上张华到下一次相遇，经过了 18－6－4＝8(分钟)。

13. 答案：红；绿；黑；黄；蓝。

分析：列表思考较方便。突破口是只有第三次猜第一个葫芦里的仙丹颜色，必然是对的，红色。

次数	1 号葫芦	2 号葫芦	3 号葫芦	4 号葫芦	5 号葫芦
第一次猜		蓝	黑		
第二次猜		绿		红	
第三次猜	红				黄
第四次猜			绿	黄	
第五次猜		黑			蓝

因此，第一个葫芦里的仙丹是红色，第二个葫芦里的仙丹是绿色，第三个葫芦里的仙丹是黑色，第四个葫芦里的仙丹是黄色，第五个葫芦里的仙丹是蓝色。

14. 答案：33。

分析：这 50 个数是奇数，所以若其中某两个数，一个是另一个的倍数，则一定是奇数倍，即至少是 3 倍，所以这些数中，超过 33 的数，它们的倍数都不在这 50 个数中(若 $a>33$，则 $3a>99$)，即从 35 到 99 这 33 个数，任何一个数都不是另一个数的倍数，下面利用构造抽屉法具体说明 33 就是可选出的最多的个数。

取出从 35 到 99 的所有奇数，共计 33 个，这 33 个数中任何一个数的倍数(至少 3 倍)都不会是其中另一个数，因为 35×3＝105 已经大于其中最大数 99；观察(1，3，9，27，81)，(5，15，45)，(7，21，63)，(11，33，99)，(13，39)，(17，51)，(19，57)，(23，69)，(25，75)，(29，87)，(31，93)。

这 11 个括号中(共有 28 个数)，同一括号内任取两数，其中总有一个数是另一个数的倍数，因此每个括号内只能取 1 个数，从而在这 11 个括号中的数中至少有 17 个数取不到，即从 50 个数中，至多能取出 50－17＝33(个)，使其中任意一个数都不是另一个数的倍数。

15. 答案：6。

分析：根据走马灯数的特点，不管 M 是 1～6 中的哪个数，$\frac{M}{7}$化成小数后的一个循环节的数字之和都是 27，再根据 2023÷27＝74……25，可知，$\frac{M}{7}$化成小数后，从小数点后第一位起连续若干位的数字之和要等于 25。再观察$\frac{M}{7}$各数化成小数后的值，只有 8＋5＋7＋1＋4＝25 符合要求，因此 M 的值是 6。

总决赛

❸年级

1. 答案：6.9；1260；$\frac{5}{7}$；2300；14140。

2. 答案:C。

3. 答案:60。

4. 答案:画图略。(1)5。(2)22。

5. 答案:351,951,361,391,357。(任意写出 2 种)

6. 答案:428571;285714;142857;6;142857;999999。

7. 答案:40。

分析:长方形 A 的周长+长方形 B 的周长+长方形 D 的周长=20(厘米)。

红线的总长=30+20−10=40(厘米)。

8. 答案:12。

分析:如果把 4 个数全加起来,每个数都加了 3 遍。(45+46+49+52)÷3=64 就是这四个数的和,题目要求最小的数,用 64 减去 52(某三个数和最大的)就是最小的数,等于 12。

9. 答案:1680。

分析:(53+3)÷2=28(分钟),28×60=1680(米)。

10. 答案:(1)66。(2)231。

分析:(1)添 10 条线一共有 1+2+3+……+10+11=66(个)三角形。

(2)添 20 条线一共有 1+2+3+……+20+21=231(个)三角形。

11. 答案:A。

12. 答案:略。

❹年级

1. 答案:26520;23000;16;12;2239461。

2. 答案:B。

3. 答案:410,310。

4. 答案:如图。

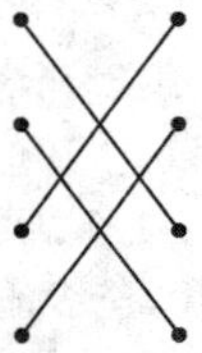

第 4 题图

5. 答案:5。

分析:27÷(2+1)=9,9×2=18。40−18=22。3×9=27,27−22=5。

6. 答案:15。

分析:5+4+3+2+1=15(条)。

7. 答案:(1)5,5,5。(2)6,4,2,2;4,4,4,2。

分析:29−20=9,说明 3 个单数与相对的 3 个偶数的差是 9,而且 3 个单数的和大于相对的 3 个偶数的和,这三个单数只能都是"5"。

29−5×3=14,说明 4 个偶数的和是 14。这 4 个偶数可能是 6、4、2、2,或 4、4、4、2。

8. 答案:27。

分析:16+7+3+1=27。

9. 答案:E。

分析:如图所示。

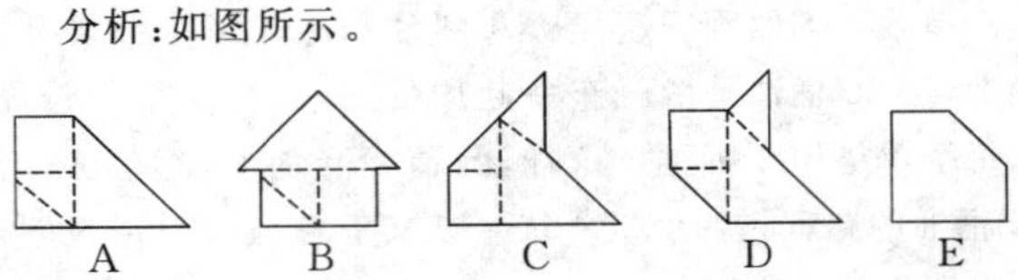

第 9 题图

10. 答案:D。

分析:"高中之矮"要比"矮中之高"高,或者两个人同样高。

11. 答案:4。

分析:方法一 如图(1),在大正方形里面再画一个面积为 3 平方厘米的小正方形 $DHKJ$。

连接 BK,如图(2)。梯形 $BCHK$ 的面积=第 1 块的面积+第 2 块的面积;

梯形 $BCHK$ 的面积 $=\frac{1}{2}(KH+BC)\times HC=\frac{1}{2}BC\times HC+\frac{1}{2}HF\times HC=$ 第 1 块的面积+第 2 块的面积;

所以,第 1 块的面积+第 2 块的面积 $=\frac{1}{2}(8-3)=\frac{5}{2}$。阴影部分的面积 $=\frac{5}{2}+\frac{3}{2}=4$(平方厘米)。

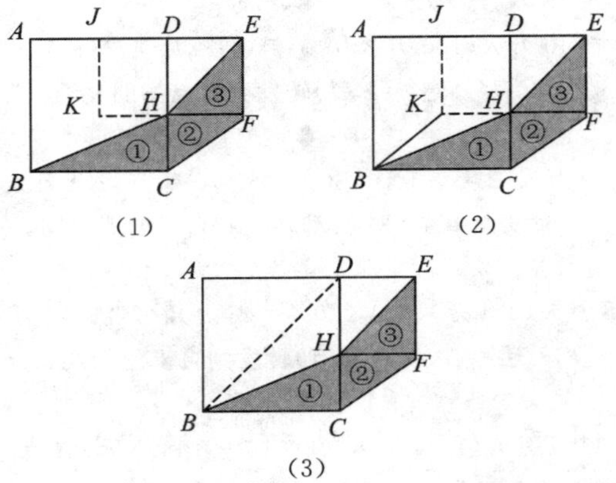

第 11 题图

方法二 如图(3),连接 BD,$S_{\triangle BDH}=$ 第 2 块的面积+第 3 块的面积。所以阴影面积等于大正方形面积的一半=4 平方厘米。

12. 答案:略。

❺年级

1. 答案:7;4400;$2\frac{44}{45}$;$\frac{1011}{2023}$。

分析:2023÷7×7÷17÷17=2023÷17÷17=7。

44.4×22+44×77.8=22.2×44+44×77.8=44×(22.2+77.8)=4400。

$0.\dot{1}+0.02+0.\dot{3}+0.04+0.\dot{5}+0.06+0.\dot{7}+0.08+0.\dot{9}=\left(\frac{1}{9}+\frac{3}{9}+\frac{5}{9}+\frac{7}{9}+\frac{9}{9}\right)+(0.02+0.04+0.06+0.08)=\frac{25}{9}+0.2=2\frac{7}{9}+\frac{1}{5}=2\frac{44}{45}$。

$\frac{1}{1\times3}+\frac{1}{3\times5}+\frac{1}{5\times7}+\cdots+\frac{1}{2021\times2013}=\frac{1}{2}\times1-\frac{1}{3}+\frac{1}{3}-\frac{1}{5}+\frac{1}{5}-\frac{1}{7}+\cdots+\frac{1}{2021}-\frac{1}{2023}=\frac{1}{2}\times\frac{2022}{2023}=\frac{1011}{2023}$。

2. 答案：6。

分析：50，24 和 10 的最小公倍数是 600，因此这堵墙最短是 6 米。

3. 答案：(1)32；4。(2)102。

分析：每个周期两行。

(1)$254\div16=15$(周期)……14，254 在第 32 行第 4 列。

(2)13 行前有 6 个完整周期，$6\times16+6=102$。

4. 答案：三。

分析：由题意可知，这个月的 1 号是星期六，因此 5 号是星期三。

5. 答案：10。

分析：如图，连接 BE。根据 $HC=1.5EH$ 可知，三角形 HFC 的面积是 $20\div2.5\times1.5=12$(平方厘米)。又因为四边形 $BGEH$ 的面积＝三角形 ADG 的面积＋三角形 HFC 的面积，所以三角形 ADG 的面积$=22-12=10$(平方厘米)。

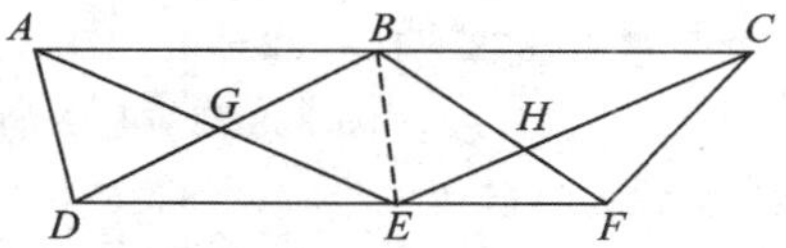

第 5 题图

6. 答案：87。

分析：十个差的总和必为 9 的倍数。已知的九个差的和是 $73+74+75+76+78+80+81+82+83=702$，所以第十个差也是 9 的倍数，只能是 81。所以这十人投中的总个数是$(702+81)\div9=87$。

7. 答案：略。

分析：两位数乘两位数 $ab\times cd$ 只需满足 $ac=bd$ 即可。三位数可按规律 $\boxed{a}\times\boxed{b}\times\boxed{b}\ \boxed{a+b}\times\boxed{a}$ 写出。

8. 答案：13。

分析：示意图如下。

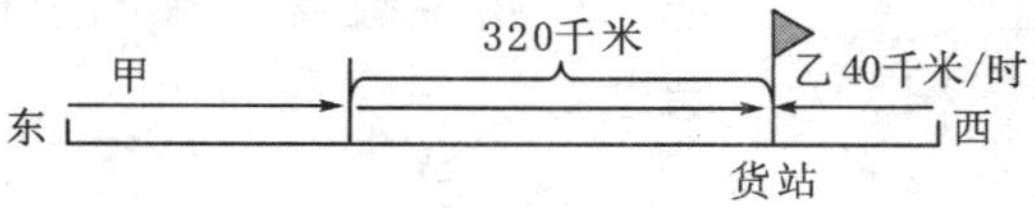

第 8 题图

经过 3 小时两车共走了全程的一半，这时它们之间的距离也是全程的一半，而此时乙车没有再行驶，甲行 320 千米与乙相遇了，也就是说这个 320 千米就是全程的一半，则求得全程是 $320\times2=640$(千米)。

乙车到货站已经行驶了 3 小时，所行的路程是 $3\times40=120$(千米)，那么它离东城还剩的距离是 $640-120=520$(千米)。知道了乙还要行驶的路程和速度，就可求出乙从货站到东城要用的时间是 $520\div40=13$(小时)。

9. 答案：7。

分析：如图所示。

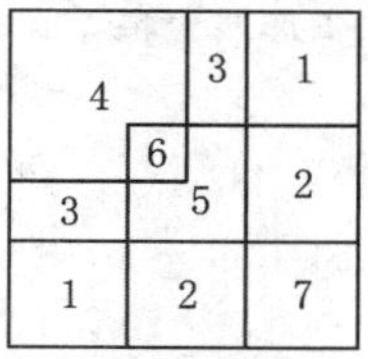

第 9 题图

10. 答案：(1)4；7。(2)20。

分析：(1)小于 8 的分散数共 4 个：1，10，100，101。小于 16 的分散数共 7 个：1，10，100，101，1000，1001，1010。

(2)小于 2^5 的分散数有 $7+4+1=12$(个)，小于 2^6 的分散数有 $12+7+1=20$(个)。

11. 答案：4，6，7。

分析：设总共有过 k 局。称某两人某次玩一局为"一对"。用两种方法计算总对数。一方面，每个局中有 3 对，共 $3k$ 对；另一方面，任 2 人恰好同玩 2 次，共 $2\times C_n^2$ 对。故 $3k=2C_n^2=n(n-1)$，所以 3 能够整除 $n(n-1)$。

可见，$n=5,8$ 是不可能的。

(1)$n=4$ 时，$k=4$，故(1，2，3)，(1，2，4)，(1，3，4)，(2，3，4)。

(2)$n=6$ 时，$k=10$，故(1，2，3)，(1，2，4)，(1，3，6)，(1，5，6)，(1，4，5)，(2，3，5)，(2，4，6)，(2，5，6)，(3，4，5)，(3，4，6)。

(3)$n=7$ 时，$k=14$，故(1，2，4)，(2，3，5)，(3，4，6)，(4，5，7)，(5，6，1)，(6，7，2)，(7，1，3)，(1，3，4)，(2，4，5)，(3，5，6)，(4，6，7)，(5，7，1)，(6，1，2)，(7，2，3)。

所以 $n=4,6,7$。

12. 答案：略。

6 年级

1. 答案：$\frac{700}{9}$；$\frac{2022}{2023}$；$\frac{10}{33}$；$\frac{1}{2}$。

分析：$\left(11\times\frac{7}{90}+\frac{7}{9}\times6.9\right)\times12.5=\frac{7}{90}\times(11+69)\times12.5=\frac{700}{9}$。

$\frac{1}{1\times2}+\frac{1}{2\times3}+\frac{1}{3\times4}+\cdots+\frac{1}{2022\times2023}=1-\frac{1}{2}+\frac{1}{2}-\frac{1}{3}+\frac{1}{3}-\frac{1}{4}-\cdots+\frac{1}{2022}-\frac{1}{2023}=\frac{2022}{2023}$。

$$\frac{\dfrac{2+3+6}{\frac{1}{2}+\frac{1}{3}+\frac{1}{6}}-\dfrac{\frac{1}{2}+\frac{1}{3}+\frac{1}{6}}{2+3+6}}{2\times3\times6}=\frac{11-\frac{1}{11}}{2\times3\times6}=\frac{120}{11}\times\frac{1}{2\times3\times6}=\frac{10}{33}。$$

2. 答案:96。

分析:4×4×6=96(平方厘米)。

3. 答案:450。

分析:500×2%=10(克),10÷20%=50(克),500-50=450(克)。因此,需要蒸发掉450克水。

4. 答案:94;102。

分析:甲+乙+丙=282。①

乙-10+丙-10=甲-10+100,乙+丙-甲=110。②

丙-甲=(乙-甲)×2,甲+丙=2乙。③

由①③可知,乙=282÷3=94(岁)。

再根据甲+丙=188,丙-甲=16,可得丙=(188+16)÷2=102(岁)。

5. 答案:13.5。

分析:如图所示,连接 AP,根据蝴蝶定理,三角形 BPQ 的面积与三角形 CPD 的面积相等。三角形 CPD 的底边 PD=6(厘米),底边上的高是9÷2=4.5(厘米)。因此三角形 BPQ 的面积=三角形 CPD 的面积=6×4.5÷2=13.5(平方厘米)。

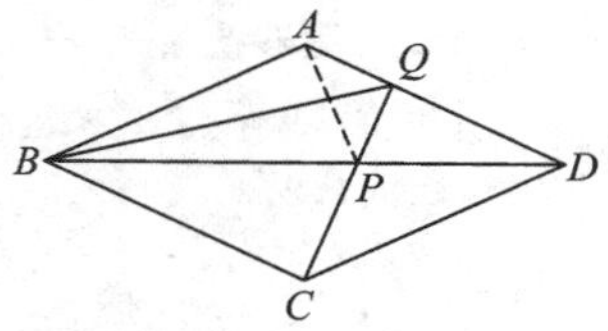

第5题图

6. 答案:183。

分析:传球问题列表如下:

人员	0	1	2	3	4	5	6
甲	1	0	3	6	21	60	183
乙	0	1	2	7	20	61	182
丙	0	1	2	7	20	61	182
丁	0	1	2	7	20	61	182

因此,整个传球过程共有183种不同的可能。

7. 答案:12。

分析:小船在逆行中的速度与在顺行中的速度之比为2∶3=4∶6=(5-1)∶(5+1)。所以乐乐在静水中划船的速度为5千米/时。因为乐乐逆行用了3小时,所以乐乐的出发地点与他开始返回的地点之间的距离是(5-1)×3=12(千米)。

8. 答案:340.5。

分析:A机器10分钟要停机4分钟,相当于14分钟冲洗100张;B机器15分钟要停机5分钟,相当于20分钟冲洗150张。可得出在140分钟中,A机器可冲洗1000张,B机器可冲洗1050张。5000=(1000+1050)×2+900,所以经过280分钟后,还需冲洗900张。

经试算,60分钟,A机器冲洗400+40=440(张),B机器冲洗450张。剩下10张只需要0.5分钟。因此,总共需要280+60+0.5=340.5(分钟)。

9. 答案:如图所示。

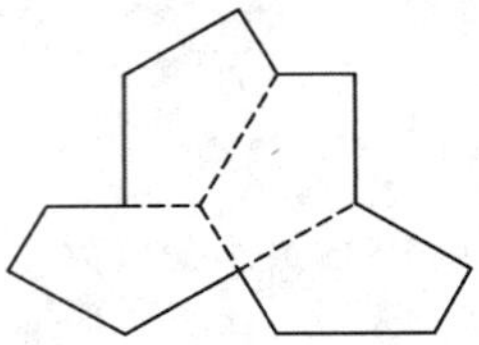

第9题图

10. 答案:蓝;红。

分析:采用列表法。

颜色	A	B	C	D	E
红	×		×		×
白	×	×	√	×	×
黑	×	×	×	×	√
黄	×		×		×
蓝	√	×	×	×	×

所以E戴黑帽子,A戴蓝帽子,C戴白帽子。

再根据同桌一定是同一学校的,所以B只能戴红帽子,D只能戴黄帽子。

11. 答案:46。

分析:由题意知,378-143×2=92;378×3-490=644;143×6-490=368,92,644,368都应是★的倍数。

92=2×2×23,644=2×2×7×23,368=2×2×2×2×23。

92,644,368共同的约数有1,2,4,23,46,92,$a:b:c$=1∶2∶6,所以☆不可能为1,2,4。

143÷23=6……5,378÷23=16……10,490÷23=21……7,不符合题意。

143÷46=3……5,378÷46=8……10,490÷46=10……30,符合题意。

143÷92=1……51,378÷92=4……10,490÷92=5……30,不符合题意。

故★为46。

12. 答案:略。

2023年 春·广州悦教育高端班选拔考试

1年级

1. 答案:141;28。

2. 答案:741;394。

3. 答案:72;1334。

4. 答案:200。

5. 答案:58;50。

分析:从第二个数开始,每一个数都等于前一个数减

8。所以后面两项依次是 66－8＝58，58－8＝50。

6. 答案：5。

分析：从前数到悦悦有 13 人，从后数到木木有 16 人，一共数的人数有 13＋16＝29(人)，但队伍只有 24 人，说明有 29－24＝5(人)是重复数的，也就刚好是从悦悦到木木的人数。

7. 答案：31。

分析：买笔记本花 3.5＋3.5＝7(元)，买圆珠笔花 4＋4＋4＝12(元)，

剩 50－7－12＝31(元)。

8. 答案：10。

分析：因为 1 个□等于 3 个♡，所以○＋♡＝□＋□＝6 个♡，

从而 1 个○＝5 个♡，所以△＝○＋○＝10 个♡。

9. 答案：14。

分析：只有 1 块图形拼成的三角形有 5 个，由 2 块图形拼成的三角形有 6 个，由 3 块图形拼成的三角形有 2 个，由 4 块图形拼成的三角形有 1 个，所以总共有 5＋6＋2＋1＝14(个)。

10. 答案：140。

分析：欢欢捐了 42 本，比乐乐少捐 8 本，所以乐乐捐了 42＋8＝50 本。悦悦捐的书正好是欢欢和乐乐捐书总数的一半多 2 本，所以悦悦捐了(42＋50)÷2＋2＝48(本)。所以三人一共捐了 42＋50＋48＝140(本)。

11. 答案：25。

分析：悦悦有 18 个小球，心心得到 3 个小球后会比悦悦多 2 个，那么心心得到老师给的 3 个球后是 18＋2＝20(个)，所以心心原来是有 20－3＝17(个)。因为开开将小球给心心 4 个后，两个人的小球就一样多，所以开开原来比心心多 4×2＝8(个)。所以开开有 17＋8＝25(个)。

12. 答案：11。

分析：

序号	张数			算式
	5 元	2 元	1 元	
①	3	0	0	3×5＝15
②	2	2	1	2×5＋2×2＋1×1＝15
③	2	1	3	2×5＋1×2＋3×1＝15
④	2	0	5	2×5＋5×1＝15
⑤	1	5	0	1×5＋5×2＝15
⑥	1	4	2	1×5＋4×2＋2×1＝15
⑦	1	3	4	1×5＋3×2＋4×1＝15
⑧	1	2	6	1×5＋2×2＋6×1＝15
⑨	1	1	8	1×5＋1×2＋8×1＝15
⑩	0	5	5	5×2＋5×1＝15
⑪	0	4	7	4×2＋7×1＝15

13. 答案：24。

分析：假设车内座位分布图如图：

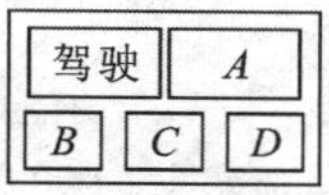

第 13 题图

驾驶位可以选爸爸或者爷爷，有 2 种选法。驾驶座有 1 人，且 A 位置不能选妈妈或者乐乐，所以 A 位置剩 2 人可以选。当驾驶位和 A 位确定好后，剩下 3 个人。B 位置可以选 3 人中的 1 个，有 3 种选法；C 位置可以选剩下 2 人中的一个，有 2 种选法；D 位置只有 1 种选法。所以共有 2×2×3×2×1＝24(种)。

14. 答案：2。

分析：心心和乐乐的说法矛盾，必有一真一假。所以开开和欢欢说的是真的。根据四个人说的话可以推出，开开拿到的卡片上的数字是 2。

15. 答案：12 个。

分析：木木摘了：11×2＝24(个)。

悦悦和西西摘的一样多，则悦悦摘了(94－22)÷2＝36(个)。

悦悦 3 天摘了 36 个，平均每天摘 36÷3＝12(个)。

16. 答案：28 种。

分析：

14 的分解	数量
14＝2＋2＋10	1×2×1＝2(种)
14＝2＋3＋9	2×2×1＝4(种)
14＝2＋4＋8	2×2×1＝4(种)
14＝2＋5＋7	2×2×1＝4(种)
14＝2＋6＋6	1(种)
14＝3＋3＋8	1×2×1＝2(种)
14＝3＋4＋7	2×2×1＝4(种)
14＝3＋5＋6	2×2×1＝4(种)
14＝4＋4＋6	1×2×1＝2(种)
14＝4＋5＋5	1(种)

共有：1×2＋2×3＋4×5＝28(种)。

2 年级

1. 答案：215；29。

2. 答案：5184；12。

3. 答案：2023000。

分析：(125×4)×(46÷23)×2023＝500×2×2023＝2023000

4. 答案：953664。

分析：根据乘数末位为 6，乘积末位为 4，可推算出第二个乘数为 4 或 9；

因为乘积位数与乘数位数相同，乘数首位为 2，因此第

二个乘数不为 9，故第二个乘数为 4；

据此，可推出乘积第一位为 9，第五位为 6，因此乘积为 953664。

5. 答案：101。

分析：每过去一周都减少 11 道题，到第十周，共过去九周，即为 200－11×9＝101(道)题。

6. 答案：24。

分析：小蜗牛每天向上爬 3－1＝2(米)，前 11 天，小蜗牛共向上爬 11×2＝22(米)，第十二天，小蜗牛仅向上爬行 2 米到达井口，即小蜗牛共爬了 22＋2＝24(米)，那么井深 24 米。

7. 答案：7。

分析：假设森林里的四脚兽都抬起一条腿，全部变成三脚兽，则共有 23×3＝69(条)腿；现在森林里有 77 条腿，多出 77－69＝8(条)腿，多出的腿全部是四脚兽的，所以四脚兽共有 8 只，三脚兽有 23－8＝15(只)，则三脚兽比四脚兽多 15－8＝7(只)。

8. 答案：2。

分析：由题目可知，5 条小红鱼和 5 条小黄鱼一起每天要吃 30 克鱼食，则 1 条小红鱼和 1 条小黄鱼一起每天要吃 6 克鱼食，2 条小红鱼和 2 条小黄鱼一起每天要吃 12 克鱼食，根据题目条件 3 条小红鱼和 2 条小黄鱼一起每天要吃 14 克鱼食，则 1 条小红鱼每天吃 2 克鱼食。

9. 答案：124。

分析："1、9、6、3、0、3、0、5"一组周期中有 2 个 3，写完第 30 个"3"时，共写了 30÷2＝15(组)数字，每组 8 个数字，共写了 8×15＝120(个)数字；写到第 31 个"3"时，共写了 120＋4＝124(个)数字。

10. 答案：9。

分析：如题图所示，相当于把只去过一个城市的人算了 1 遍，把只去过两个城市的人算了 2 遍，把三个城市都去过的人算了 3 遍，要求只去过两个地方的人，则需去掉其他多余的√，列式为：13＋15＋19－32－3×2＝9(人)。

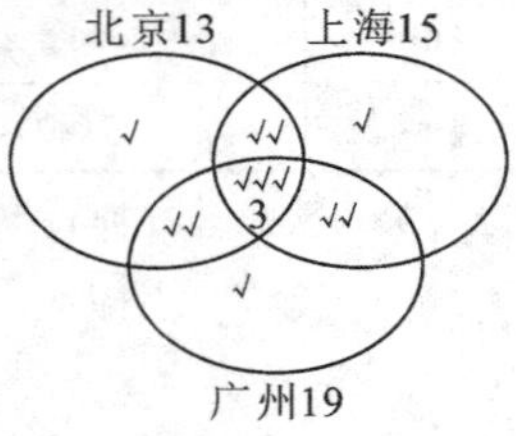

第 10 题图

11. 答案：16。

分析：如果方案②，每人发 10＋2＝12(颗)，且不多来 3 个小朋友，那么就会多出 3×12－15＝21(颗)糖；方案①每人 10 颗，多出 53 颗，方案②每人多发了 2 颗后，糖只多出 21 颗，说明每人多发两颗，共消耗了 53－21＝32(颗)糖，则小朋友原来有 32÷2＝16(个)。

12. 答案：72。

分析：观察图形，小长方形的 2 个长＝正方形 3 个边长，又因为小长方形的长是宽的 3 倍，所以可以得到 6 个宽＝3 个边长，即正方形的边长是小长方形宽的 2 倍。大长方形的周长＝5 边长＋2 长＋2 宽，全部替换成宽，得大长方形的周长＝10 宽＋6 宽＋2 宽＝18 宽＝162(厘米)，可以得到，小长方形的宽为 162÷18＝9(厘米)，正方形的周长为 9×2×4＝72(厘米)。

13. 答案：163。

分析：根据题意可画出线段图如下：

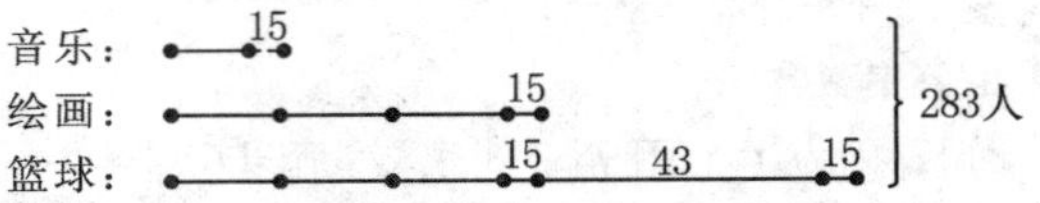

音乐：(283＋15－15－15－43－15)÷7＝30(人)。

篮球：30×3＋15＋15＋43＝163(人)。

14. 答案：46；15。

分析：根据甲说的话可判断出甲的两位数从小到大有：45、46、51、52、53、54 六种可能。

(1)当甲为 45 时，乙拿了数字 6，但这时乙不能马上判断出甲是 45 还是 54，不符合题意。

(2)当甲为 46 时，乙拿了数字 5，根据乙的话可知乙的数字组合为：(1、5)(2、5)(3、5)均能推导出甲是 46，且由于乙不是最大的可知乙的个位为 5。根据丙说的话可知，乙是 15。

(3)当甲为 51 时，乙拿了数字 6，此时不管乙手中的另外一个数字是几，都不能马上判断出甲是多少，不符合题意。

当甲为 52、53、54 时同理。

综上所述，甲为 46，乙为 15。

15. 答案：7 年前。

分析：根据题意可画出线段图如下：

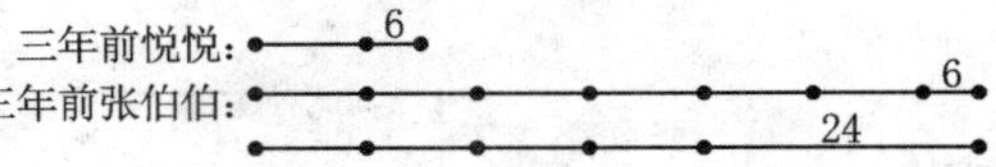

第 15 题图

可算出 3 年前悦悦：(24－6)÷2＝9(岁)；3 年前张伯伯：6×9＝54(岁)；年龄差为 54－9＝45(岁)，当张伯伯年龄是悦悦的 10 倍时，他们的年龄差仍然不变，则此时悦悦的年龄为 45÷(10－1)＝5(岁)，此时为(9＋3)－5＝7(年)前。

16. 答案：35 次。

分析：4 个非 0 数码之和为 8，有(1，1，1，5)(1，1，2，4)(1，1，3，3)(1，2，2，3)(2，2，2，2)5 种组合，其中(1，1，1，5)根据排列顺序不同有 4 种可能，(1，1，2，4)根据排列顺序不同有 12 种可能，(1，1，3，3)根据排列顺序不同有 6 种可能，(1，2，2，3)据排列顺序不同有 12 种可能，(2，2，2，2)根据排列顺序不同有 1 种可能，共：4＋12＋6＋12＋1＝35(种)可能，因此，要试 35 次才能保证自己将密码打开。

③年级

1. 答案：68000。

分析：原式＝2023×(67＋1)－68×1023

＝2023×68－68×1023

＝68×(2023－1023)

＝68×1000

＝68000。

2. 答案：140。

分析：原式＝20＊(2×2＋3)

＝20＊7

＝20×7

＝140。

3. 答案：13。

分析：$8(2x+3)=12(x+7)-8$

$16x+24=12x+84-8$

$16x-12x=84-8-24$

$4x=52$

$x=13$。

4. 答案：8974。

分析：首位分析，高位优先：

(1)若“元”＝9，“欢”＝0，“狂”＝1，

“宵”＋“宵”＝10，若“宵”＝5，则 9＋5＋“快”不进位，不可能，若“宵”＝4，则 9＋4＋“快”进位 2，找不到满足条件的“快”“乐”。

(2)若“元”＝8，“欢”＝0，“狂”＝1，“宵”＋“宵”＋个位进位＝20，“宵”一定为 4，个位进位一定为 2。8＋9＋“快”＝“乐”。想要$\overline{元宵快乐}$尽量大，则“快”最大＝7 时，“乐”＝4，此时，满足条件，$\overline{元宵快乐}$＝8974。

5. 答案：9。

分析：分类枚举：(1)买 2 瓶草莓味，1 种；(2)买 1 瓶草莓味，还剩 12－6＝6(元)：买 2 瓶菠萝味；1 瓶菠萝味和 3 瓶苹果味；6 瓶苹果味，共 3 种；(3)不买草莓味，买 4 瓶菠萝味；3 瓶菠萝味和 3 瓶苹果味；2 瓶菠萝味和 6 瓶苹果味；1 瓶菠萝味和 9 瓶苹果味；12 瓶苹果味，共 5 种。综上：1＋3＋5＝9(种)。

6. 答案：1240。

分析：奇数项是以 1 为首项，2 为公差的等差数列，偶数项是以 4 为首项，4 为公差的等差数列。

奇数项有 20 个，末项为 1＋2×(20－1)＝39，和为(1＋39)×20÷2＝400。偶数项有 20 个，末项为 4＋4×(20－1)＝80，和为(4＋80)×20÷2＝840。前 40 项和为 400＋840＝1240。

7. 答案：83；35。

分析：兔：(118－26÷2)÷(2＋1)＝35(只)

鸡：118－35＝83(只)。

8. 答案：10；64。

分析：盒子：(4＋16)÷(8－6)＝10(个)。

玩具：6×10＋4＝64(个)。

9. 答案：2022；2。

分析：擦掉 2 个数，写下它们的平均数，那么这个数必然比小数大，比大数小。这里的任意两个数的平均数不会超过 2022。那么最后剩下的这个数的最大值就是 2022。要使得剩下的数最大，尽量晚点擦去较大的数字。因此我们从最小的数开始求平均。首先擦去 1，3，写上 2；擦去 2，2，写上 2；擦去 2，4，写上 3；擦去 3，5，写上 4……擦去 2021，2023，写上 2022。因此这个数最大是 2022。要使得剩下的数最小，尽量晚点擦去较小的数字。同理可得，这个数最小是 2。

10. 答案：20。

分析：根据奇偶性，这样的两位数的各位数字一定是一奇一偶。且数字和小于等于 9。分类枚举可得共有 20 个。

11. 答案：68。

分析：因为△BDF 是等腰 Rt△，且面积是 8，可得 $BF=DF=4$。又因为 $DE=15$，则 $FC=15+4=19$，

$S_{梯形DECF}=(15+19)\times4\div2=68$。

12. 答案：56202300。

分析：首先分析被 25 整除，末两位为 00、25、50、75。由 7、11 整除特征，且使得前两位尽量大，可得这个八位数可能为 58202375、56202300、31202325、83202350。最后用被 9 整除来检验，可得最大的八位数为 56202300。

13. 答案：40。

分析：每位同学可买的饮料数量在 1～5 瓶。分类枚举对应的买法：

买 1 瓶：2 种。买 2 瓶：3 种。买 3 瓶：4 种。买 4 瓶：3 种。买 5 瓶：1 种。共 13 种。

由最不利原则可算，至少有 3×13＋1＝40(位)同学。

14. 答案：527。

分析：假设这个三位数为$\overline{5ab}$。

(1)根据乙的描述，前半句错误后半句正确。可得这个数为奇数。

(2)由(1)可知，甲的前半句正确后半句错误。可得 $b=5+a$ 且 b 是奇数，a 为偶数。

(3)若丙前半句正确后半句错误，可得这个数为 527。

若丙前半句错误后半句正确，无解。

综上所述，这个三位数是 527。

15. 答案：甲有 680 颗，乙有 674 颗，丙有 668 颗。

分析：设乙有 x 颗，则甲和丙共有$(2022-x)$颗。

由 $2x=2022-x$

解得 $x=674$。

则乙有 674 颗，甲有 674＋6＝680(颗)，丙有 2022－674－680＝668(颗)。

16. 答案：41。

分析：被 5 整除，末位为 0 或 5。被 9 整除，各个位数

字之和可被 9 整除；且满足至少有两个数位上的数字相同。一位数，无；两位数，无；三位数，225，585，855，900，990，共有 5 个；四位数，枚举可得 36 个，共有 41 个。

4年级

1. 答案：2024。

分析：$4.04\div2+2023-1.02$
$=2.02+2023-1.02$
$=1+2023$
$=2024$。

2. 答案：20230。

分析：$2.023\times1100+20.23\times990-2023$
$=20.23\times(110+990+100)$
$=20.23\times1000$
$=20230$。

3. 答案：3。

分析：□#(5#4)=45 ⇒ □#21=45 ⇒ □=3

4. 答案：3281。

分析：$193\times17=3281$。

5. 答案：210。

分析：设现在乙有 $3x$ 元，则现在甲有 $2x$ 元。

$(2x+70-10):(3x-60)=4:3$

解得 $x=70$

则乙现在有 $70\times3=210$(元)。

6. 答案：30。

分析：设这三个质数为 a、b、c，则 $a^2+b^2+c^2=558$。奇偶性分析有质数 2，不妨设 $c=2$，则 $a^2+b^2=554$。然后由质数个位平方关系可得，a，b 的末位是 5 和 9. 简单枚举可得，$a=23$，$b=5$，则 $a+b+c=23+5+2=30$。

7. 答案：10。

分析：图中小三角形和梯形可以拼成一个小正方形，由图可得每个小正方形的面积是 20，则大正方形的面积是 $20\times5=100$。

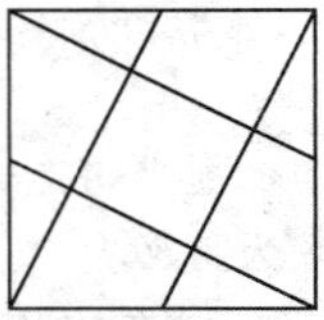

第 7 题图

8. 答案：900。

分析：$60\div\left[\left(1-\frac{1}{5}\right)\times\frac{1}{3}-\frac{1}{5}\right]=900$(个)。

9. 答案：160。

分析：由题，由勾股定理易得等腰梯形的高为 8，则面积为 $(14+26)\times8\div2=160$。

10. 答案：31。

分析：最小数的最小值为 1，最大数的最小值为 32，差为 31。

11. 答案：9.6。

分析：设正方形边长为 a 厘米，如图。

则 $\frac{1}{2}\times a\times AC+\frac{1}{2}\times a\times BC=\frac{1}{2}\times AC\times BC$

解得 $a=9.6$。

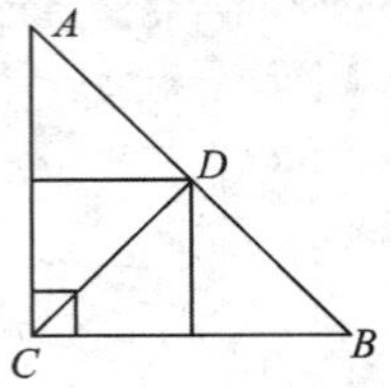

第 11 题图

12. 答案：10325。

分析：设这个五位数为 $\overline{abcde}$，由题，$5\mid\overline{abcde}$ ⇒ $e=0$ 或 5，因为所求的数最小，高位优先，不妨考虑 $a=1$，$e=5$，互不相同的五位数最小值为 10235，但不满足被 7 整除。枚举检验可得，10325 是满足题意的最小值。

13. 答案：25。

分析：甲走完全程需要 $120\div6=20$(秒)，乙走完全程需要 $120\div5=24$(秒)，$[20,24]=120$，在 120 秒的周期内，甲乙会相遇 5 次(有一次是在端点处相遇不计算)，则 10 分钟内一共相遇 $10\times60\div120\times5=25$(次)。

14. 答案：35；26；41。

分析：丙的数最大，可能是 61，此时甲的两位数无论是剩下的 2、3、4、5 中的任何两个都无法满足数字和的平方是其他人手中的数；

丙可能为 51，此时 $5-1=4$，不满足数位上的数字之差为奇数；

丙可能为 41，此时只有 $3+5=8$，$8\times8=64$，满足数字和的平方可能是其他人手中的数，此时乙为 26 或 62，但丙最大，则乙为 26，其他条件均已满足，只需验证乙的话即可。

乙的数字和是 8，其余两人数字一定为 1、3、4、5，可以凑出数字和为 7 和 8，满足等差数列要求。

综上，甲手中的数为 35，乙手中的数为 26，丙手中的数为 41。

15. 答案：10260。

分析：设小喜和小乐相遇时用时为 x 分钟

$(45-40)x=6\times(40+50)$

解得 $x=108$。

$108\times(45+50)=10260$(米)。

16. 答案：126。

分析：分为三大类：

(1)选 3 个男生 1 个女生：$C_4^3\times C_2^1+C_2^1\times C_4^2\times C_2^1=32$

(2)选 2 个男生 2 个女生：

$C_4^2\times C_2^1\times C_2^1+C_4^2\times C_1^1+C_2^1\times C_4^1\times C_2^1\times C_2^1+C_4^1\times C_2^1\times C_2^2=70$

(3)选 1 个男生 3 个女生：

$C_4^1\times C_2^1\times C_2^2+C_4^1\times C_2^2\times C_1^1+C_2^1\times C_2^1\times C_2^2+C_2^1\times C_2^1\times C_2^2=24$

总共有 32+70+24=126(种)。

5年级

1. 答案:15。

分析:原式$=25\times\left(\frac{43}{100}+\frac{391}{100}\times\frac{1}{23}\right)=25\times\left(\frac{43}{100}+\frac{17}{100}\right)=15$。

2. 答案:2022。

分析:原式$=2023+\left(\frac{1}{3}+\frac{1}{5}+\frac{1}{7}+\frac{1}{9}+\cdots+\frac{1}{47}+\frac{1}{49}+\frac{1}{51}\right)-\left(1+\frac{1}{3}+\frac{1}{5}+\frac{1}{7}+\cdots+\frac{1}{49}+\frac{1}{51}\right)$

$=2023-1$

$=2022$。

3. 答案:2。

分析:$5x-7=9\{x\}$

$5[x]+5\{x\}-7=9\{x\}$

$5[x]=4\{x\}+7$

又因 $7\leqslant4\{x\}+7<11$,即 $7\leqslant5[x]<11$,则 $5[x]=10$

故$[x]=2$。

4. 答案:5081。

分析:由题意得,$\overline{一花一果}=\overline{2花2果}$,果=5 或 0。

由因数个数定理得,$\overline{一花一果}=a^2\times b^4$ 或 a^{14}($a^{14}\geqslant2^{14}=16384$,舍去)。

若果=0,$\overline{一花一果}=2^2\times5^4=2500$,$\overline{一花一果}=5^2\times2^4=400$,均不符合。

故果=5,$\overline{一花一果}=5^2\times3^4=2025$,符合;$\overline{一花一果}=3^2\times5^4=5625$,不符合。

$\overline{一花一果}=5^2\times3^4=2025=25\times81=225\times9$,$\overline{果花清香}=5081$。

5. 答案:195。

分析:时针和分针转过的角度总和为 $30°\times8=240°$。

时针和分针的速度之和为:$6+0.5=6.5=\frac{13}{2}$(度/分钟)。

乐乐的速度为:$7200\div\left(240\div\frac{13}{2}\right)=7200\div\frac{480}{13}=195$(米/分)。

6. 答案:$\frac{13}{22}$。

分析:P(2 个均为红球)$=\frac{9}{12}\times\frac{8}{11}=\frac{6}{11}$。

P(2 个均为白球)$=\frac{3}{12}\times\frac{2}{11}=\frac{1}{22}$。

P(2 球同色)$=\frac{6}{11}+\frac{1}{22}=\frac{13}{22}$。

7. 答案:6。

分析:如图所示。

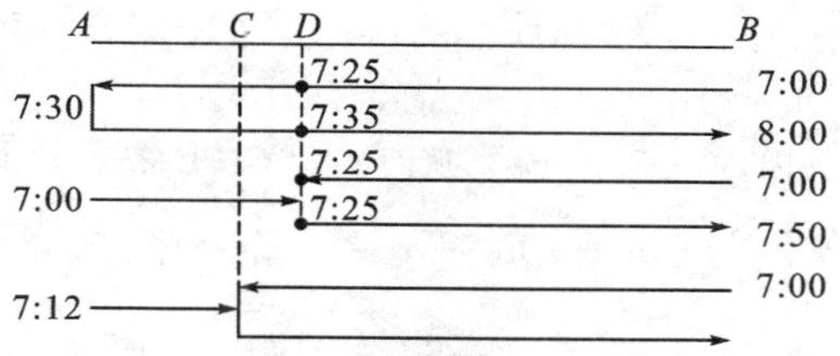

第 7 题图

车行驶 AD 需 $10\div2=5$(分钟)

AD 段路程一定,$t_{车}:t_{人}=5:25=1:5$,即 $v_{车}:v_{人}=5:1$。

AC 段路程一定,$t_{车}:t_{人}=1:5$,$t_{车}=(30-12)\div(5+1)\times1=3$(分钟)。

提前 $3\times2=6$(分钟)。

8. 答案:17。

分析:10 支球队分为 3 组,可以按如下进行分配。

$10=6+2+2$;$C_6^2+C_2^2+C_2^2=17$(场);

$10=5+3+2$;$C_5^2+C_3^2+C_2^2=14$(场);

$10=4+4+2$;$C_4^2+C_4^2+C_2^2=13$(场);

$10=4+3+3$;$C_4^2+C_3^2+C_3^2=12$(场);

综上,最多进行 17 场比赛。

9. 答案:784。

分析:图形的外表面积包括圆锥和圆柱的侧面,以及通过平移拼成的圆柱的底面。由勾股定理得圆锥的母线长为 10 厘米,则 $S_{外}=\pi\times6^2+2\pi\times6\times10+\frac{1}{2}\times10\times2\pi\times6=216\pi$,内表面积包括立方体的侧面以及小圆柱的侧面,则 $S_{内}=4\times4^2+2\pi\times2\times6=24\pi+64$

因此,$S_{表面积}=216\pi+24\pi+64=240\pi+64=784$(平方厘米)

10. 答案:18。

分析:由 1 的位置可知 2 位于 A 或者 B。若 2 位于 A 处,再尝试依次放入其他的数字,经枚举发现不能放入全部的数字。若 2 位于 B 处,则 3 位于左上角。通过枚举 5 的位置,可得当 5 位于第 2 行第 4 列时满足题意。即 A+B+C=6+2+10=18。

11. 答案:875。

分析:A 中每 4 个因式中,会有 3 个是 5 倍数,从而$A\equiv0\pmod{125}$,$A\equiv(2+3)\times(4+5)\times(0+7)\times(0+1)\times(0+3)\times(0+5)\times(0+7)\times(0+1)\times\cdots\times(0+1)\pmod 8$

$A\equiv5\times1\times7\times1\times(3\times5\times7\times1)^{505}\equiv3\pmod 8$ 因此,A 的末三位为 875。

12. 答案:14。

分析:方程可化简为 $(3a-m)(3b-m)=m^2$。余数分析,$(m,3)=1$。若 $m\equiv1\pmod 3$,则 m^2 能拆成 3 组不同的 2 个除以 3 余 2 的数相乘。若 $m\equiv2\pmod 3$,则 m^2 能拆成 3 组不同的 2 个除以 3 余 1 的数相乘。通过枚举 m 最小为 14。

13. 答案:184。

分析：延长 BF、AD 交于点 M。F 点沙漏，$BC:DM=CF:DF=2:1=6:3$；H 点沙漏，$EH:AH=BE:AM=2:9$，又因 $AG:GH=1:2$，从而 $AG:GH:HE=3:6:2$。风筝模型 $GI:IC=S_{\triangle GBF}:S_{\triangle BCF}=\frac{1}{2}\times\frac{2}{3}:\frac{1}{2}\times\frac{2}{3}=1:1$。$S_{\triangle CGE}=\frac{1}{2}\times\frac{2}{3}\times\frac{8}{11}S_{长方形}=\frac{8}{33}S_{长方形}$，$S_{\triangle GHI}=\frac{8}{33}\times\frac{1}{2}\times\frac{6}{8}S_{长方形}=\frac{1}{11}S_{长方形}=\frac{1}{11}\times2024=184$。

14. 答案：62，31。

分析：按因数个数分类：因数个数为 1 的数字为 1；因数个数为 2 的数字为 2，3，5；因数个数为 3 的数字为 4；因数个数为 4 的数字为 6。由甲说的话可知：若因数个数之和为 3，则甲包含数字 1 和 3；若因数个数之和为 4，则甲包含数字 1 和 4；若因数个数之和为 5，则甲包含数字 4 和 5；若因数个数之和为 6，则甲包含数字 6 加 2，3，5 中一个。由乙的话可知：乙手中的数要么十位是 6，要么是 56，又因差不是质数，则乙为 65 或 62。丙敢说自己的数是最小的，则丙手中必有数字 1。综上，甲为 45 或 54，乙为 62，丙最大为 31。

15. 答案：2240。

分析：如图所示。

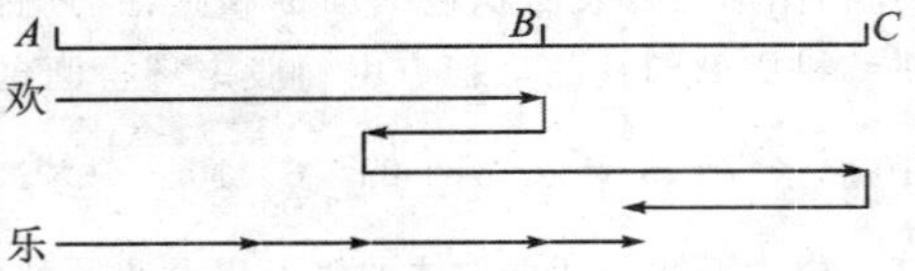

第 15 题图

欢欢走完 AB 时，$S_{欢}:S_{乐}=5:3$。

欢欢从 B 返回，与乐乐第一次相遇时，$S_{欢}=2\times\frac{5}{5+3}=\frac{5}{4}$，$S_{乐}=2\times\frac{3}{5+3}=\frac{3}{4}$。

欢欢从第一次相遇点到 C 时，$S_{乐}=\frac{5}{4}$，$S_{欢}=\frac{5}{4}\times\frac{5}{3}=\frac{25}{12}$，$S_{差}=\frac{25}{12}-\frac{5}{4}=\frac{5}{6}$。

欢欢从 C 返回，与乐乐第二次相遇，$S_{欢}=\frac{5}{6}\times\frac{5}{3+5}=\frac{25}{48}$。

每份 $1000\div\left(\frac{25}{12}+\frac{25}{48}\right)=384$（米）。

全程 $384\times\left(5+\frac{5}{6}\right)=2240$（米）。

16. 答案：60 个。

分析：根据 11 的整除特征，将多位数一位一段进行切割，令奇数段的和与偶数段的和中较大者为 A，较小者为 B。从而 $11\mid A-B$，则 $A-B=0,11,\cdots$，又因数字和 $A+B$ 与 $A-B$ 奇偶性相同。列方程可得：

$\begin{cases}A-B=0\\A+B=12或14\end{cases}$ 解得：$\begin{cases}A=6\\B=6\end{cases}$ 或 $\begin{cases}A=7\\B=7\end{cases}$

$\begin{cases}A-B=11\\A+B=13或15\end{cases}$ 解得：$\begin{cases}A=12\\B=1\end{cases}$ 或 $\begin{cases}A=13\\B=2\end{cases}$

分类枚举：(1) 两位数：66 或 77，2 个

(2) 三位数：$\overline{a6c}$，6 个；$\overline{a7c}$，7 个；$\overline{a1c}$，7 个；$\overline{a2c}$，6 个；共 26 个。

(3) 四位数：首位为 1：$\overline{1b5d}$，7 个；$\overline{1b6d}$，8 个；$\overline{1b0d}$，7 个；$\overline{1b1d}$，6 个；首位为 2：$\overline{2b4d}$，2 个；$\overline{2b5d}$，2 个；共 32 个。

综上：满足条件的自然数共 $2+26+32=60$（个）。

❻年级

1. 答案：12。

分析：原式 $=\left(\frac{6}{13}\times\frac{2}{3}+\frac{5}{7}\times\frac{6}{13}-\frac{1}{13}\times\frac{6}{7}\right)\times21=\frac{6}{13}\times\left(\frac{2}{3}+\frac{5}{7}-\frac{1}{7}\right)\times21=12$。

2. 答案：8。

分析：原方程可化为 $\frac{6\times7\times4\times9\times2}{x(x+1)(x-2)}=7$，即 $x(x+1)(x-2)=6\times9\times2\times4$，解得 $x=8$。

3. 答案：1。

分析：

$$S=\cfrac{1}{\frac{1}{1}+\frac{1}{2}+\frac{1}{3}+\cdots+\frac{1}{22}-2\times\left(\frac{1}{2}+\frac{1}{4}+\cdots+\frac{1}{22}\right)}$$

$$=\cfrac{1}{\frac{1}{12}+\frac{1}{13}+\cdots+\frac{1}{21}+\frac{1}{22}}$$

因此 $\frac{1}{22}\times11<\frac{1}{S}<\frac{1}{12}\times11$，$1\frac{1}{11}<S<2$，那么 S 的整数部分是 1。

4. 答案：14。

分析：数位分析，若 B 小于 9，则 $\overline{AAA}\times\overline{BBB}<A\times111\times900=A\times99900<A\times100000=\overline{A00000}<\overline{AACCCA}$，矛盾。

因此 $B=9$。个位分析，$A=5$。即 $555\times999=554445$，$A+B=14$。

5. 答案：A：B：C＝1：5：8。

分析：合金 A 中铜、铁质量比与新合金中铜、铁质量比相同。那么合金 B 与合金 C 熔炼在一起之后，铜、铁质量比也是 1：2。取 15 份合金 B 与 24 份合金 C 混合，铜、铁、锌的质量比为 6：12：21，再加入 3 份合金 A。三种金属熔炼之后铜、铁、锌的质量比为 7：14：21＝1：2：3。从而 A：B：C＝3：15：24＝1：5：8

6. 答案：$16\frac{1}{4}$。

分析：甲乙两队合作需要 $8\frac{1}{5}$，按照甲乙轮流工作一天，最后以甲结束，即甲乙合作 $\frac{1}{5}$ 天的工作量甲需要单独工作 1 天。从而甲乙两队的工作效率比 1：4，甲队 1 天的工作量乙队只需要 $\frac{1}{4}$ 天，总共需要 $2\times8+\frac{1}{4}=16\frac{1}{4}$。

7. 答案：4。

分析：$10^{2024}\times7^{2023}\div5^{1012}=2^{2024}\times5^{2024}\times7^{2023}\div5^{1012}=2^{2024}\times5^{1012}\times7^{2023}\equiv4\pmod 9$

8. 答案：61。

分析：构造弦图，延长 CB 至 F 点，使得 $CF=CE$，并连接 AF、EF，则 $S_{\triangle ACF}=S_{\triangle CDE}$。在 Rt$\triangle CDE$ 中，$CE=2\times5=10$，$ED=AC=8$，$CD^2=10^2-8^2=6^2$，$S_{\triangle CDE}=6\times8\div2=24$，又因为 B 是 CF 的中点，所以 $S_{\triangle ABC}=24\div2=12$。$S_{\triangle BCE}=5\times10\div2=25$，四边形 $ABED$ 的面积是 $24+12+25=61$。

9. 答案：52。

分析：若 a 取 0 或 1 时，b 从 0 到 5 取一个，c 从 0 到 5 取一个，故有 $2\times5\times4=40$ 种，

若 a 取 2 时，b 从 0 到 3 取一个，c 从 0 到 5 取一个，故有 $1\times3\times4=12$ 种，综上：一共 52 种。

10. 答案：14。

分析：两数之和为立方数。若和为 $8=2^3$，则两数可以是(1,7)，(2,6)，(3,5)。

若和为 $27=3^3$，则两数可以是(4,23)，(5,22)…(13,14)。根据最不利原理，最坏的情况是取 1,2,3,14,15,16,…,23 这 13 个数，13+1=14，所以至少取 14 个数才能满足要求。

11. 答案：150。

分析：由题可知，这个数中的 2 因子和 3 因子数量至少有一个为奇数。

(1)若 $N=x^{2n+1}\times y^{2k}\times M$（$x,y$ 取 2 或 3）（M 中不含有 2 因子和 3 因子，且 M 的因数中有 m 个平方数）。则

$\begin{cases}(n+1)(k+1)m=a\\(n+2)(k+1)m=a+6\end{cases}$ 化简得 $(k+1)m=6$。

枚举 $n=0,k=5,m=1$ 最小为 3×2^{10}；$n=0,k=2,m=2$ 最小为 $3\times2^4\times5^2$；$n=0,k=1,m=3$ 最小为 $3\times2^2\times5^4$；$n=0,k=0,m=6$ 最小为 $2\times5^4\times7^2$。

最小为 $3\times2^4\times5^2=1200$。

(2)若 $N=2^{2n+1}\times3^{2k+1}\times M$（$M$ 中不含有 2 因子和 3 因子，且 M 的因数中有 m 个平方数）。

则 $\begin{cases}(n+1)(k+1)m=a\\(n+2)(k+2)m=a+6\end{cases}$

化简得 $(n+k+3)m=6$。

枚举 $m=2,n=k=0$ 最小为 $2\times3\times5^2$；$m=1,n+k=3$ 最小为 $2^7\times3$；

最小为 $2\times3\times5^2=150$。

综上，这个数最小为 150。

12. 答案：12∶29。

分析：过 A 点作 $AM//BC$ 与 DE 的延长线交于点 M，延长 ED 交 BC 与点 N。由沙漏模型可得 $AM:CN=AD:AC=3:1=12:4$，$AM:FN=AG:GF=1:2=12:24$，又因为 $BF:FC=1:4=5:20$ 所以 $AE:EB=AM:BN=12:29$。

13. 答案：45900。

分析：开始时 135 个数的总和为 $(1+135)\times135\div2=9180$。第 1 轮按照 5+4+3+2+1=15 个数为 1 组，刚好分为 135÷15=9(组)。第 1 轮结束后，剩下 5×9=45(个)数，这 45 个数的和等于开始时全部数之和 9180。第 2 轮 45÷15=3(组)。第 2 轮结束后，还剩下 5×3=15(个)数，这 15 个数的和等于 9180。第 3 轮 15÷15=1(组)。第 3 轮结束后，还剩下 5×1=5(个)数，这 5 个数的和等于 9180。第 4 轮 5 个数合成 1 个数，这个数等于 9180。所以，所有出现的数的和是 9180×5=45900。

14. 答案：23。

分析：由甲的第 1 句话可知，甲的两位数是：26、65、13、53、25、34、45、32、41、52、61 中的一个。由乙的第 1 句话可知，乙的两位数是 15,23,36 中的一个，且乙不是 15。由丙的话知道，①丙取 1 和 6，甲为 45，乙为 23。②丙取 2 和 5，甲为 41，乙为 36。③丙取 4 和 5，甲为 61，乙为 23。由于乙还是不知道甲的数，因此乙只能是 23。

15. 答案：60 千米。

分析：乙与丙第 2 次相遇时，甲也和丙相遇，此时甲乙速度相同，故开始时 $v_甲:v_乙=1:4$，乙与丙第 1 次相遇后，$v_甲:v_乙'=1:2$，由甲可知三个过程的路程相同，因此时间相同，从而丙在这三个过程中的路程也相同，那么 $AB=20\div1.5\times4.5=60$(千米)。

16. 答案：358。

分析：①有 3 个班有 4 个名额：20=4+4+4+8，有 4 种不同的分配方式；②有 2 个班有 4 个名额：20=4+4+12，有 $C_4^2\times(C_{11}^1-2)=54$(种)不同的分配方式；③只有 1 个班有 4 个名额：20=4+16，有 $C_4^1\times(C_{15}^2-30)=300$(种)不同的分配方式；

综上一共有 4+54+300=358(种)分配方法。

2023年 秋·广州悦教育高端班选拔考试

1年级

1. 答案：(1)29。(2)56。

2. 答案：(1)31。(2)83。

3. 答案：27+94=121。

4. 答案：29;47。

分析：从第三个数开始，每一个数都是它前两个数的和。

5. 答案：59。

分析：一个加数的两个数字写反了，写成了 25，说明原来这个加数是 52，把 52 写成了 25，使得和减少了：52−25=27，则正确的结果是：32+27=59。

6. 答案：6。

分析：等量代换。

7. 答案：11。

分析：小的三角形有：8 个，大的三角形也有：3 个，一共：8+3=11(个)。

8. 答案：5;28。

分析：钟表上实际的时间为 5 时 10 分，过了 18 分钟

后，实际时间为5时28分。

9. 答案：9777。

分析：千位最大为9，用去6根火柴棒，剩下9根，则百位最大为7，剩下6根，刚好十位和个位都为7，则用尽15根火柴棒摆成的最大的四位数是9777。

10. 答案：13。

分析：等量代换。等量关系为：1只斯派克＝2只汤姆＋1只杰瑞，1只汤姆＝6只杰瑞，则一只斯派克为6＋6＋1＝13(只)杰瑞的质量。

11. 答案：11。

分析：悦悦今年6岁，当哥哥像悦悦这么大的时候，悦悦才1岁，则哥哥比悦悦大6－1＝5(岁)，则哥哥今年6＋5＝11(岁)。

12. 答案：93元。

分析：平平：25元

安安：25－6＝19(元)

年年：25＋19＋5＝49(元)

一共：25＋19＋49＝93(元)

答：他们三人一共捐款93元。

13. 答案：10个。

分析：个位为0：580、590、850、890、950、980，共6个；

个位为8：508、598、908、958，共4个；

一共：6＋4＝10(个)。

2年级

1. 答案：(1)24；(2)144。

2. 答案：(1)9；(2)25。

3. 答案：202300。

分析：原式＝2023×(25＋55＋20)＝2023×100＝202300。

4. 答案：21。

分析：开开前三天一共摘了3×16＝48(个)果子，开开这一周一共摘了48＋99＝147(个)果子，那么开开这周平均每天摘了147÷7＝21(个)果子。

5. 答案：8。

分析：用火车图倒推可知，原来有8颗。

$(8)\xrightarrow{\div 2}(4)\xrightarrow{+12}(16)\xrightarrow{\div 2}(8)\xrightarrow{+6}(14)$

6. 答案：21。

分析：12，13，14，15，16，17，18，19，23，24，25，26，27，28，29，34，35，36，37，38，39，共21个。

7. 答案：630。

分析：91棵柳树把马路隔成了91－1＝90(段)，

段数×段长＝路长，所以路长＝90×7＝630(米)。

8. 答案：5。

分析：8只鸡1小时能吃2斤饲料，那么4只鸡1小时能吃1斤饲料，那么4只鸡5小时能吃5斤饲料。

9. 答案：80。

分析：心心花了20元，乐乐花了10元后，两人一共还剩下120－20－10＝90(元)，这时如果乐乐剩下的钱是1份的话，心心还剩2份，所以1＋2＝3份的总数是90，那么1份就是90÷3＝30(元)，所以此时乐乐还有30元，心心还有30×2＝60元，原来心心有60＋20＝80(元)。

10. 答案：302。

分析：等差数列5，8，11，14，…，公差为8－5＝3，第100个数是5＋3×(100－1)＝302。

11. 答案：46。

分析：甲说：我的数可能是最大的但未必是最大的，交换十位与个位得到的两位数可能是最小的但未必是最小的，说明甲一定没有1和6，甲可能是34，42，43，52，53，然后乙马上知道了三人数字的大小，说明乙拿到的数字很关键，乙只要拿了4，就能保证甲是52或53，再拿了6，就能保证丙一定是用1，2，3，组成的数，就可以保证甲最大了，所以乙拿了4和6组成了46。

12. 答案：14。

分析：如果1小时里乙的数量是1份，那么1小时里甲的数量是2份，丙是6份多1，那么1份就是(64－1)÷(1＋2＋6)＝7(个)，甲还原了2×7＝14(个)。

13. 答案：51。

分析：一位数：0，3，4，6，9。

二位数：30，34，36，39，40，43，46，49，60，63，64，90，93，94。

三位数：选3，0，4这三个数组成三位数的有4个；

选4，0，6这三个数组成三位数的有4个；

选4，0，9这三个数组成三位数的有4个；

选3，4，6这三个数组成三位数的有6个；

选3，4，9这三个数组成三位数的有6个；

选3，0，6这三个数组成三位数的有4个；

选3，0，9这三个数组成三位数的有4个。

共51个。

3年级

1. 答案：8。

分析：　7.76＋4.8÷4×0.2

＝7.76＋1.2×0.2

＝7.76＋0.24

＝8。

2. 答案：19。

分析：将这三个算式相加，得到2×(☆＋△＋□)＝42＋51＋55＝148，则☆＋△＋□＝74，由题意△＋□＝55，代入可得☆＝19。

3. 答案：22。

分析：　20＃(2＊3)

＝20＃(2×3)

＝20＃6

＝2×20－3×6

＝22。

4. 答案：30。

分析：(1)首位分析，哈＝1，则百位向千位进1，则笑＋笑＋进位＝$\overline{1笑}$。

(2)枚举笑，笑＝8/9。

当笑＝8 时，十位向百位进 2，个位向十位进 1，则好＋心＋情＝20，乐＋开＋怀＝11，好＋心＋情＋乐＋开＋怀＝31。

当笑＝9 时，十位向百位进 1，个位向十位进 2，则好＋心＋情＝9，乐＋开＋怀＝21，好＋心＋情＋乐＋开＋怀＝30。

则“好＋心＋情＋乐＋开＋怀”的结果的最小值是 30。

5. 答案：7。

分析：根据中项定理，第 5 项＝189÷9＝21，第 7 项＝455÷13＝35，

则公差＝(35－21)÷(7－5)＝7。

6. 答案：96。

分析：625＝25×25，则是一个 25×25 的实心方阵，最外层每边有 25 人，则最外层有(25－1)×4＝96(人)。

7. 答案：29。

分析：去掉 8 只鸡，则鸡兔一样多，腿共 142－8×2＝126(条)。一只鸡一只兔分为 1 组，每组有 4＋2＝6(条)腿，组数：126÷6＝21(组)，鸡：21×1＋8＝29(只)。

8. 答案：90。

分析：阴影部分的面积$=S_{\triangle BCD}+S_{\triangle CDF}$

$=10\times10\div2+10\times8\div2$

$=50+40$

＝90(平方厘米)。

9. 答案：54。

分析：切 1 刀，多 2 面，多了 18 平方厘米，则一个面(宽×高)＝18÷2＝9(平方厘米)，则宽＝高＝3 厘米。由题意，长是宽的两倍＝3×2＝6(厘米)，则原来长方体的体积是 3×3×6＝54(立方厘米)。

10. 答案：66。

分析：小路的周长＝外围长方形的周长＋里面两个正方形的周长。

长方形，长为 4＋4＋1＋1＋1＝11(米)，宽为 4＋1＋1＝6(米)，周长为(11＋6)×2＝34(米)。

两个正方形：4×4×2＝32(米)。

总周长：34＋32＝66(米)。

11. 答案：19。

分析：

次数	大悦	小悦
2023	17	4
2022	19	2
2021	20	1
2020	10	11
2019	5	16
2018	13	8
2017	17	4
2016	19	2

周期：6 次，分组：(2023＋1)÷6＝337(组)……2(次)余 2，则是周期的第 2 个，则大悦最开始有 19 颗糖果。

12. 答案：129。

分析：末位 4×3→4，首位 1×3→4，可以判断出是满八进一，则是八进制。

根据位值原理，$(201)_8=2\times8^2+0\times8^1+1\times8^0=128+0+1=129$。

13. 答案：30。

分析：可看作小龟先出发 10 分钟，则它们的路程和为 430－1×10＝420(米)。

相遇时间为 420÷(1＋20)＝20(分钟)，小龟需爬20＋10＝30(分钟)。

14. 答案：52；36；41。

分析：由甲说的话可知甲手里的两位数的可能值为 43、45、46、52、53、54、56、61、62、63、64、65；由乙说的话，可知乙手里的两位数的数字和很大，则可能值为 36、45、46；若乙是 36，甲只能是 52，此时丙是 41，成立。若乙是 45，甲只能是六十几，则丙是最小的，矛盾。若乙是 46，则甲是五十多，则丙是最小的，矛盾。综上，三人的数分别是 52、36、41。

15. 答案：悦悦 19 袋，开开 6 袋，心心 4 袋。

分析：如图所示，悦悦原来比开开的 3 倍多 5 颗，即 3 倍多 1 袋。

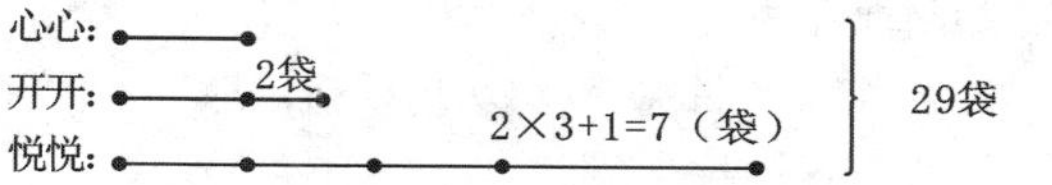

第 15 题图

心心有(29－2－7)÷(1＋1＋3)＝4(袋)。

开开有 4＋2＝6(袋)。

悦悦有 29－4－6＝19(袋)。

16. 答案：62 种。

分析：若 4 种颜色的小球都至少有 3 颗，则每个位置都有 4 种选择，共 4×4×4＝64(种)，但黄色和绿色只有 2 颗，所以要减去黄黄黄和绿绿绿这两种排列情况，则共有 64－2＝62(种)不同的排列情况。

4年级

1. 答案：10。

分析：0.9＋1.3×7＝0.9＋9.1＝10。

2. 答案：1。

分析：原式$=(\frac{21}{11}-\frac{10}{11})+(\frac{9}{13}+\frac{4}{13})-(\frac{1}{9}+\frac{8}{9})=1+1-1=1$。

3. 答案：84。

分析：每 2 行 10 个数分一组，16 行，16÷2＝8(组)，因此第 16 行第 6 列为 8×10＝80；则第 17 行第 5 列为 80＋4＝84。

4. 答案：3477。

分析：末位分析，只有 3×9 个位才为 7；1□3×1＝183，□＝8，即 183×19＝3477。

5. 答案：42。

分析：男生调入 22 人，女生人数不变，因此把前后比例调整为 9∶12 和 20∶12，因此 22 人占(20－9)＝11 份，

一份为 22÷11=2(人),总人数为 2×(9+12)=42(人)。

6. 答案:118。

分析:最小为 41+67+2+3+5=118。

7. 答案:47。

分析:假设法:补上 3 只鸡,此时 1 鸡 1 兔为一组,腿数为 144+3×2=150(条),共 150÷(2+4)=25(组),鸡兔实际总数为 25×2−3=47(只)。

8. 答案:13。

分析:(41−17)÷2=12(个);12+1=13(个)。

9. 答案:360。

分析:96÷4=24(厘米);24÷4=6(厘米);则长方体长宽高分别为 6、6、12 厘米;表面积为:(6×6+6×12+6×12)×2=360(平方厘米)

10. 答案:523656。

分析:7×8×9=504,枚举可得最大为 504×1039=523656。

11. 答案:5。

分析:$188^{188}÷11$ 的余数为 1;$18^{18}÷11$ 余数为 9;$8^8÷11$ 余数为 5;则($188^{188}+18^{18}-8^8$)÷11 余数为 1+9−5=5。

12. 答案:960。

分析:喜喜悦悦捆绑,欢欢乐乐插空;7−2−2+1=4(个);共 4×3×2×1×2×1×5×4=960(种)

13. 答案:12。

分析:至少取 2+3×3+1=12(只)。

14. 答案:637。

分析:600 到 650 中的一个数,因此百位一定为 6;

假设法,若甲第一句话为真,加 1 后满足等差数列的数为 624、630、639、642,原数分别为 623、629、638、641;若为 623,丙两句话均为假,不满足要求;若为 629,乙两句话均为假,不满足要求;若为 638,乙两句话均为真,不满足要求;若为 641,丙两句话均为假,不满足要求;因此甲第一句话一定为假,第二句话为真。

加 2 后满足等差数列的数为 630、639,原数分别为 628、637,若为 628,丁两句话均为假,不满足要求;只有 637 满足所有人说话均一句真一句假,因此答案为 637。

15. 答案:120 千米。

分析:30 分钟=0.5 小时;小悦小乐相遇,路程和为 0.5×(10+5)=7.5(千米);小喜小悦追及,追及时间为 7.5÷(6−5)=7.5(小时);因此全程长度为 7.5×(10+6)=120(千米)。

16. 答案:92。

分析:分类计数

(1)0 与奇数(1、3):……0:共 $C_4^2×2$=12(个)。

(2)0 与偶数(2、4):………:共 $C_5^3×2$=20(个)。

(3)偶数(2、4)与奇数(1、3):…2:共 $C_5^2×2×2$=40(个)。

(4)只用 2、4:…………………:C_6^3=20(个)。

共 12+20+40+20=92(个)。

5年级

1. 答案:1。

分析:原式$=\frac{9}{17}×\frac{17}{16}+\frac{1}{2}-\frac{1}{16}=1$。

2. 答案:4。

分析:原式$=9×\frac{1}{2}×(1-\frac{1}{9})=4$。

3. 答案:1。

分析:$2×20×\frac{1}{40}<A<2×20×\frac{1}{21}\Rightarrow 1<A<1\frac{19}{21}\Rightarrow$ $[A]=1$。

4. 答案:21。

分析:$\overline{DDD}=D×3×37$,不妨设 $37|\overline{AB}$,则 $\overline{AB}=37$ 或 74。

(1)当 $\overline{AB}=37$ 时,$B=7,D=9\Rightarrow\overline{CB}=27\Rightarrow A+B+C+D=21$。

(2)当 $\overline{AB}=74$ 时,$B=4,D=6,\Rightarrow\overline{CB}=9$,矛盾。

综上,$A+B+C+D=21$。

5. 答案:89。

分析:逐级满足法易得这个数最小为 17,则两位数最大为

17+[3,4,8]×3=89。

6. 答案:80。

分析:设加入糖 x 克,则 $\frac{200×30\%+x}{200+x}=50\%$,解得 $x=80$。

7. 答案:132。

分析:延长 ED,FG 交于点 H,延长 EA,FB 交于点 I,易得四边形 $HEIF$ 是正方形。

$$S_{阴影}=S_{正HEIF}-S_{\triangle EGH}-S_{\triangle EIB}-S_{\triangle BFG}$$
$$=17^2-\frac{1}{2}×5×17-\frac{1}{2}×5×17-\frac{1}{2}×12^2$$
$$=132。$$

8. 答案:$\frac{5}{12}$。

分析:所有基本时间总数为 36 种,和为质数的情况共有 15 种,则概率为$\frac{15}{36}=\frac{5}{12}$。

9. 答案:$\frac{420}{13}$。

分析:设此时是 3 点 x 分,则 $60-0.5x=(x-25)×6$,解得 $x=\frac{420}{13}$。

10. 答案:2163。

分析:根据 $8|\overline{bc}$,$9|\overline{cd}\Rightarrow d$ 是奇数。若 $9|\overline{abcd}\Rightarrow 9|\overline{ab}\Rightarrow$ $\overline{abcd}=6327$,不满足最大数字恰为其他三个数字之和,故 $7|\overline{abcd}$。最后枚举易得$\overline{abcd}=2163$。

11. 答案:2005。

分析:设第一列两个数和为 A,第二列两个数和为 B,

第三列两个数和为 C，则根据题意，第四列两个数和为 A，第五列两个数和为 B。

$\Rightarrow 2A+2B+C=2023$ 且 $2A+2B\geqslant 1+2+3+4+5+6+7+8=36$

$\Rightarrow A+B+C\geqslant 2023-18=2005$，构造如下：

1	2	1000	3	4
8	7	1005	6	5

12. 答案：10201。

分析：完全平方数除以 9 的余数只能是 0、1、4、7，三位数排除。四位数中，满足题意的只能用 0、1、1、2，经检验都不是完全平方数。五位数中，考虑 0、0、1、1、2 或 0、1、2、2、2，枚举易得最小是 10201。

13. 答案：21。

分析：设 KH 和 JG 的交点为 O，易得 O 为长方形 $ABCD$ 的中心。设 JG 和 IE 的交点为 K，连接 JI。在四边形 $JEGI$ 中，由风筝模型可得，$\frac{JK}{KG}=\frac{S_{\triangle JEI}}{S_{\triangle GEI}}=\frac{8}{11}$，则 $JK:KO:OG=16:3:19$。

$S_{阴}=2S_{\triangle IKO}=2\times\frac{1}{4}\times\frac{1}{2}\times\frac{3}{19}\times 532=21$。

14. 答案：52；41。

分析：由甲说的话可得，甲可能的数为：34、35、16、12、45、52。由乙说的话可得乙拿了 1、3 或 3、6。若乙拿了 1、3 则剩下 2、4、5、6 找不出两位质数与丙说的话矛盾。故乙拿 3、6，此时甲是 52，丙是 41。

15. 答案：115 千米。

分析：$280\times\frac{4}{4+3}-280\times\frac{3}{4+3}\times\frac{3\times(1-20\%)}{4\times(1+60\%)}=115$（千米）。

16. 答案：830 种。

分析：这 32 个数，除以 6 余 0 有 5 个，余 1 有 6 个，余 2 有 6 个，余 3 有 5 个，余 4 有 5 个，余 5 有 5 个。分类计数：

(1)0+0+0：$C_5^3=10$(种)。

(2)0+1+5：$5\times6\times5=150$(种)。

(3)0+2+4：$5\times6\times5=150$(种)。

(4)0+3+3：$5\times C_5^2=50$(种)。

(5)1+1+4：$C_6^2\times5=75$(种)。

(6)1+2+3：$6\times6\times5=180$(种)。

(7)2+2+2：$C_6^3=20$(种)。

(8)2+5+5：$6\times C_5^2=60$(种)。

(9)3+4+5：$5\times5\times5=125$(种)。

(10)4+4+4：$C_5^3=10$(种)。

共 830 种。

6年级

1. 答案：6.25。

分析：原式 $=0.625\times3.8+0.625\times8.3-2.1\times0.625=0.625\times(3.8+8.3-2.1)=6.25$。

2. 答案：166650。

分析：原式 $=\frac{(1+1)\times1}{2}+\frac{(1+2)\times2}{2}+\frac{(1+3)\times3}{2}+\cdots+\frac{(1+99)\times99}{2}$

$=\frac{1}{2}\times(1\times2+2\times3+3\times4+\cdots+99\times100)$

$=\frac{1}{2}\times\frac{1}{3}\times(1\times2\times3-0\times1\times2+2\times3\times4-1\times2\times3+\cdots+99\times100\times101-98\times99\times100)$

$=\frac{1}{6}\times(99\times100\times101-0\times1\times2)$

$=166650$。

3. 答案：1。

分析：$50\times\left(\frac{1}{11\times13}+\frac{1}{13\times15}+\frac{1}{15\times17}+\cdots+\frac{1}{23\times25}\right)<N<50\times\left(\frac{1}{9\times11}+\frac{1}{11\times13}+\frac{1}{13\times15}+\cdots+\frac{1}{21\times23}\right)$

$50\times\frac{1}{2}\times\left(\frac{1}{11}-\frac{1}{13}+\frac{1}{13}-\frac{1}{15}+\cdots+\frac{1}{23}-\frac{1}{25}\right)<N<50\times\frac{1}{2}\times\left(\frac{1}{9}-\frac{1}{11}+\frac{1}{11}-\frac{1}{13}+\cdots+\frac{1}{21}-\frac{1}{23}\right)$

即 $\frac{14}{11}<N<\frac{25\times14}{9\times23}=1\frac{143}{207}$。

故 N 的整数部分是 1。

4. 答案：7298。

分析：根据位值原理可得 $1001(a+d)+110(b+c)=16225$，化简为 $91(a+d)+10(b+c)=1475$，

解得 $\begin{cases}a+d=15,\\b+c=11,\end{cases}$

从而 $a+b+c+d=26$。

又因 $\overline{ab}$ 是 9 的倍数。若 $a+b=9$ 则，$c+d=17=8+9$，98 是 7 的倍数，因此 $\overline{abcd}=7298$。

若 $a+b=18=9+9$，有重复数字矛盾。综上，四位数 $\overline{abcd}=7298$。

5. 答案：150。

分析：第 1 天燃烧的部分是占整体的 $\frac{1}{3}$，前 2 天燃烧的部分占整体的 $\frac{2}{5}$。原来的蜡烛总共有 $10\div\left(\frac{2}{5}-\frac{1}{3}\right)=150$（厘米）。

6. 答案：20。

分析：由浓度三角可得：购买一支笔的数量：购买两支笔的数量 $=(88\%-80\%):(100\%-88\%)=2:3$。故按原价出售了 $50\times\frac{2}{5}=20$(支)笔。

7. 答案：4.43。

分析：三角形内角和为 180°，三角形内部的三个扇形能刚好组成一个半圆。阴影部分的面积为 $\frac{1}{2}\times3\times4-\frac{1}{2}\times\pi\times1^2=4.43$(平方厘米)。

8. 答案:36。

分析:只考虑甲、乙相邻有 $A_2^2A_4^4=48$(种)。甲、乙相邻,甲、丙也相邻有 $A_2^2A_3^3=12$(种)。故甲乙相邻,甲丙不相邻有48－12＝36(种)。

9. 答案:13。

分析:快车车尾追慢车车头:$l_{快车}=(30-18)\times20=240$(米),$l_{慢车}=(30-18)\times32=384$(米)。车头重叠到车尾相离,合走两个车长。$t=(240+384)\div(30+18)=13$(秒)。

10. 答案:6。

分析:设 $A=kx,B=ky,(x,y)=1$,则 $kxy=k(kx-ky)$,化简可得 $(x+k)(k-y)=k^2$

若 $k=1$,则 $(x+1)(1-y)=1$,解得 $x=y=0$,不符合题意。

若 $k=2$,则 $(x+2)(2-y)=4$,解得 $x=2,y=1$,即 $A=4,B=2,A+B=6$。

当 $k\geqslant3$,则 $A+B\geqslant3\times(1+1)=6$。

综上,$A+B$ 的最小值为 6。

11. 答案:33124。

分析:数字和 1＋2＋3＋4＝10,由平方数模 9 的余数特征可得重复数字只能是 3。这些数字能组成等比数列的只能是 1,2,4 或者 4,2,1。再由平方数的个位特征:个位只能是 1 或 4。若个位为 1,十位为偶数,只能是 2,则 3,2,1 必能组成一个等差数列,舍去。

若个位为 4,十位为偶数,只能为 2。满足题意的五位数为 13324、31324、33124。

经检验只有 $33124=182^2$ 是平方数。

12. 答案:225。

分析:如题图所示,由题易知 $EH\parallel BC$,由金字塔模型可得 $EM:BF=DM:DF=DE:DB=1:2$,由沙漏模型可得 $MN:NF=EM:FG=1:2$

从而 $DM:MN:NF=3:1:2$,$S_{\triangle BDF}=\frac{2}{3}\times\frac{1}{3}S_{\triangle ABC}=\frac{2}{9}S_{\triangle ABC}$,

$S_{\triangle EMN}=\frac{1}{6}\times\frac{1}{2}S_{\triangle BDF}=\frac{1}{12}\times\frac{2}{9}S_{\triangle ABC}=\frac{1}{54}S_{\triangle ABC}$,又

$S_{\square DFGI}=\left(1-\frac{2}{9}-\frac{2}{9}-\frac{1}{9}\right)S_{\triangle ABC}=\frac{4}{9}S_{\triangle ABC}$,从而阴影部分的面积是 $\left(\frac{1}{54}\times2+\frac{4}{9}\times\frac{1}{3}\times\frac{1}{2}\right)S_{\triangle ABC}=\frac{1}{9}S_{\triangle ABC}=225$。

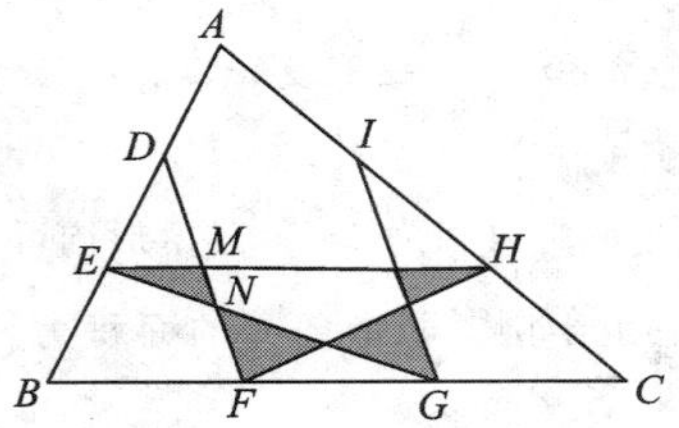

第 12 题图

13. 答案:849。

分析:如题图(1)所示,每个角的"2×2"各取一次,故 $(A+B+E+C+D+E)+E=2023\times4-3202=4890$。由于每个"2×2"的四个数之和都是 2023。故当两组对角的和尽量小时,$A+B+E+C+D+E$ 的和就能尽量大,从而 E 尽量小。两组对角和最小 5,1＋4,2＋3。故 E 至少为 $4890-[2023\times2-(1+4)]=849$。构造如题图(2)所示。

	A	
D	E	B
	C	

(1)

1	7	2
1166	849	1165
3	5	4

(2)

第 13 题图

14. 答案:102。

分析:由 1 到 6 组成的(不重复)两位数的因数个数如下表所示:

因数个数	2	3	4	5	6	7	8	9
数字	13	25	14	16	12	64	24	36
	23		15		45		56	
	31		26		32		42	
	41		34		52		54	
	43		35		63			
	53		46					
	61		21					
			51					
			62					
			65					

由表可知,因数个数 7 和 8,因数个数 5 和 7 不能同时出现。因数个数为三个连续自然数,只可能是 2,3,4 或 3,4,5 或 4,5,6。

若因数个数分别为 2,3,4,这三个数为(13,25,46),(31,25,46)或(61,25,34);若因数个数分别为 3,4,5,这三个数为(25,34,16);若因数个数分别为 4,5,6,这三个数为(34,16,52);由于丙知道这三个数,则丙只能是 13,31,52,61 这四个中的一个,且不是最大和最小,故丙为 31,三个数的和是 31＋25＋46＝102。

15. 答案:6000 米。

分析:如图所示,BC 段,分析小喜 $v_1:v_2=1:1+20\%=5:6$,$t_1:t_2=6:5$,分析小飞 AC 段,$t_1=10\times6=60$(分钟);AC 段分析小飞,$v_1:v_3=1:(1+25\%)=4:5$,$t_1:t_3=5:4$,$t_3=60\div5\times4=48$(分钟)

BC 段:$1200\div(60-48)\times60=6000$(米)。

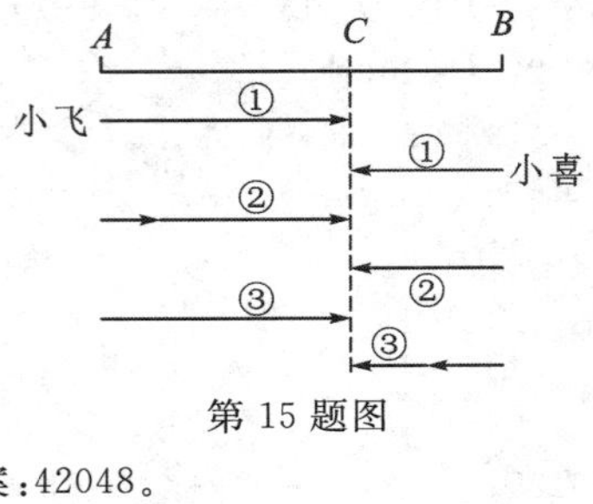

第 15 题图

16. 答案:42048。

分析:六位数总共有 $9\times10\times10\times10\times10\times10=900000$(个)。

排除不含有连续两个 2 的六位数，即 2 不能传给 2，用传球法。

	首位	万位	千位	百位	十位	个位
0	0	9	89	882	8739	86589
1	1	9	89	882	8739	86589
2	1	8	81	882	8739	86589
3	1	9	89	801	7938	78651
4	1	9	89	882	8739	86589
5	1	9	89	882	8739	86589
6	1	9	89	882	8739	86589
7	1	9	89	882	8739	86589
8	1	9	89	882	8739	86589
9	1	9	89	882	8739	86589

不符合要求的有 86589×9＋78651＝857952(个)。

故至少含有两个连续 2 的六位数有 900000－857952＝42048(个)。

2023年 郑州平行线百子菁英计划数学选拔赛

3年级

1. 答案：5047。

分析：共有 99－1＝98(个)间隔，第 98 个间隔恰好放了 3＋98－1＝100(个)石子，则一共需要 3＋4＋5＋…＋100＝5047(个)石子。

2. 答案：70。

分析：14700 ÷ 20 ÷ (840 ÷ 8 ÷ 10) = 14700 ÷ 20 ÷ 840×8×10＝70(天)。

3. 答案：10。

分析：当第一个白球在 A 袋时，第二个白球有 4 种情况；当第一个白球在 B 袋时，第二个白球有 3 种情况……则共有 4＋3＋2＋1＝10(种)情况。

4. 答案：18。

分析：小红看到 24，在 1～6 中，6 可能被看成 9，则 24＝9＋9＋6。

即小红看到 1 个正放的 6 和 2 个倒放的 6。若 6 倒放，则上下面互换，左右面互换。

上面为 3，则 3 个骰子左右面都是 2 和 5，上下面都是 3 和 4。

看不见的面均为上下面，即为三对 3 和 4，能看到的是一个面为 3。

则看不见的五个面和为 3＋3＋4＋4＋4＝18。

5. 答案：257810。

分析：$E=1$。由个位和百位可知，$D=C+1$，百位必进位，由千位知 $C+D=14$ 或 15，奇偶分析可知 $C=7$，$D=8$，$A+B=7$，$B+B$ 有进位，故 $B=5$，$A=2$，$F=5+5-10=0$。则 $\overline{ABCDEF}$ 是 257810。

6. 答案：84。

分析：长度为 1 的线段有 7 条，长度为 2 的线段有 6 条，长度为 3 的线段有 5 条……总长度为：(1×7＋2×6＋3×5)×2＋4×4＝84。

7. 答案：1。

分析：第一次交换后 1，2，3，4 这 4 个位置分别是兔猫鼠猴，第二次是猫兔猴鼠，第三次是鼠猴兔猫，周期为 3。则 10÷3＝3……1，则第十次交换后为兔猫鼠猴，小兔坐在 1 号位子上。

8. 答案：271。

分析：大正方体一共有 10×10×10 个小正方体，被遮盖住看不到的小正方体有 9×9×9 个小正方体。则 10×10×10－9×9×9＝271(个)。

9. 答案：48。

分析：包含 2 个黑点的 2×2 的正方形有 4×4＋4＝20(个)，包含 2 个黑点的 3×3 的正方形有 4×4＝16(个)，包含 2 个黑点的 4×4 的正方形有 2×4＋4＝12(个)，则共有 20＋16＋12＝48(个)。

10. 答案：11。

分析：标数法如题图所示，共有 11 种不同的走法。

1

1　3　1

1　2　7　2　1

2　11　2

11

第 10 题图

11. 答案：96。

分析：原式＝(100－99)＋(98－97)＋(96－95)＋(94－93)＋(93－92)＋91

＝5＋91

＝96。

12. 答案：2。

分析：原式＝222×17÷51÷37

＝(222÷37)÷(51÷17)

＝6÷3

＝2。

13. 答案：245。

分析：原式＝15＋28＋39＋48＋55＋60

＝245。

14. 答案：1182。

分析：原式＝(200×199－199×198)＋(198×197－197×196)＋(196×195－195×194)

＝2×(199＋197＋195)

＝1182。

15. 答案：奇数。

分析：若公差为偶数，则这个数列要么全是奇数，要么全是偶数，前 99 项和前 201 项的和必定同奇同偶，矛盾。

则公差为奇数，则这个数列必定奇偶交替。首项为奇数. 前 2021 项中有 1011 个奇数，1010 个偶数，和为奇数。

16. 答案：第 19 个，其余详见分析。

分析：一位数：2，8；两位数：20，22，28，80，82，88；三位数：200，202，208，220，222，228，280，282，288，800，802。802 是第 2＋6＋11＝19（个）。

17. 答案：A1624，B1620，C1623，D1622，E1621。

分析：E 盒在前若干次操作中每次增加 4 个小球，其他盒子每次减少一个小球，所以 E 盒子与其他 4 个盒子的小球数量之差每次会减少 5，(2025－1)÷(4＋1)＝404……4，经过 404 次操作后：

A	B	C	D	E
2029	2025	2028	2027	1
…	…	…	…	…
1625	1621	1624	1623	1617
1624	1620	1623	1622	1621
1623	1624	1622	1621	1620
1622	1623	1621	1620	1624
1621	1622	1620	1624	1623
1620	1621	1624	1623	1622
1624	1620	1623	1622	1621
		…		

周期为 5，(1000－404)÷5＝119……1，则当第 1000 个同学放完后，A，B，C，D，E 5 个袋子的小球个数分别是 1624，1620，1623，1622，1621。

4年级

1. 答案：13，14，15。

分析：2730＝2×3×5×7×13＝13×14×15，则这几个自然数是 13，14，15。

2. 答案：8。

分析：三角形 ABD 和三角形 ABC 的面积均为 4 平方厘米，利用等积变形，可画出两条平行于 AB 的直线，这两条直线经过的格点如题图所示，共有 8 个。

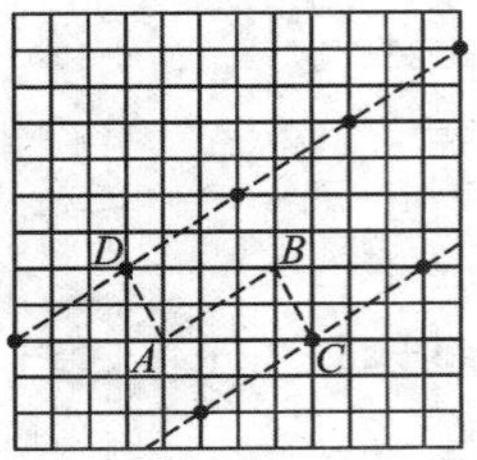

第 2 题图

3. 答案：49。

分析：连接 MA，得到梯形 $ADPM$ 和梯形 $ABNM$，$S_{\triangle MAF}=S_{\triangle DPF}=22$，则 $S_{\triangle BNE}=S_{\triangle AME}=36-22=14$，则 $S_{\triangle AEB}=14\times14\div4=49$（交叉相乘积相等）。

4. 答案：82。

分析：根据积一定，差小和小，则长与宽大小越接近，则长与宽的和越小，即周长越小. $420=2^2\times3\times5\times7=20\times21$，当长和宽分别为 21 和 20 时，周长最小为 82。

5. 答案：37；91。

分析：连续的 4 个自然数必定为 2 个奇数和 2 个偶数，总和为偶数，要使得 4 个连续日期总和为一个奇数，则必须是跨月份的情况。有以下两种情况：29＋30＋31＋1＝91 和 31＋1＋2＋3＝37。这个奇数可能是 91 或 37。

6. 答案：2345。

分析：如题图所示，可以转化为竖式谜，a 取 2，b 取 3，c 取 4，d 取 5，$\overline{abcd}=2345$。

$$\begin{array}{r} a\\ a\ \ b\\ a\ \ b\ \ c\\ +\ \ a\ \ b\ \ c\ \ d\\ \hline 2\ \ 6\ \ 0\ \ 4\end{array} \Rightarrow \begin{array}{r} d\\ c\ \ c\\ b\ \ b\ \ b\\ +\ \ a\ \ a\ \ a\ \ a\\ \hline 2\ \ 6\ \ 0\ \ 4\end{array}$$

第 6 题图

7. 答案：37。

分析：例 111÷(1＋1＋1)＝37。

8. 答案：30。

分析：60×24÷45＝32（圈），32÷2÷8＝2（圈），长针一天共绕 32 圈，短针一天绕 2 圈，因此两根指针一天会重合 32－2＝30（次）。

9. 答案：13265。

分析：$G=1$，由个位和十位知个位必有进位，则十位也产生进位，$D=C+1$。千位有进位，故 $D>4$，$C>3$。若 $D=5$，则 $C=4$，$E=0$，$F=1$，$G=1$，矛盾。若 AB 中有 9，不妨设 $A=9$，则十位上，$B+9+1=B+10$，矛盾。故 AB 中最大数至多为 8，C 至多为 5，D 至多为 6。故 $D=6$，$C=5$，A，B 为 7 和 8，$E=2$，$F=3$。算式结果为 13265。

10. 答案：38。

分析：可根据个位数字把本题分为两类。

(1)个位取 2 时：百位数字和十位数字可以取 1，3，6，9，有 4 种选择，而 33 无法同时取到 2 个 3，有 $4^2-1=15$（种）。

(2)个位取 6 时：百位数字和十位数字可以取 1，2，3，6，9，有，5 种选择，而 33，22 无法同时取到，有 $5^2-2=23$（种）。

共有 15＋23＝38（种）。

11. 答案：295.96。

分析：原式＝4.02×16＋33×4.02＋4.9×20.2
＝4.02×49＋49×2.02
＝49×6.04
＝295.96。

12. 答案：2046264。

分析：原式＝(2023×2022－2022×2021)＋(2021×2020－2020×2019)＋…＋(3×2－2×1)
＝2022×(2023－2021)＋2020×(2021－2019)＋…＋2×(3－1)
＝2×(2022＋2020＋…＋2)
＝2×(2022＋2)×1011÷2
＝2046264。

13. 答案：$x=20$。

14. 答案：$x=25$。

15. 答案：证明过程详见分析。

分析：证：假设存在一组勾股数(a,b,c)，其中没有3的倍数。

$a^2+b^2=c^2$，完全平方数 mod 3 余 0 或 1，若a,b,c均不是3的倍数，则a^2,b^2,c^2均 mod 3 余 1，矛盾。

故任意一组勾股数中必有3的倍数，证毕。

16. 答案：272。

分析：利用四进制，

$$\begin{aligned}3893&=(330311)_4\\&=3\times4^5+3\times4^4+0\times4^3+3\times4^2+1\times4^1+1\times4^0\\&=(4\times4^5-1\times4^5)+(4\times4^4-1\times4^4)+0\times4^3+(4\times4^2-1\times4^2)+1\times4^1+1\times4^0\\&=1\times4^6+0\times4^5-1\times4^4+1\times4^3-1\times4^2+1\times4^1+1\times4^0。\end{aligned}$$

即$3893+256+16=4096+64+4+1$，

从而与物品在同一秤盘上的砝码是256克和16克，总重为$256+16=272$（克）。

17. 答案：(1)41。(2)842。(3)下6行、右26列。

分析：(1)第0列的数自第0行开始向上依次为1，5，13，25……是一个二级等差数列，相邻两项的差每次增加4，则上4行的数为$1+4+8+12+16=41$。

(2)同一行中，右1列的数比第0列的数多1，则上20行、右1列的数是$1+4+8+12+16+\cdots+80+1=842$。

(3)先考虑上n行、第0列的数是$1+4+8+12+16+\cdots+4n\leqslant2023$，$n(n+1)\leqslant1011$，得$n$的最大值是31，此时得知在上31行、第0列为$1+4+8+12+16+\cdots+4\times31=1985$，$2023-1985=38$，这38个数中，第32个数在第0行、右32列，此时开始往左下方向计数，再数6个数，得2023在下6行、右26列。

5年级

1. 答案：1395。

分析：$600=2^3\times3\times5^2$，因此能被3整除的正因数之和为：$(2^0+2^1+2^2+2^3)\times3\times(5^0+5^1+5^2)=1395$。

2. 答案：135。

分析：$\begin{cases}x=1+5k\\y=404-3k\end{cases}$，$404\div3=134\cdots\cdots2$，$134+1=135$。

3. 答案：54648。

分析：最高位只能为5；前两位只能为54；前三位只能为546；前四位只能是5464；前五位只能为54648；所以这个五位数为54648。

4. 答案：$\dfrac{7}{27}$。

分析：如题图，对4个格子进行动态标数：得到概率为$\dfrac{21}{21+20+20+20}=\dfrac{7}{27}$。

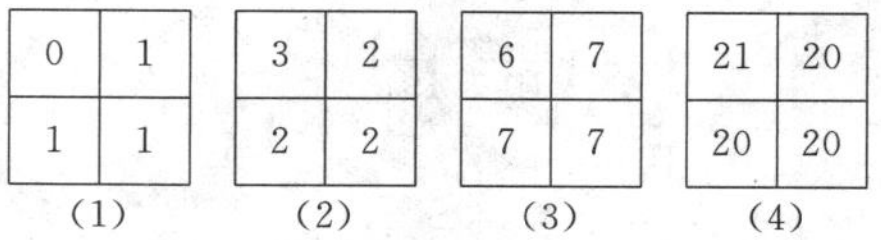

第4题图

5. 答案：40。

分析：$18=2\times3^2$。根据2的整除特征：四个数字均为2的倍数；根据9的整除特征：四个数字和为9的倍数，结合两条线索：四个数字和为18的倍数，且每个数字均为偶数。

(1)数字和为18：$18=2+2+6+8=2+4+4+8=2+4+6+6=4+4+4-6$，

$\dfrac{4!}{2!}+\dfrac{4!}{2!}+\dfrac{4!}{2!}+\dfrac{4!}{3!}=12+12+12+4=40$（个）。

(2)若数字和大于等于36：每个数位上的数字大于等于9，矛盾。

6. 答案：埃里克。

分析：若杰克偷了车轮：则克里斯偷车轮是实话，矛盾；若克里斯偷车轮：则杰克说了实话，矛盾；所以埃里克偷了车轮。

7. 答案：$[(1+1+1)!-1]!=(6-1)!=5!=120$。

8. 答案：366。

分析：利用容斥原理：所有情况－“AAB”情况－“AAA”情况；$C_{30-1}^{3-1}-3\times C_{13}^{1}-1=406-39-1=366$（种）。

9. 答案：50平方厘米。

分析：利用三视图＋遮挡解决：$[(8+9+6)\times2+2\times2]\times1^2=50$（平方厘米）。

10. 答案：15。

分析：如图，作A'与A关于CD对称，C'与C关于AB对称；连接$A'C'$，与AB、CD分别交于E、F，连接AF、CE；过A做BC垂线与BC延长线交于P。根据对称：$AF=A'F$，$CE=C'E$；则$AF+FE+EC=A'F+FE+EC'=A'C'$，根据两点之间所有连线中直线段长度最短，此时折线长度最短。由勾股定理：$A'C'^2=A'P^2+C'P^2=12^2+9^2=15^2$，则$A'C'=15$，折线$AFEC$长的最小值为15。

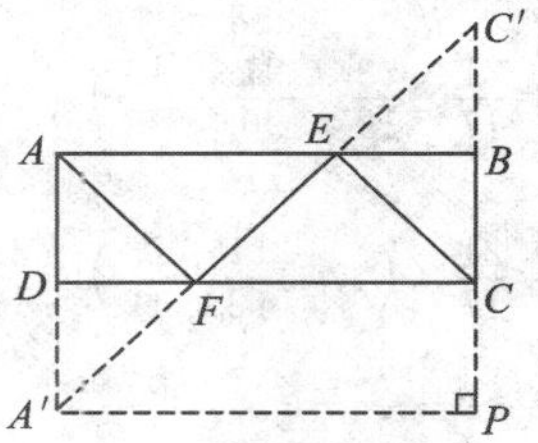

第10题图

11. 答案：10。

分析：

$$\begin{aligned}原式&=8\frac{12}{13}\times\frac{2}{19}+\frac{14}{13}\times\frac{2}{19}+17\times\frac{10}{19}\\&=\frac{2}{19}\times\left(8\frac{12}{13}+\frac{14}{13}\right)+17\times\frac{10}{19}\\&=\frac{2}{19}\times10+10\times\frac{17}{19}\end{aligned}$$

$=10\times\left(\frac{17}{19}+\frac{2}{19}\right)$

$=10$。

12. 答案：18434。

分析：$T=1\times2+2\times4+3\times8+\cdots+10\times1024$，

$2T=1\times4+2\times8+3\times16+\cdots+10\times2048$，

$2T-T=10\times2048-(2+4+8+\cdots+1024)$，

$T=20480-2046$，

$T=18434$。

13. 答案：$\frac{693}{325}$。

分析：原式$=\frac{2}{1\times2\times3\div3}+\frac{3}{2\times3\times4\div3}+\frac{4}{3\times4\times5\div3}+\cdots+\frac{25}{24\times25\times26\div3}$

$=\frac{1}{1\times3\div3}+\frac{1}{2\times4\div3}+\frac{1}{3\times5\div3}+\cdots+\frac{1}{24\times26\div3}$

$=\frac{3}{1\times3}+\frac{3}{2\times4}+\frac{3}{3\times5}+\cdots+\frac{3}{24\times26}$

$=3\times\left[\left(\frac{1}{1\times3}+\frac{1}{3\times5}+\cdots+\frac{1}{23\times25}\right)+\left(\frac{1}{2\times4}+\frac{1}{4\times6}+\cdots+\frac{1}{24\times26}\right)\right]$

$=\frac{3}{2}\times\left[\left(\frac{1}{1}-\frac{1}{3}+\frac{1}{3}-\frac{1}{5}+\cdots+\frac{1}{23}-\frac{1}{25}\right)+\left(\frac{1}{2}-\frac{1}{4}+\frac{1}{4}-\frac{1}{6}+\cdots+\frac{1}{24}-\frac{1}{26}\right)\right]$

$=\frac{3}{2}\times\left[\left(\frac{1}{1}-\frac{1}{25}\right)+\left(\frac{1}{2}-\frac{1}{26}\right)\right]$

$=\frac{3}{2}\times\frac{462}{325}$

$=\frac{693}{325}$。

14. 答案：$23\frac{1}{2}$。

分析：原式$=\frac{21}{17}\times\frac{23}{12}-\frac{\frac{288}{91}}{\frac{96}{77}}\times\frac{13}{33}+\left(17+\frac{11}{12}\right)\times\frac{21}{17}$

$=\frac{21}{17}\times\left(17+\frac{11}{12}+\frac{23}{12}\right)-\frac{33}{13}\times\frac{13}{33}$

$=21+\frac{7}{2}-1$

$=23\frac{1}{2}$。

15. 答案：不存在，详见分析。

分析：不存在，理由如下：完全平方数尾数为 0，1，4，5，6，9；结合题目要求，若存在完全平方数，其尾数为 1，5，9；

而以 1，5，9 为尾数的完全平方数其十位数字为偶数；这与题目要求矛盾。

所以，不存在一个{1，3，5，7，9}的排列，恰好是一个完全平方数。

16. 答案：63。

分析：如题图，过 A 作 $AF\perp CD$ 与点 F，设 EF 为 x，$ED=16\div2=8$，

$205-(8+x)^2=61-x^2$

$x=5$。

$AF^2=61-5^2=36, AF=6$ ，$(5+16)\times6\div2=63$。

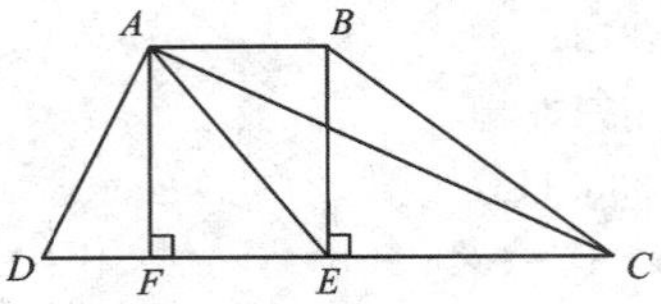

第 16 题图

17. 答案：23.25。

分析：考虑完全浸没，整个铁块体积：$30^3-8\times10^3=19000$(立方厘米)，

水面上升：$\frac{19000}{2500}<30-17$，

考虑水面高度达到 20 厘米，则需要$(20-17)\times2500=7500$(立方厘米)，

而 20 厘米下的铁块体积：$30\times30\times20-4\times10^3=14000$(立方厘米)$>7500$(立方厘米)，

所以，水面高度超过 20 厘米但不足 30 厘米。

则 20 厘米以上水高度：$\frac{14000-7500}{2500-(30^2-4\times10^2)}=\frac{6500}{2000}=3.25$(厘米)，$20+3.25=23.25$(厘米)。

⑥年级

1. 答案：-6068。

分析：原式$=\dfrac{2023+\frac{5}{3}\times\left[\left(\frac{3}{5}\right)^2+\frac{1}{8}\times\frac{8}{5}\right]\times\left(-\frac{5}{14}\right)}{-1-\frac{16}{81}\times\left(-\frac{27}{8}\right)}$

$=\dfrac{2023+\left[\frac{3}{5}+\frac{1}{5}\right]\times\left(-\frac{5}{14}\right)}{-1-\left(-\frac{2}{3}\right)}$

$=\dfrac{2023+\frac{14}{15}\times\left(-\frac{5}{14}\right)}{-\frac{1}{3}}$

$=-6068$。

2. 答案：$-2y$。

分析：$\because x<0, xy>0$

$\therefore y<0$

$\therefore x+y<0$

又$\because x<y$

$\therefore y-x>0$

$\therefore$原式$=-(x+y)-(y-x)=-2y$。

3. 答案：$\frac{17}{18}$。

分析：原式$=a(a+b)(a-b)+ac$

$=a(a-b)+ac$

$=a(a-b)+ac$

$=a$

$=\frac{17}{18}$。

4. 答案：45。

分析：$10=S_{\triangle ADH}-S_{\triangle HEF}=S_{\triangle ADE}-S_{\triangle DEF}$

$=\frac{2}{1+2+3}\times S_{\triangle ABC}-\frac{2+3}{1+2+3}\times\frac{1}{3}\times\frac{2}{2+3}\times S_{\triangle ABC}$

$=\left(\frac{1}{3}-\frac{5}{6}\times\frac{1}{3}\times\frac{2}{5}\right)\times S_{\triangle ABC}$

$=\frac{2}{9}\times S_{\triangle ABC}$。

$\therefore S_{\triangle ABC}=10\times\frac{9}{2}=45$。

5. 答案：53。

分析：由题意得，$4-m,4-p,4-q$ 为互不相同的整数。

9 满足题意的分解是唯一的，即 $9=-1\times1\times(-3)\times3$。

$\therefore 4-m,4-n,4-p,4-q$，为 $-1,1,-3,3$ 的一个排列，即 m,n,p,q 为 5,3,7,1 的一个排列，

$\therefore$ 原式最大值为 $4\times7+3\times5+3\times3+1=53$。

6. 答案：30。

分析：设批发价为每本 x 元，共有 n 名同学。

有则 $n<40,n+12\geqslant40$，即 $28\leqslant n<40$。

$m=n(x+2)=(n+12)x$，

$\therefore n=6x$。故 n 可能为 30 或 36。即 $x=5$ 或 6。

$\because m=6x(x+2)<250$

$\therefore x=5,n=30$。

$\therefore$ 共有 30 名同学。

7. 答案：3。

分析：$\frac{73}{3}=\frac{(a-b)(a^2+ab+b^2)}{(a-b)^3}$

$=\frac{a^2+ab+b^2}{(a-b)^2}$

$=\frac{(a-b)^2+3ab}{(a-b)^2}$

$=1+\frac{3ab}{(a-b)^2}$。

$\therefore \frac{ab}{(a-b)^2}=\frac{70}{9}$。

$\because (a,b)=1$

$\therefore (a,a-b)=(b,a-b)=1$

$\because (ab,a-b)=1$

$\therefore (ab,(a-b)^2)=1$

$\therefore (a-b)^2=9,ab=70$。

又 $a>b$，故 $a-b=3$。

8. 答案：6。

分析：如图所示，A、C 之间汇合距离最短在点状阴影格点汇合，B、D 之间汇合距离最短在条纹阴影各个格点处汇合，重合部分共 6 个格点，故满足的汇合点共 6 个。

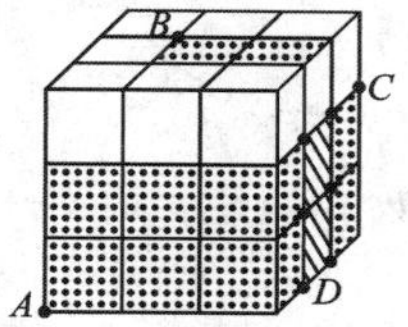

第 8 题图

9. 答案：$\frac{1}{3}$。

分析：$\because |x+2|+\left(y-\frac{1}{2}\right)^2=0$，

$|x+2|\geqslant0,\left(y-\frac{1}{2}\right)^2\geqslant0$，

$\therefore$ 等号同时取到，

$|x+2|=0,\left(y-\frac{1}{2}\right)^2=0$，

$\therefore (x,y)=\left(-2,\frac{1}{2}\right)$。

所求式$=\left[-\frac{1}{8}x^9y^{12}+\frac{1}{36}x^2y^4\cdot3xy^2\right]\div\left(-\frac{1}{8}x^3y^6\right)$

$=\left[-\frac{1}{8}x^9y^{12}+\frac{1}{12}x^3y^6\right]\cdot\left(-\frac{8}{x^3y^6}\right)$

$=x^6y^6-\frac{2}{3}$

$=\left(-2\times\frac{1}{2}\right)^6-\frac{2}{3}$

$=\frac{1}{3}$。

10. 答案：47。

分析：如图所示，连接 AN,DN，由共角定理，

$\frac{S_{\triangle ADP}}{S_{\triangle BCP}}=\frac{AP}{PC}\cdot\frac{DP}{BP}=\frac{3}{2}\cdot\frac{1}{3}=\frac{1}{2}$，

$\frac{S_{\triangle CDP}}{S_{\triangle BAP}}=\frac{DP}{BP}\cdot\frac{CP}{AP}=\frac{1}{3}\cdot\frac{2}{3}=\frac{2}{9}$，

$\therefore S_{\triangle ADP}:S_{\triangle DCP}:S_{\triangle CBP}:S_{\triangle BAP}=3:2:6:9$，

$S_{\triangle CDN}=S_{\triangle BCD}\cdot\frac{1}{2}=80\times\frac{2+6}{3+2+6+9}\times\frac{1}{2}=16$，

$S_{\triangle ABN}=S_{\triangle ABD}\cdot\frac{1}{2}=80\times\frac{9+6}{3+2+6+9}\times\frac{1}{2}=30$。

$\therefore S_{\triangle ADN}=S_{四边形ABCD}-S_{\triangle CDN}-S_{\triangle ABN}=80-16-30=34$，

$S_{\triangle AMN}=\frac{1}{2}S_{\triangle ADN}=\frac{1}{2}\times34=17$，

$\therefore S_{四边形ABMN}=S_{\triangle AMN}+S_{\triangle ABN}=17+30=47$。

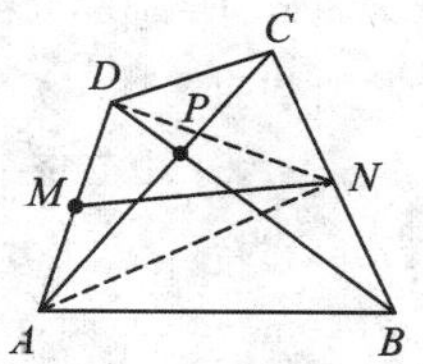

第 10 题图

11. 答案：(1)720；721；均大于 6。(2)详见分析。(3)详见分析。

分析：(1)$6!=6\times5\times4\times3\times2\times1=720$，

$6!+1=721=7\times103$。

质因子 7，103 均大于 6。

(2)猜想：若质数 p，满足 $p|n!+1$，则 $p>n$。

证明：假设 $p\leqslant n$，则 $p|n!$，

又∵ $p|n!+1$

∴ $p|n!+1-n!$

∴ $p|1$

这与 p 为质数矛盾。

故假设不成立，$p>n$。

(3)证明：假设质数只有限个，将其设为 $p_1<p_2<\cdots<p_R$。

考虑 $p_R!+1>p_R$，

由假设知 $p_R!$ 为合数。

设 p 为 $p_R!+1$ 的最小质因子，

∴ $p|p_R!+1$。

由(2)的结论，$p>p_R$，

这与假设矛盾，

∴假设不成立，质数有无穷个。

12. 答案：34560。

分析：设九宫格中填入的数依次为 $x_1,x_2,\cdots,x_9$ 如题图所示，

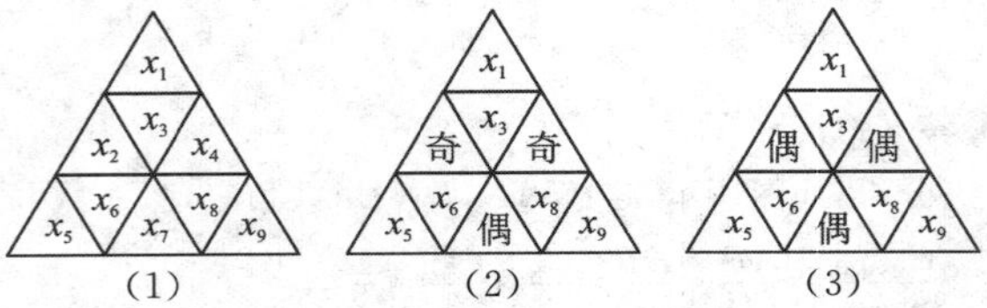

第 12 题图

由题图可知，$(x_1+x_2+x_3+x_4)+(x_2+x_5+x_6+x_7)+(x_4+x_7+x_8+x_9)\equiv1\bmod 2$，

∴ $45+x_2+x_4+x_7\equiv1\bmod 2$，

∴ $x_2+x_4+x_7\equiv0\bmod 2$。

(1)若 x_2,x_4,x_7 中有两个奇数，一个偶数，不妨设 x_2,x_4 奇数，x_7 偶数，

由题可知，x_1,x_3 中有奇数个奇数⇒恰有 1 个奇数，

x_5,x_6 中有偶数个奇数⇒有 0 个或 2 个奇数，

x_8,x_9 中有偶数个奇数⇒有 2 个或 0 个奇数，

有 $C_3^2\times C_2^1\times C_2^1\times4!\times5!=34560$(种)。

(2)若 x_2,x_4,x_7 中，均为偶数，

这时，x_1,x_3,x_5,x_6,x_8,x_9 中五奇一偶。

不妨令 x_1 为偶，其余为奇，

$x_4+x_5+x_6+x7\equiv0\bmod 2$，与题意不符。

综合(1)(2)，有 34560 种填法。

2023年 方田教育升班定级考试

五一

3年级

1. 答案：2069。

2. 答案：$5x$。

3. 答案：3。

4. 答案：45°。

5. 答案：32。

6. 答案：30。

7. 答案：186。

8. 答案：3；6。

9. 答案：(1)300。(2)3700。

分析：(1)原式 $=132+68+59+41$

$=200+100$

$=300$。

(2)原式 $=37\times56+37\times44$

$=37\times(56+44)$

$=37\times100$

$=3700$。

10. 答案：(1)$x=5$。(2)$x=3$。

分析：(1)$2x=14-4$

$2x=10$

$x=10\div2$

$x=5$。

(2)$7x-3+3x=27-3x+3x$

$10x-3=27$

$10x=27+3$

$10x=30$

$x=30\div10$

$x=3$。

11. 答案：如图。

(10 ⊖ 5) ⊗ (4 ⊕ 15 ⊘ 3) = 45

（圆圈内依次为 −、×、+、÷）

第 11 题图

12. 答案：210。

分析：$1+2+3+\cdots+19+20$

$=(1+20)\times20\div2$

$=21\times20\div2$

$=21\times10$

$=210$(个)。

所以，最多能确定 210 个交点。

13. 答案：12。

分析：一块组成的三角形有 5 个；两块组成的三角形

有 4 个；三块组成的三角形有 1 个；4 块组成的三角形有 1 个；七块组成的三角形有 1 个，共有：5＋4＋1＋1＋1＝12(个)。

14. 答案：172。

分析：标数法如图，共有 172 条最短路线。

							B
	1	6	21	36	51	87	172
	1	5	15	15	15	36	85
	1	4	10	湖		21	49
	1	3	6	10	15	21	28
	1	2	3	4	5	6	7
A	1	1	1	1	1	1	

第 14 题图

15. 答案：504。

分析：设复姓有 x 个，那么单姓有$(3x+72)$个；

根据成本列方程：$2(7x+24)+3x=1068$，解得 $x=60$，单姓：$7\times60+24=444$(个)，共：$60+444=504$(个)。

16. 答案：14。

分析：今年三人年龄和：$99-5\times3=84$(岁)，

利用线段图表示三人的年龄关系：

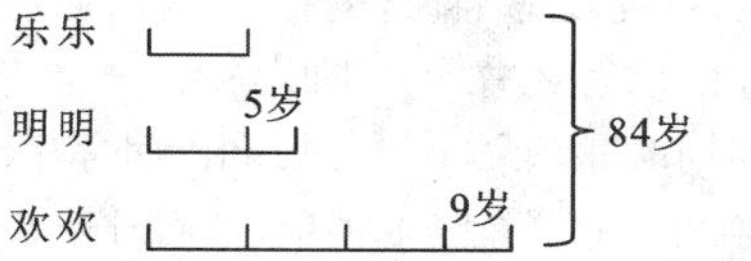

第 16 题图

1 份：$(84-9-5)\div(1+1+3)=14$(岁)，可得，乐乐今年 14 岁。

4年级

1. 答案：5.9。

2. 答案：6。

3. 答案：6。

4. 答案：8。

5. 答案：286。

6. 答案：272。

7. 答案：C、E。

8. 答案：34。

9. 答案：(1)$x=1$。(2)$x=3$。

分析：(1)$3x=2x+1$

$3x-2x=1$

$x=1$。

(2)$15-3\times6+6x=21-(x+3)$

$6x-3=18-x$

$6x+x=18+3$

$7x=21$

$x=3$。

10. 答案：20 分钟。

分析：短时优先：$1\times4+2\times3+3\times2+4\times1=20$(分钟)。

11. 答案：96426。

分析：$9+\overline{ab}+26=35+\overline{ab}$(99 的倍数)，$\overline{ab}$：$99-35=64$，该六位数是 96426。

12. 答案：(1)400。(2)200。

分析：(1)优限法按顺序：个→千→百→十，$4\times5\times5\times4=400$(个)。

(2)优限法按顺序：个→千→百→十，个位选 0：$4\times5\times4\times1=80$(个)，个位只有 0 一种选择，千位只能从大于或等于 5 的 5、6、8、9 中选择；个位不选 0：$2\times3\times5\times4=120$(个)，个位只能选 6 或 8，千位中只剩下三种选择。

总共：$80+120=200$(个)。

13. 答案：(1)第 26 行第 3 列。(2)74。

分析：(1)周期为 7，$89\div7=12$(组)……5(个)，$12\times2+2=26$(行)，即第 26 行第 3 列。

(2)$(21-1)\div2=10$(组)，$10\times7+4=74$。

14. 答案：67。

分析：丢弃“2”的人数：$100\div2=50$(人)；

丢弃“3”的人数：$100\div3=33$……1，有 33 人；

丢弃“5”的人数：$100\div5=20$(人)；

丢弃“2”“3”的人数：$100\div6=16$……6，有 16 人；

丢弃“2”“5”的人数：$100\div10=10$(人)；

丢弃“3”“5”的人数：$100\div15=6$……10，有 6 人；

丢弃“2”“3”“5”的人数：$100\div30=3$……10，有 3 人。

如题图所示：大于 5 的人数应为没有丢弃过卡片的(不是 2 也不是 3 也不是 5 的倍数)，只丢弃“2”或只丢弃“3”(只是 2 的倍数或者只是 3 的倍数)。

没有丢弃过卡片：$100-(50+33+20-16-10-6+3)=26$(人)；

只是 2 的倍数和只是 3 的倍数：$(50-16-10+3)+(33-16-6+3)=41$(人)；

则大于 5 的人数有：$26+41=67$(人)。

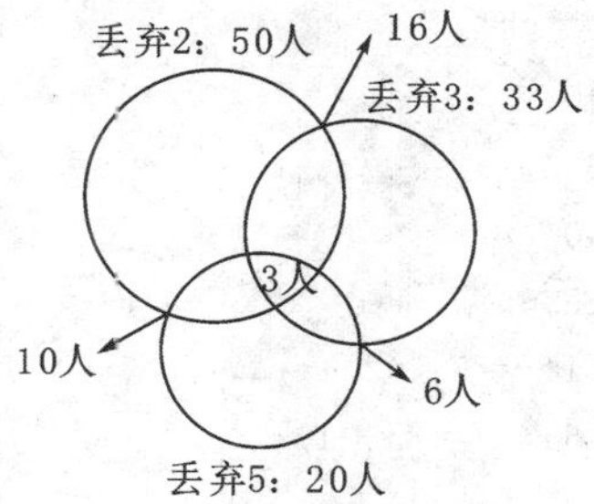

第 14 题图

15. 答案：54 平方厘米。

分析：如图，对图形进行分割，四个角上阴影部分与空白部分都相等，则整个图形中的阴影比空白多的就是中间的长方形面积是 $2\times4=8$(平方厘米)，而阴影部分与空白部分的面积和是 $10\times10=100$(平方厘米)，则阴影部分的面积是$(8+100)\div2=54$(平方厘米)。

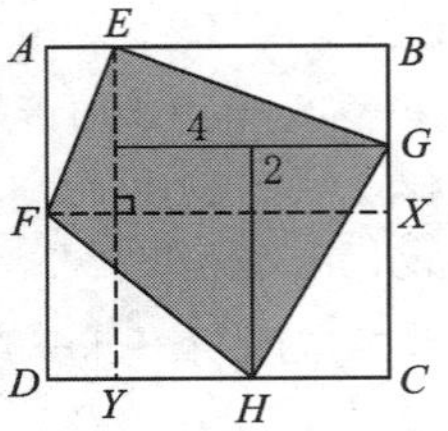

第 15 题图

16. 答案:660 米。

分析:如图,甲、乙只可能在 AB 右侧的半跑道上相遇。易知小跑道上 AB 左侧的路程为 100 米,右侧的路程为 200 米,大跑道上 AB 的左、右两侧的路程均是 200 米。我们将甲、乙的行程状况分析清楚,当甲第一次到达 B 点时,乙还没有到达 B 点,所以第一次相遇一定在逆时针的 BA 某处。而当乙第一次到达 B 点时,所需时间为 $200\div4=50$(秒),此时甲跑了 $6\times50=300$(米),在离 B 点 $300-200=100$(米)处。乙跑出小跑道到达 A 点需要 $100\div4=25$(秒),则甲又跑了 $6\times25=150$(米),在 A 点左边 $(100+150)-200=50$(米)处。所以当甲再次到达 B 处时,乙还未到 B 处,那么甲必定能在 B 点右边某处与乙第二次相遇。从乙再次到达 A 处开始计算,还需 $(400-50)\div(6+4)=35$(秒),甲、乙第二次相遇,此时甲共跑了 $50+25+35=110$(秒)。所以,从开始到甲、乙第二次相遇甲共跑了 $6\times110=660$(米)。

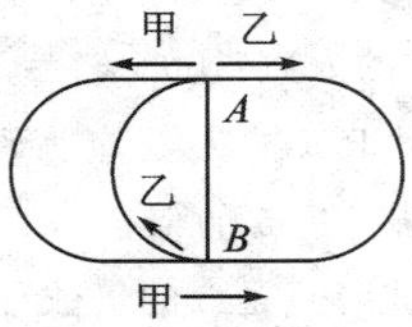

第 16 题图

⑤年级

1. 答案:<。

2. 答案:42。

3. 答案:41。

4. 答案:15.96。

5. 答案:40。

6. 答案:630。

7. 答案:90。

8. 答案:25.6。

9. 答案:(1)$x=7$。(2)$x=3$。

分析:(1)$5x-3=3x+11$

$$5x-3x=11+3$$

$$2x=14$$

$$x=7。$$

(2)解:$8x-36=4(x-6)$

$$8x-36=4x-24$$

$$8x-4x=36-24$$

$$4x=12$$

$$x=3。$$

10. 答案:170。

分析:男生增加 25 人,总人数只增加 16 人,说明女生减少 9 人,而女生减小$\frac{1}{20}$,故 9 人对应的$\frac{1}{20}$,女生原有人数为 $9\div\frac{1}{20}=180$(人),则现有男生人数为 $325-180+25=170$(人)。

11. 答案:252。

分析:无重复数字的的五位奇数:$4\times4\times3\times2\times3=288$(个),

千位是 3 的无重复数字的五位奇数:$3\times1\times3\times2\times2=36$(个),

千位不是 3 的无重复数字的五位奇数:$288-36=252$(个)。

12. 答案:9911。

分析:共排了:$1+2+3+\cdots+99+6=4956$(个)数,则第 100 行左起第 6 个数:$4956\times2-1=9911$。

13. 答案:20。

分析:由于甲、乙和乙、丙的工作效率之和都知道了,根据"现在先开乙管 6 小时,还需甲、丙两管同时开 2 小时灌满",我们可以把乙管的 6 小时分成 3 个 2 小时,第一个 2 小时和甲同时开,第二个 2 小时和丙同时开,第三个 2 小时乙管单独开。这样就变成了甲、乙同时开 2 小时,乙、丙同时开 2 小时,乙单独开 2 小时,正好灌满一池水。

$V_{甲+乙}=\frac{1}{5}$,$V_{乙+丙}=\frac{1}{4}$,乙单独灌水的工作量为 $1-\frac{1}{5}\times2-\frac{1}{4}\times2=\frac{1}{10}$,所以乙的工作效率为:$\frac{1}{10}\div(6-2-2)=\frac{1}{20}$,所以整池水由乙管单独灌水,需要 $1\div\frac{1}{20}=20$(小时)。

14. 答案:1680。

分析:甲、乙两人速度比为 $80:60=4:3$,相遇的时候时间相等,路程比等于速度之比,相遇时甲走了全程的$\frac{4}{7}$,乙走了全程的$\frac{3}{7}$。第二次甲停留,乙没有停留,且前后两次相遇地点距离中点相等,所以第二次乙行了全程的$\frac{4}{7}$,甲行了全程的$\frac{3}{7}$。由于甲、乙速度比为 $4:3$,根据时间一定,路程比等于速度之比,所以甲行走期间乙走了 $\frac{3}{7}\times\frac{3}{4}$,所以甲停留期间乙行了 $\frac{4}{7}-\frac{3}{7}\times\frac{3}{4}=\frac{1}{4}$,所以 A、B 两点的距离为 $60\times7\div\frac{1}{4}=1680$(米)。

15. 答案:17280。

分析:本题考查对约数个数计算公式的灵活应用,由公式的结果倒推,A 有 9 个因数,那么符合公式的要求有,$9=(2+1)(2+1)$,或者 $9=(0+1)(8+1)$,若要求 A 的值尽可能小,则 A 不可能为某个质数的 8 次方的形式,那么

说明 A 的形式为 $A=a^2\times b^2$ 的形式，为最终满足三个数的乘积最小的要求，那么 A 最小为 $A=2^2\times 3^2$，类似的可以知道 $B=a\times b^2$，同时为满足最小要求 $B=5\times 2^2$。

C 为 8 个约数情况可能有两种，$C=m\times n\times p$，$C=m\times n^3$，其中当 $C=3\times 2^3$ 时数字最小，同时三个数任意 2 个都不整除，所以此时三个数的乘积为 $20\times 24\times 36=17280$。

16. 答案：210。

分析：如图所示，连接 EF，可以把大梯形看成是两个小梯形叠放在一起，应用梯形蝴蝶定理，可以确定其中各个小三角形之间的比例关系，应用比例即可求出梯形 $ABCD$ 面积。

设梯形 $ABCD$ 的上底为 a，总面积为 S。则下底为 $2a$，$EF=\frac{1}{2}(a+2a)=\frac{3}{2}a$。

所以 $AB:EF=a:\frac{3}{2}a=2:3$，$EF:DC=\frac{3}{2}a:2a=3:4$。

由于梯形 $ABFE$ 和梯形 $EFCD$ 的高相等，所以

$S_{梯形ABFE}:S_{梯形EFCD}=(AB+EF):(EF+DC)=(a+\frac{3}{2}a):(\frac{3}{2}a+2a)=5:7$，

故 $S_{梯形ABFE}=\frac{5}{12}S$，$S_{梯形EFCD}=\frac{7}{12}S$。

根据梯形蝴蝶定理，梯形 $ABFE$ 内各三角形的面积之比为 $2^2:2\times 3:2\times 3:3^2=4:6:6:9$，所以 $S_{\triangle EMF}=\frac{9}{4+6+6+9}S_{梯形ABFE}=\frac{9}{25}\times\frac{5}{12}S=\frac{3}{20}S$；

同理可得 $S_{\triangle ENF}=\frac{9}{9+12+12+16}S_{梯形EFCD}=\frac{9}{49}\times\frac{7}{12}S=\frac{3}{28}S$，

所以 $S_{EMFN}=S_{\triangle EMF}+S_{\triangle ENF}=\frac{3}{20}S+\frac{3}{28}S=\frac{9}{35}S$，由于 $S_{EMFN}=54$ 平方厘米，

所以 $S=54\div\frac{9}{35}=210$（平方厘米）。

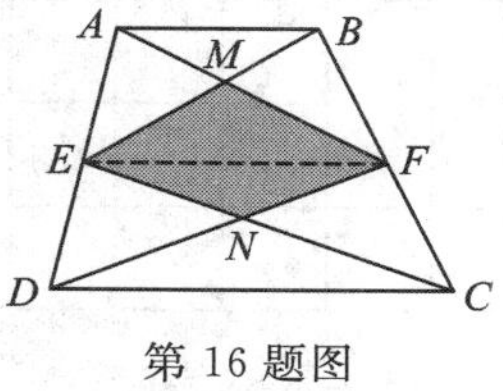

第 16 题图

6 年级

1. 答案：$\frac{73}{120}$。

2. 答案：113.04。

3. 答案：43。

4. 答案：0。

5. 答案：316。

6. 答案：$\frac{38}{11}\left(或 3\frac{5}{11}\right)$。

7. 答案：(1) $x=6$。(2) $x=\frac{19}{16}$。

分析：(1) $\frac{x}{3}-1=\frac{8-x}{2}$

$2x-6=24-3x$

$5x=30$

$x=6$。

(2) $4\times(4x-1)=3\times 5$

$16x-4=15$

$16x=19$

$x=\frac{19}{16}$。

8. 答案：鸡 15 只，兔 25 只。

分析：方法 1　假设有 40 只鸡，一共有 $40\times 2=80$（只）脚，与原来相比减少 $130-80=50$（只）脚，则兔：$50\div(4-2)=25$（只），鸡：$40-25=15$（只）。

方法 2　假设有 x 只鸡，则有 $(40-x)$ 只兔。

$2x+4(40-x)=130$，解得 $x=15$，

则有鸡 15 只，兔：$40-15=25$（只）。

9. 答案：12。

分析：设小龙一开始要做 x 道题。

$\left(\frac{1}{2}x+4\right)\times\frac{1}{2}=x-7$，解得：$x=12$，

所以小龙一开始要做 12 道题。

10. 答案：54。

分析：E、F 是 3 等分点，D、G 是 9 等分点，由鸟头模型，$\frac{S_{\triangle ADE}}{S_{\triangle ABC}}=\frac{1\times 2}{3\times 9}=\frac{2}{27}$，$\frac{S_{\triangle BEF}}{S_{\triangle ABC}}=\frac{2\times 1}{3\times 3}=\frac{2}{9}$，$\frac{S_{\triangle CFG}}{S_{\triangle ABC}}=\frac{2\times 2}{3\times 9}=\frac{4}{27}$，则 $S_{梯形DEFG}$ 占 $S_{\triangle ABC}$ 的 $1-\frac{2}{9}-\frac{2}{27}-\frac{4}{27}=\frac{5}{9}$，$S_{\triangle ABC}=30\div\frac{5}{9}=54$。

11. 答案：(1) 125（米/分）。(2) 1880（米）。

分析：(1) 三人同时到 D 地，则三人最后的速度都相等。丙的速度为 $60\times(1-25\%)=45$（米/分），甲减速一次后的速度为 $45\div(1-40\%)=75$（米/分），甲出发时的速度为 $75\div(1-40\%)=125$（米/分）。

(2) 如题图，假设甲在 E 地追上丙，乙在 F 地追上丙。

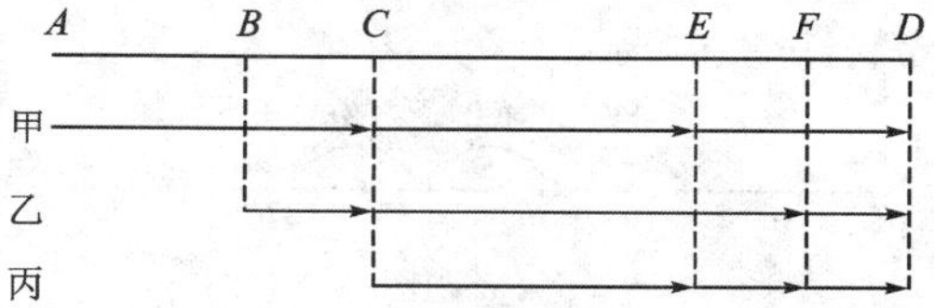

第 11 题图

甲、乙出发时的速度比为 $125:60=25:12$，时间相同，则 $AC:BC=25:12$；

乙、丙出发时的速度之比为 $60:45=4:3$，时间相同，

则 $BF:CF=4:3$，设 CF 为 12÷(4－3)×3＝36(份)，则 AF 为 25＋36＝61(份)。

甲减速一次后与丙的速度比为 75∶45＝5∶3，甲原速与减速一次后的速度比为 125∶75＝5∶3，则在甲以原速走 AC 这 25 份的时间里，以减速一次后的速度只能走25÷5×3＝15(份)，CE 为 15÷(5－3)×3＝22.5(份)，则 EF 为 36－22.5＝13.5(份)。

EF 是丙走 9 分钟的路程，45×9＝405(米)，则 1 份量为：405÷13.5＝30(米)，则 AD 为 30×61＋50＝1880(米)。

12. 答案：(1)120°。(2)20°。(3)22.5°。(4)180°。

分析：(1)120°。(2)20°。

(3)如图(1)，连接 OC，点 C 是 $\overset{\frown}{AB}$ 的中点，则 $\angle AOC=\angle BOC=90°÷2=45°$，则 $\angle APC=45°÷2=22.5°$。

(4)如图(2)，连接 BC，则 $\angle ADC=\angle ABC$，$\angle AEB=\angle ACB$，则 $\angle ADC+\angle AEB+\angle BAC=\angle ABC+\angle ACB+\angle BAC=180°$。

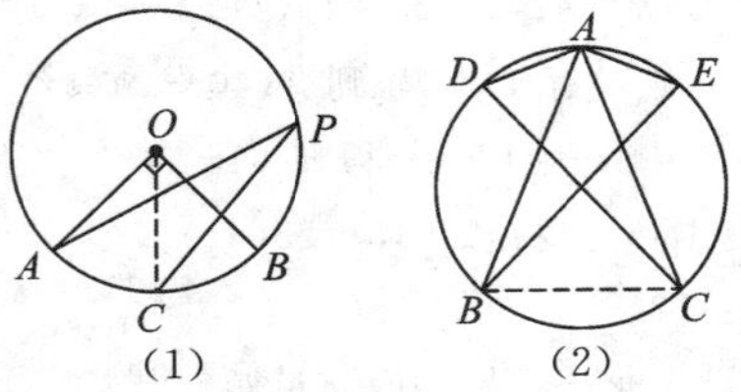

第 12 题图

端午

3年级

1. 答案：559。

2. 答案：132。

3. 答案：71。

分析：一位数(1～9)：数 9 个，数字 9 个；

两位数(10～40)：数 40－10＋1＝31(个)，数字 31×2＝62(个)。

共：9＋62＝71(个)。

4. 答案：6600。

分析：每天步数按照从小到大排列为：6000，6400，6500，6600，6900，7800，8100。其中第 4 个数为 6600，所以中位数为 6600。

5. 答案：16。

分析：如题图所示，

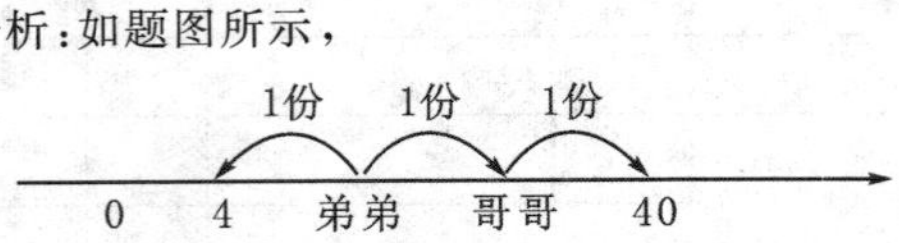

第 5 题图

1 份：(40－4)÷3＝12(岁)，

弟弟：4＋12＝16(岁)。

6. 答案：27。

分析：①正着摆放：

边长为 1 的有：3＋2＋1＝6(个)；

边长为 2 的有：1 个。

②倒着摆放：

边长为 1 的有 4＋3＋2＋1＝10(个)；

边长为 2 的有：3＋2＋1＝6(个)；

边长为 3 的有：2＋1＝3(个)；

边长为 4 的有：1 个。

所以一共有 6＋1＋10＋6＋3＋1＝27(个)。

7. 答案：66。

8. 答案：135。

分析：第 3 项与第 13 项可以进行配对，中间项就是第 8 项，则第 8 项：27÷3＝9，

前 15 项可以进行首尾配对，中间项就是第 8 项，

前 15 项：9×15＝135。

9. 答案：(1)$x=5$。(2)$x=3$。

分析：(1)$14-2x=4$

$2x=14-4$

$2x=10$

$x=5$。

(2)$27-2x=5x+6$

$27-2x+2x=5x+6+2x$

$27=7x+6$

$7x=27-6$

$7x=21$

$x=3$。

10. 答案：(1)如图所示。

$(10 \ominus 5) \otimes (4 \oplus 15 \oslash 3)=45$

第 10 题图

(2)256。

11. 答案：20。

分析：如题图所示，标数可得最短路线有 20 条。

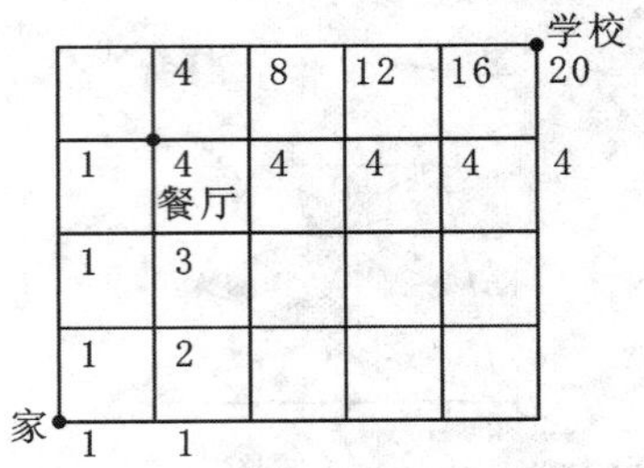

第 11 题图

12. 答案：6。

分析：流程图如下：

$\boxed{6}\ \underset{-12}{\overset{+12}{\rightleftarrows}}\ \boxed{18}\ \underset{÷8}{\overset{×8}{\rightleftarrows}}\ \boxed{144}\ \underset{×2}{\overset{÷2}{\rightleftarrows}}\ 72$

72×2＝144，

144÷8＝18，

18－12＝6。

13. 答案：1275。

分析：$1+2+3+\cdots+50$

$=(1+50)\times50\div2$

$=51\times50\div2$

$=1275$。

14. 答案：鸡 40 只，兔 34 只。

分析：设鸡有 x 只，兔有 $(74-x)$ 只。

$4(74-x)-2x=56$

$4\times74-4x-2x=56$

$296-4x-2x=56$

$296-4x-2x=56-2x+2x$

$296-4x=56+2x$

$296-4x+4x=56+2x+4x$

$296=56+6x$

$6x=296-56$

$6x=240$

$x=240\div6$

$x=40$。

则鸡有 40 只，兔有 $74-40=34$(只)。

15. 答案：960。

分析：甲原地休息的 5 分钟，乙一直在走，能走 $60\times5=300$(米)，

那么甲和乙同时在走的时间里合走剩余的 $1510-300=1210$(米)。

而每分钟甲和乙一共能走 $50+60=110$(米)，所以要共同走完 1210 米，共需 $1210\div110=11$(分钟)，这个过程中乙走了 $60\times11=660$(米)，所以乙共走了 $300+660=960$(米)。

16. 答案：25。

分析：通过小牧的话，可知小牧比小鱼大五岁；再通过小哼的话，可知小哼比小牧大五岁。

由此可有线段图，把地球的若干年当作 1 份：

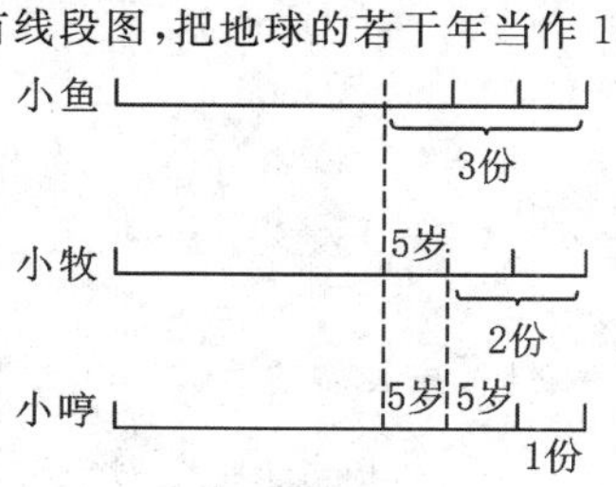

第 16 题图

则按照各自所在的时空隧道时间计算，三人一样大，岁数为：$105\div3=35$(岁)，

且 1 份为：5 岁，则小鱼今年：$35-5\times3+5=25$(岁)。

4年级

1. 答案：72。

2. 答案：69。

3. 答案：41。

分析：有 $20+35-14=41$(人)。

4. 答案：5。

分析：$23\div5=4\cdots\cdots3$，至少有 $4+1=5$(位)。

5. 答案：1435。

6. 答案：12。

7. 答案：511。

分析：既然是 72 件玩具的总钱数，那就一定能被 72 整除，又因为 $72=8\times9$，$(8,9)=1$，所以 $8|\square679\square$，$9|\square679\square$。$8|\square679\square$，根据能被 8 整除的数的特征，$8|79\square$，通过计算个位的$\square=2$。又 $9|\square6792$，根据能被 9 整除的数的特征，$9|(\square+6+7+9+2)$，显然前面的$\square$应是 3。所以玩具单价是：$36792\div72=511$(元)。

8. 答案：423。

分析：拿到空白纸条的学生必须事先确定自己说的是真话还是假话，说明他所说的话可以由前面其他人所说的话证明正确或不正确。

4 人中只有 3 号的话可由前 2 人说的话确定为真话，因此拿到空白纸条的人编号为 3。

由前 3 人的话可判断出这个两位数是 6 的奇数倍；由 4 号学生的话知道这个两位数的数字和为 6 或者 18。

所以这个两位数是 42，$\overline{ABC}$代表的三位数是 423。

9. 答案：(1)36。(2)$x=10$。

10. 答案：4。

分析：$500\div(66+59)=4$(分钟)。

11. 答案：120。

分析：$3\times8\times5=120$(种)。

12. 答案：90。

分析：宽 $30\div5=6$(厘米)，长 $60\div4=15$(厘米)，则面积为 $6\times15=90$(平方厘米)。

13. 答案：12。

分析：甲船顺水行驶的速度：$600\div10=60$(千米/时)，船速：$60-5=55$(千米/时)。逆流速度：$55-5=50$(千米/时)，逆流而上的时间：$600\div50=12$(小时)。

14. 答案：280。

分析：11～20 项的和：$100-40=60$，公差：$60-40=20$，21～30 项的和：$60+20=80$，31～40 项的和：$80+20=100$，总和：$40+60+80+100=280$。

15. 答案：(1)25。(2)29。

分析：最不利原则，考虑最坏的情况。

(1)每种花色取 6 张，再取一张，必然有 7 张牌的花色相同，$6\times4+1=25$(张)。

(2)$15=2+13=3+12=4+11=5+10=6+9=7+8$，共 6 组。先取 4 张 1 点，然后每组中各取其中一个数的 4 张，最后再取任意一个数，必定有 2 张牌的点数之和等于 15，$4+6\times4+1=29$(张)。

16. 答案：840。

分析：染色顺序 A、C、D、B、E、F。

当 D 与 E 同色时 F 有 3 种颜色可选：$5\times4\times3\times2\times$

$1\times3=360$(种),

当 D 与 E 异色时 F 有 2 种颜色可选:$5\times4\times3\times2\times2\times2=480$(种),

所以共有 $360+480=840$(种)染法。

5年级

1. 答案:$\frac{5}{8}$。

分析:原式$=\frac{8}{24}+\frac{4}{24}+\frac{2}{24}+\frac{1}{24}$

$=\frac{15}{24}$

$=\frac{5}{8}$。

2. 答案:19。

分析:$106-11=95$ 除以这个两位数能够整除,则这个两位数是 95 的因数,$95=1\times95=5\times19$,又因为这个数大于余数 11、小于 50,所以这个除数是 19。

3. 答案:109.76。

分析:长为 20、宽为 8 的长方形面积减去半径为 8、圆心角为 90°的扇形面积得到阴影部分面积。

$S_{扇形}=\frac{1}{4}\times3.14\times8^2=50.24$,$S_{长方形}=20\times8=160$,$S_{阴影}=160-50.24=109.76$。

4. 答案:22。

分析:$255\div12=21\cdots\cdots3$,$21+1=22$(人)。

5. 答案:80。

分析: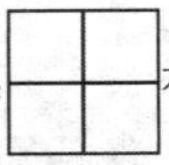有 $4\times5=20$(个);

一个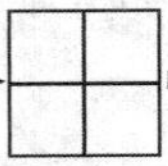中包含 4 个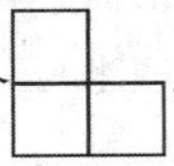,

所以有 $20\times4=80$(个)。

6. 答案:804。

分析:反面考虑,先求与 546 相加不产生进位的:个位可选 0~3 共 4 种,十位可选 0~5 共 6 种,百位可选 1~4 共 4 种,$4\times6\times4=96$(个),那么至少产生一次进位的有 $900-96=804$(个)。

7. 答案:2110。

分析:前 16 个数字是 1,9,8,9,7,6,3,9,2,1,3,4,7,1,8,9,除去前 2 个数字 1、9 后,每 12 个数字一组重复出现。因此前 422 个数字的和是 $1+9+(8+9+7+6+3+9+2+1+3+4+7+1)\times\frac{422-2}{12}=10+60\times35=2110$。

8. 答案:10。

分析:本题采用折线图来分析较为简便。

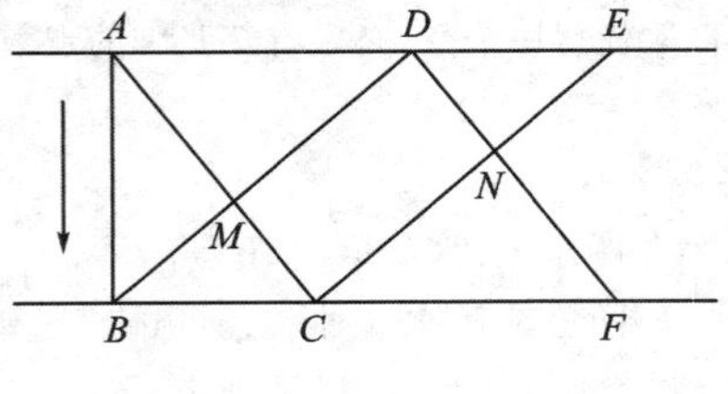

第 8 题图

如题图,箭头表示水流方向,$A\to C\to E$ 表示甲船的路线,$B\to D\to F$ 表示乙船的路线,两个交点 M、N 就是两次相遇的地点。

由于两船在静水中的速度相同,所以两船的顺水速度和逆水速度都分别相同,那么两船顺水行船和逆水行船所用的时间都分别相同,表现在图中,就是 BC 和 DE 的长度相同,AD 和 CF 的长度相同。

那么根据对称性可以知道,M 点距 BC 的距离与 N 点距 DE 的距离相等,也就是说两次相遇地点与 A、B 两地的距离是相等的。而这两次相遇的地点相距 20 千米,所以第一次相遇时,两船分别走了 $(100-20)\div2=40$(千米)和 $100-40=60$(千米),可得两船的顺水速度和逆水速度之比为 $60:40=3:2$。

而顺水速度与逆水速度的差为水速的 2 倍,即为 4 米/秒,可得顺水速度为 $4\div(3-2)\times3=12$(米/秒),那么两船在静水中的速度为 $12-2=10$(米/秒)。

9. 答案:(1) $x=4$。(2) $\begin{cases}x=2\\y=6\end{cases}$,$\begin{cases}x=5\\y=4\end{cases}$,$\begin{cases}x=8\\y=2\end{cases}$,$\begin{cases}x=11\\y=0\end{cases}$。

分析:(1) $5(x-2)=18-2x$

$5x-10=18-2x$

$5x+2x=18+10$

$7x=28$

$x=4$。

(2)分析:$12x+18y=132$

$2x+3y=22$

$2x+3y\equiv22\pmod 3$

$2x\equiv1\pmod 3$

$2x\equiv1+3\pmod 3$

$2x\equiv4\pmod 3$

$x\equiv2\pmod 3$

解得$\begin{cases}x=2\\y=6\end{cases}$,$\begin{cases}x=5\\y=4\end{cases}$,$\begin{cases}x=8\\y=2\end{cases}$,$\begin{cases}x=11\\y=0\end{cases}$。

10. 答案:700。

分析:量率对应,找具体的页数 260 页占全书的几分之几。$1-\frac{3}{7}-\frac{1}{5}=\frac{13}{35}$,相当于将全书分成了 35 份,还剩下 13 份,根据剩下 260 页没看,得到 1 份有 $260\div13=20$(页),则全书共 $35\times20=700$(页)。

11. 答案:3,5 或 15。

分析:$107-77=30$,$152-107=45$,$(30,45)=15$,15 的因数有 1,3,5,15,又因为这个数大于 1,所以这个整数可以是 3,5 或 15。

12. 答案:180 分钟。

分析:甲、乙两人时间比为$\frac{9}{6}:\frac{8}{5}=45:48=15:16$,

1 份：$12\div(16-15)=12$(分钟)，

甲所用时间为 $12\times15=180$(分钟)。

13. 答案：56。

分析：方法 1　欢欢 9 天完成 $\frac{1}{12}\times9=\frac{3}{4}$，剩余 $1-\frac{3}{4}=\frac{1}{4}$，由冬冬 $9+5=14$(天)完成，冬冬的工作效率为 $\frac{1}{4}\div14=\frac{1}{56}$，所以冬冬单独完成这项工程需要 $1\div\frac{1}{56}=56$(天)。

方法 2　12 欢＝9 欢＋14 冬，即 3 欢＝14 冬，那么冬冬单独完成需要 $12\div3\times14=56$(天)。

14. 答案：51；$3\frac{1}{16}$小时。

分析：不妨让乙班学生先步行，汽车将甲班学生送至 A 地后返回，在 B 处接到乙班学生，最后汽车与乙班学生同时到达公园，如题图：

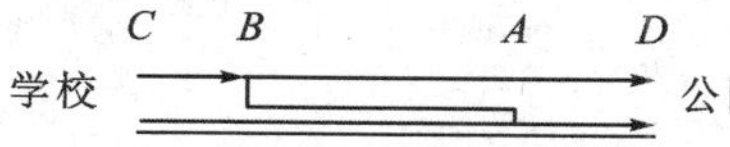

第 14 题图

$V_人:V_车=3:48=1:16$，乙班从 C 至 B 时，汽车从 $C\sim A\sim B$，则两者路程之比为 $1:16$，即 $CB:(CA+AB)=1:16$；不妨设 CB 为 1 份，则 AD 为 1 份，$(CA+AB)$ 为 16 份，$AB=(16-1)\div2=7.5$(份)，则全程共有 $1+7.5+1=9.5$(份)，1 份：$57\div9.5=6$(千米)，距学校：$6\times(1+7.5)=51$(千米)。

甲班从 $C\sim A$ 用时 $51\div48=\frac{17}{16}$(小时)，从 $A\sim D$ 用时 $6\times1\div3=2$(小时)，共 $2+\frac{17}{16}=3\frac{1}{16}$(小时)。

15. 答案：$\frac{108}{5}$。

分析：如图，连接 AE、BF、CG、DH 构造蝴蝶模型，四个梯形大小相等，面积为 $(8^2-2^2)\div4=15$。

梯形 $ABFE$ 中，$EF:AB=2:8=1:4$，$S_上:S_下:S_左:S_右=1:16:4:4$，1 份：$15\div(1+16+4+4)=\frac{3}{5}$，$S_{阴影}=\frac{3}{5}\times(1+4+4)=\frac{27}{5}$。所以阴影总面积为 $\frac{27}{5}\times4=\frac{108}{5}$。

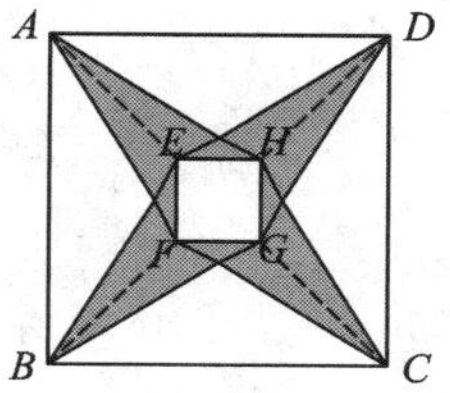

第 15 题图

16. 答案：小强 227 张，小林 221 张。

分析：题设小强给小林一些邮票后，小强的邮票比小林的少$\frac{6}{19}$，所以此时小强的邮票是小林的$\frac{13}{19}$，是两人邮票总数的$\frac{13}{13+19}=\frac{13}{32}$；而小林给小强同样多的邮票后，小林的邮票就比小强的少$\frac{6}{17}$，是小强的$\frac{11}{17}$，是两人邮票总数的$\frac{11}{11-17}=\frac{11}{28}$，所以小林和小强的邮票总数应是 32 和 28 的公倍数，$[32,28]=224$，又由两人共有 400 多张邮票，可知两人共有邮票 $224\times2=448$(张)，所以小强给小林邮票后，小强有邮票 $448\times\frac{13}{32}=182$(张)，小林有邮票 $448-182=266$(张)；小林给小强邮票后，小林有邮票 $448\times\frac{11}{28}=176$(张)，所以那“一些”邮票是 $(266-176)\div2=45$(张)，因此，小强原来有邮票 $182+45=227$(张)，小林原来有邮票 $176+45=221$(张)。

国庆

3年级

1. 答案：32。

分析：后一个数是前一个的两倍，$16\times2=32$，所以填 32。

2. 答案：25。

分析：边长 $20\div4=5$(厘米)，

面积 $5\times5=25$(平方厘米)。

3. 答案：6。

分析：无重复数字的三位数有：158，185，518，581，815，851 共 6 个。

4. 答案：18。

分析：1 分钟：$30\div5=6$(个)，3 分钟：$6\times3=18$(个)。

5. 答案：158。

分析：三人的总身高：$174+167+133=474$(厘米)，平均身高：$474\div3=158$(厘米)。

6. 答案：30。

分析：总价格：$3\times38+4\times24=210$(元)，总重量：$3+4=7$(千克)，每千克：$210\div7=30$(元)。

7. 答案：30。

分析：如题图，原图经过平移成为大长方形，$7+8=15$ 即大长方形的长＋中间正方形的边长，而中间正方形的边长与大长方形的宽相等，所以 15 即长＋宽，大长方形周长为 $15\times2=30$。

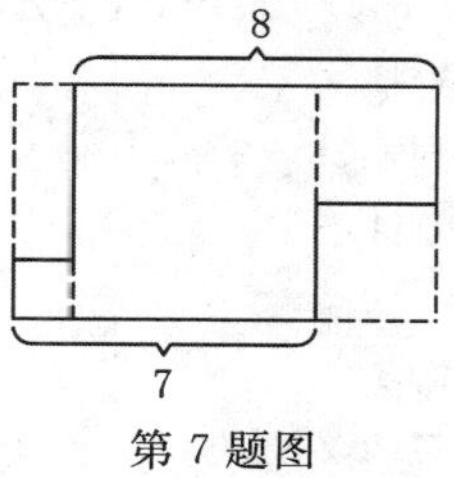

第 7 题图

8. 答案：36。

分析：(1)新站为起点，旧站为终点有 $3\times5=15$(种)。

(2)旧站为起点，新站为终点有 3×5＝15(种)。

(3)起点、终点均为新站有 3×2＝6(种)。

共有 15＋15＋6＝36(种)。

9. (1)答案：(1)200。(2)1800。

分析：(1)　223－32－68＋77

＝223＋77－(32＋68)

＝300－100

＝200。

(2)　19×18＋81×18

＝18×(19＋81)

＝18×100

＝1800。

10. 答案：(1)224。(2)39。

分析：(1)

$$\begin{array}{r} 5\ \ 6 \\ \times\ {}_{2}\ {}_{2}\ \ 4 \\ \hline 2\ \ 2\ \ 4 \end{array}$$

(2)

$$\begin{array}{r} 3\ 9 \\ 6\overline{)2\ 3\ 4} \\ 1\ 8 \\ \hline 5\ 4 \\ 5\ 4 \\ \hline 0 \end{array}$$

11. 答案：49。

分析：数出每幅图中小正方形的数量：1，4，9，16，找出相邻两个数的差，发现分别是 4－1＝3(个)，9－4＝5(个)，16－9＝7(个)，依次加 2，那么第 5 幅图中小正方形的数量：16＋9＝25(个)，第 6 幅：25＋11＝36(个)，第 7 幅：36＋13＝49(个)。

12. 答案：6。

分析：

A	B	C
哥	弟	
哥		弟
弟	哥	
弟		哥
	哥	弟
	弟	哥

如图，共 6 种不同的选法。

13. 答案：615 平方厘米。

分析：大长方形面积：30×23＝690(平方厘米)，

需去掉：5×5×3＝75(平方厘米)，

剩余图形面积：690－75＝615(平方厘米)。

14. 答案：63 分钟。

分析：4 位 1 分钟：36÷3＝12(份)，1 位 1 分钟：12÷4＝3(份)，5 位 1 分钟：3×5＝15(份)，需要：945÷15＝63(分钟)。

15. 答案：27 厘米。

分析：把正方形的 2 个边长当作 1 份：18÷2＝9(厘米)，长方形的周长相当于 6 个边长，也就是：6÷2＝3(份)，长方形周长：9×3＝27(厘米)。

16. 答案：20。

分析：这个高个子超出现平均身高：159－121＝38(厘米)，原来学生共低于现平均身高 38 厘米，原来平均每人低于现平均身高：121－119＝2(厘米)，原来学生数：38÷2＝19(个)，现在学生数：19＋1＝20(个)。

4年级

1. 答案：90。

分析：总分：97＋85＋88＝270(分)；平均分：270÷3＝90(分)。

2. 答案：D。

分析：三角形任意两边之和大于第三边，选 D。

3. 答案：丙。

分析：甲、乙两人的话冲突，必一真一假，由于只有一人说了真话，所以丙必是假，则宝石就是丙偷的。

4. 答案：10。

分析：速度差：60－50＝10(千米/分)，时间：100÷10＝10(分钟)。

5. 答案：8。

分析：16÷2＝8(平方厘米)。

6. 答案：144。

分析：百位　十位　个位

4 种　6 种　6 种

组成：4×6×6＝144(个)。

7. 答案：1314。

分析：用排除法，可得汉字表示数字分别为“1”“3”“1”“4”，所以四位数为 1314。

8. 答案：7。

分析：拼一次至少减少两个座位，一共 18×4＝72 个座位，要减少 72－50＝22 个座位，至多拼 11 次，拼 1 次至多减少 1 张“孤立桌”，11 次至多减少 11 张“孤立桌”，至少留下 7 桌。将 12 张桌子拼成 1 排，其余 6 张桌子孤立，可以实现构造，所以最少 7 张桌。

9. 答案：(1)80。(2)861。

分析：(1)原式＝(3＋17)×8÷2

＝20×8÷2

＝80。

(2)项数：(81－1)÷4＋1＝21(项)，

原式＝(1＋81)×21÷2

＝82×21÷2

＝861。

10. 答案：3500。

分析：速度和：40＋60＝100(米/分)，两地相距：35×100＝3500(米)。

11. 答案：(1)24。(2)75。

分析：(1)4△3＝3×4＋4×3＝24。

(2)2△3＝3×2＋4×3＝18；

1△(2△3)＝1△18＝3×1＋4×18＝75。

12. 答案：20。

分析：最左边一列和第一行和一样，可得右上角填 13+18−15=16，根据关键格两端之和是关键格的两倍，所以关键格填：(16+18)÷2=17，则线和为 17×3=51，所以标有“☆”的方格为 51−13−18=20。

13. 答案：66。

分析：移多补少，根据教练的体重的比 6 个人的平均体重多了 10 千克，可得六个人平均体重：54+10÷5=56(千克)，教练的体重为：56+10=66(千克)。

14. 答案：8。

分析：总场数：10×(10−1)÷2=45(场)，

有 15 场平局，所以有 45−15=30(场)分出了胜负，那么 10 支球队总得分为：2×15+3×30=120(分)，

第 10 支球队得：120−112=8(分)。

15. 答案：甲律师，乙教师，丙警察，丁医生。

分析：由③可以知道丙不是律师，但是他见过律师，再由⑤知乙不是律师，又由④可知甲是律师。于是由①和③知丙不是教师，由②和⑤知丙不是医生，从而丙是警察。再由②知乙是教师，丁是医生。

16. 答案：820。

分析：甲比丙多走(21+20)×2=82(米)，用时=82÷2=41(分钟)；

甲比乙多走 21+20=41(米)，甲乙速度差=41÷41=1(米/分)。

由于甲走 21 米时乙走 20 米，所以乙的速度为 20 米/分，$AB=41\times20=820$(米)。

⑤年级

1. 答案：>。

2. 答案：3。

3. 答案：288。

分析：216+192−120=288(平方厘米)。

4. 答案：200。

分析：$800\times\left(1-\frac{1}{10}-\frac{2}{5}-\frac{1}{4}\right)=800\times\frac{1}{4}=200$(个)。

5. 答案：105。

分析：$C_{15}^{13}=C_{15}^{2}=105$(种)。

6. 答案：8。

分析：$9^2-2^2-5^2+4^2-2^2=64=8^2$，所以问号处边长为 8。

7. 答案：24。

分析：如题图，连接 AC，由平行四边形的性质，知 $S_{\triangle ABC}=S_{\triangle ACD}=\frac{1}{2}S_{平行四边形ABCD}$，由题意，知 $EC=\frac{1}{2}BC$、$FC=\frac{1}{3}DC$，所以 $S_{\triangle AEC}=\frac{1}{2}S_{\triangle ABC}=\frac{1}{4}S_{平行四边形ABCD}$、$S_{\triangle ACF}=\frac{1}{3}S_{\triangle ACD}=\frac{1}{6}S_{平行四边形ABCD}$，又因为 $S_{阴影}=S_{\triangle AEC}+S_{\triangle ACF}=\frac{1}{4}S_{平行四边形ABCD}+\frac{1}{6}S_{平行四边形ABCD}=\frac{5}{12}S_{平行四边形ABCD}=10$，解得 $S_{平行四边形ABCD}=24$，所以平行四边形 $ABCD$ 的面积是 24。

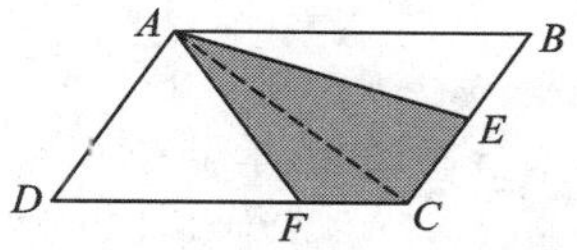

第 7 题图

8. 答案：97。

分析：若知道第十个总和，那么将这 10 个总和相加，所得结果相当于将十个数每个数都加了 9 次，这个结果必为 9 的倍数，已知 9 个总和有：82+83+84+85+87+89+90+91+92=783。则 783 要加上这 9 个总和中的某一个结果为 10 个总和相加，需满足结果是 9 的倍数。由于 783 是 9 的倍数，因此只有 783+90=873 满足，即 10 个总和相加应为 873，这个结果相当于 10 个数都加了 9 次，原有 10 个数的和为 873÷9=97。

9. 答案：(1)$\frac{37}{24}$。(2)$\frac{1115}{9}$。

分析：(1)原式$=\frac{20}{24}+\frac{3}{24}+\frac{14}{24}$

$=\frac{37}{24}$。

(2)原式$=123\times\frac{100}{99}-\frac{1}{99}\times123+\frac{8}{9}\times\frac{1}{63}+\frac{62}{63}\times\frac{8}{9}$

$=123\times\left(\frac{100}{99}-\frac{1}{99}\right)+\frac{8}{9}\times\left(\frac{1}{63}+\frac{62}{63}\right)$

$=123\times1+\frac{8}{9}\times1$

$=123\frac{8}{9}$

$=\frac{1115}{9}$。

10. (1)$x=12$。(2)$\begin{cases}x=3,\\y=1。\end{cases}$

分析：(1)$5x-20=2x+16$

$5x-2x=16+20$

$3x=36$

$x=12$。

(2)$\begin{cases}9x-8y=19①,\\2x-y=5②,\end{cases}$

②×8 得：$16x-8y=40$③，

③−①得：$16x-9x=40-19$

$7x=21$

$x=3$。

将 $x=3$ 代入②得：$2\times3-y=5$

$y=1$。

所以解得$\begin{cases}x=3\\y=1。\end{cases}$

11. 答案：3。

分析：第一次锯了 $15\times\frac{1}{5}=3$（米），还剩 $15-3=12$（米），第二次锯了 $12\times\frac{3}{4}=9$（米），此时还剩 $15-3-9=3$（米）。

12. 答案：3600。

分析：老师有 5 种站法，学生有 $A_6^6=6\times5\times4\times3\times2\times1=720$（种）站法，共 $5\times720=3600$（种）排法。

13. 答案：16，17，18。

分析：分解质因数，$4896=2^5\times3^2\times17$，$4896=16\times17\times18$，这三个自然数分别为 16，17，18。

14. 答案：132。

分析：可转化成求在 1～180 中，有多少个数是 2，3，5 的倍数。

其中 2 的倍数有 90 个，3 的倍数有 60 个，5 的倍数有 36 个。

同时是 2，3 倍数的有 30 个，同时是 2，5 倍数的有 18 个，同时是 3，5 倍数的有 12 个。

同时是 2，3，5 倍数的有 6 个。

根据容斥原理，一共可截成 $(90+60+36)-(30+18+12)+6=132$（段）。

15. 答案：4。

分析：设 1 头牛 1 天吃 1 份草，则草的生长速度为 $(15\times8-15\times2-17\times5)\div(8-7)=5$（份/天），原有草量为 $15\times8-5\times8=80$（份），起初这 15 头牛吃了 2 天后，又来了 5 头牛，再过 $[80-(15-5)\times2]\div(15+5-5)=4$（天）可以把草吃完。

16. 答案：100。

分析：如图，连接 AE、EC、BE，

$AC^2=15^2+20^2=625=25^2$，$AC=25$。

$S_{\triangle AEC}+S_{\triangle ABC}=S_{\triangle ABE}+S_{\triangle BEC}$，即

$25\times2\div2+20\times15\div2=15\times DE\div2+20\times EF\div2$。

又 $\because DE=EF$，所以 $DE=10$，

$\therefore S_{正方形BDEF}=10\times10=100$。

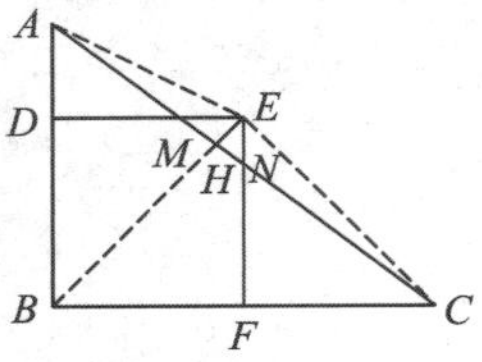

第 16 题图

⑥年级

1. 答案：720°。

分析：$180°\times(6-2)=720°$

2. 答案：52。

分析：该六位数是 99 的倍数，即 $23+\overline{ab}+24=47+\overline{ab}$ 是 99 的倍数，所以 $\overline{ab}=99-47=52$。

3. 答案：401＋503。

分析：通项：$(4n+1)+(5n+3)$，当 $n=100$ 时，该算式为 $401+503$。

4. 答案：62.8。

分析：压路面积等于 10 个滚筒的侧面积，$S_{侧}=2\pi rh=1\times3.14\times2=6.28$（平方米），滚筒转了 10 圈，总压路面积为 $6.28\times10=62.8$（平方米）。

5. 答案：143。

分析：除以 5 余 3，除以 7 余 3，通项 $A=35n+3$（$n=0$，1，2，3…）

除以 6 余 5 枚举验证如下：

n	0	1	2	3	4
A	3	38	73	108	143

6. 答案：360。

分析：第一次相遇时两人合走一个半周，第二次相遇时，两人共走三个半周，甲共走了 $80\times3=240$（米），又甲所走路程比半周多 60 米，那么圆形场地的半周长为 $240-60=180$（米），周长为 $180\times2=360$（米）。

7. 答案：20。

分析：在左下的 0 相遇有 1 种，右上的 0 也是 1 种，到同条斜对角线中间两个 0 各有 3 种跳法，总计 $(1+3\times3)\times2=20$（种）。

8. 答案：9。

分析：由于一对角线上已填有数 24、12、6，其乘积为 $6\times12\times24=1728$，因此要求横向、纵向及对角线方向上的 3 个数的乘积都为 1728。

若第一个空格中的数为 N，则如图(1)所示，简化后如图(2)所示，

还可以填上其他空格[如图(3)]。

空格中的数均为正整数，即 N、$2N$、$\frac{1}{2}N$、$\frac{72}{N}$、$\frac{144}{N}$和$\frac{288}{N}$都为正整数。

经检查空格中的各个数，N 为整数，$2N$ 也为整数；$\frac{1}{2}N$ 为整数，N 必须为偶数；$\frac{72}{N}$为整数，N 必须为 72 的因子，这样也可以保证$\frac{144}{N}$和$\frac{288}{N}$为整数。72 的因子有 1，2，3，4，6，8，9，12，18，24，36，72，但只有 9 个因子为偶数。

N	$\frac{1728}{24N}$	24
$\frac{1728}{6N}$	12	
6		$\frac{1728}{12N}$

(1)

N	$\frac{72}{N}$	24
$\frac{288}{N}$	12	
6		$\frac{144}{N}$

(2)

N	$\frac{72}{N}$	24
$\frac{288}{N}$	12	$\frac{N}{2}$
6	$2N$	$\frac{144}{N}$

(3)

第 8 题图

9. 答案：(1)600。(2)132。

(1)分析：项数：$48\div2=24$，

原式 $=(2+48)\times24\div2$

$=50\times12$

$=600$。

(2)分析：原式 $=9\times8\times(10-7)-7\times6\times(8-5)+4\times5\times(6-3)-3\times2\times(4-1)$

$=9\times8\times3-7\times6\times3+4\times5\times3-3\times2\times3$

$=3\times(9\times8-7\times6+4\times5-3\times2)$

$=3\times(72-42+20-6)$

$=3\times44$

$=132$。

10. 答案：(1) $\frac{32}{57}$。(2)5149。

分析：(1)原式 $=2\left(\frac{8}{3\times5}-\frac{12}{5\times7}+\frac{16}{7\times9}-\frac{20}{9\times11}+\cdots+\frac{32}{15\times17}-\frac{36}{17\times19}\right)$

$=2\times\left[\left(\frac{1}{3}+\frac{1}{5}\right)-\left(\frac{1}{5}+\frac{1}{7}\right)+\left(\frac{1}{7}+\frac{1}{9}\right)-\left(\frac{1}{9}+\frac{1}{11}\right)+\cdots+\left(\frac{1}{15}+\frac{1}{17}\right)-\left(\frac{1}{17}+\frac{1}{19}\right)\right]$

$=2\times\left(\frac{1}{3}+\frac{1}{5}-\frac{1}{5}-\frac{1}{7}+\frac{1}{7}+\frac{1}{9}-\frac{1}{9}-\frac{1}{11}+\cdots+\frac{1}{15}+\frac{1}{17}-\frac{1}{17}-\frac{1}{19}\right)$

$=2\times\left(\frac{1}{3}-\frac{1}{19}\right)$

$=\frac{32}{57}$。

(2)原式 $=(1^2+2^2+3^2+4^2+\cdots+26^2+27^2+28^2)-(3^2+6^2+9^2+\cdots+27^2)$

$=\frac{28\times29\times57}{6}-9\times(1^2+2^2+3^2+\cdots+9^2)$

$=\frac{28\times29\times57}{6}-9\times\frac{9\times10\times19}{6}$

$=14\times29\times19-9\times3\times5\times19$

$=7714-2565$

$=5149$。

11. 答案：49。

分析：看乘积中含有质因数 5 的个数，

含有 1 个 5：$200\div5=40$(个)；

含有 2 个 5：$200\div25=8$(个)；

含有 3 个 5：$200\div125=1\cdots\cdots75$，即 1 个，

共 $40+8+1=49$(个)。

12. 答案：500。

分析：设这件秋装的进价为 x 元。

第一天定价：$x\times(1+80\%)=1.8x$，第二天定价：$1.8x\times90\%=1.62x$，第三天定价：$1.62x-90$，卖出价：$1.44x$，

则有 $1.62x-90=1.44x$

$1.62x-1.44x=90$

$0.18x=90$

$x=500$。

所以这件秋装的进价是 500 元。

13. 答案：1200。

分析：$v_甲:v_乙=3:5$，时间相同，路程比等于速度比，$s_甲:s_乙=v_甲:v_乙=3:5$。

如图所示，将全程分为 $3+5=8$(份)，从出发到第一次相遇，甲走了 3 份，乙走了 5 份，两人合走两个全程，甲走 6 份，乙走 10 份。如图，相遇地点 8 个为一周期。

根据 $100\div8=12$(个)$\cdots\cdots4$(次)，第 100 次相遇相当于周期内第 4 次相遇位置；

根据 $163\div8=20$(个)$\cdots\cdots3$(次)，第 163 次相遇相当于周期内第 3 次相遇位置；

两次相遇地点相距 4 份，1 份：$600\div4=150$(米)，

所以 A、B 两地相距 $150\times(3+5)=1200$(米)。

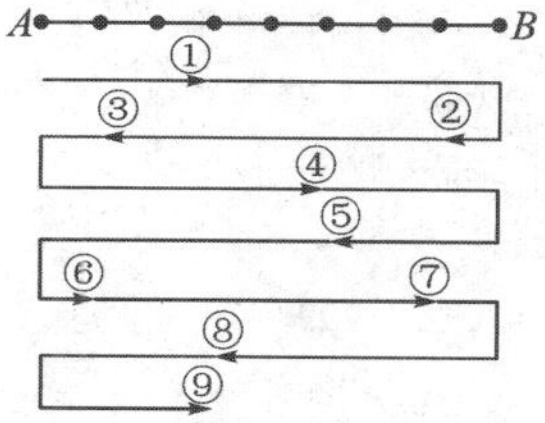

第 13 题图

14. 答案：800。

分析：原男女运动员人数比为男：女 $=19:13=95:65$，

增加女子项目后男女人数比为男：女 $=5:4=95:76$，

增加男子项目后男女人数比为男：女 $=35:19=140:76$。

男子增加了 $140-95=45$(份)，女子增加了 $76-65=11$(份)，男子比女子人数多 $45-11=34$(份)。

1 份为 $170\div34=5$(人)，原来总人数为 $5\times(95+65)=800$(人)。

15. 答案：60 立方厘米。

分析：设长方体的长、宽、高分别为 a、b、c 厘米，

由于存在一面涂红色的小正方体，所以 $a\geqslant2$，$b\geqslant2$，$c\geqslant2$，且 $a\geqslant b$，

一面涂红色的小正方体的数量：$2\times[(a-2)(b-2)+(b-2)(c-2)+(a-2)(c-2)]=24$，

即，$(a-2)(b-2)+(b-2)(c-2)+(a-2)(c-2)=12\cdots\cdots$①

两面涂红色的小正方体的数量：$4\times[(a-2)+(b-2)+(c-2)]=28$，

即，$(a-2)+(b-2)+(c-2)=7\cdots\cdots$②

由①②可得：$a-2=4$，$b-2=3$，$c-2=0$，那么，$a=6$，$b=5$，$c=2$，

原来长方体的体积是：$2\times5\times6=60$(立方厘米)。

16. 答案：5。

分析：甲生产 A、B 零件的效率的比为 $\frac{50}{80}=\frac{5}{8}$；乙生产

A、B零件的效率的比为$\frac{30}{60}=\frac{1}{2}$；丙生产A、B零件的效率的比为$\frac{12}{30}=\frac{2}{5}$。所以甲生产A零件合适，丙生产B零件合适。

让甲生产A零件，让丙生产B零件，设乙生产A零件x人，生产B零件$(16-x)$人，一共生产a天，则：

$\begin{cases}50\times 6a+x\times 30a=3000\\60\times(16-x)a+30\times 8a=3000\end{cases}$两式相比可解得$x=10$，带入可得$a=5$。所以至少需要5天。

2023年春·武汉明心资优生水平测试

4年级

1. 答案：0。

分析：原式$=(41+79)+(53+67)-(47+73)-(59+61)=120+120-120-120=0$。

2. 答案：1024。

分析：原式$=2023-999=1024$。

3. 答案：7。

分析：原式$=(1111+888+24)\div 17\div 17=2023\div 17\div 17=7$。

4. 答案：2023。

分析：原式$=(1+3+5+\cdots+33)\times 7=17\times 17\times 7=2023$。

5. 答案：6。

分析：$2023\div 366=5\cdots\cdots 193$，所以其中至少有6人同一天过生日。

6. 答案：784。

分析：广场边长为$300\div 4\div 3+3=28$(米)，总面积为$28\times 28=784$(平方米)。

7. 答案：22。

分析：方法1　1～100中，2的倍数有50个；

1～100中，3的倍数有33个；

1～100中，5的倍数有20个；

1～100中，7的倍数有14个；

1～100中，6的倍数有16个；

1～100中，10的倍数有10个；

1～100中，14的倍数有7个；

1～100中，15的倍数有6个；

1～100中，21的倍数有4个；

1～100中，35的倍数有2个；

1～100中，30的倍数有3个；

1～100中，42的倍数有2个；

1～100中，70的倍数有1个。

所以，所求数量为$100-50-33-20-14+16+10+7+6+4+2-3-2-1=22$(个)。

方法2　不是2，3，5，7中任一数的倍数即1或其他质数，熟知1～100中质数有25个，共有$25-4+1=22$(个)。

8. 答案：119。

分析：观察可知，小长方形2个长等于5个宽，将长看作5份，则宽为2份。

大长方形长为10份，宽为7份，所以小长方形的宽为$2023\div[(7+10)\times 2]\times 2=119$。

9. 答案：20。

分析：$13=4+4+4+1=4+4+3+2=4+3+3+3$，所以共有$4+4\times 3+4=20$(种)分配方法。

10. 答案：68。

分析：$(59+69+76)\div 3=68$。

11. 答案：2023。

分析：8个顶点值之和即三组对面数之和的乘积，所以最大为$(1+16)\times(2+15)\times(3+4)=2023$。

12. 答案：4。

分析：方法1　每分钟来的游客相当于$(40\times 4-24\times 5)\div(40-24)=2.5$(个)检票口的检票人数。

8:00时，排队人数需一个检票口$(24\times 5)-2.5\times 24=60$(分)。

后20分钟需开$(60+40\times 2.5-2\times 20)\div 20=6$(个)检票口，所以需增开$6-2=4$(个)检票口。

方法2　注意4个检票口40分钟能检完队伍，即40分钟平均开4个口即可，所以需增开$4\times 2-2-2=4$(个)检票口。

13. 答案：47。

分析：要想不存在5张的顺子，A～5中至少去掉4张，6～10中至少去掉4张，总共至少去掉8张。

去掉4张5，4张10即可保证无顺子，所以至少抽$54-8+1=47$(张)，才能保证一定有顺子。

14. 答案：144。

分析：如图，不经过CD，EF，GH，IJ中任一条的有108种。所以，经过至少一条的有$252-108=144$(种)。

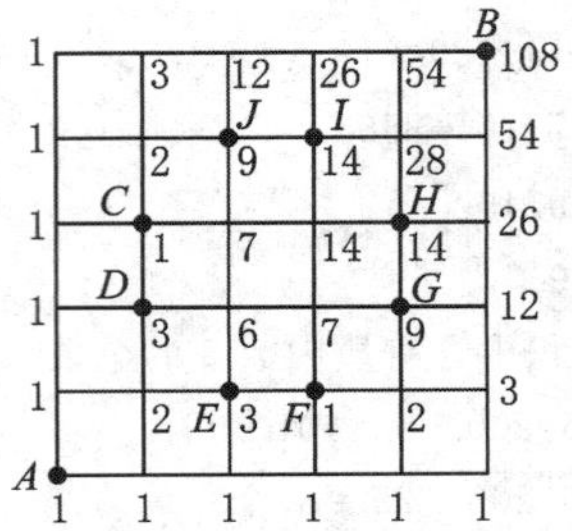

第14题图

15. 答案：26。

分析：一周至少吃$1+2+3+4+5+6+7=28$(颗)，$100\div 28=3\cdots\cdots 16$。

$1+2+3+4+5<16<1+2+3+4+5+6$，所以最多够小雪吃$7\times 3+5=26$(天)。

16. 答案：30。

分析：每个方向包含至少一个阴影三角形的平行四边形有10个，共$10\times 3=30$(个)。

17. 答案:66。

分析:36 千米/小时＝10 米/秒,船与冰山相距(10＋340)×4÷2＝700(米),所以 700÷10－4＝66(秒)后将相撞。

18. 答案:81。

分析:4 人轮流拿错帽子有 3×2×1＝6(种),2 组多 2 人拿错对方帽子有 3 种,所以帽子共有 9 种不同的拿错方式。同理,外套有 9 种拿错方式,共 9×9＝81(种)。

5年级

1. 答案:2023。

分析:原式＝1173＋850＝2023。

2. 答案:75.5。

分析:原式＝(75－2.7＋75＋3.6＋75－0.2＋75＋0.8＋75＋1)÷5＝75＋2.5÷5＝75.5。

3. 答案:16.5。

分析:方法 1　原式＝0.9＋1.6＋2.1＋2.4＋2.5＋2.4＋2.1＋1.6＋0.9＝16.5。

方法 2　原式＝$(0.1+0.2+\cdots+0.9)\times10-0.1\times(1^2+2^2+\cdots+9^2)$

$=45-0.1\times(9\times10\times19\div6)$

$=45-28.5$

$=16.5$。

4. 答案:18。

分析:$(\square+8)\div3=8.\dot{6}$

$\square+8=26$

$\square=18$。

5. 答案:41。

分析:20＋23－2＝41。

6. 答案:420。

分析:336＋300－216＝420。

7. 答案:8。

分析:2×2×2＝8(种)。

8. 答案:29。

分析:设选定方向为北,则第 41 次转向时,在出发点北 21 米,西 20 米外。

$20^2+21^2=29^2$,所以直线距离为 29 米。

9. 答案:1073。

分析:2023－(600×2＋700×1)÷2＝1073(人)。

10. 答案:9。

分析:$6^2+8^2=10^2$,$AC=10$,$DE=5\times6\div10=3$,$5^2=3^2+4^2$,$AE=4$,$CE=10-4=6$。

所以三角形 CDE 的面积为 6×3÷2＝9。

11. 答案:2024。

分析:(360×2023＋360)÷360＝2024(个)。

12. 答案:288。

分析:如图,有 4 个面上内部面积为 8,2 个面上内部面积为 4,所以 4 个面为 5×12 或 6×8,2 个面为 5×8 或 6×6,所以大长方体体积为 6×6×8＝288。

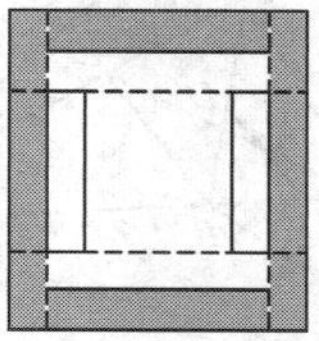

第 12 题图

13. 答案:36。

分析:如图,圆圈位的 3 人帽子颜色各不相同有 3×2×1＝6(种)情况,三角位的 3 人帽子颜色各不相同也有 6 种情况。所以,共有 6×6＝36(种)不同分发情况。

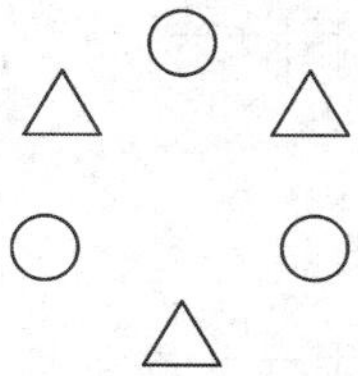

第 13 题图

14. 答案:18。

分析:如图,男生人数是女生人数的 3÷2＝1.5 倍,原计划每人种(3＋2)×[1.5÷(2－1.5)]＋3＝18(棵)。

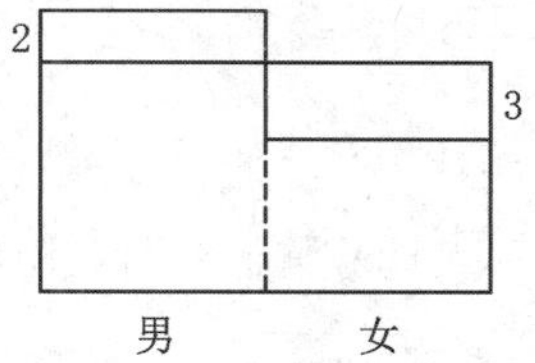

第 14 题图

15. 答案:16。

分析:$S_{\triangle ANQ}=2\times2S_{\triangle ABC}=4$,$S_{BSYN}=2$,所以 $S_{\triangle XYZ}=2\times3+(4-1)\times3+1=16$。

16. 答案:2400。

分析:$20^2\times6=2400$。

17. 答案:10。

分析:不用红色有 1 种;若有 1 个红色面,先取一种颜色染其对面,剩下颜色唯一确定,有 3 种染法;若有 2 个红色面,其余 4 面只用 2 种颜色有 3 种染法,用 3 种颜色有 3 种染法。

共 1＋3＋3＋3＝10(种)。

18. 答案:25。

分析:如图,将△ABC 以 A 为中心,顺时针旋转 90°至△$AD'F$,则△ACF 为等腰直角三角形。延长 CB 交 AF 于点 M,连接 BF,EM,FC,$S_{\triangle ABF}=2S_{\triangle ADC}$。

因为 $CE=2BE$,$S_{\triangle CEM}=\frac{1}{2}CE\cdot AM$,$S_{\triangle ABC}=\frac{1}{2}AC\cdot BE$,所以 M 为 AF 中点,$S_{\triangle BCF}=S_{\triangle ABC}$,所以 $S_{\triangle ACF}=2S_{ABCD}$,$S_{ABCD}=10\times10\div2\div2=25$。

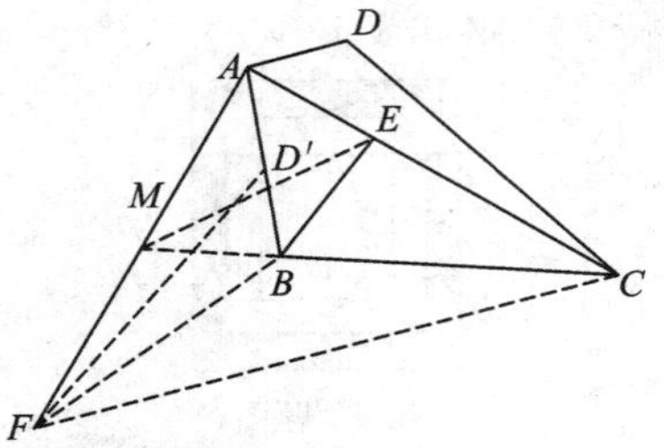

第 18 题图

❻年级

1. 答案：$\frac{1}{12}$。

分析：原式$=\frac{1}{6}\div3+\frac{1}{12}\div4+\frac{1}{12}\div12=\frac{1}{18}+\frac{1}{48}+\frac{1}{144}=\frac{1}{12}$。

2. 答案：1。

分析：原式$=\frac{3}{7}+\frac{1}{1+\frac{3}{4}}=\frac{3}{7}+\frac{4}{7}=1$。

3. 答案：2。

分析：原式$=\left[\left(\frac{10}{3}+\frac{3}{4}\right)\times\frac{12}{7}-\frac{3}{5}\right]\div\frac{16}{5}=\left(\frac{40}{7}+\frac{9}{7}-\frac{3}{5}\right)\times\frac{5}{16}=\frac{32}{5}\times\frac{5}{16}=2$。

4. 答案：1。

分析：原式$=\left(1+\frac{1}{2}+\frac{1}{3}+\cdots+\frac{1}{10}\right)-\left(\frac{1}{2}+\frac{1}{3}+\frac{1}{4}+\cdots+\frac{1}{10}\right)=1$。

5. 答案：6∶13。

分析：两个分数比为$\frac{2}{3}:\frac{3}{2}=4:9$，所以这两个分数值分别为$\frac{4}{13}$与$\frac{9}{13}$。

令两个分数为$\frac{12k}{39k}$与$\frac{18k}{26k}$，所求比为$(12+18):(39+26)=6:13$。

6. 答案：82823。

分析：将这个自然数去掉末两位，所得的数数字和为 18，且能被 23 整除，即能被 $9\times23=207$ 整除，最小为 $207\times4=828$，所以这个数最小为 82823。

7. 答案：1365。

分析：前 3 天的营业额为总营业额的$\frac{1-\frac{1}{7}}{1+1-\frac{1}{7}}=\frac{6}{13}$；

前 4 天的营业额为总营业额的$\frac{1+\frac{1}{7}}{1+1+\frac{1}{7}}=\frac{8}{15}$。

所以，总营业额为$97\div\left[\frac{1}{7}-\left(\frac{8}{15}-\frac{6}{13}\right)\right]=1365$。

8. 答案：4。

分析：如图，由面积关系可推知：$OA=AX=XB=BY=YC=CZ$，$OM=MD=DN=NE=EP=PF=FQ$。

$S_{BCFE}=\frac{5\times6-3\times4}{2}=9$，$S_{ABED}=\frac{3\times4-1\times2}{2}=5$，$S_{BCFE}-S_{ABED}=4$。

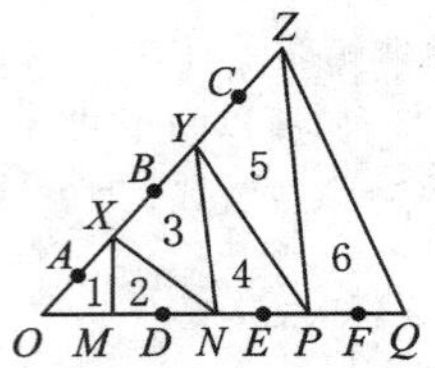

第 8 题图

9. 答案：204。

分析：递减三位数有 $C_{10}^{3}=\frac{10\times9\times8}{1\times2\times3}=120$(个)，

递减三位数有 $C_{9}^{3}=\frac{9\times8\times7}{1\times2\times3}=84$(个)。

共 $120+84=204$(个)。

10. 答案：20000。

分析：$19500\div[90\%\times(1+10\%)+80\%\times(1+20\%)]\times2=20000$(元)。

11. 答案：20%。

分析：因为甲、乙混合后的浓度与丙相同，丙的溶质质量是甲、乙和的一半，所以甲、乙溶液的质量和是丙的 2 倍，甲、乙、丙的质量比为 3∶1∶2，所以乙、丙的浓度比为 1∶4，乙的浓度为 $100\%\times\frac{1}{1+4}=20\%$。

12. 答案：60。

分析：$5\times4\times3=60$。

13. 答案：504。

分析：这个三位数在 400～900 之间，$6\times7\times8$ 太小。

$7\times8\times9=504=167+168+169$，$8\times9\times10=720=239+240+241$ 不合题意，所以这个三位数是 504。

14. 答案：3.599。

分析：设正方形周长为 $4a$，硬币半径为 r，则内滚一圈面积为 $2r(4a-8r)+\pi r^2-4r^2=8ar-20r^2+\pi r^2$，外滚一圈面积为 $2r\cdot4a+\pi(2r)^2=8ar+4\pi r^2$。

所以 $8ar+4\pi r^2=20(20r^2+3\pi r^2)$

$8a=400r+56\pi r$

$4a=(200+28\pi)r$

$4a=3599$(毫米)。

周长为 3.599 米。

15. 答案：1。

分析：$3-3\div1.5=1$(千米)。

16. 答案：22，$\frac{17}{72}$。

分析：$(12+9+8)-(12,9)-(12,8)-(9,8)+(12,9,8)=12+9+8-3-4-1+1=22$(段)，$12^2+9^2+8^2=17^2$，所以最短的一段长为$\frac{12}{[12,9,8]}=\frac{17}{72}$。

17. 答案:282.6。

分析:$S_{带ABEF}=S_{扇AOF}-S_{\triangle AOF}-S_{弓BE}$,$S_{带ABCD}=S_{扇BOC}-S_{\triangle BOC}-S_{弓AD}$,$S_{带状和}=S_{扇AOF}+S_{扇BOC}-S_{扇AOD}-S_{扇BOE}=4\ S_{扇AOB}$。

$9.42\div(2\times3.14\times15)=\frac{1}{10}$,所以 $S_{带状和}=0.4\times\pi\times15^2=90\pi=282.6$。

18. 答案:(1)48,24。(2)6。

分析:(1)如图,正十二边形可分为 12 个正三角形和 6 个正方形。所以边长为 2 的正十二边形,由 $12\times2^2=48$(个)单位正三角形和 $6\times2^2=24$(个)单位正方形拼成。

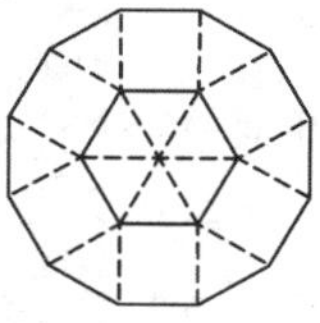

第 18 题图

(2)每边只能为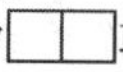或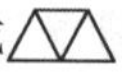,且相邻两边选择不同。

将 12 条边分为 A,B 两组,一圈相当于某一组边长减 1。

当一组归零时,内部拼法唯一,所以有 $C_4^2=6$(种)不同拼法。

2023年 秋·武汉明心资优生水平测试

4年级

1. 答案:371。

分析:原式=2023-1652=371。

2. 答案:469。

分析:原式 400-460+529=469。

3. 答案:51。

分析:原式=(101-100)+(99-98)+…+(3-2)+1=51。

4. 答案:29。

分析:原式=55×56÷2÷55+1=29。

5. 答案:38。

分析:"2"和"3"各占 12 个方格,"0"占 14 个方格。所以"320"字样的面积为 50÷(12+14+12+12)×(12+12+14)=38。

6. 答案:2。

分析:丙分得(825+1)÷7=118(枚)金币,所以甲、乙共分得 825-118=707(枚),其中乙分得(707+1)÷(2+1)=236(枚)。所以乙分得的金币是丙的 236÷118=2 倍。

7. 答案:58。

分析:大长方形的面积为 3×3×5+2×2×10+1×1×15=100。长方形的宽不能小于 3,所以当周长最长时,长和宽应该分别是 25 和 4,周长为(25+4)×2=58。

8. 答案:20。

分析:三个小组每组 15÷3=5(人)。

第一、二小组的平均成绩比第三小组的平均成绩多 15 分,第三小组的平均成绩比 3 个小组的平均成绩少 15-15×5÷15=10(分)。

第二、三小组的平均成绩比第一小组的平均成绩少 15 分,第一小组的平均成绩比 3 个小组的平均成绩多 15-15×5÷15=10(分)。

所以第一小组的平均成绩比第三小组的平均成绩多 10+10=20(分)。

9. 答案:200。

分析:每圈男生比往内一圈的女生多 8 人,所以最里面一圈是 1 名男生,共(41-1)÷8×2+1=11(圈)。方阵每行 11×2-1=21(人),共 21×21=441(人)。所以其中女生(441-41)÷2=200(人)。

10. 答案:21。

分析:这列火车通过 6-3=3(千米)需要 11-6=5(秒)。所以通过 12 千米长的隧道需要(12-6)÷(3÷5)+11=21(秒)。

11. 答案:2024。

分析:第 7 个奇数比第 2 个奇数大(7-2)×2=10,所以第 2 个奇数是 5,第 1 个奇数是 3。第 44 个奇数是 3+(44-1)×2=89,这 44 个连续奇数的和为(3+89)×44÷2=2024。

12. 答案:64。

分析:63 条直线最多把方格纸分为 1+1+2+3+4+…+63=2017(块)区域;所以要分成 2023 块区域,至少需要画 64 条直线。

13. 答案:2。

分析:父亲与儿子的年龄差恰好是爷爷年龄的一半。所以爷爷和父亲的年龄差加上儿子的年龄也等于爷爷年龄的一半。所以爷爷在父亲年龄的时候,父亲的年龄恰好等于儿子现在年龄的 2 倍。

14. 答案:42。

分析:小明能得到的多边形应尽量贴合边框,由四边形变为八边形,至少需要去掉 4 个三角形,所以面积最大为 16-0.5×4=14。

小新得到的多边形面积尽可能小,八边形一定可以切成 6 个三角形,所以面积最小为 3。因此两人得到的面积之积为 14×3=42。两人画出的图形如下(不唯一):

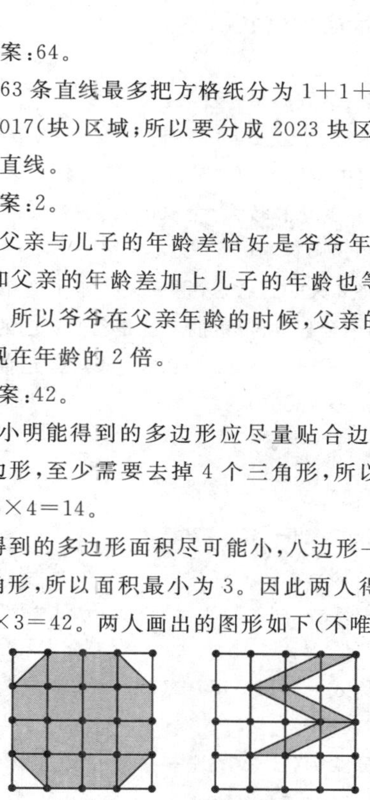

(1)　　(2)

第 14 题图

15. 答案：29。

分析：用树形图枚举，共有 29 个数。

树形图如下：

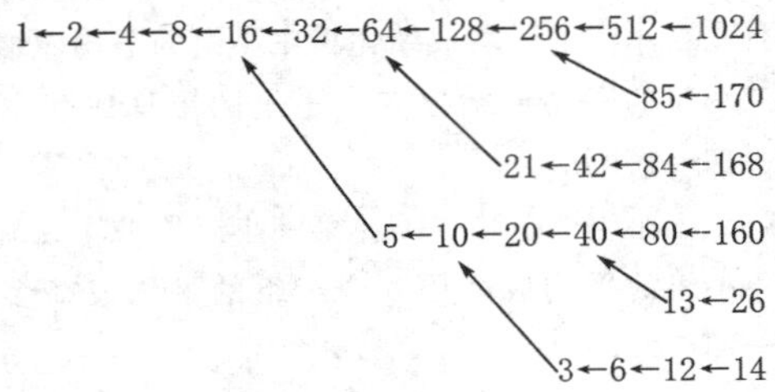

第 15 题图

16. 答案：360。

分析：4 个箱子里放错的球分别有 1,2,3,4 个，不妨依次记作 A,B,C,D 箱，相对应颜色的球记作 A,B,C,D 球。

因为 A 箱只有 1 个球放错，所以首先考虑 A 箱。

其次 4 个 D 球要放在 A,B,C 球箱的 6 个空档中，只有 2 个空档不是 D 球，所以考虑 D 球箱。

若 A 球不在 D 箱，A 箱中不是 D 球，则前 3 个箱子的剩余空间均是 D 球，有 4 种情况。

若 A 球在 D 箱，A 箱中不是 D 球，有 2 种情况，剩余一个不是 D 球的空档有 2 种可能，共 2×2＝4(种)情况。

若 A 球不在 D 箱，A 箱中是 D 球，剩余一个不是 D 球的空档有 2 种可能，共 2×2＝4(种)情况。

若 A 球在 D 箱，A 箱中是 D 球，不是 D 球的空档有 3 种可能($2B$，$1B1C$，$2C$)。

综上，错误放法有 (4＋4＋4＋3)×4×3×2＝360(种)。

17. 答案：奇数的总和较大，大 600。

分析：这个等差数列共有 (2023－826)÷3＋1＝400(项)。其中第奇数项都是偶数，第偶数项都是奇数。

所以奇数的总和较大，大 400÷2×3＝600。

18. 答案：500 米。

分析：将 2 天一起考虑，甲 2 天共走了 2 个全程，乙 2 天共走了 1 个全程，所以甲的速度是乙的速度的 2 倍。

BC 长 3000÷(2＋1)＝1000(米)，C 距离 AB 中点 3000÷2－1000＝500(米)。

⑤年级

1. 答案：270。

分析：原式 336－63＝270。

2. 答案：183。

分析：原式＝4.4×22.5＋84＝99＋84＝183。

3. 答案：6。

分析：原式＝(119－17)÷17＝102÷17＝6。

4. 答案：49.5。

分析：原式＝(1＋2＋3＋⋯＋9)＋(0.1＋0.2＋0.3＋⋯＋0.9)＝45＋4.5＝49.5。

5. 答案：18。

分析：最小的角有 7 个，由 2 个最小的角组成的锐角有 6 个，由 3 个最小的角组成的锐角有 5 个，共 7＋6＋5＝18(个)。

6. 答案：十一。

分析：直接从末尾开始推断另一个乘数的末尾数字，可推知 2023×4574＝9253202，因此最小的满足条件的多位数是 20239253202，是一个十一位数。

7. 答案：289。

分析：$2023=7\times17^2$，有三位数因数 119 和 289。注意到一个数的 10 倍必含有数字 0，所以 119 不满足要求。经验证，289 满足条件。

8. 答案：430。

分析：如图，注意中间的 3 个长方形，由左侧知上面 2 个长方形的面积和是下面长方形面积的 2 倍，由右侧知下面 2 个长方形的面积和是上面长方形面积的 3 倍。因此上面长方形的面积为 30，下方长方形的面积为 40。大正方形的面积为 100＋50＋30＋50＋40＋40＋120＝430。

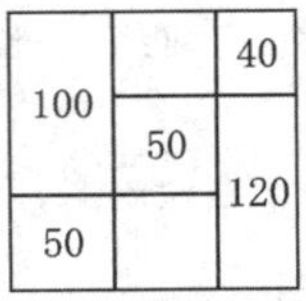

第 8 题图

9. 答案：9。

分析：2023＝9×224＋7，因此满足条件的最小正整数是 225 位数 $7\underbrace{99\cdots9}_{224个9}$，紧接着的是由两个 8 和 223 个 9 构成的 225 位数。所求数字是第 9 个 225 位数的百位数字，即 $8\underbrace{99\cdots9}_{7个9}8\underbrace{99\cdots9}_{216个9}$的百位数字，所以答案是 9。

10. 答案：10。

分析：每个约数是奇数，约数和也是奇数，所以约数的个数是奇数，这样的数一定是完全平方数。

奇完全平方数的个位数字是 1、5、9，且除以 4 余 1，所以十位数字必为偶数。

因此“绝对奇数”只能是 1 位数，即 1 和 9，所求和为 1＋9＝10。

11. 答案：839。

分析：一个数除以的余数最大只能是，所以除以 1～8 的余数之和最大只能是 0＋1＋2＋⋯＋7＝28。所以所求三位数除以 1 余 0，除以 2 余 1，除以 3 余 2，……，除以 8 余 7。

1,2,3,4,5,6,7,8 的最小公倍数是 840。所以这个三位数除以 840 余 839，只能是 839。

12. 答案：24。

分析：因为 $BC=2EF$，所以三角形 ABE 和 CDF 的面积和等于 BEF 的面积也等于 BEH 和 EFG 的面积和，因此三角形 CDF 的面积为 13＋23－12＝24。

13. 答案：24。

分析：因为包含所有奇数数字，所以一定包含 1，3，5，7，9，注意到数字和是 9 的倍数，所以剩下 2 个数字只能是 2 个 1。

这样的数是 11 的倍数，数字和是 27，所以奇数位的 4 个数字和为 8，只能是 3 个 1 和一个 5。

因此这样的七位数共有 $4\times3\times2=24$(个)。

14. 答案：1089。

分析：$363=3\times11^2$。

第二小的约数即最小的质因数，所以只能是 3，那么第三大的约数是 121。

第三大的约数与第三小的约数的乘积是这个数本身，所以第三大的约数能被 3 整除，因此第三大的约数只有 3 个约数：1，3 和它本身。因此第三大的约数是 9。

所求数为 $9\times121=1089$。

15. 答案：266。

分析：$1000000=1000^2$，所以只需要求 1000 以内和 30 互质的数的个数。

$1000=30\times33+10$，1～30 之内与 30 互质的数有 1，7，11，13，17，19，23，29 共 8 个，所以所求数有 $8\times32+2=266$(个)。

16. 答案：96。

分析：如图，记 CH 交 EF 于点 N，连接 HF。三角形 AFG 的面积即 $MF\times AB\div2$。

三角形 CHM 的面积即 $MN\times AB\div2$。

三角形 CFH 的面积即 $NF\times AB\div2$。

注意到 $MF=MN+NF$，所以三角形 CFH 面积即三角形 AFG 和三角形 CHM 的面积差 48。

所以矩形 $CGOF$ 的面积为 $48\times2=96$。

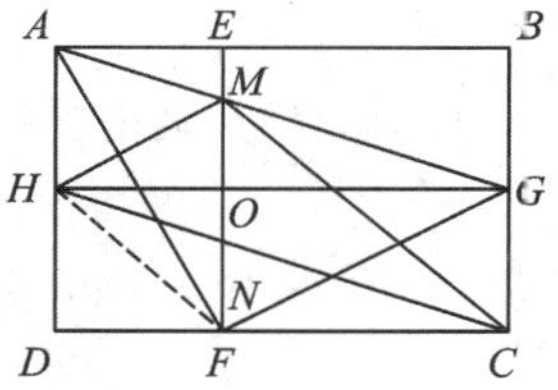

第 16 题图

17. 答案：150。

分析：不含数字 0，插入数字后又不是 11 的倍数，就只有 2 种情况：末尾是偶数，扩充后是原数的 6 倍或者 16 倍；末尾数 5，扩充后是原数的奇数倍。

第一种情况，将扩充后的三位数与原数的 10 倍做比较，即可知原两位数的 4 倍不超过 100，即原数不超过 25，枚举可知 12，18 满足要求。

第二种情况，将扩充后的三位数与原数的 10 倍做比较，即可知两位数不超过 50，所以 15，25，35，45 满足要求。

所求“扩倍数”的和是 $12+18+15+25+35+45=150$。

18. 答案：7。

分析：如图，正六边形的面积是以上下底边为边的长方形 $ABCD$ 面积的 1.5 倍。

注意到三角形的面积是对应长方形面积的一半，所以阴影部分面积的 2 倍即题图所示的 3 个阴影长方形面积的和。而 3 个长方形的面积相等，所以阴影部分的面积是长方形 $PQRS$ 面积的 1.5 倍。因为大六边形的面积是阴影部分面积的 $16+1=17$ 倍，所以 $ABCD$ 的面积是 $PQRS$ 面积的 17 倍。即大六边形的边长是小六边形边长的 17 倍。

大正六边形的面积是小正六边形面积的 $17\times17=289$ 倍。

小正六边形的面积为 $2023\div289=7$。

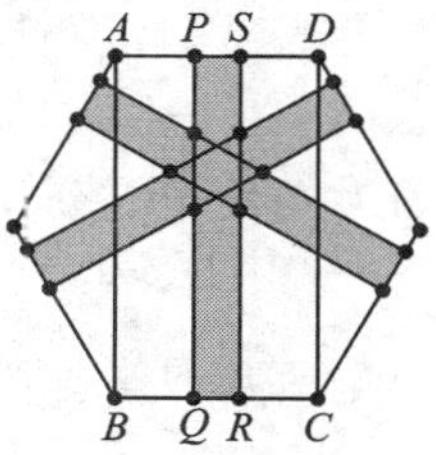

第 18 题图

❻年级

1. 答案：54。

分析：原式 $=7\times17\times27\times(7+27)\div2023=54$。

2. 答案：2。

分析：原式 $\left(\frac{3}{5}+\frac{1}{3}+\frac{1}{15}\right)\div\left(1-\frac{1}{2}\right)=2$。

3. 答案：1。

分析：原式 $(0.\dot{1}+0.\dot{8})+(0.\dot{2}3\dot{4}+0.\dot{7}6\dot{5})-1=1$。

4. 答案：6。

分析：$\frac{1}{n!\times(n-2)}=\frac{n+1}{(n+2)!}=\frac{1}{(n+1)!}-\frac{1}{(n+2)!}$

所以原式 $=\frac{1}{\frac{1}{3!}-\frac{1}{10!}+\frac{1}{10!}}=3!=6$。

5. 答案：$\frac{2}{3}$。

分析：若这个真分数是 $\frac{n}{m}$，则 $\frac{n+1}{2m}=\frac{n}{m+1}=\frac{2n}{2m+2}<1$，所以 $m=3$，$n=2$。

6. 答案：99。

分析：考虑李同学比张同学高的分数，是李同学失分的 $\frac{1-10\%}{10\%}=9$ 倍，是张同学的 $\frac{1}{10}$。因此李同学考了 $100\times\frac{9+9\div\frac{1}{10}}{1+9+9\div\frac{1}{10}}=99$(分)。

7. 答案：$\frac{2}{3}>\frac{5}{8}>\frac{13}{21}>\frac{8}{13}>\frac{3}{5}>\frac{1}{2}$。

分析：一一化成同分母或同分子即可比较。

8. 答案:52。

分析:因为命中率为 76%时,再投 5 球 3 中,命中率将变为 75%,所以命中率为 75%时小牛共投了$(5\times76\%-3)\div(76\%-75\%)=80$(个)球。题中小牛共投入了 $80\times75\%-8=52$(个)球。

9. 答案:3。

分析:$\frac{27}{407}=0.\dot{0}6633\dot{9}$,因此只能分成 $0.\dot{0}3\dot{6}+0.\dot{0}\dot{3}$,5 个方格中填有 0,3,6 共 3 个不同数字。

10. 答案:15。

分析:从第一组转 2 名同学去第二组,两组人数比为 1∶2,从第二组转 2 名同学去第一组,两组人数比为 3∶2。

所以总人数为$(2+2)\div\left(\frac{3}{3+2}-\frac{1}{1+2}\right)=15$(人)。

11. 答案:816。

分析:最简真分数的分子与分母互质,即与 2023 互质。

1~2023 中与 2023 互质的数有 $2023\times\left(1-\frac{1}{7}\right)\times\left(1-\frac{1}{17}\right)=1632$(个),所以所求最简真分数有 $1632\div2=816$(个)。

12. 答案:36。

分析:3 人各去掉 12 枚,则老大剩下的是老二剩下的 $\frac{1}{2}$,老二剩下的是老三剩下的 $\frac{2}{3}$,老三剩下的是老大剩下的 $\frac{3}{4}$,因此三人均剩下 0 枚,即每人分到的是 12 枚,一共是 $12\times3=36$(枚)。

13. 答案:63。

分析:如图(1),将面积相等的阴影部分和空白部分抵消,得到中央"飞镖型"和两边的空白三角形面积相同,即图(2)中中间的长方形 A 的面积是两侧的长方形 B,C 和的一半。注意到纵向边的比为 3∶7,所以 A 横向线段占大正方形边长的 $\frac{3}{3+7\times2}=\frac{3}{17}$。故小正方形的面积为 $2023\times\frac{3}{17}\times\frac{3}{17}=63$。

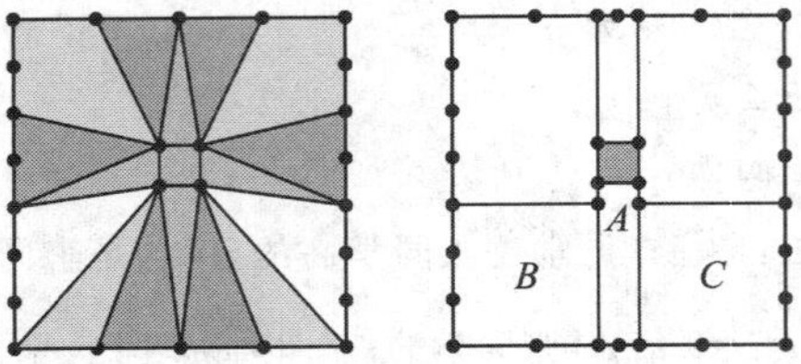

(1)　　　　(2)

第 13 题图

14. 答案:133。

分析:将总长去掉 13 公里看作单位"1",则乙、丙两队修了 $\frac{1}{1+\frac{1}{2}}=\frac{2}{3}$,甲、丙两队修了 $\frac{1}{1+\frac{1}{3}}=\frac{3}{4}$,甲、乙两队修了 $\frac{1}{1+\frac{1}{4}}=\frac{4}{5}$。三队合修了$\left(\frac{2}{3}+\frac{3}{4}+\frac{4}{5}\right)\div2=\frac{133}{120}$。

所以共修公路 $13\div\left(\frac{133}{120}-1\right)+13=133$(公里)。

15. 答案:8。

分析:不考虑中心的 4 条线段,则外围恰好将 12 个格点顺次连接。

如果中心 4 条线段都不染,则周围 12 条线段间隔染色,有 2 种情况。

如果中心选 1 条,则周围染法唯一,有 4 种情况。

如果中心选 2 条,周围染化也唯一,共 2 种情况。

所以共有 $2+4+2=8$(种)不同选法。

16. 答案:$\frac{17}{84}$。

分析:记这个分数为 $\frac{n}{m}$,$0.2023\leqslant\frac{n}{m}<0.2024$,所以 $4\frac{1908}{2023}\geqslant\frac{m}{n}>4\frac{238}{253}$,因此 $\frac{m}{n}$ 的整数部分为 4,且存在 $\frac{1908}{2023}\geqslant\frac{a}{n}>\frac{238}{253}$(其中 $a=m-4n$),即 $1\frac{115}{1908}\leqslant\frac{n}{a}<1\frac{15}{238}$。所以 $\frac{n}{a}$ 的整数部分为 1,且存在 $\frac{115}{1908}\leqslant\frac{b}{a}<\frac{15}{238}$(其中 $b=n-a$),即 $16\frac{68}{115}\geqslant\frac{a}{b}>15\frac{13}{15}$。所以取 $b=1$,$a=16$ 满足要求,此时 $n=16+1=17$,$m=17\times4+16=84$。

17. 答案:72。

分析:记这个两位数为 n。

$2023=7\times17^2$,n 一定不含有 7 及以上的质因数,否则不小于 $2^6\times7=448$。

n 也不含质因数 5,否则不小于 $2^4\times5\times3=240$。

设 $n=2^a\times3^b$,则 $2^a\times3^b=2\times3\times(a+1)\times(b+1)$,其中 $a\leqslant5$,$b\leqslant3$。

枚举得 $a=3$,$b=2$,此时这个两位数是 $2^3\times3^2=72$。

18. 答案:100。

分析:如图,角 ABC 大小为 135°,所以点 A,B,D 共线。

阴影部分面积的一半即三角形 ADE 的面积,注意计算角度可得到点 C、E 关于 AD 对称,点 D、F 关于 AC 对称,所以三角形 ADE 与三角形 ACF 面积相等。

正八边形中 $OF\parallel AC$,所以三角形 ACF 面积与三角形 AOC 面积相等。

所以阴影部分面积为 $10\times10\div2\times2=100$。

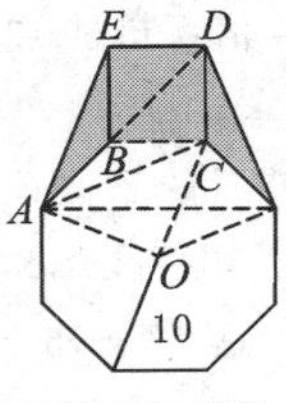

第 18 题图

二、历事炼心·2023年模拟题精选

模拟试卷一(中年级组)★★★

1. 答案:45。

分析:$99999\times12345=1234487655$,数字和为 $9\times5=45$。

2. 答案:350。

分析:共有 $(100+50)\div(30-20)=15$(个)好朋友,生日礼物的价格为 $30\times15-100=350$(元)。

3. 答案:13。

分析:设共有 x 人参加亲子活动,根据总年龄可列方程 $22x=23(x-2)+30+3$,解得 $x=13$,即参加这场亲子活动的总共有13人。

4. 答案:60。

分析:令 $A=x\Delta10$,则 $A\Delta8=5$。若 A 比8大,则 $A=5\times2+8=18$;若 A 比8小,则 $A=5\times2-8=2$。当 $A=18$ 时,$x=46$;当 $A=2$ 时,$x=14$。所以 x 所有可能值的和为60。

5. 答案:3124。

分析:第1个人和教师是狮子座,第2个人和画家是射手座,一共4个人,所以4个人的星座一定是2个狮子座,2个射手座。第4个人不是狮子座,那么他一定是射手座,所以第4个人是画家。第3个人一定是狮子座,且是教师,又因为第3个人和警察不是同一个星座,因此警察是射手座,是第2个人,剩下的第1个人是医生。

6. 答案:54。

分析:按块分类计数。单块区域构成的三角形有18个(外圈15个,中心3个),由2块区域构成的三角形有18个(外圈15个,最大三角形的 $\frac{1}{4}$ 还有3个),由3块区域构成的三角形有10个(外圈9个,中心1个),由4块区域构成的三角形有6个(外圈3个,最大三角形的 $\frac{1}{3}$ 还有3个),最大的正三角形有2个,总计 $18+18+10+6+2=54$(个)三角形。

7. 答案:70。

分析:设上山的步行距离为 x 米,则下山的步行距离为 $(3600-x)$ 米,根据两人时间相同可列方程 $x\div40+(3600-x)\div60=x\div30+(3600-x)\div80$,解得 $x=1200$,时间为70分钟。

8. 答案:170。

分析:中间的三角形为等腰Rt△,因此上、下两个小阴影正方形的间距与小阴影正方形的边长相等,即每个小阴影正方形的边长是边框正方形的 $\frac{1}{3}$,面积为总面积的 $\frac{1}{9}$。每个大阴影正方形的对角线为边框正方形边长的一半,因此面积为总面积的 $\frac{1}{8}$。故4个阴影正方形的面积和为 $360\div9\times2+360\div8\times2=170$。

9. 答案:38。

分析:将连续的4个数分为一组,第1组之和记为 s_1,第2组之和记为 s_2,依次类推。则 $s_1+s_2=81$,$s_1+s_2+s_3+s_4+s_5=240$。$s_3=240\div5=48$,$s_1+s_2+s_3=81+48=129$,故 $s_2=129\div3=43$,$s_1=81-43=38$。

10. 答案:9016。

分析:不论怎样安排,每小时心情与体力的总和增加4,因此10小时后的心情与体力总和必为 $70+80+10\times4=190$。和一定,差小积大,应让心情值与体力值尽量接近。读书不会改变心情值与体力值的差,因此最优的方案为运动1小时,读书9小时,使得心情值与体力值的差变为6,此时心情值为98,体力值是92,最大乘积为 $92\times98=9016$。

11. 答案:13。

分析:注意到双头龙的头数与腿数相同,而鹰头马与半人马的腿比头多3,因此鹰头马与半人马共有 $93\div3=32$(只)。设双头龙有 x 只,鹰头马有 y 只,则半人马有 $(32-y)$ 只,$2(x+y)+3=32-y$,$2x=29-3y$,使得 x 与 y 均为自然数的最大 x 为13,即双头龙最多有13只。

12. 答案:56。

分析:将前2次过程进行对比,甲比平时多走2分钟,乙比平时少走3分钟,而两人的总路程一定,说明甲2分钟走的路程相当于乙3分钟走的路程。那么,乙6分钟走的路程相当于甲4分钟走的路程,第二天两人会于7:56相遇。

13. 答案:69。

分析:如果相邻2个生日相隔365天,则星期数加1;如果相邻2个生日相隔366天,则星期数加2,但需要考虑到,闰年并不是每4年必有1个,要分类讨论从出生到第一个"幸运生日"是否经过非闰年的世纪年(如2100年就是一个非闰年的世纪年),以及有一个特殊生日2月29日(闰年才能过生日)。

(1)生日在2月29日。

若从出生日到第一次"幸运生日"不经过非闰年的世纪年,则每4年为1个周期,每4年星期数加5。假设过了 n 个4年,才能遇到"幸运生日",那么 $5n$ 需要为7的倍数。经枚举可知,n 至少为7,即28年才能遇到"幸运生日",28是一个幸运数。

若从出生日到第一次"幸运生日"经过了非闰年的世纪年,则 $5n-1$ 为7的倍数,n 至少为3,即 $4\times3=12$ 是一个幸运数。

(2)生日不在2月29日。

若从出生日到第一次"幸运生日"不经过非闰年的世纪年,则每4年必有1个闰年。

用1和2凑7的倍数,枚举可得:

$2+1+1+1+2=7$,所以5是一个幸运数;

$1+1+1+2+1+1=7$,$1+1+2+1+1+1=7$,所以6

是一个幸运数；

1＋2＋1＋1＋1＋2＋1＋1＋1＋2＋1＝14，所以 11 是一个幸运数。

若从出生日到第一次“幸运生日”跨越了非闰年的世纪年，则可能出现比较极端的 7 个连续平年的情况，用 1 和 2 凑 7 的倍数，枚举可得：

2＋1＋1＋1＋1＋1＝7，1＋1＋1＋1＋1＋2＝7，所以 6 是一个幸运数；

1＋1＋1＋1＋1＋1＋1＝7，所以 7 是一个幸运数；

1＋1＋1＋1＋1＋1＋2＋1＋1＋1＋2＋1＝14，所以 12 是一个幸运数；

综上，所有的幸运数为 5，6，7，11，12，28，和为 69。

14. 答案：(1)100。(2)91。(3)679。

分析：(1)第一行从中间开始向右均为完全平方数，由此可知 100 在第一行最右侧。

(2)从“V”字型来观察，最后一个“V”字从 81＋1＝82 一直写到 100，在中间的拐角处写的是(82＋100)÷2＝91。

(3)第一行从 1 开始，向右为 1，4，9，16，…，100，向左为 1＋1，4＋1，9＋1，…，81＋1，则第一行的和为 $1^2+2^2+\cdots 10^2+1^2+2^2+\cdots+9^2+9=679$。

15. 答案：(1)2。(2)4。

分析：(1)△BCD 的面积为总面积的 $\frac{1}{6}$，△BDE 的面积为总面积的 $\frac{1}{3}$。因为 G 为 DE 中点，△BDG 面积为总面积的 $\frac{1}{6}$，故四边形 $BCDG$ 的面积为 2。

(2)记正六边形的中心为 O。因为 3 个区域的面积为等差数列，所以 $2S_{BGEH}=S_{\triangle AFH}+S_{BCDG}$，即 $2S_{\triangle BEH}+2S_{\triangle BEG}=S_{\triangle AFH}+S_{BCDG}$。其中，$2S_{\triangle BEG}=S_{\triangle BED}=S_{BCDG}$，则 $2S_{\triangle BEH}=S_{\triangle AFH}$。$O$ 为 BE 中点，利用等积变形 $S_{\triangle BEH}=2S_{\triangle OEH}=2S_{\triangle AEH}$，即 $4S_{\triangle AEH}=S_{\triangle AFH}$，$FH=4HE$。

模拟试卷二(中年级组)★★★

1. 答案：108。

分析：原式＝(16×8－8)×9÷10
＝120×9÷10
＝108。

2. 答案：864。

分析：$\overline{8FG}\div 9$ 最大不超过 99，所以 $\overline{AB}\times\overline{C0D}$ 乘积最大不超过 2464，易得 $C=1$，$A=2$，所以 $\overline{AB}=23$ 或 29，$\overline{C0D}=103$，107 或 109，经检验，23×107－864÷9＝2365 满足。

3. 答案：2；27。

分析：2023 是这个数表的第(2023－3)÷5＋1＝405(个)数，排完前 28 条斜线共排(1＋28)×28÷2＝406(个)数，第 28 条斜线上最大数为 2028，排在第 1 行第 28 列，所以 2023 排在第 2 行第 27 列。

4. 答案：48。

分析：将悦悦以外的 5 人记为欢、喜、乐、飞、某。将欢、喜、某排好有 4 种方法，乐、飞插空，有 6 种方法，最后悦悦有 2 种站队方法，共有2×4×6＝48(种)。

5. 答案：28。

分析：补上兔子 8÷4＝2(只)，此时共有 98＋2＝100(只)，兔腿总数＝3×鸡腿总数，把 3 只兔子和 2 只鸡分为 1 组，有 100÷(3＋2)＝20(组)，母鸡＋小鸡共：20×2＝40(只)，小鸡有 40÷(1＋3)×3＝30(只)，母鸡有 40－30＝10(只)，兔子有 98－40＝58(只)，兔子比小鸡多 58－30＝28(只)。

6. 答案：8。

分析：设一头牛一天吃的草为“1”。牧场上的草每天自然减少(25×4－16×6)÷(6－4)＝2，原来牧场有草(25＋2)×4＝108。

经过 10 天吃完，实际吃到的草量为 108－10×2＝88(份)，88÷10＝8(头)……8(份)，恰好可以分配到第 7，8，9，10 这 4 天，每天多 2 份(8 只小牛的吃草量)，所以原有 8 头牛。

7. 答案：12。

分析：假设第 1 次说的数字为 a，则 $7a+5$ 的个位为 2，$a=1$；假设第 2 次说的数字为 b，则 $7b+5$ 的个位为 0，$b=5$；假设第 3 次说的数字为 c，则 $7c+5$ 的个位为 2，$c=1$；假设第 4 次说的数字为 d，则 $7d+5$ 的个位为 3，$d=4$。用 1，1，5，4 这 4 个数字组成的四位数有 4×3＝12(个)。

8. 答案：915。

分析：假设甲的前半句对，后半句错，即该数是 9 的倍数且是偶数，那么丙的前半句必定对，十位与个位之和只能为 9，仅有 918，936 满足，但 918，936 它的百位与个位均能被十位整除，此时丙的两句话全对，矛盾。

所以甲的前半句错，后半句对，即该数不是 9 的倍数且是奇数。若乙的后半句对，则个位只能为 3，那丙只能后半句对，该数为 913，不符合等差数列的要求；若乙的前半句对，该数的个位为 1，5 或 7，此时满足的有 915，重新排列 1，5，9，符合等差数列的要求。所以这个三位数为 915。

9. 答案：900。

分析：乘积末尾有 4 个连续的 0，至少得有 4 个因数 2 和 4 个因数 5，搭配可得 4 个连续的 0，28＝2×2×7，35＝5×7，40＝2×2×2×5，已有 5 个因数 2 和 2 个因数 5，还差 2 个因数 5，所以□最少得含有 2 个因数 5，为 25 的倍数，又为 9 的倍数，且为三位数，□最大为 25×9×4＝900。

10. 答案：13。

分析：如图，将图形进行分割，16－3＝13。

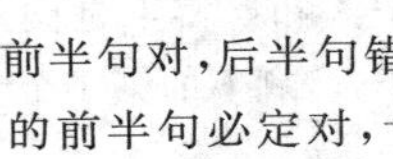

第 10 题图

11. 答案：2 厘米/秒，在 F 点会面。

分析：30 秒后，蓝蚂蚁爬 30×2÷2＝30(段)，30÷8＝3(圈)……6(段)，此时蓝蚂蚁到达 O 点；黑蚂蚁爬 30×1÷

2=15(段),15÷6=2(圈)……3(段),此时黑蚂蚁到达 E 点,若此时黑蚂蚁的速度提高到与蓝蚂蚁一样快,则当蓝蚂蚁再走一段边长到达 F 点时,黑蚂蚁也能到达 F 点,两只蚂蚁在 F 点会面。

12. 答案:5 个。

分析:5 个菱形均依次相互重叠到一个正三角即可覆盖整个正六边形。

13. 答案:22。

分析:(1)数字和为 2:2,20,共 2 个。

(2)数字和为 3:3,30,共 2 个。

(3)数字和为 5:23,32,203,230,302,320,共 6 个。

(4)数字和为 7:三位数有 223,232,322,共 3 个;四位数有 2 开头,3×2×1=6(个),3 开头,3 个,共 9 个。

一共有 2+2+6+3+9=22(个)。

14. 答案:192。

分析:总共 49 个小正方形,只要剩余 17 个,总数需要去掉 32 个。每合成一个 2×2 的正方形,会导致总数减少 3 个;而每合成一个 3×3 的正方形,则会导致总数减少 8 个小正方形,依次类推,消耗掉的正方形构成一个数列:3,8,15,24,35,…,此时凑成 32 个的情况且可操作的只有 1×15+1×8+3×3=32。切割一个 4×4 的正方形,可以在 4 个角选择,有 4 种选法;割一个 3×3 的正方形只能在 4×4 的对应角,有 1 种选法,此时另外 2 个对角分别剩余一个 4×3 的长方形,而一个 4×3 的长方形里最多能切割出 2 个 2×2 的正方形,所以 3 个 2×2 总的选择有 2×4×6=48(种),所以总共 4×1×48=192(种)。

15. 答案:14。

分析:如图,黑白间隔染色,此时黑色、白色各有 20 个,一个黑格最多可满足旁边 4 个白格,黑格至少坐 20÷4=5(人),但此时只有 4 个角的黑格可以做到最多满足 4 个白格,所以黑格最少得坐 5+1=6(人)(构造图中的蓝色位置);一个白格最多可以满足旁边的 3 个黑格,白格至少坐 20÷3=6……2,6+1=7(人),此时 4 个角的 2×2 的田字格中,2 个白格中有一个坐人,4 条边上的 4 个 2×3 的 3 个白格中至少一个坐人,则白格至少坐 7+1=8(人)(构造图中的灰色位置)。所以总共最少来了 6+8=14(人)。

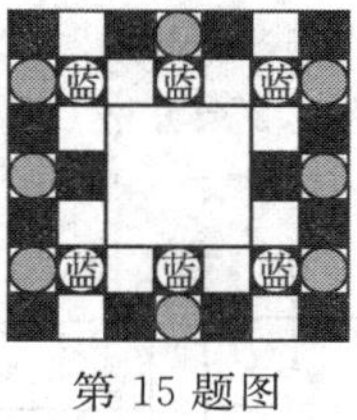

第 15 题图

模拟试卷三(中年级组)★★★

1. 答案:946。

分析:因为 $44\times46=(45-1)\times(45+1)=45^2-1^2$,$43\times47=(45-2)\times(45+2)=45^2-2^2$,…,$2\times88=(45-43)\times(45+43)=45^2-43^2$,所以原式变为:$45^2-45^2+1^2+45^2-2^2-45^2+3^2+\cdots+45^2-42^2-45^2+43^2=1^2-2^2+3^2-4^2+\cdots+41^2-42^2+43^2=43^2-42^2+\cdots+5^2-4^2+3^2-2^2+1^2=43+42+41+\cdots+4+3+2+1=946$。

2. 答案:88×(8+8+8−8÷8)=2024。

分析:在题目中合适的地方填上+、−、×、÷或( ),说明有的地方可以不填,那么相邻的数字可组装成多位数,又因为 2024=88×23,先用两个 8 凑 88,再用 5 个 8 凑 23,8+8+8−8÷8。

3. 答案:25。

分析:2◇3=2+3+3=8,3◇5=3+4+5+5=17,2◇5=2+3+4+5+5=19,2◇4=2+3+4+4=13,所以 5◇7=5+6+7+7=25。

4. 答案:39。

分析:根据毕克定理,$S=N+L\div2-1$,(22÷2−1)+(28÷2+3−1)+(20÷2+3−1)=39。

5. 答案:46。

分析:已知∠FAG+∠EAD+∠BAC=180°,∠1+∠BAF=180°,所以∠FAG+∠EAD+∠BAC=∠1+∠BAF,所以∠1=∠3+∠4,所以∠3=42°÷3=14°,故∠2=60°−14°=46°。

6. 答案:135。

分析:4 个人 4 张,剩余同学 7 张,刚好发完,相当于若每人 7 张,少了 3×4=12(张),然后每人 5 张,剩 30 张。对比可知,人数为(12+30)÷(7−5)=21(人),积分卡有 21×5+30=135(张)。

7. 答案:15。

分析:单行道上都是反方向,不能走,但是可以横着通过单行道的路口,直接标数即可,如图。

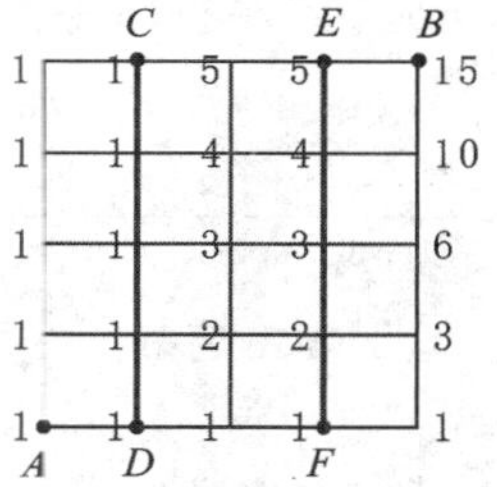

第 7 题图

8. 答案:112。

分析:数列中所有的数都是 14,只是这些 14 是不同进制下的表示,十进制 14、九进制 15、八进制 16、七进制 20、六进制 22、五进制 24、四进制 32、三进制 112、二进制 1110。

9. 答案:2029。

分析:从 2024 年 1 月 1 日到 2025 年 1 月 1 日,一共过了 366 天(闰年),366÷7=52(周)……2(天),周一过 2 天就是周三,从 2025 年 1 月 1 日到 2026 年 1 月 1 日,一共过了 365 天(平年),365÷7=52(周)……1(天),所以周三往后一天是周四,也就是闰年往后推 2 天,平年往后推 1 天。从 2026 年 1 月 1 日到 2027 年 1 月 1 日,平年,周五;从

2027 年 1 月 1 日到 2028 年 1 月 1 日，平年，周六；从 2028 年 1 月 1 日到 2029 年 1 月 1 日，闰年，周一，所以下一个“一心一意年”是 2029 年。

10. 答案：27；9。

分析：3 个人对了 3 个信息，那么一定有一个正确的信息会重复出现，题目中只有“腿一共 90 条”这个信息重复，这个信息一定是对的，那么小锤子对的信息就是“有动物 36 只”，结合 2 个信息，就是一个“鸡兔同笼”问题，假设全是鸡，有 36×2＝72(条)腿，少了 90－72＝18(条)腿，所以有羊 18÷2＝9(只)，有鸡 36－9＝27(只)。

11. 答案：33。

分析：枚举即可以 1 开头，13315、13351、13359；以 2 开头，20026、24426、24462；以 3 开头，31137、35537、35573；以 4 开头，42204、42240、42248、46640、46648、46684；以 5 开头，53315、53354、53359、57751、57759、57795；以 6 开头，64426、64462、68862；以 7 开头，75537、75573、79973；以 8 开头，86640、86648、86684；以 9 开头，97751、97759、97795。一共 33 个。

12. 答案：6；48。

分析：高增加 10，面积就增加 80，上、下底的和为 80×2÷10＝16；上底加 4 变成平行四边形，说明上底比下底少 4，上底＝(16－4)÷2＝6；面积增加了 12，说明高＝12×2÷4＝6，那么梯形的面积＝16×6÷2＝48。

13. 答案：61582。

分析：从首位分析，已知日＝6，且日×月没有进位，那么月＝1，又因为日＋月＝明，所以明＝7，强＝2，国要么是 8，要么是 9，经尝试，9 不行，8 可以；由十位分析，乡＝9，分析千位，是＝4，故＝0，中＝5，可列出竖式，如图：

$$\begin{array}{r} 1\ 4\ 0\ 9\ 7 \\ \times\qquad\quad 6 \\ \hline 8\ 4\ 5\ 8\ 2 \end{array}$$

第 13 题图

14. 答案：23。

分析：哥哥现在的年龄多了 9 岁，52 岁里实际多计算了 9＋9＝18(岁)，弟弟像哥哥这么大时，哥哥的正确年龄为 52－18＝34(岁)，哥哥与弟弟的年龄差为(34－1)÷3＝11(岁)，哥哥现在 11＋11＋1＝23(岁)。

15. 答案：(1)900。(2)500。

分析：(1)从出发到相遇，两船所用时间相同，路程差是 72 千米，两船的速度差为 4×2＝8 千米/时，所以时间 72÷8＝9(小时)，全程 9×(50＋50)＝900(千米)。

(2)水速增加前和增加后，两船相遇的时间是不会变的，路程和与水速无关，所以相遇时间和水速无关，但是单看上游的船，时间不变，船的顺水速度增加了 4 千米/时，对应的路程增加了 20 千米，所以时间为 20÷4＝5(小时)，全程5×(50＋50)＝500(千米)。

模拟试卷四(高年级组)★★★

1. 答案：$\frac{1}{2}$。

分析：令 $a=\frac{1}{2}+\frac{2}{3}+\frac{3}{4}+\cdots+\frac{2023}{2024}$，则

$$原式=a^2+\frac{1}{2}a-(1+a)\times\left(a-\frac{1}{2}\right)$$

$$=a^2+\frac{1}{2}a-\left(a-\frac{1}{2}+a^2-\frac{1}{2}a\right)=\frac{1}{2}。$$

2. 答案：8。

分析：俯视图标数如图，共需要 8 个。

	1	1
1	2	2
		1

第 2 题图

3. 答案：12。

分析：假设兔子数量是“1”份，则兔子腿数量是“4”份，那么鸡腿数量是“1”份多 26，鸡数量比“4”份少 29，因为鸡数量的两倍等于鸡腿数量，所以“1”份是：(29×2＋26)÷(4×2－1)＝12，即农场里有 12 只兔子。

4. 答案：20。

分析：(1)24 __ __：共有 3×3＝9(个)；

(2) __ 24 __：2×3＝6(个)；

(3) __ __ 24：2×3＝6(个)；

(4)2024 重复一次。

所以共有 9＋6＋6－1＝20(个)。

5. 答案：56。

分析：由已知，男生总数 $200\times\frac{16}{16+9}=128$(人)，女生总数 $200\times\frac{9}{16+9}=72$(人)；

设五年级男生 $2x$ 人，女生 x 人，六年级男生 $5y$ 人，女生 $3y$ 人，

则 $\begin{cases}2x+5y=128,\\x+3y=72,\end{cases}$ 解得 $\begin{cases}x=24,\\y=16。\end{cases}$

所以 $5y-x=5\times16-24=56$。

6. 答案：20。

分析：因为每行、每列的 5 个数字各不相同，

所以 100＝2×2×5×5，36＝2×2×3×3，

则 3 个方格 B 为 3，2 个方格 C 为 5，

因为 40＝1×2×4×5，50＝1×2×5×5，

所以 3 个方格 D 为 5，如题图，

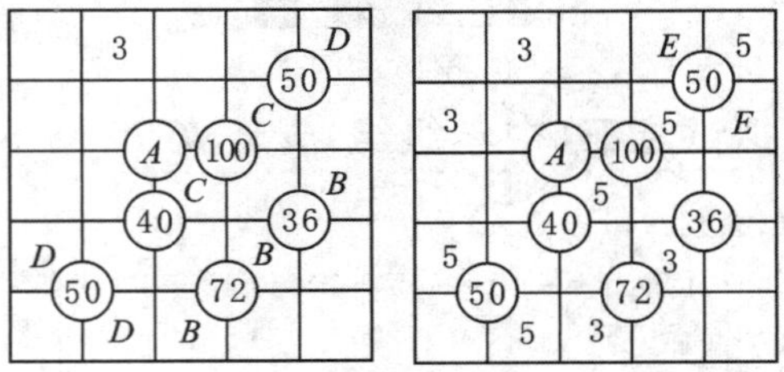

第 6 题图

最后以 2 个方格 E 为 1 或 2 进行讨论，

那么 $A=4\times1\times1\times5=20$。

7. 答案：6。

分析：由数表中，第 a 列中，从上到下公差是 $(a-1)$，

设 2024 在第 a 列第 b 行，则

$2024=1+(a-1)(b-1)$，即 $(a-1)(b-1)=7\times17^2$，

因为 7×17^2 有 $(1+1)(2+1)=6$(个)因数，

所以数对 (a,b) 共 6 组。

8. 答案：60。

分析：设这个自然数是 $A=2^a\times3^b\times5^c\times7^d\times11^e\times\cdots$，则

(1)$7A$ 的因数个数为 $(a+1)(b+1)(c+1)(d+2)(e+1)\cdots$，

$11A$ 的因数个数为 $(a+1)(b+1)(c+1)(d+2)(e+1)\cdots$，

因为 $7A$ 和 $11A$ 的因数个数相同，则 $d=e$，

为使 A 尽可能小，则 $d=e=0$，即 A 不含质因数 7 和 11；

(2)$6A$ 的因数个数为 $(a+2)(b+2)(c+1)\cdots$，

$8A$ 的因数个数为 $(a+4)(b+1)(c+1)\cdots$，

$9A$ 的因数个数为 $(a+1)(b+3)(c+1)\cdots$，

$10A$ 的因数个数为 $(a+2)(b+1)(c+2)\cdots$，

因为 $6A$、$8A$、$9A$ 和 $10A$ 的因数个数相同，

为使 A 尽可能小，

假设 A 仅含质因数 2、3 和 5，

则 $(a+2)(b+2)(c+1)=(a+4)(b+1)(c+1)=(a+1)(b+3)(c+1)=(a+2)(b+1)(c+2)$，

则 $a=2,b=1,c=1$

所以 A 最小为 $2^2\times3^1\times5^1=60$。

9. 答案：2024。

分析：$A=1+\frac{1}{2024}+\frac{2}{2024^2}+\frac{3}{2024^3}+\frac{5}{2024^4}+\frac{8}{2024^5}+\cdots$，

$\frac{1}{2024}A=\frac{1}{2024}+\frac{1}{2024^2}+\frac{2}{2024^3}+\frac{3}{2024^4}+\frac{5}{2024^5}+\frac{8}{2024^6}+\cdots$，

$\frac{2023}{2024}A=1+0+\frac{1}{2024^2}+\frac{1}{2024^3}+\frac{2}{2024^4}+\frac{3}{2024^6}+\frac{5}{2024^6}+\cdots$，

所以 $\frac{2023}{2024}A=1+\frac{1}{2024^2}$，即 $A=\frac{2024^2}{2023\times2024-1}$，

$2023A=\frac{2023\times2024^2}{2023\times2024-1}>\frac{2023\times2024^2}{2023\times2024}=2024$，

$2025-2023A=\frac{2023\times2024\times2025-2025-2023\times2024^2}{2023\times2024-1}>0$，

所以 $[2023A]=2024$。

10. 答案：856。

分析：因为 $1848=3\times7\times8\times11$，所以 $\overline{2A0B2C4}=\overline{2C4}\pmod 8$，

则 C 为 2 或 6；

又 $\overline{2A0B2C4}\equiv8-(A+B+C)\pmod{11}$，

则 $A+B+C$ 为 8 或 19，

又 $\overline{2A0B2C4}\equiv8+(A+B+C)\pmod 3$，

则 $A+B+C$ 为 19，

当 $C=2$，则可能是 2809224，2908224，

当 $C=6$，则可能是 2409264，2508264，2607264，2706264，2805264，2904264，

因为七位数是 7 的倍数，检验得仅 2805264 满足，

所以三位数 $\overline{ABC}$ 是 856。

11. 答案：80。

分析：从开始到 C 地相遇，甲走 2 个全程多 AC，乙走 2 个全程少 AC，

设 AC 是"1"份，则 BC 是"3"份，全程 AB 为"4"份，

那么 $v_甲:v_乙=9:7$，设 $v_甲=9v$，$v_乙=7v$；

从开始到距离 B 地 45 千米相遇时，设全程为 x 千米，

则 $\frac{v_甲}{v_乙}=\frac{9}{7}=\frac{x+45}{x-45}$，解得 $x=360$；

因为往返一次，甲比乙早 2 小时回到 A 地，

则 $\frac{2\times360}{9v}+2=\frac{2\times360}{7v}$，解得 $v_乙=7v=80$。

12. 答案：432。

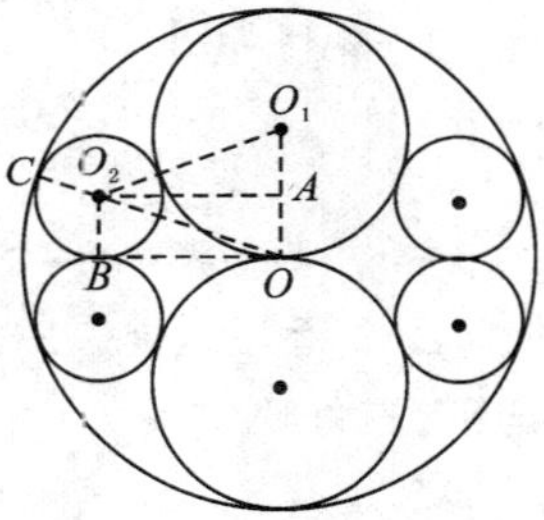

第 12 题图

分析：如题图所示，O_2A 与 O_1O 垂直，设 O_2 的半径为 r，

在 $Rt\triangle O_2BO$ 与 $Rt\triangle O_1O_2A$ 中，O_2A 与 BO 相等，

由勾股定理得，

$O_2O^2-O_2B^2=BO^2=O_2A^2=O_1O_2^2-O_1A^2$，

$(24-r)^2-r^2=\left(\frac{24}{2}+r\right)^2-\left(\frac{24}{2}-r\right)^2$，

解得 $r=6$，

则 $S_{空白}=24^2\pi-2\times\left(\frac{24}{2}\right)^2\pi-4\times6^2\pi=144\pi$，

即 $S_{空白}=144\times3=432$。

13. 答案：720。

分析：不妨设 3 种颜色是红、黄、绿，

(1)A 区域有 3 种颜色，不妨设为红色。

(2)$B\sim K$ 用 3 种颜色，但 C、E、G、I、K 与 A 颜色不同，

不妨设 C 用黄色，则

	红	黄	绿
C	×	0	1
D	1	1	0
E	×	1	2
F	3	2	1
G	×	4	5
H	9	5	4
I	×	13	14
J	27	14	13
K	×	40	41
B	81	41	40
C	×	121	

所以共有 $3\times(2\times121)=726$(种)。

(3)因为 3 种颜色都要用上，有 $C_3^2\times2=6$(种)。

综上，共有 $726-6=720$(种)。

14. 答案：75。

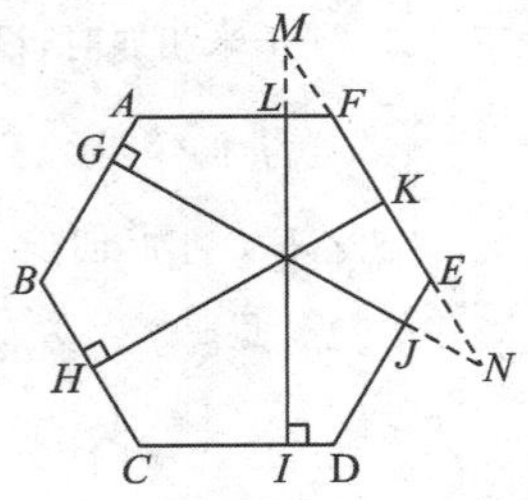

第 14 题图

分析：如图所示，分别延长 OL、OJ 与 FE 交于点 M、N，

因为正六边形内角是 $(6-2)\times180\div6=120$，

所以 $\triangle MLF$、$\triangle EJN$ 均为 30 度的 Rt△，

且 $\triangle OMN$ 是等腰三角形。

(1) $S_{六ABCDEF}=S_{五GAFEJ}+S_{五GBCDJ}=60+66=126$，

则 $S_{\triangle AFE}=S_{\triangle BCD}=\dfrac{1}{6}S_{六ABCDEF}=21$，

所以 $AG:GB=S_{四AEJG}:S_{四GJDB}=(60-21):(66-21)=13:15$。

(2)因为 $S_{五KFABH}$，所以 $S_{五HCDEK}=54$，

所以 $BH:HC=S_{四BHKF}:S_{四HCEK}=(72-21):(54-21)=17:11$。

(3)因为 $AG:GB=13:15$，$BH:HC=17:11$，份数和相同，

设 $AG=13$，$GB=15$，$BH=17$，$HC=11$，

所以在 $\triangle EJN$ 中，$EN=2EJ=26$，

所以 $KM=KN=KE+EN=37$，

所以 $MF=MK-KF=20$，

在 $\triangle MLF$ 中，$LF=MF\div2=10$，

所以 $AL:LF=(13+15-10):10=9:5$。

(4) $S_{四ACIL}=(126-21\times2)\times\dfrac{9}{9+5}=54$，

所以 $S_{五ALICB}=21+54=75$。

15. 答案：580 次。

分析：因为每次跳跃距离为 5 且落点在格点上，所以可能跳法是：

①横跳 5 格；②竖跳 5 格；③横 4 格竖 3 格；

④横 3 格竖 4 格。

设这 4 种①a 次；②b 次；③c 次；④d 次。

则 $\begin{cases}5a+4c+3d=2024,\\5b+3c+4d=2024,\end{cases}$ 即 $5(a+b)+7(c+d)=4048$，

为使总次数最小，则 $a+b+c+d$ 总和最小，

设 $x=a+b$，$y=c+d$，则 $5x+7y=4048$，

为使总次数最小，则 y 尽可能大 x 尽可能小，

所以 y 最大为 574，此时 x 最小为 6，

所以次数最小是 $574+6=580$(次)。

具体构造：

从 A 点，横向 5 格跑 3 次，竖着 5 格跳 3 次，

横 4 格竖 3 格跳 $574\div2=287$(次)，

横 3 格竖 4 格跳 $574\div2=287$(次)，到 B 点。

模拟试卷五(高年级组)★★★

1. 答案：2025。

分析：原式 $=\dfrac{4^2-1}{2^2-1}\times\dfrac{8^2-1}{6^2-1}\times\dfrac{12^2-1}{10^2-1}\times\cdots\times\dfrac{2024^2-1}{2022^2-1}$

$=\dfrac{3\times5}{1\times3}\times\dfrac{7\times9}{5\times7}\times\dfrac{11\times23}{9\times11}\times\cdots\times\dfrac{2023\times2025}{2021\times2023}$

$=2025$。

2. 答案：67。

分析：因为来一位同学，榴莲糖增加一盒，

所以原来榴莲糖刚好分完，芒果糖还剩 1 块，

最后一盒分掉了 $11-1=10$(块)。

说明榴莲糖和芒果糖盒数相同时，

榴莲糖比芒果糖多 10 块，

每盒榴莲糖比芒果糖多 $13-11=2$(块)，

芒果糖是 $10\div2=5$(盒)，

所以原来榴莲糖有 $5\times13=65$(块)，

后来又来两位，

所以最后共有 $65+2=67$(人)。

3. 答案：63。

分析：由抽屉原理，$(15-1)\div(3-1)=7$，

为使总有 3 个小方格中的棋子数相同，

则 1 枚、2 枚……7 枚各 2 格，

最后一格最多放 7 枚，那么最多 $(1+2+\cdots+7)\times2+7=63$(枚)。

4. 答案：434。

分析：(1)如果全程不开空调，从甲到乙不开空调，耗电量：

$(1-24\%)\div2=38\%$。

(2)去程开空调，返程不开，从甲到乙开空调，耗电量：

$1-38\%=62\%$。

(3)全程开空调，返程可以行驶路程：

$168\div\left(1-\frac{38\%}{62\%}\right)=434$(千米)。

5. 答案：83。

分析：设十进制时这个自然数为 A，

四进制数字和为 5，所以 $A\equiv5\equiv2 \pmod 3$(1)，

五进制数字和为 7，所以 $A\equiv7\equiv3 \pmod 4$(2)，

六进制数字和为 8，所以 $A\equiv8\equiv3 \pmod 5$(3)，

所以满足(2)(3)且在 69 到 96 之间的 A 为 83，

83 除以 3 恰好余 2，所以这个数十进制表示是 83。

6. 答案：71。

分析：设每种排位为五位数$\overline{a_1a_2a_3a_4a_5}$，则 $a_1\neq1$，$a_1+a_2\neq3$，

$a_1+a_2+a_3\neq6$，$a_1+a_2+a_3+a_4\neq10$，

(1)当 $a_1=5$ 时，则后四位均不受影响，共 $A_4^4=24$(种)。

(2)当 $a_1=4$ 时，当 a_2、a_3、a_4 为 1、2、3 时，不成立，

共 $A_4^4-A_3^3=18$(种)。

(3)当 $a_1=3$，当 a_2、a_3、a_4 为 1、2、4 或 a_2、a_3 为 1、2 且 $a_4=5$，$a_5=4$，共 $A_4^4-A_3^3-2=16$(种)。

(4)当 $a_1=2$，当 a_2 为 5 时 $A_3^3=6$(种)，当 a_3 为 5 时 $2\times A_2^2=4$(种)，

当 a_5 为 5 时 3 种，共 $6+4+3=13$(种)。

综上，共有 $24+18+16+13=71$(种)。

7. 答案：113.04。

分析：线段 DE 扫过的面积如题图所示，

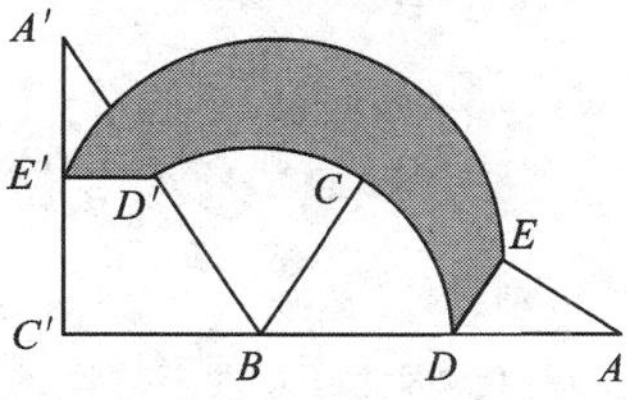

第 7 题图

在 30 度的 Rt△ABC 中，$AB=24$，

所以 $BC=AB\div2=12$，

在△$A'BC'$中，$(2C'E')^2=A'B^2-BC'^2$，

即 $C'E'^2=\frac{24^2-12^2}{4}=108$，

在△$E'BC'$中，$BE'2=BC'^2+C'E'^2$，

则 $S_{阴}=\frac{120}{360}\times\pi\times(BE'^2-BC^2)=36\pi=113.04$。

8. 答案：9。

分析：以中间方格数进行分类，具体如题图所示。

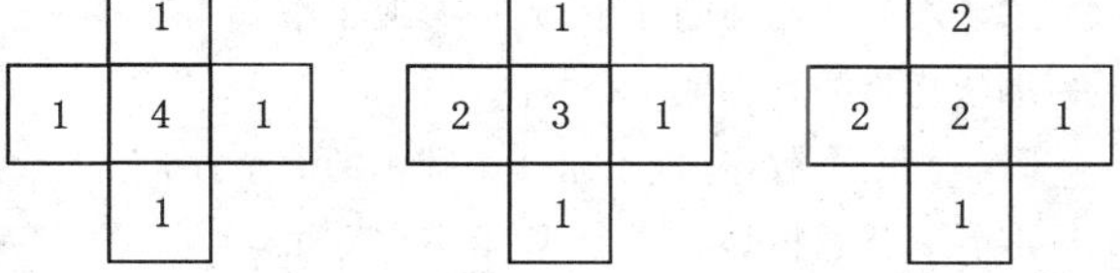

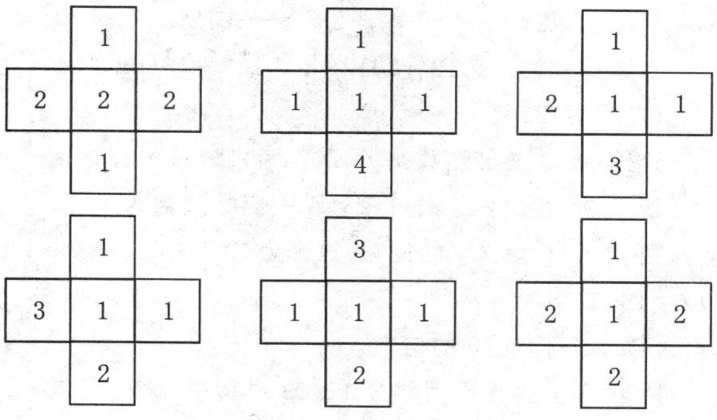

第 8 题图

9. 答案：39。

分析：方法 1　如图(1)分别连接 BG、CG、BO、CO、OF，

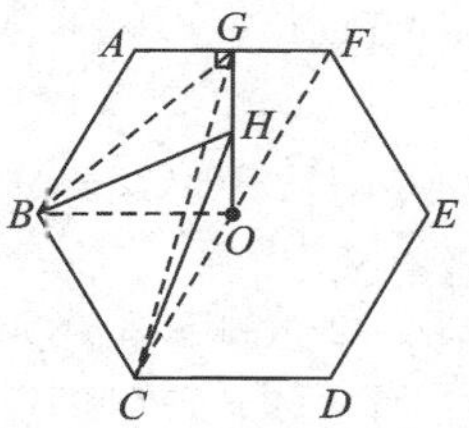

第 9 题图(1)

则 $S_{\triangle BOC}=\frac{1}{6}S_{六ABCDEF}$，

在梯形 $ABCF$ 中，点 G 为腰 AF 中点，

则 $S_{\triangle BGC}=\frac{1}{2}\times\frac{1}{2}S_{六ABCDEF}=\frac{1}{4}S_{六ABCDEF}$，

又点 H 为 OG 的中点，

所以 $S_{\triangle BHC}=\frac{1}{2}(S_{\triangle BOC}+S_{\triangle BGC})=\frac{5}{24}S_{六ABCDEF}$，

所以 $S_{\triangle HFE}=\frac{1}{3}S_{六ABCDEF}-S_{\triangle BHC}=\frac{1}{8}S_{六ABCDEF}$，

所以 $S_{\triangle BHC}-S_{\triangle HFE}=\frac{1}{12}S_{六ABCDEF}=468\times\frac{1}{12}=39$。

方法 2　如图(2)连接 AO，过点 H 作 $HI//AO$ 交 F 于点 I，

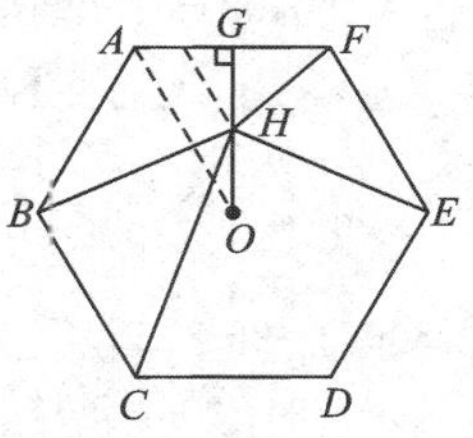

第 9 题图(2)

因为 H 是 GO 的中点，所以 $AI:IF=1:3$，

所以 $S_{\triangle BCH}:S_{\triangle EFH}=5:3$，

所以 $S_{\triangle BHC}-S_{\triangle HFE}=\frac{1}{3}\times\frac{5-3}{5+3}S_{六ABCDEF}=468\times\frac{1}{12}=39$。

10. 答案：16。

分析：相邻两项求和，可得 $\frac{23^{2n-1}}{24}+\frac{23^{2n}}{24}=23^{2n-1}$，

则 $\left[\frac{23^{2n-1}}{24}\right]+\left[\frac{23^{2n}}{24}\right]=23^{2n-1}-1$，

则原式$=23^1+23^3+\cdots+23^{2023}-1012$，

则原式$\equiv 23\times1012-1012 \pmod{24} \equiv 16 \pmod{24}$。

11. 答案：230。

分析：设这个自然数是 A，$2024=2^3\times11\times23$，

若 A 不含质因数 2、11、23，A 的因数个数为 x，

则 $2^3\times11\times23A$ 的因数个数为 $(3+1)(1+1)(1+1)x=16x$，

但 2024 不是 16 的倍数，

所以 A 至少含质因数 2、11、23 中其中一个，

为使 A 原因数个数最少：

(1)设 $A=11^9\times M^a$，

则 $2^3\times11\times23A=2^3\times11^{10}\times23\times M^a$，

因数个数为$(3+1)(10+1)(1+1)(a+1)=2024=2^3\times11\times23$，

所以$(9+1)\times(a+1)=10\times23=230$。

(2)设 $A=11^{21}\times M^b$，

则 $2^3\times11\times23A=2^3\times11^{22}\times23\times M^b$，

因数个数为$(3+1)(22+1)(1+1)(b+1)=2024=2^3\times11\times23$，

所以$(21+1)\times(b+1)=22\times11=242$。

综上，这个自然数自己最少有 230 个因数。

12. 答案：280。

分析：设第一、二、三次买书分别用 a、b、c 元，

因为 $10\%:15\%=2:3$，$48\div2\times3=72$(元)。

(1)若 $c\geqslant800$，则 $a+b$ 至多便宜 72 元，

因为 $72<98$，所以 $c<800$。

(2)若 $a+b\geqslant800$，则 c 比单买便宜 $98-48=50$(元)，

若 $c<300$，$50\div15\%=\frac{1000}{3}>300$(舍)，

若 $300\leqslant c<800$，$50\div(15\%-10\%)=1000>800$(舍)，

所以 $300\leqslant a+b<800$，$98-72=26$(元)。

(3)若 $c<800$，$c=26\div15\%=\frac{520}{3}$，则 $a=\frac{520}{3}\div2-60=\frac{80}{3}$，$b=\left(48-\frac{80}{3}\times10\%\right)\div10\%=\frac{1360}{3}>300$(舍)，

因此 $300<c<800$，$c=26\div(15\%-10\%)=520$(元)。

所以 $a=520\div2-60=200$(元)，$48-200\times10\%=28$(元)。

$b=(48-20)\div10\%=280$(元)。

13. 答案：120。

分析：因为 $3^5\equiv1\pmod{11}$，$4^5\equiv1\pmod{11}$，$5^5\equiv1\pmod{11}$，

所以 $3^{5k+x}+4^{5k+y}+5^{5kz+c}\equiv3^x+4^y+5^z\pmod{11}$，

n	1	2	3	4	5	6	7	8	9	10
3^n 除以 11 余	3	9	5	4	1	3	9	5	4	1
4^n 除以 11 余	4	5	9	3	1	4	5	9	3	1
5^n 除以 11 余	5	3	4	9	1	5	3	4	9	1

3^n、4^n、5^n 除以 11 余数为均为 1、3、4、5、9，则

$3^x+4^y+5^z$ 除以 11 余数的和为 11 或 22，

数组$(3^x,4^y,5^z)$分别为$(3,4,4)$，$(5,3,3)$，$(5,5,1)$，$(9,1,1)$，$(9,4,4)$，共 5 类，每类各 $2^3=8$(种)，

所以共有 $8\times5\times3=120$(种)。

14. 答案：面积为 506。

分析：如图所示，过点 C 作 $CH\perp AD$ 交 AD 延长线于点 H，

过点 E 分为作 $EG\perp AD$ 交 AD 于点 G，

作 $EF\perp BC$ 交 BC 于点 F，

设 $FE=a$，$BF=b$，

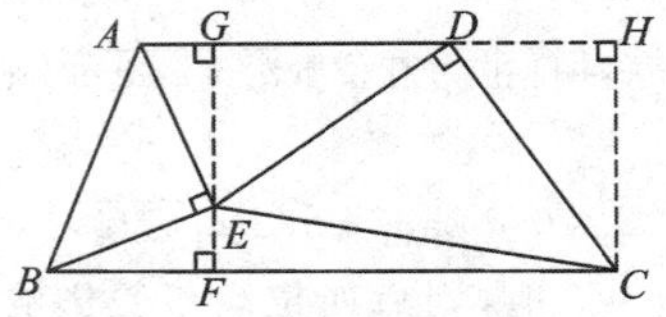

第 14 题图

因为$\angle AEB=\angle EDC=90°$，$AE=BE$，$ED=CD$，

所以 $FE=AG=a$，$BF=EG=b$，

$EG=DH=b$，$GD=CH=a+b$，

$FC=GD+DH=a+2b$，

因为 $AD:BC=1:2$，所以$\frac{a+(a+b)}{b+(a+2b)}=\frac{2a+b}{a+3b}=\frac{1}{2}$，

所以 $b=3a$，

由已知

$$\begin{cases}S_{\text{梯}ABCD}=\frac{1}{2}[(2a+b)+(a+3b)]\times(a+b)=2024,\\ S_{\triangle ADE}=\frac{1}{2}(2a+b)\times b,\end{cases}$$

解得$\begin{cases}15a^2=1012,\\ S_{\triangle ADE}=\frac{1}{2}\times15a^2,\end{cases}$即 $S_{\triangle ADE}=506$。

15. 答案：126 种。

分析：方法 1　(1)因为任意两盏之间的弧长不能是 7 米和 3 米，可以考虑把 1～21 以 3 和 7 进行分类如下：

1	4	7	10	13	16	19
8	11	14	17	20	2	5
15	18	21	3	6	9	12

同一列任意相邻两个的差为 7，第 1 个与第 3 个的差也为 7；

同一行任意相邻两个的差为 3，第 1 个与第 7 个的差也为 3。

(2)同一列三个数，等价于同一个圆中的三个数，如图所示。

不能取任意相邻的 2 个，则最多取 1 个，

也就是每一列都取 1 个，

同一行七个数，等价于同一个圆中的七个数，

不能取任意相邻的 2 个，则最多取 3 个。

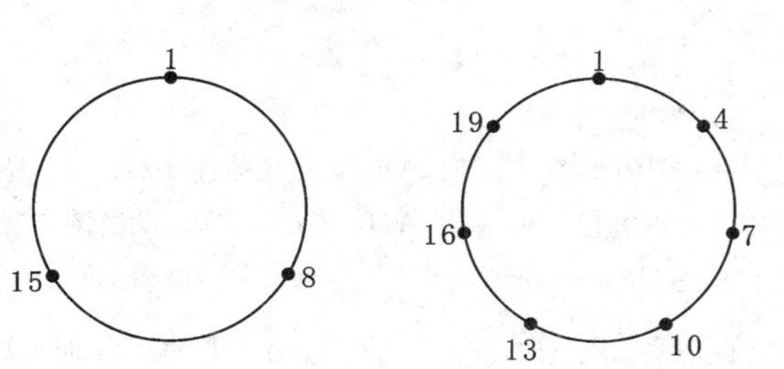

第 15 题图

(3)从行的角度分类，可以分为：

3－2－2：先从三行先一行取 3 个，$C_3^1=3$，

不妨设第一行，取 3 个有：

(1,7,13)，(1,7,16)，(1,10,16)，(7,13,19)，(4,10,16)，(4,10,19)，(4,13,19)共 7 种。

再从余下两行各取 2 个，

不妨设已经取的是(1,7,13)，

1	4	7	10	13	16	19
8	11	14	17	20	2	5
15	18	21	3	6	9	12

则(2,5)和(9,12)这两组组内不能同时取，

共有 2×2＝4(种)，

所以第①类共 3×7×4＝84(种)。

3－3－1：先从三行先一行取 1 个，$C_3^1=3$，

不妨设第一、二行各取 3 个有：

(1,7,13)，(1,7,16)，(1,10,16)，(7,13,19)，(4,10,16)，(4,10,19)，(4,13,19)共 7 种。

不妨设已经取的是(1,7,13)，

1	4	7	10	13	16	19
8	11	14	17	20	2	5
15	18	21	3	6	9	12

则第二行的 11、17 必取，余下(2,5)

只能取 1 个，共有 2 种，

所以共 3×7×2＝42(种)。

综上，一共有 84＋42＝126(种)。

方法 2 (1)因为任意两盏之间的弧长不能是 7 米和 3 米，

可以考虑把 1～21 以 3 和 7 进行分类如下：

	一	二	三	四	五	六	七
甲	1	4	7	10	13	16	19
乙	8	11	14	17	20	2	5
丙	15	18	21	3	6	9	12

同一列任意相邻两个的差为 7，第 1 个与第 3 个的差也为 7，

同一行任意相邻两个的差为 3，第 1 个与第 7 个的差也为 3，

(2)等价于，甲、乙、丙三人，从某个人开始传球，传 7 次回到自己手上；

	甲	乙	丙
开始	1	0	0
一	0	1	1
二	2	1	1
三	2	3	3
四	6	5	5
五	10	11	11
六	22	21	21
七	42		

因为开始可以从甲或乙或丙共 3 种，

所以 3×42＝126(种)。

模拟试卷六(高年级组)★★★

1. 答案：1309。

分析：原式$=2023\times\frac{2}{3}\times\left(\frac{3}{1\times4}+\frac{3}{4\times7}+\cdots+\frac{2}{31\times34}\right)$

$=2023\times\frac{2}{3}\times\left(1-\frac{1}{34}\right)$

$=1309$。

2. 答案：60。

分析：小明家吃掉的梨的总数是橘子的$\frac{7}{3}$倍，而原有的梨是橘子的$\frac{5}{2}$倍。吃完后多出 4 个梨，则原有的橘子数为$4\div\left(\frac{5}{2}-\frac{7}{3}\right)=24$(个)。

原有梨数为$24\times\frac{5}{2}=60$(个)。

3. 答案：373。

分析：一位质数只有 2,3,5,7

由 2,3,5,7 组成的质数只有 23,37,53,73

两两相连得到的三位数仅有 237,373,537,737，其中仅 373 是质数。

4. 答案：7。

分析：甲每 3 天工作 2 天，14 天完工，实际工作 10 天，工效为$\frac{1}{10}$。

乙每 4 天工作 3 天，15 天完工，实际工作 12 天，工效为$\frac{1}{12}$。

丙工效为$\frac{1}{15}$。

合作工效为$\frac{1}{10}-\frac{1}{12}+\frac{1}{15}=\frac{1}{4}$。

5. 答案：1430。

分析：220 元可以用 11 张 20 元，或 6 张 20 和 2 张 50，或 1 张 20 和 4 张 50。但前两种方法均不可能让 20 元和 50 元的比值从 3:1 变为 4:1，故只能是用去 1 张 20 和 4 张 50。

从而设原来有 x 张 50 元，可得$(3x-1)=4(x-4)$，$x=15$，现在还有 44×20＋11×50＝1430(元)。

6. 答案：17。

分析：由于每 3 道题至少错 1 题，在扣分不超过 30 分的情况下，小明答对最多题的方式是：

对对错对对错……对对错对对

前 2 题做对加 12 分，之后每错 1 题对 2 题视为一组，每组扣 8 分，则最多作答$[(12+30)\div 8]=5$(组)，最多答$2+5\times 3=17$(题)。

7. 答案：226576。

分析：$2023=7\times 17^2$，两数乘积为 2023 的倍数，则至少有一个数是 7 的倍数。而这两数和也是 2023 的倍数，则另一个数也要是 7 的倍数。故两数均为 7 的倍数。同理，这两个数也都是 17 的倍数。而 $7\times 17=119$，故这两个数都是 119 的倍数。

设这两个数分别为 $119a$ 和 $119b$，此时 $a+b$ 需为 17 的倍数，最小为 17，由和同近积大的原则，当 $a=1$，$b=16$ 时，两数乘积取到最小值 $119\times 119\times 16=226576$。

8. 答案：21。

分析：由于 p、q、r 相邻，一定有 $p+r=2q$，从而 $a\times b\times b\times c\div 2\approx 2023$，只能是 $7\times 8\times 8\times 9$。

此时 $y+z-x=7$，由于 $z-x=2$ 或 $x-z=2$，只能是 $y=5$，$z=6$，$x=4$。

于是 $p,q,r=1,2,3$，$q=2$。$8\times 2+5=21$。

9. 答案：5。

分析：定义语文比数学高的为 A 类学生，数学比英语高的为 B 类学生，英语比语文高的为 C 类学生。显然没有人同时是 A、B、C 三类学生，或同时不是 A、B、C 三类学生。由此画出韦恩图，每个区域代表一种不同的成绩排序：

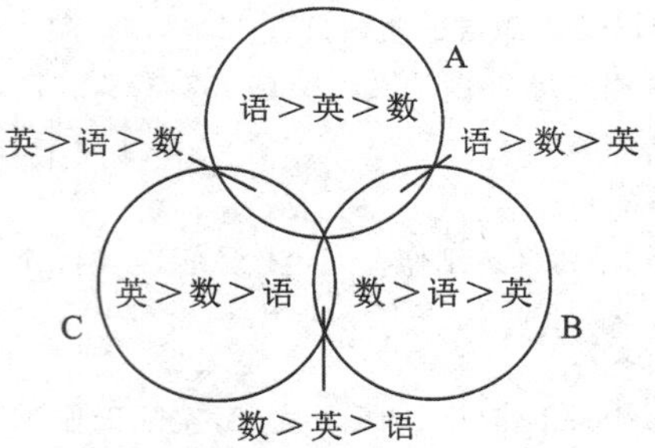

第 9 题图

注意到，A、B、C 三类学生的总和为 $11+14+12=37$(人次)，而学生总人数为 20 人。且至少有 1 个人仅为 A 类生，至少 1 人仅为 B 类生，至少 1 人仅为 C 类生，则仅为 A、B、C 类的人数均为 1 人，从而英＞数＞语的学生有 1 人，英＞语＞数的学生有 $20-14-1-1=4$(人)，合计 5 人英语最高。

10. 答案：25。

分析：先排列 1246，有 1246 和 1264 两种；

考虑 3 的位置，1246 有三个位置可以插入 3，1264 有两个位置可以插入 3。

12346 均排列好后，有 5 个位置可以插入 5。

共$(2+3)\times 5=25$(种)。

11. 答案：774。

分析：如图所示，取 AE 中点 O，连 OG、OF，易得 $OGCF$ 为正方形。过 A 作 $AH\perp CD$ 于 H。设半圆半径为 R，在 Rt$\triangle OFD$ 中，有 $R^2+15^2=(R+5)^2$，解得 $R=20$。

此时 $\frac{FH}{DF}=\frac{AO}{OD}=\frac{20}{20+5}=\frac{4}{5}$，有 $FH=12$。而 $CF=OG=20$，从而 $AB=CH=8$，

同时 $\frac{AI}{IH}=\frac{AO}{OD}=\frac{4}{5}$，得 $AI=16$，而 $AH=16+20=36$。

于是梯形面积为$(8+20+15)\times 36\div 2=774$。

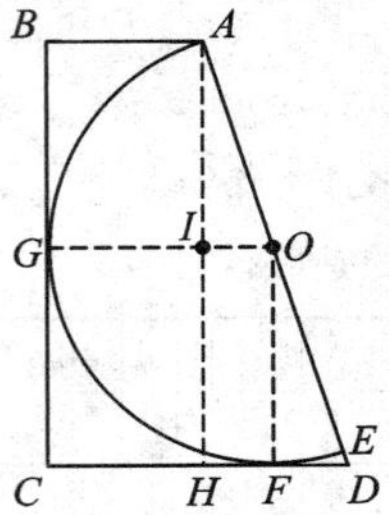

第 11 题图

12. 答案：102。

分析：甲是合数但能判断与其他所有数均互质，不可能含质因数 2 和 3，只能是 25 或 35，但 35 无法排除另一人为 42 的情况，故甲＝25。

此时乙手中可能组成的合数有 14，16，34，36，46，63，64。仅有乙＝14 时，才能判断丙一定为合数。

此时丙＝63。

13. 答案：510。

分析：若 $A+B+C\mid\overline{ABC}$，由位值原理化简可以得到：

$(A+B+C)\mid 100A+10B+C=(A+B+C)+99A+9B$，从而有 $(A+B+C)\mid 99A+9B$

依题意，需要有连续的四个自然数同时满足这一条件。

若这四个自然数的十位均相同，则其数字和也连续，此时$(99A+9B)$需要是$(A+B+C)\sim(A+B+C+3)$这连续四个自然数的倍数且同时是 9 的倍数。

$A+B+C=1,2,3,4$ 时，无合适的 A 和 B 满足。

$A+B+C=5$ 时，$[5,6,7,8,9]>1000$。

$A+B+C=6$ 时，取 $A=5$，$B=1$，$C=0$，504 同时是 6、7、8、9 的倍数。对应的四个自然数为 510、511、512 和 513，依次为 6、7、8、9 的倍数。

$A+B+C\geqslant 7$ 时，相邻四数的最小公倍数大于 1000。

若这四个自然数的十位不完全相同，则考虑发生进位的两数，需要同时满足 $(A+B+9)\mid\overline{AB9}$ 及 $(A+B)\mid\overline{A(B+1)0}$，化简得 $(A+B+9)\mid 90A-81$ 及 $(A+B)\mid 90A+10$。

讨论 $A=1\sim 9$ 时，均不存在同时满足条件的 B

故其中最小的数是 510。

14. 答案：40。

分析：梯形 $BEFC$ 中，$S_{\triangle BEF}=18$，$S_{\triangle CEF}=9$，由此得到

$S_{BECF}=27$ 及 $\frac{CF}{BE}=\frac{1}{2}$。

连接 BN、CM，有 $S_{\triangle BMN}=6$，$S_{\triangle ACN}=12$，$S_{\triangle CMN}=3$，$S_{\triangle BCN}=15$。

从而有 $\frac{KM}{KB}=\frac{S_{\triangle CNM}}{S_{\triangle CNB}}=\frac{3}{12}=\frac{1}{4}$，$\frac{KN}{KC}=\frac{S_{\triangle BNM}}{S_{\triangle BCM}}=\frac{6}{15}=\frac{2}{5}$，$\frac{S_{\triangle KMN}}{S_{\triangle KBC}}=\frac{1}{4}\times\frac{2}{5}=\frac{1}{10}$。

$S_{\triangle KBC}=18\div\left(1-\frac{1}{10}\right)=20$，$S_{ABCD}=40$。

15. 答案：3775。

分析：显然，若黑板上写着 2022，则甲直接写下 2023 即可获胜。

若黑板上写着的数是 1011～2021 之间的任意值，则甲只能写下 1012～2021 之间的一个数，从而乙一定能写下 2023 从而获胜。

进而，若黑板上写着 1010，甲只要写下 1011，此时乙只能写下 1012～2021 中的任意值，让甲必胜。

由此倒推可以得到，只要黑板上最大的数是 505、252、126、63、31、15、7、3，先写的人都必败，后写的人都必胜。称这些数为“边界数”。

显然，当 $N+1$ 为“边界数”时，甲都能写下边界数从而必胜。而当 $N+1$ 不为边界数时，$2N+1$ 一定超过比 $N+1$ 大的下一个边界数，故乙一定能写下下一个边界数，从而必胜。

故所有能让甲必胜的 N 之和为 $2+6+14+30+62+125+504+1010+2022=3775$。

模拟试卷七(高年级组)★★★

1. 答案：2024。

分析：原式 $=\frac{2024}{2023}\times\frac{17}{22}\times\frac{119}{92}+2023$

$=\frac{2^3\times11\times23}{7\times17^2}\times\frac{17}{2\times11}\times\frac{7\times17}{2^2\times23}+2023$

$=2024$。

2. 答案：9。

分析：不超过小星分数的人数为 $640\times98.75\%=632$(人)，故超过小星分数的人数为 $640-632=8$(人)，故小星的排名为第 $8+1=9$(名)。或直接运算：$640\times(1-98.75\%)+1=9$(名)。

3. 答案：8。

分析：由题意，B 拿到的是 D 或 E 准备的礼物，情况一样，若 B 拿到 D 准备的礼物，还剩下 3 个人 C、D、E，以及 3 件礼物 A、B、C 准备的礼物，由于 C 不能拿自己的，故有 $2\times2=4$(种)情况。

若 B 拿到 E 准备的礼物，同上也是 4 种情况。综上一共有 8 种不同的情况。

4. 答案：150。

分析：由题意，有 40% 男老师认为匣子中有大奖，利用十字交叉法可以得到男女老师的人数关系(如图)。男老师人数∶女老师人数 $=14:16=7:8$。

设老师总人数为单位“1”，$4\div\left[\frac{7}{7+8}\times\left(1-\frac{3}{5}\right)-\frac{8}{7+8}\times(1-70\%)\right]=150$(位)。

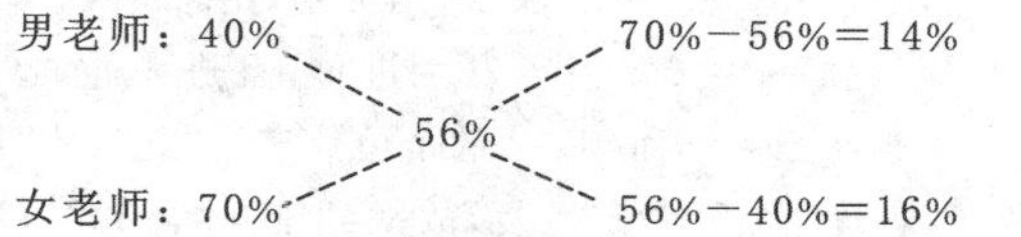

第 4 题图

5. 答案：3444。

分析：因为 $2023=7\times17^2$，而 $2023N$ 为一个完全平方数，故 $N=7n^2$(其中 n 为一个平方数)，且 $100\leqslant7n^2\leqslant999$，故 $14\frac{2}{7}=\frac{100}{7}\leqslant n^2\leqslant\frac{999}{7}=142\frac{5}{7}$，故 $4\leqslant n\leqslant11$，且 n 为整数，故满足条件的 N 的总和为 $7\times(4^2+5^2+\cdots+11^2)=7\times\left(\frac{11\times12\times23}{6}-1^2-2^3-3^2\right)=3444$。

6. 答案：60。

分析：按照如图方式进行分割，中间的浅色阴影分割成 8 块小的三角形，而左右深色阴影分割成 20 块同样的小三角形，故深色阴影部分的面积为 $24\div8\times20=60$。

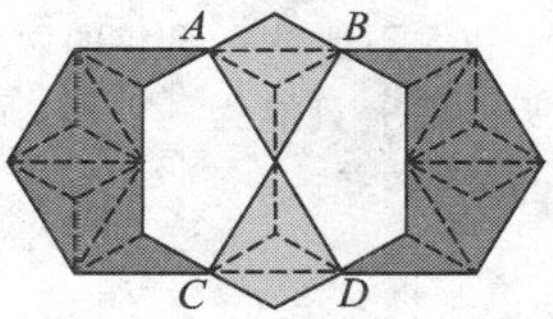

第 6 题图

7. 答案：10。

分析：根据题意，不存在三个人之间两两都是朋友，或者两两都是敌人。故每个人最多只能有 2 个朋友，若某人有 3 个朋友，那么这三人之间来两两都是仇人关系，不满足题意。

所以每个人最多握手两次，20 个人最多握手 $40\div2=20$(次)。可以四人一组或五人一组，每个人只与两人握手，如图，连实线表示握手，连虚线表示不握手。

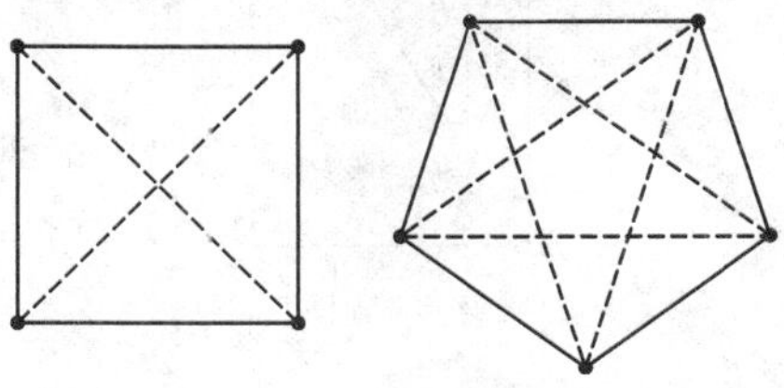

第 7 题图

8. 答案：38964。

分析：根据 $\overline{少年强}$ 和 $\overline{少年当立志}$ 的前两位数字相同，故则 $\overline{国强}$ 表示的三位数一定为 $\overline{10强}$(前两位为 1 和 0)，可列出竖式：

		少	年	强
	×	1	0	强
		a	b	c
少	年	强		
少	年	当	立	志

根据少×强+强=强×(少+1)≤当≤9，且少≠强≠1，故“少”和“强”只能取2和3。

若“少”=2，“强”=3，那么“当”=9，而强×强=志=9，数字重复，不满足题意。

若“少”=3，“强”=2，那么“志”=4，由于0～4都使用了，故年×强=年×2一定发生进位，且进1位，故少×强+1+强=当=9，而年×2的个位数字为“立”，故“年”只能取8，取其他数字一定重复，故找到唯一解，382×102=38964。

9. 答案：11。

分析：对每项裂差得 $S=12-\frac{12}{2}+\frac{13}{2}-\frac{13}{3}+\frac{14}{3}-\frac{14}{4}+\cdots+\frac{9}{20}-\frac{20}{10}=10+\left(\frac{1}{2}+\frac{1}{3}+\cdots+\frac{1}{9}\right)$，不妨设 $N=\frac{1}{2}+\frac{1}{3}+\cdots+\frac{1}{9}$，显然 $1<N<\frac{1}{2}+\frac{1}{3}+\frac{1}{4}\times+\frac{1}{6}\times4=2$，故 $11<S<12$，$[S]=11$。

10. 答案：897325。

分析：由题意，组成数字只能为2、3、4、5、7、8、9，共7个数字，且相邻两位数字组成的两位数只能是 p^n（p 为质数，n 为正整数）的形式，由于不存在 $\overline{x_4}$、$\overline{x_8}$ 能表示成 p^n 形式的数，故数字4和8不能放在组成的两位数的个位，即只能放在首位，所以最大只能为6位数，最大优先考虑8放在首位，构造可得897325。

11. 答案：136。

分析：如图，将△APB 绕点 A 顺时针旋转90度得到△ADQ，连接 PQ，

显然 AP 平行于 DQ，故△APD 与△APQ 同底等高，面积相等，而△APQ 为等腰Rt△，故 $\frac{1}{2}AP^2=50$，得 $AP=10$。根据勾股定理可得 $S_{正方形ABCD}=AB^2=AP^2+BP^2=10^2+6^2=136$。

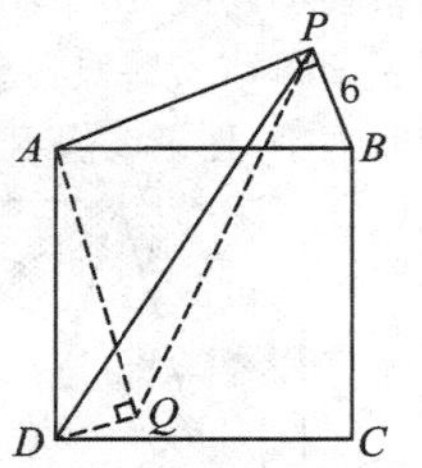

第11题图

12. 答案：1604。

分析：方法1　优先考虑后两位，能被4整除，可取00～96，但是数字不能相同，排除00、44、88，共25−3=22（种）情况，根据十位为0，有04、08两种情况；十位不为0，共20种情况。

分类讨论：若十位为0，百位一定不能为0，故有2×9×8=144（个）；若十位不为0，百位任意（但不能与十位相同），若百位为0，有20×1×9=180（个）；若百位不为0，有20×8×8=1280（个）。

综上共有144+180+1280=1604（个）。

方法2　传球法。后两位能被4整除，首先个位必须为偶数，若个位为0、4、8，十位也得为偶数，且不能与个位相同；若个位为2、6，十位必须为奇数，百位和千位数字只需满足相邻不相同，且千位不为0即可。

数位	0	1	2	3	4	5	6	7	8	9
个位	1	0	1	0	1	0	1	0	1	0
十位	2	2	3	2	2	2	3	2	2	2
百位	20	20	19	20	20	20	19	20	20	20
千位		178	179	178	178	178	179	178	178	178

根据表可知，共有178×7+179×2=1604（个）。

13. 答案：18。

分析：由题意，15是奇数，最小的4个因数中必然存在偶因数，故 N 一定含偶因子2，

最小的两个因数分别为1和2，另外两个因数和为15−1−2=12=3+9=4+8=5+7，若为3、9，那么一定有因数6，故最小4个因数不含9，不满足。

情况一：N 最小的4个因数分别为1、2、4、8，故 N 含 2^3，且不含小于8的其他质因数，再根据有12个因数，12=2×6=3×4，N 分解质因数的形式可为 $2^{11}=2048>2023$ 或 $2^5\times p$ 或 $2^3\times p^2$（其中 p 为质数）。

(1)若 $N=2^5\times p<2023$，$p<64$，p 可取64以下的质数（2、3、5、7除外），故 N 有14种取值；

(2)若 $N=2^3\times p^2<2023$，$p<16$，p 可取16以下的质数（2、3、5、7除外），故 N 有2种取值。

情况二：N 最小的4个因数分别为1、2、5、7，故 N 含质因数2、5、7，再根据有12个因数，12=2×2×3，N 分解质因数的形式可为 $2\times5^2\times7=350$ 或 $2\times5\times7^2=490$，故 N 有2种取值。

综上满足题意的 N 有14+2+2=18（个）。

14. 答案：18。

分析：由题意，当小谢和小金相遇时，合走一个 AB，而小齐也走完1个 AB，故 $v_{齐}=v_{金}+v_{谢}$，

当小齐掉头与小谢相遇时，合走2个 AB，而小金走完1个 AB，故 $v_{齐}+v_{谢}=2v_{金}$，

三人的速度之比为 $v_{齐}:v_{谢}:v_{金}=3:1:2$，故小齐和小金第一次在 C 村相遇时，$S_{齐}:S_{金}=3:2$

即 $AC=\frac{3}{3+2}AB=\frac{3}{5}AB$。而小金走完 AB 在掉头时，小齐和小谢相遇，由于两人速度之比为3∶1，且合走两个 AB，故小齐和小谢在 AB 中点相遇。

此后小金和小齐要相遇，需合走 $\frac{1}{2}AB$，而此时 $v_{齐}:v_{金}=3:[2\times(1+20\%)]=3:2.4=5:4$

故 $AD=\frac{4}{5+4}\times\frac{1}{2}AB=\frac{2}{9}AB$，$C$、$D$ 两村之间距离为 $\frac{3}{5}AB-\frac{2}{9}AB=\frac{17}{45}AB$。

综上 $AB=6.8\div\frac{17}{45}=18$（千米）。

15. 答案：(1)$n=30$,不能；$n=20$,可以。(2)见分析。

分析：(1)根据题意，每一组中所有数之和为偶数，若$n=30$,而$1+2+3+\cdots+30=465$,465为奇数，故不能完成分组。若$n=20$,$1+2+3+\cdots+20=210$,最大组的所有数之和最大为$2\times(20+19)=78$,第二大组的所有数之和最大为$2\times(18+17)=70$,第三大组的所有数之和最大为$2\times(16+15)=62\cdots\cdots$

而$148=78+70<210\leqslant 78+70+62=210$,故至少分成三组，构造如下(方式不唯一)：

第一组：$20+15=2+3+4+5+6+7+8$;

第二组：$19+16=1+9+11+14$;

第三组：$18+17=10+12+13$。

(2)首先1～30中是否存在3个数两两相加都为平方数，那么这3个数不能分在同组。若存在，不妨设这3个数分别为x、y、$z(x>y>z)$,并满足下面3个等式，其中a、b、c均为正整数：$\begin{cases}x+y=a^2,\\x+z=b^2,\\y+z=c^2,\end{cases}$可得$\begin{cases}x=\dfrac{a^2+b^2-c^2}{2},\\y=\dfrac{a^2+c^2-b^2}{2},\\z=\dfrac{b^2+c^2-a^2}{2},\end{cases}$而$1+2=3<c^2<b^2<a^2<30+31=61$,故只能取$2^2\sim7^2$,并且$a^2$、$b^2$、$c^2$只能都为偶数或两奇一偶。

若全为偶数，只能取6^2、4^2、2^2,而$4^2+2^2<6^2$,则$z<0$,不满足。

若两奇一偶，且满足$b^2+c^2>a^2$,只有$5^2+6^2>7^2$,故$\begin{cases}a=7,\\b=6,\\c=5,\end{cases}$可得$\begin{cases}x=30,\\y=19,\\z=6,\end{cases}$故存在3个数两两相加都为平方数，故至少分三组，由于完全平方数模4余0或1，故模4余1的数可同组(任意两数之和模4余2，一定不为完全平方数)，模4余3的数可同组，将模4余2的一部分数与模4余1的数放在一起，将模4余0的一部分数与模4余3的数放在一起，剩余的同组，构造如下(方式不唯一)：

第一组：1,5,9,13,17,21,25,29,2,6,18,22,26;

第二组：3,7,11,15,19,23,27,4,8,16,24;

第三组：10,14,30,12,20,28。

模拟试卷八(高年级组)★★★

1. 答案：$\dfrac{39}{50}$。

分析：原方程可化为$\left\{\dfrac{4x+5}{6}\right\}=\dfrac{49-80x}{30}$,因为$0\leqslant\dfrac{49-80x}{30}<1$,所以$\dfrac{19}{80}\leqslant x<\dfrac{49}{80}$,因此$\dfrac{119}{120}\leqslant\dfrac{4x+5}{6}<\dfrac{149}{120}$,所以$\left\{\dfrac{4x+5}{6}\right\}=\dfrac{4x+5}{6}$或$\dfrac{4x+5}{6}-1$,因此$\dfrac{4x+5}{6}=\dfrac{49-80x}{30}$或$\dfrac{4x+5}{6}-1=\dfrac{49-80x}{30}$,分别求解可得$x$的值为$\dfrac{6}{25}$和$\dfrac{27}{50}$,所以和为$\dfrac{39}{50}$。

2. 答案：76。

分析：12个人看成12个点，若相互认识，则两点连红线；若相互不认识，则两点连蓝线。那么本题转为，12个点，每个点连8红3蓝，图中任意三点构成的三角形都有红边，求三边都是红色的三角形多少个。称一个点连两条异色的线构成的角为"异色角"，两条同色的线构成的角叫"同色角"，那么三边3红的三角形有3个同色角、0个异色角，三边2红1蓝和1红2蓝的三角形均有1个同色角、2个异色角。因每个点会产生$3\times8=24$(个)异色角，所以含异色角的三角形共有$12\times24\div2=144$(个)，而三角形总个数有$C_{12}^3=220$(个)，所以三边红色的三角形共有$220-144=76$(个)。

3. 答案：8205。

分析：条件可化为$\dfrac{\overline{ABC5}}{\overline{EFGH9}}=\dfrac{5}{9}$,$E+K=4$,因为$5\times\overline{EFGH9}=9\times\overline{ABC5}<9\times9000=81000$,所以$E=1$,因此$K=3$。因此原式化为$5\times\overline{1FGH9}=9\times\overline{ABC5}$(剩余0、2、4、6、7、8)，有弃九法得$F+G+H\equiv8\pmod 9$,所以$FGH$的取值只能为026、278、467这3种情况。

(1)FGH取026时，ABC取478：因为$5\times\overline{1FGH9}>5\times10269=50000$,$5\times\overline{1FGH9}<5\times16209<85000$,所以$A=7$或8，经检验无解。

(2)FGH取278时，ABC取046：因为$5\times\overline{1FGH9}>5\times12789>60000$,$5\times\overline{1FGH9}<5\times18729<95000$,而$9\times\overline{ABC5}<6\times6405<58000$,无解。

(3)FGH取467时，ABC取028：因为$5\times\overline{1FGH9}>5\times14679>70000$,$5\times\overline{1FGH9}<5\times17649<90000$,所以$\overline{ABC5}$只有8205和8025符合范围，经检验，8205符合要求。

综上$\overline{ABCD}$的值为8205。

4. 答案：720。

分析：我们观察白色区域，如图(1)，白色区域通过分割等价于4个点状三角形，如图(2)，通过等积变形，点状三角形占正十边形的$\dfrac{1}{10}$,所以图中阴影部分面积占整个图形的$1-4\times\dfrac{1}{10}=\dfrac{3}{5}$,所以阴影面积为$1200\times\dfrac{3}{5}=720$。

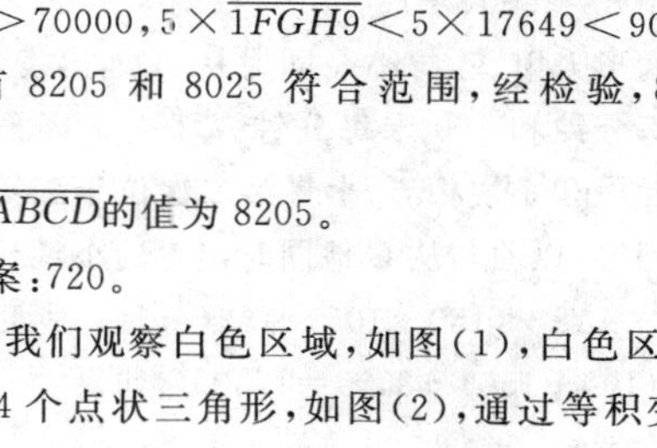

(1)　　　　(2)

第4题图

5. 答案：2023560。

分析：这个数是5、7、8、9、11的倍数，所以个位必为0，所以在2023的后面至少再写上两位数才能是8的倍数。

(1)如果在后面写上2个数，只能是20或60。由99的整除特征可得在2023的前面分别至少写上36或95，检验 7 的整除可得 36202320 符合(这个数为八位数)。

(2)如果在 2023 后面写 3 个数,由 99 的整除特征可得 42023520、2023560、82023480 符合,且检验 8 和 7 的整除得知都符合,此时最小为 2023560。

(3)若 2023 后面写上 4 个数及更多,会比 2023560 大。

综上这个多位数至少是 2023560。

6. 答案:18。

分析:由题知甲拿的数字可能是 1、6 或 2、5 或 3、6 或 4、6,由第二句乙说的话可得乙没有 6,由第三句丙的话可知丙拿了 6,则甲拿了数字 2、5,带入其余情况检验得,241、421、541 是质数,即乙拿了 1、4,丙拿 3、6。所以丙的两数乘积为 18。

7. 答案:11。

分析:如图,连接 AE、CE、BD。因为 DEF 面积为 3,$BF=2EF$,所以$\triangle BDE$ 的面积为 $3\times3=9$。又因为 $2S_{BDE}=S_{CDEB}-S_{ADEB}=18$,所以 $S_{BCE}-S_{ABE}=9$,因为 $S_{AFB}=5$,所以 $S_{BCF}=9\div3\times2+5=11$。

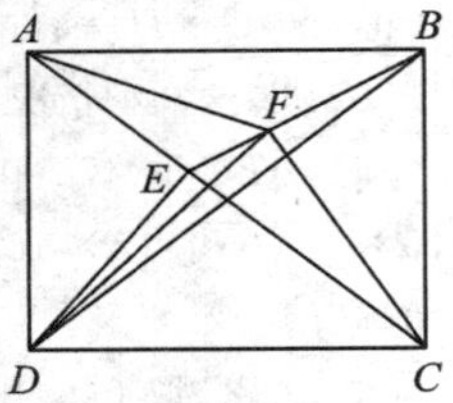

第 7 题图

8. 答案:17500。

分析:假设丙从 C 地提早半小时出发,那么 BC 的距离为 $30\times100=3000$(米)。

假设隐形人甲、乙与小飞同时从 A 地出发,速度分别为 105 米每分钟和 150 米每分钟。那么小喜第一次位于三等分处时甲和小悦相遇,小喜第二次位于三等分处时乙与小悦相遇,所以乙与从 C 地同时出发的小悦相遇时间为 $(105+100)\times18\div(150-105)=82$(分钟),所以 AB 两地相距 $82\times(100+150)-3000=17500$(米)。

9. 答案:360。

分析:因为 $45=3^2\times5$,分别考虑质因子 3 和 5 的分布,如图,把 6 个格子标上 $ABCDEF$,并填入对应质因子的个数情况:

A	B	C
D	E	F

第 9 题图

(1)考虑每个格子含 5 的个数,因为 $F=1$,当 $B=E=1$ 时,$C=1$,此时$(A,D)=(0,0)$或$(0,1)$或$(1,1)$共 3 种情况;

当 $B=0$,$E=1$ 时,$C=0$ 或 1,$(A,D)=(0,0)$或$(0,1)$,共 $2\times2=4$(种)情况;

当 $B=E=0$ 时,$A=D=0$,此时 $C=0$ 或 1,共 2 种情况。

综上,每个格子含质因数 5 的个数共有 $3+4+2=9$(种)情况。

(2)考虑每个格子含 3 的个数,因为 $F=2$,当 $B=E=2$ 时,$C=2$,此时$(A,D)=(0,0)$或$(0,1)$或$(0,2)$或$(1,1)$或$(1,2)$或$(2,2)$共 6 种情况;当 $B=1$,$E=2$ 时,$C=1$ 或 2,$(A,D)=(0,0)$或$(0,1)$或$(0,2)$或$(1,1)$或$(1,2)$共 5 种组合,因此共 $2\times5=10$(种)情况;当 $B=E=1$ 时,$C=1$ 或 2,$(A,D)=(0,0)$或$(0,1)$或$(1,1)$共 3 种组合,因此共 $2\times3=6$(种)情况;当 $B=0$ 时,$A=0$,$C=0$ 或 1 或 2 共 3 种情况,$(D,E)=(0,0)$或$(0,1)$或$(0,2)$或$(1,1)$或$(1,2)$或$(2,2)$共 6 种组合,因此共 $3\times6=18$(种)情况。

综上,每个格子含质因数 3 的个数共有 $6+10+6+18=40$(种)情况。

所以本题共有 $9\times40=360$(种)填法。

10. 答案:28。

分析:因为 $nm+1,nm+2,\cdots,n(m+1)-1$ 中均不含 n 的倍数,所以 nm 与 $n(m+1)$ 中至少选 1 个。又故 m 和 $m+1$ 均与 2023 互质,所以需在 $nm+1,nm+2,\cdots,n(m+1)-1$ 中找 1~2 个数,使之乘积为 2023 的倍数。$2023=7\times17^2$。

(1)若选出一个数是 2023 的倍数,则 $n(m+1)>2023$,由于 $44\times45=1980$,所以 $m+n\geqslant44+45=89$。

(2)若选出的两数乘积为 2023 的倍数,假设 $7\mid a$ 且 $17^2\mid b$,那么 $n(m+1)>289$,由于 $17\times18=306$,所以 $n+m\geqslant17+17=34$。假设 $7\times17\mid a$ 且 $17\mid b$,由于存在两个 17 的倍数,所以 $n-1>17$ 即 $n>18$,由于 $\begin{cases}n(m+1)>119,\\nm<119,\end{cases}$ 所以取$(n,m)=(19,6)$,$m+1$ 与 2023 不互质,舍去;取$(n,m)=(23,5)$符合,所以 $m+n$ 的最小值为 $23+5=28$。

11. 答案:90。

分析:考虑上下两个截面染色情况:

(1)两截面均有染色。上下面有 3 种,第三色有 2 种,共 $3\times2=6$(种)。

(2)两截面仅有一面染色。因为旋转意义下,不妨假设上面有染色、下面无染色。则另外两色可以选择同一层的侧面,也可以选择不同层的侧面,共有 $3\times(2\times4+3\times2)=42$(种)。

(3)两截面均无染色。则两层的侧面颜色种数可以是 $3+0$ 或 $2+1$,共有 $3\times2+3\times4\times3=42$(种)。

综上,共有 $6+42+42=90$(种)。

12. 答案:810。

分析:将第二圈开始的盒子顺延编号:$144\times256^{100}+1,144\times256^{100}+2,\cdots$,根据规律,若第 n 次打开的盒子编号为 a_n,满足 $a_{n+1}=2a_n$,因为 $a_1=1$,所以 $a_{n+1}=2^n$。假设第 m 次和第 n 次打开的是同一个盒子$(m>n\geqslant1)$,则 $2^{m-1}-2^{n-1}=144\times256^{100}\times k$,即 $2^{n-1}(2^{m-n}-1)=2^{804}\times3^2\times k$,所以最小的 $n=805$,且当 $m-n=6$ 时满足,此时 $m=811$。所以第 811 次打开的盒子就是第 805 次打开的盒子,且第 812 次打开的就是第 806 次打开的盒子,以此

类推，最多只能打开 810 个盒子。

13. 答案：216。

分析：我们考虑 11、22、33 的位置组合：

(1)若 11、22、33 完全捆绑。即含有(112233)连续六位，结合对称性，枚举得 $5\times2=10$(种)情况。

(2)若 11、22、33 有两个数捆绑。含(1122x33)连续七位，易得 $x=1$，结合对称性，枚举得 $4\times2=8$(种)情况；

含(1122xy33)连续八位，易得 $xy=31$，结合对称性，枚举得 $3\times2=6$(种)情况；

含(1122xyz33)连续九位，易得 $xyz=321$ 或 132，结合对称性，枚举得 $2\times2\times2=8$(种)情况；整体结构为(1122$xyzm$33)，无解。

(3)若 11,22,33 全部隔开。含(11x22y33)连续八位，x、y 只能填入 3、1，直接矛盾；

含(11x22yz33)连续九位，易得 $xyz=312$，结合对称性，枚举得 $2\times2=4$(种)情况；整体结构为(11x22yzm33)，易得 $x=3$，之后无法填入，无解；整体结构为(11xy22zm33)，无解。

综上，共有 $10+8+6+8+4=36$(种)。在考虑 11、22、33 可以相互置换，所以共有 $36\times6=216$(种)十位数。

14. 答案：(1)$\frac{5}{36}$。(2)$\frac{11}{72}$。

分析：(1)连接 HE、AH，因为 $AK:KE=1:2$，$AN:NE=1:1$，所以 $AK:KN:NE=2:1:3$，同理 $FK:KM:MB=2:1:3$。由于 $S_{MKNH}=S_{\triangle KNH}+S_{\triangle KMH}=2\cdot\frac{1}{6}S_{\triangle AHE}=\frac{1}{3}S_{\triangle AHE}$。

因为 $S_{AHE}=\left(1-\frac{1}{6}-\frac{1}{12}-\frac{1}{3}\right)\cdot S_{ABCDEF}=\frac{5}{12}$，

所以 $S_{MKNH}=\frac{1}{3}\times\frac{5}{12}=\frac{5}{36}$。

(2)根据风筝模型得 $PQ:QA=3:1$，$AX:XF=1:5$，所以 $S_{PQMR}=S_{\triangle PAF}-S_{\triangle AQK}-S_{\triangle PFY}=S_{PAF}-2S_{\triangle AQK}$，$S_{五PQXYR}=\frac{1}{6}\left(1-2\times\frac{1}{4}\times\frac{1}{6}\right)=\frac{11}{72}$。

15. 答案：1、5、7、11 或 2、10、14、22 或 1、11、19、29，共 3 种情况。

分析：假设这 4 个数 $1\leqslant a_1<a_2<a_3<a_4<30$，因为 $S=a_1+a_2+a_3+a_4<2(a_2+a_4)<2(a_3+a_4)<2S$，所以 a_2+a_4 与 a_3+a_4 不可能整除 S，所以 $n\leqslant C_4^2-2=4$。当 4 个数为 1、5、7、11 时，$n=4$ 可构造，所以 n 的最大值为 4。此时 $a_1+a_4=a_2+a_3$，令 $p=a_1+a_2$，$q=a_1+a_3$，因为 $q|S=a_1+a_2+a_3+a_4=2(a_2+a_3)=2p+2q-4a_1$，于是 $q|2p-4a_1<2q-4a_1<2q$，所以 $q=2p-4a_1$，因此 $p|2q-4a_1=2(2p-4a_1)-4a_1=4p-12a_1$，所以 $p|12a_1$。又因为 $p>q=2p-4a_1$，所以 $p>4a_1$，因此 $p=6a_1$ 或 $p=12a_1$，所以 $a_1:a_2:a_3:a_4=1:5:7:11$ 或 $1:11:19:29$，所以满足要求的 4 个数可以为 1、5、7、11 或 2、10、14、22 或 1、11、19、29 共 3 种情况。

模拟试卷九(高年级组)★★★

1. 答案：$\frac{1}{2}$。

分析：前 2023 项的通项可表示为(待定系数裂差)

$$a_n=\frac{n(n+3)+3}{n(n+1)\times3^{n+1}}=\frac{1}{2}\times\frac{3(n+1)(n+2)-n(n+3)}{n(n+1)\times3^{n+1}}=\frac{1}{2}\times\left(\frac{n+2}{n\times3^n}-\frac{n+3}{(n+1)\times3^{n+1}}\right),$$

$$所以原式=\frac{1}{2}\times\left(\frac{3}{1\times3}+\frac{4}{2\times3^2}+\frac{4}{2\times3^2}-\frac{5}{3\times3^3}+\cdots+\frac{2025}{2023\times3^{2023}}-\frac{2026}{2024\times3^{2024}}\right)+\frac{1}{2}\times\frac{2026}{2024\times3^{2024}}=\frac{1}{2}。$$

2. 答案：88。

分析：从 m 到 $2m$ 的连续自然数找到 m 个连续自然数求和只有两种情况：$m+(m+1)+\cdots+(2m-1)=(3m-1)m\div2$ 或 $(m+1)+(m+2)+\cdots+2m=(3m+1)m\div2$。所以要使得存在和为 $23m$ 的倍数，只要满足 $3m+1$ 或 $3m-1$ 为 46 倍数即可。可知 $m\equiv15 \pmod{46}$ 或 $m\equiv31 \pmod{46}$，$2023\div46=43\cdots\cdots45$，可知共有 $43\times2+2=88$(个)。

3. 答案：$17\frac{2}{3}$。

分析：乙工作的天数为 $\frac{5}{5+7}\div\frac{1}{24}=10$(天)，可知完成这项工程至少需要 $10+6=16$(天)，至多需要 $10+10=20$(天)；甲工作的天数为 $\frac{7}{5+7}\div\frac{1}{20}=\frac{35}{3}$(天)，加上甲的休息时间在 16～20 天之间，可知休息了 $3\times2=6$(天)。所以甲，乙合作完成这项工程用了 $\frac{35}{3}+6=17\frac{2}{3}$(天)(其中 $a=4$ 或 $a=5$ 均可构造)。

4. 答案：5724。

分析：由于“信”“双”不同，可知“者”$\geqslant5$，“仁”“智”中小的一个数记为 a，大的一个记为 b，则 $a,b,a+b+1$ 为等差数列，所以有 $b=2a+1$，所以三个数为 1,3,5 或 2,5,8。若为 1,3,5，则“双”$=4$，余下 0,2,6,7,8,9，“者”$=8$，“见”$=6$；若为 2,5,3，则“双”$=7$，余下 0,1,3,4,6,9，“者”“见”无解。综上，$\overline{信义无双}$表示的四位数为 5724。

5. 答案：19684。

分析：由于$\overline{cde}$，$\overline{bcde}$均为 9 的倍数，可知 $b=9$，$\overline{abc}$为 7 倍数，其可能值有：196,294,392,497,693,791,798,896，再根据$\overline{bcd}$，$\overline{cde}$依次为 8,9 的倍数，可知$\overline{abcde}$可能值有：19684,49765,79126,79846，再结合$\overline{abcde}$恰好是 7,8,9 中一个数的倍数，可知五位数为 19684。

6. 答案：30360。

分析：根据差不变有：$S_{DEMK}+S_{GHIN}-S_{阴影}=S_{DEJK}+S_{\triangle GHJ}-S_{\triangle FIK}$，其中 $S_{DEJK}=\frac{2}{3}\times\frac{2}{5}\times\frac{3}{4}\times S_{\triangle ABC}=\frac{1}{5}S_{\triangle ABC}$，$S_{\triangle GHJ}=\frac{1}{3}\times\frac{3}{5}\times\frac{2}{3}\times S_{\triangle ABC}=\frac{2}{15}S_{\triangle ABC}$，

$S_{\triangle FIK}=\frac{2}{3}\times\frac{4}{5}\times\frac{1}{2}\times S_{\triangle ABC}=\frac{4}{15}S_{\triangle ABC}$，所以 $S_{\triangle ABC}=2024\div\left(\frac{1}{5}+\frac{2}{15}-\frac{4}{15}\right)=30360$。

7. 答案：929。

分析：A^2 为七位数或八位数，若为八位数，且前四位为 2024 的情况下，A 的前两位只能是 44，矛盾。若为七位数，则 A 的前两位为 14，可知 A 由 1～4 组成，检验 1423 与 1432，可得 $1423^2=2024929$，所以 A^2 的末三位是 929。

8. 答案：26%。

分析：由于 A,B 混合的浓度会比 A 的浓度多 2%，可知 $a<24$；同理有 $b>24$。由浓度三角可知 A,B 的质量比为 $[24-(a+2)]:[(a+2)-a]=(22-a):2$，同理可知 B、C 质量比为 $6:(b-30)$。再由三个浓度从小到大为等差数列，可令 $a=24-k$，$b=24+k$，所以 A、B、C 质量比为 $(3k-6):6:(k-6)$，又已知三瓶溶液的质量从小到大为等比数列，若 $(k-6)$ 为等比中项，则 $(k-6)^2=6\times(3k-6)$，k 不为整数；若 6 为等比中项，则 $6^2=(3k-6)(k-6)$，$k=8$。综上所述，可得 B,C 混合浓度为 $(24+8-6)\%=26\%$。

9. 答案：21。

分析：构造平方数抽屉：(1,4,9,16)，(2,8,18)，(3,12)，(5,20)，(6,24)，5 个抽屉共有 13 个不同自然数，可知至少取(24－13)＋6＝17(个)数才能保证有两个数相乘为平方数；构造立方数抽屉：(1,8)，(2,4)，(4,16)，(3,9)，(9,24)，(12,18)，6 个抽屉共有 10 个不同自然数，可知至少取(24－10)＋7＝21(个)数才能保证有两个数相乘为立方数。可知任意取出 21 个数时，必有两个相乘为立方数，余下的 19 个数中，必有两个相乘为平方数，所以至少需要取出 21 个数。

10. 答案：265。

分析：$\overline{AB}\times\overline{CD}$ 的取值最小为 $2024-97-81=1846$，最大为 $2024-16-23=1985$，两位平方数有 16，36，49，64，81。有 $64\times31=1984$，$64\times29=1856$，$81\times23=1863$；若为 64×31，则余下的 2，7，8，9 不可能组成和为 40 的两个两位数；若为 64×29，余下 1，3，7，8 不可能组成和为 168 的两个两位数；若为 81×23，余下 4，6，7，9，有 $64+97=161$ 满足要求。综上，可知四个两位数之和为 $81+23+64+97=265$。

11. 答案：88。

分析：根据甲说的话可知甲的可能性为：41，14，61，16，23，32，43，34，53，35；接着乙能确定甲的数字组合且乙在甲的两种可能之间可知乙的可能性为：34，36，43，对应甲的数字组合为(1,6)，(1,4)，(1,6)。且可知丙的数字组合为(2,5)；丙说自己的数可能比甲乙都大，可知丙为 52，乙能确定丙最大可知乙为 36。综上，可知乙丙两人的数之和为 $36+52=88$。

12. 答案：42。

分析：$20=2^2\times5$，所以我们重点分析 A 中的 2 和 5 因子指数奇偶性。若 $A=2^{2n+1}\times5^{2n+1}\times B$($B$ 分解无 2，5 因子，B 中有 k 个因数为平方数)，那么可知 $(m+2)(n+2)k-(m+1)(n+1)k=23$，有 $m+n=20$，$k=1$，此时 A 至少有 84 个因数；若 $A=2^{2m+1}\times5^{2n}\times B$($B$ 分解无 2，5 因子，B 中有 k 个因数为平方数)，那么可知 $(m+2)(n+1)k-(m+1)(n+1)k=23$，有 $n=0$，$k=23$ 或 $n=22$，$k=1$，此时 A 至少有 90 个因数；若 $A=2^{2m}\times5^{2n+1}\times B$($B$ 分解无 2，5 因子，B 中有 k 个因数为平方数)，那么可知 $(m+2)(n+2)k-(m+1)(n+1)k=23$，有 $m+n=20$，$k=1$，此时 A 至少有 42 个因数；若 $A=2^{2m}\times5^{2n}\times B$($B$ 分解无 2，5 因子，B 中有 k 个因数为平方数)，那么可知 $(m+2)(n+1)k-(m+1)(n+1)k=23$，有 $n=0$，$k=23$ 或 $n=22$，$k=1$，此时 A 至少有 45 个因数。综上，A 至少有 42 个因数。

13. 答案：3468。

分析：甲、乙从出发到在 C 地相遇记为过程①，此时甲走了 AC，乙走了 BC；丙从 B 地出发到与甲在 D 地相遇记为过程②，此时甲走了 CD，乙走了 CA，丙走了 BD；丙从 D 地再次返回 D 地记为过程③，此时乙走了 AC，丙走了 $2AD$。由过程①②可知 $v_甲:v_乙=v_乙:(v_甲+v_丙)=AC:BC$，由过程②③乙都走了 AC 可知 $BD=2AD$，即 $BD:AD=2:1$，所以根据过程①②可知 $v_甲:v_乙=AD:AB=1:(2+1)=1:3$。综上有 $v_甲:v_乙:v_丙=1:3:8$，所以过程③中丙走了 $2AD=\frac{2}{3}AB$，可知过程③中甲走了 $\frac{2}{3}AB\times\frac{1}{8}=\frac{1}{12}AB$，所以，$A$、$B$ 两地相距 $2023\div\left(1-\frac{1}{3}-\frac{1}{12}\right)$(米)。

14. 答案：230。

分析：如题图(1)，16 个数记为 $A\sim P$，总和记为 S，可得 $4S=224\times4+2\times(A+B+C+D+E+H+I+L+M+N+O+P)+(A+D+M+P)\geqslant224\times4+2\times(1+2+3+\cdots+12)+(1+2+3+4)=1062$，可得 $S\geqslant266$。当 $S=266$ 时，此时 $F+G+J+K=187$，A、D、M、P 为 1，2，3，4 组合，余下 8 个数为 4，5，6，7，8，9，10，11，13。最大值为 $187+9+10+11+13=230$，构造如图(2)(不唯一)。

A	B	C	D
E	F	G	H
I	J	K	L
M	N	O	P

(1)

1	9	13	3
6	14	15	5
8	16	142	7
2	10	11	4

(2)

第 14 题图

15. 答案：20。

分析：相邻两数求和可以得到 12 个和，其中中心数需要和四个数求和，若中心数为偶数，则余下的 8 个数为 3 个偶数、5 个奇数围成一圈，至少有 2 个相邻为两个奇数相邻，和为合数，此时质数最多 10 个；若中心数为奇数，则余下的 8 个数为 4 个偶数、4 个奇数围成一圈，中心数相邻 4

个偶数，但 1+8,3+6,5+4,7+2,9+6 均为合数，可知此时至少有 1 个合数，最多 11 个质数。当质数为 11 个时，除中心数的奇数外，余下的 4 个奇数、4 个偶数只能间隔围成一圈且四个角为奇数，中心数只能为 1,3,5,9(中心数为 7 时至少有 2 个合数)。中心数为 1 时，余下 8 个数为 4,7,6,5,____,____,____,____。后四位有 4 种；中心数为 3 时，余下 8 个数为 4,7,6,____,____,____,____,____,后五位有 2 种；中心数为 5 时，余下 8 个数为 4,7,6,1,2,____,8,____,有 2 种；中心数为 9 时，余下 8 个数为 4,7,6,____,____,____,____,____,后五位有 2 种；旋转意义下，每一组确定的 8 个数(除中心数)有 2 种排法。所以共有(4+2+2+2)×2=20(种)。

模拟试卷十(高年级组)★★★

1. 答案：$507\frac{1}{2024}$。

分析：第一部分 $\frac{1}{2}\times\frac{3}{2}\times\frac{4}{3}\times\cdots\times 7=\frac{2024}{4}=506$,

第二部分加到奇数分之一总是等于 1，所以结果是 $1\frac{1}{2024}$，总和共计 $507\frac{1}{2024}$。

2. 答案：64。

分析：1+2+3+…+63=2016,1+2+3+…+64=2080，那么 2080−2024=56,56÷2=28. 只要在最后重复翻动 28 个杯子，那么就可以让 2024 个杯子都翻转过来，至少需要 64 次。

3. 答案：816;222。

分析：很明显当 n 等于 1,2 或 3 时无法挖透，$n=3$ 产生最大值 $10^2\times6+3^2\times4\times6=816$,

当 n 大于 3 时，表面积越来越少，$n=9$ 产生最小值 $0.5^2\times3\times8+0.5\times9\times4\times12=222$。

4. 答案：67。

分析：9 条线除了 ABC 共点以外，内部还有 2 个点共线，三角形个数为：$C_{5+4+3-3}^3-C_4^3-C_5^3-C_3^3-2C_3^3=67$(个)。

5. 答案：320。

分析：$\frac{20\%的溶液的量}{52\%的溶液的量}=\frac{52\%-44\%}{44\%-20\%}=\frac{8}{24}=\frac{1}{3}$，其中 44%的溶液共 $200\times\frac{4}{1}=800$(克),

三种溶液可以看成是 40%的溶液和多出的 50%溶液的混合。

$\frac{40\%的溶液的量}{50\%的溶液的量}=\frac{50\%-44\%}{44\%-40\%}=\frac{6}{4}=\frac{3}{2}$，其中多出的 50%溶液为 $800\times\frac{2}{2+3}=320$(克)。

6. 答案：(1)72 或 60。(2)30 或 27。

分析：(1)无色块在中心，6=1×1×6=1×2×3 可以分解为两种情况，那么长、宽、高可以分别加 2，即为(1+2)×(1+2)×(6+2)=72 或(1+2)×(2+2)×(3+2)=60。

(2)一个面染色的在每个面的中心，①一组对面即为只有一组对面分别含有 3 个一面染色块 6=2×3，那么体积为 2×3×5=30；②两组对面分别包含 1 块和 2 块的情况不存在；③三组对面即为每个面中心 1 块，6=2×(1+1+1)，那么体积为 3×3×3=27。

7. 答案：72。

分析：如图所示，特惠航线组成了一个立方图形，那么本题即为一个立方体的标数问题。

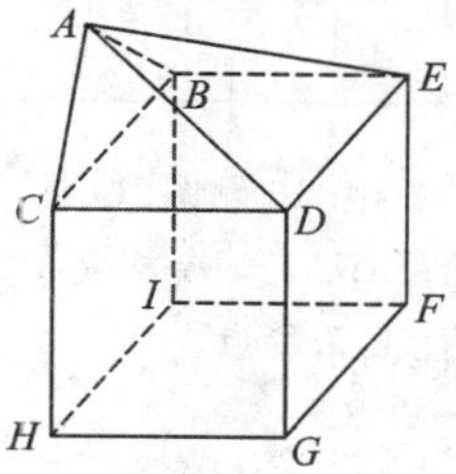

第 7 题图

- A
  - B
    - C
      - D
        - E 对应 2 种情况
        - G 对应 1 种情况
      - H
    - E
    - I
  - C
  - D
  - E

根据对称性可以知道答案是 3×2×3×4=72(种)。

8. 答案：1587600。

分析：根据平方数的特点，B,C,D 均为奇数，D 的最小值为 3，B 的最小值为 $3^2=9$，C 的最小值为 $3^2\times5^2=225$，A 的最小值为 $2^4\times3^4\times5^2\times7^2=1587600$。

9. 答案：14。

分析：如题图，为 4 次出发能行驶的最远距离，

$AB=\frac{1200}{8}=150$，$BC=\frac{1200}{6}=200$，$CD=\frac{1200}{4}=300$，$DE=\frac{1200}{2}=600$。

其中 P 为前线距离，那么 P 至 E 点之间的路程均为节省的汽油，也就是送到前线的汽油总量，即 $\frac{50\times4+600\times2}{100}=14$(桶)。

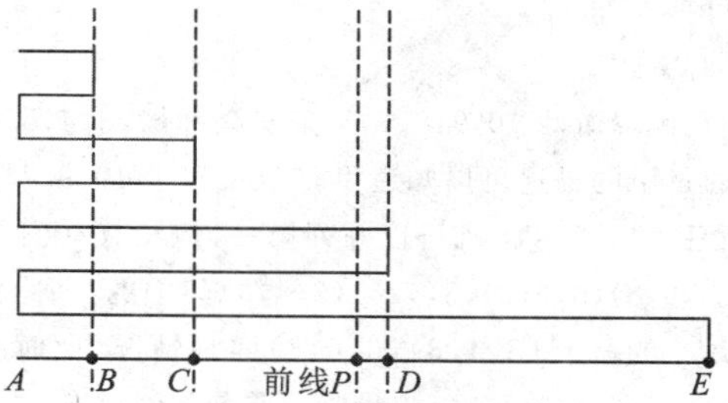

第 9 题图

10. 答案：26956.8。

分析：如题图(1)，连接 BD，过 D 作 BC 的垂线。$BK=AD=12$，$KC=30-12=18$。在 $\mathrm{Rt}\triangle KCD$ 中，

过 B 点作 CD 的垂线，垂直于 F 点。$CD^2=24^2+18^2=900=30^2$，那么 $CD=30$。

利用三角形面积不变的方法可得，$BF=\frac{30\times24}{30}=24$。

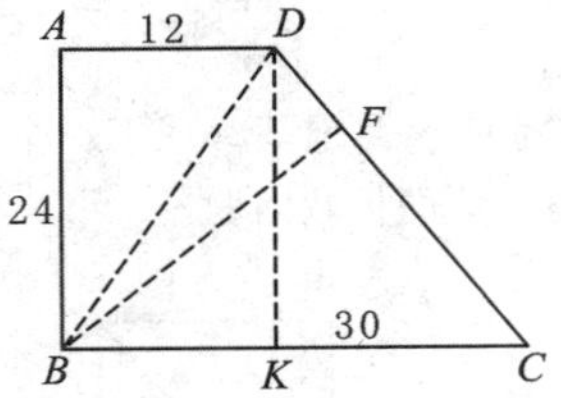

第 10 题图(1)

如题图(2)，延长 CD 与 BA 相交于 H 点，分别过 A，E 作 CH 的垂线，垂直于 I，D 点。

$\because \triangle HAD\sim\triangle HBC$，

$\therefore \frac{HA}{HB}=\frac{AC}{BC}=\frac{12}{30}=\frac{2}{5}$，$HA=\frac{24}{5-2}\times2=16$。

$HD^2=16^2+12^2=20^2$，$HD=20$，$HC=20+30=50$，

$AI=\frac{12\times16}{20}=9.6$，

$V=\frac{1}{3}\times\pi\times24^2\times50-\frac{1}{3}\times\pi\times9.6^2\times20=26956.8$。

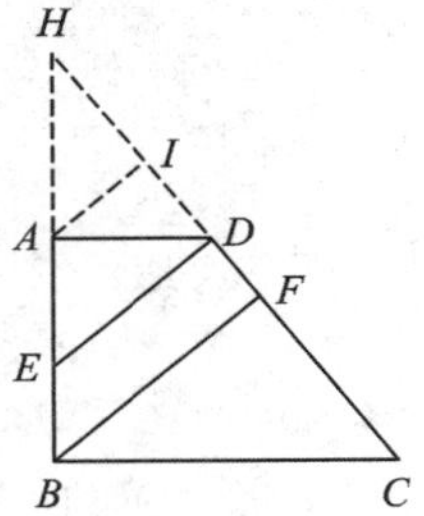

第 10 题图(2)

11. 答案：69169。

分析：翻转后不变的是数字为 0，1，2，5，8，翻转后互换的数字为 6 和 9，其余数字不可翻转。若首尾不同，首尾可能为 6 或 9，根据平方数的特点：①个位为 6 的数字，十位可能为 1，5，9，$\overline{91\square16}$，$\overline{95\square56}$，$\overline{96\square96}$，尝试 $304^2=91416$，$306^2=93636$，$314^2=98596$，均无可能；

②个位为 9 的平方数十位为 0，2，6，8，$\overline{60\square09}$，$\overline{62\square29}$，$\overline{69\square69}$，$\overline{68\square89}$，

尝试 $247^2=61009$，$253^2=64009$，$257^2=66049$，$263^2=69169$，可得 69169。

12. 答案：6。

分析：此局游戏 10，9，8，7，6 为安全牌，2，3，4，5 为危险牌。通过甲的描述可以知道甲一定拿到了 10，9，7 三个数字，而且打出了 10。乙可以并列第一，但没有拿到 2，5。只能是(4，6，8)(3，6，8)(3，4，6)(3，4，8)其中的一种，需要先打出最小的只有(3，4，8)(3，6，8)两种情况，此时剩余(2，4，5)(2，5，6)，则丙能打出最大一张牌为红桃 6。

13. 答案：3024。

分析：如图，使用对应法，还书的 3 个人对应横着走 3 步，一借一还的 3 个人对应平面上竖着走，单独题借《MO2024》的对应立体想往上层走。立体如图(1)，分层标数如图(2)。

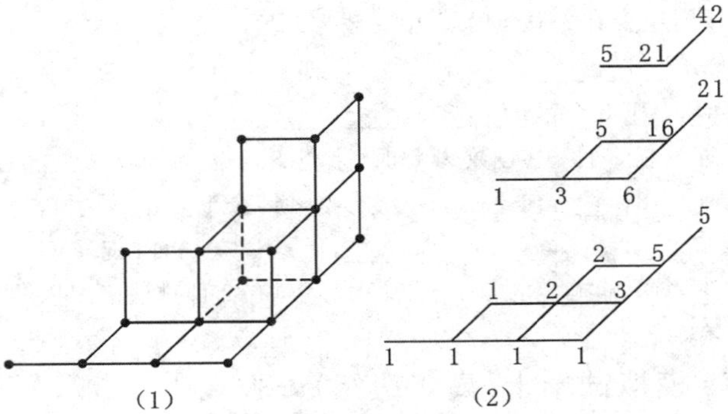

第 13 题图

那么考虑每组人数的顺序可得 $42\times3!\times3!\times2!=3024$。

14. 答案：15 次；22.5 平方米。

分析：甲、乙单程的时间比 $\frac{16}{2}:\frac{12}{0.9}=3:5$，根据时间比画出一个周期 80 秒的柳卡图，如图所示。

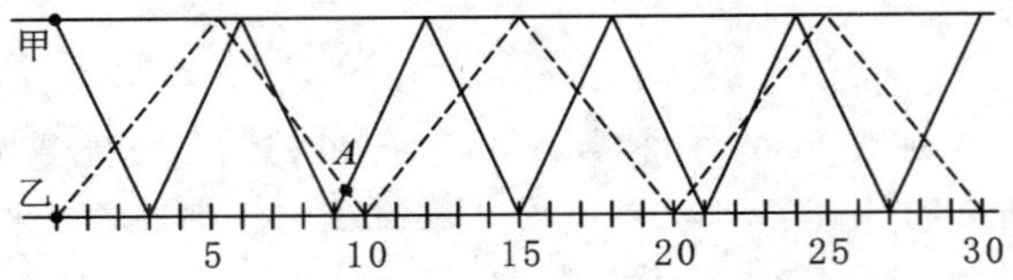

第 14 题图

那么 120 秒即 $120\div(16\div2)=15$(个)单程，可以看出一共 $10+5=15$(次)相遇，即 15 次梯形。

最近点为图中 A 点，上下比值为 $7:1$，那么根据鸟头模型可以求出梯形面积为

$$16\times12\times\frac{1}{2}\times\left[1-\left(\frac{7}{8}\right)^2\right]=22.5\text{(平方米)}。$$

15. 答案：170 个。

分析：根据蝴蝶模型，将长方体变形，如题图所示，可求出 $\frac{AO}{OK}=\frac{10}{3}$，$\frac{OH}{OJ}=\frac{4}{9}$，那么 $\frac{PO}{OQ}=\frac{300}{90}$，$\frac{RO}{OS}=\frac{40}{90}$。

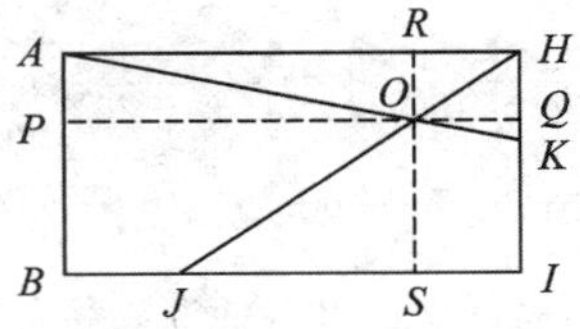

第 15 题图

CO 为 $300\times90\times120$ 的对角线，$(300,90,120)=30$，穿过 31 个点，

OE 为 $90\times40\times130$ 的对角线，$(90,40,130)=10$，穿过 11 个点，

CE 为 390×130 的对角线，$(390,130)=130$，穿过 131 个点，

共穿过 $31+11+131-3=170$(个)点。

图书在版编目（CIP）数据

小学数学资优教育年鉴．MO2023 / 刘嘉，付谦主编．
武汉：湖北科学技术出版社，2024．6．-- ISBN 978-7
-5706-3305-0

Ⅰ．G624.5-54

中国国家版本馆 CIP 数据核字第 2024NV5395 号

小学数学资优教育年鉴．MO2023
XIAOXUE SHUXUE ZIYOU JIAOYU NIANJIAN MO 2023

责任编辑：李雨点　万冰怡　李　彤　梅嘉容
责任校对：陈横宇　　　　封面设计：喻　杨

出版发行：湖北科学技术出版社
地　　址：武汉市雄楚大街 268 号（湖北出版文化城 B 座 13—14 层）
电　　话：027-87679468　　　　邮　　编：430070

印　　刷：荆州市翔羚印刷有限公司　　　　邮　　编：434000

889×1194　1/16　26.75 印张　1 插页　600 千字
2024 年 6 月第 1 版　　　　2024 年 6 月第 1 次印刷
定　　价：108.00 元